严昌洪／主编

武昌辛亥革命研究中心／组编

辛亥革命史事长编

XINHAI GEMING SHISHI CHANGBIAN

本书为2008年度湖北省社科基金重大委托项目（立项号[2008]013）成果

（1908.1-1909.12）

第六册

李卫东　汤　蕾／编

武汉出版社
WUHAN PUBLISHING HOUSE

(鄂)新登字 08 号

图书在版编目(CIP)数据

辛亥革命史事长编.第六册/武昌辛亥革命研究中心组编;严昌洪主编;李卫东,汤蕾编.
—武汉:武汉出版社,2011.8
ISBN 978-7-5430-5280-2
Ⅰ.①辛… Ⅱ.①武…②严…③李…④汤… Ⅲ.①辛亥革命—史料
Ⅳ.①K257.06

中国版本图书馆 CIP 数据核字(2010)第 172458 号

组　　编:武昌辛亥革命研究中心
主　　编:严昌洪
编　　者:李卫东　汤　蕾
责任编辑:万洪涛
装帧设计:刘福珊
出　版:武汉出版社
社　址:武汉市江汉区新华下路 103 号　　邮　编:430015
电　话:(027)85606403　85600625
http://www.whcbs.com　　E-mail:zbs@whcbs.com
印　刷:武汉精一印刷有限公司　　经　销:新华书店
开　本:787mm×1092mm　1/16
印　张:23.25　　字　数:577 千字　　插　页:5
版　次:2011 年 8 月第 1 版　　2011 年 8 月第 1 次印刷
定　价:1800.00 元(全十册)

1908 年(清光绪三十四年·戊申)

1 月 2 日(丁未年十一月二十九日)　新疆阿克苏镇总兵汤泳山,因挪用公款、任意荒嬉,被陕甘总督升允弹劾,遭罢免。

《东方杂志》第 4 年第 12 期,"光绪三十三年(1907 年)十一月中国事纪",第 30 页

1 月 3 日(丁未年十一月三十日)　广西巡抚张鸣岐为孙中山现在河内致电军机处,请其照会法使予以驱逐。

电文称:

秦炳直、龚心湛自钦州来电,龙济光自龙州来电,均称探得孙文现在河内,行踪诡秘,意在扰乱。先已电广州法领转电越督驱逐,可否再由钧部照会法使,一并转电驱逐,乞钧裁。岐肃。卅。

中国第一历史档案馆编《清政府镇压孙中山革命活动史料选》,《历史档案》1985 年第 1 期

△ 孙中山为妥善解决滞留神户之军械问题,分别致函三上丰夷、萱野长知,并嘱萱野长知迅即将军械出售,以解决债务问题。

《致三上丰夷函》(一九〇八年一月三日):

三上先生阁下惠鉴:

前月曾上两书,并有请交萱野之二书,想均达到矣。萱野君现在何处,今复有一函与之,敬请转致。如萱野君尚未归日本,阁下亦当知其所在地,亦乞代为寄交。此函乃关于军械事,请其与阁下妥商办理善后之法也。专此,即请义安。弟孙文谨启。西一月三日。

中国社会科学院近代史研究所等编《孙中山全集》第 1 卷,中华书局 1981 年版,第 356 ~ 357 页

《致萱野长知函》(一九〇八年一月三日):

萱野先生阁下惠鉴:

去西历十一月(1907 年 11 月)中旬闻阁下经港归日,即有书由三上君奉交。十二月廿六日得精卫报告,知前此电报两方误会,及再有长函具述阁下在星来书未答之故;及关于惠州失败之事,认为非阁下之过误;又后此船械之问题,其事权仍属之阁下。此函亦由三上君转达,不知已入览否?

比得东京何天炯兄及林时塽兄来函,具言滞留神户之械,当时有名古屋商贷出银三千五百元(系宫崎与蒲生立契约),已到期限,迫索至力,势时将诉诸裁判。宫崎已为所困,东京如何サン等则勉强羁縻之,使稍缓以待命而已。今若能迅筹数千之款以理债务,则此物尚可暂时保存。然已为警察所知,三上之船亦碍难再为积载,以林サン计之,则不如卖却,一以塞警察之耳目,使谋事之人可稍得自由行动;二则可免名古屋商之严索,兴起讼诉。弟得东京信后,当与黄サン等熟商,计此械再来,办济债务及为再度运送之费最少亦在万五千元以上,而收接此械之地点如何经营预备,其费用尚不在内。而此间经济困难,精卫于南洋各处之运动俱无大获,故不特欲筹巨万之款为卷土重来之计划不能如意,即欲别筹数千之款以清名古屋商等之债务亦不可得。是经济问题为第一之原因,虽明知卖却之多所损失,亦不能不出此下策,惟此事始终为阁下经理,故谨将此情奉告。阁下此时或已返东,或尚留上海(传闻阁下尚留上海未归),均乞即速为办理,将此械卖却,为办济债务之用。其如何分别缓急先后以次办济,及同时尚有何等最紧急之需费,皆由阁下酌定支出可也。

此番之事，使阁下徒劳无功，加以经济困难，无法救济，以致得如此结果，令人慨然。惟思阁下志气壮锐，度越寻常，必不因一度之失败而为之挫折。至弟之相信，则具如上月廿六日书所言。今械事之结果虽如是，然使弟所图果有大进步，或经济有得，大约不难再举；而于此之时，仍望阁下肩任不辞也。

自南关役后，机局未始无进步，然以经济问题不能解决，故作事不能快意。知为廑念，顺此附及。即候起居。弟孙文谨启，西一月三日。

中国社会科学院近代史研究所等编《孙中山全集》第1卷，中华书局1981年版，第357～358页

△ **清廷补授谷振杰为新疆阿克苏镇总兵。**

《东方杂志》第4年第12期，"光绪三十三年(1907年)十一月中国事纪"，第30页

1月4日(丁未年十二月初一日)　汪精卫在新加坡《中兴日报》发表关于爱国心的文章。

此文系连载。1908年1月4日《中兴日报》《华侨之爱国心：精卫寄稿》一文载：

今人恒言爱国者为英雄，斯言也，吾遽不得其解。夫人未有不爱饮食者，然未闻以爱饮食者为英雄也，人未有不爱衣服者，然未闻以爱衣服者为英雄也。然则何独以爱国为英雄？人无饮食则饥以死，无衣服则寒以死，无国则为奴隶以死。夫为奴隶以死，其辱过于冻馁以死百倍，然则爱国之心亦当胜于爱衣食者百倍，故知爱国心者，人人所同有，非独赋于英雄者也。

然则爱国者何以为英雄？是不得不为之解释曰：人之心理有二，其一为公共心，其一为私心。公共心者，爱团体之心也，团体之大者为国家，是即爱国心所从出也。私心者，自爱其身之谓也。其在平时，人未有不爱其国者，亦未有不爱其身者，于斯时而欲辨孰为英雄、孰为非英雄，不可得也。惟在危急之时，身与国不能并存，顾国则舍其身，顾身则舍其国，轻重取舍，决于咄嗟之间，于斯时而有毅然舍其身以顾国者，斯则可谓真爱国者，亦可谓真英雄矣。

虽然，人有不爱其国者，究其终极，无异于不爱其身耳。盖国家者，个人之团体，个人者，国家之分子，未有团体破碎分裂，而分子能独完好者也。故顾其身而不顾其国者，非由心之不良，是由见之未到。苟其见到，则人虽至愚，未有不爱其国者。然则爱国心者，果人人所同有，非独赋于英雄者也。

由是言之，则凡为中国人，度未有不爱中国者。虽然，各国民之爱其国，爱现在之国也，中国人之爱其国，爱已亡之国也。爱现在之国，而谋其进步，其事易，爱已亡之国，而谋其光复，以求其进步，其事难。故中国人爱国之心，当伟于他国之人也。爱现在之国者，居安而思危，其情舒，爱已亡之国者，奴隶牛马之戚日棘于心，而不能一日安，其必伟于他国之人也。盖吾人之境遇与吾人之感触，无一不足令吾人油然生爱国之心者，光复之本，其在是欤。

今有人曰：中国人无爱国心，观其对于政府之冷淡而知之矣。呜呼！为此言者，惑之甚矣。夫使政府而能与国家同利害，则反对政府者可谓不忠于国家，若政府与国家利害相反，则反对政府，正所以爱国也。今之政府，非中国之政府，而满洲之政府；中国之人民，已为亡国之遗民；中国之土地，已成亡国之遗壤。而满洲政府，操持中国之主权以临其上，是则满洲政府者，中国之仇敌也。欲爱中国，则不得复爱满洲政府，欲爱满洲政府，则不得复爱中国。是则反对政府之心，即由爱国之心而发生者。故欲知我国人之爱国心程度如何，当从其反对政府之点而观之，若从其崇拜政府之点而观之，则为与爱国心相背驰，不足与言者也。

1908年1月6日《中兴日报》《华侨之爱国心:精卫寄稿》(续昨):

故吾即从此立论。而以内地同胞之爱国心与海外同胞之爱国心比较观之,其同异之点约有二端。

一曰是非之心,华侨较内地之人民为明。内地人民为亡国之民,为亡国之民,受亡国之痛,二百六十余年于兹矣。然虽日受此痛苦,而不知此痛苦之所从来,又莫明于解此痛苦之方法,习而久之,以为故常,因以安之。试观庚子之役,联军入北京,而比户皆树顺民旗。又如台湾之被割于日本,旅顺大连湾被割于俄,胶州湾被割于德,广州湾被割于法,威海卫被割于某国,当其时也,虽其居民亦曾有一度之惊扰,未几遂帖然无事。呜呼!岂吾同胞甘为亡国之民欤?推其用心,以为既可臣事于满洲,何不可臣事于异国,主人虽易,为分则等,此则由于未明是非之故也。而海外之同胞则不然,侨居他国,于其国体民生多所周悉,见他国独立之荣,则悟中国之受制于清廷为辱矣;见他国民族之相安,则悟满人之压制汉人为不平等矣;见他国政府与人民之相关,则悟专制政体之流毒矣。是非之心既明,舆论因以日盛,其始普及于侨民,其继输入于内地,磅礴充塞,沛然莫之能御。近十余年来,爱国思潮一日千丈,其源固不得不推诸海外之同胞也。

二曰利害之见,内地之人民较华侨为切。自爱国思潮由海外以渐及内地人民,如醉初醒,如梦初觉,畴昔日受痛苦,而不知此痛苦之所自来,今则知之矣,畴昔日受痛苦,而莫得解此痛苦之方法,今则得之矣。夫人之自觉其痛苦者,则必欲急离此痛苦,由是而生决心与勇力焉。强毅之态,非复曩时委靡,满洲政府,恶其悍也,乃收兵权、修警备,严刑峻罚、就地正法之制,益以适用,人命之贱甚于鸡狗。然压力愈重,则反动力亦愈强,民气之盛,如炸药满地,随时触发,刺客与革命军同时并作,猛进不已。推其原因,非徒是非之心为之,亦由利害迫切使之然也。而海外之同胞,则以提倡大义之故,为满洲政府所深畏,顾以权力所不及,无由逞其凶毒,乃不得已,饮恨含忿,屈意交好,厚貌深情,以为之媚。呜呼!吾同胞不当言满洲政府有媚外之性质乎。须知所谓媚外,其一为媚外国,其二为媚海外之同胞矣。夫内地之同胞,与海外之同胞犹兄弟也,然今者一则日伏斧锧,一则日承色笑,地位虽同,利害悬绝,故当内地同胞受海外同胞之教,鼓其决心与勇气慷慨实行、血肉狼籍之时,有从内地至海外者,咸憬然有适彼乐土之感也。

由斯以言,则海外同胞明于是非,内地同胞迫于利害,其爱国之心则同,而其所表见者,则各异也。

1908年1月7日《中兴日报》《华侨之爱国心:精卫寄稿》(再续):

然同是华侨,而以或居于自由之地,或居于不自由之地,其境遇既有所异,心理亦有不尽同者。居于自由之地者,言论、出版、集会、行止一切自由,无所桎梏,因之意思发扬,声闻广远,其地风气之开恒非他所可及。而居于不自由之地者,言论有禁,出版有禁,集会有禁,则意思不得自由矣;出口入口,皆受检查,量身度指,曲折凌辱,及其居留,则有身税,跬步逾阈,辄受制裁,则身体亦不得自由矣。本土客之分,而有主奴之戚,跼天蹐地,救死不暇,欲其开通风气,岂复易言,故其望居于自由地之人民,犹居地狱者之望天堂也。然惟其跼蹐无所、痛苦日深,故其怀祖国之心亦日挚,己所居境既不足生其系恋,而故国豺狼纵横,咋□人骨,为属尤甚,无所往而非危地,又目击强国之民俯仰自得,人人咸若写其国家之荣华于颜面,则由比较而生愧耻,由愧耻而生愤悱,不明理而已,苟其明理,则鼓其决心与勇气,踔厉奋发、甘死如饴矣。是其情状,亦犹内地之人民迫于利害,而勇于实行也,持以与居自由之地者相较,苦于辨其轩轻焉。

综上以言，则爱国之心实由是非之心与利害之见综合而成也。凡人对于国家，当尽个人对于团体之义务，此所谓是非之心也。无国家，则一己亦无所庇，而沦人道于牛马，此所谓利害之见也。是非之心，人皆有之，而利害之见，则各因其身受之不同，故或为迫切，或为纡徐，情乃大异。虽然，吾闻之，凡真爱国者，只计是非，不计利害，凡计较利害者，即无爱国之心。例如满洲覆灭中国，自是非以言，人人当以满洲为仇者也，若自利害以言，则或以满洲待我不薄，不可相负，如张之洞《劝学篇》所云："深仁厚泽，未有过于圣清"，康有为《政见书》所云："圣祖之德，唐虞至明之所无，大地万国所未有"，即此属也。

1908年1月8日《中兴日报》《华侨之爱国心：精卫寄稿》（三续）：

呜呼！为此言者，真与当联军入北京时自称顺民者同一心理，何则？满洲待我不薄，则从而臣事之，他国待我不薄，而亦从而臣事之，不计所事者为何如人，但计待我之厚薄而已，此所以善于亡国，而精于灭种者。故凡爱国者，必当屏除利害之见，至于计较到[利]害之轻重，受害轻者，爱国之心亦从而薄，则为□尤卑。今设譬以明之，有人为蜂蜇其指，不独一指痛也，全体皆觉其痛。国民之关系，何独不然，岂有同为国民，居于内地者苦，而居于海外者可乐乎。愿我国民不计利害、不分苦乐，而惟以是非为归，然后爱国之心人人相等。夫以四万万人之众，而爱国之心人人相等，则吾国民之爱国心，磅礴无际，横绝宇宙，又何惮言者。

虽然，所谓爱国者，非泛言爱之而已。有爱情则必有爱力，父母之爱其子也，未寒而为之衣，未饥而为之食，未疾病而为之忧，所以爱之者，无所不至，他如兄弟之相爱、朋友之相爱、夫妇之相爱，亦必用其情、尽其力焉。爱国者亦何异于是，盖既知爱国，即自觉国民之责任也。

由是言之，爱国者，人之良心也，国民之负责任，其本分也。吾愿同胞以爱国为恒职，勿以爱国为美谈，以负责任为常事，勿以负责任为奇行。期于四万万人皆同此心、皆同负此责任而后已，而先觉之责，则在华侨。呜呼！吾愿海外之同胞，各凭良心，各尽本分。

1月6日(丁未年十二月初三日)　浙江桐乡农民因漕折苛刻聚众起事，至1月8日攻及县城，县令临阵脱逃。

1908年2月7日《中兴日报》《桐乡土党起事详记(浙江)》报道：

（十二月）初三夜桐乡县属之屠甸镇有乱民三四千人，将石泾学堂及陈绅客州家捣毁，鸣金打店，次日一律罢市。

初四夜，乱民四五千人沿途劫掠，捣毁行号一百数十家，商民四散奔逃，哭声震天。

初五日攻及桐乡，拆毁县署，劫县狱班房，放走罪犯，县城危急。王店尤觉惊惶异常，合镇罢市。党声言初六打袁化镇海宁城，声势愈炽，郡城戒严，市面震动。初六夜，嘉兴府杨守、嘉防统领李振标，承浙抚电饬，于黎明派兵分赴峡石、王店、桐乡，弹压解散，并派妥【员】驰赴桐乡屠甸相机办理。官绅飞电省吏告急，兹将抚电二则附后。

"嘉兴府杨守、李统领，并转桐乡徐令、桐乡屠甸镇绅商学界电：'屠甸一带，乱民鸣金聚众数千肇乱，沿途打毁学堂一空，人心遑迫，请火速派兵防剿'等语。徐令畏葸酿乱，倘滋巨患，定行严惩，希由嘉防派队前往弹压解散，查明、严拿首要，并传谕该绅商等。院歌印。"

"嘉兴府县转海宁绅商学界朱宝慈等、转桐乡屠甸镇绅商、转嘉兴商会各绅等电均悉，嘉兴地方，除电嘉防派兵外，复由省拨重兵分赴海宁、海盐、峡石、斜桥一带，并饬解散协从。院鱼。"

又闻初五日四句钟，有乱民二三千人攻及海宁，蜂涌入城，哄至州署，将纵火，清兵开枪

攻击,毙民十余人,拿获二人,就地加害。民退,自相践踏,死伤三四十人。清军往拒,民即出城,四散逃走,城门遂闭,合城罢市。

又闻初五日下午,乱民至桐乡时,桐乡县徐令临乱脱逃,坐脚划船于初五夜四更抵郡,托名上府告急,杨守面加申斥。闻此次该县乱民鸣金聚众,口喊"打漕去"三字者已有十余天,徐令不早解散,致乱民混杂,日聚日众,蔓延至两县一州(桐乡、海宁、嘉兴),皆徐令畏葸酿成巨患云。桐乡、海宁乡民闹事实为去年饥荒,每亩牵扯,仅有六七斗收成,意欲减漕让租起见,清吏置之不理,致有此哄闹,故被打毁者大半富有田产、绅商之家。该乡民不持器械,并不抢劫,且无会党混杂其间,近日报纸有沿途抢劫、目为会党等语,实防查之不实也。(按:此又别一说。)

1月10日(丁未年十二月初七日)　护理四川总督赵尔丰奏陈处理张治祥等结党联盟、倡言革命事。

《护理四川总督赵尔丰奏张治祥等结党联盟倡言改革片》:

再:近来沿江一带匪徒,倡兴邪说,谬托改革宗旨,煽动人心。少年无知,不免妄言妄听,甚以庠序衣冠之辈,亦多为所诱惑,躬陷悖逆而不知,此革命恶潮所以渐浸渐广也。川省地繁而匪多,伏莽之戎,往往狡焉思逞。至海外归来之士,纯驳不一,思想互殊,且其人又多自谓曾经吸受外界文明,喜于言论自由,亦难保不习闻诐险之谈,迷途误入。奴才鉴于皖、浙已事,深以勾结扰害为虞,密饬所属时加防察。兹据成都府高增爵、署成都县王棪、华阳县钟寿康具禀:于十月二十九日在东大街青石桥各店内,查获张治祥、黄方[芳]、黎庆余、江永成、杨维、王树槐六犯,并起获秘密信函。讯据供认,悉为逃匪余切即余培初所诱惑,欲持破坏主义、改革政治等语,或已与联盟结拜,或仅闻其事而未与其盟。然查张治祥则系文生,黄芳则捐有职衔,黎庆余、杨维等亦亦在学堂肄业,或经东洋游学,均籍隶本省。时在青年,乃罔知上进,辄听余切改革邪说,甘与为伍;甚或结为党援,玩法妄为,本未可稍从宽贷。惟据供系被胁诱所致,王树槐则仅与闻其事,若遽置重典,既觉尚有可原;若概予从轻,又恐不足示儆;若必拘拘成例,更恐生冀幸之心,长奸顽之胆。拟请将张治祥、黄芳文生捐职分别褫革,与黎庆余、江永成、杨维一并禁锢终生。王树槐监禁十年察看,如知改悔,再行释放,以示薄惩。

伏念预备立宪久奉纶音,官制法律亦多改订,朝廷与民更始之意,已为中外同钦。乃川省以僻远之区,士民素称谨厚。而余切等乃不知合群自治,独以破坏为心,邪说移人,害曷有极。奴才复撰拟告示,剀切劝谕,冀以拒邪诐而正人心。除饬严拿余切即余培初务获重办外,理合附片陈明,伏乞圣鉴,训示。谨奏。

朱批:著照所请,该部知道。馀匪仍著随时防范,严密查拿。

中国第一历史档案馆、北京师范大学历史系编《辛亥革命前十年间民变档案史料》下册,中华书局1985年版,第774～775页

△ 纽约华侨认为清廷向外国借款修建苏浙铁路丧失利权,遂加以反对。

1908年1月10日《中兴日报》《华侨因苏浙借款看破清政府之伪(北京)》一文载:

纽约华商总会近日有电致清政府,痛诋外务部卖路误国,丧失利权,并有海外侨民闻风解体等语。而考察商务之杨士琦,亦有电到京,言华商以朝廷丧失大信,群情疑惧,不易招徕,恐非空言所能笼络等语。惟闻外务部仍坚持前旨,毫无悔意云。

△ 革命党在奉天运军火给当地胡匪，清廷遂加以密防。

1908年1月10日《中兴日报》《革命党又祝胡党矣（奉天）》报道：

奉天侦察队访有会党多名，由哈尔滨运军火，助胡匪起事。徐督已飞饬朱、程两抚密防。

1月11日（丁未年十二月初八日）　革命党在新加坡新舞台剧场开演说大会。

1908年1月13日《中兴日报》《记本坡新舞台演说大会事》一文报道：

中历十二月初八夕，本坡同志假座新舞台开演说大会，听者数千人。是夕会场极整肃，门外遍缀生花，楼上高览汉帜。发言台上，灯光照耀如昼，繁花点缀，簇簇生新。钟才七鸣，坐席已满，后至者均挤拥门外不得入。女士出席，亦数百人。铃声响处，满座肃然。先由主席林君义顺登发言台，唱革命万岁之第一声，随宣布开会缘由，并绍介演说员登台演说，首仁同先生，次航苇先生，再次则《民报》主笔精卫先生也。三君鼓其如焰之热诚，发为最庄重之言论，词源峡泻、声浪电流、慷慨激昂、悲壮沉郁，一种爱国真精神自然流露，溢于言表。其痛陈亡国惨状，满虏残酷，听者眦为裂，发上指。及提出救国手段与唯一之革命主义，踔厉奋发，语吐光芒，男座鼓掌，女座亦鼓掌。钟鸣十下，乃由主席宣告散会焉，诚本坡得未曾有之盛会也。是夕记者在旁笔记，搁笔四望，光线所及，有数事触映眼帘，足系予笔端者。会场之整肃，一也；女士出席之多，二也；听者无倦容，一一皆终席而去，三也。有此三者，足见来会诸君文明思潮日涨高度，同抱一种爱国热诚而来，而对于吾党所执行之唯一革命主义深表同情可知也。夫新舞台一演剧场耳，演说而假座剧场，正为革命思想普及起见耳。我等同抱亡国痛，其在内地，久蜷伏喘息于专制淫威之下，集会且不自由，遑论演说革命。今吾侪越在海外，得托文明宇下，为满清政府干涉所不及，尚剩此一块自由地，得以发挥民族主义，鼓吹革命精神，斯诚不易得之机会也。革命前途，郁郁葱葱，诸君勉乎哉。初九日晨起，豪侣泚笔而为之记。

△ 因江浙发生民变，清廷命端方、刘光才、冯汝骙等认真剿捕。

谕曰：

端方、陈启泰电奏悉，盐捕营遇匪三百余人，而毙匪不过数名，足见该营队并未奋力击剿，著传知提督刘光才督率所部认真剿捕，务将此股迅即扑灭，倘涉蔓延，定惟该提督是问。浙境海宁等处匪情甚重，并毁教堂、学堂，省防亦见吃紧，何以冯汝骙尚未奏报，殊不可解。著冯汝骙查明情形，迅即电奏，一面严饬所属文武实力剿捕，并严密保护教堂、人命、财产，勿稍疏虞。现既匪势披猖，要在不分畛域、合力剿办。并著端方多备营队，以资接应，并选派兵轮在浙境海面梭巡稽查，勿使外匪接济军火，期可早日肃清。

朱寿朋编《光绪朝东华录》第5册，中华书局1958年版，总5814页

1月12日（丁未年十二月初九日）　清外务部命广西巡抚张鸣岐随时密查孙中山在越南的活动。

外务部电文：

升电已告法使，顷准复称，电据越督复称，前已闻孙密抵北圻，当经饬属严加采访，候探明即将孙勒交最速开行之轮，驱逐出境，等因。希即随时密查电复。外务部。

中国第一历史档案馆编《清政府镇压孙中山革命活动史料选》，《历史档案》1985年第1期

△ 清廷准张之洞等奏,改津镇铁路为津浦铁路,清外务部遂与德、英两方签订《津浦铁路借款合同》,规定由英德分段包办铁路修建资金,共向清政府借款英金五百万镑,以三十年为偿还期限,年息五厘。

朱寿朋编《光绪朝东华录》第5册,中华书局1958年版,总5815~5817页;王景春编《中国史学丛书续编3·中国铁路借款合同全集》上册,台湾学生书局1969年版,第397~411页

△ 因浙省军事防务吃紧,清廷命甘肃提督姜桂题统兵十二营驰赴浙江,办理剿抚当地民变情事。

朱寿朋编《光绪朝东华录》第5册,中华书局1958年版,总5815页

△ 河南、湖北官府抓获新野县龙华会首领。

《河南巡抚林绍年奏新野拿获龙华会头目片》:

……臣查近年会匪隐相煽诱,民气浮动,实为腹心巨患,叠奉谕旨,严拿惩办。全赖地方官勤于觉察,立断先机,所谓起事之初,一健吏足以了之。此案龙华会匪首朱宝卿,在新、襄一带多年放票,党羽蔓延,约期起事。然非该令陶炯照有胆有识,外委李芳锦不避艰险,则安危之机,间不容发。惟该匪首被获以后,新野、襄城民谣尚有聚众劫狱风传,若解归原省讯办,则中途抢夺,自在意中。未便久稽显戮,已由臣批饬南阳府,委员会讯明确,就地正法,以昭炯戒,而靖人心。现准湖广督臣来咨,任灵川、沈大学等,业经襄阳、谷城等县拿获。自应将朱宝卿全案供招、犯僧伏玉及逆书、票布、折帖等件,解送鄂省,以凭讯办。

署新野县、准补南阳县知县陶炯照,拟请以同知直隶州在任候补。外委李芳锦,以把总尽先拔补。其余出力各弁勇等,分别给予外奖,以资激劝。

至在逃匪徒张小驴,除饬仍通缉严拿,务获究办,并分咨外,所有新野县拿获会匪头目,暨讯办各缘由,理合附片具陈,伏乞圣鉴,训示。谨奏。

光绪三十三年十二月十五日奉朱批:著照所请,该部知道。钦此。

中国第一历史档案馆、北京师范大学历史系编《辛亥革命前十年间民变档案史料》上册,中华书局1985年版,第218~219页

1月14日(丁未年十二月十一日)　因地方官办事不力,嘉兴、湖州等地枭道充斥,监察御史徐定超遂要求清廷严惩历任失职官员。

《掌河南道监察御史徐定超奏浙西盐枭纵横,请严惩失职官员折》:

署京畿道、掌河南道监察御史臣徐定超跪奏,为浙西枭盗充斥,地方官吏养痈贻祸,请饬分别严惩事:

窃查浙江嘉兴、湖州等府与江苏辖地毗连,向为盐枭出没之所。近年捕务废弛,匪党纵横,地方文武漫不经心,以致群盗蔓延,骎骎渐不可制。本年(1907年)自夏秋以来,计嘉兴一境劫案至四五十起之多,失赃至数十百万之巨,其余抓人勒赎、开场聚赌,无日无之。浙江抚臣冯汝骙到任之初,即檄调宁波营统【领】吴杰到省襄办防剿,以匪势猖獗,迄未成功。所尤可骇者,十月二十一日,大帮匪目夏作霖等,自日连劫海盐县之沉荡镇,杀毙炮船哨弁,抢取警察军械,自辰至酉,始满载而去。二十七日晨,又在平湖县新仓地方,胆敢与官军开仗。浙西人民无安枕之日。该匪等形同叛逆,出入自如。各属官长事前既无解散之方,事后又无缉捕之力。嘉防统领陈诗政到差以后,盗风更炽,民间尤啧有烦言。近日更闻扰及教堂,意在酿成交涉重案,使地方良莠难分,从中煽乱,恐其志不在小。伏恳严旨饬下浙江巡抚,查明

各属历任之最讳匿养盗文武各员，参处数员示儆。一面勒限缉获著目，以安良民，而弭巨祸。

臣为东南大局起见，不敢壅于上闻，伏乞皇太后、皇上训示施行。谨奏。

中国第一历史档案馆、北京师范大学历史系编《辛亥革命前十年间民变档案史料》上册，中华书局1985年版，第372～373页

1月15日(丁未年十二月十二日)　孙中山在越南河内受到法国殖民当局的传讯，被要求离境。

《胡汉民讲述南洋华侨参加革命之经过》：

我们一行人从镇南关后山下来回安南境地还是要坐火车，我们就在谅山等车子。(越南)警察看见我们这行人行踪诡异，既不类工人、农民，也不象商人或学生，他注意我们的行动了。刚刚这个警察是见过先生(指孙中山，下同，编者)在报纸上的照片的，警察的心中已经十二分的明白，他就跟踪我们。

我们一直回到河内的时候，警察就找到当地华侨杨寿彭，杨寿彭是当地的帮长，可以和政府谈话的。警察就说："我们现在已经晓得孙某在何处了，你带我们去找他们出来。"杨起初还是抵赖，后来露出破绽，赖不过来。本来安南政府对于中国革命并没有什么帮助，也没有什么干涉，他们可以默认我们做事情，但是要我们不要给警察看见了，因为警察看见了就要执行他的职权，要依照公事的办法去做，政府也只好依警察的话来办理了。这一回给警察看见了孙先生的行迹，警察就迫杨寿彭到孙先生那里，说是："你一定带我去找孙某，我们是中立国，不能做你们的策源地，我须回报政府！"杨寿彭究竟幼稚，想不出应付的话来，就把警察带到孙先生住所了。我当时就责问杨寿彭为什么直说先生的寓所，因为他尽可以一口咬定说：我是做生意的人，什么事也不晓得。警察也没奈何你，这件事情不是不发生了吗？总之，杨寿彭太不老练了！

第二天(1月15日)，安南政府请先生去，对先生说："现在别的办法没有，我们只有请你离开好了。"

"我也晓得你们认为不方便，离开就离开好了。"先生答。

"那么可以坐我们的法国船，先到西贡，到了西贡，你要到什么地方都方便的。"

"稍为等几天，就离开这里好了。"

过了几天，安南政府派了一个书记官和先生同走(我前年经过西贡的时候，这位书记官已经做了安南的副总督了)，先到西贡，再转赴新加坡，本来精卫也是在新加坡地方。

…………

冯自由《革命逸史》第5集，中华书局1981年版，第198～199页

编者按：关于这一时期法国政府对于孙中山及革命活动的政策和态度，学界有不同认识。〔美〕金姆·曼荷兰德在《1900—1908年法国与孙中山》(《辛亥革命史丛刊》第4辑)一文中指出，为维持自身的既得利益，"法国政府有意摆脱与中国革命运动的任何联系"，"在法国政府看来，中国革命运动对于印支半岛及清朝都是危险的"，参与支持孙中山的，只是法国的下级军官。而〔美〕杰弗里·巴洛在《1900—1908年孙中山与法国人》(《辛亥革命史丛刊》第6辑)一文中则认为，法国在亚洲的殖民地政府和扩展主义分子不愿抛弃孙中山，"河内的法国政府当局曾经对进攻镇南关之役表示祝愿"，只是因为"法国政府希望维持中国的现状，并且相当地害怕孙中山所属部队的排外主义趋向"，以及镇南关之役对中、法所产生的压力，法国才被迫驱逐孙中山出境。

△ 广东龙门县县令悬赏缉拿革命党，严密防范其偷运军火。

1908年1月15日《中兴日报》《龙门令亦防革命党运军火(广东)》报道：

目前大吏访闻有革党运军火,潜入潮州等语,当经电饬严带搜查在案。现龙门县以所属接近潮惠,难保不乘机勾煽,特率勇严防,移营悬赏购缉,并将情形禀陈当道。以所属层峦叠嶂,水路两途均极崎岖,往来运输殊非易事,惟民贫地瘠,而属境又与惠之长宁、博罗、河源等县相接,近来惠属会党每潜入勾结,以致从者日众。年前韩山树旗起事,幸不致酿祸,此次革命党军火既欲由潮惠偷运,难保不再勾结图逞。当经率勇移营严密查缉,并分别出示悬赏二百、一百员侦探查拿,如能起获,并准变价酌量充赏,及将在事出力人员破格请奖,以示鼓励云。

1月17日(丁未年十二月十四日)　松江一保皇党员运动留日同乡加入保皇党,遭到大家拒绝。

1908年1月18日《中兴日报》《保皇党运动松江人(日本)》报道:

《日华新报》云,天主教民马良,字湘伯,昨(1月17日)已到东,寓日比谷公园之帝国旅馆。日昨,留日松江同乡特开欢迎会,到者约二十余人。马演说立宪问题,意欲诱引同乡之入保皇党,当时热心爱国者咸欲反对,马见人不赞成,急示手帐一本,谓此是吾政闻社员题名录,想诸君皆热血人,曷勿签名入会,仆可介绍等语。会员闻马语,率散会,未为所惑。

1月18日(丁未年十二月十五日)　广东钦州严密搜查民间私藏的军火,以期根除革命党。

1908年1月18日《中兴日报》《搜查钦州军火之严密(广东)》报道:

现闻郭道以钦党向来强悍,欲绝根株,自以歼除党首、严查军火为最要关键。查钦西大丽、小董、太平、那动[勤]等各村私匿军火最多,土民从党亦多,亟应严行查办,以绝根株。现已督同防城李令,勒令土民早缴私匿枪械,其乡团所用者,则一律烙印,此后民间不准再有私藏。并以该处与上思交界各村均有私藏,自一体严查,以免此禁彼匿。当经函邀该厅蔡丞至那勤一再面商,约定刻期严行查搜,以杜后患而断接济,务期彼此合力,共除党患云。

1月19日(丁未年十二月十六日)　湘省宪政讲习所成立。

1908年2月10日《申报》《湘省宪政讲习所成立(长沙)》:

湘省宪政讲习所系由杨君晳子、谭君祖庵、龙君萸溪、胡君子静等所组织,赁定湘潭师范学堂房屋,于去腊十六日开办,定章隔一二日或二三日讲演一次,莅所听讲者,均可彼此辨难,以期研究有得,为异日地方自治之预备云。

△ 清廷电令两江总督端方、江苏巡抚陈启泰转饬道员庄蕴宽迅赴广西筹办边防,并令广西巡抚张鸣岐暂缓编练新军,以稳定边防。

上谕:

张鸣岐电奏悉,著端方、陈启泰转饬庄蕴宽迅赴广西,以供差遣。现边防正在吃紧,编练新军非一时所能就绪,仍著(张鸣岐,编者)驰赴龙州巡阅布置,俟边防粗定,再将编练事宜妥为筹办。

朱寿朋编《光绪朝东华录》第5册,中华书局1958年版,第5819～5820页

1月20日(丁未年十二月十七日)　清廷命景星、俞廉三、丁振铎、曹鸿勋、陆元鼎协理开办资政院事务。

朱寿朋编《光绪朝东华录》第5册,中华书局1958年版,总5820页

1月21日(丁未年十二月十八日)　清广西巡抚探查得知孙中山在河内的住所,请求清廷电告越督将其驱逐。

广西巡抚张鸣岐致清外务部电:

前承电示,越督允查明孙文匿在何处,勒交最速开行之轮驱逐出境。近据探报,该逆仍在越境,纠集徒党,自系越督尚未查知该逆寓所,无凭驱逐。查该逆现寓河内火隅场直街进第二街头一间一屋楼洋房,门口有铁丝围墙,请告法使转电越督按址查拿驱逐。岐叩。啸。

中国第一历史档案馆编《清政府镇压孙中山革命活动史料选》,《历史档案》1985年第1期

1月24日,清外务部复电张鸣岐:

啸电悉。昨准法使照称,孙文在河内于本月十二捕获,候西行最先开轮之船即驱逐出境,越督已颁通谕,不准再入越境,等因。该逆现经就获,闻有送往新嘉坡之说,已函致该使将开轮日期电询越督见复,以便与英使商办。得复再达。外务部。

中国第一历史档案馆编《清政府镇压孙中山革命活动史料选》,《历史档案》1985年第1期

△ 河南商城县抓获龙华会头目,巡抚林绍年要求地方广设学堂,昌明正教,以杜绝后患。

《河南巡抚林绍年奏商城龙华会聚众起事片》:

再:据商城县禀报,县民叶菉青等,信从邪教,据寨焚杀等情。当经臣电饬地方官营队协力扑治,以免滋蔓。旋据各营县禀,获首从匪犯多名。复经臣电饬南汝光道吴尌驰往,督同该州县研审,从严拟办。兹据该道等,以提集各犯反复质讯,缘叶菉青与弟叶七生传习著名教匪邓建堂邪教,设坛扶乩,烧香焚表,敛钱惑众,捏造不经诗词,劝诱佃户王志仁等多人登入黄册。兄弟各创道号,曰道正、曰德和,并立道、德、明、心、性五字派名。叶菉青预在金山修盖草房,为躲避之计。叶七生又与王平安均充正、副主。叶菉青、叶七生因分居老围,胞叔叶宜赟、堂兄弟叶润含等素不信教,屡言必得显报,假托坛语十月二十三日大劫已到。届期王平安等遂于王志仁家纠集余少益等一共二十六人,分持红黄八卦旗帜,并带刀械,王平安捏言神主附体,领众齐至老围,翻墙撞门进内,叶宜赟等全家得信避匿,未及于难。王平安复制绿呢帅旗,竖立寨门,往邀叶七生搬运枪械、马匹到围聚议。由王平安传令放火裹人,只许烧杀,不准奸淫,意在大举。将众分作三起,派令余少益、徐立生、王志仁各领一股,分赴苏仙石等堡放火,焚烧民房一千四百余间,裹胁愚民数十人,仍回老围踞守。营县得报,派差张金元、高少元先往踹探,均被捆缚砍毙。勇队继至,王平安等堵闭寨门,放枪抗拒,轰伤兵丁姬得光。嗣因见势不敌,黑夜越墙窜逸。兵役及各路乡团分投搜捕,同固始县先后将首要各匪擒获,并起获枪旗、符咒。电经奉饬讯办,遵即严审明确,分别拟议,禀请核办前来。

臣查商城县与皖、鄂两省接壤,山径分歧。上年著匪邓建堂即邓道真创立龙华会邪教,到处构煽。其党谢尚恭、柴焕然两匪在商、固交界地方聚众滋事,拿获讯办,经前抚臣奏报在案。此次叶菉青兄弟以读书子弟传习该会邪教,竟敢创造谶纬妖言,煽惑乡愚,谋为不轨,始发难于骨肉之间,继肆毒于乡邻之地,终乃擅杀公差,抗拒官兵,苟非两日之间即行扑灭,为患何堪设想。自应按照会匪章程从严惩办,以遏乱萌,而昭炯戒。除畏罪自尽及因伤死各犯毋庸置议外,所有叶菉青、叶七生、王平安、余少益、王志仁、徐四、叶善炳、徐立生、萧宗青九名,或主谋倡乱,或随同焚杀,均属罪大恶极,已批令就地正法。其情节较轻之詹鸿福、侯毛、王志义三名定为永远监禁,傅马、徐二、徐三、蒋毛孜、张万顺、余良科、王志礼七名监禁十年,

徐扬孜、徐女孜、詹远相、詹锄孜、徐世忠监禁五年。被难各户业由道县迭次捐廉抚恤,不致失所。酌留营队加意弹压。著匪邓建堂同未获之蒋苳臣、叶十五,一体勒拿究办。余属被胁,概免深究。该署知县延寿,事前虽失于防范,事后会营拿获首要多名,尚知愧奋,应请免于置议。署固始县颜绳祜,协获邻境要匪王志仁、叶善炳、詹鸿福、王志礼四名,实属缉捕勤能,自应照章咨部照例议叙。

至商、固一带民风蠢悍,传习邪教,屡次肇事,非亟求移风易俗之方,难收革面洗心之效。除饬该州县遵章广立学堂,多设宣讲,昌明正教,以善其后外,理合附片陈明,伏祈圣鉴,训示。谨奏。

光绪三十三年十二月二十四日奉朱批:该部知道。

中国第一历史档案馆、北京师范大学历史系编《辛亥革命前十年间民变档案史料》上册,中华书局1985年版,第219～221页

△ **由广东学界发起的广东地方自治期成会开会成立,并订立章程。**

1908年1月25日《中兴日报》《纪粤人自治期成会》报道:

广州函云:学界发起自治期成会,定于十八日假座雨帽街邓家祠开第一次会议。是日,各学堂均举代表赴会。十二句钟入座,公举正主席邱仙根、副主席张六士,宣布王狮灵、沈宁则,演说苏研农等四员,书记吴墨田等四员,纠仪邹海滨等四员,招待邓振武等八员。是日决议事件:(一)定章程;(二)念五日收纳基本金及选举;(三)正、副会长不能同属一府,须年在念五岁以上,五十岁以下,从事于教育事业,而于九府七州声望□著者。并刊有该会办事章程念七条,当众宣布,至三句钟散会。

…………

1月23日(丁未年十二月二十日)　清廷准陕甘总督升允奏,青海暂缓建省,先行试垦。

朱寿朋编《光绪朝东华录》第5册,中华书局1958年版,总5822页

△ **清宪政编查馆规定留学毕业生回国经学部考试授予出身后,应再参加廷试才能授予官职,并制定廷试章程。**

宪政编查馆奏:"光绪三十三年九月初三日御史孙培元奏考试游学生请择尤录用以杜奔竞而作人才,经学部议覆奏称:'上年(光绪三十二年)所定《考验游学毕业生章程》,系参照东西各国制度,将学成试验与入官试验分为两事。苟教育普兴、官制大定,则居官者无不学之人,而学成者不必汲汲于仕进,此制实无流弊。惟本年各省保送举贡,均授职有差,其未经录取者,复经吏部奏定新章,分别等第,量予就职,至各项高等学堂毕业,亦皆奖励实官,此项游学毕业,量其登进之途比较情形,不无轩轾。该御史原奏所称,考试及格应随时就职,就现在情形而论,尚属可行,惟任官章程关系重要,应由臣部悉心妥议,咨送宪政编查馆王大臣详细酌定奏明办理等语。本年十月二十四日奉旨依议,钦此。'钦遵在案。伏查我朝取士任官之法,向以科举出身者为正途,而廷试实为登庸之始,优拔贡则有朝考,进士则有殿试朝考,分别等第,录用有差,略与各国文官高等试验用意相似。现在科举停罢,归重学堂,此后量能授官,自应以学堂为取材之所。惟入官试验一时尚无善法,而内外百司推行新政,需才孔殷,此项游学毕业人员为数又属有限,争先罗致亦理势之自然,往往负笈初归而剡章已列。则与其私相延揽,以辟召而得官,不如明定章程,俾因材而任使。臣等公同商酌,拟请暂照光绪三

十一年考验游学毕业生金邦平等成案，嗣后游学毕业生经钦派大臣会同学部考试请予出身后，拟令恭应廷试一次，照从前殿试例，请旨分别授职，以广登进而励真才。俟将来考试官吏章程大定，再将各学堂实官奖励及此项授职考试体察情形，酌量变通，奏准办理。兹由臣部妥议廷试章程十一条，送由臣馆详细核定，开具清单，恭呈御览。如蒙俞允，即由臣部奏请钦定廷试日期一体遵行。"得旨，如所议行。

朱寿朋编《光绪朝东华录》第5册，中华书局1958年版，总5824～8525页

之后，清学部命令赏给举人、进士出身的留学生补应廷试。1908年2月5日《申报》《学部通知游学生廷试章程》一文报道：

学部致各省督抚电云：宪政馆与本部会奏游学毕业生廷试章程已奉旨允准，凡光绪三十三年及本年经本部考验之游学毕业生已赏给举人、进士出身者，请饬于明年二月内到京恭应廷试，勿得自误，并饬提学使知照。

1月24日（丁未年十二月二十一日）　孙中山被越南政府驱逐出境，前往新加坡，清廷遂再次请求英国将其驱逐。

1月30日外务部致粤督桂抚电：

马电计达。准法巴使节略，越督电称，孙文已于西历本月二十四日乘法公司船萨拉西开往新嘉坡，等语。除由本部函商英使电坡督，候到坡即行驱逐，并不准入英国南洋各属，并电驻坡孙[左]领查明电部外，希随时密查。至该逆何日由坡出境，得复再达。外务部。

中国第一历史档案馆编《清政府镇压孙中山革命活动史料选》，《历史档案》1985年第1期

△ 因清廷查知革命党用轮船私运军火入潮，遂增加轮船巡缉。

1908年1月24日《中兴日报》《严查私运军火（广东）》刊载：

自风传党军私运军火入潮以来，迭经该处文武严查，至今仍无影响。现惠潮吴道又电张督，谓现又查得党军确已配定大宗军火，拟用轮船直入潮海，惟潮州海面辽阔，巡轮无几，不敷巡缉，请速添轮来潮，严行查缉等情。现张督已札司处及两分统，刻日拨轮前往矣。

△ 广东潮州绅学界风闻会党将在饶平县黄冈起事，遂联名禀请政府派勇驻扎。

1908年1月24日《中兴日报》《函述黄冈余党又思起事（广东）》刊载：

潮州绅学界函云：饶平之黄冈，地滨海洋，为闽粤之咽喉，岭东之保障，（1907年）四月间会党事起，以此为根据地，近日复暗行勾煽，居民谣言百出，风声鹤唳，一夜数惊，恐不免仍蹈钦廉故辙。现闻县绅联名禀请大吏，派勇驻扎。

△ 清外务部照会德国驻京公使雷克司，称将中德《胶澳条约》中涉及的胶澳至沂州、济南至山东段铁路归入津浦官路办理。

泌汝成编《中国近代铁路史资料（1863－1911）》第2册，中华书局1963年版，第822～823页

1月26日（丁未年十二月二十三日）　四川革命党人策划于当日发动叙府起义，但因情报泄露，起义流产，后领导人谢奉琦被捕。

熊克武《辛亥前我参加的四川几次武装起义》：

在十天中，江安、泸州和成都连续两次起义失败，党人并不气馁，且急图再举。叙府为响

应泸州、成都,在谢奉琦、刘水年、杨世尊主持下,已有相当准备:如屏山和嘉定的巡防军已由徐岱中、杨世尊和黄农江分别接洽妥当;隆昌云顶寨有洋抬枪(四川兵工厂造大步枪,需二人抬之,同志取名为洋抬枪)数十枝,经黄万里、薛瀛海、郑辉武联系,可以相助;并由谢奉琦、曾省斋联系好刘绍峰、詹树棠,发动叙府、宜宾县堂勇起义。于是同志集议,定期十二月二十三日在叙府再次发难,并推我和佘英赴附近的井研、荣县、富顺等县,号召同志踊跃参加。预定起义这一天的傍晚,谢奉琦来告:消息泄漏了,刘绍峰、詹树棠已被知府宋联奎逮捕(后被杀害),同志们多主慎重,以免无谓的牺牲。这次起义就这样半途而废。

叙府事败后,同盟会川省主盟人、绍府起义领导者谢奉琦同志,回自流井家乡暂住,叙府知府宋联奎收买叛徒汪蔚然诱捕奉琦解叙,英勇死难,同志均甚悲恸。(谢奉琦于1910年3月牺牲,编者。)

中国人民政治协商会议全国委员会文史资料研究委员会编《辛亥革命回忆录》第3集,中华书局1962年版,第14页

1月27日(丁未年十二月二十四日)　孙中山抵达新加坡。

陈锡祺主编《孙中山年谱长编》上册,中华书局1991年版,第425页

△ 因江浙民变事,清廷命江苏布政使瑞澂督办苏松太、杭嘉湖缉捕清乡事宜。

朱寿朋编《光绪朝东华录》第5册,中华书局1958年版,总5824~8525页

1月28日(丁未年十二月二十五日)　因镇南关起义后革命军弹药缺乏,黄兴遂命谭人凤与秘密加入同盟会的原清广东巡防营统领郭人漳联系,以求其接济弹药,未遂。

谭人凤《石叟牌词十六:叙》:

…………

克强此时之雄心壮志,固犹未已,特以子弹无来源,颇焦灼。适余至,因与郭有旧,遂往求救济焉,时丁未十二月廿五(一九〇八年一月二十八日)夜也。二十六深夜,抵郭行营,谈颇洽,次日相随入城,适省报道衔复职,贺者盈门,态度忽变。……

谭人凤《石叟牌词》,甘肃人民出版社1983年版,第56页

1月30日(丁未年十二月二十七日)　因广东海盗为患尤剧,清廷命分设广东水陆提督,并以萨镇冰为广东水师提督,秦炳直为广东陆路提督。

朱寿朋编《光绪朝东华录》第5册,中华书局1958年版,总5824~8525页

是月中下旬　会党出没于广东、广西两省交界处,当地官员一面严令查探,一面认真防剿。

1908年1月23日《中兴日报》《会党仍出没于东西两省交界(广东)》报道:

现闻南宁经过会党有七八百人之多,唐浦余党复出没于上思之凤凰山一带。经由地方官禀大吏,大吏以党踪不出两省交界,应由东西各营互相策应,认真防剿,勿被走扰,特电饬一面责令各乡团确探查报,如探报得实,准予优奖,倘匿报知,即治以通党之咎云。

是月底　浙江青浦自治会开办讲习所。

1908年2月10日《申报》《青浦自治会开办讲习所(松江)》刊载:

青浦县自治期成会于去腊禀准立案,兹悉该会事务所议附设讲习所,讲演法政。定研究

员正额四十名,旁听额十名,所讲科目为宪法、行政法、地方自治制、民法、警察法、财政学等类,以六个月为一期毕业云。

是月　江苏提学使严命地方筹办自治机构。

1908年2月12日《申报》《札饬筹办地方自治会(苏州)》一文载:

江苏毛提学去腊(光绪三十二年,编者)准江督札开地方自治为宪政之某[基]础,本年(光绪三十三年,编者)八月间钦奉谕旨,饬各省试办地方自治,嗣于十月间仿照天津自治局章程于宁城设自治局,当经分别派委各员,于十一月二十六日开局筹办,并设谘议局,派原委各局长、参事先行讨论,预备在案。惟自治局甫经创设,所有应设乡官及自治研究所议事会、董事会各事,应由原派各员克日筹议,次第施行,并将拟定章程及一切办理情形开具表册,详细呈候咨部查核。其省外各属,应责成各府厅州县一体实力举办,并确查辖境内曾否设有乡官及自治研究所议事会、董事会等项,有无订定章程、组织、成绩,一并列表造册,依限呈送两分,以凭汇案咨核。事关立宪要政,不得延宕、因循,不得粉饰、敷衍。除咨复外,合行札饬该司分札所属,一体遵照办理。

是月　广西地方官查探得知孙中山拟于近期在龙州领导各会党起义,清廷遂命其查清事实、严阵以待。

1908年1月20日《中兴日报》《西党约期并举警报(广西)》载:

省报云,近西省各党皆集注龙州,该处地方官探得各党拟分路并举,约期扑攻,而别以一军入□山,以图牵掣东军,并查得孙文在龙州边界,以指挥各路会党,法人已驻兵同登(越南地与西省相连)地方。当由地方官电禀来东,请示办理。闻张督已电饬各营严备以待,并饬查法兵作何举动,孙、黄两人在洞内有无实在证据,饬即派员查探电覆云。

是月　清江督、苏浙两抚向清外务部发电,劝其暂缓与英商签订沪杭甬铁路借款合同,以避免激化社会矛盾,滋生事端。

1908年2月5日《申报》《江督、苏浙两抚致外部电》载:

苏浙路事起后,两省人心嚣然不靖,苏松、嘉湖枭匪方炽,设若附和,深为可虑。上海宁波帮人最多,工商劳役皆有,向称强悍,屡有路事决裂,全体罢工之谣,尤属堪虑。近日松属匪扰,泰已派师船前往会剿,嘉属匪扰,骙已由杭省派兵,方已由江阴派兵,前往会同弹压剿捕,于初六日奏明在案。上海,则官绅、公司、商会竭力镇抚,劝令不可暴动,犹幸路事转机,尚未绝望,始得暂安。兹得两公司来电,传闻钧部十七日签押正约之说,群情惶恐异常,深虑此说果确,一旦签押,众望皆绝,滋生事端。求转恳钧部从缓签押,徐筹办理之法。伏思此事,钧部并非不思挽回,苦于英使坚狠,毫不退让,无可如何。而当局艰难,下民一时难于共喻,方等身膺疆寄,何敢专徇下情,不顾国际。然率吁众戚,只能徐晓以话言,不能强迫以法令,惟有仰恳钧部俯念疆吏办事为难情形,将签押正约一节设法宕延,俾外间得以从容措注。一面广令官绅,剀切劝导,以安良民之心,一面严饬文武,密为防范,以杜莠民之乱,庶免仓猝之间,忽闻决裂之信,措手不及,致有意外之虞。方等实不敢当此重咎,彼时即重治疆吏之罪,亦无及矣。向来交涉之案,中有为难之处一时不能议结,因而延缓经年累月者,中外之所恒有,此事在国际中尚非重大之件,想外国不致因此遽肆强权。方等反覆思维,不敢缄默,致负国恩,用敢沥陈,伏乞垂鉴训示,幸甚。

2月2日(戊申年正月初一日)　清廷授醇亲王载沣为军机大臣。

光绪三十四年正月初一日,内阁奉上谕,醇亲王载沣著补军机大臣,钦此。

中国第一历史档案馆编《光绪朝上谕档》第34册(光绪三十四年),广西师范大学出版社1996年版,第1页

2月5日(正月初四日)　粤海关缉获日轮"第二辰丸"私运大宗军火,清廷认为系革命党所为,遂予以扣押。

清两广总督张人骏于2月7日致外务部电曰:

顷据水师巡弁李炎山等由澳门电禀:日商船"第二辰丸"装有枪二千余枝,码四万,初四日已刻到九洲洋中国海面卸货,经会商拱北关员见证上船查验,并无中国军火护照,该船主无可置辩,已将船械暂扣。查洋商私载军火及一切违禁货物,既经拿获,按约应将船货入官,系照通商条约第三款并统兵章程办理,历经总署咨行有案,自应按照遵办。迭饬将船货一并带回黄埔,谨先电闻,并请照知日使。

王彦威纂辑、王亮编、王敬立校《清季外交史料》第3册,书目文献出版社1987年版,第210卷第1页,总3222页

另据1908年2月8日《申报》登载的两条消息判断,清廷认为此军火乃革命党私运,遂严加稽查。《专电:电一(北京)》载:

外部接粤督电告,革命党私运大宗军火,在香港某轮船搜获,现已饬关员遇有进口轮船,严密查缉。

《香港查获私运军火》又载:

初五日《文汇报》载香港电云:今日(2月5日)下午有日本轮船在澳门近处华界卸运军械,为中国海关委员察悉,即如数拘获。闻此项枪支系孙汶党中所用者。又初六日香港电云:日本轮船名"第二大佐丸"(译音)(即"第二辰丸",编者)者,自横滨来此停泊于英水界外,其船装载洋枪九十余箱,弹药五万颗,正在预备卸货为人察觉,当即扣留。现该船已带往广东矣。

1908年2月11日《申报》《日轮装运军火续闻》再次报道此事:

初七日香港电云:日本轮船"大津丸"(即日语"第二辰丸"的另一译音,下同,编者)被中国海关扣留,据称该船在澳门附近华界拆卸所运军枪药弹等件,计船中共装毛瑟枪一千五百枝,药弹四万颗。惟船中人则谓该船因候潮水,故停泊澳门港外,并无卸去军火之举,云云。现该轮船已由中国炮艇二艘、巡缉舰一艘,押解送至广州省城。(译自《字林报》)

△ 嘉兴、湖州一带枭匪蔓延,谕命两江总督端方会同江苏巡抚陈启泰、浙江巡抚冯汝骙会同妥筹办理。

清侍郎沈家本奏曰:

臣迭接家乡电信,据称嘉湖一带枭匪蔓延,势甚猖獗。湖州如石冢、重潮、新市等处,嘉兴如桐乡、石门、海盐等处,白昼抢劫,掳人勒赎,甚至拒捕戕官,打毁教堂学堂,种种不法,指不胜屈。近闻朝廷特派重兵前往坐镇,诚以乱萌一日不靖,即闾阎一日不安。圣主眷念东南,江浙人民实深庆幸。臣查此项匪徒,与大股匪党揭竿起事者情形不同,盖其中半为昔年裁勇,半为盐枭,有红帮青帮各种名目;其籍贯以皖省之焦湖人为最多,两湖人次之,温台人亦杂出其间;平日以包赌贩私为事业,遇便则抢劫讹诈,无所不为。恃太湖为出没之所,沿湖各府州县,踪迹无常;一闻官兵搜捕,往往四散逃匿,或竟持械抗拒,官兵反致失利。如是者已数十年,办理总未得手,推原其故:一由于嘉湖等府港汊纷歧,官兵初到,情形扞格;而匪类游息日久,熟悉地形,兵至则散而为民,兵退则聚而为盗,往来飘忽,未易痛惩。一由于民匪

杂居，并无标异，啸聚则生抢劫之案，散处即为游手好闲之徒，难以辨别，又初无一定巢穴，可以悉力进攻。有此两故，所以一时不能歼灭也。近来匪势日炽，居民不能安业，间亦为所胁从，然究与成枭匪徒设立头目筑寨负嵎者迥异，故前年江浙两省有合办兜剿之议，卒难奏效。臣愚以为宜酌用清乡之法，匪多外籍，口音易辨，藏匿之所，亦易跟寻，苟得熟于情事之统领善为操纵，不使良莠混淆；南方偏重水师，倘多备炮船，扼要屯扎，以编查清匪之源，以抚辑散匪之势，宽以时日，事必有济。伏乞饬下江浙督抚臣于原有缉捕营办法，酌量变通，各派大员协同妥议清理之法，不动声色，威惠兼施，并令严查保甲，举办团防，庶匪踪易绝而匪势自孤，较之以兵力痛剿，似为有益。

上谕曰：

著端方、陈启泰、冯汝骙按照所陈各节体察情形，会同妥筹办理。原折著抄给阅看。

朱寿朋编《光绪朝东华录》第5册，中华书局1958年版，总5841～5842页

△ 为了推行地方自治，南京拟成立自治研究所，要求学员毕业后向民众宣传自治思想。

1908年2月5日《申报》《选送学员研究自治（南京）》报道：

江南自治局局长荣恒等近将酌拟自治研究所章程，详请江督察核，当奉端午帅批示云：所拟章程尚属妥协，应即择定校舍，一面饬各属选送学员来宁，并详请将军选送驻防人员，以便早日开学，按照折开各条认真办理。查研究所之设，系养成组织自治之人材。为开通社会，预备普通选举资格起见，该所学员卒业后应各回籍，尽本地方义务，组织自治学社，或宣讲自治浅义，以养成人民普通选举资格，为议会之预备，不得漠视义务，任意他去，致失该局筹设研究所之本意。应于章程内添入此条，以便遵守。并饬各属于选送学员时，令各学员亲具此项志愿书，并取具保结，方准派送。仰即遵照办理。

△ 江西建昌批准设立官绅会议所。

1908年2月5日《申报》《批准设立官绅会议所（江西）》一文载：

建昌府袁太守励忠以地方自治首重官绅联络，现已设立官绅会议所，特将拟就章程抄呈江督，禀请立案。端午帅以该守所拟章程志愿宏大、规则井然，批仰西藩司即饬遵照。

2月7日（正月初六日） 浙江新设立一所女子学堂，但入学者少。

1908年2月7日《申报》《筹办女学（浙江）》报道：

全婺八县向无女学，惟金华尚有一二校，然精神、形式均不甚可观，现由樊君斐堂设立天足分会，并附设女学堂，延请章女士为教习，惟入学者殊属寥落云。

△ 清两广总督张人骏密委参将赴潮侦查会党情形，得知会党等待军火发起行动。

1908年2月7日《中兴日报》《潮州会党之待时（广东）》报道：

大吏自闻潮州会党起事，即异常惊惶，文电纷驰，竭力防范。现闻张督日前曾密委参将吴敬荣赴潮侦查情形及会党举动。该参将到潮即会同潮州镇及赵游击等，改装亲赴海阳、潮阳、揭阳、陆丰、澄海各属侦察，当查悉确有会党分布四处，军火一到即行起事，业已再行设法跟踪确探，并据情电禀督辕矣。

2月8日（正月初七日） 孙中山复信池亨吉，述及其离开河内并遣黄兴、胡汉民筹划当

地革命事宜的情形,同时比较了清政府与英、法、日三国的关系。

《复池亨吉函》(一九〇八年二月八日):

……一月十五日来翰敬悉。但兄于归途中由长崎投寄之函尚未收到,恐在弟已离河内后始寄达该处。英人□□氏的急电,前此已收悉,对兄的厚意,深为感谢。如兄得便晤见□□男爵,烦代达弟在远方的欣喜之情,并致问候。

□□的状态较兄与弟等同居时更为□□。兄赴东京后不久,河内的秘密住所即被满洲政府的走狗所侦悉。北京当局立即点出甘必达街六十一号住所,向巴黎政府指控,许以重酬,要求将弟逐出安南。事已至此,弟不愿为法国总督带来烦扰,遂与印度支那暂别,更觅自由的新天地。于是飘然离开河内,重过沦落天涯的亡命生活。但留黄兴及胡氏(汉民)兄弟,委以当地及广西一带的筹划事宜。黄兴君更为奋发,已进入某地点。尤以云南军着着准备,照其预定计划开展工作,但何时起事,现尚难以奉告。

……今闻一有趣之事,即北京政府比较日、英、法三国,以英威最强硬国家而抱畏惧,以法为强且智的国家而示尊敬,独以日本为易与且为最易受骗的国家而欺之,其理由实甚滑稽。北京政府认为:孙文如在英属各地,不论使用何种手段对英政府提出要求,英政府亦将保护亡命客而拒之不理,故为最强硬的国家;法国则初表强硬,但如许以重酬,便渐可接受要求,如非强且智者断不能玩弄此等外交权术;日本则最易对付,只需我们一启口,它便不提任何条件,立将孙文驱逐,此非其外交拙劣,即为当局愚钝,兵力虽强,又何足惧!由此可见,以弟区区五尺贱躯,适成为比较世界三大列强的最后准尺,实不胜荣幸之至,一笑。……

中国社会科学院近代史研究所等编《孙中山全集》第1卷,中华书局1981年版,第358~359页

孙中山离开河内后,关于黄兴、胡汉民在当地的革命工作,胡汉民自己后来有所述及。《胡汉民讲述南洋华侨参加革命之经过》:

孙先生走了以后,我留在那个地方办理未竟之事。不过法国的警察和政府当局都是注意我的行动,所以先生走了二三天,我还不能做起事来。这样一来,我们从镇南关爬下山一直到先生被迫离开安南后的三四天,已经前后有七天多了。守炮的人因为守了七天还接不到军火,也就退却下来了。法人把这许多退却下来的人统统监禁起来。先生在临走的时候本来交我与克强办理此事,我们就要替这退下来的一百多人招呼伙食,并且办理交涉。当时法国人方面对于这些退下来的人如何处理,意见各不同:有的以为不许这些人出境,统统关起来;有的人以为可以送他们出境,因为镇南关起事时大家都是称为"革命",不能够象土匪一样对待的。后来这批人送到新加坡,英人不能接受,经法人声明镇南关之役法人曾宣布守中立,故得视为交战团体,应该可以上岸。这样,英人才答应他们上岸了。

…………

冯自由《革命逸史》第5集,中华书局1981年版,第199~200页

△ **清廷请求英方立即将孙中山驱逐出新加坡和南洋各属**。

清外务部致驻英使电:

逆首孙汶前匿河内,本部密商法使电越督捕获,已于公历正月念四送往新嘉坡,复经函商,英使电坡督一体驱逐在案。顷准驻坡左统领电,称"腊月廿四日孙汶到坡,主[住]潮人张永福家,坡督知而不拒"等语。除再函英使外,希切商外部迅电坡督立即设法驱逐,并电英国南洋各属不准该逆潜行阑入。即电复。外务部。(正月)初七日。

中国第一历史档案馆藏《清代电报档》,卷宗号2-05-12-034-0012

△ 清廷命姜桂题接统夏辛酉军，负责长江防务。

2月5日，云南提督夏辛酉卒于任所，清廷命甘肃提督姜桂题接统其军，筹办江防。谕曰：

夏辛酉原部各营，著甘肃提督姜桂题接统。未到差以前，皆责成该军营务处妥为照料，并著姜桂题统率原带六营，会合新接各营，汰弱留强，共成五千人，开往长江一带扼要屯扎，专作为游击之师，仍会商沿江各督抚筹办江防事宜。其前派会办江浙剿匪一差，著即撤销。

朱寿朋编《光绪朝东华录》第5册，中华书局1958年版，总5842页

2月9日（正月初八日）　清两江总督端方奏：苏、浙两省枭匪猖獗，苏浙捕务改由宁、苏、浙合办，并请添置兵轮快炮，拨派得力兵队以应急需。

其原奏曰：

苏省松太、浙省嘉湖交界处所，枭匪猖獗，业经奴才会同苏浙抚臣奏明，认真捕治，并奏派江苏布政使瑞澂督办在案。查松太捕务，向由抚臣就近督饬苏属营队专办，历任督臣均因此事向归抚臣主政，一切选将治兵捕盗事宜，势不能不分权限，以专责成。近日以来，枭匪势焰日张，迭出巨案，将领等捕治未能得手，势将蔓延。奴才目击情形，不敢循旧因仍，稍形拘泥。且奴才前署苏抚三月余，治枭曾著微效，于该处情形尚为周悉，是以电商苏浙抚臣等，治枭事宜向由苏浙办理者，改由宁、苏、浙三处通力合作，认真妥办。并奏请特派布政使瑞澂督办苏浙捕务，是为宁属派兵治枭之始。布置经营，有同草创，必须添置浅水兵轮机器快炮，并随时拨派得力兵队，综计用款，为数不赀。苏浙财政同一拮据，不能尽责该两处担任，自应协力统筹，共擎斯举，所有宁军一切用款，应请作正开销。

朱寿朋编《光绪朝东华录》第5册，中华书局1958年版，总5842～5843页

2月10日（正月初九日）　粤汉铁路湖南段通过招商认股，已筹股款数百万元，近日即将开工建设。

1908年2月10日《申报》《铁路总公司之报告（长沙）》一文载：

湖南铁路经本省教育总会及汉口各绅富极力提倡，致认定股款骤增至数百万元。近由总公司报告，略谓：本总公司两三月来招股尚为踊跃，汉口认百余万，湘潭认百余万，省城各学堂认百余万，数日之间，京师来股六七万元，省城及远近来股亦源源不断，优先股额瞬将收满，敬告各股东幸勿后期自误。工程师覆勘省线已定，现正购地，约日内开工云云。

△ 日人认为中方拘留"第二辰丸"轮船不合法，要求立即释放该船。

1908年2月12日《申报》《日人要求释放"大津丸"》一文载：

《字林报》载初九日东京电云：日本船主同盟会为"大津丸"因运军火被拒事，决议以中国海关之拘留为不合法，要求即将该船释放。谓该船所运军枪弹药系经大阪警察厅、神户理船厅及海关之认可，复经澳门行政官准许入口，云云。

2月12日（正月十一日）　因山西矿务问题，前山西巡抚胡聘之被清廷革职，江苏候补道贾景仁、已革知府刘鹗一并永不叙用。

1908年2月13日《申报》载：

上谕："开缺山西巡抚胡聘之，前在巡抚任内昏谬妄为，贻误地方，著即行革职。其随同

办事之候补道贾景仁、已革知府刘鹗胆大贪劣,狼狈为奸。贾景仁著革职永不叙用,刘鹗著一并永不叙用,以示薄惩。钦此。”

胡聘之生平简介:

胡聘之,湖北天门人,出身翰林,倾心新政。光绪二十年八月接任晋抚后,即注意矿产之开发。欲招外省绅商设立公司,及筹借洋款办法,筑路开矿。一面支持刘鹗等所设立之晋丰公司,一面于光绪二十三年九月,与英商福公司签订借款开办山西矿务合同。此举大遭晋省守旧官绅及朝廷台谏之反对。光绪卅一年日俄战后,全国各地展开收回矿权运动。光绪三十三年十二月十七日,山西商务局与福公司议定赎回孟县等地开矿制铁转运正续各章程合同,胡聘之等,遂因此而得咎。

中华民国史事纪要编辑委员会编《中华民国史事纪要》中华民国纪元前四年(1908年1月至12月),1979年版,第27页

△ 清廷得知革命派匿迹上海,遂密为访拿,后查明此消息不实。

1908年2月12日《申报》《孙汶党羽并不来沪》一文报道:

法部、民政部访闻,孙汶党羽启元、联兴、文炳等三人匿迹上海,特密电沪道,饬由上海县派令马快至沪北各客栈,密为访拿。业已查明,该三人并不在沪,已禀请沪道复部查核矣。

△ 海口地方官探得革命党首领藏于此,并将由琼私运军火入钦,遂加派兵轮严行查缉。

1908年2月12日《中兴日报》《会党运军火之难防(广东)》报道:

琼州海口原与钦廉北海接近,日前当道查悉会党有由琼私运入钦之说,现又查悉会党之不能运入钦之械,均潜藏海口,以俟乘便私进,或运赴潮起事。并查得钦廉首要现均伏于海口,当派通济兵轮及广玉兵轮往该处严行查缉。现仍恐不敷分布,拟将通济调回巡西江,另加派两较小之轮前往,以之严守出入口,而以广玉来往梭巡等情。昨已札行营务处遵照矣。

△ 清廷命农工商部考察各国棉花种类及种植方法,由各省督抚认真提倡改良,并制定奖励章程。

谕曰:

近来纱布进口,日益增多,实为漏卮之第一大宗。民间纺织,渐至失业,固由工作之未精,尤因种植之不善,利源外溢,何所底止。查美洲等处棉花,种类精良,茎叶高大,花实肥硕,所出之绒,细韧而长,织成之布,滑泽柔软,胜于内地所产数倍。皆由外国农业家,于辨别种类,审度土性燥湿,考验精详,故能地产日精,商利日厚。中国棉花质性,较逊于外国,种植又不讲求,南北各省,间有数处所产较胜,而培植仍多卤莽,是必须博求外国嘉种,采取培养良法,料美工精,自能广行各省,保全利权。著农工商部,详细考查各国棉花种类、种植成法,分别采择,编集图说,并优定奖励种植章程,颁行各省,由该省督抚等督率,认真提倡,设法改良。其果能改良之棉花纱布,经过各关卡,应如何优加体恤,并著税务处妥筹办理,以资畅销。该部未经颁章以前,著各省督抚先行体察该省情形,劝谕商民,实力筹办,或选择官地试种,或集股设立公司,多方鼓舞。所属地方官及绅商,如有切实创办,早著成效,应令将所产棉花,送部查验,准其奏请优奖。此乃兴利急务,勿得视为具文,致负朝廷振兴农务、惠利民生之至意。

朱寿朋编《光绪朝东华录》第5册,中华书局1958年版,总5843页

2 月 14 日(正月十三日)　驻京日使林权助就广东扣留日本“第二辰丸”轮一事向清外务部提出抗议,后清廷主张由两广总督与日领据理商结。

驻京日使林权助致清外务部照会云:

据驻广东本国领事电称,本国商船“第二辰丸”装载货物由本国开往澳门,于本月五日,(华历正月初四日)上午抵该口附近,适是日海面浪大,潮水不顺,未能进口,不得已在九洲洋方面,东经一百一十三度三十八分二十秒、北纬二十二度九分四十五秒地点,暂为下锚,等待潮水浪顺;至下午,忽见中国炮舰四只驶来近处,有广东水师吴参将及其余官员来船告云,此处系中国之领海,并禁止一切交通。上岸而去。讵至次日上午,吴参将等带领执军器之水兵二十多名,复来该船告示奉广东总督之命将船拖至黄埔等语,并不听船长陈辩,撤去船尾所挂之帝国旗,代以中国国旗;且由各舰添派水兵多名,纷入机器房作为种种放纵行动;后该船受许多困难,仅至虎门之对岸斜西地方停泊,仍被华官拘留不放等情。又据该领事转据“第二辰丸”船长声称:该船并未在中国领水卸货,其所装载虽多为军械,而系运澳之物,曾经由该口葡官允准有案。驻广东该国总领事亦认此事,且所载之实运至何地预先表明,可知该船确非在中国领海私走者。查“第二辰丸”下锚地点,是否在中国领海内,如重行精测自可显然;惟假定该处实属中国领海,本国船只遇有风浪尽可躲避寄碇,不应阻碍。今贵国炮舰忽将商船“第二辰丸”拖去拘留,显系违约;若其撤去本国国旗尤为狂暴;至执军械之水兵闯入船舶,窃去货物一事,举动野蛮,令人骇异。兹本大臣基于本国政府之电训,对于贵国官宪之暴戾不法,提出抗议。并望贵国政府迅即电饬该地方官,速放该船,交还国旗,严罚所有非法之官员,并陈谢此案办理不善之意,以儆效尤。

王彦威纂辑、王亮编、王敬立校《清季外交史料》第 3 册,书目文献出版社 1987 年版,第 210 卷第 1～2 页,总 3222 页

同一日,两广总督张人骏也向清外务部致电:

蒸电悉。日本商船偷运军火拿获一案,李镇准禀据李炎山等在九洲洋经东一百一十三度三十七分三十秒、纬北二十二度八分十秒中国水面于该船将起货时缉获,当时便会同拱北、大铲两关洋员见证,询明船主并无中国护照,虽携有澳督准照,乃不前赴澳门起卸,而在距离澳门甚远之中国海面停轮,安排卸货机器,用盘艇前诣驳运。并据拱北关员查究系澳门广和店批买存栈发卖,并非西洋官用之物。又据宝璧巡船管驾吴游击敬荣折禀:初四日早九点钟,该日商船抛锚在青州洋面,迭吹汽笛即见葡巡船驶出,指引该商船起碇,移至渠明经纬线之九洲洋海面,装机准备卸货,旋有葡轮拖带驳艇靠近该船,该游击即指挥宝璧等船会同海关缉私龙睛轮船偕关员同上日船,询商船主到此何事。该船主直认起卸军装,并言计共洋枪九十四箱、码四十箱。据约与言,该船主随延吴游击至卧房,愿以一百银元贿请放行回国,该游击却之,而请益力,心欲将船拘回,按约办理。该船主又请将私装军火悉数交出,并加贿至一千银元,不允,姑由九龙关税司催到西固带水升换龙旗,原船连货驶入虎门,停泊斜西河面,一面将搭客行李派船分别妥为护送,各等语。现在此案已劄饬粤关税务司按照海关会讯章程秉公办理。该日船以澳督准照影射私运军火,本属显违约章,既被查拿又思行贿图拓,实出有心尝试,且查该船属于日本株式会社往来香港、日本,此次只与英商太古运煤来港合同订明,非遇万分危险不得已之事,不得驶往他处,现该船私载军火并未赴港,中途亦未遇险,竟行闯入中国海面。先经线人探报,所运军火系为接济逆党之用,既经缉获,自应照章办理。粤中盗匪充斥各处,探报声称欲于正月间起事,军火之禁不严,贻患何堪设想,且于各国商务亦多危害。此案前经电咨钧部,尚祈将详情呈商列堂及葡公使,如以为然,务望坚持,仍请电复。骏。真。

中国第一历史档案馆藏《清代电报档》,卷宗号 2-05-12-034-0042

清外务部2月15日向两广总督致电，明示由其与日领据理商结：

……此案既经日使交涉，本部又势难遥度，仍由尊处就近与该领事据理商结较为周妥，并将办理情形电知本部为要。

王彦威纂辑、王亮编、王敬立校《清季外交史料》第3册，书目文献出版社1987年版，第210卷第1～2页，总3222～3223页

△ 北京银价、物价陡长，清廷命度支部拨银五十万两发给当地各银号，收回铜钱，并由邮传部尚书陈璧会同顺天府府尹办理平抑银钱事宜。

谕曰：

京师人烟稠密，贫户孔多，食用物价，稍涉昂贵，小民生计，立形困难。近日银价陡涨，物价因亦增高，嗟我黎庶，其何以堪。著度支部迅即拨银五十万两，发交顺天府府尹承领，即责成该府尹，妥择官商银号，代为贬价收钱，以平银值。一面严禁各商肆，任意抬高物价，其有私运大宗铜圆入京者，由崇文门监督、邮传部认真查禁。倘有奸民私铸铜圆，潜销充斥者，著责成民政部、直隶总督、顺天府、步军统领严密查拏，尽法惩治。俟银价物价皆平，由该府尹将承领银两解缴部库，其贬价亏耗之款，准其核实开单奏销。尚书陈璧前在府尹任内，办理银钱平价，尚属得法，并著该尚书会同府尹妥筹办理，务使操纵得法，国帑不至虚糜，用副朝廷体恤民困之至意。

朱寿朋编《光绪朝东华录》第5册，中华书局1958年版，总5844页

邮传部尚书陈璧奉谕后，乃会同顺天府府尹告示曰：

本部堂衙门钦奉朝命，维持市面，先由本部选派侦探多名，暗巡各火车严拿私运，并由本衙门遴派巡官严行查缉，如果获有私运确据，立即遵旨尽法惩治，所获私钱全数没官，至钱市为铜元荟萃之区，应即拣派妥员，在钱市监察交易，并开设公估局，每日派员赴市，由官帑项下平债收买，毋任奸商把持。

《政治官报》，"示谕报告类"，光绪三十四年正月十九日（1908年2月20日），第110号，第17页

△ 清廷命各省铸钱厂，凡铸当十铜圆，需于定额之外，加铸三成一文新钱，以济钱荒。

谕曰：

前以制钱缺乏，各省鼓铸当十铜圆，以期相辅而行。乃近来铜圆益多，制钱益少，铜圆一枚，不足抵制钱十文之用，而奸商折扣盘剥，颇足为害市面。且小民因制钱太少，零星日用，诸多不便。当各省鼓铸之始，原期准作十文，与制钱两无轩轾，而钱少圆多，遂至钱贵圆贱，不但物价腾涨，大碍小民生计，抑且铸本日亏，并足损碍饟源。自非铸用一文之钱，令一文本位长存，不足以显铜圆当十之数，保铜圆行销之利。前年湖北广东等省，曾奏铸一文新钱，当经度支部议奏通行，而各省搭铸一文新钱者，仍不多见。盖由于铸造一文新钱，成本较重，不免稍有亏耗，然以铸当十铜圆余利，酌量补提，亏耗尚不至无着，所失无多，所全甚大。著度支部通行各省厂，凡铸当十铜圆，必须于定额之外，加铸三成一文新钱，以资补救。其形式重量铜资铸本，均须豫为核算，妥为配合，又必须与当十铜圆，工料成本，大致相准，则兑换价值，铜圆一枚，必当新铸制钱十文，庶利推行而资信用。至此项一文新钱，或宜黄铜，或宜紫铜，或宜有孔，或宜无孔，并著该部详晰考核，悉心厘定，迅速奏闻。务期子母相权，大小相维，以便民生而正圜法。

朱寿朋编《光绪朝东华录》第5册，中华书局1958年版，总5844～5845页

2 月 15 日(正月十四日)　山西商务局与英国福公司于光绪三十三年十二月十七日议定晋矿赎回合同,现经清外务部与英国交涉,前案一律议结。

本日,清外务部就晋省赎回矿权一事具奏如下:

……逮(光绪三十三年)十二月十八日,据该省商务局总办湖南试用道刘笃敬等,联衔具呈臣部申称,矿事议结,并缮具合同两分,恳请批准前来。臣等详加查核,该合同十二条,大致谓:晋省借款二百七十五万两,分四期交还,将所有与福公司订定开矿制铁转运正续各章程合同,赎回作废。福公司将在平定州所有厂房机器等物,暨原合同所订五处内已购之产,均一概退还,交与山西商务局。该公司所聘用之人,要求赔款者均该公司自行担任。此项赎款,以本省亩捐的款项下,每年尽数拨用各等语。思虑周密,颇称允洽。当经臣部将此项合同批准,由该道刘笃敬与梁恪思,在臣部互换签字,仍盖用臣部印信,以符原案而昭遵守。复经臣部照会英国使臣,声明前项借款章程二十条,续立合同四条,均一律注销作废。该使臣亦即照允备案。臣等伏维晋省矿产富饶,久为各国所垂涎,自山西巡抚胡聘之轻信劣绅贾景仁、方孝杰、刘鹗等之舞弄,遽许与英、意两国商人福公司借款办矿,遂致酿成交涉,枝节横生。虽经迭次将正续章程合同逐条改正,藉图补救,而利源外溢,轇轕滋多。兼之晋地瘠苦,无业小民多恃矿产为生,力争自办,环相呼吁,顺民情则有违成约,符原议则坐失利权,相持无已,几乏善策。现经升任山西布政使丁宝铨偕同该道等,相机操纵,俾得和平商结,庶足仰慰宸廑。嗣后仍应由山西巡抚随时鼓励该省绅商,将一切矿产实力筹办,务期成效昭著,免至虚糜巨款,贻笑外人。除由臣部抄录赎回合同,分咨农工商部、邮传部,暨北洋大臣、山西巡抚等查照存案外,所有赎回山西矿务前案一律议结缘由,理合恭折具陈。

中央研究院近代史研究所编《矿务档》,中央研究院近代史研究所出版,第 869 号文,第 1593 ~ 1595 页

2 月 16 日(正月十五日)　清廷电告驻法公使,照会法国外交部查封《新世纪报》,遭到法方反对。

《新世纪报》因其言论与清廷不合,遂遭清廷封杀。据《东方杂志》载:

政府电告驻法使臣刘式训,照请法外部封禁《新世纪报》,法外部不允。

《东方杂志》第 5 卷第 2 期,"光绪三十四年(1908 年)正月中国事纪",第 7 页

《新世纪报》:该报由旅法革命党人张静江、李煜瀛、吴敬恒等于 1907 年在法国巴黎创刊。

…………

专提倡无政府主义,奇谈异说,震惊一世,其资本多由静江任之。我国人之言无政府主义者自兹始。

冯自由《新世纪主人张静江》,冯自由《革命逸史》第 2 集,中华书局 1981 年版,第 211 页

2 月 17 日(正月十六日)　清两广总督张人骏致电外务部,驳斥驻京日使的抗议,主张中日会同查讯,以决定应否释放日轮"第二辰丸"。

张人骏致清外务部电曰:

现据日领照称,日商船"第二辰丸"载运军火有澳门葡官准照,并经彼国神户税关水上警察所特许;其停泊中国领海为一时风浪或待潮,并无不合,请将该船释放,并欲处罚员弁等语。查正月初四日并无风波,日船在中国水面停泊,自早十点至晚六点,经八点钟之久,是日下午二点海潮最高,何不趁此时起碇赴澳,竟在该处预备起卸;并由官员及缉捕轮船巡弁上

该日船询明船主,确运有军火将行起卸,直认不讳,始将该船扣留,自应照关章会讯,分别办理。查同治十三年五月虽有英轮由新加坡领有坡督准状至海南洋面私贩,由本省巡船拿获,到省充公一案,事同一律。敝处以海关监督之权,饬税司照关章会讯,秉公分别查明办理,最为和平之当。总之该船应否释放或亦充公,非会同查讯后不能决断,应请钧部照请日使转饬广州日领遵办。盼电复。

王彦威纂辑、王亮编、王敬立校《清季外交史料》第3册,书目文献出版社1987年版,第210卷第3页,总3223页

△ **清外务部电告驻藏大臣张荫棠,议定江孜商约,声明领事署护兵不得超过二十人。**

《东方杂志》第5卷第2期,"光绪三十四年(1908年)正月中国事纪",第7页

2月18日(正月十七日)　清两广总督张人骏再次致电外务部,妥商驻京日使照章会讯"第二辰丸"轮案。

电文曰:

(正月)十四日电敬悉,咸电谅达。查据日商轮"第二辰丸"在中国水面停泊,载有军火预备起卸,当时由拱北关洋员会同缉捕,轮船管驾巡弁等测明确在经东一百一十三度三十七分三十秒、纬北二十二度八分十秒,由吴游击敬荣援引国际公法与该商船船主辩论,又指经纬度证解系中国领海,该舶主无词,始有邀该游击到船上卧房行贿请释之事。现有关员等在场见证,是巡弁、关员等所测定之经纬度数已为该船主承认无疑,乃始则行贿,继则加贿,终且愿听将船货带入虎门斜西河面。不仅洋关员之证可凭也,至该商船籍旗,因巡弁在该船上与船主援约据理相辩论之际,忽有澳门派来葡国兵船,势将恃强干涉,不得已商之船主,暂换龙旗,以免葡船干预,横生枝节;系为一时对待葡兵起见,并无别意,葡轮驶去,立将龙旗收回。该商船现在斜西停泊,并无阻其不挂国旗。前经札饬粤关税司按海关会讯章程办理,总之该船应否充公或释放,非会同日领查讯不能决断。查同治十三年拿获英船在海南走私,中国蓬洲巡轮曾发炮击其桅桅,拘带到省会讯,断令充公,英国并无异议。比较情节,此次对待日商船实更和平,且不遽照条约即将货船充公,仍照关章会讯分别判断,尤为正当办法,日人何能独异。本日派魏道瀚、温道宗尧往晤日领商办,据日领面称,此案如经会讯即系欲将该船充公,渠奉彼政府索放该船,未饬准照关章会讯,无权另允办法等语。查日领恐经讯明,该船不免充公,强词抵制,意图含混恫吓,似宜坚持会讯办法,免堕狡计。现在两粤盗匪充斥,接济匪械多由外洋转运,此案倘被狡脱,日后商轮畅运军火,势必不敢查缉,为患无穷。除已电驻日李使与日外部据理交涉外,务请钧部妥商日使,转饬日领照章会讯,切盼电复。

王彦威纂辑、王亮编、王敬立校《清季外交史料》第3册,书目文献出版社1987年版,第210卷第4~5页,总3223~3224页

△ **驻京葡使照会清外务部,请立即释放在葡国领海被捕的日轮"第二辰丸",后遭清方驳斥。**

照会曰:

为照会事,现知有中国海关兵船于本月初六日在葡领海面喀罗湾捕获日本轮船"二辰丸"一艘,迫令同至广州口岸,查该船系装载枪枝运卸澳门。该船被拿,有违葡国所领沿海权,并有碍葡国主权,阻害澳门商务,本署大臣甚为驳斥。想此事仅系因中国兵船管带官才

短,不明职守,因该轮船不应在葡国所领海面捕拿。本署大臣定望贵爵迅速转饬,即刻释放,以便该船随便前往所拟往之处为荷。

王彦威纂辑、王亮编、王敬立校《清季外交史料》第3册,书目文献出版社1987年版,第210卷第5页,总3224页

2月20日,清两广总督张人骏就此事致电外务部,驳斥葡国领事照会,申明日轮"第二辰丸"系在中国领海被捕。电文曰:

(正月)十七日电祇悉,前获日商轮"二辰丸",据拱北关税司及宝璧巡船管驾吴敬荣会同测量,确在中国九洲洋海面,距澳门甚远,该处为洋关缉私轮船巡缉界内,葡使称为葡领海面,实为强词。应请大部坚持驳拒,候讯明分别办理,是所至祷。

王彦威纂辑、王亮编、王敬立校《清季外交史料》第3册,书目文献出版社1987年版,第210卷第6页,总3224页

2月19日(正月十八日)　驻京日使林权助请清外务部转告两广总督张人骏释放日轮"第二辰丸",并要求赔偿。

《东方杂志》第5卷第2期,"光绪三十四年(1908年)正月中国事纪",第7页

2月20日(正月十九日)　英国公使告之清廷,现难将孙中山驱逐出新加坡,如其有叛乱之举,再行驱逐,而两广总督张人骏仍坚持请求外务部致电英方,从速将其驱逐。

清外务部致电两广总督张人骏:

巧电悉。英使复称准坡督电"孙汶在新安分居住,碍难驱逐,惟须由本处警兵不时监察,并谕令如孙汶有自行扰害中国及唆使他人倡乱之举,定即驱逐"等语。本部复函致英使,并引英颁香港条例,该逆如再有聚众演说及售票敛财情事,即先饬拿监禁再加驱逐,将来永不准再在南洋各埠逗留生事,等因。得复即达。

中国第一历史档案馆藏《清代电报档》,卷宗号2-05-12-034-0064

收电后,张人骏即回复:

……现坡督竟准该逆逗留,有碍邦交,可否再由钧部函催英使电坡,从速驱逐,以免华侨为所煽惑。

中国第一历史档案馆藏《清代电报档》,卷宗号2-05-12-034-0068

2月24日,清外务部再复电张人骏:

(正月)十九日电计达。顷准英使复称,准坡督复电:已向孙汶儆戒,并经本处警察随时考查,如坡有违犯本督所发禁令之处,定即拿办等。特闻。外务部。(正月)二十三日。

中国第一历史档案馆藏《清代电报档》,卷宗号2-05-12-034-0090

△ 汉口汉报馆被清廷查封。

1908年2月22日《申报》《专电:电五》报道:

汉报馆新旧股东冲突,十九夜被巡警道封闭。

1908年2月26日《申报》《汉报被封纪闻(汉口)》载:

汉口二十日访函云:汉报馆股东继友棠、舒湜生、朱益叙三君,因彼此争权屡起冲突。股东继君忽发异想,怂恿巡警道冯少竹勒令封闭,冯道受意即借口妨害治安,于十九夜一句钟饬派警弁数人暨夏口厅差役蜂拥入该报馆,先将一切执事人役全数逐出,然后发贴封条,禁止出版。该报主笔陈飞青因事出外,并未被逮,而官场之意只在不许出版,不在惩办人员,此亦封禁报馆之变相也。

按:汉报封闭出自股东之意,一奇;冯道受股东之意,不能揭出妨害治安之实在,猝然而

封闭之,二奇;既已封闭,而官场之意不欲惩办馆中人员,三奇。

《黑血·金鼓——辛亥前后湖北报刊史事长编》一书也提及正月十九日(2月20日)汉报馆被封一事:

《汉报》因转载《神州日报》之《老猿列传》和馆内股东失和,于是夜十二点由汉口巡警道会同夏口厅封闭。《时事报》揭载其事云:《汉报》"被封原因实缘股东朱铁夫、继友棠、舒湜生等彼此各存意见,挟嫌甚深。现在报事由朱、舒二君经理,继等不平,运动巡警道冯少竹观察,云兹报十六日(2月17日)小说栏刊有《老猿列传》,违背报律,遂究命夏口厅何石莱司马、巡警二局专办王大令前往封禁"。

刘望龄《黑血·金鼓——辛亥前后湖北报刊史事长编》,湖北教育出版社1991年版,第141页

2月21日(正月二十日)　清军清剿江浙太湖一带枭匪获胜,击毙匪首多人,并缴获大量枪炮财物。

2月25日,清两江总督端方、江苏巡抚陈启泰致电军机处,报告此次战役的经过。原电云:

窃照江浙交界地方枭匪四扰,经方等奏请特派江苏布政使瑞澂专办苏松太杭嘉湖缉捕清乡事宜,该六属牧令营汛防军,归其节制调遣,奉旨允准。查苏浙枭匪,以夏竹林、余孟亭、王老四、蔡老七、江北阿四、石老大、夏小辫子、吴小麻子为渠魁。党羽多寡不一。而夏竹林凶悍狡险,尤为匪徒信服,盘踞江浙太湖一带,叠犯抢劫杀人拒敌官兵之案,扰害地方,非止一日,上年抢劫小轮之案,该匪实为创首,居中指挥,酿成巨案。往来行旅,咸有戒心。经方等督饬瑞澂调集小轮四艘,酌派弁勇,由方拨给快炮,在内河来往巡缉,苏杭两处亦各照此办法,一面由方饬派三十五标统带萧先胜率带该标第一、第三两营,驰往松江太仓等处,三十六标统带杜淮川率带全标三营,驰往嘉兴各属,均经拨给马克新快炮以资利用,三十五标第一营管带孟平率带所部一营,驰往湖州南浔等处,启泰饬派管带傅应环率带所部一营,驰往平望分扎防剿,均归瑞澂节制调遣。其江阴地方,商由鄂督饬派统领曾广大率带全标三营,前来填扎,并恐剿捕严紧,匪由浙之湖州、苏之溧水遁往皖省广德、宁国等处,启泰饬派管带刚兆麟率领所部一营驻防溧水东,汝骙严饬湖州防营及宁军管带孟平认真巡缉,并商由皖抚饬派陈兴钰率带所部全营,分驻宁国、广德等处,以杜窜逸,一面另派添募水师,购置浅水轮船快炮,俾厚兵力,此奉旨后,密筹布置之情形也。本月十二日,飞划营统领徐锦棠率领管带凌秉忠等,剿匪于青浦县尚民田等处,毙匪五人、受伤八人,勇亡二名、受伤二名。十三日追至崑山县陆家桥,奋力剿捕,接战约六小时之久,毙匪小老大、顾寿根、曹祥生,擒获王得标,其余击毙者约廿余人,伤者甚众。匪首余孟亭、夏小辫子均各伤窜逸,官兵伤者五人,方等接获电报,飞饬各营合力兜剿。江南提督刘光才率带提标步队,亲赴金山一带督剿,十八日匪窜金山县刘巷市,经宁军萧先胜督兵迎击,对敌良久,匪伤极众,暗毁桥梁窜逸,沿河奋追,擒获两匪,起有金银赃物。十九日匪窜嘉善、娄县交界之枫泾地方,先由嘉境登岸,经杜淮川一军出击,鏖战三时之久,击毙在岸匪八名,内有身穿紫袍指挥匪众之悍目三名,当场斩获首级,弃船伤毙及落水者不少,夺获匪船四只、枪三杆。是夜追至河口,复有续来之匪与之对抗,适萧军来援,将匪奋击溃散,时值黑夜,不知伤亡确数,官兵伤者一人。是日复有匪党大股,在南栅口登岸,图劫军火,当经官兵看破,开枪向击,萧军闻警驰到夹攻,其时提标、盐捕、飞划等营俱到,合力攻剿,匪首夏竹林督队抗拒,势甚凶猛,鏖战至五六小时之久,经萧军将匪首夏竹林击毙,并毙悍目施福山、林小老大、陆小老大、孔小老大、沈小老大、朱小老大等六名,

及散匪十余名，生擒六名，提标营击毙四名，内一名认系匪目左小老大，余匪纷纷落水，不计其数，夺获匪船二十余只、洋枪数十杆、子弹一篓、铜炮一尊、刀械号衣旗帜各数十件，并起出银钱金珠首饰衣物甚多。二十日徐锦棠督率水师追匪至嘉善县杨字圩，奋力攻剿，毙匪一名，擒匪十二名，伤者颇众，夺获匪船十二只，并快枪抬炮旗帜号衣多件。内有原灯信函，确系商轮被劫原赃，讯据获匪供认伙同行劫商轮不讳。是日杜军又夺获匪船一只，毙匪二名，生擒二名，此数日来迭次剿匪获胜之情形也。伏查枭匪根蒂深固，党与繁滋，现经各营合力奋剿、迭次获胜，将枭匪巨魁夏竹林首先击毙，并生擒、击毙悍匪为数甚众，洵足以摄匪胆而快人心。兹饬将擒获之匪，讯明正法，出力弁兵及阵亡受伤者分别犒恤，起获各赃，传主认领，无主者变价充赏；一面由方等飞饬各营迅速跟踪追剿，务期尽数歼除；并由瑞澂将各属清乡团练事宜，认真举办，以固民气而清匪源。抑方等更有请者，剿匪一事，全恃赏罚以为劝惩，嗣后倘有营官人等畏葸退缩，甚或通匪纵逸，拟请严参治罪，其情节较重者，即予明正典刑；牧令等官办理清乡团练不力，一并从严参办；如有剿办得力文武员弁，亦恳从优奖励。至添募水师，购置浅水轮船炮械，并犒赏购线一切需用款项，当由方等会商，即在两省海关杂税项下提拨，作正开销，实对剿办枭匪事宜大有裨益。除查明此次出力员弁另行奏请给奖外，所有剿办枭匪布置情形及迭次获胜缘由，谨请代奏。

朱寿朋编《光绪朝东华录》第5册，中华书局1958年版，总5850～5852页

2月22日（正月二十一日）　革命党在新加坡利用戏剧表演的形式，宣扬革命思想。

1908年2月24日《中兴日报》《剧本改良》一文载：

本坡牛车水梨春园永寿年班，于昨拜六（2月22日）晚演徐锡麟先生枪毙满奴恩铭事，其中情节，动人心目，并有秋瑾女士舍冤被戮，更令阅者激发天良，亦由著名老倌勉力拍演，致当日之情景瞭然在目也。后为邓君毅登台演说，高唱民族主义，解释立宪之不能兴中国，必须由种族革命与政治革命并行。语气激昂，听者无不奋臂欲立，鼓掌之声不绝，可见南洋民智日开，人心思汉，此剧本之感化于人大矣。闻此剧本是邓君省轩所串云。

2月26日（正月二十五日）　有消息说，清廷买刺客刺杀孙中山。

1908年2月26日《中兴日报》《第二杨衢云又将出（北京）》报道：

上海《神州日报》云，清政府购人刺杀孙文，由京派密探与两广督抚遣员协同行事云。

△ 广东清吏严行搜查私运军火。

1908年2月26日《中兴日报》《注重搜查军火者之忙录[碌]（广东）》一文载：

近日清吏整顿西江缉捕，因注重搜查搭客军火一事，曾拟在沿江设置厂所，并派扒船分驻搜查。惟如何搜查之法及搜查一切章程，现因各厂所毫未筹设，又李準正在布置西江各轮缉段等事，该搜查专章亦毫无议订。闻日来清吏对于搜查一事最注重者，惟清查一项，系拟议自经此厂定专章后，以后各商轮、小轮，凡遇军用之枪枝子弹，一律不准私载，各搭客亦不准有私带枪枝子弹，否则一经查明，即须严拘究办。轮中驻扎兵勇自应给予防护枪弹，以为御盗之用，惟各枪弹由官给发，均烙有记印，不难一查即知。此外，应行定立专章各事，正在酌筹妥议，约月内当可议定实办云。

是月初　安徽谣传革命党及票匪约期起事，以致当地人心惶惶，官府亦加强戒备。

1908年2月10日《申报》《皖省戒严近状（安庆）》一文载：

日前省城谣传有革命党及票匪约期起事之说，以致人心惶惶。业经抚台出示不准布散谣言，惟官场亦颇有恐慌之象，日夜梭巡、戒严。藩臬两司上抚院时，必有多数健壮荷枪随从。皖抚近闻党人匿踪军界，乃传见常备各营管带，各取具切结。藩台连方伯至炮营，将该营快炮机准取下，带回衙署。又去腊二十日，藩台连方伯曾亲赴一标营房，前有缉捕营勇，后有巡防营执枪带子，严同遇敌，或谓系借事察看行踪。

是月上旬　谭人凤、黄兴等人为求清广东新军统领郭人漳拨济枪弹，故意虚张声势，仍然未果。

谭人凤《石叟牌词十六：叙》：

…………

戊申正月六日（一九〇八年二月七日），郭率两队赴原防，余相随返防地，隔越之芒街，仅一小溪。芒街多同志，且郭随带之队长、排官，均与余在广西有旧，拟就近图之。忽一夜，郭遣人邀余，至则曰："革命事败矣，奈何！"出省城所发"二辰丸"事电报见示。余阅毕，喟然叹曰："天不佑汉，受此损害，事诚可哀。但所购之械不止此，尚有一二船，当不至一误再误，其实此事究不知为何人购办也。"郭惊讶者久之，问越南现有军费多少。则曰："不过数百万。"郭闻之，心复活，状颇真挚，而余之前念遂息矣。次日，遣其侄朴存随赴越，余遇各同志，即介绍此系郭统领侄，则皆会意。故郭侄有所闻，概称道兵如何多，饷如何足。至夜，克强招郭侄小饮，复铺张表示。席间连接四函，两系报告准备攻取龙州各军情，钤以第一、第二军印信，两系法文，由舌人译述，则谓某处、某处汇寄款若干万也。郭侄色舞眉飞，无复疑义。次日邀余送返，一一据禀，且极力怂恿，无俟余饶舌。郭遂允如所请，拨济枪弹，约定地点交过。孰意余返时，克强已入内地，急往报告。有广西陆军学生何光夫等六人同船行，携带军用品，在镇南关〈被〉发现，均被扣留。郭惧诖误，乃悬赏缉余，并召归委派驻越之学生王德润杀之以灭迹，事乃又成泡影矣。……

谭人凤《石叟牌词》，甘肃人民出版社1983年版，第56页

是月上中旬　革命党在中国南方省市广为活动，清政府倍感棘手，严命加强防备。

1908年2月6日《中兴日报》《革命军枪毙清军（浙江）》一文载：

青浦县属沫家角一带革命党聚集，势甚浩大。上月（十二月）廿九日，监捕营务处孔紫垣、监捕中营张某督勇在离沫家角七里河头村与革命军开仗，良久始退。讵本月初三日，革命军分三四队至三家湾，适遇清兵孔、张两哨，相持一日，张哨中弹阵亡。清提台刘某得报，派张玉德率步队八十名驰往救应。初六日，复添派提标前营余道生及刘某，调齐水师兵二百名以为后援云。

1908年2月6日《中兴日报》《政府咨饬南七省防革命军（北京）》报道：

清政府现议各省革命党到处皆有，前（正月）初二日特咨照南七省督抚，饬将关隘要区细心防范，以免蔓延，希查明扼要之处，驻扎弁兵数目，所驻是否沿边、沿海、大陆，一并造册声覆，以凭查核办理。

1908年2月6日《中兴日报》《清军为党军所困（广西）》一文载：

现闻龙州会党近日蔓延至横水、廉灵一带，西抚已请电至督辕，请速拨营越界相助。惟

闻此次会党多系潜伏越界,每乘清军不备,即起而袭伐,清军大为所困。近则龙州沿边均有伏党,该会党胜则进扑清军,否则回守越界,迭经西抚电请外部照会法使,转请越督拘交,并请代拿革党。现外部电覆,则以该国只允拘禁会党,不允交回,至革党系属国事犯,更不允代拿,应由西抚竭力缴缉等情。于是办理,更为棘手。近日谣言四起,情形颇为纷扰云。

1908年2月6日《中兴日报》《东西会剿恐亦无济(广西)》也载:

会党扑上思各情,自前月镇南关失手后,本报即已访闻登载。乃驻扎上思交界之郭军犹屡电督辕,谓该处已无大股,然则近日□电纷驰,则钦西形势之危迫可想见矣。现该省张抚以近日上思、横水防务日行吃紧,因特饬丁提督军前往,专心策画,不必再顾南宁,并由丁率一营调驻横水至上思,警队计有林飞一营、张耀山一营、蔡其酩一营,并饬龙道由龙州拨李文富一营赴思;至南宁,丁提率军他去,防务空虚,已饬左江道另招士勇五百守卫;其思横水宣一带,应由丁体察形势,督率严防,并饬沿边营归丁调度,并与东军联络合剿。现该抚已将筹布情形致电督辕,当由张督电钦文武竭力合剿矣。

1908年2月8日《中兴日报》《过关又有警耗(广西)》报道:

广西边防东西两路绵长千余里,现仅十余营分布匀扎,而赴援上槐各军又须兼顾后路,近日太平府左州永康、隆安、新宁等府州县革党蜂起,皆足以牵动前敌兵力,故目前办理实为棘手。会党中有革命党军及黄和顺、梁秀春为之主谋,又有接济军火之人,故沿边蚁聚蜂屯,声东击西、伺隙即入,清军则绵长千余里,仅此十数营,安能处完密耶?广东钦廉之清军自顾不暇,虽勉力拨营声援,亦鲜克有济。日前贵藩接边道急电,禀党事极盛,略云,党以全力攻平四关炮台,势甚炽,已添拨营队援助等语。覆电,饬严守勿战,其余各关隘亦当加意,毋稍疏虞。一切机宜,仰候抚帅由行营电示饬遵,云云。

1908年2月7日《中兴日报》《钦灵党势更炽(广东)》又报道:

现闻钦灵党势又觉比前炽盛,现灵山令电禀张督辕,以现据茅针局禀报云:(十二月)廿五有革命军数百聚于凤凰头各大山,直向三义等村借取枪枝,声称再攻灵山等情,必须赶紧防守。前奉督电,宋分统专顾灵山,恳请电饬迅速来灵,免被陷。惟县属与钦毗连,势最易及,倘各要隘空虚,无勇驻扎,不特此守彼陷,更恐民心易变,必致离叛者日多,可否恳恩准饬宋分统,添拨一营专驻檀墟各要隘,以资防御,云云。钦事之未肃清,于此可见矣。

1908年2月10日《中兴日报》《西省革命军之声势(广东)》再次报道:

近得紧要消息,西省革命军现自龙州至鹏翔、东兴迄沿边一带,均已密布党众,该革命军有三四人均在越南指挥,连日传檄远近,历数满人占据汉土、欺压汉人之事实,其旗帜书"光汉逐满",士民从者如云。西抚近日闻信惊骇异常,手足无措,刻饬丁、和二人分头募勇,迅速前赴,并连日发电粤督十余次,请电郭人漳率所部赴龙州防御,乃张恐郭去钦事有变,不允所请。西抚愤张督限界太严,以情电清政府,现张督甚为清政府切责。惟张督至今仍未允恳,而西省风云确有不可终日之势云。

1908年2月11日《中兴日报》《桂边地方官之恐怖》刊载:

清政府以桂边革命军势盛,风鹤频惊,已将归顺直隶州、宁明州、崇善县等地方官更换,虑不胜任也。此外,沿边暨太平镇安内地各县令均因无饷无兵,团练难恃,兵差过境,供给纷繁,境内教堂林立,尤为可虑,无不悚惶恐怖,或自陈才力不胜,请另委人,或借病饰词,求回省就医,甚则直陈畏惧下情,恳早赐撤任,以免获咎。边地二十余县禀牍纷纷,如出一辙,清吏为之慨然。

1908 年 2 月 14 日《中兴日报》《钦廉潮惠之戒严(广东)》再刊:

近日钦廉会党纷纷四出,现闻灵合、博白交界地方多有革命军出入,西省边界乡民归者甚众,该处地极险隘,党遂倚为根据,清军虽有所闻,仍不敢遽进,惟有宋、赵分统合力抗拒。又闻前月下旬有革命军约百人,伪扮清军潜入防城骥河地方,将团枪搜取一空,随分乘两船飞驶而去。是时,该县李令督兵将出,绅商又不辨真伪,以致任予携取。旋据情飞禀郭道、李令,闻郭人漳以党踪秘至此,甚为恐怖,决议戒严,以防再袭云。省吏访闻有革命党在惠潮一带轮运军火,当经电饬严密搜查在案。现龙门县令以该处接连惠属,近来惠属会党每潜入联结,年前韩山树旗举事,剿办迅速,此次革党军火既欲由潮惠私运,难保会党不再联络图举,当经率勇移营密查,并分别出示悬赏二百或一百元侦缉矣。

是月下旬　广西革命军丝毫不扰民,清军恐当地商民归附。

1908 年 2 月 24 日《中兴日报》《党军之文明(广西)》一文载:

近日党军事起,龙州南宁一带戒严,惟党所过之地丝毫无扰,清军恐居民归附,特将情形电禀省吏,并请添募营勇以资守御。现闻张人骏电复略谓:临时募营本系不得已之举,所属辽阔,自难处处设防,应择要扼守,设伏严防,庶不致成为呆着。革命党所过各村,丝毫不扰,无非藉此以团结民心。钦廉起事之初,据报亦复如此,该守应速出示,明白晓谕,勿使商民归之日众云。

是月下旬　革命军在广西上思一带起事。

1908 年 2 月 27 日《中兴日报》《上思会党大起(广西)》一文载:

西省上思厅一带,现又有大队革命军起事。革命党所用军械,多系新式快枪,声势甚炽。附近地方,一律戒严。

是月　清政府再次在全国悬赏缉拿孙中山。

清廷宣布:

宜再加二十万金,晓谕全国,一体严拿(孙中山)。

毛注清编著《黄兴年谱长编》,中华书局 1991 年版,第 127 页

是月　安徽省巡抚认真布置当地戒除吸食鸦片的工作。

1908 年 2 月 12 日《申报》《皖抚对于戒烟一事之认真(安庆)》一文载:

皖省戒烟局提调黄象权太守近将所拟领药戒烟办法详请皖抚察核,奉批,谓局开办未及三月,领药戒烟者日形踊跃,经医官按期考验,确能断瘾者二三期后面貌顿改旧观,精神亦渐焕发。药灵效速,信有可征,为之欣慰,惟小民积习已深,保无有暂时戒断旋又复食,或领药转售得钱吸烟等弊,思患预防,不得不严密考察。前定限一月戒断,每七日来局诊验一次,期满在局住验一日,犹觉未周,遇有根株未净,可展一二期照常给药,期满留住一二日或三四日逐加诊验,似较切实。然人数过多,必多增劳费,居留数日,有碍贫民生计,自系实在情形所虑,不为无见。此后凡来局领药之人,必簿记其姓名、住址、年岁、职业与身体强弱、吸烟年度及领药次数、试验已未戒断,分析列表,随时稽查,尤必不厌求详,痛陈利害,互相传播,自为感奋。即期满验明断瘾出局之人,亦须随时侦查,遇有欺诳不实者,惩办一二,以警其余。似此先后防维,谅难遁饰。原不必以留住之多寡,较效果之得失也。所有戒烟人数簿册,仰按

月呈核。现在警察清查户口已有端倪，本部院将按名调查，以期一律革除痼习，并以考察该员之勤惰，云云。

是月　政闻社本部从东京迁往上海，由总务员马相伯、常务员徐佛苏等主持社务。

丁文江、赵丰田编《梁启超年谱长编》，上海人民出版社2009年版，第289页

3月1日(正月二十九日)　因总税务司赫德认为中国海关无权扣留"第二辰丸"，主张清廷应与日人协商、和平解决，并释放船只等，清外务部遂认可此法，并向粤督致电。

清外务部致张人骏原电曰：

(正月)二十六日电谅已收悉。"二辰丸"案顷准赫德总税务司节略内称："一，该船非海关所缉获；二，所有出入澳门洋旗船只，拱北关全无牵涉；三，该船系被地方官缉获；四，洋旗船只非遇灾险，不准驶往不通商口岸；五，洋旗船只必须经过中国海面，于经过时因候潮涨落及天气不和以及另有他故，或须停泊；六、无论何船如此停泊，中国官员有权上船查系所为何事；七，惟如此上船详查，中国官员必须认明实在情形；八，即如澳门系属外国口岸，该处报进报出各船往往在尽附澳门口外停泊确系实情，所有如此停泊之船，无论何官上船必须认该船有必须停泊之故，并系照例应停；九，又澳门既居洋界地位，则澳门前列之海面即为通行之海，并非中国之水面；十，以'二辰丸'而论，有运往澳门之货，此货无论何物及如何由船起运澳岸，所挂之日本国旗及指运之澳门洋界均得保护所运物品，拱北关于起运上岸时丝毫不得干涉；十一，此次货物系属军火全无异言，已自承认，惟指明澳门官宪只准领有执照之商户贩运军火，以防弊端；十二，该船在口外停泊，并不足为启人疑惑上船缉获之实据，且该船所装之军火既属例应载运，中国官员亦无扣船动货之权；十三，此案所获之船货，既在尽附洋界口外，将次遵照此口之章，并奉有巡捕保护起货，则无论南洋澳门一带贩运军火如何启人猜疑，总不足为缉获此船之实据；十四，日本官员视中国此举毫无根据，现所查悉之各情事，皆足表明日本未为失当；十五，至会审一节，非经两面允认不可，而日本已声明不允；十六，既或会审，亦不能更动现所知悉之情事，而此情事实不足为应行缉获或扣留之佐证；十七，似此例章与情事均足辅助彼面，谅日人自将要索放还扣留之船，且大约亦索扣留之赔偿费，况有撤旗之情事，更至不易了结之地位。并称此事最妙由外务部与日本大臣和洽商订一妥善办法，如果和平商办并认此次误扣之咎，则释还船只，并鸣炮敬日旗，或赔偿业主，亦非有伤体面。此事至易至省则在立即如此办理为要。"等语。查此案业经本部与日使迭次辩驳，日使以该轮并未违章坚持甚力，兹准赫总税务司所论各节，亦足为此案之参考，特以电达，希查照一并电覆。正月二十九日。

王彦威纂辑、王亮编、王敬立校《清季外交史料》第3册，书目文献出版社1987年版，第210卷第8～10页，总3225～3226页

3月5日张人骏即向清外务部回电，驳斥赫德：

(正月)二十九日、(二月)初一日两电均悉，"二辰丸"案照赫税司所论各节，当传粤关税司来署，询以何与前议坚持会讯办法迥不相侔。该税司详加参核，据称此案原议办法并无不合，赫税司事出遥揣，于细情或未尽悉，随由该税司逐条签覆：一、二、三、四等项无关出入；五，"辰丸"向往来日本、香港，此次为英商太古行订运煤斤，合同载明，非遇不得已危险，不得驶往他处，乃经过香港并不入口，就该船吃水之深断不能驶入澳门，以之互证，所称该船因候潮之故泊于澳门，尽限中国水面之说为不确；六、七无异；八，当巡弁关员上"辰丸"查察所称，

该船因运来军火在其处私图起卸,为等候澳门派船来接,计枪枝九十四箱、枪弹四万粒,与该船主所认称者相符,其停泊为有违条约;九,中国虽允与澳门画界,未允前列海面为公海,且与葡原订章程声明,未划界前悉须仍旧是澳门前列之海定系中国海面,实为粤省辖权所及;十,当时因见中国水面所悬挂日旗之船将次与华人驳艇相接起军火之事,故行干预查讯。凡由澳运出之熟烟膏,在澳门尽界外之水面运入美国邮船之时,必须先由葡馆向拱北税关请给准照,是即运入澳门违禁军火在澳门尽限外水面转驳,亦应请给关照方合。该船无中国护照运送违禁军火,扣留似不为过;十一,所言澳门官员只准领所执照之商户贩运军火,此等办法系启军火易于输入中国辖境,伤害治安,香港政府有见及此,特禁军火运澳,日、葡两国乃反其所为,天下文明之国闻之,当为痛骇,粤官欲照海关会讯章程办理,系为欲将现案之实情宣布寰球起见;十二,按中国律例,凡在本国水面起运军火,如无海关护照,即属犯例,粤官理应当众查讯,若不许中国在辖境内查缉军火,无异束缚中国不能尽其手足之烈禁止伤害仁慈之事,果尔则无论何国皆可运入枪械济匪,两广地方尚未平靖,此等举动不特碍中国,并碍日、葡两国,且恐不久即将牵动天下各国和平之局;十三,该"辰丸"系因未领中国护照,欲在中国水面起卸违禁货物之故被拿,按照中日条约第五款即系私贩,例应拿获,带到广州讯查;十四,已于八节言之;十五,会讯一节非经两面允认不可,此说诚是,惟会讯章程有言,凡扣留船货,限自接函之时以五日为期,倘至第六日领事官尚未来文咨请公同查核,该船货即可入官,必须公同查核之后方能辨驳;十六,参看第十五节之解说;十七,查会讯章程施行已久,本为公平、当众查核以便结案,是以粤省于此案亦欲照办。日领若允照办,该船即使已应入官而两国意见各异,亦可于六日限内具保释放,将全案移归北京交涉。由此言之,"辰丸"扣留日久,全因驻粤日领不肯照办之故,中国可不任咎。各等语。拱北关税司亦以此案扣留"辰丸"并无不合,不应太为迁就,其他意见略与粤海关税司相同。释船扣械一节,昨派魏道等向日领商办,情形已详东电,现在该船究竟应否起出军火,或饬令出具保结方能释放,抑或无须具保先行释放,驻粤日领已无可言,全仗钧部酌核,明示遵办,即望电覆。二月初三日。

王彦威纂辑、王亮编、王敬立校《清季外交史料》第3册,书目文献出版社1987年版,第210卷第18～20页,总第3230～3231页

△ 清廷命各省督抚整顿州县积弊。

《东方杂志》第5年第3期,"光绪三十四年(1908年)二月中国事纪",第9页

3月2日(正月三十日)　清廷驻英公使李经方致电外务部称,英方外务部已电饬新加坡总督警告孙中山。

电曰:

(正月)廿八日电悉,外部已允转催速复,再外部文称,已电饬坡督警告孙汶:如在英属谋不轨,抗拒中政府,定行驱逐等语。方。(正月)三十日。

中国第一历史档案馆藏《清代电报档》,卷宗号2-02-12-034-0004

3月5日(二月初三日)　清粤督探查得知革命党众人在越南准备起事,后清外务部要求法方将其严行捕逐。

清粤督张人骏致电外务部电曰:

据郭统领人漳电禀,迭派密探赴海防、河内,并在洞中购乡人数名往来越地查探,刻已尽

悉其内容。匪首梁季春、黄兴等现聚匪七八百人在龙州距水口关不远之越地公武山等处，梁建葵、梁少廷等聚匪五六百人在于洞中不远之越地板弼北甲地方。逆党新制黄旗布、军衣袖口一画红缏，并有洋号，所用枪支多系单响、九响及日本十九年式。刘逆岐山在海防制造大弹、地雷。王逆和顺潜赴太平一带招人。匪等传称欲分三股，一由南关取道径攻南宁，一由洞中攻出，一由东兴攻出，现在正运枪码、炸药、军衣等项，因陇西边防甚紧不敢轻犯等语。查越南边匪，法人屡次允我照约捕逐，乃迭据探报仍有大股匪徒久踞图逞，实为边境之患，应请钧部照会法使转致越南总督，饬属严行捕逐，并与中国边军约期会剿，各清各界，以保治安而清边患。骏。冬。

中国第一历史档案馆藏《清代电报档》，卷宗号2-02-12-034-0011

3月6日，清外务部回复粤督曰：

冬电悉。匪徒潜匿越境，已照会法使转电越督严行捕逐，以遏乱萌。得复再达。外务部。(二月)初四日。

中国第一历史档案馆藏《清代电报档》，卷宗号2-02-12-034-0019

3月6日(二月初四日)　清外务部、邮传部将苏杭甬铁路名称改为沪杭甬，并与中英公司订立沪杭甬铁路借款合同。合同规定：沪杭甬路借款款额系英金一百五十万磅，按九三折扣交纳，常年五厘利息，以三十年为期。该铁路建造工程以及管理之权归诸中国，由中英公司代购外洋材料机器，以三万五千磅作为酬劳。

王彦威纂辑、王亮编、王敬立校《清季外交史料》第3册，书目文献出版社1987年版，第211卷第4～14页，总3234～3239页

△ 清廷调湖广总督赵尔巽为四川总督，四川总督陈夔龙为湖广总督；赏赵尔丰尚书衔，出任驻藏办事大臣，仍兼川滇边务大臣。

朱寿朋编《光绪朝东华录》第5册，中华书局1958年版，总5855页

3月7日(二月初五日)　孙中山致函邓泽如，告之其决定赴新加坡筹集军饷，并希望得其帮助。

《致邓泽如函》(一九〇八年三月七日)：

泽如同志仁兄足下：

去腊星加坡同志汇来兄所捐军费一千元，已收。续得精卫、子瑜两君之报告书，备悉兄之热心好义，实深感慰。弟自攻破镇南关之后，默察广西全局，大有可为，月来所图，较前极有进步。盖我军苦战八月，未尝少挫，军心坚定，无虑涣散。而各乡人民视革命军如亲友，不独乡民为然，即各处团练亦多暗附，以军心、民心而论，诚可无忧，盖革命军之根本已立矣。而目前更有千载一时之机会，则以广西边兵多暗约来降也。自军兴以来，虏廷调两广之兵，聚于钦州、南宁、龙州三处，兵数虽近六万，而能战者甚鲜，客兵既不习战，巡防各营，则久已有心归附。其能任战者，惟陆荣廷部下四千人而已。此四千人者，皆百战悍卒，屯驻边防，昔日我军破镇南关之时，陆荣廷倾其部下之众来战，时我军仅数百人，而陆军共四千人，相持七昼夜，我军死者二人，敌兵伤亡数百。其后我军赴钦廉革命军之约，趋往十万大山，以相会合，共取南宁，而陆荣廷军队遂得藉口，以言复关。自经此役之后，无论广西各营兵，闻风胆寒，即陆军亦心折我军之坚劲。而我军中人，多有与陆军将士为旧时兄弟。以是之故，我军百端运动，陆军将士，遂渐倾心。且虏朝待人无信，当我军攻破镇南关时，虏下令广西巡抚、

提督及诸统领,谓:“十日内不能复关,一律斩首;如能克复,当有重赏。”乃我军血战七昼夜后,弃关前进,陆军收复,所有前此花红重赏,一概不与,以致全军怨望;而陆荣廷诸将尤怨虏之滥刑吝赏,故我军中将士得以乘间而运动奏效。现时陆荣廷部下之兵,多来约降,弟许以若每人携枪及子码来降,破龙州、南宁后,每人予赏一百元。而各兵则谓来降之时,即求赏三十元,俟破龙州、南宁,再领厚赏云云,其所要求亦不为奢。弟料此军来降,则龙州、南宁,确可以必破。因现时除此军外,实无他军足以任战也。惟来降之初,每人给三十元,以四千人计之,为费当在十余万以上。夫费十余万之款,而能兵不血刃,以取南宁、龙州,为革命军之根据地,可谓难得之机会。无如军饷奇绌,末由立集此数。故弟决意来星加坡一行,即专为此事而来也。现时陆军已有约降之意,则内地一二月内,可无须恶战,故弟得抽暇来此一行。倘能得款二十万或十余万,则大事之成,已在把握中矣。语云:“为山九仞,功亏一篑。”今我革命军苦战八月,始得造成今日之机局,无异九仞之山,所望者,南洋同志不吝一篑之劳耳。

兄素抱热诚,祈为我筹之。陆弼臣翁前曾与弟晤谈数次,与语革命之事,弼臣翁极为赞成;惟以须先立根据,乃可从事。故劝弟宜先营矿务等等,厚集资财而后用之。今者革命军转战如是之久,兵力如是之劲,可云根据已立矣,而又有千载一时之机会。如此烦兄晤陆弼臣翁时,可善为说辞,以观其意。倘弼臣翁有赞成之心,祈即电知,弟可来会。此外兄可以为力之处,祈不惮劳悴,以底大业于成,是所切望。以后如有回音或电报,祈照下开住址(原注:所附住址,底版未影印。)发来为要。此上,专请义安。弟孙文谨启。西三月七号。

中国社会科学院近代史研究所等编《孙中山全集》第1卷,中华书局1981年版,第360~362页

3月9日(二月初七日)　康有为致电梁启超,力主联合肃亲王善耆以排挤袁世凯,并提到整理广智书局、《时报》和海外事业的亏累情形。

康有为《与任弟书》:

自腊杪至今,为商务事累几呕血,刻下头痛、肝痛,无聊甚。得十二月二十七日书,稍为开解,强病一一复如下:(原注:惟又闻苾老之痛,陈祭哀痛,昨日祭易一,明日祭苾老,祭文当寄其世兄。公度序文当为之。)

先言此间事:

一、张孝前后借去十六万(原注:华数),其万二千五百(原注:美数)乃做股,为养学生者,以此饬我,后再借附充一万,彼借四千,亦我手。其余十万则铭三先后(原注:无我命)误借与之,(原注:季雨本知其奸,亦徇情,可怪。)至今利息本钱分文不能交,亦不养学生(原注:皆扣借款),今得芝埠年结,竟无借人二万四千之数(原注:华银四万八千),是其私吞矣。铭、雨二人,擅借巨款而置之不理,可恶已极,若谭盗则更不必言,刻拟布告,又拟控追,拟作欠公学款而抄其家。

一、庇能米绞事,黄公祐擅以七万借与蔡某,而不立欠单,几至十余万全倒,与鲍炽各携妓,亏空万数,而擅开酒楼,而擅支烧数部,今派介叔查,公祐亏八千,此事由镜如多返澳委权信任所致,实镜之大罪也。介请十一万以金赎之(原注:如不赎则前十余万尽失),今一文不能交还。

一、墨事全借电车,而黄宽卓、黄日初二人争权,皆欲自办,以得其佣金数万,故经年余一图不得,至今四月期满,则墨官取还,危甚。假令不误而需款数十万,皆为谭庇牵去,贻累港局。汇兑不同,腊杪港局几倒,极力救之,而电车大款可忧,商墨两事息又须十余万,大局岌岌。万一不能办,全美大哗,保会溃散。适遇李福基任墨事,一月有数十函电追款责骂,且告

加人而合哗，又遇广智停急，加、美交哗。倘使二黄不拖延时月，则我去年可游澳，必得十余万，以弭此案，又为彼所累，无术对付之，大事遂几为数人所败。美银行倒，墨事大差，地价减下，至每博洛仅得五千，计待电车成，可得万，故今决不可卖，且福基在墨，更不能动。故我每得电函嗔怒（原注：积久数月），遂以生肝疾，起头痛（原注：甚剧）也。八九年来，危险未有此极，否则济汝大事，未必难也。

一、袁劭反谋，诚非常之大忧，离庆乃第一策，此如戊戌吾欲离荣庆事，昔樵野不敢行，致败。今未知所托之人如何，并在世续前行之诚佳，但其人须能常出入王公间，恐汝遣之人，未得其才地耳。（原注：吾已知其人，地位似尚欠，才则未知。）

肃乃名士派，亦与端方等，未必能任重大事，但彼已交亲，借彼怒怨，以合王公，终胜它人耳。（原注：闻泽公颇厚重有魄力。）

铁良（原注：何不设法用之）则吾见汪大燮（原注：前英使）、孙宝琦（原注：今德使）皆极称之，以为满人第一，且有心于上，最有才魄，诚可深结。所来方略与吾所闻，分毫不错，是在办事之人能行此方略否耳。投马玉昆为后图，甚佳，但亦问其人才如何。闻马曾劾袁，是否？若果尔，大可行。所言方略，能联二邸、三相以行间，计必可成，否则兼布谣于内监，亦足惧那拉。吾则专问此人才地。（原注：盖方略不难，而难于人之才地也。）吾内计汝共密事之人，无此贵人，若布衣志士如若海者，恐太微不能交通者贵也。苟无人才、无地位，虽有绝妙策，亦无可施，今先在外多开窑公司，以为之地，但恐缓不济急耳。

办此大事需款之多，诚不待言。汝处总持，苦不可支。岁暮售墨地，必可得十万，然今真无法，甚恐因此失机。今美中（原注：迦埠）收款员梁文畅（原注：伯隽兄弟），弟曾见之于伯隽婚时，此人不笃实而甚才，其权甚大，弟可令一人专以党事告之，铺张扬厉，令其转示各埠，必有得也。

此外，即急售古董一事，吾欲运还美估之，惟芝埠酒楼无一人主持。季雨少怨，望置不理（原注：开口必须全权，而全权实不能与人），否则可筹一款。陈宜甫本派此事，若能促其还美主持，甚佳。大同译局李乙舟今在芝楼（原注：仲策所荐），未知其人可用否耳。再不得已，则只得将墨地以贱价出售，筹二三万，如此则尚可行。然今保会甚震动，恐失此则无基耳。至中、南美无可筹，亦不能往（原注：吾去年欲往而大禁华人各该埠止吾行矣）。所请月拨二千，则吾可任行，已令港月拨千五百，学生月四百则由纽拨。惟自九月以来，连港六千五百，纽一万三千与吾四千，已共二万四千五百矣。若按月饷，则已支尽至今年冬腊矣。吾除夕四千，原竭吾此间费用（原注：后闻纽汇拨作云樵官费），然汝急如此，又开《江汉报》，安得有余以分云樵。若已汇云樵，可罢论，否则此四千即作月费，而令港月拨一千五百可也。此外，望美中多得款，吾随时指拨，如常费则以港为实，以此为定。

一、留日学生当续派，可于秋间行之，吾竭力任此。

一、广智事，哗不可言，若再派息，更无术。吾今决令铭三暗行顶股。前年已令季雨暗行，惜雨太谨，谓恐震动大局，今吾密令铭三坐收。芝楼月入（原注：即擅借与张孝之十万）计每月溢千余可收。广智五六千之股本，汝可频促之，今加属砵属因此月捐不收，诚为急事矣，故虽紧极而无可忍。至汝忙极亦当自爱惜，不必再编《中国史》矣。

一、《时报》除癸年经拨七万外，甲年拨捐款约二万（原注：又借广智二万两），乙、丙年皆过万，丁年一万，计合十五万（原注：墨银行代出五六万，苦极），外另代交息（原注：三年）三万余，合共总在廿万左右，无年不请款，似此实不可行。要之无论勉攻真否（原注：已得勉书），亦必须派人总文字权，更须派人管账。（原注：以廿万之款无不足之理，弟自明之，何待多言。）

弟所忧在款,吾所忧在派管账人也。一派管账,则无遁情,虽接济亦当勉强。某人有书来诉,谓人多谗于汝,汝大为惑,今所投命归心者在我耳云云。吾为一切之长,若他人与人得罪,犹不生心,若为我摈,则与本党永永反对矣。彼既知沪中人多攻之于汝,汝不妨派一管账人(原注:派挺之可也,派擎一查数),若文字人亦由汝派(原注:否则文字人由我派亦可),彼稍怨畏,吾作不知,乃抚慰之,则可两收其用,而彼亦不至有他。吾谓此可行,派孝实总文字亦可,不必定在博也。但一收账权,即可为所欲为矣。早一日,易办一日,可速为之。(原注:吾欲派管账人久矣,因恐生大波,故不如汝派。)吾本欲在德国买一大机,价不贵,每时出纸数万,以款事未得人,故止耳。今经大事后百事皆易,惟托款无人,稍有知识,即不可靠,吾以此畏缩。商事已在别纸,以广西樟脑之大利(原注:必须派人学造之),而吾津津数年,港局尚无人能办,今吾决欲停办(原注:因无一商才,必败)。商务欲俟墨得利后,一切股本交还,惟留一二,或可补救,汝于意云何?天下无人才,万不能作一事,而商才与忠信尤为吾党所乏,如用一惠伯(原注:汝当时请吾用之),即亏渔票酒店七万,尽加属九年之所捐,不足惠伯数月之所掷,抑可见矣。全会人才稍可(原注:总持)者只章轩、宽卓二,然二人皆私心好利已极(原注:宽卓割星公地十四博洛),若以全权付之,徒以吾二人之身名便其营私,他日仍供人骂,故无可卸之任,不如归还大众也。但无商款,则无可借,惟欠款甚多,以此为难耳。道远望书,必多书来,办事乃易,即如此书可值数万全[金](原注:以吾关切,而乐于设法),否则前四千,亦令拨云樵,可见。此问春祺。二月七日。

无西文住址,不能汇款,可写来。

丁文江、赵丰田编《梁启超年谱长编》,上海人民出版社2009年版,第290~293页

一个月后,梁氏复致康有为书,再次言及联肃攻袁、荐汤觉顿及经济困窘各事曰:

……肃邸日盼觉顿往。昨日土尔扈特王来谭(原注:彼返都月余再东渡,来访于村居,彼在都即肃邸也),言都中事颇悉,大约联诸刘以御王氏,自是不易之法,然敌势方日张,胜败正未可知也。(原注:肃邸侦探布满,有言爱妾亦为敌用者,可叹,邸自言日坐针毡也。)今最急者,当为觉顿谋一官,使得安居都中,而不招忌,而现在经济如此之窘,真不得了。都中出一《大同报》,为旗人所设,办事皆吾社人,社中亦荐人(原注:旗人以外之社员)为之主笔,然其经济亦甚乏,后此尚当思所以济之,不然,将失此势力。又今年六月,社员卒业归国者殆数百,除分途设法荐往各幕外,仍须谋有以聚之,则上海编辑所之设,又万不容已。今款不继,百事皆将瓦解矣。港中每月一千,至今不肯拨来,非先生严饬之不可。美中卖古董事,宜早谋之,不然此十万金掷之洪水,至可惜也。……

丁文江、赵丰田编《梁启超年谱长编》,上海人民出版社2009年版,第293页

另一方面,汤觉顿也致康有为书,报告在京运动肃王情形:

……肃邸纯为帝党,自戊戌以至今,宗旨坚定,经千曲百折,曾不少变,于贵胄中诚为仅见,徒以平日不修边幅,好下交处士,往往受人指谪。去年项城入军机后,其他[地]位颇危,仅乃能保。自经此番阅历,甚能改从前之态度,接人发言,都极慎重,于吾党最为亲信,其接见弟子,极能以诚相待,非重弟子,实重吾函丈也。据言,上实不病,即宫中事,渠亦布置妥贴,一旦那拉死去,必不致因他变而累及圣躬。且言前接函丈所赐书,属彼以此事,渠极佩服函丈远在海外,而虑事之周,至于如此,诚感叹无地云云。此人他日纵不能得政权,(原注:有醇在,肃或不能不稍逊一筹,然亦难言。)亦必占一重要之位置,可勿庸疑。吾党今日得此人而联络之,天所赐也。……

丁文江、赵丰田编《梁启超年谱长编》,上海人民出版社2009年版,第293页

3月10日(二月初八日)　政闻社为坚持扣留“第二辰丸”事致电粤督。

电文云：

粤督大人钧鉴：“辰丸”事公据约捕收，薄海称快，东报虽强辩，亦认捕船为我领地，不力争，将变领海为公海，且失国家自卫权，乞始终坚持。……

《政论》第4号，第11页

3月11日(二月初九日)　清宪政编查馆奏定结社集会律三十五条，以作为预备立宪之基础，清廷从之。

其原奏曰：

光绪三十三年十一月二十日钦奉懿旨，著宪政编查馆会同民政部将关于政事结社条规斟酌中外，妥拟限制，迅速奏请颁行等因。钦此。嗣经御史赵炳麟片奏，开会结社，未可一概禁止等语，奉旨：宪政编查馆知道，钦此。臣等窃维结社集会种类甚夥，除秘密结社、潜谋不法者应行严禁外，其讨论政学、研究事理、联合群策，以成一体者，虽用意不同、所务各异，而但令宗旨无悖于治安，即法令可不加以禁遏。其在欧西立宪各国，国愈进步，人民群治之力愈强，而结社集会之风亦因之日盛，良以宇宙之事理无穷，一人之才智有限，独营者常绌而众谋者易工，故自学术、艺事、宗教、实业、公益、善举，推而至于政治，无不可以稽合众长，研求至理，经久设立则为结社，临时讲演则为集会，论而功用，实足以增进文化，裨益治理。然使漫无限制，则又不能无言哤事杂之虞。是以各国既以人民结社集会之自由明定之于宪法，而又特设各种律令以范围之，其中政治社会关系尤重，故国家之防范亦弥严。先事则有呈报以杜患于未萌，临事则有稽查以应变于俄顷，上收兼听并观之益，而下鲜嚣张凌乱之风，立宪精义实存于此。中国古昔虽然无政治结社集会之名，而往往有政治结社集会之实。周末百家竞胜，各聚朋徒，儒、兵、名、法诸家，虽有道德功利之异，而同声相应，隐与政治结社无殊。其后寓论政于讲学，善则为河汾之辨治，闽洛之谈经，足以培养人才，扶持国是，不善则为南来之三学，晚明之诸社，驯至激发横议，牵制朝廷，足以经训不禁乡校之游，而王制惟严莠言之辟。臣等仰体圣谟，参酌中外，谨拟成结社集会律三十五条。除各省会党显干例禁，均属秘密社结，仍照刑律严行惩办外，其余各种结社集会，凡与政治及公事无关者，皆可照常设立，毋庸呈报，其关系政治者，非呈报有案不得设立，关系公事者，虽不必一一呈报，而官吏论令呈报者，亦当遵照办理。如果恪守本律办理，合法即不在禁止之列，若其宗旨不正、违犯规则，或有滋生事端，妨害风俗之虞者，均责成该管衙门认真稽察，轻则解散，重则罚惩，庶于提倡舆论之中，不失纳民轨物之意。国家预备立宪必以是为基础矣。惟各直省情形不同，其稽查约束之方，如有应行酌量变通之处，由各该督抚等体察情形随时奏明，请旨办理。得旨：如所议行。

朱寿朋编《光绪朝东华录》第5册，中华书局1958年版，总5859～5860页

3月13日(二月十一日)　清廷为防范革命党人以越南为根据地，在中越边界发动起义，由外务部商请法国驻北京公使，补订《中越边界会巡章程》。

清外务部致送法国驻北京公使节略如下：

正月二十七日来照，以越督拘禁匪党，系通融办理，应由中法政府明定条规，以冀禁止逆党等因。查巡查缉捕办法，已详载于会巡章程，此次另订条规，自应补前章所未备，以昭周密，用酌定五条，开列如下：

一、法国官员如查知有匪党人等在越境或越属河内、西贡等处，成群结党，谋害中国治

安，应即随时实力解散。又如有前项情事，由中国官员查出，一经知会法汛，或由领事转达，亦应立时照办。

一、如有匪党等人在越境或越属演说，及撰著革命悖逆论说，足使中国暴动不安，或造谣惑华侨者，均应由法国官员严行禁止，并将为首之人，从严罚办。此项罚办则例，应请法国另订专章办理。

一、现在或将来曾在中国与官军拒敌及扰乱中国治安之人，逃入法界，应即立时拘管，所有拘管一切用费，何项名目暨每项若干，由法官预行知照中国官担任拨还。又或将该匪党驱逐出境，应永远不准在越南或越属来往，并应设法使其人不能再入中国边界。

一、曾在中国抢劫或犯他项私罪人犯，一经中国官将其人犯罪案由提名，应即照中法条约第三十二款，将该犯交由中国官按律讯办，如其人托名国事犯，并应切实根究其所犯罪案，无任朦脱。

一、如有匪徒私运军火，两国边界官员均应设法实力查禁，以杜偷漏、接济等弊。

中央研究院近代史研究所编《中国近代史资料汇编·中法越南交涉档》第7册，中央研究院近代史研究所1983年版，总4567页

△ **为和平解决"第二辰丸"案，驻京日使林权助向清外务部发出照会，提出五项要求——道歉、赔款、惩官、释船、收买被扣军械，后清廷予以接受。此案遂得以和平商结。**

本日，日使林权助向外务部提出之照会如下：

中国扣留"第二辰丸"轮船一案，帝国政府因顾念两国友谊，酌量中国政府困难实情，兹提议条件如下。如中国政府即时照允，帝国政府可允将此案和平议结。

一、中国政府对撤换国旗一事，应派兵舰升炮以表歉忱。乃解放"第二辰丸"时，令其兵舰近现在该轮停泊之处升炮，并先期知照日本国领事阅视实行。

撤换国旗一事，帝国政府必要求中国将此案应担其责之兵舰管驾官等从严加罚，其办法帝国政府应任中国政府自行秉公办理。

二、中国政府应即时将"第二辰丸"放行，不得立有条件。

三、"第二辰丸"拟运澳门之军火，知为中国官宪所挂念，帝国政府可竭力不令其再运该埠；惟中国政府应备价收买，此项军火订价日本金二万一千四百元。

四、中国政府应声明，俟查核扣留"第二辰丸"实情，将应担其责之官员自行处置。

五、中国政府应将此案为扣留"第二辰丸"所生之损害，赔偿帝国政府，俟查明后即行告知其数，应核实算定。

此外，帝国政府将下开一事告明中国政府：乃日本政府对中国政府私运军火办法，将来可不辞取相当协助，与此案不相牵连矣。只望中国政府速允上开条件照办，俾得早日和平完结，是为切盼。

王彦威纂辑、王亮编、王敬立校《清季外交史料》第3册，书目文献出版社1987年版，第212卷第8～9页，总3249～3250页

3月15日，清外务部接受日使对"第二辰丸"案所提五项要求。清外务部致驻北京日使林权助照会如下：

光绪三十四年二月十一日准贵大臣面交节略，本部已经阅悉。"辰丸"一案，贵国政府愿和平办结，与本部意见相同，并允此案办结后，嗣后中国严禁私运军火办法，贵国政府亦当设法相助等，因足征贵国政府顾念邦交，实深感纫。兹将答复各节开列于左：

一、误换国旗一节，业经本部于光绪三十四年三月初四日照会道歉，并电粤督将办理失当之员惩戒在案，自当由粤督酌予以应得之处分。至贵大臣节略内称，释放“辰丸”时令兵舰近现在该轮停泊之处升炮，并先知照日本领事等，因既系通例，中国政府自可照允。

二、中国政府允将“辰丸”即行释放。

三、粤省此次扣留，原为防止军火运入内地起见，日本政府既知此事为中国官宪所挂念，允将该项军火不再运往澳门，欲以日金二万一千四百元由中国自行收买，自当电知粤督先将军火见卸，按照此价购买。

四、中国官吏为自保治安起见，致在本国领海内发生此次交涉，应由本政府查明此案实在情形，如有误会失当之官吏，由中国政府酌量核办。

五、“第二辰丸”损失之处，亦可允给实数，不得逾多。惟贵国政府既未查明，应由粤督酌核情形，与驻粤日本领事另行商定。

查中国近来匪徒不靖，实有私行接济军火情事，迭经本部照商各国严禁入口，治安所关，各国均表同意。贵国与中国密迩邻交，关系尤切，禁止私运军火，贵国政府既允设法协助，即须妥商认真严禁，以保公安，而昭睦谊。用特声明，尚希贵大臣转达贵国政府查照，见覆为荷。

王彦威纂辑、王亮编、王敬立校《清季外交史料》第3册，书目文献出版社1987年版，第212卷第10～11页，总3250～3251页

3月17日，驻北京日使林权助再次转达日政府同意之照会（两件）如下，表明此事在清政府的让步下得以和平解决。

一：

“第二辰丸”被扣一案，本月十三日本使面交贵大臣等节略一件，十五日接准贵部答覆，节略内称，本使节略内所开五项之条件，均行承诺，惟赔偿损害之额，应由广东总督与日本领事商定等因。当即转达于帝国政府。兹奉覆电，并无异议，并称此案之和平商结实为满足等语，特以达知于贵国政府，本使不胜欣幸之至。贵部节略第四项载有“致在本国领海内发生此次交涉”一语，按“第二辰丸”前停泊之地点，决定其是否属于贵国领海，殊非我交涉之目的，前已预为声明，此次之和平商结，与该领海问题并无关系，且帝国政府并不认须于此际决定该领海问题，特并声明，即希查照可也。

二：

关于扣留“第二辰丸”轮一事，日历本月十三日本大臣晤那、袁二大臣面交节略在案，嗣本月十五日接阅贵部答复节略，知贵政府将本大臣节略所开五事尽行照允，惟提议赔款数额应由粤督与日本领事另行商定。当经请示本国去后，现奉政府覆电，称所报各节蔑有异议，自可照允，此事得和平商订甚为满意等语。本大臣以之转达贵政府，亦深欣幸。再贵部节略第四，有“致本国领海内发生此次交涉”一句，查断定“二辰丸”原泊之处系属中国领海与否，非我交涉之目的，早经声明，此次和平商订实与领海问题无涉，本国政府之所关系，不以此时断定此问题之争论为紧要。相应一并声明。

王彦威纂辑、王亮编、王敬立校《清季外交史料》第3册，书目文献出版，1987年版，第212卷第10～11页，总3252～3253页

3月14日（二月十二日）　清宪政编查馆奏定报律四十五条，清廷从之。

原奏略曰：

光绪三十三年十二月十五日，准民政部咨称：本部会同法部具奏订拟报律草案，请旨饬

下宪政编查馆考覆奏定施行，以资遵守一折，光绪三十三年十二月十三日奉旨：依议。钦此。钦遵抄录原奏并清单前来。臣等查阅原奏，示谠论之准绳，杜诋諆之隐患，用意至为美善。窃维环球各国，莫不注重报纸，凡政府之命令、议院之裁决，往往经报纸之赞成，始得实行无阻，英且与贵族、牧师、平民列入四大阶级之一，良以报纸之启迪新机、策励社会、偃握文明之枢纽也。然利之所在，弊亦随之，激扬清浊，不无代表舆论之功，颠倒是非，实滋淆惑民听之惧，以故各国俱特设专例，为之防闲：如俄罗斯、瑞士、挪威，并明定之于刑法或违警罪中，而俄之钤束为尤烈。中国报界知识甫经萌蘖，际兹预备立宪之时，固宜广为提倡，以符言论自由之通例，而横言泛滥，如川溃防，亦宜严申厉禁，以正人心而昭公是。检阅原案四十二条，盖折衷于日本新闻条例，酌加损益，尚属周密，惟第十四条第一款之诋毁宫廷，第二款之淆乱政体，第三款之扰害公安，皆侵入刑律范围。现在逆党、会匪窜伏东南洋一带，潜图窃发，方且藉报纸之风行，逞狂言之鼓吹。此等情形，久已上烦宸廑。如照原案第二十一条之例，仅处二十日至二年之监禁，附加二十元至百元之罚金，殊嫌轻纵，似仍应分别情节轻重办理。臣等公同商酌，拟请将原案第二十二条改为违第十四条第一款至第三款者，该发行人、编辑人、印刷人，科六月以上、二年以下之监禁，附加二十元以下之罚金，其情节较重者，仍照刑律治罪，其余各条，亦多详加修补，悉心改正。共厘订为四十五条，敬谨缮具清单，恭呈御览。如蒙俞允，拟请饬下民政部通饬各省一体遵行。得旨：如所议行。

《政治官报》光绪三十四年二月十七日（1908 年 3 月 19 日），“奏折类”，第 6 ~ 7 页

宪政编查馆核定报律四十五条：

第一条 凡开设报馆发行报纸者，应开具左列各款，于发行二十日以前，呈由该管地方官衙门申报本省督抚，咨明民政部存案：一，名称；二，体例；三，发行人、编辑人及印刷人之姓名、履历及住址；四，发行所及印刷所之名称、地址。

第二条 凡充发行人、编辑人及印刷人者，须具备左列要件：一，年满二十岁以上之本国人；二，无精神病病者；三，未经处监禁以上之刑者。

第三条 发行、编辑得以一人兼任，但印刷人不得兼充发行人或编辑人。

第四条 发行人应于呈报时分别附缴保押费如下：每月发行四回以上者，银五百元；每月发行三回以下者，银二百五十元。其专载学术、艺事、章程、图表及物价报告等项之汇报，免缴保押费，其宣讲及白话等报，确系开通民智，由官鉴定认为无庸预缴者，亦同。

第五条 第一条所列各款发行后如有更易，应于二十日以内重行呈报，发行人有更易时，在未经呈报更易以前，以代理人之名义发行。

第六条 每号报纸均应载明发行人、编辑人及印刷人之姓名、住址。

第七条 每日发行之报纸，应于发行前一日晚十二点钟以前，其月报、旬报、星期报、间日报等类，均应于发行前一日午十二点钟以前，送由该管巡警官署或地方官署随时查核，按律办理。

第八条 报纸记载失实，经本人或关系人声请更正或送登辨误书函，应即于次号照登，如辨误字数过原文二倍以上者，准照该报普通告白例计字收费。更正及辨误书函如措词有背法律，或未书姓名、住址者，毋庸照登。

第九条 记载失实事项由他报转抄而来者，如见该报自行更正或登有辨误书函时，应于本报次号照登，不得收费。

第十条 诉讼事件经审判衙门禁止傍听者，报纸不得揭载。

第十一条 预审事件于未经公判以前，报纸不得揭载。

第十二条 外交海陆军事件凡经该管衙门传谕禁止登载者，报纸不得揭载。

第十三条 凡谕旨、章奏未经阁抄官报公布者，报纸不得揭载。

第十四条 左列各款报纸不得揭载：诋毁宫廷之语、淆乱政体之语、扰害公安之语、败坏风俗之语。

第十五条 发行人或编辑人不得受人贿嘱，颠倒是非，发行人或编辑人亦不得挟嫌诬蔑，损人名誉。

第十六条 凡未照第一条呈报遽行发报者，该发行人处十元以上、一百元以下之罚金。

第十七条 凡违第二、三条及第五条之第一项与第六、七条者，该发行人处三元以上、三十元以下之罚金。

第十八条 呈报不实者，该发行人处五元以上、五十元以下之罚金。

第十九条 第四条末项所指各报，其记载有出于范围以外者，该编辑人处五元以上、五十元以下之罚金。

第二十条 违第八条第一项及第九条者，该编辑人经被害人呈诉讯实，处三元以上、三十元以下之罚金。

第二十一条 违第十、第十一条者，该编辑人处十元以上、一百元以下之罚金。

第二十二条 违第十二、第十三条及第十四条第四款，该发行人、编辑人处二十日以上、六月以下之监禁，或二十元以上、二百元以下之罚金。

第二十三条 违第十四条第一、二、三款者，该发行人、编辑人、印刷人处六月以上、二年以下之监禁，附加二十元以上、二百元以下之罚金，其情节较重者仍照刑律治罪，但印刷人实不知情者，免其处罚。

第二十四条 违第十五条第一项者，该发行人、编辑人经被害人呈诉讯实，照所受贿之数加十倍处以罚金，仍究其致贿人与受同罪。

第二十五条 违第十五条第二项者，该发行人、编辑人经被害人呈诉讯实，处二十元以上、二百元以下之罚金。

第二十六条 违第十五条者，除按照前面两条处罚外，其被害人得视情节之轻重，由发行人、编辑人赔偿损害。

第二十七条 违第十二、十三条及第十四条第四款者，得暂禁发行。

第二十八条 暂禁发行者，日报以七日为度，其余各报每月发行四回以上者，以四期为度，三回以下者，以三期为度。

第二十九条 违第十四条第一、二、三款者，永远禁止发行。

第三十条 违第十二条致酿生事端者，得照上条办理。

第三十一条 呈报后延不发行，或发行后中止逾两月者，如不声明原委，即作为自行停办。

第三十二条 违犯本律所有应科罚金及讼费逾十日不缴者，得将保押费扣充，不足再行追缴，仍令补足保押费原数。

第三十三条 禁止发行、自行停办者，准将保押费倾还，注销存案。

第三十四条 凡于报纸内撰发论说、纪事，填注名号者，不问何人，其责任与编辑人同。

第三十五条 报纸以代理人之名义发行时，即由代理人担其责任。

第三十六条 除第一条第三款及前两条所指各人外，所有报馆出资人及雇用人等，应均无涉。

第三十七条 凡照本律呈报之报纸由该管衙门知照者,所有邮费、电费,准其照章减收,即予邮送递发,其未经按律呈报接有知照者,邮政局概不递送,轮船、火车亦不得运寄。

第三十八条 凡论说、纪事确系该报创有者,得注明不许转登字样,他报即不得互相抄袭。

第三十九条 凡报中附刊之作,他日足以成书者,得享有版权之保护。

第四十条 凡在外国发行报纸,犯本律应禁发行各条者,禁止其在中国传布,并由海关查禁入境,如有私行运销者,即入官销毁。

第四十一条 凡违犯本律者,不得用自首减轻,再犯加重,数罪俱发,从重之例。

第四十二条 凡违犯本律者,其呈诉告发期限,以六个月为断。

附则

第四十三条 本律自奏准奉旨文到之日起,限两个月各直省一律通行。

第四十四条 本律施行前发行之报,均应于三个月内遵照补报,并按数补缴保押费。

第四十五条 本律施行以后,所有前订报馆暂行条规即行作废。

《政治官报》光绪三十四年二月十七日(1908 年 3 月 19 日),“法制章程类”,第 14 ~ 16 页

3 月 17 日(二月十五日)　孙中山在新加坡函约苏汉忠晤面。

《致苏汉中函》(一九〇八年三月十七日):

亲爱的苏:

我从 Lianchyc(原注:似为李凌溪)先生处得知,你希望与我会面。本周内的任何时间,我都很乐意在巴利士他路张永福的花园与你会晤。非常忠实于你的孙逸仙,一九零八年三月十七日于星加坡。

中国社会科学院近代史研究所等编《孙中山全集》第 1 卷,中华书局 1987 年版,第 362 页

3 月 18 日(二月十六日)　粤商自治会因“第二辰丸”案开会集议并进禀督辕,恳请政府保护中国主权。

1908 年 3 月 24 日《申报》《“辰丸”议结后之状况》载:

…………

《自治会之议案》:十六日,粤商自治会为“二辰丸”案又开会集议。午后点半钟摇铃开会,公推陈惠晋主席宣布议案三条:一,宣布中外各埠来电。二,议日葡私运军火“二辰丸”偷泊起卸处确为我领土内之内河,所有证据及其种种不法之行为,迭经传单宣布,中外皆知。(中略)联合四万万同胞,各尽文明对待之义务,至尽达目的而后已。一面全体赴督辕递禀,一面严电外部诘责,决不公认,并分电中外,实行文明对待。三,两粤乱匪猖獗为各省之冠,推其原因,皆由内地奸人串外人私运军火接济所至[致],此等奸商与谋反大逆无异,应速调查其人姓名,禀请严办,并应联同各州县四乡各家族,各以家法治以叛逆不孝之大罪,以绝后患而保中外之和平。

《自治会进禀详情》:当会议时,有谓当酌筹文明对待之法者,有谓宜另设调查局,抵制外货者,有谓宜戒除澳门妓馆、赌馆,以绝饷项者,最后乃取决进禀督辕。座上纷纷取纸签名,多至千人,即举陈基建、李鉴诚、郭贤冠、何聘安、关成材、冯应元、谢永年等诸商领衔,用白布作小旗,书“联禀挽救国权”六大字,下书为“二辰丸事”四小字。制旗既妥,乃排队起行到署,时已四点半钟。张安帅延入花厅,领衔人面禀群情愤激,恐致罢市,恳求挽救。张督谕以

外务部不知此中情形，轻弃条约关章，遽受外人恫喝，竟责下旗之过，本部堂忧愤成疾，愿电部以功名偿日旗，来禀自当据情电部，各位务劝各商号，切勿暴动，转资人以口实，云云。

…………

3月20日（二月十八日）　清外务部致电两广总督张人骏，将“第二辰丸”案办结情形晓谕绅民，平息罢市暴动。

《外部致张人骏“辰丸”案办结情形请晓谕绅民电》：

铣电悉。“辰丸”案，日使辨论，终持该轮所载军械等件，本系先期禀明日、葡官，领有执照、公然运澳者，广东水师只能向之警告、监视，不许其在中国境内起卸，倘该轮不遵，实行起货，则中国可为适当之措置；今该轮曾无实行起卸情事，运澳时突被拿获并侮辱国旗，实为不法无理；至此次军火是否归于土匪之手，固非所知，如中国虑及此事，自当另有适当之方法，惟不得侵害日本国旗及船只等语。本部虽迭经驳论，惟尊处迭次来电，亦云该轮尚未实行起卸，至军火济匪，虽有可疑，究无确据。按之法理，自不能遽行扣留。下旗一层，来电称恐有决裂，显犯公法云云。此乃战时公法，何能适用于平时？至称，悬挂龙旗为保全该轮客货，原船可任便驶回等语，更为不得要领，何能遽以驳辨？总之，办理交涉，须有无可指摘之理，方能立于不败之地。此案实由当初失之太骤，操切从事，致本系正当之办法转为他人所藉口，使我情理虽足，不能适用法律。设尊处平心审度，当以何法结束。本部以本案之论据未足，不得不为毖后之计，故先商允善后办法，始与定结本案条件。审情度理，具有苦心，不特为维持和平计也。

粤中士民不察，集合鼓噪，甚有罢市暴动之说，殊为诧异。遇事献替，固亦士民之责，惟当审查一事与政府所以如此办理之原委，不应故为反对，藉词生事。希将此案情节与所以办结之故，剀切晓谕，以免误会为要。二月十八日。

王彦威纂辑、王亮编、王敬立校《清季外交史料》第3册，书目文献出版社1987年版，第212卷第15～16页，总3253页

3月22日（二月二十日）　因英国政府允许向中国分年减运鸦片，清廷遂重申严行禁烟。

谕曰：

据外务部奏：筹议禁烟，与各国商定办法，暨另筹抵补药税各折片。鸦片烟盛行以来，流毒异常惨烈，染斯疾者，破其财产，夭其寿命，习为偷惰，职业全废；即各直省吞烟自尽之案，岁计不知凡几，盗贼讼狱，因此滋繁，伤天地好生之心，殊堪悲悯；且令神州古国，种类自弱，志气日颓，自强更复何望。近来官绅士庶多知悔悟，争相结社劝戒，即素嗜鸦片者，亦未尝不痛心疾首，自怨自艾。各国善士尚多倡设公会，劝禁栽买广施药方，每以中国鸦片不除引为深憾。则身受其害者，应如何淬励奋发，力拔根株。前经降旨颁布禁烟章程，期以十年，使洋药与土药同时禁绝。现经英国政府允许分年减运，各友国亦多乐为协助，文明之举，嘉慰良深。英国现已实行递减，相约试行三年，视中国栽植、吸食实行减少，限满再为推减，我若不如期禁查，转瞬三年，何以答友邦政府之美意？何以慰各国善士之苦心？此机一失，时不再来，若永远困于沉痼，势必无以为国。我君臣上下，一念及此，能无愧悚难安，引为疚责。著民政部、度支部迅即会订稽核章程，严定考成，请旨颁行，一面责成各督抚按照政务处奏定成案，督饬所属，切实举行，并体察该省情形，将减种、减食实在办法先行奏闻，所有按年减少数目，每届年终汇奏一次。其药税指抵各款，由度支部另行筹补，以备应付。事关国势强弱，民

命寿夭，著内外臣工协力通筹，认真办理，无论如何为难，必期依限断绝，毋得稍涉因循，致干重咎。余依议。

朱寿朋编《光绪朝东华录》第5册，中华书局1958年版，总5868～5869页

3月23日（二月二十一日） 清两江总督端方等向清廷报告擒获苏浙匪首情形。

两江总督端方等致军机处请代奏电曰：

窃照剿办枭匪，迭次获胜情形，前经电奏在案。查苏浙枭匪向分土客两帮群，推夏竹林、余孟亭为渠魁，正月十九日枫泾之战幸将夏竹林击毙，并生擒、击毙悍目散匪多名，而余孟亭窜越未获。该匪党羽极众，素得人心，深恐复又勾结滋扰，当经方等督率瑞澂严饬分投搜捕。据上海巡警局江苏捕用道汪瑞闿拿获匪党蔡桂士、李桂亭、卫定香三名，起出赃物甚多，解交瑞澂提审，蔡桂士供迭次伙劫不讳，已饬就地惩办。又据太仓州知州吴琪会营拿获匪首李能掌，起有赃物多件，提验身当枪伤，据供，该匪手下有船十一只，徒党百余人，同劫大东轮船，又迭次抢劫拒捕，枫泾之战被官兵枪伤逃逸，现被拿获，饬由瑞澂委员前往复审无异，已饬就地惩办。又据都司夏明皋在上海拿获匪党郑老窝子一名，起出洋枪等件，汪瑞闿饬派侦捕弁勇查至镇江，会同该处营县拿获匪党任小山、吴尚田两名及贩私之尹日新等五名。又据游击米占元拿获匪党田兴发、王麻子两名，均饬解交瑞澂审明惩办。现据瑞澂电称：探得匪首余孟亭窜匿吴江县属一带，饬派炮目刘善臣等前往，于十六日将余孟亭拿获，讯据供称，该匪先在浙省各营当勇旋充旗牌，后在上海各处开赌，上年，经前已击毙之管老窠子、现获正法之李能掌推为帮首，连抢苏浙盐船、布船、丝行、米行、当铺等家，得赃甚钜；与夏竹林先不认识，上年冬间始与联合，夏竹林为土帮，该匪为客帮，夏竹林有船二十余只、伙党二百余人、枪一百数十杆，该匪有船二十余只、匪党三百余人、枪二百六十杆，相约有事互相接应，仍各抢各分。枫泾之战两帮共四十余船，夏匪当经击毙，该匪逃窜上岸，因寻不见各船，不过拟从于潜等处回皖致被拿获，等供。据此伏查：该匪余孟亭与前次击毙之夏竹林为土客两帮，匪首夏竹林凶悍狡险，专事枪杀，该匪颇有贼智，以劫富济贫为词作笼络人心之计，聚党甚众，犯案甚多，若非枫泾击败，失群窜逸，瑞澂布置周密、赏罚严明，殊属不易擒获，现饬瑞澂覆讯，即予就地惩办。李能掌亦为枭中渠魁，骁悍善战，兹经擒获惩办，足昭炯戒。现在土客两帮匪首一已击毙，一已就擒，余党胆寒窜散，方等仍当严饬分投认真搜捕，信赏必罚，并由瑞澂将水师新军力紧操练，一面将清乡事宜实力举办，以期尽绝根株，仰副朝廷绥靖地方至意。除将详细情形另折奏陈，并出力员弁择优请奖外，所有擒获匪首情形谨请代奏。端方、陈启泰、冯汝骙叩。个。

中国第一历史档案馆藏《清代电报档》，卷宗号2－04－12－034－0166

3月25日（二月二十三日） 清廷在广西钦廉等处严防逃到越南的革命党。

粤督张人骏致军机处电：

廉钦匪事自上年十月间在屯良、西牙等处迭获胜仗，后复饬各营乘胜搜剿，将大股次第扑灭，首要先后授首，各属举办清乡，营团获匪数已逾千，现在胁从遣散归农，匪党悔罪来降，人心大定，道路畅行，民安耕凿，已一律肃清。准提督秦炳直电报前来，骏覆加查核，廉钦内地虽已平定而西省边氛未靖，越南尚有匪警，廉钦与之接壤，匪事甫定，防务难松，已饬各文武妥为筹防，一面布置善后，认真筹办。应否大略情形先由钧处代奏，以慰宸廑，抑俟骏详晰考查再行入告，统乞衡夺示遵。人骏。养。

中国第一历史档案馆藏《清代电报档》，卷宗号2－02－12－034－0130

3 月 27 日(二月二十五日)　革命党黄兴、黎仲实、梁建葵等两百余人,组成中华国民军南军,自越南进攻钦州,乡民纷燃爆竹欢迎,途遇清军小队,击溃之。此即钦廉上思起义之爆发。

是役之筹备及首日战役,冯自由《戊申钦廉上思革命军实录》记曰:

…………

镇南关一役既败,中山、克强乃再定合谋滇、粤之策,以钦、廉会党之勇气可用,决由克强统领镇南关及十万大山余众亲入钦州,并函约驻钦州统领郭人漳接济弹药,相机响应。先向河内法商购得盒子炮百数十杆,并由冯白山在香港购取子弹,托河内、西安两轮船买办同志彭俊生、黎量余等私运至海防,交刘岐山等设法送至中越边界。筹备既竣,克强乃率黎仲实、刘梅卿、梁建葵、梁瑞庭、唐浦珠及越南华侨等二百余人,于戊申(民前四年)二月二十五日绕道越南,进攻钦州。法国守兵咸鼓掌欢送,绝不干涉。众遂揭青天白日旗,高吹洋号,列队过东兴附近之大路村,四处张贴中华国民军南军总司令黄告示,乡民纷燃爆竹迎之。中途与清军一小队相遇,革命军突然进攻,清军猝被冲散,有惊跌而重伤者数人。

冯自由《革命逸史》第 5 集,中华书局 1981 年版,第 128 页

胡汉民述、张振之《南洋与中国革命》一文也述及此事:

《钦廉上思之役》:

镇南关之事失败,总理又被迫离开安南,结果就剩我和克强,再继续干下去。

我们第一步要设法使警察不能再逞干涉压迫的淫威,所以我们要警告安南的警察厅,说他是对于革命党虐待。我们请了一位社会主义党的律师来帮我们辩护,这位律师所得的钱很少,不过他是非常热心,有好几回事情都是靠着他的帮助的。律师警告了警察厅,倒也相当有效力。我们把镇南关一役退下来的一百余人,办好交涉送往新加坡后,我们又计画继起的军事行动的工作了。

我和克强商量,我说:"王和顺这个人不中用,郭人漳这个人更是靠不住,我们要小心留意才好呵!"克强似乎没有理会我的意思。克强又到郭人漳营中去过一次,那里晓得郭人漳不怀好意,克强几乎吃亏。好在克强已把郭人漳的神气看出来,就不动声色到郭人漳底下某个营中要一张护照,营中的人以为郭人漳与克强本有交情常常进出的,毫不迟疑就把护照发了,克强领到护照,马上离开郭人漳营回安南境。跟着,郭人漳马上有电报来要克强再去,发护照的也追过来找着克强苦苦的诉说:"我是发不得这护照的,担不了这种责任,请黄先生再到营中去吧!"克强以郭人漳变卦,统统不理会了。

后来克强在安南自己组织两队人,计二百余人。一半是原有长枪的,还有一半是挂匣子炮的,当时的匣子炮只有五十块钱一枝,连子弹二百颗。匣子炮初时发明是打猛兽的,后来才用在军事上,民国五六年时价格已经数倍,到现在更大相悬殊了。克强把队伍和枪械弄好,就亲率两队进攻钦廉,历占钦州、廉州、上思等地,所向皆克。实际上,克强所进攻的地方就是郭人漳驻扎的地方,所以克强马上变成攻打郭人漳了。有几回打得很凶,几乎把郭人漳底下的两个营长都捉过来。克强所带的部队究竟是少数,不过都是非常勇猛,看见敌人的部队就要进扑,并且扬言说:"我们是先锋队,后面还有大队来呢!"清军当者披靡。

…………

蒋永敬编《华侨开国革命史料》,正中书局 1977 年版,第 276 ~ 277 页

3 月 29 日(二月二十七日)　黄兴破清军两营于小峰。

冯自由《戊申钦廉上思革命军实录》:

…………

(二月)二十七日下午(革命军)至小峰,有清军三十余人出迎,盖闻角声,误以为是清军统领郭人漳也。既相见,问革军为何营,革军反问之,则以二十营对。革军遂开枪杀其五人,逃去三人,余众悉降。当革命军发枪时,清营哨官犹在后大呼来者是郭统领,要站班迎接云。驻小峰附近清营管带杨某得逃卒归报,于是该营合第三十六营俱出,既近革军,依山为阵,所占形势颇佳。革军佯却,引杨等前,分兵为三:一从对山攻击,一伏田陇间,一从清兵之后山上暗袭。清兵但顾前之二军,及后军骤至,清兵大骇,奔溃四散,死者数十人,生擒哨官某,伤者逾百。是役,杨军之大旗被夺,失枪甚多,杨等以六百余人出队败归,半日招集残卒才五十余人耳。

…………

冯自由《革命逸史》第 5 集,中华书局 1981 年版,第 128 ~ 129 页

3 月 30 日(二月二十八日)　钦州革命军击溃清军一营。

冯自由《戊申钦廉上思革命军实录》:

…………

(二月)二十八日,革军继续前进,途遇清兵一营,接战未久,清兵败退,逃入村中一大宅为负隅计。革命军乃喝大队攻门,忽有一弹由内射出,毙革军一人。黄司令大怒,喝令宅中主人速出,乃投炸弹毁之,清兵死者百数十人,余众皆解衣卸械而遁。清军统领闻报,亦亲率全军来,因闻杨帮统之败,乃偃旗息鼓以避革军耳目。

…………

冯自由《革命逸史》第 5 集,中华书局 1981 年版,第 129 页

3 月 31 日(二月二十九日)　钦州革命军再败清军。

冯自由《戊申钦廉上思革命军实录》:

…………

(二月)二十九日革军到大桥,清军两营闻警来援,战不移时,清军营官一名中枪仆,两营皆狼狈而退。

冯自由《革命逸史》第 5 集,中华书局 1981 年版,第 129 页

是月　因"第二辰丸"案引发国人抵制日货运动,宫崎滔天与孙中山联系,并与内田良平、何天炯一起为平息该运动而努力。

〔日〕近藤秀树编、禹昌夏译《宫崎滔天年谱稿》,《辛亥革命史丛刊》第 1 辑,中华书局 1980 年版,第 148 页

4 月 1 日(三月初一日)　孙中山复函邓泽如,委托劝说陆祐为革命捐款,并告将派汪精卫至芙蓉。

中国社会科学院近代史研究所等编《孙中山全集》第 1 卷,中华书局 1981 年版,第 362 ~ 363 页

4月2日(三月初二日)　黄兴率革命军于钦州马笃山大败清军三营并巡防营统领郭人漳部。

冯自由《戊申钦廉上思革命军实录》:

…………

三月初二日,革军列阵于马笃山,清军督带官龙某率兵三营来攻,革军居高临下,清军大困。黄司令亲发枪遥击,龙管带中弹从马上翻身堕,革军欢声如雷,清军伤亡甚众。其营官廖丁遂先己军而遁,于是三营尽溃。清军哨官被擒者二名,即伏诛,降兵三十余人,悉令剪发。计革军四次获胜,当以初二日为最。四次共得快枪四百余杆,弹药无算,伤亡者仅四人耳。革军连战俱捷,是时已聚众至六百余人,声势日盛,方拟取道那楼、大录等处,向桂边进攻,讵清军统领郭人漳、参将王有宏合兵尾之,有众三千余人,取包围式,于革军形势颇不利。黄司令以寡不敌众,乃募勇士于黑夜至清军所驻民房抛掷炸弹,清军自相惊扰,不战而逃,革军乘势追击,清兵四散。其营长号杨胖子者,以匿于丛林得免。郭人漳之军旗及坐马,均为革命军所卤[虏]获。经此役后,革军遂得纵横出没于隆雁、陈塘、那俣、马路墟、柳绿、凤冈一带,使清军疲于奔命。钦廉道龚心湛、统领郭人漳乃频电粤督告急,而粤督更电请桂抚协同严剿,其狼狈情形可见。

…………

冯自由《革命逸史》第5集,中华书局1981年版,第129~130页

4月3日(三月初三日)　北京京华报馆以该报转载《世界日报》新闻,涉嫌同情革命遭查封,社长唐继星被判监禁十年。

《东方杂志》第5年第4期,"光绪三十四年(1908年)三月中国事纪",第11页

4月4日(三月初四日)　清两广总督张人骏致电外务部,报告严禁抵制日货,已收成效。

粤督张人骏致外务部电:

初二日电祇悉。抵制日货之事,前月十五六间因"辰丸"案及日本东文各报极力辱我政府,粤民颇多愤激,经骏通饬各属实力解散,并经出示劝谕严禁,复又传到商会人等,面为开导,现时省会等处已无集众聚会演说等事。惟闻南洋华侨及住居香港、日本各华人有提倡不买日货之说,亦经饬令商会和平答覆,俾免滋事。至粤省商民现议倡兴工艺,实与抵制日货无涉,官无禁止之理。除由骏随时觉察,倘再有聚会演说强人不买日货之事,自当设法禁止,以免外人藉口。三月初四日。

王彦威纂辑、王亮编、王敬立校《清季外交史料》第3册,书目文献出版社1987年版,第213卷第4页,总3259页

4月13日(三月十三日)　因革命党多由越南进入广西境内,清粤督张人骏致电外务部,请求法方严行捕除越南境内的中国革命党人。

粤督张人骏致外务部电曰:

顷据秦提督炳直、龚道心湛来电,以匪徒由越界窜扰钦防一带,外人容庇不交,河间山禄马之匪迭经东西两军追击,尚余一百余人,已窜上思向那禁墟而去,已电西军严防截剿。又据东兴急电,谓越界为溪地方距望兴五十余里,有匪四百人,枪二百杆,扬言由望兴窜入中界,已饬防城李令暂督各营扼要堵截,并请郭统领回顾防地,其由扶隆、那勤等五隘西窜之警亦经连筹防堵,钦东一带人心大定,并无匪从。据报,(三月)初七日有逃匪数十人到十五山,

见潘成秀营到即避，不知所往。此次匪虽深入，幸内地民心已定，并无被诱附和之人。惟越南又有股匪欲从望兴窜入，实由法人养奸侵扰，似此络绎不绝，患伊胡底，除激励将士痛加惩创外，应请照会法领并请咨钧部转照法使，务祈与越督约明认真捕除，毋令股匪再有窜入中界等语。查日来私运军火之案迭获两宗，谣言尚盛，越匪复略有蠢动之意思，应请钧部切实商请法使转致越督严行捕除，边防幸甚！人骏。文。

中国第一历史档案馆藏《清代电报档》，卷宗号2－02－12－034－0186

4月17日（三月十七日）　孙中山为给广西边防营勇反正筹集花红，致函邓泽如，请其筹款五千元。

《致邓泽如函》（一九〇八年四月十七日）：

泽如同志仁兄鉴：

刻接精卫、应培两同志函，备述足下热心革命，力任筹饷，以济军需，钦佩无极。现下我西路义师，在钦、廉连战大胜，声势大张，广西边防营勇之思反正，以为义师内应者甚众，今有数营已经定约，与我广西别军同时起事，急需花红并月饷万元。精卫来函，谓足下处力能筹五千，如此当可克期集事；务望足下早日筹齐付来，以便转汇军前，令立行事。若于此时广西能大活动，以为钦廉义师之声援，则西路大局可定，而东路惠、潮，亦可预备再举矣。云南之局，亦有布置，广西得手，则云南之师亦可随之而动，如此则两广、云、贵，可期恢复，而革命军之根本固矣。全局关键，系于广西边防营勇之响应，而响应之迟速，又系于筹款之成否。今得足下力任一臂，事可无忧矣。惟机局之来，难得而易失，今诚千载一时之机，若不致迟延错过，则南方基础可定，而破竹之形[势]成矣，恳为留意幸甚。得款请汇星加坡张永福兄代收便妥。张兄住址列下。此致，即候义安不一。各同志统此问好不另，弟孙文谨启。西四月十七日。Mr. Teo Eng Hock 105 Peack Road Singapore

中国社会科学院近代史研究所等编《孙中山全集》第1卷，中华书局1981年版，第363～364页

4月20日（三月二十日）　清廷谕命候选郎中杨度以四品京堂候补，在宪政编查馆行走。

朱寿朋编《光绪朝东华录》第5册，中华书局1958年版，总5885页

4月22日（三月二十二日）　孙中山致函槟榔屿革命同志，告钦廉之捷和目前边防形势，以促其筹款。

《致挂罗庇朥同盟会员函》（一九〇八年四月二十二日）：

庇朥同盟列位义兄大人均鉴：

邓彬兄来星，带到泽如兄一函、盟表二十张、军费银一千元，俱已收妥。据彬兄等称述，各同志极热心爱国，现已竭力推广势力，以为陆续筹款，以助革命军之地步。闻风钦佩，感慰无量，大为汉族前途贺矣。弟此次南来筹款，已得三数埠同志捐集多少，故钦军得有近日之活动，连战大捷，军威为之一振。今又得贵埠及芙蓉各同志赞成，前途更有大望矣！

现时广西边防营勇已约降，而云南之布置又已妥当，可随时发起，所待者款耳。刻下有最急之需而不容缓者，有广西营勇约降之花红及饷需万余元，有云南待举之接济需万余元，有钦军之加补子弹需两万余元，此三宗统计不过五六万耳。若能立得此数，则两粤、云南三省相连数千里之地，可以同时活动，则虏兵虽有百万之众，亦必难首尾兼顾矣。况彼虏兵倾国不过十余万之弱卒耶？广西、云南两省一起，则钦军无后顾之忧，可以长驱进取，而东路惠

潮之义师可以再起，福建漳、泉可以响应，如是则南七省之局定矣。此时则北军必可起于燕、齐，中军必可起于吴、楚，此弟数年之计画也。无如财力不充，每不能为所欲为，加以近日用兵钦廉、广西等穷荒之地，为时既久，所费过钜，昔时同志已成强弩之末，所以有今日青黄不接之忧，而区区五六万之款，亦无从挹注也。今幸得公等之新力，则九仞之功，或不致亏于一篑矣。顾今日之得失成败，在于能速得此款否耳。得此款，则吾军之势力可立增十倍；达此目的，则基础可固，乃能持久；一能持久，则军政府可以成立；军政府一成立，便可因粮于内地，借债于外国，此时自可左右逢源，虽数千万、数万万之军饷，国用可以无忧矣。惟当此得失之交，为吾汉族存亡所关，不能不望公等竭其能力，以任此急需也。

公等之力，再能担任几何？乞为预示，以备打算。并恳将续集之款，早日汇来，以便赶付军前应急，至紧至紧。革命军定章：凡出资助饷者，军政【府】成立之后，一年期内四倍偿还，即万元还四万元也，并给以国内各等路矿商业优先利权，及列为为国立功者，与战士勋劳一体表彰。公等为义而起，自不以此为计，然军政府酬庸之典则尔也。公等从此向各地劝励殷商助力，皆可以此为则。若更有大财力者，愿得他种之特别利权，弟亦有权可以允许定约，顺此并及。望公等力任其难，为国立功，是为祷祝。此致，即候义安不一。弟孙文谨启。西三月廿二日。

中国社会科学院近代史研究所等编《孙中山全集》第1卷，中华书局1981年版，第364～366页

4月29日(三月二十九日)　在黄明堂、王和顺等人领导下，革命党发动河口起义。

冯自由《戊申云南河口革命军实录》载明起义的准备情况：

…………

是时孙总理在新加坡，黄克强入钦州未返，留安南河内机关部者，仅胡汉民、黎仲实、张翼枢等数人。滇事于镇南关发难以前，早已着手运动，至戊申(民前四年)三月，事机渐熟，总理乃派黄明堂主其事，王和顺、关仁甫佐之，河内机关部并派黎仲实、高德亮、麦香泉、姚章甫、陈二华、梁思等八人驻老街，预备于得地后，实施革命方略所规定之因粮方法。讵三月中旬，清吏以河口附近时有盗劫案发生，特照会法官请求缉匪，老街警察局以黎等形迹可疑，遂派兵搜查寓处，发见革命军文告及旗帜等物，始知为革命党而非窃盗。惟据国际法，虽不能将政治犯移交清吏，然亦不能放纵之，使扰乱邻境，故黎等遂被拘留于警署，候越南总督命令处分，遇有相当轮船，即当拨送出境。法警以黎等皆革命党，待遇颇优，及闻河口革命军大胜，乃取酒饮黎等，各举杯欢呼，同庆中华革命之成功焉。关仁甫于是月二十三日偕翟明西至老街，亦被法警拘禁，经华商各店户联名保释，至二十八日始获出狱，次晚即偕黄明堂渡河袭攻河口。

…………

冯自由《革命逸史》第5集，中华书局1981年版，第141页

关于起义爆发过程，见胡汉民致孙中山的河口之役报告书：

…………

初国民军之图河口也，先潜师于边界者百余人，其散布于车路一带，装为苦力者二百人，清军暗约反正投降者日众。愿我以河口原屯重兵，除警察、汛兵外，则有督办亲带二营，黄元贞管带一营，岑德桂管带一营。黄元贞素通情于我，而督办王玉藩则顽固老物，岑德桂更懵无知识也，督办部下熊守备勇而有谋，自愿以身当督办，而以其部从我。相约已二旬，督办得告密者言，颇为备。及黄元贞已有调省之信，督办辞职之文书亦将回复，熊守备、黄元贞乃决

意速举。有清谍者，侦知法界有我军指挥者数名寓焉，竟诬以劫案，请法吏拘留之（即黎仲实等八人也）。弟闻此事，急催我军首领黄明堂、关仁甫、张德卿速发，遂以二十九晚二时举兵。警察兵闻号即响应，自杀其管带蔡某，而我军约束之使勿动，巡视河口如常。盖河口与老街相隔仅一河，惧有扰也。旋攻汛营，汛官某逃而报督办处，黄元贞部下二哨先降，余二哨随黄驻山顶，犹相攻击。既而三腰、那扒各处分驻之兵，闻风皆至。

…………

冯自由《革命逸史》第5集，中华书局1981年版，第147～148页

4月30日（四月初一日）　革命军占领河口，杀清边防督办王振邦，并向各国发布宣言，颁布军律。

胡汉民致孙中山的河口之役报告书：

…………

战至翌早（4月30日）八时，我军暂休憩，九时，复猛攻之。是时督办（王振邦）亲督队，力战不却，而黄元贞已降，皆返戈助战。至四时，王督办亦使人约降，我军知其顽强，未信，因派王槐廷带兵二人，并一法人（于河口通商者，偕通事来观战，睹其情，亦知督办已力竭，故与吾军同行）往说之降。既至前，则督办不应，王槐廷起身告行，督办突挥刀斩王，王仆，旋以短枪轰我护兵（法人幸无伤），熊守备急举枪拟督办，其部下从所指，督办遂伏诛，举督办之营降。岑德桂潜逃匿民舍，其营亦解甲，河口地面遂归于我军占领。收各营之枪千余，除身佩之子弹外，别得贮存之子弹七万。河口四炮台亦归我有。于是下令安民，并派兵保护领事税关，洋人送往法界，居民大悦。（法报纸以我军之举动能依于国际法而行，颇有赞美。）一面点收军实，编正队伍，一面论功行赏，商议进兵。黄元贞既降，则自为书劝铁路上李兰廷及黄茂兰反正。

…………

冯自由《革命逸史》第5集，中华书局1981年版，第148～149页

胡汉民《胡汉民自传》：

…………

是役（河口起义）先有布置，明堂亦经训练，行动颇有纪律，市廛不惊，法报纸乃极力揄扬，谓为中国在二十世纪之革命战，为法国从前所不及。先生（孙中山）亦自星加坡以电奖余有成功。然余剖析其内容，乃电复先生，谓就其素质与动机，恐无甚奢之希望。因此次以河口变军为主力，此军队实未受革党主义之陶熔，其变而来归，虽受党人运动，但只因其乏饷与内部之不安而煽动之；其军官向来腐败，尤难立变其素质，而使之勇猛进行。今为补救之法，惟有速令克强出统其军，更使知军事之同志助之指挥，庶可进战。先生来电如所请。

…………

罗家伦主编《革命文献》第3辑，中央文物供应社1978年版，总396页

革命军告各国政府宣言：

中华国民军政府，宣言于世界各邦：本军政府今起国民军，欲推倒现今之清政府，建造社会的民主国家；同时对于友邦各国益敦睦谊，以维持世界之和平，增进人类之幸福。今将国民军政府之对外行动宣布如下，祈各友邦鉴察：

一、在军政府占领地内之一切外国人民财产，一概保护之；

一、在军政府占领地内，外国人于条约上已得之权利，皆得继续有效力；

一、军政府占领后，对于其占领地，乃前已由清政府将该地之权利许与外国而未结条约

者，军政府不承认之；

一、外国人若有援助清政府妨害国民军者，国民军即将其认作敌国；

一、外国人若以战争用品接济清政府，则国民军立即没收之。

陈春生《戊申河口起义记》，杜元载主编：《革命文献》第67辑，中央文物供应社1974年版，第136～137页

革命军占领河口后所颁布之军律：

本军政府仗义讨暴，为民请命，所在军人、军属，自发以仁义为心，以忠勇为志，岂可不尊重国民军之名誉。今特宣布军律如下，各自遵守毋违。如有违者，立处死刑。

犯左之各项者杀：一、反叛者，一、降敌者，一、私将军情通告敌人者，一、泄露军情者，一、不听号令者，一、临敌逃溃者，一、造谣者，一、私逃者，一、任意掠夺者，一、奸淫妇女者，一、杀人放火者，一、杀外国人、焚毁教堂者。

犯左之各项者罚：一、私斗杀伤者，一、移出军器资料者，一、获得敌人军器资料不报者，一、私入民家者，一、勒索强买者，一、为窃盗者，一、吸鸦片者，一、酗酒行凶者。

陈春生《戊申河口起义记》，杜元载主编《革命文献》第67辑，中央文物供应社1974年版，第136页

是月　革命党人黄兴、黎仲实等人退回越南，革命军多入十万大山隐蔽。钦廉上思起义归于失败。

钦廉革命军溃退情形，见冯自由《胡汉民致孙总理报告钦军解散及滇桂军务书》：

…………

黎仲实以（三月）十八日返河内，据其所述战事，我军屡捷，大概如《中国报》所登。惟后以屡战耗弹，遂偏路向广西宣化县进，途中在钦州那冷遇敌一次，（初一）此战已不如前之得力。初二到曾村（属小董）瑞记姊夫家，敌兵又至，遂转上那隆。初三遇敌，各队皆登山，凡分三处，占地位，岐山、少廷军与敌最近（少廷不在军，杨子贞、李文光统之），次近为亲军队（黄有明统亲军，仲实在焉），又次为瑞军。克兄督师常往来于各军巡视，是日则恒在瑞军，因敌初不鸣枪，克兄疑其有意思，使瑞军一人及黄有明往说之降，伊不愿则相约为假战，遂传令各军，而克仍为防范，使亲军队为备。后敌益前，则敌弹乃渐向我军而发，少廷军急收退，岐山所率先锋队从之，于是亲军队人少力孤，亦将退；行李队已由山脚先行，众兵望见瑞记军亦已退。（少廷军、行李队、先锋队俱收之至山背，瑞军则见其绕去山侧。）清军迫前攻击，我军亲军队不能遽退，勉强抵敌，至日既黑而后收队，亦退至少廷军等处。时各军皆到会，惟瑞军不见，克兄亦未见。初来交战时，少廷军代表人与瑞记、岐山约，言是夜到三甲山相会，各军队遂行至三甲山，而瑞军亦未来。（此地本只瑞记一人熟路，初约由瑞派人带路，是夜并无人到。）初四日追兵复至，未及战，海防、河内之为亲军队者望风先奔（亚尹为首，犬呼而奔，少廷军代表人李文光随之），为敌所乘，冲先锋队二十余人（先锋队有二十余人在山腹不能出）。初五，仍在宣化县境，追兵又至，少廷军又不战而走。入夜，少廷军要求分行，自引兵上江河（仍先经小董），禁制不住，仲实乃只得与亲军先锋队行。至初八，唐浦珠第九子带六枪逃。初九，浦珠第八子复逃，亚尹罗江随之。（初八，浦珠第九子行时，陈田、阿镜、黑鬼亦愿偕行，为各人所劝阻止。）初十，黄世钦部下人负枪亦逃。（其始诸人未散逃者，因无有熟路者，及近所熟径，则皆萌逃志。）十一，黄试斋以其所领（除海防、河内人）亲兵队行（因与岐山争所行之路径故，始黄主张由那冷，及至则言兵多，又反覆凡数次，其后伊乃独行扶隆，言将械置于边界）。岐山、仲实则偕而入（所持械即我等所购出者，而今尚未到，有械二十余枝）。陈田、黑二等十人，由那勒归，此

军尚余十四枪耳,仲实以十人归河内,亚尹等三人则以二十二归。

…………

冯自由《革命逸史》第5集,中华书局1981年版,第132~133页

起义失败后,清钦廉道龚心湛、统领郭人漳会衔电禀粤督。文曰:

前据降人供称,黄逆有伪印、伪示板、制造逼码机器等件,藏在东西边防各处。当经遣派弁兵,饬各降人带引往起,起出木质银镶伪印一颗,文曰"总统中华革命军印",又伪示板六块,衔系"中华国民军总司令官黄兴",语极悖逆,又制造逼码机器、炸药引线、逼码纸张等多件,并获窝户刘必振一名。经湛、漳督同印委,讯据该窝户供认,系革党寄存等语。要之,此次起事,革党蓄谋已久。试观陆军部当时奏称,钦廉游勇土匪勾结逆首孙文,倡乱起事,先后两扑钦州,一攻东兴,一围灵山,一陷防城,匪势浩大,股数不一,经臣派定东西各营分路合剿,大小数十战,擒斩多名,夺获枪枝均烙有革命军火印,大股次第扑灭,其逃匿深山穷谷者,搜捕获办,已逾千数,地方一律肃清。伏查钦廉两属,北接广西,南邻越南,逆匪孙文在该处起事,蓄谋深远。钦廉一带,该党编为革命南军,此次起事,实与从前不同(下略),云云。

冯自由《革命逸史》第5集,中华书局1981年版,第131页

关于此役失败原因,见冯自由《胡汉民致孙总理报告钦军解散及滇桂军务书》:

…………

此次分散原因有四:(一)二梁不睦,始终不解。(二)钦州之行进为小梁所不愿,而克兄之意则与大梁合(克欲得弹子,瑞须省其家),小梁不随行托病,未必无意。(小梁一跌,其伤寻常,及拔队,乃托辞不能行,克前来书已有云。此后此军得指挥如意乎,抑不然乎,只得听其自然耳。)(三)不得郭之子药,军心不足。(四)海防、河内之人不用命,而益失众心。故克兄统军时,已伏涣散之象。至于克兄在瑞记军,而瑞记退兵时乃与众相失,又是夜不至所期之地,则据仲实言于此实有狡狯。……

又据仲实言,则钦军颇难复振,有两大原因:一则将士疲怠,难以得力,无论战时平时,均难以军法约束。二则民心日不如前。所到前极欢迎者,今则多不许停宿。盖瑞记、少记皆曾杀人越货,又人见革命军势力不大振,官兵则以威乘其后,故极好之乡,亦止能一宿而已,行动不便。故此方之事,若非有新增甚大之势力能之,而但欲就原有之党众稍为整顿,则难望其有进步也。

…………

冯自由《革命逸史》第5集,中华书局1981年版,第134~136页

尽管起义最终失败了,但孙中山后来对黄兴钦廉上思战役取得的辉煌战绩,赞誉备至,推为革命军之模范。孙中山《打破旧思想要用三民主义——欢宴各将领演说词(1923年12月2日)》尝曰:

…………

诸君都晓得黄克强的威名,是以钦廉革命起的。他在钦廉革命是用什么武器呢?那个时候,我们在安南到处和他买枪,今天买三五枝"沙维治",明日买几枝"曼里夏",东凑西凑,然后才得了杂枪二百多枝,每枝所配的子弹,最多也不过二百发。他带了这点武器到钦廉,便和龙济光、陆荣廷打了几个月仗,后来虽然失败,但是他奋斗的精神很大,实在令人佩服,所以他的威名大振。

…………

《孙中山先生演说全集》,沈云龙主编《近代中国史料丛刊》第1编第67辑,文海知识出版社1966年版,第225页

孙中山《救国救民之责任在革命军——对湘军演说词(1924 年 2 月 23 日)》则曰:

…………

湖南老革命党最著名的有黄克强。他有一次自安南入钦廉起义,当时到钦廉来抵抗革命党的清兵有两万多人,黄克强带的革命军不过两百人,所有的武器不过两百支枪。用那样少的人和那样多的清兵打了两个多月仗,到后来弹尽而援不至,还可安全退出。照这一次战事说,革命军就是用一个人去打一百个人。象这样的战斗,是非常的战斗,不可以常理论。

…………

《孙中山先生演说全集》,沈云龙主编《近代中国史料丛刊》第 1 编第 67 辑,文海知识出版社 1966 年版,第 239 页

《中兴日报》1908 年 5 月 7 日《法报赞颂革命军得胜》载:

安南河内法文报云:钦州革命党自西三月下旬至四月上旬,半月之内,已与清国官军开仗七次,均获全胜。马笃山一役,清军死伤最剧,仅阵亡者已有二百余人,伤者不计;其管带及哨官亦伤毙数名,亦有数名为革命军擒获者。有清军之败兵十余名逃入越南界内,法官确守中立,故即令其卸械。据言,党军所用俱新式枪械,队伍整齐,纪律严明云。如此,则清国此次派兵,望剿灭革命军,必甚困难矣。

是月　中国同盟会设立分会于缅甸。

冯自由《缅甸华侨与中国革命》:

…………

戊申春三月,王群由日本带来同盟会本部委任证书,徐赞周、陈仲赫、陈钟灵三人率先加盟,陈守礼、张源、陈国章、沈继昌、林水都、王永和、林金源等十余人继之,旋开第一次成立大会于仰光大贺胥园,会所附设于益商学校内。以外间反对者众,进行不易,开幕三月,仅得会员三十七人。

…………

冯自由《革命逸史》第 2 集,中华书局 1981 年版,第 232 页

是月上中旬　孙中山为策划广西边兵反正,请林义顺、汪精卫等急速筹饷三千元。

《致林义顺函》(一九〇八年四月上中旬):

刻河内之电云:"摩角、水口两营约十二杀官反,蓝军同起。红及饷三千。乞电。"摩角、水口在广西龙州城附近,蓝军乃在边界之军,刻要花红及饷三千元。望足下即走商各同志,立即设法筹此数救急,免失机。此电为未来之事,今尚须秘密,不能发表。弟今晚当另拟他电登报,高见以为如何?

并有两电,一复河内,一发精卫,着速筹款。望即时代发。义顺兄鉴。中山。

中国社会科学院近代史研究所等编《孙中山全集》第 1 卷,中华书局 1981 年版,第 363 页

5 月 1 日(四月初二日)　河口起义中,革命党王和顺率军队沿铁路进攻,清军管带李兰廷率全营归降革命军,缴枪二百余只,子弹三万发,谷百担;另清军黄茂兰部下二哨亦已闻风归降。

冯自由《戊申云南河口革命军实录》,冯自由《革命逸史》第 5 集,中华书局 1981 年版,第 149 页

5月2日(四月初三日)　在河口,关仁甫引众四百攻蛮耗,宁大引偏师经南西河,以攻蒙自;清管带黄茂兰致书黄元贞,谓革命军到日,自当率全营投降。

冯自由《戊申云南河口革命军实录》,冯自由《革命逸史》第5集,中华书局1981年版,第149页

△ 清滇督锡良向清廷报告革命党河口起义并清军防剿情形。

清滇督致军机处请代奏电曰:

窃查孙汶逆党尚伏越南边境图谋内犯,滇省沿边千有余里,兵单境广,防不胜防,锡良自去冬闻警以来,迭饬各路边军严密戒备,又饬调拨新军一营开赴蒙自居中策应,添募游击队一营往来梭巡,并饬开化等府整练民团以辅兵力之不足,均经奏咨在案。复以河口为滇南门户,与越南保胜仅隔一河,地方尤关紧要,当于原驻两营队外又经添调一营,饬由派驻河口副督办委员知县王镇邦督率,昼夜严防。兹据蒙自署关道增厚电称,因河口至蒙自电线阻隔,据王镇邦(四月)初一日由香港转电禀称:前月二十九日夜一点钟,逆党分股来攻,经激励弁勇奋力堵击,毙匪十余名,天明匪始暂退,我军亦有阵亡,军情万分紧急,请速援应等情。查该匪蓄谋煽乱,党众、械精,匪势极为猖獗,竟窜攻河口,设致不保,大局堪忧。顷已电饬增厚、开化镇白金柱,飞调蛮耗、开化防营分道星夜驰援;一面递饬近边各营衔接进扎,并饬白金柱及临安府知府王正雅招募惯战土勇数营以为之继;蒙自为居中要区,仍饬新军一营分段扼扎,以备该匪乘虚别扰,随时夹击援应。除俟续据禀报再行具陈外,合先电陈,谨乞代奏。锡良谨叩。(四月)初三日。

中国第一历史档案馆藏《清代电报档》,卷宗号3-14-12-034-0002

5月4日,清军机处回复曰:

奉旨:锡良电奏悉。越边匪党前曾窜扰桂边,势颇猖獗,滇省近在接壤,当已闻之甚熟,乃锡良增兵设防共计不过两三营,未免兵力太单,奚足抵御悍寇?昨(5月3日)闻税务司及法员电传,河口业经失陷,劳开虑将不保,若不迅速扑灭,恐匪党根据渐固,势将滋蔓难图,且河口为赴越孔道,又为法路入境要冲,倘外人藉口干预,横生枝节,该督讵能当系重咎。著即严饬白金柱亲率所部克期赴援,并由该督明定赏罚,激励将士,其首先立功人员准其破格优奖,如有退缩偾事者,立即治以军法。所需粮饷、军火、赏项,由该督源源接济,勿得稍有贻误。白金柱素称善战,惟所部营队无多,防范恐难周密,应就原部各营酌量增募,增足五千人为一军,责成白金柱统带巡防,除原食、底饷仍由云南照数筹拨外,所增之饷著度支部迅即指拨,以期士饱马腾,固我边陲。锡良受国厚恩,责无旁贷,自当振刷精神,立即分别妥筹迅赴事机,务须早日勘定,用副朝廷顾念南服之至意。钦此。枢。歌。

中国第一历史档案馆藏《清代电报档》,卷宗号3-14-12-034-0006

5月3日(四月初四日)　河口起义军占领云南南溪、新街。

胡汉民致孙中山的河口之役报告书:

…………

初四日,关仁甫兵上至南溪,适有胡华甫之营一哨来降,他一哨官王玉珠亦相约响应。我军更前行,抵新街,柯积臣(蛮耗管带也)带兵二百余人登山放卡,我兵攻之,时已入夜,敌军不战而走,投降数十人。

…………

冯自由《戊申云南河口革命军实录》,冯自由《革命逸史》第5集,中华书局1981年版,第149页

△ 清云贵总督锡良电军机处、外务部，报告河口被革命军攻陷、督办王镇邦被杀情形。

清滇督电曰：

督昨据署蒙自关道增厚电报，河口地方被孙汶逆党窜攻，当将派营分道驰援并布置接应，各大概情形电奏在案。河口至蒙自电线现尚阻隔，顷据增厚电禀，转据驻河口防营管带黄新春专报，(四月)初三日早接到河口副督办委员王镇邦飞檄，内称“革匪千余人自越边来扑，鏖战一昼两夜未退，乞速援应”；又据驻糯姑防营管带杨光宸飞禀称，初三日五钟，雷领事由河口乘火车过营，称“王镇邦业已遇害，匪分三路进扰”；又据蛮耗电称，派援之李美一营，已与匪在河口附近接仗，岑得贵等营亦已在铁路等处交战，并闻外人铁路火车仍照常畅行各等情。查核来电与外务部录示法领电语大致相同。是河口被陷、王镇邦遇害事属不虚，刻已飞饬前敌各营拦头痛击，并催饬招募各营迅速成军继进，由增厚会同开化镇总兵白金柱率卒调遣，务期迅扫边氛。蒙自为适中要区，前已调驻新军一营，兹复添调新军前往，以厚兵力而资接应。惟是河口通滇南门户，虽迭经先事严防，竟致不守，是由锡良调度无方，应请饬部严加议处，以为各边将士之鉴戒。除俟将匪情战状随时电报外，合先电陈，谨乞代奏。锡良谨叩。(四月)初四日。

中国第一历史档案馆藏《清代电报档》，卷宗号 3－14－12－034－0004

5月4日(四月初五日)　河口革命军会攻蒙自。

胡汉民致孙中山的河口之役报告书：

…………

初五日，张德卿亲督大队进行【至】七十八条基劳，收黄茂兰之兵，合攻蒙自。关仁甫之兵亦由蛮耗上个旧，合周文祥之兵(是日闻临安已发动)，会攻蒙自。

…………

冯自由《戊申云南河口革命军实录》，冯自由《革命逸史》第5集，中华书局1981年版，第149页

△ 清滇督锡良向清廷报告革命党的军械、人员均由越南经铁路运输，请向法国交涉，设法阻止。

滇督致外务部电曰：

革匪窜陷河口警报昨(5月3日)已电闻，查此股匪首为关苐臣、黄和顺皆孙汶所领大头目，关苐臣者本曩年滇边著匪，逋逃越南，去年法人曾将该犯与梁兰泉一犯在越同时拘获，经桂滇两省一再指索交犯而法人始终未允者也。前据王镇邦探禀，关苐臣仍在越纠党图犯，复又专告法领事属电越督查办，佯诺而不理。此次雷领事过河口时已经匪占，关、黄二匪首公然致给一函，该领事亦公然以之示人，是其有意纵匪已属显然。然该逆党于去腊已盘踞越境芭蕉坪等处，距河口不及三十里，曾据探报电达钧处在案。河口与越南保胜仅隔一河，不过数丈，王镇邦虑匪偷渡，恒彻夜带队梭巡，且防备不为不力，讵意顷得确报，此次革匪数千乃系由保胜直过铁路而来，竟是明目张胆，况系客民之在越者，例不得携带寸铁，该匪快利枪炮又从何来。凡此心迹，路人皆知。昨电示有云，似无可虑之言，今据迭次禀报，该匪现虽分股沿铁路上窜而不扰铁路，外人火车照常畅行，雷领事即系乘火车而过，与钧电亦正相同。要之，此时匪已内犯，自唯有奋迅用兵，拦头痛击，然匪党雄悍且众，果能由我兜剿穷追，竭桂滇两省之兵力，未必不能扫穴擒渠；无如有人阴实助之，非但坐观成败，且唯恐其患之不深、祸之不烈，出界一步，匪可逍遥，我难过问，匪之来，防不胜防，匪之过，剿无可剿，势成束手，祸

已噬脐。此固不仅桂滇之边患,实全局莫大切近之忧也。至滇省尤处其难者,莫如外人之铁路。现火车仍照常通行,铁路亦未遭匪毁,然兵匪交战之区即在铁路线上,且更难保该匪不从火车运械、运兵,此时若商令停工、停车,又虑别启要索。以前种种重要内容不敢不据实密陈,务乞钧部如何衡夺主持,一面示教,以挽危局而杜狡谋。再,承示须遴知兵大员,假以事权一节。查滇省知兵而又熟悉边情者,夙推前藩司刘春霖、调补广东臬司魏景桐。刘已老矣,魏臬司刻尚在任,派往本极相宜,唯该司前为法人所嫉视,恐派令督师,犯其所忌,转致暗施狡计,别生枝节,用是踌躇中止,在省密商方略,深资赞画。现在前敌事宜,即责成白镇金柱及王守正雅二人,战事皆属所长,已具前电。总办南防营务之增道厚,调度悉见精慎,尚能竭力图维。合并附陈。锡良。(四月)初五日。

中国第一历史档案馆藏《清代电报档》,卷宗号 3 - 14 - 12 - 034 - 0010

翌日,滇督再致电外务部,文曰:

昨(5 月 4 日)已将法人助匪各情密陈钧部。良正以铁路、火车为匪运械、运兵为虑,然犹谓彼国与我外托和好之名,公例所在,或不至悍然罔顾也。乃顷据增道厚电禀,转据自河口退回之电局委员等报称:匪粮系自越直运而来,匪之枪械往来,法人亦任听所欲,为该员所日观。又闻,尚有匪党数千自东京连夜开来等情。据此情形,是该匪有至便至利现成之铁路,添兵、添粮、添械不竭之来源,反客为主,著著占优,以滇省之转输极艰,馕械两乏,即勉集多师以与匪角,有此强大阴为之助,实属牵制多虞。查原订滇缅铁路章程二十四条所载甚明,唯有仰恳钧部迅速向其诘问,禁止,以免垂危之局,无任迫切吁祷。再据探,匪攻河口营垒时,有法国四□官入王镇邦营劝其降匪,王令不屈,遂被匪害。又,雷领事自对人言,有洋员底波阿在革匪党内,云情节尤堪骇异,不敢不以附闻。锡良。(四月)初六日。

中国第一历史档案馆藏《清代电报档》,卷宗号 3 - 14 - 12 - 034 - 0009

5 月 5 日(四月初六日)　清云南开化镇总兵白金柱率兵四营抵开化城外八十里之八寨,王和顺拟分革命军数百袭攻古林箐,以牵制清军。

冯自由《戊申云南河口革命军实录》,冯自由《革命逸史》第 5 集,中华书局 1981 年版,第 149 页

△ 为消灭河口革命军,清廷命开缺云南布政使刘春霖帮办云南边防事务,节制前线各军。

谕曰:

军机大臣等:开缺云南布政使刘春霖,前经降旨来京陛见,计其行程,当抵湘、鄂。现时云南边境匪党窜扰,势颇猖獗,锡良正在派兵防剿,刘春霖著加恩以三品京堂候补,派令帮办云南边防事务,所有派往前敌各军均归节制调遣,会同锡良妥筹防剿事宜。遇有紧要军情,准其专折奏事。该员未到差以前,仍责成锡良督率各将领认真筹办,勿得稍涉诿误。并著陈夔龙、岑春煊查明刘春霖行程,传知该员,无论行抵何处,迅即兼程折回滇边。至应取道何处,暨应如何招集旧部,并著该员筹酌情形,由电奏闻,请旨遵行。

朱寿朋编《光绪朝东华录》第 5 册,中华书局 1958 年版,总 5891 页

△ 清云贵总督锡良电军机处,报告云南革命党人声势日盛,请饬广西提督派龙济光部增援,并拨款接济。清廷从之。

原电曰:

承准歌电,奉旨:开缺云南布政使刘春霖著加恩以三品京堂候补,派令帮办云南边防事

务等因。钦此。仰见朝廷南顾殷忧、注重边防之至意，钦佩同深。该帮办未到任以前，锡良决不敢稍涉诿误。惟该帮办即兼程折回，总须四十日方能到滇，现在匪势猖獗日盛，军情瞬息万变，不容稍误机宜。据增厚报称，该匪分三股上窜，已扰及南溪、坝洒地方，该处防营均接战失利，前敌万分紧急，等情。查滇边本极辽阔，地广兵单，平日营队皆系分扎，虽经调集各营，分路衔进驰援，迄无大枝劲旅。总兵白金柱及知府王正雅固皆能战之将，而究系新募之军，枪械尤不应手。蒙自为居中最要处所，派出业扼扎该处之新军又未能饬调远离。该逆匪党与[羽]众多，根蒂深固，迨谋成事集，粮足械精，而后悉锐内犯；其逆谋之狂妄，匪势之鸱张，实与固扰一隅之丑类迥异。锡良虽外示镇静，心之焦灼莫名。筹计再三，伏查广西提督龙济光，生长滇省边地，迭建奇功，其所部精锐亦皆滇人，惟有仰恳天恩，俯赐敕下张鸣岐，咨派龙济光挑拨一军，亲率由桂边径赴广南府界，以达开化边境，横扫而前，断匪后路；一面由滇军迎头痛剿夹击，庶足净此边氛。锡良亦知匪虽趋重滇边，桂防仍不能稍懈，但滇情尤为危迫，桂省统将尚有陆荣廷足资倚任。调滇之军，饷由滇给，兵额亦可另行募补。以张鸣岐等夙著公忠，必能力维大局，并顾兼筹，无任吁祷之至。再滇省贫瘠情形，早在圣鉴，此次防边防匪，军需浩繁，并恳敕部迅拨的速钜款，俾应急需。

中国第一历史档案馆藏《清代电报档》，卷宗号 3－14－12－034－0016

清军机处回电曰：

奉旨：锡良电奏悉。匪股上窜，防营节节失利，倘竟长驱直入滇境，何堪设想。署广西提督龙济光，忠勇性成，胆略素优，且籍隶滇边，情形熟悉，旧部素多，著张鸣岐传知该署提督挑简精锐，亲自统率，由桂边星夜驰赴开化边境，察看匪情，相机进剿，或横击侧面，或断匪归路，总期会合夹攻，当可聚而歼旃。广西边务粗定，仍须加意防范，著张鸣岐飞饬黄忠立统率所部酌量添募数营集成大枝，兼程迅赴龙州一带扼要填扎，张鸣岐仍当暂驻南宁，或相机进扎距边关较近地方，就近督率，以期周密。龙济光带去各营如另须增募，统由该署提督酌办，应需饷项运费，著度支部迅即筹拨，未领到以前，由广西云南藩库先行垫发，务须随时接济，勿得贻误军需。龙济光应用军械，先由广西精择拨发，云南防剿各军应用军械著张人骏、陈夔龙、端方迅速设法源源输济。锡良奏请敕部迅拨的款，著度支部迅议具奏。龙济光准其带印出境，提督事务由张鸣岐暂兼代理，遇有紧要军情准龙济光专电奏闻，其滇、桂、越南边境地势，龙济光自必熟悉，即著该署提督先行绘图贴说，飞速进呈。该督抚、提督等均受恩深重，务当不分畛域，共靖边防。锡良疏于防范，失守要隘，本应交部严议，姑念滇省兵单饷绌，暂予宽免，倘再不知悔奋，无功自效，亦不能为该督宽也。蒙自为滇省商民财产所萃，务须竭力防护保守，倘涉疏虞，定惟该督是问。河口失陷暨连日接仗情形，著锡良迅速查明详晰电奏。钦此。四月初八日。

中国第一历史档案馆藏《清代电报档》，卷宗号 1－01－12－034－0052

5月6日(四月初七日)　王和顺复挑选精兵两百名，兼程往蒙自助战。

冯自由《戊申云南河口革命军实录》，冯自由《革命逸史》第5集，中华书局1981年版，第149页

△ 清云贵总督锡良电军机处，报告分路防剿河口革命军情形，并请拨饷械援助。

锡良原电略曰：

……连日审度形势，详察匪情，该逆既分路上窜，我军自应分头迎剿，而尤在一统将之事权，侦逆谋所趋重。查开化府南界，处处临边，饬由白金柱亲率新旧各营，由古林箐地方横截

而出,以当匪冲。路工重要,由知府王正雅统领各营,由中路沿铁路而下,遇匪痛击。同知贺宗章统领各营,专剿西路蛮河一带窜匪。前敌凡分三路,其中、西两路均归白金柱总统,随时与南防营务处蒙自开道增厚会商机宜。蒙自已调拨新军扼扎,并征募四营,由署云南粮道方宏纶统扎阿迷州,备作后路策应。以上均经逐节布置,务期力遏凶锋,迅图克复。倘蒙俯允前奏,准调龙济光一军来滇,则匪众虽悍,更可收夹击之功。至白金柱所带原系六营,先已饬招募数营应敌,兹蒙朝廷眷重南陲,准予折旧募足五千人,应于原带六营一千五百人外,再饬照数募足,新饷均由部给,一面先由锡良将饷械设法源源解济。遵已恭谕意旨,电饬该镇,并遵旨通饬各军,明定重赏严罚,俾将士咸知怀畏。纶音所播,壁垒一新,用纾宸廑而清边患。惟滇省饷械两乏,昨已请拨部饷,并恳饬下两江、湖北各拨适用新式快枪三千枚,多配子弹,派员迅速押解来滇,以应急需。理合电陈,谨乞代奏。锡良叩。(四月)初七日。

中国第一历史档案馆藏《清代电报档》,卷宗号 3-14-12-034-0017

5 月 8 日,清军机处复电曰:

奉旨:锡良电奏悉。该督布置防剿尚有条理,仍著信赏必罚激励军心,必须力遏凶锋,迅图克复。昨(5 月 7 日)已有旨派龙济光统兵赴援,并饬江南等省接济军火矣。钦此。四月初九日。

中国第一历史档案馆藏《清代电报档》,卷宗号 1-01-12-034-0053

△ 清外务部电驻法公使刘式训,请其向法政府交涉,勿纵容革命党,并阻止其自越南运输兵、粮、械至云南。

原电略曰:

……查越境匪党如此举动,在越法人如此行为,殊有妨两国边境治安,与法国名誉、两国交谊尤有关紧,除已由本部切照法使,从速分电法政府及越督,严饬越官认真禁办,并查明纵容知情各员,从严惩治,现行滇境火车准中国官随时登车检查。如将来确查法人有隐助或纵容情事,则云南此次损失当由法政府负其责任外,希酌量并告法外部,严电越督按照以上声明各节切实查办。即并电报。外务部。(四月)初七日。

中国第一历史档案馆藏《清代电报档》,卷宗号 3-14-12-034-0014

5 月 8 日(四月初九日)　清滇督报告,在蛮耗、开化一带击败一大股革命党。

清滇督致军机处请代奏电曰:

为电报剿匪获胜事。窃逆匪分路内窜,因知西路蛮河一带尤为地广兵单,纠合大股疾趋而入,冀乘此绕袭蒙自,窜踞个旧、锡厂。查西路以蛮耗为扼要地方,原驻仅柯树勋所带一营及曾国祯护商一营,兵力太薄,经督商,增厚先饬马廷芳一营驰援,派贺宗章为蛮河一带统领,催军继进,嗣告警益急,增厚复饬驻蒙之新军步队营管带周国祥带队飞往。顷据增厚电禀,转据周国祥电报:该匪果直扑蛮耗,势极凶悍,枪炮尤烈,经柯树勋、曾国祯、马廷芳等奋力堵剿,(四月)初八日午刻正在鏖战,适周国祥率新军驰到会合,过河痛击,得获大胜,生擒悍匪十余名,枪毙者不计其数,并夺获枪枝数十杆,现在向前追击等情。又据电禀,转据南防副营务处护开化府知府陈先泽报称:由河口正路窜犯之匪,经营官姜含章由开化古林箐地方率队迎击获胜,匪已失险,现在白金柱之新募腾兴等营,亦已到古林箐、八寨等处稳扎会击等情。据报情形,是西路既力挫先锋,而开化一带亦已渐臻稳固,俟白金柱亲临前敌会合各营兜剿,可期迅奏庆功,谨先撮要电报。再,日前河口失陷情形,迭据探查,该处副督办委员知

府用在任候补同知开缺云南宜良县知县王镇邦与匪力战一昼两夜，被围后匪劝其降，不屈，力竭遇害，其余两营弁兵颇有溃降，营官岑得贵、黄礼良不知下落。除俟再行确查失事员弁暨随同王镇邦殉难各弁，并奏请办理外，应恳天恩饬部先将王镇邦照知府阵亡例从优议恤，以慰忠魂。合并附陈，谨乞代奏。锡良，谨叩。（四月）初九日。

中国第一历史档案馆藏《清代电报档》，卷宗号3－14－12－034－0029

△ **驻北京日使阿部太郎请求清廷严厉镇压广东排斥日货运动。**

阿部太郎原照会略曰：

广东一带运动排斥日货之举，今尚未已。该省官宪毫无尽力镇压之状，此帝国政府所最为遗憾者也。据可靠之报告，此番举动系广东自治会员陈惠甫、罗少昂、李戒欺等主谋，而署水师提督李及洋务局会办温道台亦有暗中煽动，与香港等处互通气脉之说。然张总督虽奉贵国政府之严饬，只于表面施姑息之手段，毫不讲求镇压有效之策，帝国政府对之实深遗憾。至李提督、温道台等隐相奖励之说，帝国政府深望清国政府之留意，务宜慎重考量，以顾全邦交。又有一说，此番举动之主谋，系康有为一派人物，若徐勤、江孔股等皆属康党，现在广东竭力煽动，其目的所在，欲乘广东人误解"辰丸"事件非常愤激之际，煽动人心，以扶植自身之势力云云。要之，贵国地方官宪，不惟不遵贵国之严饬，却有暗中帮助之势，而贵国政府亦复袖手旁观，不谋适当之措置，帝国政府实所不解。本使承本国政府之训令，就前开之事实，请贵国政府之注意，务请迅施确实有效之手段，以全两国之邻交，不胜盼望之至。四月初九日。

王彦威纂辑、王亮编、王敬立校《清季外交史料》第3册，书目文献出版社1987年版，第214卷第4～5页，总3273页

5月9日（四月初十日）　革命军占领河口，声势浩大，清廷为挽回清军颓势，命户部拨银五十万两以济军饷。

朱寿朋编《光绪朝东华录》第5册，中华书局1958年版，总5896页

5月10日（四月十一日）　清广西巡抚张鸣岐电军机处，请饬龙济光暂缓入滇，以保障桂边。清廷从之。

张鸣岐原电略曰：

……顷接滇督（四月）初九日来电，滇省官军在古林箐、蛮耗等处与匪接仗均获胜，似军务已有转机。又准另电称，已令开化镇白金柱募足五千人，兵力亦已加厚。桂边暂虽粗定，而边外匪踪未净，内地伏莽堪虞，全恃兵力镇慑，若骤拨大兵赴滇，诚恐乘虚复逞，即另募填补，亦非仓卒可集，且将领之才极乏。陆荣廷现统率三营，实已满量；黄忠立现统四营，已觉竭蹶；如再令添募，均恐才有不逮。滇、桂虽属毗连，而山乡路僻，由南宁、龙州等处前往蒙自、开化边境，至速亦须二十余日。匪徒则可假道越南铁路，瞬息千里，其由河口至南关三日可达。龙济光赴滇，桂边设有缓急，该军断难回顾。加以龙济光所部均分防在外，调集需时，另募填补需时，开行需时，统计至速非月余不克行抵前敌转战。倘由滇就地增兵，较能应急。是龙济光此时赴滇，于滇无大益，于桂有大损。可否仰恳天恩俯准龙济光暂缓赴滇。一面由岐饬催前派龙裕光所统四营星夜兼程前进，务期迅速应援；一面遵旨赶紧凑募新营，厚储兵力，以备滇省军务。倘再紧急，即令龙济光率精锐亲往调度，以期统顾兼筹，庶免贻误。至南宁为桂防后路、全省中枢，非有威望素著之大员统率重兵驻扎，不足以建威销萌；龙济光倘赴滇，相去太远，势难兼顾桂事，岐独力虑不能支，似宜另简知兵人员署理提督篆务，常川坐镇，

较为周妥。查广西按察使王芝祥统兵有年,威望素著,倘令龙济光赴滇,拟恳即以王芝祥暂代广西提督篆务,并饬龙济光另刊行营关防,带往前敌,应免其带印出省。是否有当,统候请旨游行。再龙州一带现由陆荣廷统率所部驻扎,黄忠立一军现令回百色原防,嗣因抽调四营援滇,是以仍饬该军驻扎爱店、海渊、吉普等处,令顾边防东路。合并陈明。乞代奏。岐谨肃。(四月)十一日。

中国第一历史档案馆藏《清代电报档》,卷宗号 3 - 14 - 12 - 034 - 0038

5 月 13 日,清军机处复电曰:

奉旨:张鸣岐电奏,悉滇省官军现获胜,龙济光可暂缓赴援,但仍须整备候调,倘滇省再有紧急,闻命刻即开拔。前派之龙裕光,著锡良、张鸣岐沿途缴催兼程趋援,勿误事机。钦此。四月十四日。

中国第一历史档案馆藏《清代电报档》,卷宗号 1 - 01 - 12 - 034 - 0062

5 月 11 日(四月十二日)　黄兴于 5 月初受命为云南革命军总司令,上河口督师。但是日返回越南时,在老街为法警截留,被解送出境,河口之役,因而败绩。

冯自由《戊申云南河口革命军实录》:

…………

是役革命军以未得智勇双全之主将调度一切,所预定进兵方略多未克实施,总理深以为忧。适黄克强自钦州返越南,(四月)初四至先安,总理在新加坡得电大喜,即电委黄为云南国民军总司令,节制各军。克强初六从海防乘晚车入河内,初八即乘早车上老街,赴前敌督师。既至河口,见军事进行多疲玩不振,而屯兵不进尤误戎机,乃力催黄明堂赶速添兵,沿铁路进攻昆明。明堂恐粮食不继,犹豫未决,克强守候逾日,意极焦灼,遂欲亲率全军前进,以此意商诸明堂,明堂乃拨兵士百人随之。于是克强纵马前行,未及一里,各兵群向天开枪一排,齐声呼疲倦不已,克强再三抚慰无效。更行半里,则兵士多鸟兽散,不得已折回河口,派人至前敌约王和顺相会。王至河口共商进攻之策,亦以兵少弹缺为虑,克强仍欲亲率各军袭取蒙自,而将士多不听号令,乃知本身非有基本军队不能指挥他军,遂决计回河内,拟征集前在钦州共事之同志一二百人,佐以驳壳枪,组织基本队,然后再赴前敌,如是则不愁他军不听号令。于是遄返越南。

(四月)十二日,黄自河口返越南,甫到老街,即为法国警兵逮捕,盖黄貌似日本人。当其初到河口驰马军中时,对岸法兵已疑革命军有日人相助,日人在越南素有煽惑士人作乱之嫌疑,法人对之异常猜忌,故黄此次一入越境即遇此厄。及黄告以姓名,始悉为革命军重要人物,照国际法,例当拔送出境。前次黎仲实等八人愿赴香港,故于河口革命军举事后数日即如言遣之,此次克强自愿赴新加坡,法政府乃送之至西贡,然后由西贡买舟至新加坡。克强此举实于革命军成败关系至巨,从此义军失其导师,渐有孤城落日之势。

…………

冯自由《革命逸史》第 5 集,中华书局 1981 年版,第 143 ~ 144 页

5 月 12 日(四月十三日)　孙中山致函邓泽如,催其劝募军饷。

《复邓泽如函》(一九〇八年五月十二日):

泽如盟兄大人鉴:

四月五日来示,并则单千元,及谭德栋翁信一函,一概收妥,随复一电,想已达览。兹付

上收据两张，并谭翁信一函，祈为代交。日来我云南军所至皆捷，清兵之归降者，已盈四千有余，每日粮食、军火甚巨，必当源源接济，至破云南省城之后乃能自给。现正待济甚急之时，弟前日连有函电询及弼翁肯否助力，未审如何？此翁一诺，则大事成事[矣]。方今吾军正在声威大振之时，望足下与心持兄竭力劝之。如能成就，则足下等之造于革命军功德实无量也。前所谋加补钦廉军火及招纳广西营勇两事，皆以云南之急，未有余款兼顾，实大滞动机。如款项足以招呼三处同时大活动，则清虏之灭，易如反掌矣。望为图之，并祈赐复。此致，即候大安不一。列位同志统此候好不另。弟孙文谨启。西五月十二【日】。

中国社会科学院近代史研究所等编《孙中山全集》第1卷，中华书局1981年版，第366～367页

5月13日（四月十四日）　汉口小贩因警局禁止设摊，聚众滋事，两日内烧毁公所，捣毁洋商货物，阖镇罢市。后由汉口军队迅速平息此事。

5月15日，清鄂督陈夔龙致军机处请代奏电曰：

窃照鄂省之汉口镇本为数省水陆通衢，市廛尤极繁盛，巡警道冯启钧因该处街道窄狭，火警频闻，意在推行警章，廓清街市，因饬所有铺户摘去碍路招牌，沿街摆摊售物小民一律将摊迁徙。铺户均已遵办，惟摆摊者多系贫民，人数甚众，一经迁摊，并无他处市亭可资买卖，既恐顿失生计，且疑警局藉此夺其利权，群情不愿迁让，遂于本月十四日约同赴局求免。适有地方棍徒闻知此事，乘机播弄，于是乌合之徒愈集愈众，事已将晚，蜂拥前赴驻扎甘露寺之警局第三区，相率滋闹。该局理劝不服，仓猝间打碎洋油灯盏，延着板壁烧毁庙屋半座，随即扑灭，尚未延及民房。龙一闻此信，即派巡警道冯启钧驰往汉口，会同江汉关道桑宝一体妥为查办。迨十五日清晨，商民方照常开市，竟有棍徒纠众组织，不令交易。有日商数家在华街开设铺摊，未肯歇业，该棍徒等胆敢率众滋闹，将该铺摊货物捣毁不少，犹复聚而不散，其势汹汹。龙得信后，飞饬该地方文武极力防护各国商民，并以陆军统制张彪，饶有权略，威望素著，当派督带兵队驰往，协同妥办，以资镇摄；一面出示晓谕居民各安生业，所有贫民小贸既无市亭可资妥顿，仍准照常摆摊。旋据关道桑宝及统制张彪等先后禀称：兵到以后，愚民大都解散，棍徒亦相率潜藏，洋商、洋人保护无恙，今日市面交易如常，商民均极安谧等情。前来伏查，此次滋事在冯启钧饬迁货摊，系为保卫地方治安起见，与警章本无不合，惟既未别筹小民贸易场所，事先亦未据禀报，遽行出示勒迁，办理未免草率，应请将道先行记大过三次，仍责成妥办善后，安靖地方，如办理有效再当奏请恩施，尚仍措置无方，即当据实参办；夏口厅金世和甫于本月十三日到任，惟究属疏于防范，亦应一并记大过三次，以示薄惩；江汉关道桑宝，于本管地方商民情形未能觉察，致酿事端，亦难辞咎，惟事后筹维补救尚能尽心，应请从宽，记大过二次，仍由龙随时督策，藉观后效。至愚民，以生计所关，希图邀免，情尚可原，但并不具禀乞恩，动辄聚众哄闹，酿成烧毁公所、捣毁洋商货物案情，其中煽惑主使之人必非善类，若不惩一儆百，殊不足以遏刁风，已督饬文武严拿此案首要，务获讯明惩办。其日商损失货物，并经饬由关道督厅迅往查明，以便妥速议结。除将嗣后办理情形随时续陈，所有汉口地方因警局饬迁货摊，棍徒藉端惑众滋事，现已平静，缘由理合由电驰陈，伏乞圣鉴，祈代奏。夔龙叩。铣。

中国第一历史档案馆藏《清代电报档》，卷宗号2-04-12-034-0361

5月14日（四月十五日）　清云贵总督锡良亲赴海通督师，进攻河口革命军。

《东方杂志》第5年第5期，"光绪三十四年（1908年）四月中国事纪"，第14页

5月15日(四月十六日)　清廷命广西提督龙济光赴滇平乱,并令协饷三十余万元。

《东方杂志》第5年第5期,“光绪三十四年(1908年)四月中国事纪”,第14页

5月16日(四月十七日)　法国外交部表示,越督已添兵严防革命党窜入,并允商公司同意由滇督派员登火车,稽查革命党。

清外交部致电滇督锡良曰:

(四月)十六日电计达。顷准刘使电开法外部复称:匪攻河口并非由保胜过桥,且数仅百余人,因兵民暗助、边备空虚致被袭,据北圻境内实无啸聚接济情事。现越督已添兵严防,如败匪窜入,必拘拿全禁。至滇督拟派员登火车稽查,苟于路工及行车无碍,甚愿婉商公司照允,以示坦白而表睦谊等语。派员登车查匪一节,法外部既允商公司照办,于清查外匪较可得力,此事尊处现在如何办理,希并电复。外务部。(四月)十七日。

中国第一历史档案馆藏《清代电报档》,卷宗号3-14-12-034-0051

5月20日(四月二十一日)　孙中山复致函于邓泽如、黄心持,复言助饷事。

《致邓泽如、黄心持函》(一九〇八年五月二十日):

泽如、心持盟兄鉴:

吾党财政之困难,真为十余年来所未有,前各函电,已屡述之。自云南义师起后,更急如星火。兹得河内总机关处来函,更知非急得十万之款,则不能进取裕如。今将原函抄来一阅,便知其详矣。

惟此十万大款,将从何得,其能为力者,舍弼翁,实无其人。日来函电相托游说之,俱未获复示,想事未易入手也。惟持之以坚忍,出之以至诚而恳求之,则终未有不动心者。若屡求而屡却,而求者之望仍不失,则终必有应之时也。但前者兄等之竭力以助革命军,实出于热血,出于大义耳,若问革命前途现何把握,则兄等自问,亦茫然也。今有河内来函,读之必了如观火,从此兄等之出而说人,必更有把握矣。既有此详细事实,以为运动之资料,弟是以有更望兄等接此信时,再三向弼翁游说,必得承诺而后已也。盖此事所关非小,吾党今日成败得失,则在于此,此实为数千年祖国、四万万同胞一线生机之所系也。故必欲兄等再三四而图之,必底于成而后已也。

惟运动之方面,必随时而变,先当动之以大义;不成矣,必再动之以大利。想此两方法,兄等必已试之而无验,然更有一法,则当动之以情谊。兄等与弼翁相往来有年,交谊自然而深,用此为游说之具,或比二者为尤有力也。惟用此法,必得多人合力,方易成事。于此,弟想陆秋杰君必可合力。惟此,又必要先得陆君之深信此事之有把握,彼乃肯合力以说他人,及自出力以助革命军。弟素闻陆君老诚持重,不轻然诺,若一得彼之诺,彼必言出惟行。今于革命之事,吾知陆君非无其心,惟不详知革命事业之内容。闻日来吾党所传布云南革命军之事,彼亦不大深信,盖以西报不多论其事也,而不知云南与此地关系甚少,故英报不甚注意。又西报之言中国事者,其新闻多传自北京,今清政府力禁云南之事外传,故西报少知也。自云南起事后,北京只传过一电,系西五月五日由北京发往上海者,言清军已复回河口,此后则无言矣。复回河口一事,乃滇督虚报,因当时吾党尚未大进兵,故滇督犹可欺蒙也。而北京政府只报胜而不报败,故各国之西报寂然无闻也。惟安南法报密迩,故多论云南革命军,然英报不译也。(大约无法文之译者,亦未定。)惟香港南清早报(英字报)有特派访员在河内,其五月十二号新闻有访函(五月九号来函),言云南军事颇详,盛称吾党之文明。河内离

河口不过十二点钟火车，电报息息相通，北京五号之电，言复回河口，而河内访员五月九号函，犹言革命军一面守河口，一面分兵攻蛮耗、蒙自等处，今蛮耗亦已破矣，此访较之北京尤确，而且日子更迟。兹将五月五日号北京报收复河口之西字新闻，并五月九号河内访员报香港之新闻二纸寄上，请代呈陆君一看，使彼先信云南之革命军已起，确有其事，不是虚传；然后请将河内来函致彼一观，使彼深知革命军今日之局面，有如此把握，乃可望之协力也。若秋君或弼翁肯任此十万，当酬以云全省之矿权专利十年也。望如法先说肯秋杰君，然后同彼协力以说弼翁，事当有成也。祈早示复，幸甚。此致，即候义安不一。弟孙文谨启。

中国社会科学院近代史研究所等编《孙中山全集》第1卷，中华书局1981年版，第367～369页

但最终革命党也没有获得南洋华侨陆祐（字弼臣）的捐款。汉民述、张振之记《南洋与中国革命》载：

…………

有陆祐者，是南洋英属的一个大资本家，他是从猪仔出身的人，后来变成猪仔头了。另外呢，他又做包赌、包捐的事情，他曾经失败过几回，后来又重新复兴。他死的时候，遗产达四五千万。他本来也晓得我们革命党的活动，但是他一个钱也不肯捐。他有许多事情找泽如帮忙，泽如真费了一番苦心去帮助他料理种种事情。泽如就对他说："我的帮助你，是有意义的，就是我希望你能帮助中国的革命事业。"他就说："等有机会的时候再说，有机会我再设法帮助。"我们每回发动革命，泽如总是找他，他总是回答说："恐怕你们没有成功的把握吧，等到你们有成功的把握的时候我来帮助好了！"革命的事情如何能使他相信有成功的把握，他明明是要借此不肯捐助一个钱。后来他找到泽如，要请泽如做他家产的总代理人，泽如觉得此人毫无希望，就很生气地说道："我管不了你的许多事情，我还有我自己的正当事业呢！"泽如晓得这种人难相与，所以和他决绝了。

…………

蒋永敬编《华侨开国革命史料》，正中书局1977年版，第288～289页

5月23日（四月二十四日）　因查拿革命党起见，越南总督请清廷提供逃到越南的革命党人相貌特征，清廷从之。

清外务部发滇督、桂抚电曰：

顷据法使节略内开，近据越督函称，迩来迭有中国请将匪党查拿驱逐之事，法官甚愿相助，然匪党逃入越时多系改易名姓，致难捕获，可否请由中国凡有在越应行查拿匪犯，除指明该犯姓名外，另将该匪身格、面容及一切显著残疾各情逐详开明，以便易于查缉等语。希查照电复。外务部。（四月）二十四日。

中国第一历史档案馆藏《清代电报档》，卷宗号3－14－12－034－0065

翌日，清外务部收到桂抚复电，曰：

（四月）二十四日电敬悉，已电饬陆镇荣廷、姚道绍书将逃越匪党姓名、骨格、面容及一切显著残疾各情形详细开列，照会法领转致查缉。谨复。岐叩。有。

中国第一历史档案馆藏《清代电报档》，卷宗号3－14－12－034－0066

5月24日（四月二十五日）　东京中国革命党在神田开会，就河口起义作出云南独立等四项决定。

《云南问题中国全体会之状况》：

由居东京清国革命党人士发起的云南问题中国全体会,本日上午一时于神田锦辉馆召开。与会者约八百人,五时三十分顺利闭幕。

章炳麟及其他十二人依次发表演说,其大意如下:

云南发生暴动,清国外务部为镇压之而欲借法国军队之力,此举受到非难。云南虽只是清国南部的一个小地区,然作为清国的一部分,其祸福却关系到支那全国。对此云南问题,立宪党、保皇会、革命党并无二致,爱国心切,岂能熟视无睹?举例以言之,头脑清醒者虽熟睡而轻触其脚亦能觉,而头脑腐败者虽断其足亦未能知,待醒后始觉足之无,现今之政府然也。(此时,一保皇会人士登上讲坛,场内稍有噪动,然而该人高呼此时并非党派相争之秋,又高呼抗法而不得不考虑云南之独立,场内遂镇静。)接下来,就呼吁十八省人民赞助并募集捐款,称捐款者请汇寄神田区骏河台町红梅町六号云南同乡事务所。

会议决议:本会名称为云南经营会,致力于云南独立保全之事宜。

于本会当场捐款者如下:江西　杨增圣　五十元。浙江　潘　十元。四川　杨　五元。江西　邓文辉　十元。浙江　陈树斌　五元。湖北　华　二元。台湾　林女士　十元。章炳麟　二十五元。

会场告示:今将所拟意见条列如下:

一、倡率全滇人士起独立军。

二、哀告全国同胞助云南独立,以为中国独立基础。

三、对政府宣告云南独立,与彼断绝关系。

四、宣告于世界各国,凡清政府与他国借兵及一切交涉,云南绝对不能承认。若有他国兵入云南境内,则与清政府兵同等敌视。5 月 24 日

日本外务省藏档案第 440744 号,罗福惠、〔日〕久保田文次、加藤实编《辛亥革命资料新编》第6册,湖北人民出版2006年版,第126 ~ 127页

5 月 26 日(四月二十七日)　清军收复河口,云南革命军失败。

冯自由《戊申云南河口革命军实录》:

…………

四月下旬,清军各路援师大集,桂军三营、川军二营、黔军陆续开到,声势陡壮,遂向王和顺大营进攻。王与清军在泥巴黑附近相持二十余日,以敌势日张,而已军子弹渐告缺乏。二十三日亲至河口与黄明堂相商,提议铁路上大营及河口驻军全数开赴普洱府,袭取思茅为根据地。思茅镇总兵谢有功所部早已联络就范,义师一至,可以不战而定,然后徐图进取昆明。时黄明堂以河口粮道闭塞,河内机关部虽曾派侨商黄隆生、甄吉亭等数次解送米粮,然其后亦为法官禁止通过,遂有绝粮之虞,因此亦极赞成王之提议,乃约定两部同开至巴沙集合,然后会师进取。讵黄明堂部先到巴沙,未候王和顺兵到,即先自出发,在下田房与柯树勋所部蒋炳臣大队相遇,竟为所败,仍退回河口。王和顺闻黄部败退,移兵思茅之策不成,遂亦率所部向河口退却。

革命军各部均退驻河口,王和顺欲背城与清军一战,败则退入越南,黄明堂主张保全队伍,移师桂边,再作后图。时军中士气不扬,故黄说卒占优胜,于是黄、王诸首领均离河口赴越境,而使部将何护廷、马大等率领余众东向,取道镇边八角山等处入桂。师至马白与清军龙济光部相遇,王正雅亦跟踪追寻而至,两军接仗一日,革命军以前后受敌多无斗志,退至马角寨暂驻。复为清军夜袭,余众乃退入越属山西太原地方,欲假道开往桂边,讵为驻防法兵勒逼缴械,革军

不从，遂与法兵开战。革军多游勇出身，出没无常，战线由宝胜老街以至太原省之左州，令法兵疲于奔命，相持数月。驻该地法官乃请著名土豪梁正礼又号巴头梁者出任调停，两造始息战。革军卸械后，由法官送给旅费后保护出境，送往南洋安置。当革军退入越南之际，清兵闻讯追击，误伤法国大尉威根一人，北京法公使因此向清廷大开交涉，卒由清廷赔款道歉了事。

…………

冯自由《革命逸史》第5集，中华书局1981年版，第145～146页

陈春生《戊申河口起义记》：

…………

是役革命军迭获胜仗，本可乘机发展，特以统率者缺乏谋勇兼优之人，故所预定之进兵方略，多未克实施；且军事进行，多疲顽不振，中山先生患之。适黄克强同志自钦州返越，中山先生即电委黄为云南国民军总司令（中山先生时在星洲），各军归其节制。讵就职之后，将士多不听号令，克强遂返越南，甫抵老街，越警误认为日本人，竟加逮捕，后经辨明非日人，自请赴星洲。此事实关系革命军之成败至大，非偶然也。先是云贵总督锡良以革命军势盛，深以为忧，一面令临安道增厚及开广镇白金柱统兵南下救援，一面频电清政府告急；廷旨派刘春霖监办云南军务，着随带银五万两犒师，并饬江西左江道龙济光，率南宁防军七营前往协助，又命江督端方、鄂督陈夔龙接济饷械。澄江防军管带杨士雄，奉电檄调赴援，初七日在澄江附近之翱溪涧与革军一枝队接战受伤，全军几溃，余众披靡，革命军倘能乘势而前，沿铁路各要隘可不战而下；乃迁延复迁延，革命军不能进取。锡良乘间调兵遣将，向革军大举包围，派道员方宏纶为全军总统，白金柱督办全省军务，锡良亲赴临安，居中策应。白金柱注重蒙自，决从两路抄袭革军：一由蒙自大路，一由开化西南折入黑湾后路，以与蒙自清军会合，向铁路沿线取攻势。革命军左枝队关仁甫、何有才、黎国英等，方由新街进至蛮耗，不料柯树勋部下之降卒闻清军救兵将至，竟与柯树勋里应外合，忽尔哗变，关之部下颇受损失，不得已舍蛮耗而向河口退却。至四月下旬，清军援兵麇集，黔军两营、川军两营、桂军三营络绎而至，遂进攻王和顺大营，在泥巴黑附近相持二十余天。王和顺以子弹日竭，敌焰日炽，二十三日往河口，与黄明堂磋商，拟将铁路上大营及河口驻军，悉数开赴普洱府，袭取思茅为根据地。思茅镇总兵谢有功所部，早已联络就绪，革军一到，本可以不战而定，徐图进取昆明。时黄明堂以河口转馕不通，河内机关部虽派甄吉亭、黄隆生运输粮食数次，卒为越南法官禁阻，不得通过，难免在陈之叹，故亦赞成王和顺之议；遂约定两部党军，同至巴沙集合，乃会师进取。惜王和顺所部未到，而黄部先抵巴沙，在下田房与柯树勋所部蒋炳臣大队相遇，竟为所败，乃向河口退却；王和顺闻黄部因败退却，移兵思茅之计不成，亦统率部众退回河口。既而革命军诸首领皆入越南，所部马大、何护廷等，率余众取道镇边八角山等处入桂，讵至马白，与清军龙济光所部相遇，交绥竟日，革军前后受敌，退向马角寨暂行休憩，清军夤夜来袭，乃进入越属之山西太原，欲假道往桂边。越南法军逼令卸除武装，革军不允，与之交战，革命军多游勇出身，骁勇善战，出没靡常，相持至数月之久。法官请著名土豪梁正礼即疤头梁者，出而调停，革军卒解除武装，法官给以旅费，使自由出境，前往南洋。

…………

杜元载主编《革命文献》第67辑，中央文物供应社1974年版，第138～140页

5月27日，清云贵总督锡良致电军机处，报告西路收复河口、中路攻克老范寨。略电曰：

……查中路军情，昨（5月26日）据增厚电称：该统领王正雅因知西路已长驱进兵，该匪必潜分精锐往救，亟应乘此力拔老范寨，爰亲率十余骑驰赴前敌指挥，分三路进攻，以一路上

游渡河,沿山击贼,绕后山抄出,一路以正兵直进,并约白金柱派营分路策应,匪仍死守。经该统领躬冒矢石而前,各营勇气百倍,匪遂不支,当将老范寨克复。匪由右山斜径退窜三十五启罗泥巴黑地方,据险抗拒,现仍约会东路兜剿等情。是中路一军,近日亦颇称得手,理合先行撮要电陈,谨乞代奏。又电:窃中路前敌收复老范寨,昨已另陈在案。兹据西路赵金鉴电称:自田房大捷后,审察地势,以田房、坝洒之间小龙膊地方最为险要,(四月)二十五日率队进取,沿途见有伤毙贼尸,并据探询匪首黄和顺于田房之战系受伤而逸;我军到小龙膊,已无匪踪,尚遗有宰食牲畜。当即于二十六日进薄坝洒,该匪未敢接仗,先已狂奔,即又跟踪追剿。是晚进扎蔓莪地方,距河口约仅三十里,拟即直攻河口等情。锡良查该匪在田房既受大创,且中、东两路方进逼猛攻,机势万不可失;惟匪情狡诡,偏师直抵,仍饬加意审慎;一面约会中、东两路之师,至中、东两路现已将并为一路。据南防副营务处护开化府知府陈先沅报称:二十四日中路进攻泥巴黑踞匪,白金柱派军接应,该府亦自古林箐督率保卫队营官金殿举、周顺等助战,经分头痛击,是日立将泥巴黑贼垒攻克。现拟会攻第二十九启罗车河地踞匪。倘将车河地收复,距南溪不过十五六里等情。旋据白金柱报同前情。所部督带官赛家斌生获悍匪一名、快枪一杆,营官马发林夺获首级二颗、快枪一杆,帮统白映庚亦夺取该匪号衣,均经验明给赏。现以一路会攻车河地,另分两路径攻大小南溪等情。惟中路如何接战,详情尚未据该统领王正雅报到,自因战事方殷,且地不通电之处,理合先行电闻,以纾廑注。谨乞代奏。……

朱寿朋编《光绪朝东华录》第5册,中华书局1958年版,总5903~5904页

5月28日,清云贵总督锡良又致电军机处,报告革命党人被击败,渡河死伤甚多,西路已克河口。电曰:

……前据白金柱电称,派营会攻中路老范、车河地踞匪,一面分路径攻大小南溪,业经奏陈在案。兹据电称:探悉匪在马革寨、谷拔寨、马多衣、大小南溪等处据险各建碉垒,为死守计。当于(四月)二十四日夜,经督带官胡兴乘夜派胡得胜营趋马革寨,沈正朝营趋袭谷拔寨,皆穿箐越山潜伏而进,马文仲等营则由竹瓦房地方以奇兵先截马多衣等处贼溃去路,该督带自率王洪顺、马世珍、李国治及保卫队李朝云等营,直进小南溪。时天尚未明,各路匪党惊觉力拒,经我军奋勇兜击,该匪再却再前,卒乃大溃,争奔渡河。复跟追痛剿,计攻平碉垒八座,淹毙匪党二百余名,枪毙一百余名,又枪毙伪统领熊达卿一名,从该尸搜有逆信、伪令等件,生获悍匪二名,割获首级十六颗,并夺获旗帜、枪械、马匹多件,立将大小南溪地方一律收复等情。理合电陈。正译发间,复接西路赵金鉴本日捷电,据称我军已克复河口地方,惟电文甚略,尚未得悉实在情形。特先报闻,以纾宸廑,谨乞代奏。……

朱寿朋编《光绪朝东华录》第5册,中华书局1958年版,总5905页

5月29日,锡良再次致电军机处,报告河口之战的经过。电曰:

窃(四月)二十七日据赵金鉴电报,收复河口,当即据电先行陈奏在案。兹据白金柱电称:二十五日东路之师既克南溪,适是日中路王正雅各营由泥巴黑追剿而前,节节迭有斩馘,并获该匪遗弃粮食等件,立将车河地收回,仍跟踪搜击。余匪百余人,知我军已复南溪,要其去路,歧趋僻径,恃险力抗图脱;各营阵亡哨弁一名、兵丁二名,受伤兵丁五名;将士愤甚,奋勇兜围,歼之殆尽,遂与东路之师会于南溪。护理开化府知府陈先沅率团亦到,由该镇督派会合,于二十六日进攻蚂蝗坡踞匪,该匪仍以死拒,经我军并力痛击,斩芟尤多,复沿途搜山而进。时西路赵金鉴已于二十七日由蔓莪径取河口,匪先空壁逃奔过界,未便往追,截获渡河零匪,讯明立予骈诛,一面扼险稳扎。旋该镇与王正雅、陈先沅亦即驰至,当先出示安民,

将逃避越界保胜之商人悉数招回，照常复业，路工、洋房一无损坏。其窜逃伐布田之匪，亦经龙裕光督率游击两营搜捕擒斩，狂奔出界等情。除办理善后暨购缉未获匪首各事宜，俟另行具奏外，伏查该匪突踞河口后，连陷南溪、坝洒两处，倚为巢穴，即分三路上犯，党众械精，势极剽悍；复敢别处张贴伪示，投递逆函，希图煽我兵民，响应肋乱。匪踪所窜，战线袤延数百里，每股辄号数千人，几于全省动摇，不可终日。经锡良督同司局及南防营务处增厚，仰秉宸谟，广咨方略，审察形势，诇探匪情，分路命将征兵、运粮、授械，不旬日而筹办粗备。各路新旧将弁，或千里赴援，方喘息之未苏，即血肉以相搏；或以仓猝召募之师，甫隶戎行，即当狂寇；适值暑雨时行，瘴气盛发，各军皆能奋不顾身，冒险遄进。幸而西路蛮耗战捷，枪伤匪首关苐臣，图犯蒙自及个旧锡厂之匪，自此不振；中路复捷于白河，直驱贼至三岔河以上：而东路白金柱本军及陈先沅之保卫队，当贼氛方炽，独能稳扎硬打，遏其东趋。于是各路局势日臻稳固，乃迅饬进取。白金柱亲临前敌，决纵指挥，未几而有田房之捷、南溪之捷，匪首黄和顺、熊达卿或伤或毙；中路亦在老范寨枪毙匪首黄东；我军自泥巴黑、车河地等处扫荡而下，南溪之役，毙匪尤多。于是余匪逃死不遑，甫数日而即将河口克复。……锡良谨叩。（四月）三十日。

中国第一历史档案馆藏《清代电报档》，卷宗号 3-14-12-034-0085

胡汉民致孙中山的河口之役报告书谈及军饷之困难情形：

…………

惟是自河口以上，粮米极贵，每日每人至少须发伙食三毛，现在我兵已三千余人，（河口原有之义师三百人，在河口投降者，警察汛营及巡防四营，李兰廷来降一营，黄茂兰二哨，胡华甫一哨，王玉珠一哨，其余新街蛮耗尚有降者。）每日用银，粮食一项亦几及千元。收复河口，即就地征收义捐，得银三千五百元，惟发饷时，杀督办花红二千，占山上炮台及以哨官首级献者，大小花红二千八百，共花红四千八百。（其得河口后来降者即皆不给赏，但发伙食而已。）（四月）初二日弟交甄吉亭带款二千二百元上，次日关仁甫之队起程，初四日弟交黄龙生带款二千二百元上，次日张德卿之队起程。初六晚吉亭归河内，细述情形，知德卿之队仅持三日之粮，非立加接济，兼多办粮食运送供给，便虑为行军之窒碍。是时铺户之捐已难于为继，而兵起河口，占领逾一周，不见外洋大款接济，士心虽固，不为摇动，然若粮食不周，则情见势绌，外恐见笑于邻国，内亦恐降者之裹足。盖降者之来感于情谊者三，而动于势者七，由此数日之情势度之，则彼敌望风奔附，而我师大增，以是而收取全滇也不难，若因饷绌之故，使来者闻知，不肯踊跃来附，岂不可惜。自河口起兵，我军得利，正在有越地供给之后援，足食而进兵，则所至所向，能战能攻。河内同志力竭于前，先生所晓，第见吉亭之报告，遂再电星州告危，是日复接河口来电，言降者见粮食困乏，颇有一二不安者，弟尤为焦急。旋得星州先生复电，三日有款，略为欣慰，然仍无以济两日之因急，勉强就商于梁成泰之子梁秋，使由伊借款三千，而约以无论何时，星款到立即归还，梁秋前日已为我党捐款二千（前信已告知），此番实得其助力，以弟观察，云南大局确有把握。哥老会之纠合，息息相通，如黄元贞之营降，而降者相继，此其验也。周文祥曾破云南，最有声名者，今亦皆为我军所用而起，转会党而为革命党，而服从于国民军矣，此云南全局可图者一大端也。蒙自、开化藏枪各数千（藏置为招募新军之用），而守兵各不过两三营，合其附近可取救援之兵，亦不过各得二千人而止，以我朝起之锐气，攻彼腐败之营兵，且有会党相通之妙用，一可敌十，何况彼力之尚有不如我耶！此云南全局可图者二大端也。云南近边服一带，粮食既昂，河口之兵正以饷食不周，为倒戈降我之大原因，若我有后援，粮食充足，则彼敌兵降者恐后，盖以彼卒常饥之故，此

云南全局可图者三大端也。黄明堂、关仁甫为旧日会党首领,张德卿亦著名于广西,今皆聚而为我用,各尽其能。黄元贞新降,极意立功,且熟悉全滇情形,今又有黄克强兄之学识经验,而为统筹,人才众多,此云南全局可图者四大端也。云南各营之枪,系于前年一律换为德国毛瑟者,器械可用,非如钦州集合地方兵团之械参差不伦者可比,现下子弹充足,亦可供数大战之用。惟降者日众,则饷食日增,河内一隅(河内已捐款千余,力已竭)焉能仰给,必有大款方堪接济。若得十万金,分半先为粮食之用,分半预为子弹之补充,则大军所至,势如破竹,攻城略地,无后顾之忧。若以现情形论之,则开化、蒙自在我军掌握,惟两城既得,骤办因粮,必不能给。(蒙自等虽非河口之比,然既得大城,则军费浩繁,亦非现在可比。因粮之法必须徐徐举办,而后有功,若朝得城池,而夕办因粮,以充军实,势必难也,故必预筹款项,以为临时之用。)是以不能不先仰外洋之接济,粮食第一,子药之补充次之。底波洋行私约,如得蒙自,伊有洋行在彼,军用亦可以任取。艮班大班私语□□养云,若有占领蒙自消息,请党人告我,我有大好意相酬。蒙自领事闻我占领河口,即归蒙自语人云,我素助革命党,或恐党军攻蒙自,他法人有误会,故须归为同情。大抵若得蒙自,弟在河内亦可尽力运动,使得种种之裨助,然第一级之工夫,则尚未能做到,今惟望先生与星埠诸同志之大力先助,十万不能骤得,亦必筹济五六万之款。法报之言曰,革命军此次乃真有革命之力矣,然何其经济之困乏耶!以数千金之款而用数千人,何其神也。又有云,以革命军之所为,当无有能御者,吾人何敢量其力之所至,然须就地以筹军用,则岂无外力之大助耶(在河内征捐法人亦知之)!盖我党之艰难于平日,非外人所知也。今云南之机局,实所谓非常之遇,虽有智慧,不如乘势,况我祖国之沦亡于异族人之手已二百余年,今何幸而河口至蒙自之间已归汉人占领,开化、蒙自不日底定,全滇在我范围,虏则惊魂丧魄,而我同胞当于喜慰之余,转生感喟,而内外有血气者,同志协力,各尽义务,斯岂徒奋力行间者之希望,我同胞实有其责任也。至如何统筹全局,指示机宜,持纲挈领,及延请海内英才以襄各事,是在先生。弟此次一人独当要职,自河口克复以来,笔舌不停,而策应为谋又皆出于一人,体素孱弱,尤恐不胜,喜奋愉快之故,振起精神,尚能勉强从事耳。专此即请大安,余事续告,捷音电闻。弟胡衍鸿。

冯自由《革命逸史》第5集,中华书局1981年版,第150~153页

5月27日(四月二十八日)　清两广总督张人骏、云贵总督锡良等悬赏缉拿革命党,其赏格为:黄兴五千元,胡汉民四千元,汪精卫、田桐、刘揆一、谭人凤各二千元。

《神州日报》1908年5月27日

5月30日(五月初一日)　清廷谕命云贵总督锡良,妥筹滇边防务及善后事宜。

谕曰:

……去(1907年)冬,匪党窜扰贵边,未七日而凶顽殄除,此次深入滇境,未匝月而悍股聚歼,此等丑类妄思作乱,徒取诛戮,法良难宽,愚亦可悯。朝廷以好生为德,不厌反覆告诫,著锡良、张鸣岐随时剀切晓谕沿边士庶,各励忠爱,安分乐业,勿受奸匪煽惑,以身试法,亦不可容留匪类,致受牵连;并著锡良督饬文武印委各员,将滇边一切善后事宜妥筹布置,勿得再涉疏忽。

朱寿朋编《光绪朝东华录》第5册,中华书局1958年版,总5906页

5月31日(五月初二日)　清驻法公使刘式训照会法国政府,请严禁革命军假道越南以扰滇境,而法政府要求别项利益,以为酬报。

《东方杂志》第5年第6期,"光绪三十四年(1908年)五月中国事纪",第15页

春　陈干等筹设震旦公学于青岛,宣传革命,后为德人查封。

冯自由《革命逸史》第2集,中华书局1981年版,第272页

6月13日(五月十五日)　清廷诏停州县官部选旧例,于三个月后实行。

谕曰:

国家根本,惟在民生,而养民教民之官,以州县为最亲,其责任为最重要,凡抚字催科,听断缉捕,悉萃于牧令之身,一邑数十万生灵于斯托命,加以各项新政待举,备极繁难,非才力优长、素经历练,不足以副是任。吏部职司铨选,自例章繁密,仅以班次资格为定衡,大失量能授官之本意,迩来保举捐纳,冗滥甚多,治理民情,多未明达,检查法律,亦不能通解,即系正途出身,于吏治亦尚乏体验,岂能措置裕如。此等人员,专凭年资入选,一旦任事,大率听命幕友,纵容丁胥,百弊丛生,小民深受其害。闻各省选缺州县,骤膺外任,不谙吏事者十居七八,该管督抚格于部章,日久不能不使之到任。及到官偾事,虽加撤参,地方元气已伤,其为害于国计民生者甚钜。嗣后州县两途,著将部选旧例,限三个月后即行停止,所有各班候选州县,由吏部分别查明,会同军机大臣迅速妥拟章程具奏,请旨颁行;其应选州县,依次分发各省,作为改选班,外省原有各项候补班次、轮次,亦应酌量删减归并。凡改选人员到省后,督抚率同三司量其才性,试以吏事,或派入法政学堂,分门肄业,并须勤加考察。除有差人员随时接见外,其余各员,每两个月必须传见一次,三司按月传见一次,详细考询其才识学业能否造就,有无进益,如有糊涂谬劣,不通文理,或沾染嗜好,或年力就衰等情,均即咨回原籍,扣除本班,其应补人员,该各督抚务须一秉至公,认真甄核,不得瞻徇偏执,敷衍迁就。总期亲民之官,历经试验,娴习法理,一洗阘茸幸滥之习,用副朝廷察吏安民之至意。

朱寿朋编《光绪朝东华录》第5册,中华书局1958年版,总5914页

6月29日(六月初一日)　清粤督张人骏报告钦廉等处已严密布置军队,并请清廷电商法国政府,清除在越南的革命党。

清粤督致军机处请代奏电曰:

廉钦匪事上年在屯良、西牙等处报捷,后复经各军分擉合剿大小数十战,叠次馘俘,匪党猜疑,互相戕捕,首要先后就擒,大股次第扑灭,获办盗匪总计已逾千数。二月间曾将勘定情形电商钧处代奏,准复饬再考察,时值越匪内窜,复饬东西各军分段彻底清擉,已无踪迹。现在道路畅行,民安耕凿,内地实已安靖,惟匪巢在越,为我全力所不及,善后之策当注重于防边,匪即伺隙而动,我必有备而始无患。从前边道兼统廉钦各营,原期事权专一,今昔情形不同,须将内地边防画分两节。道员郭人漳能谋善战,威名远著,应令驻扎东兴,统带新练军一营并钦军巡防队七营,督办边防兼充对汛大员;委知府夏文炳分统巡防队六营,专顾中路;委署北海镇莫善积带统巡防队三营,专顾廉东。新军第二标第一营,上年派往廉钦,防剿得力,本应调省仍隶协标,惟该营系武建、武匡等军改编,兵士以外籍人维多,与新军定章不符,廉钦各营均系土著,不得不间用客军,拟照新练军营制饷章编为一营,归参将王有宏兼统,并分统廉军巡防队五营,专顾廉防后路。并设边防廉钦各营营务处,委廉钦道龚心湛总理,各军

均听节制调遣,令其照新练军章制募卫队亲兵一队,俾得籍手。其余客军酌量调回以后,边事则责成郭人漳,内匪则责成各统带分统,交涉事件责成龚心湛、郭人漳会商妥办,似此布置严密,内地当不致再有他虞。惟越匪一日不除,边备一日难弛,求正本清源之策,应请敕下外务部切商法使转饬法官,覆其巢穴,擒其渠魁,庶能永保治安。至陆提督秦炳直督率调度均合机宜,现既戡平匪乱,毋庸在钦久驻,且据报旧患腹疾复发,边地医药不便相应,仰恳天恩准饬赴惠供职,先就省城医调,以期速痊。除肃清详细情形俟秦炳直咨报到日核明另奏,并查明在事出力文武员弁及伤亡将士酌请奖恤外,乞代奏。人骏。东。

中国第一历史档案馆藏《清代电报档》,卷宗号 2-05-12-034-0362

6 月 30 日(六月初二日)　上海预备立宪公会会长郑孝胥及张謇、汤寿潜等致电清宪政编查馆,请速开国会,以二年为限。

原电略曰:

北京宪政编查馆王爷中堂宫保钧鉴:近日各省人民请开国会,相继而起,外间传言枢馆将以六年为限,众情疑惧,以为太缓。窃谓今日时局外忧内患,乘机并发,必有旋乾转坤之举,使举国人之心思、耳目,皆受摄以归于一途,则忧患可以潜弭,富强可以徐图。目前宗旨未定,四海观望,祸端隐伏,移步换形,所有国家预定之计画、执行之力量,断无一气贯注,能及于三年之外者。若限期太远,则中国之变态百出,万一为时势所阻,未能践行,是转因慎重而致机桅,纵秉钧诸老,心贯日月,亦何以见谅于国人。孝胥等切愿王爷中堂宫保,上念朝事之艰,下顺兆民之望,乘此上下同心之际,奋其毅力一鼓作气,决开国会以二年为限,庶民气固结,并力兼营,势急则难阻,期短则易达,措天下于泰山之安,其策莫善于此。现上海绅商联合研究开设国会之次序,候有成稿,谨当缮呈,区区忧国之愚,不避冒渎之罪,伏候钧裁。预备立宪公会郑孝胥、张謇、汤寿潜等谨叩。

《东方杂志》第 5 年第 7 期,《宪政篇》,第 10~11 页

是月　河口战败退入越境之革命军,被遣送至新加坡,但遭到驻坡英方当局拒绝,后幸得孙中山出面解决。

冯自由《安置河口败兵之困难》:

戊申河口革命军失败后,所有退入越南境内之将士关仁甫、韦云卿、李祐卿、关玉山等六百余人,概由法官拨送新加坡,抵坡时,英官初视为乱民,不许登陆,后经越南总督致电坡督,声明彼等系革命党,应作国事犯看待,坡督始准上岸,惟仍押禁于拘留所。中山乃使《中兴报》董事张永福延律师向英吏保释,并派人招待一切,于是陈楚楠、林受之、许雪秋、沈联芳等屋宇及在振南街招待所皆收容几满,而给养尤形困难。败兵中有索资返香港者,有病不能起者,有闹事杀人而招警吏干涉者,有群聚《中兴报》及中山寓所讨伙食者,尤列且因人命嫌疑案被牵涉讯问。于是中山乃命楚楠、永福、义顺等创办中兴石山于蔡厝港,以安插河口败兵,派周华经理其事;又为介绍于吉隆坡、怡保、吡叻、文岛各埠矿山、工厂、农场,使各安生业,而众心始安。

…………

冯自由《中华民国开国前革命史》第 2 册,台北世界书局 1954 年版,第 127 页

7月2日（六月初四日）　政闻社致电满清宪政编查馆，请于三年内召集国会。

1908年7月3日《申报》载：

北京宪政编查馆王爷中堂军机大人钧鉴：国会一事，天下观瞻所系，即中国存亡所关。非宣布最近年限，无以消弭祸乱，维系人心，且事必实行，则改良易，空言预备，则成功难，凡事如斯，岂惟国会。近闻有主张十年、二十年者，灰爱国者之心，长揭竿者之气，时不我留，乞速宣布年限，期以三年召集国会，宗社幸甚！生灵幸甚！

7月4日（六月初六日）　清廷从学部所奏，于京师设立女子师范学堂，暂招简易科两班，以备各省开办女子小学充当教习之用。

学部原奏曰：

奏为遵旨议覆设立女子师范学堂恭折仰祈圣鉴事。三月初十日，军机处抄交御史黄瑞麒奏请设立女子师范学堂一片，奉旨学部议奏，钦此。钦遵到部，查原奏内称，女学为教育根本，亟宜明示准绳，现在各省官立女子师范学堂均未开办，而民间私立者亦寥寥无几，拟请饬下学部，先于京师由官设立女子师范学堂，以为提倡，并由该部转饬各省提学使，按照定章，于省城府城从速设立女子师范学堂一所，以为振兴女学之地等语。窃维二南圣化，首自宫廷，考之毛《诗》、《春秋》，妇女之读书明理、博学能文者，指不胜屈。下至《列女传》以及汉魏诸史，名媛贤母以学行兼备、相夫教子著闻者甚多。后世明慧女子，所习大率不过诗词小技，儒者遂视为无裨世教，于是女学遂微。迨风俗日趋浮薄，遂不免惩羹吹齑，因噎废食。方今屡奉明诏，殷殷以教育普及为务，然则欲端修齐之本，培蒙养之基，自非修明女学不可，欲求正本清源之道，尤非注重女子师范学不可。臣部前经详订章程具奏，并声明以启发知识、保存礼教两不相妨为宗旨，是女子师范诚宜速筹举办，以树初基。现查各省女子师范学堂，除北洋早经设立，业已举行毕业一次外，其余各省设女学者虽有数处，惟专教女师范者尚少，且教法亦未必尽善。该御史原奏所称，在京师设立女子师范学堂，明示准绳一节，自是要义，应即由臣部妥筹设立，以为模范。查臣部奏定章程，女子师范学堂应设总理一人，兹查有军机处存记补用道北洋学习翰林院编修傅增湘，品端学粹，才识优长，办理北洋女子师范学堂成效昭著，众论翕然，拟即派充臣部女子师范学堂总理，一切堂舍设备、教授管理诸事，均责成该编修妥筹办理。其有应行斟酌变通之处，仍随时禀呈臣部，以期妥协。现派员于京城内外相度地方，惟有西安门内旃檀寺、仁寿寺废址，地界毗连，局势宽敞，最为适宜，拟请赏给该学堂应用。统计建筑开办经费，约需五万金，常年经费约需三万金，均由臣部设法筹拨。一面借地先行开办，拟设简易科两班，定额百名，除就近在京师招考外，并派员分赴各省招考合格学生。所招务取朴质稳重之人，不收儇巧佻薄之辈，令其住堂肄业，内外有别，严立门禁。所以必使住堂者，放假有定期，不使招摇过市，沾染恶习。至学堂衣装式样定为一律，以朴素为主，概行用布，不服罗绮，其钗珥亦须一律不准华丽。选择重要科目分门教授，先学简易师范科，毕业年限暂定为二年，以备各省开办女子小学充当教习之用。其入学年龄拟照臣部前订四年师范章程增加五岁，凡年在二十岁以上、三十岁以下，德性纯淑、文字清顺者，均属合格。又定章各科教习，皆以妇人充当，亟应广为延访，但国文一科，尤为主要，现当创办之初，如国文程度较高之女教习，一时实难其人，应由该堂精选年在五十以上、品学俱优之男教习，暂资教授。俟五年以后，妇女中深通国文者渐多，此项国文教习即一律全用妇女充当，以归画一，而谨防闲。至堂中建置，应分别内堂、外堂，外堂为各男职员所居，内堂为各女职员及女学生所居，界限谨严，力求整肃。外堂设教务长、庶务长及教授国文年逾五十之男教习，务择老成

端谨之人以充其选,内堂设斋务长、内庶务长、各科教习、正副监学,均以妇女充当,或即以女教习兼充监学,令其专任内堂考查学业,并管理出入休假、起居饮食、疾病调护等事。以上各职员均由该总理妥慎选择,务期遵照臣部奏定章程,以启发知识、保存礼教两不相妨为宗旨,不但语言行事力戒新奇,即一切服饰皆宜恪守中国旧式,不得随俗转移。并责成国文修身教习,选取经史所载列女嘉言懿行,时时举之讲授,以培根本。似此严定章程,庶几有实益,而无流弊。惟此项简易科系为女学教习缺乏,暂应急需而设,嗣后仍当照章接办。四年完全科,俾教育渐臻美备,至所请由臣部转饬各省提学使于省城府城设立女子师范学堂一节,即由臣部咨明各省督抚督同提学使,体察地方情形,按照定章酌量办理,先禁流弊,再让开通,以仰副圣朝振兴女学之至意。

朱批:允学部奏,于京师设立女子师范学堂,暂招简易科二班。

朱寿朋编《光绪朝东华录》第5册,中华书局1958年版,总5934页;《政治官报》,光绪三十四年六月十日(1908年7月8日),"奏折类",第3~5页

7月8日(六月初十日)　清资政院奏拟院章。

资政院奏曰:

光绪三十三年八月十三月钦奉懿旨,立宪政体取决公论,上下议院实为行政之本。中国上下议院未能成立,亟宜设资政院,以立议院基础,著派溥伦、孙家鼐充该院总裁,所有详细院章,由该总裁会同军机大臣妥慎拟订,请旨施行。钦此。窃惟立宪国之有议院,所以代表民情,其议员多由人民公举,凡立法及预算决算必经议院协赞,方足启国人信服之心。《大学》云,民之所好,好之,民之所恶,恶之。《孟子》云,所欲与聚,所恶勿施;又云,乐以天下,忧以天下。皆此理也。昔先哲王致万民于外朝,而询国危国迁,实开各国议会之先声。日本在预备立宪之时,于明治四年设左右院,七年开地方会议,八年立元老院,至二十三年遂颁宪法而开国会,其所以筹立议院之基者,至详且备也。钦惟我皇太后、皇上本先圣之绪言,采列邦之法制,特设资政院,立上下议院之基础,仁心仁政,薄海同钦。臣等敬体斯义,旁考各国成规,揆以中国情势,谨拟资政院章目次,首总纲,次选举,次职掌,次资政院与行政衙门之关系,次资政院与各省谘议局之关系,次资政院与人民之关系,次会议,次纪律,次秘书厅官制,次经费,凡十章。事求其可行,理求其至当,以为他日议院法之初基。现在第一章总纲、第二章选举,业经臣等详慎拟订,其余八章俟臣等会同妥议逐次厘定后,陆续奏闻。惟该院事皆创始,头绪纷繁,一切章程如有应行损益之处,容由臣等体察情形再行随时更定,奏明办理。除将总纲、选举两章缮单恭呈御览外,所有逐次拟订院章缘由,恭折具陈,伏乞皇太后、皇上圣鉴训示。再此折系资政院主稿,会同军机大臣办理,合并陈明。

谨将拟订资政院总纲、选举两章,缮具清单恭呈御览:

第一章 总纲

第一条 资政院钦遵谕旨,以取决公论,预立上下议院基础为宗旨。

第二条 资政院总裁二人,总理全院事务,以王公大臣著有勋劳、通达治体者,由特旨简充。

第三条 资政院副总裁二人或四人,佐理全院事务,以三品以上大员著有才望学识者,由特旨简充。

第四条 资政院议员以钦选及互选之法定之。

第五条 资政院议员于院中应有之权一律同等,无所轩轾。

第六条 资政院会议期分为二种,一常年会,一临时会,常年会每年一次,会期以三个月为率,临时会无定次,会期以一个月为率。

第七条 资政院开会、闭会,均明降谕旨,刊布官报。

第八条 资政院开会之日,恭请圣驾临幸,或由特旨派遣亲贵人臣恭代,行开会礼,宣布本期应议事件。

第二章 选举

第九条 资政院议员由左列各项人员年满三十岁以上者选充:一、王公世爵,一、宗室觉罗,一、各部院衙门官四品以下者(但审判官、检察官及巡警官不在此限),一、业主有资产满一百万元以上,而有被选为谘议局议员之资格者,一、各省谘议局议员。

第十条 王公世爵由军机处会同宗人府理藩部查明合格人员,缮具名单,奏请钦选,以不逾十人为限。

第十一条 宗室觉罗、各部院衙门官及业主,由宗人府、吏部、民政部分别查明合格人员,造具名册咨送本院。经各该员互选后,由本院将得票多数者,按照左列定额多开数员,奏请钦选宗室觉罗五人、各部院衙门官一百人、业主十人。

第十二条 宗室觉罗、各部院衙门官及业主互选之法,由资政院刊印合格人员名册并选举票,先期知会本人,令各书所选一人,封送本院投匦子,定期公开。

第十三条 各省谘议局议员俟互选后,由本省督抚择其乡望素优而得票较多者,按照定额咨送本院奏明立案。

第十四条 各省谘议局议员以各省定额总数十分之一为选出资政院议员之定额。

第十五条 资政院议员选举详细办法照另定选举章程行之。

得旨:依议。其余八章,著即迅速妥订,具奏请旨。

《政治官报》光绪三十四年六月十五日(1908 年 7 月 13 日),"折奏类",第 5 ~ 6 页;朱寿朋编《光绪朝东华录》第5册,中华书局1958年版,总5934 ~ 5935 页

7 月 11 日(六月十三日)　上海预备立宪公会会长郑孝胥等复电清宪政编查馆,请清廷以两年为期召开国会。

郑孝胥等致宪政编查馆之原电曰:

北京宪政编查馆王爷中堂军机大人钧鉴:前电意有未尽,谨披沥再陈,冀蒙垂听。开国会者特利用国民之策而已,中国之国会与万国不同,无论何国之政治家,究其学识无足以裁决中国国会适当之办法者何?则以我之国大殊,为历史所无故也。今欲集中国之学者裁决此事,虽虚拟年限,要皆随意揣测,不足以为定论。但问朝廷欲开国会否耳?果欲为之,则宜决然为之,直以最捷之法,选举召集故非甚难,胥等所谓二年即立与施行之谓,如以二年为简率,则虽五六年至七八年亦与二年略等,未见其遂为完密也。迟疑顾虑,终于无成,实中国积弱之锢习,必先除去此习,乃有图存之望,时不可失,敌不我待,当世雄杰,或韪斯言,不胜忧愤,伏祈荩察。预备立宪公会郑孝胥、张謇、汤寿潜等百叩。

《东方杂志》第 5 年第 7 期,"宪政论",第 11 页

7 月 14 日(六月十六日)　吉林公民保路会成立,计划自造吉长铁路。

《东方杂志》第 5 年第 7 期,"光绪三十四年(1908 年)六月大事记",第 2 页

7 月 17 日(六月十九日)　清东三省总督徐世昌电外务部,因韩人抗日动乱,日人连战皆败,请派兵防范韩人。

原电曰:

顷据陈副都统电称,日内据各处密探飞报,或云庆源府已失,日人连战皆败,死伤甚众,或云韩党已趋钟城,并有欲越江攻六道沟之信。确否,虽尚未详,而韩党勃发,其势颇盛,日兵初战,实有损败,各处添兵运炮车驮不绝,现江北居民殊形惶恐,日人亦皆有惧色。前已电饬原驻黑顶子之兵近扎江岸,昨日(7 月 16 日)复将驻怀庆街等处之陆军调札稽查处光霁峪一带江边,防堵钟城、会宁等处之韩党北窜,并调驻珲之旗标分驻凉水泉子东西一带,江岸珲城仍留别队驻扎,以防韩党由俄界窜入。现巡防营分驻各处,或剿匪,或防匪,皆不能撤,敦化一营又难调来,只好就现有陆军如此布置。究竟加何防范,仍请电示,云云。特此布闻,即希鉴核。六月十九日。

王彦威纂辑、王亮编、王敬立校《清季外交史料》第 3 册,书目文献出版社 1987 年版,第 215 卷第 14 页,总 3289 页

7 月 18 日(六月二十日)　清廷命张之洞兼充督办粤汉铁路大臣。

原谕曰:

……粤汉干路关系南北交通,最为重要,前经张之洞收回自办,极费经营,乃数年来官绅商董意见参差,迄无成效,长此因循,必至坐失大利,贻误路政,自应简派大员统一事权,方可早日观成。著派军机大臣、大学士张之洞兼充督办粤汉铁路大臣,会商邮传部及三省督抚,督饬在事官绅商董认真筹办。所有路务大端,由该大臣通筹三省全局,体察情形,随时主持裁定,务令各泯意见,联络一气,以免旷日虚糜,致防交通要政。

朱寿朋编《光绪朝东华录》第 5 册,中华书局 1958 年版,总第 5943 页

7 月 22 日(六月二十四日)　清廷颁布由宪政编查馆、资政院合拟之各省谘议局及议员选举章程,限各省一年内按规定设立谘议局。

宪政编查馆奏曰:

光绪三十三年九月十三日内阁奉上谕:"朕钦奉慈禧端佑康颐昭豫庄诚寿恭钦献崇熙皇太后懿旨,前经降旨于京师设立资政院,以树议院基础,但各省亦应有采取舆论之所,俾其指陈通省利病,筹计地方治安,并为资政院储才之阶。著各省督抚均在省会速设谘议局,俱选公正明达官绅创办其事,即由各属合格绅民公举贤能,作为该局议员,断不可使品行悖谬、营私武断之人滥厕其间。凡地方应兴应革事宜,议员公同集议,候本省大吏裁夺施行,遇有重大事件,由该省督抚奏明办理。将来资政院选举议员,可由该局公推递升。如资政院应需考查、询问等事,一面行文该省督抚转饬,一面径行该局具复。该局有条议事件,准其一面禀知该省督抚,一面径禀资政院查核等因。钦此。"仰见皇太后、皇上孜孜求治,重视舆论之至意,钦服莫名。臣等窃维立宪政体之要义,在予民人与闻政事之权,而使为行政官吏之监察,故不可无议院以为人民闻政之地。东西立宪各国,虽国体不同,法制各异,而要之无不设立议院,使人民选举议员代表舆论,是以上下之情通,而睽隔之弊少。中国向无议院之说,今议倡设,人多视为创举,且视为外国之法,不知虞廷之明目达聪,大禹之建鞀设铎,洪范之谋及庶人,周官之询于外朝,皆古义也。古昔盛时,无不广采舆论以为行政之准则者,特未有议院之制度耳。《记》曰:"上酌民言,则下天上施;上不酌民言,则犯也;下不天上施,则乱也。"《传》曰:"防民之口,甚于防川,川壅而溃,伤人必多;是故为川者,决之使导,为民者,宣之使言。"

是民言之不可壅障，断断然也。然为川之道，固不可使之壅塞而不流，亦不可任其泛滥而无阻，必也宽予之地，俾其畅行无阻，而仍遥筑堤防，不容溢出于界域之外。议院者，予水畅行之地也；规则者，不容外溢之堤防也。既将创设议院，若不严定规则，事为之制，曲为之防，流弊有不可胜言者。今者钦奉明纶，于京师设立资政院外，复令各省均在省会设立谘议局，以为各省采取舆论之所，并为资政院储才之阶，法良意美，薄海同钦。臣等查谘议局即议院之先声，自当上承德意，下体舆情，将其规则妥为厘定，以期行之有利而无弊。伏查各国立宪制度，皆设上下议院于国都，其下多直接地方自治之议会。惟联邦之制，各邦自有国会，帝国但总其大纲。中国地大民众，分省而治，各省之政，主于督抚，与各国地方自治直接国都者不同。而郡县之制异于封建，督抚仍事事受命于朝廷，亦与联邦之各为法制者不同。谘议局之设，为地方自治与中央集权之枢纽，必使下足裒集一省之舆论，而上仍无妨于国家统一之大权，此其要义一也。夫议院乃民权所在，然其所谓民权者，不过言之权而非行之权也。议政之权虽在议院，而行政之权仍在政府，即如外国监督政府之说，民权似极强矣，而议院攻击政府，但有言辞，并无实力，但有政府自行求退，议院并不能驱之使行。普鲁士、日本宪法，且明载进退宰相、任免文武官之权在于其君，此足见民权之是言非行矣。况谘议局仅为一省言论之汇归，尚非中央议院之比，则其言与行之界限，尤须确切订明，不容稍有逾越，此其要义二也。立宪之国有议院，此一定之理，敕定宪法之国，必先期宣布开设议院年限，此亦自然之序。今资政院、谘议局已次第建立，为议院之基础矣。基础既立，则朝廷自将宣布开设议院年限，以定人心而促进步，此可预计者也。是则此日各省谘议局办法，必须与异日京师议院办法有相成而无相悖。宣布年限之后，局中议员，即当随时选入议院之预备。故议员资格、议事权限，皆当于此时早为厘定，此其要义三也。兹经臣等督饬馆员，仰体圣训，博考列国立法之意，兼采外省所拟章程，参伍折衷，悉心编纂，谨拟成各省谘议局章程十章六十二条：第一章，总述纲要，明谘议局之缘起及其设立之宗旨；第二章至第五章，定谘议局之额数、资格、分类、任期，兼及补缺、改选、辞职之事；第六章至第八章，定谘议局之职任权限及其会议监督之法；第九章以下，定经理本局庶务、筹支经费、保持纪律之事，而以章程之施行、修改，列为附条殿焉。所有条项文句，均经斟酌再三，屡成屡易，椎轮之作，不敢即谓精密无遗，而因时制宜，斟酌亦不敢不力求详慎。谨疏通证明，加具案语，附于各条之后，以便解释而免疑误。其议员选举事宜，端绪繁杂，非局章所能备载，若不详细筹拟，另定专条，诚恐办理纷歧，漫无把握。故别为选举章程一百十五条，以与局章相辅而行，庶几范围不过，率由有章。谨分别缮具清单，恭呈御览，如蒙俞允，拟请明降谕旨，颁行各省，即由臣馆分咨各督抚，钦遵办理。其安徽抚臣冯煦所奏谘议局章程，奉旨交臣馆议奏之案，此项章程现既具奏，即无庸再所议复。

上谕曰：

朕钦奉慈禧端佑康颐昭豫庄诚寿恭钦献崇熙皇太后懿旨，宪政编查馆、资政院王大臣奕劻、溥伦等会奏，拟呈各省谘议局及议员选举各章程一折。谘议局为采取舆论之所，并为资政院预储议员之阶，议院基础即肇于此，事体重大，亟宜详慎厘定。兹据该王大臣拟呈各项章程详加批阅，尚属周妥，均照所议办理。即著各督抚迅速举办，实力奉行，自奉到章程之日起，限一年内一律办齐。朝廷轸念民依，将来使国民与闻政事，以示大公，因先于各省设谘议局，以资历练。凡我士庶，均当共体时艰，同摅忠爱，于本省地方应典应革之利弊，切实指陈，于国民应尽之义务、应循之秩序，竭诚践守，勿挟私心以妨公益，勿逞意气以紊成规，勿见事太易而议论稍涉嚣张，勿权限不明而定法致滋侵越，总期民情不虞壅蔽，国宪咸知遵循。各该督抚等，亦当本集思广益之怀，行好恶同民之政，虚衷审察，惟善是从，庶几上下一心，渐臻

上理。至于选举议员,尤宜督率各该地方有司认真监督,精择慎选,断不准使心术不正、行止有亏之人托足其内,致妨治安。该王大臣所陈要义三端,甚为中肯,如宣布开设议院年限一节,自是立宪国必有之义,但各国宪政本难强同,要不外乎行政之权在官吏,建议之权在议员,而大经大法,上以之执行罔越,下以之遵奉弗违。中国立宪政体,前已降旨宣示,必须切实预备,慎始图终,方不致托空言而鲜实效。著宪政编查馆、资政院王大臣督同馆院谙习法政人员,甄采列邦之良规,折衷本国之成宪,迅将君主宪法大纲暨议院选举各法,择要编辑,并将议院未开以前,逐年应行筹备各事,分期拟议,胪列具奏呈览。俟朝廷亲裁后,当即将开设议院年限钦定宣布,以立臣工进行之准则,而副吾民望治之殷怀,并使天下臣民,晓然于朝廷因时制宜、变法图强之至意。

朱寿朋编《光绪朝东华录》第5册,中华书局1958年版,总5947~5950页

7月25日(六月二十七日)　因政闻社社员、清法部主事陈景仁参劾于式枚阻挠宪政,请定三年内召开国会,乃遭革职。

谕曰:

政闻社法部主事陈景仁等电奏,请定三年内开国会,革于式枚谢天下等语。朝廷预备立宪,将来开设议院,自为必办之事,但应行讨论、预备,各务头绪纷繁,需时若干,朝廷自须详慎斟酌,权衡至当,应定年限,该主事等何得臆度率请。于式枚为卿二大员,又岂该主事等所得擅行请革。闻政闻社内诸人良莠不齐,且多曾犯重案之人,陈景仁身为职官,竟敢附和比昵,倡率生事,殊属谬妄,若不量予惩处,恐诪张为幻,必致扰乱大局,妨害治安。法部主事陈景仁,著即行革职,由所在地方官查传管束,以示薄惩。

朱寿朋编《光绪朝东华录》第5册,中华书局1958年版,总5951页

1908年8月18日《中国日报》《陈景仁之被革与国会之失败》载:

月来请开国会之狂潮,陆离光怪,凡派代表员递请愿书,络绎纷纭。彼欧美之文明政体与单纯极点之民权,其国民以流血百万而购得之者,若中国人民,欲以片纸电文而遂可收其效果也。夫南北各省所谓请开国会者,每省大都不过数十人,其余不知国会为何物,人曰开国会,彼亦曰开国会,随声附和者渐众,遂至举国若狂。至夫所谓帝国宪政会也,政闻社也,更为之打锣鼓,扬波流,以为各地同声,可占胜利;领衔电请,可博美名;又可以粉饰同群,使之称道。设幸而形式上之国会名目,能出现于支那,彼将号于众曰:中国开国会矣,得民权矣,已成为立宪国矣,如是皆吾党电争之力也,则因而施其狡诈之手腕运动华侨,以冀偿其不可告人之目的而已。嗟乎!自有请开国会之一语出现以来,有识者以旁观之眼透窥之,早逆料请开国会之结果不出两途:其一则以所谓请愿书者,真出于国民全体之意,不得不为之曲从,乃开有名无实之国会,以纷饰其国人(如资政院之位置闲员,与谘议局员之硬由官派,皆是此类);其二则加以干预朝政之罪而为之伸斥,如是而已。前之一说,则为今后一定不易之结果;其后之一说,则为目前立刻发现之见端。如陈景仁之被革者,其亦呆望准开国会者之殷鉴欤?政闻社者,帝国宪政会之分身变相也;帝国宪政会者,又即保皇会之穷极思遁而易尸还魂也。若辈之热心利禄之途,固非一日矣!每以排斥民族为讨好朝家,希望有赐环之日,如所谓革命不能行于今日者,大都摭拾康有为政见书之语,而弗出其范围。顾是是非非,辩之者已不在今日,所最异者,日唯讨好朝家,而朝家不唯不俯与矜怜,而反为之加罪也,何其可哀而可怜哉!今之陈景仁,煌煌然标法部主事之衔名,以致电于中央政府,必以为争胜利、博美名在此一举,而求达其不可告人之目的者,亦在此举矣。抑见夫政务处诸员之会议

国会问题,纷纷扰扰。于式枚之电阻宪政,京员中又未尝无嫉之者,则挟所向日抱持之目的,又际此潮流,乘机博美名以争胜利,则彼之请开国会与请革于式枚,固持绝大之希望,而敢于一试者明矣。乃于式枚不革,而己之所谓法部主事者已不能自保,岂陈景仁固懵然无知者乎?抑有所图而骤利令智昏,而遭此失败也?第观清谕所云:一则曰朝廷自须详慎,该主事等何敢臆度率请;再则曰于式枚为卿二大员,该主事等岂能擅行请革;三则曰政闻社内诸员良莠不齐,且多曾犯重案之人,陈景仁附和比昵,殊属荒谬。如此者,则虏廷对于国会问题之意见已可见一斑,而政闻社诸员之腐败历史,亦已为虏廷所窥见矣。夫人若不自知,陈景仁岂以"政闻社"三字为团体之意见所成,足以倾动朝家乎?曾不知不值虏廷之一哂也。则平日之讨好朝家以成政闻社者,已尽归失败,即今日之请开国会,亦无不归于失败,可断言也。昔某御史奏云:言革命者犹明目张胆,言保皇立宪者则假托名义,更阴险鸷悍,防不胜防。准此,则若辈日持斯义以欺饰华侨,而人之视己,如见肺肝,乃犹赧然以"政闻社"三字见于电文也,则陈景仁之被斥,谓斥陈景仁可也,谓其并斥伪言保皇立宪者亦无不可也。

《记》曰:哀莫大于心死,行莫丑于自谋。无论媚异驱同,其本已□。然明知其无正当立宪之观念、假托名义以饰国民者,亦从而随声喧扰,相助以欺我同胞,则其心死久矣。故夫戊戌变法,与今日所谓改革之现史,无小异焉!而康有为伙竟号于人曰:欧美文明政体,百日间而举之,则自欺欺人,固若辈之惯技,可勿道矣!夫如何谓之国会,盖必有其次序,而后可成立,必究其真相,而后底诸完全。今唯是随波逐流,以是为沽名钓誉则可。藉幸而有国会之名词出现,便谓祖国同胞即享有完全权限,满清帝国原可望长治久安,此则愚夫妇亦以为不然也。彼陈景仁独不知虏廷之用意乎?资政院称为立宪基础也,其闲缺徒以微俸位置耆员,谘议局亦曰议院基础也,其内容只以官绅混同敷衍。是由今视昔,将来纵开国会,亦不过如土偶蜡人,虚有其表耳!藉或不然,则政务处与朗润园高谈宪政者,数年于兹矣。乃于式枚偶阻立宪,竟以署邮部侍郎者得补吏部侍郎,则请立宪者不闻降诏加奖,而阻立宪者已悬缺先升,其用意如何,又路人皆见。而陈景仁者,徒欲置喙于政界之前,思插足于官场之内,以为请开国会之风潮澎湃已极,因而乘之,则名利可以兼收,遂急不择言,欲以求荣,乃反而取辱,虏廷之用意良苦矣!何者,盖革一陈景仁,以与一般如陈景仁者看也。

然而陈景仁不知虏廷对于国会之意见,以己为政闻社中人,宁不知虏廷对于政闻社之如何乎?是亦无怪焉。彼见夫杨度为政闻社之领袖,一跃而为京卿,将以为政闻社为虏廷所重视,此后得一升官发财之新捷径,不可告人之目的,可从此达矣。艳羡之极,遂发狂谵,于是电文中列其名不足,加以法部主事之衔,列其衔仍不足,乃更加政闻社三字于其上,卒之陈景仁革矣!而政闻社亦遭其伸斥矣!夫革陈景仁者,以其请开国会也,政闻社之被斥,且谓其人多曾犯重案者,岂非以戊戌北京、庚子汉口之两案而言乎?该社自称研究宪政,本所以辅翼虏廷,其虏廷视为重犯,重犯复献好虏廷,则其行丑矣。故夫革一陈景仁不足惜,所惜者,则所谓政闻社,日日谈宪政,保虏廷,乃斥其人则曰良莠不齐,斥陈景仁则曰身属职员,胆敢比昵,则虏廷之绝政闻社,亦已极矣。陈景仁一人虽不足哀,而政闻社大可哀矣。政闻社亦只其一,而一般之谈宪政、保虏廷者,一切欲希荣而反辱,愈讨好而愈加罪,均视此矣。吾固言请开国会之必无良果,不特于诸大奴之会议无成见之,实于于式枚升迁见之矣。故朱福诜力争国会也,然见于式枚之升迁,即噤口不言,及见陈景仁之被革,更求潜身自退,然则陈景仁独不知机乎?改官制、言预备立宪之无效,彼应知之,资政院、谘议局之虚设,彼亦应知之,顾唯是随声附和,请开国会,请革于式枚,彼以但得国会既开,则是否完备,抑是否虚设,姑不暇计,惟期可以号称于党中同志,行计于海外华侨,意愿斯足。至陈景仁因而被革,政闻社因

而被斥，固其意所不及料，然而陈景仁可以息矣，政闻社可以慑矣。即由升于式枚、革陈景仁事以验将来，则必无实开之国会，即有之，亦未必完全之国会，皆可断言也。则一般如陈景仁之呆望速开国会者，亦可以废然返乎？

7月26日（六月二十八日） 湖北军队同盟会成立于武昌。

张难先《湖北军队同盟会之始末》：

湖北自日知会失败后，官厅震于萍乡醴陵浏阳前案，侦刺极严，军学界年余无敢谈革命者，仅一如上述之公益社，暗图连系而已。然军中内在之活气，实日益滋长，彼此默识心通，缔结极固，一遇机会，仍可表暴于外也。戊申春，日知会党员任重远自蜀归，李长龄喜，即介绍补四十一标三营前队兵士。二人以本党黄冈（在潮州饶平县）惠州、防城、镇南关诸役，屡起屡蹶，不关清廷要害，仍思就武汉腹地，以铁血振之。时在长龄处密谈，谋集日知会旧侣，再结新社。乃与黄申芗、郭抚宸、覃炳堃等，就李亚东于汉阳狱，商组湖北军队同盟会，亚东然之。由重远分途联络，一时和者达四百余人。遂于六月二十八日，开成立大会于武昌洪山罗公祠。秦炳钧主席宣布开会宗旨，众均赞成。议及组织名义，多不主张，辩论不决，即予保留，由会员相机努力而已，并鉴于日知会以疏阔误事，不具订章规，举动自合约束。鄂中军人，以久蒙压抑，实有组织，顿成蒸蒸气象。亚东复办《通俗白话报》，以陈少武司笔政，恣其鼓吹，势张甚。汉阳令某廉得其狱中往来军人频繁，疑之，严饬典狱不为亚东通宾客，《通俗白话报》旋亦停刊。重远复赴蜀，会务无形中顿。十一月，改组为群治学社。而军队同盟会活动期间，只五阅月，殊无特别表现，惟在党务断绪时，突然重振旗鼓，致后之赓续努力者日兴月异，造成辛亥首义之功，亦不可蔑视，而湮其实迹也。

会员名录：

李亚东：在狱主持，传见日知会篇。

任重远：潜江人，时在四十一标三营前队当士兵，极其努力。

黄申芗：大冶，原名绍香。

钟畸：湖南湘乡人。字勖庄。

陈少武：沔阳人，办《通俗白话报》，为本会之宣传机关。

杨王鹏：传见振武学社篇。

郭抚宸

章裕昆：字德藩，湖南宁乡，辛亥在鄂最努力之人。

祝制六：荆门人，讨袁在武昌遇害。

秦炳钧

林兆栋：黄冈，辛亥在川努力，四川光复后回鄂，在万县下为匪所害。

黄元吉：应城，鉴宇，卅一标一营兵士。自言陈友谅后，其祖先亡命，以故里有黄蓬山，因冒黄姓。

王守愚：字应一，京山。

蔡大辅：字云舫，京山。

廖湘芸：湖南湘乡。

曹振武：字世杰，京山。

邹毓琳

唐牺支：字以祀，湖南慈利。

王子英

彭新宸

陆国琪

李抱良：字六如，湖南平江。

李长龄：日知会篇有传。

黄依僧

单道康：字刺夷，湖南平江，首义后任团长。

孙昌复：字复生，湖南岳州。

黄驾白：字平分，湖南平江。

李慕尧

邹润猷

张文选

莫定国

万奇

严昌洪、张铭玉、傅蟾珍编《张难先文集》，华中师范大学出版社2005年版，第160～162页

7月29日(七月初二日)　居正撰文称，《南洋总汇新报》在与《中兴日报》的笔战中战败，主笔徐勤出奔唐山。

居正《夏六月〈总汇新报〉及〈中兴报〉战于南洋新加坡，总师全溃，总将徐勤出奔唐山》：

开国纪元四千六百零六年戊申夏六月，《总汇新报》及《中兴报》战于新加坡，总师全溃，总将徐勤出奔唐山。初，康有为逆谋事泄逃至新，创保皇会，其时侨寓华民有入其彀中者，破家相属。康有为饱壑奔美，继其后者尚有数人焉，因保皇会发起机关报，以星州为南洋之总汇，遂以名之。

《总汇报》之设立也，以保皇主义鼓吹华侨间，盖三年矣。华侨民智日开，悉保皇之行为纯为暗卖侨民，回复自身禄位计，乃聚众而谋曰：天祸吾国，异种居尊，使我海外伯叔诸姑兄弟姊妹颠沛流离，归依无所，冤苦惨辱，呼吁无闻！康党抵兹，以为将拯我于水火之中也；今若此，如水益深，如火益热，我叔伯兄弟诸姑姊妹其何以堪？是以有《中兴报》开设之举。开设以来，与我同仇者，愿得康而甘心焉。乃康奔不复，念其余孽，吾汉族也，而何敢异视，于是日修厥德以来之。且志曰：无始祸，无怙乱。我《中兴报》诸人，用是惴惴，如履薄冰，康党怙恶不悛，日寻构祸，我诸人悯其愚盲，不忍加戮。彼以为我之可欺也，召徐勤于外而命之将。徐勤乃行大阅，诏其下曰：师之耳目，在吾旗鼓，新字吾旗也，若见吾旗举，可速战。夏六月乙未朔，遂与《中兴报》战于星洲。越数日，总师全溃，总将徐勤出奔唐山。君子是以知《总汇报》之将亡也，不度德，不量力，不亲亲，不尊辞，不察有罪，犯五不韪，而以伐人，其丧师也，不亦宜乎？书曰：《总汇新报》及《中兴报》战于新加坡，总师全溃。称及者，言始祸之在《总汇报》也。不曰师溃而曰全溃者，言其丧失主体也。《传》曰：民逃其上曰溃。不观彼士卒乎？见主将旗靡，则弃甲而逃，逃惧不获，则急供曰："本报和平主义"(恰似奔急的口吻)。"非违背其保皇主义而何？"又供曰："自问苟副保皇资格。""非放弃保皇资格而何？"末复抵赖曰："固有中立之地点，即应享中立之权利。"既充马前卒矣，何以自号为中立，非畏死而何？违背主义，放弃资格，非逃其上者哉？逃其上而一般犹欲享中立之得以不死，非全溃也与哉？嘻！甚矣惫。

是役也,我《中兴报》诸人盖亦出于不得已之举,初不敢贪天之功,以为己力也。昔苗民逆命,帝乃诞敷文德,舞干羽于两阶,七旬有苗格。可知招携以礼,怀远以德,同人德薄,始不足以化顽,卒有六月之役。幸而获胜,犹惧不免,况敢言功乎?《书》曰:"歼厥渠魁,胁从罔治。"彼将既出奔矣,士卒亦反悔矣,我犹不一视为同仁焉,人其谓我何? 庄公克许曰:不可使许叔无后于郑。乃使许叔居许东偏,谓之曰:天祸许国,鬼神实不逞于许君,而假手于我寡人,寡人惟是一二父兄,不能供亿,其敢以许自为功乎? 君子谓郑庄公于是乎知礼。我《中兴报》主持人道,恢复人权,直思天下有饥者由己饥之也,天下有溺者由己溺之也,况数千年专制之余威,唯我辈倒之,世界永久和平之幸福,唯我辈造之。我辈其自任以天下之重也如此,奚暇计小丑哉? 泰山不让土壤,故能成其高;河海不择细流,故能成其深。高深之量,我辈容有未几及者,姑务修德,以厉同胞,其亦庶乎其可也。

按引《左传》"不度德不量力"一段不尊辞句,似有误,一时记忆不清,仓卒无《左传》可考,阅者赐正幸甚。

罗福惠、萧怡编《居正文集》上册,华中师范大学出版社 1989 年版,第 129 ~ 130 页

8 月 4 日(七月初八日)　星洲书报社延请胡汉民、汪精卫讲述民族主义。

《中兴日报》1908 年 8 月 6 日《星洲阅书报社演说纪事》:

昨日(8 月 4 日),星洲书报社延请胡君汉民、汪君精卫于晚七时三十分演说,并请吴君应培译词。届时入社听讲者约四百余人。主席郑君起陈开会词,谓今夕胡、汪二君演题皆关于民族主义者,仆为基督教徒,最尊重言论之自由,故愿听者诸君求其心之所是,其有怀疑或抱反对民族之意见者,亦不妨伸其驳论,公理一辨析而愈明,胡、汪二君亦必乐为解答也。于是胡君、汪君相继演说。胡君大旨言满人以少数蛮劣之民族而能征服、压制汉人多数文明之民族者,以满人有团体,而汉人无团体之故。汉人无团体,则以有汉奸破坏之故。汉奸有二种,或显借满人之势力以行破坏之手段者,如清初之洪承畴、吴三桂辈,咸同以来曾、胡、左、李辈,现时之张之洞、袁世凯辈是也;或并无势力,惟思献媚于满人,造作邪说,欲以破坏汉人团体者,则一班言保皇、言乞求立宪者皆是,辛苦艰难,为满人辩护,诪张多幻,而反对革命,彼实自离于汉人团体而希冀附合于满人团体者也。故汉人欲求自由、谋光复,必先巩固我汉族团体而除去败群之人,即自掊击一班言保皇、言乞求立宪者始。汪君大旨言人之有团体,本于爱人之心,由有爱人之心而生平等观念,以一少数民族为制于上,而多数大民族为所征服、压制者,即种族上之大不平等。吾□言民族主义为革命者,即求汉满之平等也,发于爱人之心者也。人或以为请求满洲立宪即可调和种族之不平,殊不知民族之既调和而后可言宪法,犹之两军相对,既有休战之意,而后可提议讲和之条约。今若谓满人已[已]迫于革命军之势力而可休战讲和,相与订立条约者,则吾嫌其太早计矣,云云。两君演毕,郑君复起而言曰:胡、汪二君所演,诸君则既闻之,其或有所疑问者,请即起身举手示意。听者皆寂然。郑君复问曰:然则于民族主义有所反对,或于二君之言有所反者,亦皆请起身举手示意,然后请登坐伸驳论。听者复寂然,无举手者。于是郑君更问曰:诸君既无所疑,复无所反对,然则就于二君之演说殆皆为赞成者,则请举手以表赞成之意。言未终,而四百人皆起身举手,一时欢声雷动,若持敌忾之勇气而欢待革命军之凯旋者然,盖热诚流露于不自觉也。散会时已[已]十时四十分。说者谓本坡自有演说以来,此次听者诸君,其感情上实为从前所未有云。

8月5日(七月初九日)　清驻法公使刘式训报告《新世纪报》散布邪说,预密筹办法禁阻,并当随时诫谕留学生勿为所惑。

清驻法公使刘式训致外务部电曰:

歌电敬悉。《新世纪报》事业于黎宇卅一号函陈达,大概该报系乱党私托法报馆出名代印,散布邪说,煽惑人心,情殊可恶。法系言论自由之国,于妨碍他国治安,报律亦无禁阻明文,容婉商外部,密筹办法,并当随时诫谕留学生,冀弗为所惑,以慰廑宸。训。(七月)初九日。

中国第一历史档案馆藏《清代电报档》,卷宗号 2-05-12-0343-0611

8月13日(七月十七日)　清廷严禁政闻社活动,缉拿政闻社社员。

原谕曰:

近闻沿江沿海暨南北各省设有政闻社名目,内多悖逆要犯,广敛资财,纠结党类,托名研究时务,阴图煽乱,扰害治安,若不严行查禁,恐将败坏大局。著民政部、各省督抚、步军统领、顺天府严密查访,认真禁止,遇有此项社伙,即行严拿惩办,勿稍疏纵,致酿巨患。

朱寿朋编《光绪朝东华录》第5册,中华书局1958年版,总5967页

章太炎《政闻社解散之实情》:

自陈景仁上书请开国会,清政府斥以莠民诪张为幻,又令天下遍索社伙,令两江总督具疏马良、蒋智由、徐公勉、黄可权等行事以告。候选道员前罗马教神父马良诚惶诚恐,稽首顿首,奉诏解散政闻社员。世多议马良无节操,余以《政论》所登马良演说稽之。其言曰:"吾侪以求神我之愉快,故而组织此政闻社;吾侪以遵良知之命令,故而组织此政闻社。人人各有其所信之主义,所信之主义适相同者,乃集合而为一党。谁信之?吾之良知信之也。故政党者,多数政党员之良知之结晶体也,人而不自服从其良知,时曰非人。"今果不自服从良知,而服从清廷上谕,弃其人格,自比于贞虫蜚鸟。意马良未至此,察其情实,盖康有为、徐勤之徒诚诪张为幻者也。何以明之?陈景仁本非法部主事,清廷遍稽官册而不得其姓名,其为康有为、徐勤所诡托可知。且陈景仁上书以前,康有为已遍发檄文,传入腹地,以改号、撤帘、迁都为号。夫请开国会者,亦欲清政府之听从耳。今先讼言改大清国为中华国,以触胡人之怒;讼言撤帘,以触老妪之怒;讼言迁都金陵,示将拥岑春煊为相国。使百官总己以听,以触袁世凯之怒。是使请开国会书有驳斥而无听从也。政闻社总理为马良,康有为、徐勤不便署名电奏,而马良实居道员,有闻于朝野,今不以马良署名,而以陈景仁署名,陈景仁本非法部主事,又诡托之,其奸易破。且使清政府明知其自南洋来,则无不瞠目切齿者,是亦使请开国会书有驳斥而无听从也。康有为、徐勤岂戆愚至是哉?

盖自杨度得志以还,以齮龁康、梁久矣,而政闻社员中自蒋智由而外,多与杨度无怨,且有素通款曲者。宪政党本以势利成团体,其良知亦惟在势利,谁不就杨度之菀而去康党之枯者。是故,政闻社员欲离此结晶而别附他结晶体者已众,康有为、梁启超亦束手无奈之何,挺而走险,出奇计以致其必败曰:"置之死地而后生,与之亡地而后存。"是故不询于马良,而先擅发檄文,后又诡托法部主事以电奏,夫固知其必遭驳斥,必被查拿,且幸其有是也。查拿之谕下,则政闻社员之为康党,皆已有名章彻录在丹书,必不能公附杨度,虽杨度亦不敢恤之,如是而后,团体可固,叛降可绝也。

盖康有为之遇人,多用此术。往者邱炜蘐为康有为效命,破家产数十巨万,而康有为悉以其财入囊橐,求衣带诏又不得。邱炜蘐自悔为其所绐,奋欲投诚以自解免,有为则露版上书,陈举人邱炜蘐有保皇劳绩,请加奖擢,亦欲使国中人人知邱炜蘐为保皇党,则反顾之路绝

耳。今于政闻社员亦用此术钤制之,所谓"梁山泊政策"者,其则不远,马良亦心知之,然后知昔之组织政闻社,非良知之命令,乃天魔所诱惑矣。

康有为、徐勤欲因查拿之谕,以锢政闻社员,而政闻社员,亦因查拿之谕,以解散政闻社而雪康党之名。马良因民所欲,公布解散政闻社状,一施一报,理有宜然。世之沾沾訾议马良者,盖未审其苦心也。虽然,吾犹叹康有为、徐勤之愚,邱炜萲与政闻社员阅世稍深,非梁山泊草泽之徒可以机权胁制者比,而康有为、徐勤犹以梁山泊之术遇之,夫安往而不败也。

《民报》第24号,"时评",1908年11月3日出版

8月15日(七月十九日)　汉口《江汉日报》被封。

汉口江汉日报馆因登华侨请愿国会书被封。闻书系康有为、梁启超等主稿,又有请归政、请迁都之说,或遭时忌,报馆因登载而被封,则未知其别有因由否也。

《东方杂志》第5年第8期,"大事记",第38页

8月27日(八月初一日)　中国革命党在缅甸仰光创办的《光华日报》出版,作为缅甸同盟会之机关报。

冯自由《缅甸华侨与中国革命》:

…………

未及,河口革命军败将黄子和、杜韩甫逃亡至缅,因与(徐)赞周等商设机关报,以张党势,复得槟榔屿同志陈新政函介仰光殷商陈玉著、张永福(与星洲之张永福同名)、陈金在、曾广庇多人入股,报社赖以成立。是岁(1908年)八月朔日,同盟会机关之《光华报》出版,主笔二人为滇人杨秋帆及鄂人居正(觉生),均由孙总理自星洲推荐而来。出版月余,党势大振,会员增至四百余人。

…………

仰光《光华报》设于百尺路旧门牌六十二号,初由党员庄银安、徐赞周、陈守全、陈兴瑞、陈玉著、李海国、陈清波、陈文豹诸人集资缅币八千余盾,以三千盾承购旧日《仰光新报》之铅字赶行出版。庄银安任经理,陈仲赫副之,总主笔为杨秋帆、居正二人。先后助理编辑者有黄大哀、何荣禄、苏铁石、傅春帆、陈绍平、林文曲、黄兰士、徐赞周诸人,其股本多半招自普通商人,非尽党员也。是报初出版,即大倡革命排满,尤抨击康、梁不遗余力,康党嫉之如眼中刺。陶成章所著《浙案纪事》,即在是报登载。未几,秋帆以事入滇,荐滇人吕志伊(天民)自代。康党初嗾此报股东之非党员解散报业,计不得逞。

…………

冯自由《革命逸史》第2集,中华书局1981年版,第232~237页

居正《中兴与光华》(1944年11月):

……自是以后,《中兴报》销路大畅,总理命余留新洲办党。当日健将云集,余一马前小卒,实不胜任,且留此只多一食指,意往他埠,别开生面。适缅甸仰光同志耳余名,征余前往创办《光华日报》,请命总理,得其许可。计留新洲五十日后,偕杨秋帆、黄子和、喻华纬、李遐章、王克仁一行乘轮至槟榔屿。槟城同志,一见如旧,馆于槟城阅书报社,以言语不通,笔谈达意,导游极乐寺,快甚,即事口占云:"中兴战胜创光华,小住槟城访作家。概乐灵龟游性海,不愁金塔被云遮。"尔时吴世荣、黄金庆、陈新政、熊玉珊诸同志欲余不去仰光,就在槟城教书办党,余曰不可。仰光同志闻余在槟城,函电交驰,同志知不可留,住一星期,买舟祖饯,

送上船舱，坚嘱广东茶房好好招呼，迨鸣锣开船，始握手告别，其亲挚可感有如此者。舟行一星期，抵伊拉瓦谛江海外，晨起茶房呼余等出甲板排班鹄候，少焉有警察、医生登轮，昂然直上，进入大餐间与船长咕哩许久，出见我等鹄立，顿表现一种狰狞面目。我等噤不作声，问从何处来，译者转答从槟城来，怒目注视，一摸而去，译者呼曰，可以散班，余等如释重负。何以故？闻殖民地政府素来歧视华人，尤厌恶革命党，凡华人除头、二等舱客就船检疫不作十分留难外，其乘三、四等舱客人，则须留海外一小岛上，经一星期禁闭隔离，检出确无疾病者，始准入原定上陆所在。例如新加坡海口外有一奇獐山小岛，凡往新加坡三、四等舱客人，须先送该岛检疫。据闻，到了奇獐山，便是下入地狱，暗无天日，因此华人做奇獐山下冤鬼不少，谈虎色变，视为畏途。仰光口外，亦有类似地狱，余等幸不受此类留难，故心始安。乃入餐室饱餐，徐徐驶入江口，江流曲折，全岸景物仿佛吴淞江相似，不禁有故国河山之感。船行六小时，抵仰光海关码头，见码头之铁栅外，在烈日下攒头相望，挤来挤去者，警察有时驱逐之。余等初到，不敢贸然下船，问诸茶房，据云海关禁令森严，非有特别许可，不能进栅登轮接客。正踌躇间，有人上船来问，茶房告之，各道姓名，乃知系陈仲赫同志，问我等行李，答曰赤条条一肩两手，相视而笑，携手下船。出海关禁地，呼印度人所驾马车同乘至海乾街新永盛陈老者店楼下榻，嗣杨秋帆同志等，以人多分一部至二十二条街，变名住腾越栈。（云南人开设言语较通，变名恐泄秘密。）

入晚，陈老者（曾任仰光华侨商会会长）属陈仲赫约集庄银安（土产公司总理）、陈美全（永美号大股东）、陈顺在（建国会总理）、陈文渊（和胜会总理）、徐赞周（益商校长）、张永福（仰光华侨中学董事）、林文甲（林振宗书记），以上系福建帮，何荫三（木纹工头）、阮祝三（武圣宫头人），以上广东帮，于欢宴席上报告筹备《光华日报》经过，及确定股本总额，福建帮可以全盘认足，余复请广东帮出资者，以须融和当地省界感情，呵成一气，好争取革命成功。次谈组织，举定庄银安为《光华报》总理，何荫三副之，陈仲赫为经理，委余为总主笔，余举同行杨秋帆先生以自代，佥曰："杨先生我等不大熟识，且其人赳赳，还是汝好。"余曰："杨先生，字振鸿，云南昆明人，以秀才出身，投笔从戎，留学日本士官学校，在东京《云南》杂志发表许多文学，为云南革命钜子，文武兼资，我实不及。此来为云南独立负领导使命，今河口虽失败，而由此进云南迤西，他曾做过腾越防营管带，多半为其旧部，腾越为迤西重镇，若取腾越作根据地，较河口为优，同来者如黄子和、喻华纬诸同志，皆能文能武者。"佥曰："若如是，则汝为总，杨先生副之，诸人帮助可也。"余欲再辞，佥曰不必，议遂定。于是购运机器，租赁房屋，装置一切，以是年九月中旬出版，开宗明义，揭橥三民。

初印一千份赠阅，订户不过七百，盖在当时当地办报，厥有四难：一，殖民地政府执行雷霆万钧高压政策，颁布严密法网，居留人民动辄得咎，《光华报》股东，深恐言论纪载惹祸招殃，及于其身，所以小心谨慎，不能畅所欲为；二，保皇党在仰光虽无组织，而却有此臭味分子，一知以半解，总以天威尊严，不达咫尺，皇帝是不可侵犯的，况谋反叛逆，更不可为，同时清廷闻余等在仰光鼓吹革命，即派领事萧永熙到任，与我等对抗，保皇分子，追腥逐臭，煽动是非，日与《光华报》寻隙；三，报纸本身机能不备，材料欠充，既无特约专电，又无专任通讯，国内新闻全靠剪报，故时人讥之曰"剪刀之笔"，国外新闻，只靠路透社与本埠英文报消息，本埠新闻，虽有专任访员，却不敢有闻必录，因此我与思复（杨秋帆署名）终日以脑筋发电，腹稿新闻须写三四千字，始能充实篇幅；四，全缅华侨散处各地，文盲居多，仰光本埠有资望商人，只识英文（如林振宗等），而识国文者，属于华文书记，我等为提高其兴趣，往往请他们投稿，为之修改登出，于是投稿日众，修改亦繁，不登又要开罪，所以煞费苦心。我等有鉴于此，与

庄银安、陈仲赫诸同志商另租房屋，秘密组织同盟会缅甸支部，推庄银安主盟，于星期日报纸停刊之会召集演讲，或座谈，或聚餐，并收加盟同志，各埠渐通声气，可谓始基之矣。复以报务交思复，协同翻译陈钟灵同志游说全缅，凡缅甸有华人集团者，余皆经行广为说词，鼓吹兴学，并劝作识字运动，悃愊无华之侨胞，踊跃兴感，尤其招待热忱肫挚，至不可言喻，不到期月，我党基层势力普及全缅。

未几，吕天民、何畏、杜韩甫莅仰。(吕天民，字志伊，云南思茅人，以孝廉出身，民国成立官至立法院委员，抗战军兴，卒于昆明，革命有功之同志，党史应为之立传。何畏，字民岩，世居云南保山，为该邑望族，自费留学日本，有大志，民国建立任国会议员。杜韩甫，字钟琦，滇南临安嶍峨人，豪侠好义，留学日本东斌)群贤毕至，重整旗鼓。黄子和、喻华纬、李遐章、王克仁(四人，东斌同学)一行先入云南，李遐章经昆明回四川，王克仁同李到四川沿长江回江苏，黄子和、喻华纬自大理折返千崖，说千崖土司刁沛生(字安仁，曾游历日本，入同盟会有野心)召集士兵，加以训练，为起事之准备。何畏遄返保山，布置一切，杜韩甫赶到千崖，访问同乡商于千崖赵某，向会党活动，行脚王坚(字竹村，一字九龄，民国后官至教育总长)亦自内地来会，千崖自成一革命民团，局势展开，呈报总理取进止。总理亲笔嘉奖，复派汉民、精卫先后来仰光，策勉有加，无何接千崖来信云，黄子和诸同志病疟病热，卧床不能起，乃请天民接任总主笔，天民文字优胜于余，爱读者日众。余偕陈仲赫、陈学华三人，星夜乘火车至瓦城，住杨子明老者家，翌日游览缅王故宫，禾黍离离，亡国之恨油然而生，因约瓦城同志，为说民族国家之必要。留三日渡江，宿八募，雇驮至千崖，抵一寺，问黄子和诸同志病，究其病源，疟蚊固属主要，而多食菠萝与河浴亦其一因。千崖苦无好医，只有尽所携带之药品善为调摄，幸荷天相，旬日告全。仲赫同志提议，我与学华此来问疾之外，专为尽弟子职，致祭秦力山先生。原秦先生为奔走革命，经行仰光，我与学华曾执贽为弟子，仰光革命风气，秦先生实开其先，不幸卒于斯，葬于斯，今诸同志病愈，未始非秦先生在天之灵，有以默佑之，不可不往一祭。诸同志称善，即请沛生指一向导具办香花清醴，寺僧亦执法器以从，辟草莱，披荆棘，于荒冢累累之中，向导指曰，此秦先生之墓也。余等鞠躬抚摩，有一小石块，字迹模糊，几不可识，再三追问，向导云，此处即是。初秦力山先生死千崖，仲赫曾奔丧，扶柩安葬，事隔数年仿佛忆其处不误，即时泪数行下，余等恻然，乃就墓前陈设祭品，默饯致敬，寺僧敲动铙钹，诵咒礼忏而返。仲赫复提议，另为秦先生置丰碑，责成沛生办理，同时向其告辞。沛生盛饯，并派其五弟刀厚生一路护至仰光，殖民地警察侦探，知余等邀土司之弟到，侧目而视。《光华报》经天民之努力，风行草偃，忌者日众。……

罗福惠、萧怡编《居正文集》上册，华中师范大学出版社1989年版，第198~202页

编者按：按照居正的说法，仰光《光华日报》创刊于农历一九〇八年九月中旬。

△ 清廷明定召开国会年限，并颁布《钦定宪法大纲》及议院法要领、选举法要领，并议院未开前逐年筹备事宜。

清宪政编查馆、资政院会奏：

光绪三十四年六月二十四日奉上谕，慈禧端佑康颐昭豫庄诚寿恭钦献崇熙皇太后懿旨：宪政编查馆、资政院王大臣奕劻、溥伦等会奏，拟呈各省谘议局及议员选举各章程一折。谘议局为采取舆论之所，并为资政院预储议员之阶，议院基础即肇于此，事体重大，亟宜详慎厘定。兹据该王大臣拟呈各项章程详加披阅，尚属周妥，均照所议办理。即著各督抚迅速举办，实力奉行，自奉到章程之日起，限一年内一律办齐。朝廷轸念民依，将来使国民与闻政

事，以示大公，因先于各省设谘议局，以资历练。凡我士庶，均当共体时艰，同摅忠爱，于本省地方应典应革之利弊，切实指陈；于国民应尽之义务、应循之秩序，竭诚践守，勿挟私心以妨公益，勿逞意气以紊成规，勿见事太易而议论稍涉嚣张，勿权限不明而定法致滋侵越，总期民情不虞壅蔽，国宪咸知遵循。各该抚督等亦当本集思广益之怀，行好恶同民之政，虚衷审察，惟善是从，庶几上下一心，渐臻上理。至于选举议员，尤宜督率各该地方有司认真监督，精择慎选，断不准使心术不正、行止有亏之人托足其内，致妨治安。该王大臣所陈要义三端，甚为中肯，如宣布开设议院年限一节，自是立宪国必有之义，但各国宪政本难强同，要不外乎行政之权在官吏，建言之权在议员，而大经大法，上以之执行罔越，下以之遵奉勿违。中国立宪政体，前已降旨宣示，必须切实预备，慎始图终，方不致托空言而鲜实效。著宪政编查馆、资政院王大臣督同馆院谙习法政人员，甄采列邦之良规，折衷本国之成宪，迅将君主宪法大纲暨议院选举各法，择要编辑，并将议院未开以前，逐年应行筹备各事，分期拟议，胪列具奏呈览。俟朝廷亲裁后，当即将开设议院年限钦定宣布，以立臣工进行之准则，而副吾民望治之殷怀，并使天下臣民，咸晓然于朝廷因时制宜、变法图强之至意。钦此。仰见我皇太后、皇上以天地之量为量，以百姓之心为心，大公无我，时措咸宜，薄海臣民同深钦感。

臣等遵即督饬馆院谙习法政各员，博采精取，折中拟议，兹经该员等拟具各节，臣等复再三考核，悉心厘定。窃维东西各国立宪政体，有成于下者，有成于上者，而莫不有宪法，莫不有议院。成于下者，始于君民之相争，而终于君民之相让；成于上者，必先制定国家统治之大权，而后赐予人民闻政之利益。各国制度，宪法则有钦定、民定之别，议会则有一院、两院之殊。今朝廷采取其长，以为施行之则要，当内审国体，下察民情，熟权利害，而后出之。大凡立宪自上之国，统治根本在于朝廷，宜使议院由宪法而生，不宜使宪法由议院而出，中国国体，自必用钦定宪法，此一定不易之理。故欲开设议院，必以编纂宪法为预备之要图，必宪法告成先行颁布，然后乃可召集议院。而宪法乃国家不刊之大典，一经制定，不得轻事变更，非如他项法律，可以随时增删修改，故编纂之初，尤非假以时日，详细研求，不足以昭慎重。惟条文之详备，虽非旦夕所能观成，而闳纲所在，自应预为筹定，以为将来编纂之准则。夫宪法者，国家之根本法也，为君民所共守，自天子以致于庶人皆当率循，不容逾越。东西君主立宪各国，国体不同，宪法互异，论其最精之大义，不外数端。一曰：君主神圣不可侵犯。二曰：君主总揽统治权，按照宪法行之。三曰：臣民按照法律，有应得、应尽之权利、义务而已。自余节目，皆以此为根本。其必以政府受议院责难者，即由君主神圣不可侵犯之义而生；其必以议院协赞立法、监察、财政者，即由保障臣民权利、义务之义而生；其必特设各级审判官以行司法权者，即由保障法律之义而生；而立法、行政、司法，则皆总揽于君上统治之大权。故一言以蔽之，宪法者，所以巩固君权，兼以保护臣民者也。臣等谨本斯义，辑成宪法大纲一章，首列大权事项，以明君为臣纲之义，次列臣民权利、义务事项，以示民为邦本之义。虽君民上下同处于法律范围之内，而大权仍统于朝廷；虽兼采列邦之良规，而仍不悖本国之成宪。至议院选举各法，均与宪法相辅而行，凡议事权限，选举、被选举资格，非有一定之准绳，必启临时之纷扰，亦应檃括大意，预为筹定，以便将来纂辑条文，有所依据，谨分辑议院要领及选举要领各一章附焉。此皆略举大要，以发其凡，其中细目，尚未议及，一俟奉旨裁定，臣等即当督饬在事各员，按照大纲要领所列各端，分别编定详细条款，但必宽以岁时，从容讨论，以期精密无遗。迨他日编纂告成，再行进呈御览，恭候钦定颁行，以资遵守。

至开设议院以前应行筹备各事，头绪至为纷繁，办理宜有次第。如筑室然，必鸠工聚材，经营无遗，而又朝夕程督，始终不懈，乃能聿观厥成；如行路然，必衣粮舟车各物俱备，而又逐

日进行,不稍止息,乃能达其所向。综其大纲,预备自上者,则以清厘财政、编查户籍为最要;而融化满汉畛域、厘定官制、编纂法典、筹设各级审判厅次之;预备自下者,则以普及教育、增进智能为最要,而练习自治事宜次之。凡此诸大端,若预备未齐,遽开议院,则预算、决算尚无实据,议院凭何督察;户口、财产尚无确数,议员从何选举;一切法度尚未完全,与闻政事者何所考核;人民程度尚有未及,何以副选举、被选举之资格;地方自治尚无规模,何以享受权利,担任义务。是徒慕开设议院之虚名,而并无裨益政事之实际,非实事求是之道也。窃谓年限之远近,至速固非三五年所能有成,然极迟亦断不至延至十年之久。臣等公同商酌,拟自本年光绪三十四年起,至光绪四十二年止,限定九年,将预备各事一律办齐,谨分别年限,胪列上陈,其应行召集议院之期,自应恭候钦定。

抑臣等更有请者,迩岁以来,国势阽危,人心浮动,内忧外患,岌岌堪虞,即无议院督察于旁,亦当急起直追,一洗敷衍因循之习。至安上全下,尤莫要于纪纲整饬,忱悃交孚。臣等所议各项纲要,权限所定,不可侵越丝毫。其逐年应办事宜,须责成内外臣工实力奉行,不得稍有推宕,应请特旨申儆天下臣民,务各恪守规绳,而又交相鞭策,庶乎进之以渐,持之以恒,各矢励精图治之心,自有日进无疆之效。谨将所拟宪法大纲及议院法、选举法要领,暨逐年筹备事宜分缮清单,恭呈睿鉴,伏候圣明裁定召集议院年限,特沛纶音,布告天下,以立万年有道之基,而慰亿兆升平之望,臣等不胜激切屏营之至。谨将遵拟宪法大纲暨议院法、选举法要领缮具清单恭呈御览。

宪法大纲(其细目当于宪法起草时酌定)

谨按君主立宪政体,君上有统治国家之大权,凡立法、行政、司法皆归总揽,而以议院协赞立法,以政府辅弼行政,以法院遵律司法。上自朝廷,下至臣庶,均守钦定宪法,以期永远率循,罔有逾越。谨本斯议,恭拟如下:

君上大权

一、大清皇帝统治大清帝国,万世一系,永永尊戴。

一、君上神圣尊严,不可侵犯。

一、钦定颁行法律及发交议案之权。(凡法律,虽经议院议决,而未奉诏令批准颁布者,不能见诸施行。)

一、召集、开、闭、停、展及解散议院之权。(解散之时,即令国民重行选举新议员。其被解散之旧议员,即与齐民无异,倘有抗违,量其情节,以相当之法律处治。)

一、设官制禄及黜陟百司之权。(用人之权,操之君上,而大臣辅弼之,议院不得干预。)

一、统率陆、海军及编定军制之权。(君上调遣全国军队,制定常备兵额,得以全权执行,凡一切军事,皆非议院所得干预。)

一、宣战、讲和、订立条约及派遣使臣与认受使臣之权。(国交之事,由君上亲裁,不付议院议决。)

一、宣告戒严之权。(当紧急时,得以诏令限制臣民之自由。)

一、爵赏及恩赦之权。(恩出自君上,非臣下所得擅专。)

一、总揽司法权,委任审判衙门,遵钦定法律行之,不以诏令随时更改。(司法之权,操诸君上。审判官本由君上委任,代行司法。不以诏命随时更改者,案件关系至重,故必以已经钦定法律为准,免涉纷歧。)

一、发命令及使发命令之权。惟已定之法律,非交议院协赞奏经钦定时,不以命令更改废止。(法律为君上实行司法权之用,命令为君上实行行政权之用,两权分立,故不以命令改

废法律。)

一、在议院闭会时,遇有紧急之事,得发代法律之诏命,并得以诏令筹措必需之财用,惟至次年会期,须交议院协议。

一、皇室经费,应由君上制定常额,自国库提支,议院不得置议。

一、皇室大典,应由君上督率皇族及特派大臣议定,议院不得干预。

附:臣民权利义务(其细目当于宪法起草时酌定。)

一、臣民中有合于法律命令所定资格者,得为文武官吏及议员。

一、臣民于法律范围以内,所有言论、著作、出版及集会、结社等事,均准其自由。

一、臣民非按照法律所定,不加以逮捕、监禁、处罚。

一、臣民可以请法官审判其呈诉之案件。

一、臣民应专受法律所定审判衙门之审判。

一、臣民之财产及居住,无故不加侵扰。

一、臣民按照法律所定,有纳税、当兵之义务。

一、臣民现完之赋税,非经新定法律更改,悉仍照旧输纳。

一、臣民有遵守国家法律之义务。

附:议院法要领(其细目当于厘订议院法时酌定)

一、议院只有建议之权,并无行政之责,所有决议事件,应恭候钦定后,政府方得奉行。

一、议院提议事件,须关乎全国公同利害者,不得以一省寻常地方之事提议。

一、君上大权所定,及法律上必需之一切岁出,非与政府协议,议院不得废除减削。(其细目另于会计法内定之。)

一、国家之岁入、岁出,每年预算,应由议院之协赞。

一、行政大臣如有违法情事,议院只可指实弹劾,其用舍之权,仍操之君上,不得干预朝廷黜陟之权。

一、议院所议事件,必须上下议院彼此决议后,方可奏请钦定施行。

一、议院有上奏事件,由议长出名具奏。

一、议员言论,不得对朝廷有不敬之语及污蔑、毁辱他人情事,违者分别惩罚。

一、议院开会之际,议长有指挥警察整饬议场之权,如有违议院法律规则者,议长得禁止其发言,或令退出议场。

一、议员如有不合选举资格者,由议长审查得实,随时立予除名。

一、各省士绅所设研究议会之会社,须遵照政治结社集会律办理,不准藉此敛派银钱,扰累地方。违者由地方官封禁惩治。

附:选举法要领(其细目当于厘定选举法时酌定)

一、议院举行选举事宜,俱由府、厅、州、县各官实行监督。

一、不合于选举资格者,不得有选举权及被选举权。(如品行悖谬、营私武断者,曾处监禁以上之刑者,营业不正者,失财产上之信用被人控实尚未清结者,吸食鸦片者,有心疾者,身家不清白者,不识文义者等项,违者立即撤销。)

一、举行选举之期,应设管理员、监察员,于投票、开票时,严加省视,以防舞弊。

一、违背选举章程者(如以诈术获登选举人名册者等项),另定罚则,分别科以监禁、罚金。

一、选举用投票之法,以得票多数而合例者,方准当选。(向来地方公举绅董之事,名为

公举,或由官长授意,或由三数有力之绅推荐,不免有瞻徇情面、不孚众望之处。今用投票法层层节制,期于力矫前项情弊。)

一、凡人民于选举之前,非在原籍地方住居满一年以上者,暂停其选举及被选举权。

谨将遵拟议院未开以前逐年筹备事宜缮具清单,恭呈御览。

光绪三十四年(第一年)

一、筹办谘议局。(各省督抚办)

一、颁布城镇乡地方自治章程。(民政部、宪政编查馆同办)

一、颁布调查户口章程。(民政部办)

一、颁布清理财政章程。(度支部办)

一、请旨设立变通旗制处,筹办八旗生计,融化满汉事宜。(军机处办)

一、编辑简易识字课本。(学部办)

一、编辑国民必读课本。(学部办)

一、修改新刑律。(修订法律大臣、法部同办)

一、编订民律、商律、刑事、民事诉讼律等法典。(修订法律大臣办)

光绪三十五年(第二年)

一、举行谘议局选举,各省一律开办。(各省督抚办)

一、颁布资政院章程,举行该院选举。(资政院、各省督抚同办)

一、筹办城镇乡地方自治,设立自治研究所。(民政部、各省督抚同办)

一、颁布厅州县地方自治章程。(民政部、宪政编查馆同办)

一、调查各省人户总数。(民政部、各省督抚同办)

一、调查各省岁出入总数。(度支部、各省督抚同办)

一、厘订京师官制。(宪政编查馆、会议政务处同办)

一、编订文官考试章程、任用章程、官俸章程。(宪政编查馆、会议政务处同办)

一、颁布法院编制法。(宪政编查馆、修订法律大臣同办)

一、筹办各省省城及商埠等处各级审判厅。(法部、各省督抚同办)

一、核订新刑律。(宪政编查馆办)

一、颁布简易识字课本,创设厅州县简易识字学塾。(学部、各省督抚同办)

一、颁布国民必读课本。(学部办)

一、厅州县巡警,限年内粗具规模。(民政部、各省督抚同办)

光绪三十六年(第三年)

一、召集资政院议员,举行开院。(资政院办)

一、续办城镇乡地方自治。(民政部、各省督抚同办)

一、筹办厅州县地方自治。(民政部、各省督抚同办)

一、汇报各省人户总数。(民政部、各省督抚同办)

一、编订户籍法。(宪政编查馆、民政部同办)

一、复查各省岁出入总数。(度支部、各省督抚同办)

一、厘订地方税章程。(度支部、各省督抚同办)

一、试办各省预算、决算。(度支部、各省督抚同办)

一、厘订直省官制。(宪政编查馆、会议政务处同办)

一、颁布文官考试章程、任用章程、官俸章程。(宪政编查馆、会议政务处同办)

一、各省省城及商埠等处各级审判厅,限年内一律成立。(法部、各省督抚同办)
一、颁布新刑律。(宪政编查馆、修订法律大臣同办)
一、推广厅州县简易识字学塾。(学部、各省督抚同办)
一、厅州县巡警,限年内一律完备。(民政部、各省督抚同办)
光绪三十七年(第四年)
一、续办城镇乡地方自治。(民政部、各省督抚同办)
一、续办厅州县地方自治。(民政部、各省督抚同办)
一、调查各省人口总数。(民政部、各省督抚同办)
一、编订会计法。(宪政编查馆、度支部同办)
一、汇查全国岁出入确数。(度支部办)
一、颁布地方税章程。(宪政编查馆、度支部、各省督抚同办)
一、厘订国家税章程。(度支部、税务处、各省督抚、宪政编查馆同办)
一、实行文官考试章程、任用章程、官俸章程。
一、筹办直省府厅州县城治各级审判厅。(法部、各省督抚同办)
一、创设乡镇简易识字学塾。(学部、各省督抚同办)
一、筹办乡镇巡警。(民政部、各省督抚同办)
一、核订民律、商律,刑事、民事诉讼律等法典。(宪政编查馆办)
光绪三十八年(第五年)
一、城镇乡地方自治,限年内粗具规模。(民政部、各省督抚同办)
一、续办厅州县地方自治。(民政部、各省督抚同办)
一、汇报各省人口总数。(民政部、各省督抚同办)
一、颁布户籍法。(宪政编查馆、民政部同办)
一、颁布国家税章程。(宪政编查馆、度支部、税务处同办)
一、颁布新定内外官制。(宪政编查馆、会议政务处同办)
一、直省府厅州县城治各级审判厅,限年内粗具规模。(法部、各省督抚同办)
一、推广乡镇简易识字学塾。(学部、各省督抚同办)
一、推广乡镇巡警。(民政部、各省督抚同办)
光绪三十九年(第六年)
一、实行户籍法。
一、试办全国预算。(度支部办)
一、设立行政审判院。(会议政务处、宪政编查馆同办)
一、直省府厅州县城治各级审判厅一律成立。(法部、各省督抚同办)
一、筹办乡镇初级审判厅。(法部、各省督抚同办)
一、实行新刑律。
一、颁布新定民律、商律、刑事民事诉讼律等法典。(宪政编查馆、修订法律大臣同办)
一、城镇乡地方自治一律成立。(民政部、各省督抚同办)
一、厅州县地方自治,限年内粗具规模。(民政部、各省督抚同办)
一、乡镇巡警,限年内粗具规模。(民政部、各省督抚同办)
光绪四十年(第七年)
一、试办全国决算。(度支部办)

一、颁布会计法。（宪政编查馆、度支部同办）

一、试办新定内外官制。

一、厅州县地方自治一律成立。（民政部、各省督抚同办）

一、乡镇初级审判厅，限年内粗具规模。（法部、各省督抚同办）

一、人民识字义者，须得百分之一。

光绪四十一年（第八年）

一、确定皇室经费。（内务府、宪政编查馆同办）

一、变通旗制，一律办定，化除畛域。（变通旗制处办）

一、设立审计院。（会议政务处、宪政编查馆同办）

一、实行会计法。

一、乡镇初级审判厅一律成立。（法部、各省督抚同办）

一、实行民律、商律、民事刑事诉讼律等法典。

一、乡镇巡警一律完备。（民政部、各省督抚同办）

一、人民识字义者，须得五十分之一。

光绪四十二年（第九年）

一、宣布宪法。（宪政编查馆办）

一、宣布皇室大典。（宗人府、宪政编查馆同办）

一、颁布议院法。（宪政编查馆办）

一、颁布上下议院议员选举法。（宪政编查馆办）

一、举行上下议院议员选举。（民政部、各省督抚同办）

一、确定预算、决算。（度支部办）

一、制定明年确当预算案，预备向议院提议。（度支部办）

一、新定内外官制一律实行。

一、设弼德院顾问大臣。（会议政务处、宪政编查馆同办）

一、人民识字义者，须得二十分之一。

朱寿朋编《光绪朝东华录》第5册，中华书局1958年版，总5976～5983页

上谕曰：

朕钦奉慈禧端佑康颐昭豫庄诚寿恭钦献崇熙皇太后懿旨，宪政编查馆、资政院王大臣奕劻、溥伦等会奏，进呈宪法、议院选举各纲要，暨议院未开以前逐年应行筹备事宜一折。现值国势积弱，事变纷乘，非朝野同心，不足以图存立；非纪纲整肃，不足以保治安；非官民交勉，互相匡正，不足以促进步而收实效。该王大臣所拟宪法暨议院选举各纲要，条理详密，权限分明，兼采列邦之良规，无违中国之礼教，要不外乎前次叠降明谕，大权统于朝廷，庶政公诸舆论之宗旨。将来编筑宪法暨议院选举各法，即以此作为准则，所有权限，悉应固守，勿得稍有侵越。其宪法未颁，议院未开以前，悉遵现行制度，静候朝廷次第筹办，如期施行。至单开逐年应行筹备事宜，均属立宪国应有之要政，必须秉公、认真、次第推行。著该馆院将此项清单附于此次所降谦谕旨之后，刊印誊黄，呈请盖用御宝，分发在京各衙门，在外各督抚、府尹、司道，敬谨悬挂堂上，即责成内外臣工，遵照单开各节，依限举办，每届六个月，将筹办成绩胪列奏闻，并咨报宪政编查馆查核。各部院领袖堂官、各省督抚及府尹，遇有交替，后任人员，应会同前任，将前任办理情形，详细奏明，以期各有考成，免涉诿卸。凡各部及外省同办事宜，部臣本有纠察外省之责，应严定殿最，分别奏闻。并著该馆院王大臣奏设专科，切实考

核。在京言路诸臣，亦当留心察访，倘有逾限不办，或阳奉阴违，或有名无实，均得指名，据实纠参，定按溺职例议处，该王大臣等若敢扶同讳饰，贻误国事，朝廷亦决不宽假。当此危急存亡之秋，内外臣工同受国恩，均当警觉沉迷，扫除积习，如仍泄沓坐误，岂复尚有天良。该馆院王大臣休戚相关，任寄尤重，倘竟因循瞻庇，讵能无疚神明。所有人民应行练习自治教育各事宜，在京由该管衙门，在外由各督抚，督饬各属，随时催办，勿任玩延。至开设议院，应以逐年筹备各事办理完竣为期，自本年起，务在第九年内将各项筹备事宜一律办齐。届时即行颁布钦定宪法，并颁布召集议员之诏。凡我臣民，皆应淬厉精神，赞成郅治，如有不靖之徒，附会名义，藉端构煽，或躁妄生事，紊乱秩序，朝廷惟有执法惩儆，断不能任其妨害治安。总期国势日臻巩固，民生永保升平，上慰宗庙社稷之灵，下答薄海臣民之望。将此通谕知之。

朱寿朋编《光绪朝东华录》第5册，中华书局1958年版，总5983～5984页

胡汉民《呜呼！满洲所谓宪法大纲》：

满洲之言立宪，实行其排汉之政策者也。满人以其少数恶劣之民族，而欲永踞于征服汉人之地位，使汉人长久帖息于被征服之地位，则惟其独占政治上之势力，始足以达其目的，其重要者，则为军政、财政之两大权。自顺治以来，恒举全国政治上之权力，集于满洲政府，而各省行政机关，不过仰承意旨，为之隶役，是之谓“中央集权”，至于乾嘉，为中央集权最盛之时代；至咸同，因于太平天国之变而中落；至庚子，因于八国联军之役而益衰。于是满人忧其政治上势力不能独占，即其主权不能巩固，而汉人或不易制，而不能永久帖息于被征服之地位也，故汲汲然谋所以收集之，以复其乾嘉以前之势力。同时，满人为排汉政策者有二派：其一专思以其兵权压制汉人，不为丝毫之假借。以谓自彼入关以来，满人所得征服汉人，纯恃兵力，苟兵权能坚固如曩昔，则汉人直可鞭笞使之，所谓练兵的排汉主义，强悍派主之。其一则欲以政体之变更愚弄汉人，而阴制之，以为汉人激受外界之风潮，而思想大有变迁，非复如清初专用武力之可压制，故不若假大清立宪之美名，而行中央集权之实策，所谓立宪的排汉主义，阴柔派主之。此二派者，虽小有冲突，而非尽相反对。盖强悍派直行径遂，无所文饰；阴柔派则为阴为阳，善于操纵。其目的皆在于巩固满政府之权力，以征服汉人，其政策不同，而为排汉之宗旨，则一也。故自五大奴归京，阴柔派已觉战胜，而铁良、良弼亦遂握全国之兵权，满政府参酌而并用之，求完全达其目的，使莫之与抗。吾尝谓满人虽驽下，然自葆其种，则智足以及之，且常能出其死力。呜呼！不其然乎？自满政府伪言立宪始，而郑孝胥、汤寿潜、张謇辈乃始有立宪公会之设，政闻社等又继立宪公会而起。五大奴未归京以前，无有此等会党政客之组织也，五大奴未派往各国以前，尤无有此辈伸头露角之影子也。故以阴柔排汉政策而言立宪者，为满洲政府；逢迎政府而欲达其作官思想者，为郑孝胥、汤寿潜、张謇辈；效立宪公会之颦而欲依附末光便其私计者，为政闻社诸人。至于国内外乞求立宪之徒，则茫然于中国之前途，惟附和随声、痴心希望而已。于前三种人之心肝，固熟视无睹也。（此所举不及保皇党人者，以其藉此行诈，纯抱金钱主义，比之立宪公会、政闻社，尤为自郐以下也。）然满政府不过假一二纸之空文为笼络人心计，而汉人之无识者，果相吹以沫，颠倒如此，此诚满政府所深幸其计之得售者。然而满人则已于两年间尽收军政、财政之权，独占政治上之势力。吾愿一语希望满洲立宪者，试一省察现在满人之势力，比较于数年前者为何若。而其所谓预备者如此，尚以为满洲立宪有益汉人，其果何所据者？是真大惑终身不解也。满人既知其阴柔排汉之政策可以必达，又知徒法空文，无所损其实权之毫末，且假惜[借]愈多，而收效亦愈大，故闻其近日除将伪旨宣布九年立宪外，另议定宪法、议院法等纲领。善夫！吾友精卫之言曰：满洲政府以立宪为表，以中央集权为里；以立宪为饵，以中央集权为钓。阳收汉人

虚望，阴殖满人实权，以立宪间执人口实，每画一策、立一法，必号于众谓为立宪制度所有事，天下之人不得不俛而从命者也。

夫固非于今日可藉口预备立宪，而为种种集权之政策，巩固其势力而止也。彼既可以其无上独占之大权。而钦定所谓宪法；彼即可以其所谓宪法者，拥护其无上独占之大权。于未开国会之先，未宣布立宪之前，彼中央集权之政策，既皆进行至于极点，而所谓宪法者，又纯用其一族专制跋扈之精神，则为所征服之汉人，既无执法与争之实力，即执法与争，而彼藏身已固，无可动摇，任其恣睢自用，而人民之权利，亦惟所蹂躏。至是而一般之主张专为政治革命者，始觉醒其迷梦，亦已晚矣。立宪党人有恒言曰："彼排汉以实力，而我排满以空言，故愈与争而不胜，则不若我亦阴殖权力于政治上，冀收其实效。"为此言者，殆一忘乎我民族所处之地位，与彼满人所处地位者也。满人者，则既以武力而征服汉人者也，无汉人，则满洲不能立国，而使汉人之权力得与并峙，则满洲亦无以自保，故但于政治上排斥汉人之权力，使长居于被征服之地位而已足。（梁启超坚为满人辩护，谓满人无排汉之意思。杨度则不然，知满人排汉乃事实上之不可掩者，仍变其词谓："排汉亦为满人之失策，满汉固宜不分界限，两利而并存之。"其言不足动满人利害之真见，而能导满人调和之伪说。吾人但仍就事实上诘之：夫自庚子以前，未闻满人有调和满汉之说，而近日伪谕则时时言之矣。然满人之实权，则日见其进，汉人日见其退，求如庚子以前且远不可得，此皆藉口于中央集权者。而中央政府之权力，满人实握之，汉人不过任顾问书记之职，为之傀儡，故所谓中央集权，亦不过盗用政治上之一名词，其实集权于中央，即集权于满族耳。自满人窥见汉族有不平之志，故调和满汉以虚文，而排斥汉人以实力，此为事实上予天下人以共见，不能以口舌争者，而杨度辈教猱升木，技亦止此。）若汉人，则政治上之势力与满人较，已为一与百之比例，而满人且猜疑而嫉妒之，日严制之，又时时摧挫其根芽，而不使之滋长，如是而欲由政治上之势力，一飞跃而离其征服之地位，此真所谓彼排汉以实力，而我排满以空言者也。（前年袁世凯未削兵权时，梁启超于《新民丛报》嚣嚣然曰："今有政治上之实权，为第二之政府于天津者，汉人也。"乃未几而袁之兵权，垂手而皆见夺于铁良，梁亦不得不关其口矣。）夫惧空言之不足以排满，此汉人所当深念者，则正宜协力同心，谋所以倾覆彼族之政府，而共出于革命之一途，奈何以政治运动之空想自误也。（此意《总汇报》记者平实亦有之，彼极力表同情于革命，而未深思政治运动之不足恃。）今立宪党人亦自许为有要求实力，而河南某君则尝痛论之，以为从来各国要求政府者，皆有武器，而若辈所恃以为要求之武器者有三：上禀、打电、派代表也。曾谓此种武器遂能迫政府以割让其权力，则即专以政治问题而论证之，各国均无其例，况于异族之政府，素怀排汉之主义者乎？且吾有一言以诘诸若辈，彼亦知满政府不待要求而言预备立宪，不待要求而言国会，更不待要求而定宪法大纲，凡此皆传所谓不索而获者也。至立宪党人所欲要求，不过仅于开国会之期限争其迟速，乃独深闭固拒而不纳，而且以上请愿书之故，革拘陈景仁，查拿政闻社，封禁《江汉日报》，是何也？则所以葆其专制之威灵，必其恩施自上而不使人民有所容喙也。拒其乞求者而予以所未尝乞求者，是之谓喜怒不测，喜怒不测，即专制无道之君主所由操纵一世者也。不知其恩惠所自来而忽卑之，则其喜幸出于望外，不知其得罪之故而忽罪之，则其畏懔尤为非常，以所谓预备立宪之时代，而作威作福如此，满人亦狡矣哉！且夫宪法者，当出于国民之公意，非君主政府所能擅定者也。然逼于民权而自制限其统治之方法者，则其时人民有与争战之实力，不能不求人民之承认而始有效，是犹不为完全之"钦定宪法"也。惟满洲之立宪，既明明非对于上禀、打电、派代表之三武器而示其退让，则所谓宪法者，乃自制定而自承认之，若无预于我国民之事，此等专制独裁之宪法，求之万国，又安有

其类例耶？

立宪党人前此亦知“钦定宪法”不合于“国民公意”之本旨，则尝矫语时士，谓彼所主张者，为要求开国会，俟国会成立，而后议定宪法，则一切当出国民之公意，而无倾重政府一部分权力之弊。《中国新报》、政闻社《政论》皆争为此謷言者，而杨度则主之尤力。尔时吾辈即深知其谬，盖满洲言立宪，既纯为拥护其无上独占之大权而起，虽明知将来徒具形式之国会，不足为彼政府抵挠，然群言淆杂，尚虑其有不专为献媚效忠之政客，则于法文之规定稍有异议，或不能完全达彼目的，其不肯假手国会，而必出于朝旨钦定，断断如也。（杨度以日本之君主立宪所以大权独重者，为因于未有国会，而先以政府制定宪法之故，以为倘得国会先开，由国会而议定宪法，即可无患。然彼未尝考普国变法之历史也。普国先开国会者，国会议宪法而不当于政府之意，遂解散之，更委大臣与国会从新议定，故普国宪法，其君权之重，亦欧洲所无。其能胜于日本者，则以有千八百四十八年“柏林三月之变”，国王曾受革命党之迫，人民与政府挑战之实力过于日本，故其君权之减削，亦过于日本耳。此中之得失优劣，宁在于先有国会兴否耶？若满洲，则惧其政权之或被侵蚀，而必率其恩威自上之恒态，其开国会定期限，且不欲成于人之要求以张民气，又安肯认国会有协赞宪法之权力而假手之者？至彼政客三五辈，所恃上禀、打电、派代表之三武器，以视日本人民当与政府挑战之实力，则又万万不逮，此满洲之宪法，所为视日本又万万不如也。）杨度辈昔日自命宪党，期期持反对“钦定宪法”之议，乃口血未干，得就宪政编查馆之一职，九年国会尚未见其形影，而宪法大纲，则遂先期奏定，出尔反尔，凡为政客而怀作官思想者，大都如是。（如康有为初上皇帝书，主强开国会，及屡被清帝召见，得兴于参议新政之末，遂自反其前说，谓国会为不可开，亦其一例。惟近闻杨度亦以宣布宪法大纲偏重大权，恐受人指摘，意欲乞休，此说若确，则杨尚较康有为辈为知耻耳。）吾汉人所当注意者，则经此宪法大纲之宣布，满洲之权力于政治上日益巩固，国民之受压制益深，若今犹迷惑于政治运动之空想，而不务排满革命之实行，则虽有圣哲，亦无以善其后耳！抑满政府之对于汉人，宁假以千百纸之空文，而不肯予以事之一二实利。（杨度亦云：“载泽等之返国，汉人不费何等之力，而得预备宪政之清谕。至实行政官之制，则满人悉踞要职，揽重权。”其不为满洲讳过，赋诗断章，犹有可取，惟彼于满洲政策所为不惜假借空文者，正以愚弄汉人，实行其排汉主义，则所未知耳。）是固然矣！然今则并所谓空文者，亦诪张为幻，专为彼族计，雷霆万钧，不使汉人有容身立足之所，且芟夷蕴崇之，弗使能茁，不亦异乎？美其名以号于众曰：“吾已改专制为立宪矣！”而所谓宪法如彼，司马昭之心，路人皆知之，曾谓四万万之汉人皆可欺耶？当载泽、端方前年之返京也，则已订为宪法之稿本，曾出以示军机，鹿传霖见之，愀然曰：“若是者，即谓之宪法耶？然则亦安用是为？”以彼当朝大老而清夜扪心，犹有此天良未死之一语。（按今日所谓宪法大纲，必即本于载泽、端方之原稿，特假宪政编查馆出之，徼示郑重其事而已。）彼政客汉奸，闻满洲言立宪，而即色然以喜者，真可愧杀也。是故其大纲条文，不改专制之淫威，本无可供评论之价值，然一二辈之汉奸，犹以满洲开国会、宣宪法者惑人，则余亦试举其大略而斥诘之，以听其辩护。

其开宗明义第一章首条，即曰：“大清皇帝统治大清帝国，万世一系，永永尊戴。”满洲言立宪之心肝，具见于此。其日降伪诏，谓融和满汉以图存立，改革政体以保治安云云，要不过粉饰欺人之语，惟欲藉此以保其掠夺人之国家久假而不归，则为其本来之真目的。盖当其入关之初，则藉口儒教君臣之义，以行其异族专制之暴，以为我满洲既入主中国，踞有君位，则汉人当为之奴隶，永久服事，其有稍怀故国之念者，即皆可以无君犯上之条诛击之，不遗余地。汉奸如曾、左、胡、骆辈，亦遂为所陷惑，而有媚异种以残同种之举动，此满人当日之最得

计者也。近者欧美自由平等之学说，渐以输入于中国，而君尊民卑之言，群识其谬，彼虏亦知儒教不足复为束缚，乃利用汉人思潮之变，而藉口于立宪，以其“朕即国家”之精神形成为宪法，而汉族之稍有不安、不靖者，斯皆可以违宪诛击之，一如其昔日利用儒教之术。夫自满洲言立宪以来，问我汉人曾否得受丝毫之实利，我汉人所自知也，而彼满洲则遂可以是明目张胆，揭其万世统治之条文于法律上，征灭我国家，奴虏我人民，二百六十余年如一日，犹以为未足，更假为宪法曰：“万世一系，永永尊戴。”昔者，嬴秦氏尝为之，谓朕为始皇帝，自二世三世，至于万世，传之无穷。曾不数年，而革命大起于平民，遂以覆灭，而后世号之为“暴秦”。（“暴秦”之号为嬴氏所独占，四千年历史所未有。）今满清以异族为暴，甚于嬴秦，而其国力废弛不振，则远非秦世之比，汉族人心不死，乃欲藉此徒法空文以维系之，痴心虚望，亦多见其不自量而已。或者以为日本宪法亦有万世一系之文，故满洲效之，其意虽私，其言亦有所本。不知日本所谓万世一系者，乃自其有国以来，二千年未尝有易姓之事，故推本既往，而建诸宪法曰：“日本帝国，以万世一系之天皇统治之。”证之日本历史，天皇一家实为肇造日本民族者，若中国汉族皆为黄帝子孙也，故其宪法之规定，实为民族主义之大发展。若夫满洲，则固与汉人异其历史民族，其掠夺中国不过数世，乃欲引日本为例，岂其爱新觉罗之先，不夫而孕之“布库【里】雍顺”，为于中国有神武天皇之资格耶？（满洲开国方略云：“长白山之东有布库里山，山下有池曰布勒胡里，相传有天女三浴于池，有神雀衔朱果置季女衣，取而吞之，遂有身，生一男，及长，命以爱新觉罗为姓，名曰布库里雍顺。”是为满洲一族最始祖。其言天女云云，乃欲袭天命玄鸟降而生商之故事。然商先系出高辛氏帝喾，所称吞鸟卵而生契者，为帝喾之妃，特以神道设教，故有天命玄鸟之假托，非若布库里雍顺有母无父者比。故爱新觉罗之世系，满人亦莫知其始，以之君临长白山下，宁古塔边，为一酋长，或庶几耳。）以日本发于民族主义之思想而硬盗之，以欺近日深明民族主义之汉人，夫不言族系则已，一言族系，我汉人且立言非种必锄之义，而灭此朝食，安在其可统治万世乎？彼满人当亦略知其先系之野蛮卑劣，不足以矫诬汉人，则变日本宪法绍述既往之言，专为推定将来之语，一师暴秦之故智，此与方术之士吞饵金石，以求长生不死者，同一迷谬可笑。孟子曰：“得天下有道，得其民斯得天下矣！得其民有道，得其心斯得其民矣！”满人吞并中国，其深仇大恨，中于人者未改，而种族上、政治上，因受其压迫而怀不平之气者，又匪言可尽。人心已去，犹责以永永推戴，求为万世不易之帝皇，此等条文，只可与一二满奴汉奸辈自相娱悦耳，岂堪持赠他人哉？且以科学之公例言之，事事物物，鲜有经百年而不改革进化者，而一国政治，则必日进于平等，为大多数人之幸福，乃可以长久。宇内各国政法，其苟尚有君主专制之遗传者，必且刊除净尽，虽藏舟于壑，固不能禁有力者之负之而趋也。故欲葆其私而言永久统治者，皆于法文为无聊之语。然若此者，固非满洲所知，满人则妄意欲借宪法以籍制汉人，使永永为奴隶而历劫不复耳。

其第二条曰：“君上神圣尊严不可犯。”则袭他君主立国宪法之成文，而大变其质者。所谓名为立宪，其实专制也。为神圣专[尊]严之语，如欧洲巴威伦等国有之。日本宪法第三条亦言天皇神圣不可犯，日本宪法学者，皆谓无当于法理，惟因于其国固有之历史而已。其在欧洲，则源起于古代罗马国共和政体之顷，为确保平民总代者之职位，若有犯之者，则云其身体财产，皆当为神没取，以之为牺牲，故号总代者之职位曰神圣不可犯。罗马一变更为帝国，则因以帝主为神圣不可犯，皆自迷信于神权而来。及耶稣教传播，则“神圣”之用语，又变而含耶教之意义，仍不脱神权之思想。惟普国宪法则除“神圣”二字，仅言君主之身体不可犯，较为文明。（若满洲，则以“神圣”为犹未足，而加“尊严”二字，此如其屡代加上帝后之徽号，神圣文武，语爱吉祥，而多多益善者，洵为无意识之尤。）惟以法理论之，则各国之制度，于实

质上无有差异，所谓不可犯者，指不付君主于法律裁判而言，即君主无责任之意也。君主立宪国，以君主为统治权之总揽者，故为无责任之规定，以示异于民主国也。然而满洲，则实袭其文而变其质。何者？各国于君主无责任之外，必有大臣责任之规定，而满洲无之也，此间大有区别，不可不深论之。盖宪法制度之后，虽君主亦不得不准据于宪法，以运用国家之统治权，一不容有违背宪法之行为。而既以其身体为不可侵犯，则不能加以制裁，此无责任之君主，不能保其必无违背宪法之事也，故置责任之大臣，以使君主行为必准据于宪法法律，及无害国家公益，为大臣之责。君主若果有违法害国之行为，大臣实任之，此于立宪政体所必不可缺者也。否则，虽有宪法，而君主恃其尊严不可犯之故，得随意蹂躏之，以为损害国家之事，则无异于专制，而其弊且有甚焉。考之历史，君主无责任之制始于英国，而大臣责任之制，亦同时进步，为宪法上一大原则，为各国之模范。如法国旧君主立宪制之宪法（千八百十四年拿破仑败，法人迎路易十八，行君主立宪政治，其制定新宪法，名曰钦定宪法，至千八百三十年有七月革命，而此宪法再改，然颇为后来欧洲君主国所取效）、德意志各邦之宪法等，皆以国王无责任，与大臣责任相连规定。（如普国宪法第四十三条云：国王之身不可侵；其四十四条云：各大臣代国王而任其责，最为明显。）日本宪法第五十五条，亦有国务大臣辅弼天皇而负其责任之文；又曰凡法律敕令，及关于国务之诏敕，要国务大臣之副署。普国宪法第四十四条亦云：凡国王关于国务之公文，必以责任大臣一名之副署，而后有效。副署之规定，又所以完全达责任制度之目的也。无【国】务大臣之副署，则君主之命令，于国法上不生效力；故君主之行为，无不经副署之形式，则其行为必一度通过于国务大臣，而无私为违反宪法之事之虞。大臣对于君王行为，见有违法违宪或国政上有害者，皆得拒之而不为副署。（日本学者有以为立宪君主制，大臣对于君主违宪违法之行为，当任其责，而准据于宪法之行为，则虽见为于政治有害，犹有遵奉之义务。而法学博士末冈精一等则辨之，谓大臣辅弼君主，副署命令而任其实，不以宪法违反之事为限，苟能遵奉宪法之原则，则见君主行为有妨害于国家者，亦有拒其施行之义务，若怠此义务，即不能不任其责。）凡此，皆所以防君主专制之弊也。今满洲所谓宪法，只言君主不可侵犯，以之为无责任而蔑视宪法上之原则，不为大臣责任之规定，其发命令，亦无使大臣副署之条件。则其所谓大清皇帝者，立于宪法之上，专断独行何所不至；违法违宪，以害国家，亦惟其所欲为而已。夫所谓立宪国君主不能为恶者，非谓君主必无为恶之事也，恃法律之力，而严为制限，有以防止君主之专横，而达立宪政体之目的也。（此指各国宪法之能实行者而言，本非伪立宪所可藉口。）而其所恃为限制者，则莫重要于大臣责任之制度，而自不肖之君主视之，则固其权力行使之障碍物，此满洲立宪，所为必去之，以不灭其专制之实际也。阅者掩卷思之，世界各国宁有可专断独行，可蹂躏宪法法律之君主，而宪法之设施，尚为有益于其国家人民者耶？立宪之名，至是抑非彼独夫所能盗窃也，明矣！或有为之辩者曰：满洲所拟之议院法，亦有弹劾大臣之条，此或即大臣责任之规定，不可谓其全蔑宪法上之原则也。则应之曰：否否。满洲之所谓弹劾，与今立宪各国所行弹劾制度，同其名而异其实者也，故其文云："行政大臣如有违法情事，议院可指实弹劾，其用舍之权，仍操之君上，下[不]得干预朝廷黜陟之权。"其所云大臣违法情事，指大臣本身之行为也，与各国宪法因君主无责任而使大臣负其责者迥异。日本法律学者为其宪法五十五条之解释曰：国务大臣不尽职司，由于其他官吏法所定，任其责而受惩戒之处分，诚不待言，若宪法所谓国务大臣任责者，非言此之责任也，就君主之行为而使负其责，则为其他官吏之所无，而此种规定，乃与立宪政体有莫大之关系。今满洲既于宪法上删大臣责任之条，无副署之事，以不为独夫之障碍，而议院法所拟，则又明指大臣身自为违法之情事而言，是乌得谓为大

臣责任之制度乎？是故各国弹劾之制，得对于宪法上所谓大臣负责者行之时，即于君主有违法违宪害国之行为，而大臣应负其责之时也。而满洲弹劾之制，乃限于大臣自为违法事情之时，大臣既于宪法上无代君主负责任之规定，则大臣之遭弹劾，于君主行为毫不受其影响矣。况其弹劾之效力，亦非可与各立宪国同日而语。各国与弹劾之权于国会，国会有弹劾，则移于特定之裁判所审判而处罚之。于英国，以上议院为裁判所，于普国，则最高等法院开各部联合会为裁判所，盖皆附审判之权于特别之机关，以使得其平允，而贯彻大臣责任制度之主义也。满洲所定为弹劾制者，乃曰："用舍之权仍操之君主，不得干预朝廷黜陟之权。"然则此等弹劾，果何以有异于今都察院御史奏参者乎？其贪冒弹劾制度之美名，而隐没其实，亦一如其欲冒称立宪政体而已。（按关于大臣责任制度，各国不尽同，惟于宪法上必有大臣任责之规定，以为君主专制之防闲，立法之精神与学者之议论，无有异处。）

其第三条曰："钦定颁行法律及发交议案之权。"此斩削议院立法之权力至于殆尽者也。夫议院有国民代表之性质，故一国宪法，民权重者，则议院之权必较重；君权重者，则议院之权必较轻。今各国议院之权，以日本为最轻，而君主之权，则以日本为最重。请略论其比较。先以民主国言之，大统领非国家最高机关，国家意思之决定在于议会。有如法国，改正宪法，属于议会之专权，大统领不得参预；通常立法，大统领无不裁可权，唯得还附法案，求再议于两院，若两院以通常之法再可决其前案，则大统领之反对，直为无效；大统领虽有召集之权，而议会能不待召集，于每年定期自为集会。如北美合众国，则大统领关于宪法改正无裁可权；通常立法，无发案权，无不裁可权，惟有停止的不认可权。（谓加异议书还附于议院，使再议之，若两院俱得三分之二以上多，可决原案，则该法案直成为法律，而不更须大统领之裁可，盖其不认可权为有限制者，非绝对者，结局常为议院多数所压倒也。）至于议会原则，不须大统领召集，而以大统领召集议会为例外，解散议会之权，则全无之。以视日本君主大权，皆相去悬绝，然此犹可曰民权国大统领，不能与君权国之君主相较也。则以英国君主之权较之，凡英国法学者述其宪法，无不为英国主权在国会之论断。（英国以政治之习惯，英王虽有不裁可之权，而二百年来不复行使，即二百年来不闻君主有拒否两院通过之法案也，然此为其政治上之特质。至法理论谓主权在国会者，则其解释国会，不仅指贵族院及庶民院，而指君主及两院三者组织之团体。其君主关于国会之行动时，谓之"国会之国王"。依于宪法，国会有制定、变更及废止法律之全权，此外任何人或何种团体，俱无逾越国会立法权之权利。故国会主权，为英国宪法之原则，国会得规定王位继承之事，得变更国教，更进而变更国家组织，及国会本体之组织亦在其权内，而通常之法律无论矣。故英又有"国会万能"之谚，足觇其于国法上之地位。）其间与日本轻重不侔之点，不可枚数，但观其发布法律，亦以国会之名行之，不仅用君主之名，可见一斑。又如普国，其宪法为日本所模仿，然就日本学者美浓部达吉等所论，则日本君权较普为尤重者有三：普国等君主所发命令，除执行法律外，非因法律之委任，不得独立而发命令，而日本宪法第九条，君主得独立而发命令，一也；日本宪法第六十七条，本于君主大权所定之岁出，议会不得而动之，此为议会预算议定权之制限，虽在普国，亦无是法，二也；宪法改正之发案权，惟君主有之，此亦他国所无，三也。故日本君权之重，几同于专制，满洲所谓宪法大纲，既取法乎下，而其为弊更甚于日本者，则有二点。其一曰：君主对于法案之是认，不曰裁可，而曰钦定也。考之普国宪法六十二条云："立法权国王及两议院共同行之，法律必国王及两议院承认一致。"其君主虽有不裁可权，而其立法权之行使，必曰与两议院共同，则犹未大异于英国之制度也。日本宪法第五条："天皇经议会之协赞而行立法权。"第三十七条："凡法律必经帝国议会之协赞。"一以规定天皇之权限，一以规定议会

之权限也。虽不以立法权属之议会，然其为共同行使之规定，则无大异于普国六十二条之宪法。（“协赞”二字之轻重，日本学者解释不一，然观其以第五条及三十七条交互规定，又证之其所模范之普国宪法，则究竟“协赞”之实质，不外于共同行之之意义。）故对于法律同意之表示，谓之“裁可”。“裁可”者，系于他人之意思裁答而认可之之谓也，而法律之用语，则为“拒否”之变形。拒否之制度，则为节制国会之专制，使无立法之滥用而起。（其初在纯粹采用三权分立主义之国，则国会为有最高权力之立法者，行政首长与王相对立，国会之意思表示即为国法，直接有羁束臣民之效力，行政首长不得参与。其后有以此为惹起国会专政，不合于三权分立互相节制之旨，于是使君主大统领对于国会所定，见有以为不当于行政之实际者，许其有反对之意见，谓之“拒否”。）日本等国虽以立法权属君主，而立法权之行使，仍因于宪法之制限，而要议会之协赞。虽于其同意者，为一方面之规定而已足，不必复存拒否之制度，然素视为立宪政体要目之一，故变其形体，仍为立宪君主国宪法上制定法律必要之事序，而名之曰“裁可”。（说本上杉慎吉。）今满州既无如普国宪法共同行立法权之文，并日本宪法协赞而行之语亦复删之，更变议案之裁可而曰钦定，俨然示独断独行之意，而非表同意于议院议决之案也者，此又与现时交六部议奏，而奉朱批依议钦此者何异乎？其二曰：并发交议案而亦专属之君主之大权也。证之日本第三十八条：法律案提出权，属于两议院及政府。言两议院，则贵族院及众议院有提出法律之权利也。“政府”二字，学者解释有谓为包天皇及国务大臣而言者；有谓天皇立乎政府之上，政府专指国务大臣者。要之，不专为天皇，亦灼然可见。故日本宪法以裁可法律公布执行为天皇之大权，而发交议案之事，不列焉。何物满洲皇帝，乃欲并此而独揽之，不容他机关之置喙，专制至是，亦可惊矣！虽其议院法要领第二条，亦有议院提议事件须如何云云，似议会犹有提出法案之望，然其规定初未明瞭，又且果有是权，则与宪法生冲突。何则？宪法所谓君主大权者，为君主所独裁之政务，法律上不容他机关之参与者也。（若事实上君主决定其意思，自容许他之参与，则无害为独裁。）同时他之机关，亦不能不让此“大权事项”为君主所独占之权力。满洲宪法大纲，既以提交议案属诸君主，为大权事项矣，则不容国务大臣及他机关之参预，曾不待问。若因议院法而推定为议院亦有是权，则明明与宪法冲突。宪法为各种法律之纲本，为“法律之法律”。他法而与宪法冲突，则宪法必占优先之位，而他法见黜焉。（亦断无以议院法而可侵夺君主大权之理。）故就宪法大纲第三条论，而知议会之无幸也。

…………

《中兴日报》1908年9月21日、9月23—24日、9月26日、9月28—29日连载

是月　为了在惠、潮、嘉起义时保护华侨和革命者家属，同时又补贴军用，孙中山分别致函蓝瑞元、曾壬龙等，请其转发革命军安民局护照。

《致蓝瑞元函》（一九〇八年八月）：

瑞元兄（中国同盟会流石分会会长，编者）同志足下：

素闻吾兄办事精实，能使团体日有进步，深以为慰。

弟自滇事后，统筹全局，已决议如将来再起，必以一军发于惠、潮、嘉。因思文岛各港（文岛，今又译门托克，荷属东印度邦加岛上一埠名。此处所说的“文岛各港”，指邦加岛各港埠）为惠、潮、嘉人侨寓之所，且同志日多，将来军起之时，不可无特别保护，故预刻革命军安民局护照，凡旅居外洋之人，平时藏此护照，及闻兵起即可将此护照寄回家中，军行所过，有得特别保护之利益。此护照不惟同志可以领收，凡一切人等，不论贫富，如能赞成革命，欲得

此护照者，皆可领收。每给一张，取星加坡银二元，如此既可以护平民，又可以济军用。适同志曾连庆君热心游视各埠，弟因给与文凭，交其携带护照多张，命其所到之处，如未有分会者，可全权处理；其已有分会者，则通告会长，由会长量度可以给发若干张，向曾君收取存会长处，以便给发，而曾君亦自有权发给。凡发去护照若干，随时报告弟处；收得银若干，随时汇寄张永福君处，住址前已寄上。此举关系甚重，各宜实力施行，保全秘密，以裨益大局也。

流石之事，向由吾兄办理，此事敬以相托。且连庆兄曾言，生平办事，极佩服吾兄，深望吾兄与之同行，庶遇事参详，可以得益，弟亦甚以为然。如吾兄能抽暇与连庆兄同行，则至为好事。望自酌度，回信通知，至嘱。此上，即请大安。弟孙文谨启。八月。

中国社会科学院近代史研究所等编《孙中山全集》第1卷，中华书局1981年版，第377～378页

夏　胡汉民从越南至香港，讨论今后革命方略，后至新加坡筹款。

胡汉民述、张振之记《南洋与中国革命》：

…………

我想离开安南，但是我不愿经过出口手续，因为我领了出口纸以后恐怕不好再来，所以我想秘密偷走。我预先坐了小艇，上了大船，就在大船上冒充做船上的人，在点名的时候也冒充点了一个名，好在没有检查。幸而有一位船上的买办是我们的同志，我就躲藏在买办的房间里，这个方法幸能通过，否则如果检察起来，我既不像水手，又不像茶房，更不类买办，这是很容易查出来的。等到船开了，我才买了一张船票，这算是没有事了。

我这样走出了以后，便到香港。那个时候伯先受满洲政府疑忌，没有兵带，改任陆军学校事，我和伯先商量以后军事进行的方针。伯先以为，以后举事，民军简直不中用，非运动新军不可，民军太无战斗力，太无训练，新军比较来得好，而且投身新军的人往往有真正想救国家的人，连秀才举人也有投到新军里面当兵的，可见一般。当时大家的意见和伯先的意见差不多，我们将此意见报告总理，总理也深以为然，于是先生又叫我到南洋筹款，以为运动新军再起革命之预备。

…………

蒋永敬编《华侨开国革命史料》，正中书局1977年版，第281～282页

夏　黄兴经香港返东京，整顿党务，旋在东京重组大森体育会，以训练军事人才，同时召集同志，于东京市外秘密试制炸药。

章太炎《太炎先生自定年谱》：

…………

其夏，克强袭破云南河口，旋败归，抵东京，遁初不往见。余谓克强曰："吾在此以言论鼓舞，而君与逸仙自交趾袭击，虽有所获，其实不能使清人大创，徒欲使人知革命党可畏尔。愚意当储备财用，得新式铳三千枝，机关铳二三门，或可下一道数府，然后四方响应，藉群力以仆之；若数以小故动众，劳师搜财，焉能有功。"克强未应。余又言："遁初在稠人中，粗有智略，君来何不就与计事？"克强遽曰："人云遁初狂，下视仆辈。闻其言曰：'不杀孙、黄，大事不可就。'是何嫉我之深也。"余曰："谗间之言，何所不至，遁初诚狂，嫉君则未也。"克强乃稍与遁初计事。

…………

汤志钧编《章太炎年谱长编》上册，中华书局1979年版，第259页

章太炎《焦达峰传》：

……同盟会成立已三岁，集才多，然未有所用，时转掠边徼，不能为利害。及徐锡麟杀恩铭，天下震动，锡麟又非同盟会人也。达峰则与四川张百祥、江西邓文恢、湖北孙武等集共进会，和者数十人，多山泽豪帅与手臂技击之士，期就腹地以勇气振之。而达峰游学未返，占名同盟尚如故。时兴自交趾来，问达峰何故立异，答言同盟会举趾舒缓，故以是赴急，非敢异也。兴曰："如是革命有二统，二统将谁为正？"达峰笑曰："兵未起，何急也！异日公功盛，我则附公；我功盛，公亦当附我。"兴爽然无以难也。兴就大森起体育会，达峰亦赴之。……

中国史学会编《中国近代史资料丛刊·辛亥革命》第6册，上海人民出版社1957年版，第164页

刘揆一《黄兴传记》：

…………

河口因之坐失机宜，而归失败。经此一役，军事实行虽暂停顿，公仍注重训练党员之军事学识。以揆一前与孙武、李根源、焦达峰、赵伸、陶铸、潘鼎新等在大森组织之体育会，党军中已见其效力，乃来日本，复聘日军官多人，重组体育会于该地。且河口一役，党人被逐至河内、香港者至众，各机关不敷容留，故多招致来东，加入练习。公亦自为教授，每遇演习行军战斗，则分学员百七十人为二军，公与日教员各领一军，以相对垒。其于夜袭与拂晓攻击等作战计划，时操胜算，日教员皆为钦服。时党员因屡次倡义，中途失败，多持暗杀主义，而私自觅师学习炸药者。公恐其未能深造有得，徒自丧其身，而无效果，乃召集诸学者于东京市外，设秘密场所而试验之。谓银爆药之普通制法，史坚如尝学之以用于广州，卒未得达其目的。盖药料以英人智利所制为善，弹式以俄国虚无党所造为精，药之种类甚多，惟流质爆药倾出药瓶后，与氧气化合，有逾十五分钟发爆者，更有延至五十分钟者，其他如取银汞、牛乳、鸡卵诸原料所制便于能收藏之炸药，与制弹壳、安电线诸法，无不详为教授。且谓："吾本不欲诸君采个人牺牲主义，如志愿所在，必欲出此，以诸君血诚，不患胆不大，而患心不细，是则全视自己修养力如何耳。"闻者多感慨泣下。

…………

饶怀民编《刘揆一集》，华中师范大学出版社1991年版，第176～177页

9月3日（八月初八日）　清外务部以日本增兵延吉，令驻日使臣胡惟德向日外部严词诘问。

原电曰：

东延吉厅事，据东督电称，日本近增派宪兵千名，设间岛宪兵司令官，凡属韩民村落均派宪兵驻扎，扩张间岛范围，如敦化之二道沟、珲春之东沟、黑顶子、百草沟等处，均派宪兵前往，设立分派所，并移韩民前往开垦。在六道沟开办农事试验场，并派有宪兵炮队，已到韩北，闻均系统监派村田、明石二少将前来议决，现正准备实行等语。查延吉界务交涉经年，迭经本部引证各据，证明该地确为中国属地，于（1908年）六月初四日照会阿部代使，迄未准复。嗣又迭据东电，该处日员藉口防范李范允，任意派兵越境，并设立乡约社长名目，以图行政机关之完备。复经本部屡次照会阿部，声明李范允现在并未在中国境内，如其潜至中国境内酿事，中国当自行严加防范，日本不应藉口增兵，请其转报政府，迅饬阻止。亦未准覆。兹准前因，是日本在延吉地面势力日张，机关日备，其蔑视我国国权，著著见诸事实。阿部代使屡照不复，现在事机渐迫，幸即摘要照会日外部，并亲赴外部严词诘问，务请其转电驻使，即行切实照复。并一面电达驻韩统监，转饬禁阻，以符勘界以前彼此维持现状之宗旨。除照会

阿部代使外,幸查照即电覆。八月初八日。

王彦威纂辑、王亮编、王敬立校《清季外交史料》第3册,书目文献出版社1987年版,第216卷第2页,总3294页

9月21日(八月二十六日)　清东三省总督徐世昌电外务部,报告日人在延吉扩张势力,并禁止韩民悬挂龙旗,应严行抵制。

原电曰:

据延吉电称,自李党蠢动后,日人在我境内以防韩乱为名,隐谋扩张势力。禄贞二十日经过和龙峪地方,遇日宪兵二人锁解韩人二名,当经许经历前往盘诘,以韩人应归我管辖,商之宪兵,将二韩人带回衙署问明情由,以为将来与日官交涉地步。讯系一名方泽龙,手带重刑,一名梁德凤,身负重伤。正在详细推审,突有伍长岛田率宪兵五人闯入该署,大肆强暴,势将用武,该经历应将两韩人解送来延,斋藤闻知,即来要求交还。经禄贞严行驳诘,斋藤多方狡辩,禄贞终不为所屈。嗣斋藤要求和平办法,谓彼此皆有宪兵,若常因小事冲突,恐非持久之道,请嗣后我国官吏捕拿犯罪之韩人,彼决不干预,如彼捕拿犯罪之韩民,准我照会向其追问等语。现我尚未允许。又日本所派总社长李義英、社长李永伯、金世希等,迫令每韩户出钱一吊八百文,不出者即指为义兵拿办,不堪其苦。当派宪兵四名,前往理阻。日宪兵率韩巡检十余人持械抵抗,并用手械击我宪兵,当将手械夺回,并带回李義英、金圣千二名送交斋藤惩办。又禄贞此次出巡,韩民欢迎,所过悬挂龙旗,斋藤竟严命禁止,且来署大开谈判,谓我威逼韩民,悬挂龙旗。经禄贞反复斥驳,彼虽理屈,仍执词狡辩等因。以上各节,虽因细故冲突,而日人有意寻衅,蔑我主权,实非一日。捕拿韩民一案,斋藤所谓和平办法,实欲于该地共行裁判,我如允许,即无异自认无完全主权,从此各事伊将益谋进行,更形棘手,此事关系甚重。至强派韩户出钱,禁止韩民悬挂龙旗,均无理取闹,侵犯国权,万难容忍。除饬该帮办等严行抵制外,应请大部照会日使,严词诘问,以维边局,无任企祷。八月二十六日。

王彦威纂辑、王亮编、王敬立校《清季外交史料》第3册,书目文献出版社1987年版,第216卷第20~21页,总3303~3304页

9月24日(八月二十九日)　清东三省总督徐世昌电外务部,日本在延吉有增兵设分遣所之势,现已选定妥员,随带宪兵,分赴百草沟等地设派办所,严行抵制。

原电曰:

顷据延吉报称,前吴帮办电禀,日人恃强横行,增加宪兵入境,拟在敦化县之二道江并百草沟等处添派宪兵,前往设立分遣所,意欲压制韩民,干涉政权一节,早在洞鉴之中。现查马牌及八道沟两处,日人分遣所早已设立,业经吴帮办分遣宪兵前往抵制,并一面与斋藤交涉,欲命撤回。伊答以我有保护韩民之责,认定某处应设分遣所,即不能撤回等语。兹据密探确报,除马牌、八道沟外,百草沟、二道江、绥芬甸子三处,伊又拟添分遣所,每所宪兵二名、曹长一名、韩巡检一名、通译一名,合计五处通译五人:安德荣、李德俊、李早甫、崔敏涉、崔甫日。查此事既不可以理喻,只好趁伊尚未添设之时,行先发制人之计,严行抵制,免落后着。现已选定妥员,随带宪兵数名,即分赴百草沟、绥芬甸子两处,分设派办所,晓谕居民,禁止一切,以杜后患。二道江已有派办所,业专函告知防范矣。再风闻韩皇族李范振带有千名义兵,拟在韩境畏山郡屯阵,日会宁守备队已拨三百兵向该处备战,未知确否。已饬密探细探,并密饬沿江驻防军队留心防御,谨抒廑念。本日接稽查报告,(八月)二十四日午后二钟,有日本兵七名,曹长屈内菊松带领,随身枪七根,另有警务长二名,一同入境,询其情由,答赴六道沟

换防，稽禁止不住，只得放行等语。此事可否电达外部转诘日使之处，敬请钧裁云云。以上情形该处调查尚确，与钧部前电述小村所言未甚相符，现仍饬该帮办等切实抵制，特此转布，以备采择。应如何与日使交涉之处，伏候钧裁。再傅道良佐已于（八月）二十二日接管延吉边务，吴参领禄贞亦于是日交卸，合并布陈。八月二十九日。

王彦威纂辑、王亮编、王敬立校《清季外交史料》第3册，书目文献出版社1987年版，第217卷第8～9页，总3308～3309页

9月25日（九月初一日）　法国驻北京公使巴思德照会清外务部，拟定中法滇越边境巡防章程草稿五款，以防止中国革命党人在越南之活动，后清外务部表示同意。

本日，清外务部收法国公使巴思德中法滇越会防章程节略五款：

一、法国官员如查知有中国叛匪在越境成股，即当随时实力解散，如有前项情事，由中国官员查出，一经知会法汛，或由领事转达越督，亦当一律照办。

二、如有匪党人等在越境或用报章或用他项宣布之法，传播鼎革悖逆之论说，均当由法国官员严行禁止，并将为首之人，或驱逐出境，或按法国律例惩治，若有越文报章干犯前项，亦可随时停禁。

三、凡携带军械单行或成股之匪，有现在或将来在法界往来者，当将军械索扣，匪人拘管。由法国政府酌定拘管期限，俟限满后，将该匪驱逐出境，并一面知会中国政府，其所有拘管一切用费，由法官知照中国官担任拨还；又或将该匪党逐出境外亦可，永远不准在越南或越属来往，并设法使其人不能再入中国边界。

四、凡曾在中国抢劫或犯他项私罪人犯中国有请解交者，应由中国官照会越督，并将其人犯罪案由全卷随文附送，以便核办。如有可以允交之处，一经交犯案件应行各事均皆办妥后，即照光绪十二年三月二十二日商约第十七款，将该犯解交中国官办理。如其人供称系国事犯或与国事犯有涉及者，应将所犯罪案，切实根究，无任朦脱。

五、如有匪徒私运军火，两国边界官员均应设法实力查禁，以杜偷漏接济等弊。

中央研究院近代史研究所编《中国近代史资料汇编·中法越南交涉档》第7册，中央研究院近代史研究所1983年版，总4575页

9月30日，清外务部照复法国驻北京公使巴思德，同意巴思德所拟防范中国革命党人在越南活动章程草案。其复文曰：

九月初一日，准贵大臣面交核复中法两国明定禁止匪党章程草稿汉、洋文各一件，本部详加核对，内开五条，与本部正月间节略，用意悉属相同，具见顾全睦谊、共保公安之意，曷胜感纫。章程内之第三条所称"在法界往来者"一句，自即指本部节略内第三节所云扰乱中国治安逃入法界之人而言，应请将"在法界往来"五字，改为"曾在中国与官军拒敌及扰乱中国治安逃入法界"二十字，较为明晰。其余各条悉照章程所开办理，想贵大臣必以为然。此项章程一经商改之后，即应作为定章，以便两国边界官有所遵守。相应照复贵大臣查照，并即见复可也。须至照复者。

中央研究院近代史研究所编《中国近代史资料汇编·中法越南交涉档》第7册，中央研究院近代史研究所1983年版，总4576页

是月　檀香山同盟会机关报《自由新报》创刊。

冯自由《檀香山〈自由新报〉小史》：

《自由新报》前之党报：檀香山向无革命党报之组织，自癸卯年（民前九年）冬，孙总理

重游夏威夷群岛,为宣传革命及对抗保皇党起见,始将兴中会员程蔚南所设《檀山新报》(又名《隆记报》)改组为革命党机关报,而停顿多年之兴中会亦因之复兴。该报主笔张泽黎(号孺伯)与保皇党之《新中国报》主笔陈继俨(号仪侃)文战剧烈,久久不休。后三年(民前六年),社长程蔚南以年老力衰,向各同志提议,拟将报社转让别人集股接办。于是曾长福等乃将该报从新改组为日报,易名《民生日报》,社址设于斯密士街一零一六号,仍由张泽黎主持笔政,与《新中国报》新任记者梁文兴(号秋水)继续笔战,剧烈不减于前。至丁未年(民前五年)秋,泽黎因事辞职他适,《民生日报》乃函东京民报社,请总理推举主笔。总理命前香港中国日报记者卢信(号信公)应之。信抵檀后数月,以编辑部发言权时遭股东干涉,愤然辞职,拟即买舟离檀,曾长福坚留之。卢谓必须另创一报,编辑人须有绝对之言论自由权,股东只有供给经费之义务,而无过问言论之权利,伊始可取消东归之意。长福从之,因即另行集资,授信以编辑全权创办新报,即《自由新报》是也。是报以自由名,即表示名实相符之义。

自由新报发刊后之经过:卢信既创办《自由新报》,筹备数月,于戊申年(民前四年)八月出版,报面所载编辑人卢梭功,即卢信别号也。信自任社长,黄堃(号时初)为司理,孙科为译员,曾长福、黄亮、谭逵、梁海、杨广达等为董事,每星期一、三、五等日出版,是为隔日报式。发刊后言论自由,不受股东约束,因得高谈革命排满,无所顾忌。其创刊日所载发刊辞,骈四骊六,揭布宗旨,为录如后:

"呜呼,神州已矣,痛黄裔其长沉;奴隶甘乎?哀人心之尽死。昊天不吊,二百年憔悴谁怜?虏运未终,四百兆酣嬉若梦。问汉家宫阙,哭断冬青。睹胡族衣冠,悲兴胡黍。回观大陆,尽是愁城。千重之毒雾重埋,半角之斜阳有限。新亭未坐,哭已失声;故国濒危,言其无罪。迩者人联同志,结文字之因缘;报号自由,振天声于海国。或者谓贾生痛哭,徒托空言;王郎悲歌,何裨实际?今者力唱民族,疾呼同魂。文主激而不平,锋过钢而易折。志士舒投时之策,坚主民权;少年编革命之书,即成党狱。旗未张乎独立,版冡出乎自由。不知七尺之躯尚存,方寸之心忍昧。文章写恨,著作鸣愁。问天而首难搔,避地而身焉托。风沉雨晦,呼始祖其哀余;火热水深,问同胞其何似?江南已矣,庾子山挥泪成文;蓟北凄然,刘越石呕心炼句。以宣尼变鲁之思,为庄生悲越之吟。有托而成,无微不到。发谈言之公是,借题目以子虚。措词则胸臆直舒,动听则心脾渐泌。善乎白香山之体,以远俗而弥精;江文通之词,以移情而见诵。惟老妪之可解,岂大雅之是嗤。纵非锦绣能工,要亦辘轳自运。而况万流为海,众壑朝山。奇才多入彀中,异彩定腾海外。嗟乎!江山异色,撰述何心?怕闻亡国之杜鹃,怜渠泣血;朝恼能言之鹦鹉,撩我伤情。谁鸣警世之钟,独树登坛之帜。先乎言论,继收实行。文字收功之日,还我山河;英雄应运之秋,荡平丑虏。"

…………

冯自由《革命逸史》第4集,中华书局1981年版,第186~188页

10月2日(九月初八日)　广州日本领事照会清两广总督张人骏,再次提及"第二辰丸"案之赔偿要求,遭到其婉拒。

日本领事函清两广总督张人骏曰:

敬启者:前因扣留我国轮船"二辰丸"所生损失之实数,本领事与贵部堂商定之后,由贵国赔偿协定在案,即在我国政府查定"辰丸"事件损失之实数,载明调查书,饬令本领事准据该查定之额,与贵部堂商议,以期妥结本案。该调查书内第一项至第九项之额,在我国政府

精密调查，按照北京协定计算损失之实数，而至于第十项及第十一项，均系清国商民对辰马商会、安宅商会要求之损失全额，该两项之额即照清国商民为直接之损失陈说者计算索取，而该第十项及第十一项于辰马商会、安宅商会由贵国政府领收损款，即将其全额转交贵国，该商民与该两商会一无所利者也。贵部堂若对该两项清国商民之损失另与华商协议，如伊等对辰马商会、安宅商会撤回要求，则我亦撤回该两项矣。所有本案调查书关系书单，都存在本领事处，倘有对于该调查书意义不解者，即可对贵部堂详细说明，以便准据该调查书内速为商定，而妥结此案可也。九月初八日。

王彦威纂辑、王亮编、王敬立校《清季外交史料》第3册，书目文献出版社1987年版，第217卷第24页，总3316页

11月22日，清两广总督就此事致函外务部，函曰：

为咨呈事：光绪三十四年九月初八日，接广州口日本领事照会，将"辰丸"损失应行赔偿款项数目开列调查书，送请核办前来。本部堂当以粤省商民因此案交涉致生种种恶感，迭经剀切劝谕，近始稍觉消融，今若复提及赔款，深恐民情忿激，再有抗议滋生事端，于两国商务均有妨碍，应请撤销偿款以敦睦谊等由照复去后，合将日领来文及本部堂照复稿一件抄录咨呈，以备酌核办理，为此咨呈贵部，谨请察核施行。须至咨呈者。十月二十九日。

王彦威纂辑、王亮编、王敬立校《清季外交史料》第3册，书目文献出版社1987年版，第217卷第23～24页，总3316页

10月5日（九月十一日）　清廷命统一币制，以银为本位，计分一两、五钱、一钱、五分，四种银币。

原谕曰：

会议政务处王大臣奕劻等会同资政院总裁溥伦等遵议画一币制一折。币制为财政大纲，各国以金币为主，以银铜各元为辅，规制精密，流通便利，但须累年经营，始克完备，皆非一蹴所能几及。中国财政紊淆，币制亟宜厘定，欲以实金为本位，则钜本难筹，若定虚金为本位，则危险可虑，自应将银币整齐画一，然后稳慎筹措，徐图进步，将来行用金币，可望妥实无弊。兹据该王大臣奏称，中国两钱分厘，习用已久，实难废改，从前财政处奏定银币重量，亦以两计，著即定为大银币一枚，计重库平一两，又多铸库平五钱重之银币以便行用，并附铸减成之库平一钱暨五分小银元，以资补助。其两种银币，按九八足银铸造，两种小银元，按八八足银铸造。此项银币，除与外国订有约文照旧核算外，京外大小各衙门库款收发，悉归一律，永不准再有补平、补色、倾熔、火耗、平余各名目，所有地方官及经收官吏办公经费、饭银并管解川资，著各省督抚体察该省情形，详拟办法，咨明度支部汇核厘定，应增应减，均须明白宣示，永绝胥吏影射侵渔之积弊。至各省市面，银钱纷歧，成色糅杂，奸商市侩藉以折扣盘剥，久为商民行旅之害，并著度支部详定章程，严申禁令，计期分年，务将通国银币统归画一，不得稍有参差。银币尚未铸造充足以前，各省旧有大小银元，准其与各种生银暂时照旧在市面行用，至旧日上库宝银，亦暂准照旧兑交，按年搭解银币，即将宝银按年递减，统由度支部随时酌量情形，妥拟办理，将此通议知之。

朱寿朋编《光绪朝东华录》第5册，中华书局1958年版，总6006页

10月8日（九月十四日）　清廷准邮传部奏，举办一千万元公债，以十二年为期赎回京汉铁路。

邮传部原奏略曰：

臣部因收赎京汉铁路，拟兼办本国公债以资操纵，当经于筹款折内奏明在案。查国债一

项,各国以为筹款之常法,且以国债之多少,为国势之轻重,并不讳言借债。惟国债有内外之分,凡借外债,必须力杜债东干涉事权,方足取益防损,是以财政充裕之国,遇有急需,又多取资内债,以其利归于民,呼应较为便捷故也。中国前此风气未开,故无办理公债成法,自升任直隶督臣袁世凯创办公债后,成效昭著,信用大彰,人始晓然于公债之益。倘仿行推广,办理得宜,将来各项振兴实业要需,皆可取给于此,诚为今日借款妥善之策。臣部现因筹赎京汉铁路,拟即先行试办第一批公债,计银元一千万元,交由臣部交通银行承售,一切办法,仿照直隶章程略加变通。大致年息七厘,以十二年为期,自第八年起,分年摊还本银,按年除应给官息外,以国家所得京汉铁路余利,划出四分之一,仍照该路成本全额,摊算此一千万元票本应分之数,付给债主,作为活利。凡期满之本票,可在交通银行及臣部官办铁路、电报各局所作为通用银元行使,其每年应还本息,统由臣部所管各局所实收余利内提出尽先拨付,不得丝毫短欠,并须现款支发,不得另用他法抵还。兹将酌拟公债章程十二条、办事附章二十八条,缮具清单,恭呈御览,如蒙俞允,拟请作为第一批永远定案,责成臣部,不得稍有违背更改,以昭大信而利推行。如果办有成效,拟按章程第二十条将承办各员分别酌量请奖,并由臣部陆续接办第二批,届时再行奏明办理。

得旨:如所议行。

朱寿朋编《光绪朝东华录》第5册,中华书局1958年版,总6009页

邮传部制定的公债章程及办事细章:

计开收赎京汉铁路公债章程:

一、臣部因收赎京汉铁路之故兴办公债,名为收赎京汉铁路公债。

二、公债第一批以银元一千万元为率,准收通用银元。

三、公债息七厘,每年分三月、九月两期,在邮传部管理公债处及交通总分各行、官办铁路各局、电报总分局,并将来登载告白指明之经理付息各银行、商号,凭票支付官息及活利。

四、公债除年息外,若京汉铁路国家名下得有余利,应与债主共享利益,名为活利。现计全路资本五千八百万两,譬如是年国家应得余利四百万两,臣部即提出四分之一,即一百万两,按五千八百万两之资本以此一百万两均分。但每年所得余利若干,以臣部奏定宣布之数目为断,各债主无干预及查帐之权。

五、公债本息均由臣部担任,无论如何均由邮传部清偿,铁路亏本与否与债主无涉。

六、公债由臣部设立公债处管理,及交通总分银行、官办铁路、电报各局所经理。

七、公债以十二年为期,自借后第八年至第十二年五年间,用抽签之法按期摊还。

八、债主交到债款即于次日起息。

九、公债期满之本票,如有因贸易往来,亦可在臣部交通总分行及官办铁路、电报各局所、各车站一律作为通用银元行使。

十、公债票式为不记名票,准其转售、转兑,认票不认人,但执债票者,无论何人均照本国人民一律看待,并须遵守债票章程办理。

十一、凡有遗失烧毁公债债票者,准照银行失票章程办理。

十二、公债债票如有毁烂、涂改字迹,即行作废。

公债办事附章:

总纲:

一、债票定每张一百元,第一批招募一千万元,分作十万张按号编列。

二、公债定十二年为期,每年付息二次,共计二十四息期,此项息票另张付给,到期凭票

取息。

三、债票票面上盖用邮传部印信。

四、债票票上只列号数，不列债主姓名，准其转售、转兑，认票不认人。

发行：

五、臣部设立公债处管理公债一切事宜，其各经理处设立地方，由臣部指定，临时登报布告。

六、公债开募及开收截止日期，由臣部督饬公债处登报布告。

七、公债定平价发行，票面上百元仍以百元出售，将来即按票面之数偿还。

八、公债除包售以外，所余之数由各经理处向公众募集，但有人全行包售，即不招募。

九、凡愿代售公债债票者，须先向各经理处挂号。

十、挂号截止时，若应募之数适如所募之数，或在所募之数以下，则照应募者所请求之数付给，债票包售者不在此例。

十一、若应募之数溢于所募之数，则以比例法分配债票，其如何分配之法，俟截止后视总额之多少临时酌定，包售者不在此例。

收款：

十二、若经过开收日期缴款而未到截止之限者，其所交之债款即于次日起息。

十三、公债收款定收通用银元，若以银两缴入者，照该埠通行市价核算银元。

十四、公债收款即存放交通银行，由该行报知管理公债处存案，随时提用，余照存款章程办理。

付利：

十五、公债定每年付利二次，以三月初一日及九月初一日为付利之期，到时均可随时取领，如逾限三个月推归下期并付，惟第一期付息因交款前后不齐应按日计算。

十六、到付利期限向公债各经理处均得收取现银元。

十七、所付利息亦用通用银元。

十八、付利以息票为凭，债主收利息及领活利时，须将息票持往各经理处查验，兑收付讫即将息票盖戳发还。

十九、各债票应得活利若干，每年付给一次，与九月初一日付息时一并交付，其第一年所派活利即按西历一九零九年正月一号起，将是年所得活利于下年中历九月初一日分派。

还款：

二十、公债以十二年为期，自起债之日起至第七年止，只付利息不还债本，自第八年起至第十二年止全数还清。每年应还若干临时酌定，但须先六个月报告俾众周知。

二十一、公债每年还本之期前两个月，用抽签之法定为十万号，即将十万签同置一器，是期应还若干，按数抽出，设如应还一百万元，则抽出一万签之号码，即为应受偿还者。

二十二、得签之号码，次日登报声明，到期持票向各经理处收取现银元。

二十三、得签之票向各经理处收取银元时，须将债票及未到期之息票，于付银之后先行涂抹，汇寄公债处缴销。

二十四、得签之票若经过三年不向各经理处收取银元者，该票作废。

附则：

二十五、各经理代售公债票至一万元以上者，准交九九五扣，十万元以上九九扣，百万元以上九八五扣，三百万元以上九八扣，以为酬费。

二十六、各经理包售本公债一万元以上,准交九九扣,十万元以上九八五扣,五十万元以上九八扣,百万元以上九七五扣,三百万元以上九七扣,以为酬费。

二十七、凡招集公债一十二万五千者,于酬费之外照寻常劳绩奏奖;五十万元者,照异常劳绩奏奖。

二十八、公债债票听民间乐购,不得交地方官向绅富勒买。

《政治官报》光绪三十四年九月二十七日(1908年10月21日),"折奏类",第4~6页

10月11日(九月十七日)　孙中山为安插河口起义败兵事致林义顺函,望其速行设法开设石山。

义顺仁兄鉴:今朝有数人(革命军人)到云,心田今日不交伙食,数人中有病者,有欲回香港者,有欲速往做石山工者,纷纷扰扰。弟见其情状十分可怜,然亦无可如何,且不堪烦恼。石山之事,诚非速办不可,盖一日不安置彼等,则各同志多一日之费,而弟多一日之烦恼。若过数日后尚不能安置,而心田又不给米饭,恐彼等不堪饥饿,必有野蛮之举。数日已前见过一次,有十余人到《中兴报》讨伙食,其势汹汹,殊不雅观。后得慕汉以好言安慰,并交银心田发给伙食,始得平静数日。今早已有数人来此,自后必日日有人来滋扰,彼等将以施之《中兴报》者(此计或心田教之)对待弟处矣。如此之事,弟实所难堪,足下爱我特厚,想必能听弟之求,而速行设法开设石山之局,以使他等安身,弟实感恩不浅也。特此恳求,不胜愧慊,并望谅之。此致,即候大安不一。弟孙文谨启。西十月十一日早。

中国社会科学院近代史研究所等编《孙中山全集》第1卷,中华书局1981年版,第390~391页

△ 清廷解散吉林自治会。

吉林省自治会会长松毓,隶旗籍而洞达治体,竭力补助宪政,发人民爱国心,提倡之力甚伟。此次以请缩短国会年限,政府斥为浮嚣无序,解散是会,并停其所出《公民报》,天下惜之。据闻,发难者为染指不遂、挟嫌讦控之张松龄。险人何地蔑有,即政府亦并不究其所控,明正其罪,但曰请缩短国会年限而已。以意度之,吉长保路一会亦取戾于官之道乎。吾闻专制之世,有离析士民不许族谈者矣,国方立宪,屡挫鼓吹宪政之人,抑又何也?

《东方杂志》第5年第10期,"大事记",第95页

10月12日(九月十八日)　日人在吉林省境茂功社私修房屋,不服劝阻,枪伤清军巡警多人,后清廷要求严诘此事。

清东三省总督徐世昌于10月15日致电外务部,报告此次事变曰:

昨(10月14日)据延吉报称,日人在茂功社修房不服阻止各节,当经转达钧部。兹复接延吉傅道来电云,本早日人在火狐狸沟茂功社修房,经我阻止一节。本日早七钟据探报,日人竟敢开枪向我擅放,旋又据派去宪兵班长于东岱回署面称,我宪兵等十八日早四钟到火狐狸沟,下午四钟到茂功社,巡警在前,宪兵殿后,巡警坐大车两辆,刚到日人新修房处下车,并未扒房,拟先向他理论,不料被即两面开枪击放,竟致伤我巡弁徐占元腹上中下三部,伤甚重,恐有性命之忧,巡长程玉春亦受伤三处,头部一处,右胸二处,宪兵刘晓楚伤小腹一处,跟随耿宪兵长马弁刘连元伤腿一处,又马被枪伤二匹,此外闻有宪兵吴起瑞、孟光礼二名,人马现无下落等情,飞报前来。并呈到宪兵锡福,夺获日本兵三十年式马枪一杆,存案。查此次冲突日人所持之器,皆系步马快枪,所挖之沟垒,系三面坡形,计在修房东面距离约六十密

达,有沟垒一座,即开枪伤我宪兵警处,另南、西两方各有沟垒,伏兵在内,西沟垒亦曾开枪。又据于宪兵班长面称,现在我受伤之宪兵等,经日宪兵中尉平田铁次郎面邀,暂抬至日人分遣所,该所距新修房仅隔一河约百密达,据云已由会宁派军医来治,另有我耿宪兵长、郭翻译、邵事务员,在彼监视受伤之人。查此案起点,因其在我境内私盖房屋,意欲安设分遣所。论国际公法及维持现状,皆理应禁拦,先经我派办处李稽查、邵事务员两次向其理论,该日人惟置若罔闻,反口出不逊,谓已奉斋藤命令,如清人妨害修造,即开枪击毙,此节已电禀有案。及经派我宪兵巡警前往阻止,并面嘱耿宪兵、李稽查相机办理,总宜据理与争,勿得用武,不料日人胆敢实行其战斗,力挖沟垒多处,持步马快枪对我击放,伤我人马,实直欲行其军事战斗也。彼若谓挖沟垒以防维修造,则我派去之巡警宪兵均以徒手,并未携带军器,且尚未全至该修房处,况巡警在前乘坐大车,显非有意与彼战斗,乃巡警刚下车,我宪兵尚在后面沟中行走,彼即对我开枪,故巡警受伤较多。查彼之房屋仅架梁木,尚未修成,无论如何,我即从而拆毁,本系我应当之抵制,况我尚未动其一椽一木,彼见我巡警下车,即开枪对击,是其意中先存一实行战斗,故如此激烈野蛮,我并无所妨害,彼即不能藉此当防维之说搪塞也。彼若谓开枪以虚张声势恐吓,则放第一枪我若不还击,即应停放。乃我系徒手,彼则连枪不止,以致我受伤多名,此又不得藉口于情急,谓开枪系正当之行为,我未动手彼即无所谓为抵制,况查其所挖沟垒皆靠山坡居高临下,与战地形式无异,其西、南两处又距新修之房尚远,显系扼要防御,欲实行其战斗力也。此案关系重大,即请飞电外部力与交涉,边防之有无进步,主权之有无得失,界务问题之能否解决,即在此一着,务乞力争,鹄候钧部示遵。再现在我巡警已经受伤,除飞饬该处暂行停折,房屋听候交涉,并饬妥为调护受伤之人,又恐该日人乘机偷渡过江,另量留宪兵巡警各五六名,在该派办处加意防范,其他各处仍照常办事。此案日人在我境内私盖房星,意欲安设分遣所,即就维持现状而论,亦应禁阻,乃始面向其理论,该日人竟口出不逊,拨派我宪兵及巡警前往,均系徒手,巡警在前乘坐大车,显非有意战斗,且未全至修房处,亦未动其一椽一木,不料彼一见巡警下车即连枪不止,以致我受伤多名,所挖垒沟居高临下,俨同战地,其蓄意开衅,实行暴力已可洞见,且该日人在我境内盖房,本不应为,又不听我理论,及至派巡警劝阻,该日人遽冒然开枪伤我巡警,酿成巨案,实属衅自彼开,无理已极,应请钧部查照前后情节,向日使严行诘问,一面商酌由彼此各派相当委员,前往该处详细查问,以定公道办法。此案于我主权、界务均关急要,并请电告胡大臣诘问日外部赶紧办理,除电饬傅道相机因应加意防范外,是否有当,乞钧部核示。九月二十一日。

王彦威纂辑、王亮编、王敬立校《清季外交史料》第3册,书目文献出版社1987年版,第217卷第14~16页,总3311~3312页

10月16日,清外务部电令唐绍仪,会同驻日公使胡维德,向日本外务部严诘此事。原电如下:

……查延吉为中国土地,日官本不得在彼驻宪兵,经本部叠次照会日使转饬撤退,迄未见复,此次竟在我境内建造分遣所,更属不应为之事,乃先因不服阻止对我稽查员等有暴行之状,并声言奉命可以开枪,继我派宪兵巡警前往禁阻,该日人等开枪连击,伤我巡弁等多名,且预挖沟垒、伏兵备战,实属蓄意强暴,衅自彼开,我巡警等乘车徒手前往,并无强硬处置,与阿部节略所称以强力妨害建造及彼此开枪等语情形不符。除由本部照诘该代使外,幸即赴日外部严词诘问,请其迅邮电饬斋藤将分遣所即行停工,以免再生事端。至枪伤巡弁等之案,应由彼此派员会同前往闹事地方详细查明,秉公核办,并电覆。此电并转胡使。九月二十二日。

王彦威纂辑、王亮编、王敬立校《清季外交史料》第3册,书目文献出版社1987年版,第217卷第17~18页,总3313页

10月14日(九月二十日)　新加坡《阳明报》创刊,以便于在南洋华侨中传播革命思想。

《中兴日报》1908年10月14日思华《〈阳明报〉出版感言》载:

今日(10月14日)为《阳明报》出版之日,良足为吾人之纪念。盖今日以前,本坡报馆虽有数家,然而以马来语论中国事,则自今日始现于世。此报盖专为我生长南洋之华侨而设,真令吾人感动不已者也。夫自国亡以来,吾侨祖宗不乐受异族拘制,闻郑成功起义海外,相率归之。当时清廷虽以死刑惩浮海者,而莫之或恤;虽尽迁沿海居民于内地,而间关潜渡者,相继不绝。盖其目的在从郑氏于台湾,相与戮力恢复宗国,其心固以为宗国不复,则此身必无归日也。及郑氏不幸而败,遗民局蹐,瞻顾四方,蹙蹙靡所骋,北望中原,神州陆沉,锦绣之山河,沦于膻腥,神明之种族,屈为奴隶,心伤气绝,义不反顾。昔鲁仲连有言:"使秦而帝,吾宁蹈东海而死。"当时遗民,亦犹斯志,由是始遁迹于南洋,传世数代,漠然无祖国之思想。论者乃以恝弃祖国讥之,抑知祖国虽可恋,无奈已沦于异族之手,既不乐与处而逃于外,焉有复入其笠者?且力既不足以恢复,毋宁瞑而不视,以示启绝于胡虏,此吾侨祖宗之微志也。历年既久,遗老凋零,后生小子,生而不知有亡国之恨,但知与祖国无关系而已。呜呼!吾昔读近年日本人《琉球调查记》,谓琉球隶日既久,遗民耆老,凋零殆尽,故思念祖国之心,因以渐冷云云。然则遗老者,实感动人爱国心之原动机也,国仇家难,集于彼一人之身,以其所经历者为后人道,能使人感发不能自已。遗老亡而国仇之志随亡矣,然而以吾足迹所至,流览所及,随在皆有足发人深省者:则如游麻喇甲入观音堂,览明季避难南来者之遗像,衣冠俨然,令人想见汉宫威仪;及读其石刻,则皆历述沧桑之变,只纪甲子,不用虏朝年号,犹夫陶渊明编诗集不用晋年号之志也。然则遗民虽亡,其深心苦志,留遗以感发后人者,触处皆见,独惜为之子孙者,去国久远,关系疏逖,世居异城,视为故乡,于是祖国之语言文字,亦多弃而不习,祖国文献,更忽然置之矣!爱国心已销沉,而无所浚发,而满洲蛊人之毒,乃得肆于海外。彼满洲者,夙视遗民如寇雠,谓海外奸民不服王化,有入内地者,辄加杀害,且欲嗾外国人绝吾侨立足之所,以快其意。然吾民族孳殖之力至为弘伟,率其坚忍、耐劳、勤俭、蓄积之习惯,能以血汗起家,不扶自植,虽无政府保护,而所在孳殖。暹罗弹丸之地,而华侨盈四百万;荷兰于爪蛙之政治,专以残酷压抑为事,而华侨盈七百万;法国于安南行不平等之制,而华侨亦数十万;英国殖民地政治较宽,则聚族以居者,为数尤众。其人不可谓不多,其力不可谓不厚,使能保先民之志而不少渝,正非满人所得而惑也。无如爱国心先亡,于是满洲乃以鬻官卖爵为饵人之具,盖满洲之于华侨,既不能以术夺其性命,乃思以术夺其财产,无赖之伎俩,至可骇笑,而侨民炫于富贵功名之说,不惜以血汗所得,购衣顶以为荣。夫国内人士,欲得顶戴,必以人血染之,海外侨民,欲得顶戴,则以己之血汗染之,亦可谓奇事矣。满洲见其术之售也,则务为拊循,思以阴柔政策,遂其欲壑,于是乎有端方之罗致南洋子弟,有杨士琦之抚慰华侨,此皆前此卖官鬻爵之变相,希冀华侨为其所愚,而华侨遂亦有乐于陷溺者,此无他,爱国心既已销沉,故官毒乘之而入,犹之血气虚弱,则外邪洊至也。今欲恢复华侨之爱国心,当先恢复祖国之文献,恢复祖国之语言文字。然而销沉既久,未可一旦而复其故,则不能不借最捷之途径,以为普及。所谓最捷之途径者,即以马来语论中国事,使得直接以知祖国之情事,而间接以期复祖国之文献,昭祖宗之玄灵,振大汉之天声。使遗民之志,郁而复宣;爱国之潮,湮而忽涨。彼胡虏挟其富贵功名之术,以播毒于南洋者,一以正义衡之,将如虎豹吼于空谷,而狐兔为之骇走,如晓日耀于东海,而阴雾为之消灭。南洋之潮流,泱泱乎莫知所极,此吾人所由于《阳明报》出世之日,而欢呼相庆者也。抑吾闻之,阳明有言:"知而不行,是为不知。"吾侨前此,坐未知耳。知在众人之后,行当在众人之先。爱国思潮,自祖国澎湃

以及乎南洋，他日南洋思潮，必当复澎湃以趋于祖国，两潮合流，磅礴乎天地之间，斯则《阳明报》之旨，抑亦吾人之责也。

10 月 18 日(九月二十四日)　湖北士绅开质问会，质询湖北谘议局筹办处官员为何一切委官办理，置士绅于不顾。

《东方杂志》叙论其事曰：

湖广督臣陈夔龙，始遵旨改原有谘议局为筹办处，札称以程度不及而然，闻者笑之。既设筹办处，一切委官，士绅置之膜外，不复有知其所办何事者。是日集会黄鹤楼，柬请筹办处总办以下诸人，问其何以措手。总办为道员喜源，会办为知府黄以霖等，互有诘难，喜源词穷，不终会而去，士绅仍以定章及宪政编查馆咨文为根据，究其何以不奉法焉。夫谘议局，士民言论之地也，选举资格，惟士民能自调查，鄂大吏于调查、选举一切倚官而办，深闭固拒，惟恐士民与知，岂将来开会亦能以官吏代士民乎？即论调查，人名册宣示之后，更正之权，将仍由官任意准驳乎？此本士民之事，官特执义务于其间，不欲劳我民士，或出于挚爱，至不使士民与知，殊不可解，充其阻挠之力，不过令隔膜之官赳扰其间，更正诉讼，造成无穷支节，或至误开会之期而后已。岂知支节生自士民，则士民职其咎，摽士民于门外而生支节，煌煌功令，岂鄂官能以意挠乱耶，夫亦太愦愦矣。

《东方杂志》第 5 年第 10 期，“大事记”，第 96～97 页

10 月 19 日(九月二十五日)　日本政府下令封禁《民报》。

中国革命党《〈民报〉二十四号停止情形报告》：

敬启者：

《民报》二十四号于阳历(一九〇八年)十月初十日出版。乃日本政府受唐绍仪运动，始则胁以清末同盟之威，继则啖以间岛领土，抚顺、烟台煤矿，新法铁道之利，遂令日本政府俯首帖耳，于十月十九日突发命令书，收没本期《民报》，并其所曾经认可之《民报简章》，亦永禁登载同一主旨之文字。其书如下：

“《民报》发行人兼编缉人章炳麟：明治四十一年十月十日发行《民报》第二十四号八，新闻纸条例第三十三条违ト认ナ，告发シタルニ付，同条例第二十三条ニ依リ，其发卖颁布ヲ停止シ，假ニ此ヲ差押；且ツ《革命之心理》、《本社简章》ト题スル记事同一主旨事项，记载ヲ停止スム旨，内务大臣ヨリ命令セラレタリ。右相达ス(日文全译如下：明治四十一年十月十日发行之《民报》第二十四号，因违反新闻纸条例第三十三条而经举发，内务大臣特根据该条例第二十三条之规定，命令停止其销售发行，临时予以押收，并勒令今后不得刊载与《革命之心理》、《本社简章》内容相同之文稿。等因，仰希知照。)明治四十一年十月十九日警视总监龟井英三郎。”

此书发时，《民报》编辑人章炳麟适往镰仓，至二十日晚归至东京，即在警署得此命令。按《革命之心理》一篇，无一语与彼三十三条相犯。所谓败坏风俗者，无有也。所谓扰害秩序者，无有也。至《民报简章》，当开办时已经彼内务省认可，前日不禁而今禁之，尤与法律背驰。编辑人章炳麟向牛込(《民报》编辑部设在日本东京牛込区新小川町二丁目八番地)警察署长诘问理由。警察署长答曰：“此事关于外交，不关法律。”同时宋君教仁所著《间岛问题》一书亦被收没，益知日本政府意趣所在。所以不令《民报》永远停止者，盖不欲居严厉之名。而《民报》宗旨以颠复[覆]恶劣政府为本根，去此宗旨，则《民报》躯壳虽存，而精神铲除

已尽,是不停止而自停止也。彼其巧诈圆滑之术,视直用严厉手段者尤为可忿。时人或以避其锋锐、渐与转圜为说,编缉人章炳麟知日本政府不可信任,乃封还命令书,且致书于内务大臣平田东助云:

"内务大臣鉴:《民报简章》六条主义,前经贵内务省认可。今未将此项保证退还,突令不许登载与此简章同一主义之事项,本编缉人兼发行人不能承认,特将此纸缴还贵内务省。如以扰害秩序为嫌,任贵内务省下令驱逐,退出日本国境可也。《民报》编缉人兼发行人章炳麟白。十月二十一日。"

此书去后,内务省复饬警视厅谕牛込警察署长,令其恳切晓谕,以复受命令书为期。二十三日,编缉人章炳麟诣警察署,署长以原件示之。章炳麟曰:"吾始终不受此命令书。任君上告长官,言我反抗命令可也。"警察署长答曰:"不受亦不得为反抗命令。"以前此以亲手接取,故章炳麟知封还无益,乃复致书内务大臣云:

"内务大臣鉴:前封还命令书,经贵内务省饬令警视厅传告牛込警署,令其恳切晓谕以复受命令书为期。警署本奉命之地,署长特备役之人,权不己操,本编辑人兼发行人勿庸与之撑拒,当将命令书仍旧携归。然今有为贵大臣告者:前经牛込警察署长当面告言:'此事关于外交,不关法律。'本编辑人兼发行人早闻北京传说。据云:'唐绍仪此次涂经日本,将以清、美同盟之威胁日本,又以间岛领土之权、抚顺炭矿之权、新法铁道之权啖日本。'今与牛込警察署长之言相校,毫厘不爽。本编缉人兼发行人私谓贵国自有历史以来,以刚毅恺明称于天下,必不茹柔吐刚,以纤毫之利、圭撮之害,而俛首以就满洲政府之羁軛,以挠邻国士民之气。往者,朱之瑜以光复中原不胜,违难贵国,贵国士大夫至今称之。本报立论,犹朱之瑜之志也,顾岂前后异哉。贵国天性尊君亲上,世笃忠贞,若以此推爱□满洲政府,虽名实相违,而言出由衷,犹为世所共谅;若以威赫利啖之故,而以《民报》之革命宗旨与满洲政府所赠利益交换,本编缉人兼发行人宁为玉碎,不为瓦全。贵内务省既勒令本报改变简章,请以新假定六条主义疏写呈览:

一、灭□世界立宪国

二、破尽世界伪和平

三、以中华帝国统一东亚

四、以专制政府攘逐蛮夷

五、不与兽性民联合

六、不求卖淫国赞成(以上系假定语)

"若作是说,语语与现在简章异撰,或且反对,未知贵大臣允许否也。呜呼!圜舆广大,何所无托身之地!黄鹄一举,识天地之圜方;本报刊行,岂必局在东海。必若操之过蹙,即人人能作唐绍仪耳。吾党人在美国者已明言中美国民连合,变本加厉,或亦本报所有事。自兹以后,更不烦以'同文同种'酬酢之言,辱我炎黄遗胄矣。《民报》编缉人兼发行人章炳麟白。十月二十三日。"

此书去后,二十四日即有铁道技师高桥孝之助来作说客,先以买报为名,伪若不知《民报》没收之事者。编缉人章炳麟以命令书示之,高桥应声答曰:"此非日本政府意。乃唐绍仪以间岛、抚顺、新法之利为饵,故外交政策不得不如此耳。"章炳麟心知其所从来,直答曰:"贵国政府所为非官吏之行为,乃倡妓之行为,谁能信倡妓无贰志乎?"高曰:"岂但倡妓,直盗贼耳!凡政治家不得不然。且日本为新造之国,社交方针仓皇无定,亦当见谅。若就本事论之,则仆之不满,更有甚于君等。虽然,革命非循顺之事,障碍甚多,愿诸君少安无躁。诸君

不必离日本。日本政府阻碍《民报》，实则赞助革命，恐他国无有如日本者。仆声气素广，善知秘密，他日当容报告。”言已遂出。

二十五日，同人集议善后之策。决定迁移报社至他国境界，且于迁移之前，□□筹款起诉。无论胜负，要之期□□□□而止。次日，编辑人章炳麟又移让内务大臣云：

“内务大臣鉴：二十三日寄去一书，次日即有铁道技师高桥孝之助来作说客。本编辑人兼发行人观其辞气举止，知于政界有瓜葛者。祸福存亡之念，不以撄心久矣，岂此奢阔之言，而足挠乱神听。独有为贵大臣告者：台阁之上，政由己出，龙行虎步，高下在心。欲将《民报》永远停止，则直令永远停止耳。今既不敢居严厉之名，而利权所在，又不能不虚与委蛇，由是舍永远停止之名，而取永远停止之实，迫胁《民报》，使变其革命宗旨。为此者亦内疚神明，惟欲深秘其事，并贵国诸报章不令记载，以激外人之姗笑。复遣游说之徒，风示意旨。为官吏者，当觳觫如是耶？本编辑人兼发行人虽一介草茅，素不受权术笼络。若贵大臣有意督过之，封禁驱逐，惟命是听，幸勿令纵横之士腾其游说也。《民报》编缉人兼发行人章炳麟白。十月二十六日。”

以上报告《民报》与日本内务省交涉情形。自此以后，惟有执定方针，为百折不回之概，断不以口舌转圜，堕我革命党人之资格。纵令裁判治罪，亦惟听其施行。吾党人材遍布南洋、美洲等处，岂蕞尔日本所能消灭。敬告同志，当同守大国民之风概，勿以小挫灰心，勿以威武屈节，庶几松柏后凋，竟伸其志。中国革命党同白。

《近代史资料》1962 年第 1 期，总 26 号，第 1 ~ 5 页

曼华《同盟会时代〈民报〉始末记》：

…………

及《民报》出版至二十三期，主编人又归章枚叔，而以汤公介副之。公介为早稻田大学生，因片马问题及河内事，与吕志伊（天民）、赵伸（直斋）、杨振鸿（秋帆）四人被清廷开除官费，下令通缉，一九零八年入民报社为编辑。于时黄廑午因镇南、河口诸役之败，抑郁来日，与章、汤同居。汤氏鉴于革命工作进行困难，复倾慕一九零五年以来俄国革命党人之事业，撰论文章如《崇侠篇》（第二十三期）、《革命之心理》（第二十四期），咸激励侠风，以暗杀为急务，其言曰：

“吾所取鉴于印度，为其侠也，其虚无党人一尔。夫吾激扬侠风，何哉？欲以陈师鞠旅，化而为潜屠暗刺，并以组合莅盟，转而为径情孤往，旨同则曰党，行事则无群，盖亦创始之局也。”

又曰：“与其阴柔操纵，固不如狙击特权，惩创富恶。”

又曰：“夫今之世，脂韦成习，狂狷为难，得一英雄，诚不如得一烈士。英雄罕能真，烈士不可以伪也；一以权谋胜，一以气骨胜。”（俱见《民报》第二十四期《革命之心理》。）

凡此足见作者欲以吴樾炸击清五大臣之暗杀砥砺同志，故以为与其陈师鞠旅，耗时费财而不能济，不若径情孤往，潜屠暗杀，更使敌虏怯心褫魄也。

惟《民报》揭载《革命之心理》一文，遂为末运。缘当时清廷遣唐某为中美联盟专使，道经日本，《民报》章枚叔为作《清美同盟之利病》短评，微露抨击意。唐某觉之，嗾清使与日政府交涉，求封禁《民报》。日政府惧中美同盟弗利于己，亦准清使请，以见好清廷，故藉口《民报》所载《革命之心理》有激扬暗杀、破坏治安之嫌，即行封禁，不准发行。于时黄廑午、宋遁初等主张延聘律师，向日本法庭控诉日政府之违法。彼国民党宫崎氏且将《革命之心理》译成日文，以为法庭辩论资料。惟结局民报社败诉，故出版至第二十四期，即以中止。

…………

罗家伦主编：《革命文献》第 2 辑，中央文物供应社 1978 年版，第 83 ~ 84 页

10 月 20 日(九月二十六日)　清外务部因吉林延吉日兵枪杀中国巡弁,命唐绍仪向日本政府提出五项要求。

清外务部致唐绍仪电曰:

(九月)廿二、廿四日两电计达。日本宪兵官弁及宪兵,不先商允,竟在中国境内建设公所房屋,又不服理论,竟放排枪击毙中国巡弁徐占魁、巡兵吴起瑞二名,伤及多人,日本政府自有应担之责任。兹由中国要求五事:一、所有放枪伤毙华人之日本宪兵应请日本查明,分别问抵治罪。二、所有主使纵容之日本宪兵官长,请日本政府查明,治罪惩处。三、所有伤亡之中国弁兵,应请日政府从优偿恤。四、现驻延吉境内日本宪兵应从速一律撤退。五、中韩界务查照光绪十三年成案接续会勘,又延吉境内越垦韩民办法,此两节应立即由两国政府派员妥商清理。除照会日使外,希即切商日外部,从速允办并电复。九月二十六日。

王彦威纂辑、王亮编、王敬立校《清季外交史料》第 3 册,书目文献出版社1987年版,第217卷第20～21页,总3314～3315页

10 月 22 日(九月二十八日)　清外务部拟承认日本在吉林省延吉有保护韩民之权,并开放一二处作为商埠。

清外务部致电东三省总督徐世昌原电曰:

顷准唐少使电称,延吉事昨(10 月 21 日)晤小村详谈,此事我以界务为重,彼以保护韩民为重,各执一见,以致日久不能议决。我倘能认彼在延吉有保护韩民之权,彼亦认我在延吉有地主之权,至延吉所有韩民,但求如通商口岸之韩侨民,应归日本保护,此外别无他望,其韩民之已入华籍及愿入华籍者,均听其便,伊绝不过问,亦断不蔑我主权。倘彼此能照此办理,则此事可以早决云。仪窥其意,所援口岸比例,显系欲设日官驻扎保护,现在该处韩民较华人多数倍,伊断不肯放弃保护之权。若以彼此宗旨不合,旷日持久,事变愈急,莫如在延吉择出一二处开放作为商埠,工巡、卫生一切由我自办,并与其磋商,所有越垦韩民应明定年限,准其领地,至应纳地方各项税捐,与华人同,倘若彼索设警权,可驳以自开商埠并非租界,向不准他国另立巡警。据小村言,伊集院觐见后即向部提议,统乞核夺办理,再此事馨使意见相同等语。查此事少使所拟各节,似极妥协,执事意见如何,希即熟筹详复,以便核拟办法,与伊集院磋商。九月二十八日。

王彦威纂辑、王亮编、王敬立校《清季外交史料》第 3 册,书目文献出版社 1987 年版,第 217 卷第 21～22 页,总 3315 页

10 月 23 日(九月二十九日)　清廷以檀香山发行之《自由新报》,倡言革命,命沿江、沿海各地严禁行销。

清廷电沿江、沿海各督抚曰:

现准鄂督陈将檀香山汉拿鲁炉埠所出《自由新报》函送前来查阅,该报倡言革命,无非以犯上作乱、诱人试法为宗旨,若令转相煽动,隐患何容。所有沿海、沿江各处,各将该报严禁行销,其津沪一带尤为入口要路,并饬各海关严加搜禁,毋任传播。枢。九月二十九日。

中国第一历史档案馆藏《清代电报档》,卷宗号 1-01-12-034-0155

10 月 24 日,清四川总督赵尔巽复电军机处曰:

艳电敬悉。《自由新报》川尚未发见,已密饬认真查禁,并于入川夔、渝各口岸格外加意,其各学堂佥系饬专员检查外寄学习书函,曾已查获支那革命报一种,通饬销毁。惟此类多系由邮局代寄,拟请钧处妥定稽查邮局章程庶较扼要,是否,乞钧酌。赵尔巽。卅。

中国第一历史档案馆藏《清代电报档》,卷宗号 2-02-12-034-0227

冯自由《檀香山〈自由新报〉小史》：

…………

《自由新报》出版后，大遭清领事梁国英及保皇党徒之忌。初以卢信在主持《民生日报》时所持入境护照为教员凭证，而别任报馆主笔，不在美国移民律只准许中国官吏、商人、教员、学生、游客五种人入境之列。遂朋比为奸，同向檀埠移民局指摘，谓卢信依法不得在檀居留，应即拨送出境，以免他人效尤。檀移民局徇其请，遥令信克日离檀，曾长福等大愤，立延律师向美京工商部抗争。数月后，得工商部复电，解释移民律第某条之意义，谓报馆主笔亦属教育之一类，应有居留美境之权利等语。于是卢信全获胜诉，是为中国报馆主笔取得入美国境域权利之嚆矢。在卢信抗争以前，中国记者固无一人可用本身职业之资格留美也。至是梁国英以所计不售，乃电请清政府通饬各省禁止《自由新报》入口，并威吓该埠侨商，谓当行文粤督查抄《自由新报》股东原籍财产，致令该报股东之有身家在内地者，咸怀戒心。未几，梁领事举行华侨总注册，张贴告示，谓每一侨民须缴纳注册费一元二角五分。《自由新报》斥为非法敲诈，攻之甚力，于是全体华侨开大会于亚鸦喇公园，公推邓良为主席，决议驱逐梁国英出境，一致拒纳侨民注册费。梁国英因之气馁，而其藉名敛财之计画竟成水泡。此《自由新报》策动之力也。

…………

冯自由《革命逸史》第4集，中华书局1981年版，第188～189页

△ 清廷命各部院衙门统限于六个月内，按筹备立宪格式，各就本管事宜，以九年应有办法分期胪列奏明筹备立宪事宜。

谕曰：

朕钦奉慈禧端佑康颐昭豫庄诚寿恭钦献崇熙皇太后懿旨，前据宪政编查馆、资政院将议院未开以前逐年应行筹备事宜开单具奏，当经降旨谆谕内外臣工依期举办。查单开各衙门筹备事宜，系就与开设议院最关切近者而言，非谓未列单内之各衙门便可不受责成，逍遥事外。如外务部职在考查外事，作养使才；吏部职在变通选法，考核任用；礼部职在修明礼教，移易风俗；陆军部职在巩固国防，振兴军事；农工商部职在提倡实业，保守利权；邮传部职在审度形势，统筹交通；理藩部职在考查藩情，整饬边务。皆与宪政息息相通，理应同时并进。即已入单内之民政部、度支部、学部、法部等衙门，尚多有未尽事宜，若顾此失彼，偏而不全，恐届开设议院之期规模未备，致滋纷扰。著各衙门统限六个月内，按照该馆院前奏格式，各就本管事宜，以九年应有办法分期胪列奏明，交宪政编查馆会同覆核，请旨遵行，以专责成而杜迁延。

朱寿朋编《光绪朝东华录》第5册，中华书局1958年版，总6017～6018页

△ 清东三省总督徐世昌致电外务部，报告日本在图们江架桥，请严诘拆毁。

原电曰：

顷据延吉电称，现查图们江边去韩国钟城三里之遥，日人在该处嗾使韩民筑架浮桥一座，由江东至江西计长一百密达，宽三密达。先是据光霁峪和龙峪各派办处报告，于本月（九月）十一日饬确查速覆，谓系钟城韩民李辅喆在该处架桥，暂时拉运秋粮，取其方便，并无别意，要求宽限二日，由李辅喆出具甘结，如九月廿五日不折，情甘认罪等情。不料依限派人一再往探，于是日午后巡江兵回报，据日宪兵云，钟城小佐请我国官长赴彼会话。及事务员等到浮桥查看，彼派有日马兵三名、宪兵数名、警兵数名，共廿余人，各执器械在桥边监守，即出

而拦阻,谓此桥系日人所架,决不让拆;又查距此桥西北约二里远近,有一江,其南日人又雇韩人在该处另架一小桥。其前具结之李辅喆,据查,经日人押在钟城,不令出见各等情飞报前来。查此事日人既出而干涉,其韩民李辅喆为其所使,显然易见,唯恐桥成匿运军械,或有义兵乘机偷渡,不可不防。除饬宪兵日夜巡查,加意防范,并先与斋藤交涉外,请转电外部,向日使诘责,询其设桥是何意想等语。查此次日人暗使韩民藉端搭桥,我未立即用强拆毁,傅道办理未免疏失。然以屡奉镇静、和平之谕,该道遵奉建屋之案未定,适桥之事又起,我始终处以镇静,持以和平,而彼则恣所欲为,得步进步,一经抵制,即动野蛮,若不乘此机会早日解决此问题,恐边务前途益行棘手,恳请钧部将设桥一节严诘日使,请其转饬拆毁,以符现状,仍催其速定办法,至为跂祷,统希钧裁示遵。九月二十九日。

王彦威纂辑、王亮编、王敬立校《清季外交史料》第3册,书目文献出版社1987年版,第217卷第22~23页,总3315~3316页

10月25日(十月初一日)　清廷以巴黎所出之《新世纪报》倡言革命,令沿海沿江各地严禁行销。

清廷电谕沿江、沿海各督抚曰:

现在乱党张继、吴敬恒等出有《新世纪报》一种,语多悖逆,昌言革命,若令转相煽动,隐患何穷。所有沿海、沿江各处,务将该报严禁行销,其津沪一带尤为入口要路,并饬各海关严加搜禁,勿任传播。枢。十月初一日。

中国第一历史档案馆藏《清代电报档》,卷宗号1-01-12-034-0158

10月28日(十月初四日)　孙中山等自新加坡抵芙蓉,筹集赴法旅费。

邓泽如记述:

…………

民国前五年戊申十月初四日,总理偕胡汉民、汪精卫、黄隆生,由新加坡抵蓉。该埠华侨,渐有倾向革命之势,请汪、胡二君到戏园演说民族主义,听者逾千人。是晚,集同志数人会议。总理备述在安南有一法人之介绍往法国,运动一资本家借款千万,拟有条件,约我共与前往。事之成否,不得而知,惟来回川资及津贴该人之月薪,数月共约需款八千元,望为设法筹捐。希望此条路之事成,则革命军需可无忧矣。各同志对于答应外人之利益,有所讨论。后由总理解释,亦无异议。惟急筹八千元盘费一事,似难筹捐。邓泽如担任筹半数,余半数请总理向吉隆坡、巴罗、庇能三埠同志筹之。总理又云,再要筹四百元与精卫、隆生往仰光之川资,泽如亦允照办。翌日,总理往吉隆坡,经巴罗,出庇能。后接总理书,以上三埠之同志经济支绌,无力担任,拟往暹罗图之。因暹埠生意无何等之牵动,热心而有实力者不乏其人,数千之项筹措可得,亦在意中云。

…………

邓泽如《中国国民党二十年史迹》,正中书局1948年版,第22页

△ 清廷命张之洞督办粤汉铁路。

谕曰:

前以粤汉铁路最关重要,特派军机大臣大学士张之洞为总办大臣,近询该大学士筹办护路情形,据称该路事权纷歧、议论淆杂、诸多窒碍等语。该路交通大有关系,讵可长此延缓,

嗣后该路筹款、用人、兴利除弊各事宜，悉责成张之洞统筹全局，力任劳怨，严定期限，各就三省情形分别妥订章程，因时制宜，主持定断。邮传部暨湖北、湖南、广东各省督抚均须实力协助，不得掣肘。所有各该省原派之总理协理，均听节制，在事官绅商董，倘有营私舞弊、煽惑把持，以致妨害路政各情事，即著张之洞据实参办。经此次申谕后，该督办大臣等务当协力赶办，不准延缓，以期事权专一，免误要工。

朱寿朋编《光绪朝东华录》第5册，中华书局1958年版，总6019页

10月29日(十月初五日)　孙中山自芙蓉抵吉隆坡，与陆秋杰面商往法国运动资本家借款问题，其虽表示赞同，但并无能力筹集旅费。

11月3日，孙中山致邓泽如等人函中述其经过曰：

泽如、心持、赤霓我兄同志大鉴：

弟等于昨日(11月2日)由吉隆坡来巴罗，以下午五点半钟到埠。在吉隆坡已收到芙蓉转来之信，乞勿介念。该要件弟已与陆秋杰兄面商，秋杰兄亦极赞成，以为欲大事之易举，非此不办；即关于许与外人之利益，渠亦无甚疑义。惟预出数千款项一节，则彼自云现在窘乡，经济之困难，有非外人所喻者。其各侣之饷无所出，已将物业押于王家，而月付九厘息，又其花园亦以支持为难，已拟出租，故此事为彼心意所极赞成，而彼力量则有所不副云云。在吉隆坡，人亦颇有知秋杰窘状者，其所言当非藉词推诿。故此事尚不能得良好之结果于吉隆坡。闻心持兄日间亲至吉隆，弟亦与秋杰道及，或心持兄别有良法以处，此只可俟与他埠同志再商之，或有一当耳。

现时弟经行之埠，以诸君子之勇毅，芙蓉新气自不待言。吉隆坡虽亦有热心之人，而团体散漫，弟已与各同志谋其改良扩充，以求其进步。至巴罗则远胜吉隆，其进步殊速，论其精神，尚可并驾于芙蓉也。

匆匆先白，余事续陈。即颂公安。弟孙文谨启。西十一月三日。

中国社会科学院近代史研究所等编《孙中山全集》第1卷，中华书局1981年版，第395～396页

10月30日(十月初六日)　清云南官兵越界至越南滋事案结案，分别予以正法、监禁、遣革。

谕曰：

锡良奏云南官兵越界滋事一案。本年五月间，我兵追逐匪党，不知界线，至酿成焚扰巨案，虽非有意生事，但一误再误，管带各员弁实属罪无可逭。除杨清贵因失汛逃退，业经军前正法，王有才、许德魁，均著监禁五年，期满释放；广东守备姜万隆、拔补把总彭开升，均著即行革职，姜万隆并著发往军台效力赎罪，彭开升并著监禁一年；粤军管带四川补用知县宋智焜、滇军管带武生胡天佑，均著即行革职，宋智焜并著永不叙用；滇军管带游击王洪顺，著革职留营效力，以示惩儆，余照所议办理。

朱寿朋编《光绪朝东华录》第5册，中华书局1958年版，总6020页

11月3日(十月初十日)　孙中山自巴罗抵庇能。

11月4日，孙中山致函邓泽如曰：

泽如我兄同志大鉴：

弟等抵巴罗后，曾将在吉隆坡时情形函告，想已阅悉矣。巴罗小住三夜，即往庇能。昨

日(11 月 3 日)下午五点钟到埠,在此处拟驻三日,即回星洲也。

在巴罗时,接星洲来函云:曾发电至芙蓉,托心持兄转交。此电今未递到,惟函内已详言之。续又得星洲来电,言河内收藏军火之事,洋行须立交一千五百元,即速电汇云云。电内并言已电芙蓉心持兄转交。想心持兄处连得二电,必已辗转寄来,故今未得收到也。该千五百元之件,弟已与螺生、源水兄等熟商,并告以收藏军火之紧要,螺生兄等已慨允担任,日内如筹得即行电汇。故与法人商借一千万之件,虽与螺生兄等商量,但只询其意见,并未嘱其担任盘费。因螺生兄等境况非裕,既竭蹶以应千五百元之急需,势难再有余力以顾他事也。容与庇能同志谋之,成否再复。

后日精卫、隆生搭船赴仰光,弟与汉民亦拟后日搭船回星加坡也。余俟续陈。专此,敬请大安。弟孙文谨启。戊申十月十一日。

中国社会科学院近代史研究所等编《孙中山全集》第 1 卷,中华书局 1981 年版,第 396 ~ 397 页

11 月 6 日(十月十三日)　会党苏子林等拟在四川成都起事,被清廷查获杀害。

四川总督赵尔巽《奏省城拿获会党首要出力员弁请奖折》(宣统元年三月初二日)(宫中朱批奏折):

光绪三十四年十月十三日,访有邪匪苏子林、孙青如等在近省各属纠党煽惑,僭拟梧花王为伪号,并署元帅等各伪职。拟于省城内放火焚烧官署教堂,抢掠库储枪械,定期起事。经奴才密饬警局防营及附省各属严密防范,分路掩捕,先后拿获为首逆匪苏子林、孙青如、史晴川等多名,起出刊印逆票、起事口号及刀枪等件。实属逆迹昭著,讯明就地正法。

中国第一历史档案馆、北京师范大学历史系编《辛亥革命前十年间民变档案史料》下册,中华书局 1985 年版,第 788 页

11 月 10 日(十月十七日)　孙中山返抵新加坡后致函邓泽如等,告知在庇能活动情况及以后行动计划。

函曰:

泽如、心持、赤霓三兄公鉴:

在庇能曾将到坝罗情形,略告一切,想已入览。

庇能同志亦甚热心,惟运动联络之人,不及芙蓉、坝罗。弟因另派定主持各人为推广团体事,将来可企发达。至于捐款之件,则吴势[世]荣、黄金庆二君,皆以生意十分支绌,无力担任,自是实情。(其经济困难之状,弟等所目睹。)始得暹罗同志书,招往彼埠,又星洲同志陈君武烈(陈于暹罗极有势力),亦适往暹罗,大约此件须于暹图之。因该埠生意,无何等之牵动,热心而有实力者不乏其人,数千之款筹措可得,亦在意中。弟于星洲尚有事未了(如与《总汇报》涉讼等事),将令汉民兄先往,兼挈带尊处所已筹得之款而行。一因在暹罗一筹足数,即可同汇越南,免于周折;二因既有得半之数,则对于彼方同志可示信,而愈坚其心也。故专函奉白,望兄等见信,即将惠诺之款速汇来星,俾汉民得以即发到暹,速成其事,不胜感幸。

【精卫、龙生已于】(阳历十一月)八号由庇能往仰光。闻该处会党私斗颇烈,惟粤人皆渴望精卫到彼,想运动自是易事。知关廑注,附及。专此,即请公安。并祈复示。弟孙文谨启。西十一月十号。

中国社会科学院近代史研究所等编《孙中山全集》第 1 卷,中华书局 1981 年版,第 397 页

11 月 13 日(十月二十日)　清廷命醇亲王载沣之子溥仪在宫内教养,并在上书房读书,授载沣为摄政王。

朱寿朋编《光绪朝东华录》第 5 册,中华书局 1958 年版,总 6021 页

11 月 14 日(十月二十一日)　酉刻,清光绪帝死,慈禧太后命溥仪入承大统。

谕曰:

钦奉慈禧端佑康颐昭豫庄诚寿恭钦献崇熙皇太后懿旨,前因穆宗毅皇帝未有储贰,曾于同治十三年十二月初五日降旨,大行皇帝龙驭上宾,亦未有储贰,不得已以摄政王载沣之子贴黄,承继穆宗毅皇帝为嗣,兼承大行皇帝之祧。

朱寿朋编《光绪朝东华录》第 5 册,中华书局 1958 年版,总 6022 页

清光绪帝遗诏:

朕自冲龄践祚,寅绍丕基,荷蒙皇太后帱育仁慈,恩勤教诲,垂帘听政,宵旰忧劳,嗣奉懿旨命朕亲裁大政,钦承列圣家法,一以敬天、法祖、勤政、爱民为本。三十四年中仰禀慈训,日理万机,勤求上理,念时事之艰难,折衷中外之治法,辑和民教,广设学堂,整顿军政,振兴工商,修订法律,预备立宪,期与薄海臣庶共享升平。各直省遇有水旱偏灾,凡疆臣请赈请蠲,无不恩施立沛。本年(1908 年)顺直、东三省、湖南、湖北、广东、福建等省先后被灾,每念我民满目疮痍,难安寝馈。朕躬气血素弱,自去年秋间不豫,医治至今,而胸满、胃逆、腰痛、腿软、气壅、咳喘诸证,环生迭起,日以增剧,阴阳俱亏,以致弥留不起,岂非天乎。愿念神器至重,亟宜传付得人,兹钦奉慈禧端佑康颐昭豫庄诚寿恭钦献崇熙皇太后懿旨,以摄政王载沣之子贴黄入承大统,为嗣皇帝。在嗣皇帝仁孝聪明,必能仰慰慈怀,钦承付托,忧勤惕励,永固邦基。尔京外文武臣工其精白乃心,破除积习,恪遵前次谕旨,各按逐年筹备事宜切实办理,庶几九年以后颁布立宪,克终朕未竟之志,在天之灵,藉稍慰焉。丧服仍依旧制,二十七而除。布告天下,咸使闻知。

朱寿朋编《光绪朝东华录》第 5 册,中华书局 1958 年版,总 6021 ~ 6022 页

胡汉民《呜呼! 载湉死》:

路透电报言,虏帝载湉以病身死,虏太后已命醇酋监国,并立其子为嗣。其始末至详,意者载湉之死确矣。从来为专制之君主者,外若拥无限威权,而内受无穷束缚,其不得自由之苦,已有生不如死之慨。至二十世纪已为此辈将次绝迹之时,则得以疾终而不为俄帝亚历山大、葡王加罗之续,亦未始非幸事也。况民族主义大明,中国革命风潮日盛一日,载湉生当此际,以独夫为罗指目,纵不至如隋杨广揽镜自伤,不知头颈之谁属,而苟有一隙之明,若李嗣源自知胡人非类,不当为中国主,而祷天祈死者,此时亦可谓侥幸息眉,而当含笑瞑目,其又安足吊乎? 若夫革命党人为种族发愤,以图恢复,则仇爱新觉罗氏之一族,而非止仇其个人。如载湉之属得以篡踞君位,作福作威于四万万汉人之上者,非其个人之能力,其族先挟有征服民族之地位以致之也。当其凭籍祖若宗屠杀之余威,以压制束缚吾民者,与其祖宗面目无异,而俨为彼族之代表,则我不得不视为现在之仇雠,而擒贼擒王。路易十六之前车,不能不为之懔惧。今一旦其人已死,则其鬼不灵,革命党之宗旨,只以为民除害为急,固不如彼虏之横恣凶暴,必剖生人之心,平死者之墓而后快,故载湉遂可以免。然载湉虽死,其族之蟠踞势位如故,则为载湉之后者,自不能大异于载湉所为,而他日人民仇视诛锄之独夫,即载湉今日之替人也。盖汉族主权一日不复,彼族政府一日不倾,则无论彼所推戴为谁某,而革命之进行必如故。从[纵]有怪杰枭雄,如秦皇、魏武者为之君,革命党之锐,不因而挫也;纵令童昏

浊乱,如晋惠帝、齐东昏者居其位,革命党之谋,亦不因而疎也。即以载湉而论,固一庸主耳,生平未尝有加人之举动,其个人亦无特别之罪恶,然不能改于其族排汉之政策,而东南各省遂有“第一仇人在眼前,光绪皇帝名载湉”之谚。一载湉死,即有一载湉继之,故汉人之明民族主义者,惟知以光复祖国为目的,推倒异族政府为手段,视满州一酋长之生死,无异秦人视越人之肥瘠,无足重轻也。惟今日有两种人,对于载湉之死,当有特别之感情者,则吾欲有以晓之。

甲为保皇党,此指为康有为、梁启超所惑,而一心以保载湉为目的者。载湉既死,即目的物不存,其将灰心丧气,不复谈祖国之事耶,抑继此亦将发愤,而别有所改作耶?二者均未可知。然诸人所以惑于康梁之说者,以其言载湉为神圣文武自古未有之主,欲希望之以振强中国也。姑无论非我族类,其心必异,载湉无牺牲政权以卫汉族之心,即少有之,亦断无其能力,彼纵为英主,于中国无益。且以事实证之,载湉之昏庸,有断不能辱加英主之名号者。故广东总督陶模曾语人谓:“以康梁之誉其君,则若贤于尧舜远矣,然其实母子二人,皆仅具能读京中戏本之程度而已。”陶为满臣,位至总督,其言当无过贬之处。试观载湉在位,虽称三十余年,然前后皆受制于母后,康梁所持以夸天皇之明圣者,仅戊戌[戌]变政百日之事耳。卑之无甚高论,即比以太后之设施,吾以为犹大过之。如开学堂、练新兵、办警察、改官制各事,载湉不过仅有着手之名,而西后则形式并具,孰优孰劣,已无难见。且定开国会之期,颁布宪法大纲,若示国人将改千年专制之政体,此固康梁所推尊之圣主所不敢道及者,而西后则优为之,以笼络汉人之心。彼如颂载湉为圣主,则如西后者,岂亦女中尧舜耶?戊戌[戌]之事,以三五小臣争权妒宠,故放流言,而载湉遂忧惧失措,以酿奇变,以致西后再揽政权,号称训政,非西后之能,实载湉之自败也。(详见《戊戌[戌]政变信史》,阅者取览之,即具见梁启超所著《戊戌[戌]【政】变记》之谬。)载湉为政,则大臣多持两端(即如康梁所言,亦谓其时后党仍极有势),而西后执权,则一时文湉武嬉,皆归心于后,而无复有所谓帝党者存。然此犹可强为之解曰,其势力本不敌也。联军入京,母子出走西安,荣禄诸臣尚未追至,在肘腋者,惟一李莲英贱阉耳。是时年已七十之老妇,故衣将敝,豆粥难求,度已昏瞶将绝,载湉以此时授意迎銮之大臣,遂诛李莲英而使西后返政,直一反掌事耳,而载湉形如贱人,坐听岑春煊辈与李莲英交欢,而荣禄等渐次奔赴,使后党羽翼复成。愚儒至此,曾谓英主而为之耶?吾人对于满族视为狐貉一邱,非独于载湉有所深恶,然事实具在,论贵持平,苟有能审观载湉之生平者,必知康梁之说为欺人也。今者,盖棺论定,康梁虽谲,亦不能硬以不虞之誉加诸载湉。而保皇诸人至此亦当翻然觉悟,且皇之不存,保于何有?康梁之旧说,难以更进,则知自强图治自有根本,不当专仰望于满奴,则大改前非,进而为汉人独立之组织,尤不可缓矣。

乙为康有为、梁启超之徒。载湉者,康梁师徒所借为呼朋植党之号者也。譬之商业,载湉为其招牌,譬之神巫,载湉乃其偶像。造作种种语言,谓载湉已见幽废,而西后旦夕将加害焉,衣带之诏,载湉所使求救于海外者也,瀛台之囚,玻璃之粉,载湉之朝不保夕者也。于是相率党徒为保皇会,以专保载湉之一身为目的。临食而哭,演说亦哭,请安有电,祝寿有电,虽曰笑啼皆伪,亦复寝馈不忘,一若无载湉则无康梁也者。乃今康梁犹生,而载湉忽死,此真康梁所最难为情者矣。其谓载湉果以疾正终者乎?则所营营之目的物已失,党徒将遂灰心绝望。既为康梁之不利,而一无所藉口,坐视载湉之死,尤其所不甘也。其谓载湉之死不以正,而出于宫闱之变故乎?则于海外为之缟素发哀,兴师问罪,非不足以震动一时,而为出外求救作一结束,即康梁亦与有利。然无如其最失策者,则为前年改保皇会为帝国宪政会时,康有为自发表其意见,谓两宫已调和,圣躬亦已无事,为此特改会名。口血未干,皇乃忽然不

保,若遂以是为朝廷之大变,又欲教人至死于后党,不亦自相矛盾耶?盖康氏之为会保皇,前后几及十年,其用术亦至勤苦。无如社会心理日见开明,民族主义、国民主义,如日中天,人即无识,未尝不思专向一异族皇帝讨生活者为无味。康氏既知其前说之难售,而作伪之久,亦觉心劳,适遇满洲有立宪问题,康乃投机而进,为宪政立会,内以逢迎政府,外亦不得罪于国民。然保皇多年,一旦去其名义,亦不可无说以处此,故造为两宫已调和之说,而不虞是语遂为今日之梗,自关其口。夫保皇会改名一年而载湉竟死,此诚康有为所不及料也。勤王号召之举既不可行,而康氏又不可无以表异于众,其在平日,则已末[抹]椒取泪,自表其忠,乃真遇所谓攀髯不及者,以此思哀,哀将无极,虽周狗啼而牺牛哭,人亦见惯司空,了无足异。康氏其何以为计乎?昔梁启超记戊戍[戌]之事,谓康有为出京,悮[误]闻载湉死,遂为哀诗将自沉于海,其诗曰:"忽洒龙□翳太阴,紫薇移座帝星沉。孤臣辜负传衣带,碧海苍天夜夜心。"今则龙□复洒,而帝星果沉,以有为几死于惧闻噩耗,则警信之真来,殆必抢攘求死,而后不愧其旧作耳。在李唐之世,狄人杰臣事武氏,其姑詈且逐之,康梁所为美谈,时时为党人称述,以明当保护载湉而反对西后之义。顾其时载湉犹在,则康梁与其党犹可默尔而息,以载湉之日食玻璃粉不死者,居为海外结会万里驰电之功。今则载湉不禄,所为嗣者为两岁之幼孩,后党以姻亲之故而援立之,虽有帝位,其实牝朝。康梁此时,倘仍无所建白,则前此要为爱新觉罗之忠臣,而云感受载泽之知遇若何隆厚,誓以身报者,其诈伪欺人,人人得而窥之矣。要之证于事实,康氏为最热中趋利之徒,其于载湉亦本无深爱。戊戍[戌]之事,只以谭嗣同辈皆得用事,而康氏师徒反见排挤,乃纵流言,破坏朝局,企得间以为利,其功名之野心,亦可谓一时无两。乃载湉虽受其惑,而袁世凯能破其奸。后党奋兴,帝党消灭,谭嗣同、刘光第、杨深秀、林旭、杨锐无辜就戮,有为之弟广仁,亦由是而死,康梁乃独得逍遥于海外。使其时物穷思变,本其曩昔开保国会时保中国不保大清之学说以为政治运动,身已遇非常之失败而不可能。满族特权,亦断不可望其为汉人福,由是发抒民族主义,主张革命,则十年以来,以康氏之奔走勤劳,岂无大効?而于今日社会,亦未尝不占先导者之一席。而康独不及此,则以其欲速见小,而无远大之思虑也。何也?其时海外人心闭塞,二百六十年亡国之历史,知者甚稀,则种族革命之言,固逆耳而难以骤入,惟旅外而重乡情,则人所同有,故其始有以翰林进士之科名打秋风于海外者,华侨皆欢迎之,辄使满载而归,由此习惯,遂慕虚荣,此华侨思想变迁之第一级也。满洲政府窥此弱点,于是使劝捐之吏出,以虚衔实职之翎顶,换其汗血辛苦之赀财。无识者亦遂以一纸之功名相炫耀,此华侨思想变迁之第二级也。康梁逃出海外,适丁此时期,乃思利用之,自称曾贵为帝师,得君任事,今以太后临朝而载湉失政,故孑身而逃,然衣带之诏,隐然在躬,太后若殂,载湉复辟,则赐环可望,鱼水君臣,何求不获?翻手作云,覆手作雨,有肯从吾游者,吾他日能富贵之。此其事校之出资以赠科名,敛钱以捐翎顶者,均若亲切有味,宜华侨之易入其彀中。而保皇会遂以出现,立会聚徒,仅求保载湉一人,其视昔日保中国不保大清之思想相去太远,而康有为都不暇计,其目的何在,亦可知矣。行之数年,社会人心渐以开明,知献忠于异族之可耻。有为之伪态亦渐以发露,自觉难以持久,乃变保皇为宪政,而定名之际,"国民"二字,犹必急改为"帝国",是名目虽换,而保皇之性质当未换也。今若对于载湉之死,亦复人云亦云,则情见势绌,前之与结为保党者,皆得反唇相稽。嗟尔康梁,今为尔辈无可藉口之日,尔言保皇,则皇死而尔无能为役,尔言立宪,则扬[杨]度、蒋观云辈且着先鞭,而满人之宪法大纲,又使人知其甚于专制,而无研究之价值。以尔诪张,亦徒自苦,尔何不一洗心革面,重寻尔为诸生时之议论耶?儒教最重改过,佛家予人忏悔,若转而有功于汉族,则吾党亦听汝以收赎也。或曰:有为昔者无论搆衅宫庭[廷],致

起风潮,本为载湉所愚,而有为独矫语海外,自夸际遇之隆与其付托之重,乃康保皇而皇不保康。人始稍稍鄙之,顾康犹可有词,谓载湉尸位无权,其相迫困于太后,若一旦复辟,则赐环之诏,至无疑。以是欺人,未尝不谲,然果使太后先死,载湉亲自柄政,康氏师徒仍不见赦,则此等荒唐之言,无所容喙。故识者谓有为之望载湉旦夕早死,其情甚于后党,则此时康氏方且自幸其术可不终败,而毋庸戚戚。此意吾友某君曾于保皇人开追悼会时言之。然吾以为康若必言保皇,则其伪究不可掩,败亦终不可救,其他造作,为社会发见种种,亦不待吾之縏言。但使保皇党人今日正语康氏,谓衣带血诏,为载湉一生最可惨念之事,今载湉既死,此诏亦无关秘密,受其诏者无能为力,抱憾终天,则不若于党中追悼载湉之时宣而读之,未始不可以发人哀痛,因而将诏文上石,表示天下,使知保皇会长与光绪皇帝有如何之关系,为计最得。以此要求康氏,使必出密诏,则康氏已无词以对矣。故曰其伪不掩,其术终败也。不知康氏师徒,其亦念及此否?

由上所述,则载湉之死最有影响于海外者,为康氏师徒及旧日之保皇会众。然在保党,既可发其迷梦,而使之觉悟,即康梁亦当以计无复之,或穷蹙而自投于革命。是载湉之死,非惟无损于若辈,抑且有益焉也。独是专制之国,其君主有"朕即国家"之思想,即吾国人民亦迷谬颇深,而有非常置重皇帝之观念(保皇会所以成立,亦未尝非此种观念有以启之),载湉一死,人心亦必皇皇。然吾人以为汉族振兴,胥视自力。若无实力以颠覆此异族之政府,则彼族特权如故,丧君有君,于我何补?所可怜笑者,则满洲所布宪法大纲有"大清皇帝统治大清国,万世一系,永永推戴"之文,视秦政自命为始皇,使其子孙二世三世传之无穷者,同一口吻。始皇既死,二世即亡,宪法初颁,载湉遽殁,汉族人民其有扶义而起,使胡运遂斩绝者,抑甘于居奴隶之地位,为永永之推戴乎?吾于载湉之死拭目视之。

《中兴日报》1908年11月16—17日连载

11月15日(十月二十二日)　未刻,清慈禧太后崩。

慈禧太后遗诰曰:

予以薄德,祗承文宗显皇帝册命,备位宫闱。迨穆宗毅皇帝冲年嗣统,适当寇乱未平、讨伐方殷之际,时则发捻交讧、回苗俶扰、海疆多故、民生凋敝、满目疮痍,予与孝贞显皇后同心抚视,夙夜忧劳,秉承文宗显皇帝遗谟,策励内外臣工暨各路统兵大臣,指授机宜,勤求治理,任贤纳谏,救灾恤民,遂得仰承天庥,削平大难,转危为安。及穆宗毅皇帝即世,今大行皇帝入嗣大统,时事愈艰,民生愈困,内忧外患纷至沓来,不得不再行训政。前年(1906年)宣布预备立宪诏书,本年(1908年)颁示预备立宪年限,万机待理,心力俱殚,幸予气体素强,尚可支持。不期本年夏秋以来时有不适,政务殷繁,无从静摄,眠食失宜,迁延月久,精力渐惫,犹未敢一日暇逸。本月(十月)二十一日复遭大行皇帝之丧,悲从中来,不能自克,以至病势增剧,遂致弥留。回念五十年来,忧患迭经,兢业之心无时或释,今举行新政,渐有端倪,嗣皇帝方在冲龄,正资启迪,摄政王及内外诸臣,尚其协心翊赞,固我邦基。嗣皇帝以国事为重,尤宜勉节哀思,孜孜典学,他日光大前谟,有厚望焉。丧服二十七日而除。布告天下,咸使闻知。

朱寿朋编《光绪朝东华录》第3册,中华书局1958年版,总6022页

胡汉民《呜呼!那拉氏又死》:

载湉之死信方传,而西太后叶赫那拉之警电又到,此最惹人以注意者也。载湉之为皇帝,不过以空名尸位,而专制无上之君权实在那拉氏。载湉见制于母后,其权力视奕劻、载振

之徒尤为微弱。其死也，在满族丧君有君，无大增损，且于那拉氏专制之日，已无复有所谓帝党者存，则于一班争权竞势之大奴，亦无所轻重。舍海外绝无势力之保皇党，开会追悼，发一二次之悲声外，殆无特别可纪之事。那拉氏则不然，盈廷之臣皆其所富贵者，满奴如端方、铁良，汉奸如张之洞、袁世凯，莫不仰其颐指。故其死可使满廷受非常之感动，如冰山之忽颓，新进者或更谋攀缘之术，而有所觊觎；旧为那拉氏所信用者，则又以患失之见，谋保其素日之位置。纷扰不已，内讧将生，此那拉氏之死，所为不可与载湉同日而语也。加以载湉与那拉氏，子母两日先后俱殂，其事太巧，生人疑窦。意者载湉之亲藩有夺位之志，乘那拉氏之疾笃，因而事行耶，抑后党不臣之心，平日又见恶于载湉，故于此先发难耶？然观监国之为载湉亲弟，嗣位者为载湉胞侄，论序可及，不必同室操戈，则前说非也。谓载湉之死死于权臣之手，实以翦除所忌，为此不测之举，则有以袁世凯为疑者。然使袁世凯果素蓄不臣之志，则不为之于兵权未削之时，而为之于兵权削尽之日。满族犹在，铁良掌天下之兵，肘腋数镇，为满人凤山所节制。袁世凯心腹将士，如段祺瑞之属，早已不得不引身而退。一旦发难，满人得以反戈，袁即有党亲如徐世昌、杨士骧之徒，亦爱莫能助。袁乃以此时欲图非分，岂非大愚？即袁居北京，其地位又非绝异，而无有制伏奕劻、载振、载泽诸人之势力，安足以行大事？更进一步，谓袁亦无帝王之思想，徒以保持禄位，见那拉之将死，虑载湉之恶，已而杀之，如是，则拥立幼主，以自为功足矣。而复立之监国，情如长君，且所立者为载湉之亲弟，即不虑其为兄报仇，正袁氏弑君之罪，而袁以有生杀载湉之势力，亦肯退听于监国摄政王之下耶？此尤足见载湉不死于袁世凯之手也。若使载湉、那拉死后，宫廷复有他之变故，则袁有异谋亦复可信，若于此时遽定为袁世凯已实杀载湉，则捕风捉影之谈，适成为浅人之武断而已。（谓袁世凯实杀载湉，保皇党报倡之甚力，其用意别有所在。以戊戌[戌]康有为之阴谋，实袁败之，前年梁启超运动五大臣以求进，袁又阻之，故造为此言，谓袁弑逆，加以恶名，企其党徒大恶袁世凯以为报复也。此言若有信之者，则缟素兴师，得为口实，康梁又有一番造作。独无奈前年康有为热中趋时，已身自发表意见，谓载湉已危而复安，无待于保，辄将保皇会解散，更立名目。保皇会改名年余，而所谓光绪皇者即死，康有为无先知之明，太愧"南海圣人"之号。且反覆其道，人得以反唇相稽，立会而用自相挑战之法，其孰肯从之，康亦徒自苦耳。）凡康梁之徒，惯于造作语言，快其私愤，其加人以恶名，毫不必根于事实。即如戊戍[戌]政变，出于满族之惧汉人得志，故奉西后复出，非西后有幽囚载湉之心，而将致之死地也。而康梁则毒诋西后，指为载湉之仇人，以为苟爱载湉，即当致死于西后。言之将十年，西后用满族之阴谋伪言立宪，康梁见保皇之名已不足惑世，则复改弦易辙，并西后而趋奉之，其反覆已甚。今见那拉继载湉而死，势不得谓那拉杀载湉而复自杀。（若使载湉死后，那拉氏不死，则康梁仍不难加那拉以弑帝之名。今载湉方死，那拉次日即亡，则万万无先杀载湉而后自杀之理。那拉氏之免于康梁毒谤，实幸其死得快也。）然平日对于那拉氏之恨虽减，而袁世凯之恨未忘，故又欲加袁世凯弑逆之名，一若袁已杀载湉，不久将登九五之位者，真可谓愚谬绝世。夫以载湉久膺废疾，与那拉之年过七旬，其死均非奇事。即设有疑那拉实先载湉而死，而宫中秘不发丧，有人为阴谋，翦除所忌，俟拥立幼主大计既定，及先发载湉死耗，使海内见为立嗣一切皆出那拉之意，以息人疑，其说亦近似。然果有为此者，则断非袁世凯所能。袁虽于政界或占优势，而满洲有所谓皇族者在。宫闱之事，甚且不能干预，而况其命令一切乎？故使载〈载〉湉而真不得其死，则必满族多人试其阴谋于内，并廷臣亦秘不使知而后可。而载湉子母死后，犹赫然有满王亲以监国，袁世凯等之地位如何，可以共见。乃康梁之徒，遇此等疑团，亦不敢出一语为满族疵瑕，而独于袁世凯指目，岂其扶满排汉之心思操之有素耶，抑其好报

复私怨,不复显有公理耶?二者必有一于是矣。海外人士去国已远,论时局者,各有一是非,骤难折衷,然其真相,终久必露。如戊戌[戌]变法之事,当时海外舆论几乎悉康氏所左右,今则人亦大半知其非矣,即那拉氏之生平、所得毁誉,亦多不虞不实,今兹则所谓盖棺论定之时,吾请举其落落数大端而刺论之。

一、那拉氏于政治上之关系

那拉氏临朝专制者,前后四十余年,其权势若吕雉之在汉、武后之在唐,而历数则又过之,此从来女主之所未有也。太平天国建汉家赤帜,奄有东南,几覆满祚而恢复中华,乃以曾、左、胡、骆之徒为虎作伥,自残同种,满人坐收渔人之利,使爱新觉罗之皇室危而复安,而那拉氏寔亲遇之,此其幸运之最大者。载淳之死与戊戌[戌]之变,以满族之归心者众,那拉氏乃均得以从容谈笑,镇压一时,而牝朝之威灵,即一等汉奸大奴如李鸿章、袁世凯辈,举慑伏不遑,无有异志,以视委心载湉为尤笃。从表面观之,有令人惊服其才略之过人者。庚子之事,以端、刚之徒崇任邪术,开衅列邦,联军入京,几召瓜分之局,又幸遇各国均势问题不能解决,乃舍中国而去,满洲又苟延残喘。谐[谄]臣媚子方且向那拉氏颂老佛爷洪福,而不知九万万之赔款已分置于汉人之肩,没身犹不能偿也。而且当那拉氏之世,外交之失败最多,若安南、高丽,犹曰藩属之土,至于台湾、旅、大、胶、广,则腹心内地亦割让与人,彼其以掠夺而得之国壤,其不甚爱惜亦不足怪,所可痛者,则我汉族河山,又经满虏而转卖于他人耳。联军讲和,既以汉人当其艰巨,而东南半壁之无恙又赖各省督抚之支撑,汉人势力至此渐进,乃以反触满奴之忌,急急以中央集权之计画进,为阴柔排汉之政策,那拉氏亦用之,则假立宪之名,行专制之寔,而宪法大纲发布于那拉氏之手。呜呼!以那拉氏年事既大,其为我汉族之害者亦最多。以上种种,虽非其个人之阴谋,然汉人受制于满,而汉族又以彼为主权之代表,则吾人非那拉氏之咎,而又谁咎耶?

二、那拉氏之骄奢淫佚

满洲屡代君主皆务穷奢极欲,而事过情迁,汉人或淡然忘之,若那拉氏,则固昭彰于斯人之耳目者也。前此各省报于海军之费,移为颐和园之用,以致甲午之役一败涂地,李鸿章至死以为恨事。游百川、汪鸣銮等上奏,一及颐和园,即几陷于大辟。据最近调查报,自乙未至庚子,颐和园续修工程每年三百余万两;戊戌[戌]秋间欲往天津阅操,令荣禄修行宫,提昭信股票银六百余万两;辛丑回京费二千余万两;辛丑后复兴修佛照楼,五百万两;祝七旬庆典,一千二百余万两;另各省报效一千三百万两。此数年之内那拉氏一人所用,已盈九千余万两。辛丑至今又阅数年,其费用可比例而知。呜呼!汉人家散人亡,老弱填沟壑,丁壮死桎梏,其生命财产皆断送于深宫歌舞中矣。夫此亿万之耗费,皆在甲午之后,其时吾汉人方且增多数万万之负担,虏廷诏书亦以节俭为词,而岂知其浪费乃有此数。庚子之役,仓皇出走,故衣将敝,豆粥难求,幸而讲和返京,其心亦当知悔祸,乃疮痍满目之时,一千余万两之费又复用之如泥沙,家奴之血汗,殆无足念者。今年广东水灾,冲决基围,灾民百数十万,呼声震野,海外华侨顾念乡人,皆解囊助赈,而地方官吏亦为民哀吁于朝者数次,乃仅得给以十万,当那拉氏一人一年之费,不及百分之一。意者国库空虚,其真贫耶?然美舰一来,则以八十余万款之,西藏一和尚入京,每日供以万三千两,又何富也。以为一己纵欲之费,则惟恐其不奢,以为百姓救死之资,则惟恐其不吝。穷于赈灾恤民之时,而富于外交应酬之际,斯真可令普天同愤者。然以四万万人匍匐于下,任纵一愚妇醉饱践踏于上,恣睢不已。定为宪法大纲,犹曰:"皇室经费,应由君上制定常额,自国库提支,国会不得置议。"彼希望立宪,希望开国会者,亦曾一念及否。

三、那拉氏之保皇

那拉氏生平无可取者，而独能保皇，保护孱皇载湉以终其身，以其在满族之地位论之，则可谓有功矣。康有为语人曰："那拉氏，载湉之仇也。戊戌[戌]阅操之旨，即欲置载湉于死地，政变以后，则囚之瀛台，每日杂玻璃粉于食物以进，海外人民不思保皇，皇行且杀于西太后之手矣。"其语之谬，吾友某君尝痛斥之。（详见《戊戌[戌]政变信史》）夫载湉实居那拉氏肘腋之下，那拉氏不欲杀之则已，其欲杀之，则于宫禁随时可以下手明矣。载恬[湉]无大过，犹为满洲之共主，夫岂有于陈兵阅操之时执而杀之之理，此已为大谬不伦。况那拉氏训政以后，载湉之权尽削，或废或杀，那拉氏皆优为之，而揆之实事，则载湉仍依那拉氏肘腋之下如故也。若谓已见囚于瀛台，则内外人觐见之时所谓两宫者皆在，吾知其追随于那拉氏之侧者必非伪载湉也。至谓每食杂玻璃粉以进，尤为不通可笑。盖自康有为逃出海外，至于今日十一年，世界岂有人食十一年之玻璃粉而后死者耶？此虽以欺三岁之童，亦当不信。（此语太过离奇，想康有为做诳语时，未免信口开河，过于高兴，尔后未必不自悔失言。而日昨《总汇报》偏拾其牙慧，于论文中仍有杂食玻璃粉之语，适足令有为见之自惭汗下耳。）夫载湉中细人之谗，几将有不利于那拉氏，此案掀翻，那拉氏独能置载湉于不问，已为难能。庚子之年，端王得志，太柯[阿]倒特[持]，直欲取载湉而废杀之，又赖那拉氏设法保护，载湉不因那拉氏以保其身，更因那拉氏以保其位，故世人莫如那拉氏之保皇也。那拉氏尝语载湉云："有我一日，则保汝一日。"此语，昨日之《总汇报》亦承认之。今载湉与那拉氏先后两日而死，其谓载恬[湉]以病终业，则那拉氏固可以告无罪。若如海外人所猜度，那拉氏先死，载恬[湉]不免于毒手者，则那拉氏之言尤验。盖真保皇者亡，则皇自不保，那拉氏之于保皇，亦可谓鞠躬尽瘁，死而后已者矣。此本满洲家事，于汉族无关休戚，于中国无关痛痒，然就事论事，固不能不核实持平。彼伪保皇而反对真保皇之那拉氏者，其用心可知也。

四、外人对于那拉氏之批评

西人之论那拉氏，颇有不虞之誉，推之为英主，称之为不拘细行之大人物。嗟乎！此势利之见耳。从来势位之所在与能力之所在，二者绝非同物，当分别以观，那拉氏于政治上之关系种种，实其势位为之，非其能力也。专制之国，政权所在，则人争趋之，趋之以为其禄位之私也，由是更争致其能力，以求功名。为之主者，若遇超等奴才，则坐收贤君之名，其反此者，则彼身亦不免庸恶之谤，均非君主之所自致，特为若辈受其毁誉。故凡专制之君主，有幸与不幸，无贤与不贤。那拉氏譬之不过一富室之老寡妇，遇能干之奴仆为之捍御门户、经理家政，则老寡妇可以泰然享福，若遇奴婢相连为奸，习为偷盗，则富室之财日蚀，老寡妇亦坐愁行叹而已。那拉氏揽政之初年，所遇曾国藩、李鸿章之徒，所谓超等奴才也，彼不惜自残同种以献媚异族，为其功名（李鸿章夸其歼灭太平天国之功，而卑士麦斥之），故那拉氏坐享其成。及端酋、刚毅朋比作奸，恼及比邻，那拉亦只得仓皇出走，身受其败。那拉氏止有因仍幸运，了却一生，甚且并察别奴才孰为善恶之智识而无之，安在其有能力耶？故以其初年之幸运，致满族危而复安，遂惊许以为有非常之才略者，直是皮相。即以戊戌[戌]政变之事而论，载恬[湉]之不敌，半系于势力，亦半由康有为与袁世凯手段之优劣为之。康为袁所欺，以败其谋，后党乃弹冠相庆，倘康能操纵袁，使袁肯为用，则那拉氏不可知，载恬[湉]不至再度失败则断如也。载恬[湉]在位，所称为"百日维新"者，变法纷纭，毫无要领，而那拉氏训政，则竞倡国会而颁宪法。从表面观之，载恬[湉]自非那拉之比，而实亦满奴、汉奸之排汉政策日以进步耳。（康梁辈高颂载恬[湉]，故吾举那拉氏之事，谓载恬[湉]若贤，则那拉当为女中尧舜，所以调侃康梁辈也。）吾故曰满族胡貉一邱，无有贤者，而粤督陶模亦谓，那拉、载恬

[湉]母子二人均仅有能读京戏本之知识,盖道其实也。西人不深知中国之历史,故立论多不中肯。若吾人,则惟一念于那拉初年所遭之幸运,而叹息痛恨于曾国藩、李鸿章辈之死心为大汉奸,为虎作伥而不悟耳。

右之所论,吾自信为最能持平。吾非恶偶然得运之满洲,而实恶满洲篡夺我主权,奴隶我汉人之一族。故吾论那拉氏之死,既不肯为那拉氏恕,尤不肯为一班之满奴、汉奸恕也。吾汉族岂遂无轸念同种光复故物之人乎?何为徒有四万万人,俯伏二百六十年,至今犹令胡妇胡儿酣嬉淫乐于上而荼毒我也。今之载恬[湉]、那拉氏虽死,后之为载恬[湉]、那拉氏者方来,吾人其谓之何。若夫世之言那拉氏者,若日本人所著西太后一书,述其丑行甚于吕雉、武后,以其为个人之行为,无关汉族,抑且淫秽已甚,不欲污吾笔墨,故兹不具论,论其大者。

——《中兴日报》1908年10月18—19日连载

11月19日(十月二十六日)　安庆炮兵营队官熊成基率新军起义,翌日失败。

陈春生《戊申熊成基安庆起义记》:

前清之季,安徽改练新军,首在皖垣创设武备练军学堂,旋又设陆军常备营,青年有志之士,纷纷应征。熊成基、柏文蔚、郑赞丞等,均出身于练军学堂。张劲夫、范传甲等,则属于陆军常备营,分投热烈提倡革命。时有岳王会者,安庆军界运动革命之先锋也。戊申春,倪映典由宁调皖,任骑兵营管带,诸同志密谋大举,为江督端方所觉,立命皖省大吏将倪撤职。倪去之后,同志范传甲等推熊成基主持团体事务,此熊成基得志于皖军之由来也。熊成基,一作承基,字味根,扬州甘泉县人。少有大志,性侠烈,慕岳武穆、史可法之为人,而痛恶夫世之争名夺利者。幼年入塾就学,喜读兵志,不屑咬文嚼字;有学谈兵者,则欣然忘寝食。或问之,熊曰:"大丈夫生不能为国家效力,耻执甚焉。治天下,本尚文,今何时也,舍武事安能遂吾志耶?"先是熊之祖瑞生,仕清,为繁昌县宰。乃父存仁,任候补通判。淮、扬之间,风俗淫靡,熊当少时,血气未定,溺于酒色,及父死,家中落,年十九,落魄于芜湖,体羸多病,偶揽镜自照,拍案自艾曰:"大丈夫当成功名传万世,岂能以无赖子终老哉!"遂渡江至安庆,入安徽武备练军学堂,励志学习,屏绝嗜好。惜陆军学堂未几停办,不克竟其志,乃赴江宁应征兵令,编入营为副目。营将某氏,以其勤敏力学,抱负不凡,深器之,为介绍于炮兵速成学堂肄业,以下士而获厕于将校之列,殆逾格优遇之也。熊既入炮兵学堂,益勤苦攻业,成绩甚优。毕业后,为江南炮兵排长。会皖省举行征兵,檄熊往,以为炮兵营队官。熊之入练军学堂也,正当穷途落寞之时,学堂中固多磊落英奇之士,庚戌起义于广州牛王庙一役之倪映典亦其一也,课余恒以复祖仇、建民国相期许。而江南军界不乏民党潜伏于其间,其得他山之助者尤广。故其为排长、队官,实施教育于兵卒,不时提倡民族、民权主义。熊以江宁虽为长江咽喉,然非上游门户,且清兵林立,未易攻取。惟皖省为总角钓游之地,形势了然于胸中,遂毅然入皖。旋见淮南士气雄健,期以实行尤易,同志中之为军官佐者,亦不乏人。熊从中奔走联络,煞费苦心。越数月,新军统领顾忠琛至皖,见熊,奇其才,调充炮营队官,旋欲升为他营管带,熊力辞,良以一旦起事,炮营威力实优于他营也。其后徐锡麟同志枪杀安徽巡抚恩铭,被捕就戮,熊不胜悲愤,思为徐复仇,以厄于时机中止。戊申之秋,清政府下令调集南洋各镇新军,定期十月,在皖之太湖举行秋操,派荫昌、端方为阅兵大臣,均满清之知兵干员也。苏、皖各同志均认为时机已熟,拟于会操动员后,即在操场发难。正筹策间,传闻端方于太湖阅操时,于皖垣东门外英公祠设行辕,遂谋狙击之于皖垣。乃届时端方不至,安徽巡抚朱家宝为防范各党之故,所有知识较新之将弁,概不派赴操场,于是党人之谋,遂归失败。熊以操场

发难之计画无成，乃与同志范传甲等商议，拟于太湖秋操时，皖垣空虚，吾党即于皖垣发动。其计画则以马、炮两营先占皖垣，然后以一军塞集贤之隘，杜绝宁军归路，以一军渡江袭石头城。盖宁军其时多赴操地，江宁不啻空城；而秋操之兵，又无实弹，可胁而从；且宁军中固多同志也。计议已定，适那拉、载湉同时倒毙，朝野震动，人心皇皇。熊等乘此千载一时机会，遂于是月二十六日下午，约同志范传甲、张劲夫、洪承点、薛子祥、廖盘贞、李朝栋、程芝萱、田激揭[昂]及各营同志，会议于杨氏试馆，定期二十九晚，率马、炮营千余人同时起事，并约定队官薛哲届时在城内接应。当由熊颁布作战密令十三条如下：

（一）与我反对之军队：（甲）水师一营在西门外，（乙）巡防一营在北门附近，（丙）城内外火药库有巡防兵两队，（丁）抚院及各衙门之卫队约两队。

（二）我军决于今日午后十时齐发，先取城内外火药库后，全队进城，各尽任务。于次日午前五时，在五里庙齐合，再俟命令出发。

（三）一标同二标第三营先赴北门外火药库，得有子药后，一标第二、第三营进城，助城内务营攻击西门外之水师营。得收抚即收抚，否则攻溃其兵，收其军械。二标第三营留守火药库。

（四）二标第二营同工程队先赴其营旁之军械局，得有子药后，工程队留守军械局，二标第二营以两队攻破巡防营，以一队先开西门，待马营进城后，再赴北门开城，留守北门，又一队攻击抚院。

（五）炮营先徒手出营，至马号举火，以作全军出发之号令。举火后，至北门外陆军小学堂夺取步枪，得枪后，旋至该小学校取子弹进城，以一队守南门，两队巡街。

（六）马营由西门进城，直赴军械局。得有子弹，以一队守西门，一队开东门后，留守东门，余两队夺取电报局。

（七）辎重队直赴军械局，得有子药后，保护教堂及外国人。

（八）讲武堂各生充卫生队之任，随时搜寻城内外死伤兵士，归入该堂调治。

（九）各标营队之出力人员，次日午前，论功行赏。

（十）各标营队之兵士及人民等，如有乘机抢劫情事，由巡卫队临时照军法从事。

（十一）巡警兵如有愿降者，炮营收纳之，编入队内巡街。

（十二）各文武衙门之官员，不准任意残杀。

（十三）无论军民人等，不准出入藩司衙门。

熊在炮营下令起事，士兵踊跃效命。惟管带陈镛昌不肯赞成，为兵弁所诛，遂焚炮营，整队而出。至步标，标统蒋与权跪接于道，步兵多有平时通款者，鲜有不从。马营亦早有连络，其排长田激昂、周正锋、张烈等围攻管带李玉春于楼上，玉春负伤而遁。乃焚兵房，出与他营联合，各营得千余人，即往攻北城菱湖嘴弹库。守库正目即同志范传甲之胞弟也，欢迎招纳。得弹后，还攻北门，焚北门外测绘学堂之步兵营，于是会合各路军，攻皖垣。守城者为薛哲，本已由熊约为内应，讵料胡运未终，薛哲初率百余人向北门冲突，本欲开城相迎，及见少数巡防营守城，遂逡巡返营舍。先是皖抚朱家宝在秋操地接那拉、载湉死耗，江督端方即令其遄返皖省，以防事变，此时朱家宝即以重利笼络城内将士，使勿投入革命军。薛遂昧良，背熊之约，临阵退缩，熊遂失其臂助。时范传甲在辎重队，张劲夫在讲武堂，因被官长严为监视，均不能自由行动。因是革命军不得入城，革命军弹子无多，而弹药均贮城内，革军即有少数炮弹，亦无弹火引头，以致失其战斗力，围攻一日夜，不能得手，士卒稍稍散去。皖垣濒江，江面有兵舰数艘，初已表示归附革军，此时亦受朱家宝威胁利诱，炮攻各军，毁营垒。革命军势渐

不支,不得已向集贤关退却,变更战略,拟取庐州为根据,然后号召凤、颍豪杰,进窥中原。乃取道桐城,直趋合肥,义师所过,秋毫无犯。清提督姜桂题所部马炮兵来追,熊力战败之,然抵庐时,所余党军不满百矣。乃丁此颠沛流离中,竟有欲谋害熊以降清者,熊觉之,乃逃匿同志常恒芳家数旬,卒走东瀛。熊去后,程芝萱尚率所部残余革军,沿途与姜桂题所部之江防营混战。至合肥东乡时,所余仅三四十人,于是不得已宣告解散。呜呼惜哉!

杜元载主编:《革命文献》第67辑,中央文物供应社1974年版,第349~353页

张焕彤《熊烈士成基皖省起义记》:

熊烈士成基,号子贞,亦字培根,江苏江都籍(祖籍仪征)。幼聪颖,具胆识,惟佻达不受羁勒。稍长,好驰马试剑,不乐与书字为缘,父师诫,亦不听。光绪末季,朝命各省改征兵制,皖为造就新军干部人才计,创设武备练兵营,召募青年入营肄业。其时风气闭塞,缙绅子弟咸以入行伍为耻,应者多为贩夫走卒辈,而烈士不谋于家庭,奋袂而前,报名入选。自是,锐志攻苦,期年卒业,以名列前茅,得委为皖省炮营前队队长。(营在皖省东门外,滨临长江。)皖省自徐锡麟烈士事败后,革命怒潮日渐汹涌,烈士亦隐与焉,故其奉职后,对于所属下级各官长暨部曲中,有曾受教育、稍具识略者,平时除正式操练外,每多方训迪,必导入党籍而后已。未及年余,该营革命志士已充斥其间,当局犹懵然不知也。

会光绪卅四年,旨命陆军部尚书荫昌举办秋操,并择安徽省太湖县为会师之所。此为有清创举,遣兵调将,徭役繁兴,举国惊疑,皖民尤甚。及时,两江总督端方、安徽巡抚朱家宝,均遵旨率师赴太湖县,省防已不免空虚。讵正在各省军队齐集,准备开操之际,忽于两日间,慈禧太后暨光绪帝崩驾噩耗先后惊传,群情震骇,一若大乱之将至。烈士等以为此良好时机不可坐失,遂结合留皖之少数各军密谋起义。时皖省署布政使为浙江嘉兴沈公曾植,号子培,以省垣谣诼蜂兴,急电朱抚,请其酌率军队回省,以资镇慑。朱抚得电,商准荫、端两大臣,定十月廿五日由水路回节,并即电复沈藩。清制,凡遇帝后龙驭上宾,各省官吏、军民人等,期年内不准婚嫁奏乐及筵宴,百日内不准薙发,三品以上大员于奉到哀诏后,礼应择地恭设灵位,素服哭临三天,以志哀恋,违则获罪。

烈士等得悉朱抚定于廿五日回省,先期约定各同志,在省城北门之十祖寺内开秘密会议,决议,俟是早朱抚登岸后,率司道文武各官赴巡警学堂哭临时(后、帝灵位已先期恭设于巡警学堂,即恩铭之祠),先由烈士领队,枪均实弹,鹄候于该学堂门首,以冀猝然举义,聚而歼之。

迨廿五日侵晨,司道各官咸诣西门外接官厅,迎候朱抚。九时左右,启戟遥临,讵接官厅前,江流湍急,朱抚所乘之水师长龙不易拢岸,遂顺流直驶于小南门普通码头停泊。经此舟行数十里之耽延,停船时,时已近午,朱抚即在南关登岸回辕,一面饬戈什驰赴接官厅,报请司道等各自返署,改次晨再补行哭灵,并传令鹄候于巡警学堂之各队一律归营,致烈士等原定计画,失败于无形中矣。但廿五日下午,烈士等本再接再厉之精神,复潜集各同志,往十祖寺作第二次之密议,又经决议,当夜由驻玉虹门外之马营放火为号,炮营即发炮响应,并由驻城内大关帝庙之新军等二营担任内应开城。至夜十一时,果尔发难,奈事机欠密,事前已为协统余大鸿及巡防营统领刘利贞所侦悉。迨马营火起,余协统即下令不准开城援救,同时各城门亦已由巡防营分头扼守矣。新军等二营闻炮,急率队驰赴东门,拟开城响应,见状,已无法措手,乃于急剧间改计,帮同守城,以示当局之不疑。烈士在营,见城内迄无动静,知事有变,遂毅然将本营不允附和之营官陈某戕杀,弃尸江流,(事后,当轴为陈营官开追悼大会,朱抚曾挽以联云:"马革裹尸归,可怜君赍恨云霄,未见红羊销劫火;骑箕待魂返,好助我奋威江

浦,常乘白马作灵潮。”)同时以炮攻城,声震屋瓦,居民于睡梦中惊骇几绝。此时朱抚一面偕司道分头率队登城抵御,一面急派武巡捕徐宽润持巡抚兼提督军门大令,驰赴停泊江面之兵舰(坠[縋]西门城而出),饬即升火,驶近炮营轰击。(因省防空虚,谣诼日甚,预由南洋调来兵舰两艘,藉资镇慑。)未及三小时,而炮营已付灰烬,烈士急率各同志避入营之左首迎江寺内,并以大炮架于寺塔上,向城射击,城几不保。奈天甫黎明,迎江寺屋宇亦为炮舰轰塌,无可隐避,烈士不得已,督队顺大道奔赴邻县舒、桐一带,拟相机再图卷土。朱抚得报,立派巡防营帮统黄鸣岐太守率队开城追剿,并分电附省各县兜拿,闻擒获惩办者甚夥,烈士幸得免焉。

廿七日午后,当局布告战事之经过以安人心,并悬重赏,辑[缉]捕烈士甚急。廿八、九等日,朱抚、吕司道暨余协统、刘统领,以及新军上级各官,筹商善后,兼发放廿六夜守城得力之军队犒赏,时新军第二营营官薛哲亦与其列也。

迨事定数日,忽为余协统侦知新军第二营营官薛哲,实为密谋之一,且为廿六夜担任内应之主要人物,遂密陈朱抚。闻之极为震怒,因不动声色,密调巡防营,将城内大关帝庙第二营驻地包围,薛营官旋亦就捕,并搜出密谋证据甚多(均存档案),押解抚辕。经派安庆府发审局正副各委员严加审讯,薛哲以证据确凿,无可抵赖,一讯即服,朱抚遂恭请王命,将薛哲绑赴辕门外正法。

越二年,一日,忽得吉林巡抚密电,谓据长春地方官电禀,熊烈士成基已在该地拿获,请移案办理。朱抚得电,立派安庆府知府豫咸驰赴长春,验明烈士正身,就地正法。呜呼!闻烈士时年仅十有九云。

中华民国开国五十年文献编辑委员会编《中华民国开国五十年文献:第1编第13册——革命之倡导与发展(5):中国同盟会》,正中书局1965年版,第467～469页

《中兴日报》1908年12月24日《安庆起事》载:

(《中兴日报》按:安庆此次起事,实出意外,本馆专员特别调查,并得之各处报告,互有详略异同,兹特汇记于下,阅者幸注意焉。)

安徽混成协炮队起事原因,众说不一,兹据其实在情形,用志颠末。缘该营队官熊成基等(熊甘泉县人,流寓皖垣)略知新学,倡言革命,因供职日久,匪特营本部排长弁目均联络一气,及马营官弁亦属结党同谋,运动手段,洵推周密。前于中秋日兵警交哄一案,蠢蠢欲动,因民情安谧,未克得手,适值秋操期届,风谣甚紧,民心动摇,且省城巡防军多有调往太湖弹压,腹地空虚,故有隙可乘,突于(十月)二十六日起事。是夜三鼓,熊等饬全营兵弁整齐队伍,即吹奏急归队号令,管带陈昌镛闻之心异,趋而出视,见势不佳随即禁阻,熊等竟持刀将陈昌镛斫毙,复割首级,挂于中军帐前,谓:“现今天下无主,我等共起义师,将复祖国,如认可者,概举右手”等语,于是举手者百余人。熊又云:“若不服从命令,即照此一样。”(将陈之头颅抛掷于地。)各兵士遂一律畏服。熊乃统率全军,直抵马营,即大呼“投降免死”四字,并宣布宗旨。马营管带李玉椿,比欲传队拒敌,卒被革兵斫伤,一时里应外合,所有炮、马两营概为熊有。复率众抢劫菱湖之火药库(按:新式炮弹向储城内军械所,因去岁徐案,遂移储此库),奈药库卫兵仅数十人,众寡不敌,致弹药被劫甚多。既劫药库,遂直捣第一标各营,逼降胁从,卒不应。复改往陆军小学堂,亦逼降,堂内诸员生业已逃避,乃将财物、枪械掠去一空,呼啸回营,预备攻城矣。是时余大鸿协统暨标统均在城内,见东西营同时火起,知非失慎情状,余协统即驰马往探,乃悉兵变,回城面禀抚台,即命闭城,迅饬巡警、城守、巡防登城拒敌,而反正兵之过山快炮已向城中混击矣。以上系二十六日夜间起事之情形也。

党首熊成基,已悬赏二千金,闻各兵等刻又窜往桐城、庐州等处。闻现在之首领,实非熊姓一人,尚有黄姓系某营队官,均一律缉拿。皖抚闻英兵舰将驶入安庆,保护教堂、教民,但事已定,恐该兵舰来皖,民心又多惶恐,拟电致上海领事,从速阻止。

三十日安庆函云,端方阅操事竣,本拟遄返金陵,再定行止,忽接皖省兵变电音,遂于二十九日由太湖抵皖,未刻登岸,驻节抚辕,与朱抚商酌军情,筹画一切。闻并谓缉获党人,亲提刑讯,务得确供。

连日搜捕余党,而已获之党人约数十名,多有直供不讳,故日来已加害四人矣。

反正兵扑城后,长江兵舰蝉联而至,约五六艘,攻击甚力。皖抚拟每舰赏银二百两,并奖赏各营士卒共数千元。

巡警道以事甫定,谕饬每户悬灯门首,并令商铺夜间各派一人结队巡逻,严防纵火、抢劫之事。

反正兵陆续退尽,每易著军服,混淆莫辨。现由朱抚谕饬员弁各路抄袭,复札饬各属迅将征兵册籍逐一调查,从严拿办。

混成协两标步队多未调用,故各兵士之潜逃者,实不乏人。

二十八日清晨,混成协统及巡防队各员又复带队出城,搜捕党人十九名,马匹数十,军械子弹无算。比经皖抚讯供后,即将直认不讳,自称为革命党。驻皖总收信员、马队排长胡文彬一名,推出辕门加害,余均分禁司府县监,以待确讯首从,再定办法。皖绅以城中兵力微薄,特于是日午刻在高等学堂集议,招募民团二百名,以补官兵之不逮。旋议举洪朗斋为民团总董,依巡警规制,分城内为三区。其团兵皆有的实店保方许充当,每名每日发给口粮钱四百文,其经费由绅商担任,先由西门内兴祥钱庄许汲三君垫付。

二十九日近城一带,虽无党人踪迹,而戒严令犹未撤也。盖以城内缺少日需之物甚多,故朱抚特令大南门一门暂行开放:早晨自九句钟开,至十一点钟闭,午后自两句钟开,四句钟闭,然只准购办柴米,出入有要事,则须有店戳担保,凡挑水夫必须用白布肩章一块(书写某号某公馆字样,由团练查验盖戳),余则概不许其出入也。是日盘获革党及情形可疑者数人,府署前加害。城内工程队正目方受之一名(寿州人),闻其反正原因,系廿七日马、炮队兵变时,该正目要求该队队官传令拔队,开北城接应,该队官不允,遂即持刀直刺,该队官当场捆送抚辕,讯时亦供认不讳。

又(十一月)初二日另函云:阅兵大奴于初一夜由太湖启节抵皖,所会操之鄂军,已由小市口分道返鄂,宁军仍由安庆凯旋。皖抚与端督面商,酌派一二军队驻扎皖境,以备防守。

又初三日另函云:皖垣事虽定,恐不免党人潜匿,仍滋事端,况五城为出入要区,军民人等往来,尤属混淆难辨。朱奴乃派委多员专司稽查城门之职,计开西城稽查委员桂岩、孟恩绶、龚先炳,北城继格、姚源,小南门何家干,东城王森谟,大南门吴桂森,五城总巡查王廷枢。

△ 新加坡保皇党为追悼清光绪帝及慈禧太后,与革命党人发生冲突,殖民地当局请孙中山约束部众。

11月20日,孙中山致函邓泽如等人,述及此事:

泽如、心持、赤霓三兄公鉴:

复书已读。前议之件,蒙兄等坚持力任,勉为其难,必践所得,佩甚!感甚!

虏家子母(指光绪帝和慈禧太后)相继死亡,人心必大动,时局可为;惜财力不足赴之于目前,想兄等亦为扼腕而叹。弟现欲急于从事,适得暹罗消息,知机会甚佳,遂定于今午四点

偕汉民兄弟往暹(闻徐勤以递解出境往暹,推想彼逋逃之余,陈景华已足对待之,不足摇惑人心也),想必得一当。到暹款事如何,当以电告。如有与弟之要信,可寄暹罗《华暹新报》陈景华转交于弟。至关于团体通常之事,则弟留同志邓慕汉在星,亦能料理。

日昨(11 月 19 日)以保党联高全领事邀人罢工志哀虏帝,而吾党则反对之。上午何心田开店,遽被烂人无数扰乱,并投石伤其妻女,警察捕去多人。然华文[民]为保党所惑,辅政司又以吾人势力大、党徒多,以为有心挑拨感情,转为地方妨害,乃要弟弹压所部,使无有举动。弟辞以在坡人众,日说为劳,惟有出训示告之。警察长亦唯唯认可。今日已着人印刷多张,公然宣布(张永福兄亦被知为吾党任事之人,辅政司兼责成之,而弟适要动身往暹,故使永福兄用其名义印布),亦一奇事。想保党及满奴见之,转为骇然。英政府既认弟为有在星管束团体之力,则吾人势力多有可藉此而谋扩充者。弟行匆匆,未及发挥,要可将来利用耳。附及。顺叩义安。弟孙文谨启。十一月二十号。……

中国社会科学院近代史研究所等编《孙中山全集》第 1 卷,中华书局 1981 年版,第 398 页

△《**民报**》**在日本接受审判**。

《中兴日报》1908 年 12 月 18—19 日《十月二十六日〈民报〉裁判情形报告书》载:

迩来革命势力,如此其大,皆当时民报社鼓吹之力也。盖民报社者,直我汉族光复之先导师矣。今日本政府,受虏廷所饵,违背所订简章,欲禁该报出版,而民报社诸志士,兹方与之对质于法廷。本报访员,特意访查此事,速寄本报,使阅者诸君先睹为快焉。

十月廿六日裁判《民报》被告是章炳麟,辩护士是花井、宫岛、添田、后藤、渡边、井水,翻译是宋教仁。十一点开廷,旁听的有六十多人,走不进门的,六百多人。判官都戴纱帽,穿绣领的衣,呀,宛然是城隍庙的模样。检事做原告,先说《民报》廿七号《革命之心理》一篇和六条简章,犯新闻条例第三十三条扰乱社会秩序。裁判长便问章炳麟道:"你是民报编辑人兼发行人么?"答道:"是。""你多少年纪了?"答道:"四十一岁。""你可是亡命客么?"答道:"是的。因为骂了清政府,被清政府监禁了三年,所以亡命到了日本。""你发行《民报》是甚么意见?"答道:"因为清国政府不是我们汉族的政府,我们的汉族最高统治权被满洲人占了,所以我们要颠覆这个异族政府,《民报》就是发表这个意见。""你出报的目的是给甚么人看的?"答道:"我是给中国学者看的。""为甚么只给中国的学者看呢?"答道:"我的文章,海内第一,只有学者可以懂得,别的人就不能懂。""你可给日本人看么?"答道:"中国人尚且不能个个都懂,何况日本人。""你说颠覆的恶劣政府,是指世界一般的政府么?"答道:"只说清国政府。""这篇《革命之心理》是甚么人做的?"答道:"有一个苏州人叫做邹伯夔做的。""你编辑是篇文章,是甚么意思?"答道:"我要教训一班革命党,要他改良。""这个'心理'两个字,是甚么解法?"答道:"凡做革命党,不要有帝王的思想,只要有救济中国的思想,这个就是'心理'。""你的《民报》为甚么要在日本发行呢?"答道:"我是亡命客,不能归国,况且这个报,若是出在中国地方,就要被那清政府迫害的,所以在日本出报。""《民报》可发卖么?"答道:"发卖。""可卖给日本人么?"答道:"我们的主意,原是卖给中国人看的,但既属发卖,不能不许日本人买,却是极少的少数。"

说罢,辩护士把《日本及日本人》的杂志给裁判看,说道:"这本杂志上有章炳麟的照相和他的列传。这个章炳麟,原来是个学者,又是狠[很]奇怪的人,闻得他这一回写信给内务省,说'不与兽性民连合,不求卖淫国赞成'。这个'卖淫国',不知道他指的甚么国?依我们看来,难免是日本了。但他原是个性情崛[倔]强的人,因为内务省要损害他,所以他发愤说

这话。论到《民报》的简章,原是主张中国、日本国民的连合,所以他本来并不是反对我们日本人的,若他一向论日本是卖淫国,我们还肯替他辩护么?”

说罢,裁判长要吃饭,原告、被告、辩护士、翻译都要吃饭,各自散去。

吃过了饭,再开廷,裁判长就不要人旁听了。检事把《革命之心理》的译文,像读祭文一样的读了一遍,又说道:“这个《民报》,虽则是主张颠覆清政府,并没有扰害我们日本的秩序。但清国是我们的邻国,清国革命就与我们日本大有关系,还恐怕清国果然革命,日本人也要学他革命,那就不得了,所以必要判他一个罪的。”说罢,后藤辩护士就站起来说:“检事说的清国革命要害及我们日本,这个都是外交上的话和政治上的话,但是在裁判所,只能讲法律,不能讲政治,更不能讲外交,所以检事的话是不能成立的。”

添田辩护士又站起来说:“颠覆清国政府的话,从我们日本人眼光看来,像是扰害秩序,但从中国人眼光看来,一方面是扰害秩序,一方面也是回复秩序。甚么缘故呢?因为清国政府原是个恶劣的政府,不颠覆了他,在秩序上决不能得好结果。况且我们的新闻条例,只说不许扰害社会秩序,不说不许扰乱政府的秩序。假如政府有害社会,政府倒了,社会自然好了,还有甚么扰乱社会的秩序呢?”花井辩护士又站起来说:“《民报》六条简章,从第一期算到如今,通统登载的也经内务省认可了的。在我们日本行政、司法,原是分开,但他们外国人,只认得一个政府,内务省认可了他,自然以为不犯条例,所以不能说他的错。至于《革命之心理》一篇,看起来说话是狠[很]激烈的,但是《民报》的文章,是最古高的文章,虽然是发表宗旨,也兼有文学的性质。那个文字,究竟不像公牍一样,公牍是一字一句不可过分的,文学却有极意形容的话,所以说话虽过分些,他的意思并不是一定要这样,甚么虚无党,甚么暗杀党,却是一种加倍的写法,若是不懂他行文的妙处,怎么好死执着他的字句,去揣度他的意思呢?就两件事看来,都不能定罪。”

宫岛辩护士又站起来说:“这个章炳麟,他原是亡命客,又是中国的大学者。他一生所做的,大概都是讲学,我们日本国,岂可把亡命客和学者损害么?若照检事的话,不如以前早定一条法律,不许世界的亡命客到我们日本境内,当时为甚么许亡命客进来呢?因为定说不许有一点儿损我文明的体面,所以法律上不能禁他来。既是来了这亡命客,对着他本国的政府,自然有许多发愤的话,我们法律既是这样,也只好依法律做了,不能去判他的罪。”

说罢,裁判长又问章炳麟道:“你自己还有甚么意见?”答道:“检事告我的扰害社会的秩序,所以我有三条的答辩:第一件,日本国的新闻条例,原禁止人家扰害日本的秩序,并不禁止人家扰害别国的秩序,我这个《民报》,一向说的颠覆清国政府,并没有涉及日本,清国政府或者可以说我们扰害秩序,日本政府决不能说我们扰害秩序的。贵裁判长如果不信,可把我第一期的《民报》并至二十四号通统看去,可有一句话触动日本人革命么?第二件,世界各国的秩序原是不同,断不能把日本的秩序包括世界各国的秩序。日本国家对着日本的人民,是认革命为扰害秩序的,若在我们的中国,却不认革命为扰害秩序。因为中国的历史,全是革命的历史,就是中国经典上,也说‘汤武革命,顺乎天而应乎人’。可见道德的教训,也以革命为应该做的。就是清国定的法律,也不能反背舆论,只能说谋反有罪,不能说革命有罪。谋反与革命,原是两样的观念,所以非但日本不能说我们扰害秩序,就是清国政府,若严密的照法律讲起来,也不能说我们扰害秩序。第三件,假如现在清政府就是我们汉族的政府,我要去颠覆他,还勉强可以说扰害秩序,却是这个清政府,是满洲人的政府,并不是我们自己汉族的政府,他满洲人强占我们汉人的国土,我们看满洲政府,只当盗贼一样,我要驱盗贼,有甚么扰害秩序呢?”

说罢，裁判长又问道："你还有甚么意见？"答道："我有两件事要问。检事告我的时候，到底这篇《革命之心理》的文字，他懂不懂？"裁判长答道："检事或者不懂，我们裁判所是懂的。"章炳麟又问道："裁判所懂这篇文字，还时[是]看了译文才懂的，还是未译以前看了原文就懂了的呢？"(后文缺失，编者。)

11 月 20 日(十月二十七日)　清安徽巡抚朱家宝为剿办安庆革命党情事二次致电军机处。翌日，清廷电寄朱家宝等，命严拿安徽起事之营官兵弁，并严防沿江各地革命起事。

朱家宝电曰：

家宝在太湖略闻皖垣讹言不靖，当即星夜赶回，(十月)廿六日午间抵署，立即派员密加访查。晚间据协统余大鸿面称，拿获形迹可疑陆兵二名。提讯供称：东门外炮营、西门外马营已结约暴动，意在排满。正分投布置间，据报炮营管带在营弹压被掳，不知下落，马营管带身被重伤，两营兵纷纷四出等情。时已三鼓，一面电知端方派兵速援，一面督饬余协统将城内各营加意镇抚，并严守城门，派兵上城防护。该叛兵竟敢开枪扑城，已发令开炮抵御，并传知江边兵轮炮艇协助。家宝亲出督率，登陆指挥，屡次扑城均经击退，刻尚未全行解散。先此电陈，余续闻。家宝肃。宥。

中国第一历史档案馆藏《清代电报档》，卷宗号 2－02－12－034－0344

朱家宝又电曰：

黎明后察看，炮、马叛党暂退者均凭炮台自固，放炮却无准头。东门外伏沟内者尚有数十人，北门外缴械投归者三十余人，权行收械遣散。刻饬兵轮炮艇登岸开炮，若无外应，似无难摧灭。惟皖省因秋操征调，城兵无多，已接太湖覆电，援兵速派，本日可到。先此驰陈，余续电。再匪据之炮台，其明炮台业经被兵队推倒，并陈。谨请代奏。朱家宝肃。沁辰刻。

中国第一历史档案馆藏《清代电报档》，卷宗号 2－02－12－034－0345

清廷回复曰：

朱家宝两电奏均悉。安徽营兵叛乱，虏伤营官，扑攻省城，实属异常凶悖，亟宜迅速扑灭。著朱家宝重悬赏格，激励将士奋力剿捕，务期全行歼除。就获匪犯所供党伙，或另有外应，均须立即认真追究缉获，不准含糊了事，并电知各处严密防范。太湖所遣援兵即日可到，谅不难克期肃清也。至沿江伏莽素多，人心浮动，并著端方、陈夔龙、岑春蓂、冯汝骙、朱家宝、陈启泰、王士珍、程文炳会商妥筹，切实严防，相机设法安定人心，勿得稍涉疏虞。倘各省再有乘隙煽乱情事，以至牵动大局，恐该督抚等难当此重咎也。

《宣统政纪》卷 1，中华书局 1987 年版，第 19 页

11 月 22 日(十月二十九日)　清廷命两江总督端方等严防革命党趁机谋变。

原电曰：

奉旨：端方、朱家宝电奏安庆兵变现经剿平，但孙汶有来华之说，难保非孙逆暗中主使，沿江沿海各省恐有逆徒响应，请旨电饬各省认真防备等语。昨(11 月 21 日)据朱家宝电奏，业经降旨饬沿江各省严加防范。国家新遭大故，逆匪正思乘隙蠢动，著各省督抚严密设法，一体认真防范查拿，万勿疏懈，贻误地方，但仍须慎密镇静，亦不得稍形张皇，致滋纷扰。钦此。十月二十九日。

中国第一历史档案馆藏《清代电报档》，卷宗号 1－01－12－034－0178

11月23日（十月三十日） 清两江总督端方、安徽巡抚朱家宝电军机处，报告攻剿安庆革命党情形。

原电曰：

安庆马、炮两营叛兵谋变，业经端方、家宝会电陈奏连日办理剿抚情形，并经家宝先后电奏，各在案。端方于（十月）廿九日午刻驰抵安庆，即刻进城会晤家宝，遵将钦奉勘电谕旨指示方略，详晰筹商。至端方在太湖所派宁军三十四标，由标统带艾忠琦督率，又江北步队第四十五标、马队第七标第一营由协统徐瞻凤督率，均于是日抵省。先后电商鄂督所调鄂军一标，接准电称，因饬协统王得胜即日由太湖开拔，日内亦即抵省。叛兵自经在皖各营与江贞、保民、楚材三兵轮水陆互击，势渐穷蹙，先后拿获二十余人。其被胁各兵，并由家宝相机镇抚，责缴枪械。现在地方安堵如常。拿获各犯亦已分别饬委研讯，究明党伙及有无外应，从严追缉，以期尽绝根株。现在省城兵力较单，艾忠琦一军暂即留驻省城。电商鄂督所派之楚谦兵轮，长江水师程提督所带之建威兵轮，宁省统带沿江巡缉舰队萧先胜所带之鱼雷艇，均经先后抵省驻泊，声威较壮，民心大安。惟叛兵党伙以省城防捕甚严，窜往桐、舒一带者约数百人，已由端方、家宝会商，饬派江北马队第七标第一营、步队第二十五标第三营驰往跟踪追剿，并派总兵田镇中玉相机因应。一面由端方电饬程允和迅派得力将弁，带领步队一营由芜湖对岸之裕溪口乘轮上驶，并派马队一营由江浦遵陆进发，均令刻期驰往庐州，迎头截击，以期尽数殄灭，不留余孽。端方在皖拟再停住一日，俟与家宝将布置事宜妥为商定，即行遄返江宁，镇抚一切。除将沿江防务会商各督抚妥筹办理，并将获犯讯供及此后军情随时续报外，谨将现在地方安静及派兵分路追捕情形专电驰陈，仰慰宸廑。请代奏。端方、朱家宝同叩。艳。

中国第一历史档案馆藏《清代电报档》，卷宗号2-04-12-034-1077

11月24日（十一月初一日） 仰光《光华日报》自停刊后重新出版。

冯自由《缅甸华侨与中国革命》：

…………

会是冬（1908年）清帝母子同时毙命，天民在报上征联曰："摄政王兴，摄政王亡，建虏兴与亡两摄政。"应者虽多，惜无佳构。时党员卢喜福忽发奇想，私电袁世凯，请立汉人为帝，乘机革命以颠覆满祚，清廷因是根究电报来源，遂向英公使交涉，重订电报新约，以后旅缅华侨有电达本国政府者，不得代为转递，此例至民国成立后二十余年犹未废除也。时保皇派商家乘势冒用全体商人名义，请清廷简派领事驻缅，清廷准之，旋派蜀人萧永熙到仰光任领事一职。是岁，《光华报》因清领事藉为丧家点主事，屡向商人敲诈取财，天民特用"领事神主"四字为撰一联，加以讥刺。萧永熙老羞成怒，遂以行文抄没本籍财产为辞，威胁该报之七股东代表，令即停止营业。七代表独李海国一人坚决拒之，余六人慑于声势，竟靦颜屈从，是报遂不免于停版拍卖，且为康党间接出资购得，闻者莫不切齿。康党既攘夺是报，乃易名《商务报》，延张石朋、李牙聪二人为主笔。石朋笔名"顽石"，牙聪绰号"聋子"，皆保皇会员也。同盟会以报被攘夺，遂开全体大会筹募复兴股本，一夜得资一万三千余元。是冬十一月朔日，乃有第二之《光华报》继起，地址在五十尺路二号。先后司经理者，有陈仲赫、黄永田、陈汉平等，主笔政者仍为居正、吕志伊二人。是报复活后遂仍与《商务报》大开笔战。未及数月，《商务报》记者张石朋自承理屈，愿皈依革命真理，毅然脱离该报，李牙聪因亦缄口无声。时人戏撰一联曰："生公（居正笔名）说法，顽石点头；天民示威，聋子投地。"即指此事。无何，《商务报》以寡助歇业，民党势力为之益张。

…………

冯自由《革命逸史》第2集，中华书局1981年版，第237～238页

11月30日(十一月初七日)　清两广总督张人骏致电外务部，谓香港排斥日货，与内地无关，未便归咎粤省商会。

张人骏致电外务部，报告其经过曰：

(十一月)初三日电敬悉。香港抵制日货、毁物伤人，查系由南洋各埠各场发端。近日西报载有日本因华人渐有与之定货者，彼国商人志气骄满，糊成无尾之禽兽各灯，嘲华人办事有头无尾，灯上之字并有“制服中国”字样，而“中”字无下半截。又日本报中画有一太阳，三面画犬无数向之而吠，犬身写“香港”二字。香港各商见之大愤，致有敢死会之举。当九月底，港中已有欧人割耳，宣布抵制之举，时在十月初七日之先，港督何以不加禁压？初七日如有到港散布唆耸之人，何以又不查禁拿究？阅十月十五日日本《朝日新闻》纸，载有“辰丸”事起，英德商人乘机渔利，故清国人虽有中止抵制之心，而泰西人从中运动，力极猛烈等语。是日人明知此事之底蕴，何不问之香港政府，而转问之华官？况香港警察密布，一隅之地四面临海，稽捕易周，迥非广州八达四通可比，省城内外日货各店所在多有该会党，如愿发难，何不在省而在港？殊不近理。粤中于本年春间，各商虽因“辰丸”案不无愤激之谈，一经示禁，至今一律相安。广州自治研究会以外，尚有商务自治会，为全属商会中人研究商业而设，禀明有案。商会自治功令所许，非等违禁私集，主持之人，均系殷实正商，本年风水告灾，劝募、赈济、粜米、平粜，俱归经理，春间解散商场、抵制谣言，深为有力。若将首会之人惩办，在日人为以怨报德，在我为加罪无辜。至国耻会，粤中并无此项名目，查日领曾于前月十四日来见，询及香港抵制暴动，英领照会请办之人如何处置，越日而英领照会始到，日领何竟预知其为，协以谋我？抑英人自愧港地保护偶疏，特向日人设辞，委之粤人以分谤，皆未可知。夫滋事在港，彼且设辞诿卸，内地平静，我岂可无端自承。若徇外人无据之言，归咎地方正当商首，适坠彼等计中。诚如钧电，国遭大事，内外生心，倘因激动众怒，内讧猝起，外匪勾结，关系甚大，除仍随时防范，尽我保护各国商务之责外，区区苦衷，尚祈察照。十一月初七日。

王彦威纂辑、王亮编、王敬立校《清季外交史料》第3册，书目文献出版社1987年版，第218卷第2～4页，总3319页

秋　孙中山在新加坡设立南洋支部，并制定《中国同盟会分会总章》和各同盟分会通讯办法。

冯自由《海外各地中国同盟会史略》：

…………

戊申年秋，总理以英、荷两属各地陆续成立分会及通信处者有百数十埠，乃更设立南洋支部以统治之，特派胡汉民为支部长，另订《中国同盟会分会总章》十六条及通信办法三条，通告各处团体一律遵守。

…………

冯自由《革命逸史》第4集，中华书局1981年版，第155页

孙中山手批《中国同盟会分会总章》：

一、本会定名为________中国同盟会，直接受________支部之统辖。

一、本会以实行赞助中国革命事业为职志。

一、本会会员须谨奉宗旨，亲写盟书，当天宣誓，以表真诚。

一、本会公举如下职员以司理会中事务:正会长一名、副会长一名、中文书记________名、英文书记一名、理财________名、核数一名、调查员________名、干事员________名。

一、本会职员,定例每年选举一次,并每遇会员增至一倍时选举一次。

一、本会员皆有选举权及被选举权。

一、当地会所及一切经费由会员均分担任。

一、凡会员皆有介绍同志入会之权。

一、凡会员能解释宗旨明白者,皆可受任为主盟人,随时随地收接同志入会。

一、凡主盟人收接同志入会后,须将盟书缴交书记注册,由书记汇交支部收存,发给底号、收执为据。

一、凡会员既完尽一己之义务,领有底号者,至革命成功之日,得列名为中华民国创建员,以垂青史而永志念。

一、凡会员能介绍及主盟新同志十人者记功一次,百人者记大功一次。至岁终计功,由会长宣劳嘉奖,并由支部代请本部总理暂给功牌表志;至革命成功之日,得与军士一体论功行赏。

一、本会欲使会众团体密切,声气灵通,特仿革命军军队编制之法以组织会众,其帙如下:(孙批:此条请即施之实事。)

以八人为一排,内自举排长一人,共八人;

以三排为一列,外自举列长一人,共二十五人;

以四列为一队,外自举队长一人,共一百零一人;

以四队为一营,外自举营长一人,共四百零五人。

一、以各列长、队长、营长等人员为会众之代表人。

一、本会办事各种详细规则并特别专条,可随时由职员招集各代表会议订立。

一、本会各等规则专条,总以不违背支部号令及本会章程为围范[范围]。

(孙批:注意:组织会众为营、为队、为列、为排一条,为极紧要。有此则会员之感情乃能密切,团体乃能坚固,不致如散沙。会中有事,由职员通传于各营长或各队长,各转传于其所属之队长或列长,则一人不过走报四人知,列长不过报三个排长,排长则报七人知,如此工夫易做。若收月费、收会费,会员交于排长,排长交于列长,各【列】长即交与理财员,亦事简而效大也。若不行此法,则他日每埠人多至一千或数千,则无人能遍识会员,而分会机关之职员亦无从遍知各人之住址、行踪也。故必当为排、列,一排长识其所交好之七人不为难,一列长识三个排长更易。由营而队、而列,犹身之使臂,臂之使指,节节脑筋相连灵活也。)

中国社会科学院近代史研究所等编《孙中山全集》第1卷,中华书局1981年版,第392~394页

同时,孙中山向邓泽如等人发出《设立中国同盟会南洋支部通告》:

启者:近年以来,南洋各处同志日多,各就所处结合团体,以实行宗旨,发展势力,真有蒸蒸日上之势,殊可庆慰。今在星加坡设立南洋支部,欲使南洋各处团体互相联络,以成统一。夫欲联络情谊,必以消息相通为主,消息通则情谊洽,情谊洽则协力相扶,同心共济,而党力滋伟,成事可望。故特定通信办法三条,如下:

(一)今将各处团体通信住址开单寄览,以后至少每二个月互相通信一次。

(二)各处团体通信住址有移换时,须即通知南洋支部。

(三)以后如续有新立团体,即由南洋支部(支部长胡汉民)发信通知,各处接信后,即寄书新立之团体,贺其成立,且勉励之。

以上三条，望留心照办，以团结同志之精神，广通各处之情谊，是所至嘱。此致泽如同志兄鉴。弟孙文谨启。

中国社会科学院近代史研究所等编《孙中山全集》第1卷，中华书局1981年版，第394页

12月2日（十一月初九日）　清帝溥仪登极，改明年为宣统元年，行大赦。

溥仪所颁之即位诏曰：

我大清诞膺天命，累洽重熙，仰维太祖太宗肇造鸿业，世祖奠定神州，圣祖、世宗、高宗、仁宗、宣宗、文宗、穆宗圣圣相承，功崇德茂。逮我大行皇帝临宇天下三十有四年，宵衣旰食，勤求治理，上禀孝贞显皇后、大行太皇太后慈训，简任亲贤，抚绥区夏，维新政治，中外同钦，方期景祚延洪，及时布宪，乃圣躬弗豫，于光绪三十四年十月二十一日龙驭上宾。钦奉遗诏，祗遵大行太皇太后懿旨，以朕承继穆宗毅皇帝为嗣，并兼承大行皇帝之祧，入承大统。神器至重，责在藐躬，朕自维冲龄薄德，惧弗克胜，顾念列圣诒谋之善，大行皇帝付托之隆，勉抑哀思，恪遵成命，于十一月初九日祗告天地、宗庙、社稷，即皇帝位，以明年为宣统元年。仰迪前光，永绥多福，抚黄图而缵绪，宣紫綍以颁恩，所有事宜开列于后：一、在京在外诸王以下至公等以上，俱加恩赐。一、内外自公主以下至格格，各加恩赐。一、内外满汉文武大小官员，俱加一级。一、内外大小各官，除各以现在品级已得封赠外，凡升级及改任者，著照新衔封赠。一、文官在京四品以上，在外三品以上，武官在京在外二品以上，照现任品级各荫一子，入监读书。一、内外文职自四品以下，武职自三品以下，降革留任及住俸、罚俸处分，准其开复。一、各直省儒学，无论府州县衔，俱于宣统元年以正贡作恩贡，次贡作岁贡。一、每府州县衔，各举孝廉方正，暂赐以六品顶戴荣身，以备诏用，务期采访真确，毋得滥举。一、历代帝王陵寝、孔子阙里及五岳四渎等祀，应遣官致祭者，照旧例行。一、官吏兵民人等有犯除谋反叛逆，子孙谋杀祖父母、父母，内乱妻妾杀夫，奴婢杀家长，一家非死罪三人，采生折割人，谋杀，故杀真正人命，蛊毒魇魅毒药杀人，强盗妖言十恶等真正死罪不赦外，军务获罪、隐匿逃人亦不赦外，其余自光绪三十四年十一月初九日以前，已发觉、未发觉，已结、未结者，咸赦除之，有以赦前事告讦者，以其罪罪之。一、各省军流人犯，查明到配三年，实在安静守法，及年逾七十者，释放回籍。一、各旗籍内务府及五旗包衣人等，凡侵贪挪移，一切赔罚应追银两，实系本人家产尽绝者，查明予以豁免，其分赔、代赔以及牵连著赔者，一概豁免。一、凡官员因公赔罚等项，而其子孙又代祖父著赔者，查明豁免。一、旗营官兵，有因出征及被灾借支俸饟者，免其扣还。一、满汉兵丁，有曾经效力行间，因被伤、年老闲住者，除例得优恤外，查明酌加恩赉。一、各直省有同堂五世及亲见七代者，除例赏扁[匾]额外，查明各加恩赉。一、天下之本农为重，各府州县衔，果有勤于耕种、务本力作者，地方官不时加奖，以示鼓励。一、除五旗包衣佐领下披甲人等不赏外，八旗满洲蒙古汉军护军、披甲人、炮手、步军，各赏一月钱粮。一、军民年七十以上，著许一丁侍养，免其杂派差役；八十以上者，给与九品顶戴；九十以上者，给与八品顶戴；百岁以上者，给与七品顶戴；一百二十岁以上者，给与六品顶戴。百岁至一百二十岁以上者，均仍题明，给与建坊银两。一、各处养济院所有鳏寡孤独及残疾无告之人，有司留心，以时养赡，无致失所。于戏，丕基寅绍，敢忘兢惕之思，庶绩辰凝，实赖励勷之佐，尔诸王文武大小臣工，其各矢公忠，与六品顶戴，百岁至一百二十岁以上者，以弼予冲人，用固我国家亿万年无疆之祚。布告天下，咸使闻之。

《宣统政纪》卷2，中华书局1987年版，第26~29页

△ 清廷命邮政局检查自外洋寄来汉文反清悖逆函件。

上谕军机大臣等曰：

近闻有海外逆党，乘国家多难之际，妄思煽乱，肆意捏造谣言，其诬妄狂悖，直有使君臣上下所不忍闻者，复敢刊印函单，分致京外各衙署局所学堂，淆乱是非，多方簧鼓，居心尤属险恶。著邮传部迅电各处邮政局认真拣查，遇有自外洋寄来汉文函件，字迹封式在五件以上，分致上项各处者，立即拆阅，倘语涉悖诞，即刻一律焚毁。其各埠外国邮信局社，亦由该处地方官婉商仿行，共保治安。并著民政部、步军统领、顺天府暨各省督抚，随时派员认真查访，严禁传送悖逆各函件，勿得稍涉疏漏，致扰大局。此旨由邮传部电寄各省埠，一体钦遵。

《宣统政纪》卷2，中华书局1987年版，第29页

12月3日(十一月初十日)　清廷重申预备立宪年限，务必在宣统八年(1916年)颁布宪法。

原谕曰：

朕缵承大统，登极礼成，追念前谟，弥深乾惕。仰维列圣相传之治法，无非敬天、法祖、勤政、爱民，凡先朝未竟之功，莫不敬谨继述。本年(1908年)八月初一日，大行皇帝钦奉大行皇太后懿旨，严饬内外臣工，务在第九年内将各项筹备事宜一律办齐，届时即行颁布钦定宪法，颁布召集议员之诏等谕，煌煌圣训，薄海同钦，自朕以及大小臣工，均应恪遵前次懿旨，仍以宣统八年为限，理无反汗，期在必行。内外诸臣，断不准观望迁延，贻误事机，尚其激发忠义、淬厉精神，使宪政成立，朝野乂安，以仰慰大行皇太后、大行皇帝在天之灵，而巩亿万年郅治之基，朕有厚望焉。

《宣统政纪》卷2，中华书局1987年版，第30～31页

12月7日(十一月十四日)　革命党葛谦、谭馥等计划在广州起义，事泄，葛谦等遇难，起义遂失败。

中央党史委员会《戊申广州之役》：

纪元前四年十一月十四日，广州谋举义，事泄，谭馥、葛谦、严国丰等死之。当十月清光绪、西太后之叠殂也，赵声、朱执信、邹鲁、姚碧楼，会议于豪贤街朱宅，谋乘人心动摇，举义广州。赵声以已卸新军标统事，不能以新军发难，只可响应；朱执信以向来联络之民军散在四乡，亦无发难能力。于是决议以邹鲁、姚碧楼主持巡防营发难，设总机关于清源巷，邹鲁主之。分机关凡八：(一)花塔街六榕寺、(二)光塔街清真寺、(三)西瓜园十四号、(四)城内兴隆坊六号、(五)马鞍街姚家祠、(六)师古巷古家祠、(七)府学东街廖家祠、(八)观音山观音庙。其总计画，则以巡防营发难，赵声以新军应，朱执信以绿林应。

先是谭馥在各巡防营设保亚会，以联络兵士，兵士几悉入其会，即借保亚会联络革命之机关。同时曾传范、何秉钧等以陆军学生毕业为巡防营官长，在营中暗为革命进行，与谭馥联成一气，巡防营之革命空气，益加浓厚。此次邹鲁约谭馥之巡防营首义，谭立允，惟曰须发票耳。邹以发票易泄事为虑。谭曰："若能宽我时，则不发票亦可。"邹以时长，则人心定，难之，乃允其发票。部署已定，将发难，十一月十四晚，严国丰持归燕塘测绘处之保亚票，为李准亲兵所获捕，严讯，知为谭所发，连夜派兵至师古巷、古家祠捕谭。时率兵捕谭者为同志温少雄，将至师古巷时，戒兵曰："革命党至可怕，我辈不能如向来捕匪，前后包抄法，须合一处攻入，方能敌之。"兵如令，一拥由前门入，葛谦被捕，谭馥在床惊醒，由后门出逃，至清源巷总机关报告，兵有见之者，尾焉，但知入何屋，归报温，谋搜索谭。至总机关，邹鲁、张煊在焉，得

警,伺窗口,见缉者来往巷中,商搜屋,乃授衣与谭,改装谋冲出,部中存现款只有二十元,以十元与谭,而邹、张则各带五元。临行谭握邹手曰:“此次失败之责在我,能皆脱险,幸也;若我脱而君不脱,君毋承,决无攀君者;若君脱而我不脱,万事一身当之;若悉被捕,君务留有用之身,勿与我争死。”时正午夜,天雨霏霏,三人直出,则见缉者,向流水井退,谭、张、邹乃过龙藏街,缉者复来追,三人分逃。是晚在观音山龙王庙,复捕去曾传范。十六日捕去罗树苍、钱占荣,其后又捕去黎萼。初讯时,均不吐实,及李准命各人坐,亲鞫之,乃各自供。

严国丰供曰:湖北襄阳人,年二十六岁,先在广西当勇,后在武健军,入将弁学堂,去年转入陆军学堂毕业。八月奉派往高州当教练员,请假回省养亲,寻入先锋卫队,先识谭馥,后识葛谦,经谭劝令入会,并先后给予会票五十张,嘱令散完即给予排长,已散去三十五张,遗失其一张,现存十四张。该会以孙文为头目,谭馥为广西头目,章程仿照新军办理。散票五十张,作为排长,月薪四十两;散票一百五十张,作为队官,月薪八十两;散票五百张,作为管带,月薪五百两以上;尚有标统、协统、参谋部等名称。入会者,广东已有五六百人,军队属多,在广西已有千余人,长江一带亦很多入会。广东头目,系嘉应州王姓,定期十二日在广东起事,钱粮由孙文在外洋接济,惟军火难于转运,欲转向军队之外省人运动,届时有军火应用,易于成军云云。

罗树苍供曰:湖南新化人,年二十四岁,曾入新化速成师范,随入京师学堂,今年五月来广东,初欲入虎门陆军学堂,至六月十五日,在先锋队当兵,八月销差,复在新军营当哨书。葛谦、谭文炳(即谭馥)二人,九月初间,曾在虎门会过,谭说他的办法在运动军界数千人,即通知孙文进兵,届时必派营勇对敌,而营勇多系吾党,则倒戈相向,易如反掌。广东素以富著,民间亦多藏有军械,起事时,一经传檄,民军响应,大事成矣。虎门各处炮台,为入口要塞,现并设法运动,多布党羽,以便香港进兵及运枪炮。得广东后,即西略广西,北略湖南、江西一带,此筹画布置之大略也。

葛谦供词千余言,无一语道及布置,再三研讯,则曰:“我的宗旨,只是如此。我的同党,我断不供,我已拼一死,愿快死为乐,我一人流血,留他们做大事业。历观欧洲大革命,断无不流血而成者,近来因革命流血者,亦不止我一人,我之宗旨,虽死亦不能变,言尽于此,请速杀为愈。”李准以葛年止二十余,颇欲全之,曰:“生汝何以自处?”曰:“革命耳。”葛谦、严国丰乃于二十三【日】晨就义。当事之发也,李准始欲穷治,及搜营中有票者十之七八,乃甚惧,遂寝其事。曾传范、罗树苍、黎萼因为营中官长,亦得免死。葛、严之处刑也,以罗陪刑,并同拍照。罗意不免,乃索笔书一联曰:“授首足千秋,黄种国民应有恨;伤心惟一事,白头老母竟无依。”足见当时党人之气度。结果罗、黎在粤监禁,曾递解回籍。谭馥逃至湖南郴州,次年被获解粤,刑讯八十余次,不供一人一事,新军事将起,为清吏所杀。姚碧楼此次奔走最力,事败,积劳成疾,死焉。罗树苍、曾传范、黎萼,至民国成立始出狱。

杜元载主编:《革命文献》第67辑,中央文物供应社1974年,第353~356页

12月12日(十一月十九日)　日本政府发照会,裁减驻中国京、津各地军队。

日本伊集院大臣减撤卫队照会云:为照会事,照得我国政府决定北清驻屯军减大半一节,前经行知贵王大臣在案。兹奉本国政府来电,撤兵一事现定于十二月十二日(阴历本日),应酌留北京兵队,将校以下共一百三十名,由天津来至北京。(一)订于十二月十二日,应酌留山海关兵队,将校以下共三十名,由天津往山海关。(一)订于十二月十七日,应由天津撤退兵队,将校以下共一百六十名,前往秦皇岛换轮回国。(一)订于十二月十七日,应由北京撤退兵队,将校以下共二百六十名,前往秦皇岛换轮回国。(一)订于十二月十七日,应由山海

关撤退兵队,将校以下共一百四十名,前往秦皇岛换轮回国云云。闻余定明年西正月撤尽。

《东方杂志》第5年第12期,“大事记”,第148~149页

12月13日(十一月二十日)　湖北军队同盟会改组,成立群治学社。

张难先《群治学社之始末》:

戊申十一月湖北军队同盟会,由黄申芗、郭抚宸、杨王鹏、覃炳堃、钟畸、黄元吉、章裕昆、李长龄、梁维亚、曾省三等改组。只缘李亚东在狱,偶受禁限,任重远又入川,会务无形停滞,不得不另易面貌,再作企图。实则素质犹在,不关于一人之去留也。改组名称,定为群治学社,于十一月二十日在武昌小东门外三里许之金台茶馆开成立大会,以此地行人少,僻静故也。当推钟畸主席,通过宣言、简章,并议决两案。

(一)本社暂设庶务一人,维持社务进行。其余各职员,俟本社范围扩大到相当时期再定,并推定钟畸同志为本社庶务。

(二)本社同志介绍新同志入社时,不得介绍官佐,以防不虞。其余照简章进行。

…………

《群治学社宣言》:

英人常云,大陆之上,苟有一二英人足迹,则成为第二英国,此非夸大之言也。岂盎格鲁散逊人其天生之耶?亦曰,研究学识而已。我中国四千年来,素号文明古国,然自孟轲而后,不得其传焉。降而至今,积弱无能,任人欺侮,台湾、朝鲜,相继沉沦,我同胞若非凉血动物,能不痛心。倘不急起直追,则危亡悬于眉睫。同人等有见及此,故发起组织群治学社,研究学识,讲求自治,促睡狮之猛醒,挽既倒之狂澜。同胞同胞,时乎不再,盍兴乎来。

《群治学社简章》

第一章:宗旨

本社以集合多数人知识,研究学问,提倡自治为宗旨。

第二章:名称

本社为集合多数同志知识,研究学问,提倡自治起见,故定名为群治学社。

第三章:组织

本社设社长一人,于社员中选任之;文书二人,会计一人,庶务一人,评议员若干人,均由社员中推任之。

第四章:职责

社长管理本社一切事项,文书员专司本社一切文件册据保管事项,会计专管理本社捐款、收入、支出、保管事项,庶务专司关于本社一切事务事项,评议员专负指导本社同志研究学问,促进自治之责。凡社员,均有介绍新同志加入本社之义务,每月每人须介绍新同志二人以上加入本社。

第五章:经济

本社社员,须缴纳入社金一元,社员月捐,就各人所得薪饷十分之一,充本社经费。

第六章:入社

凡加入本社之同志,须得本社社员三人以上介绍,经本社派员考查,确认为与本社宗旨相合,愿守本社一切规章者,方得为本社社员。

第七章:附则

本简章如有未尽之处,得临时修改之。

社员姓名：

黄申芗：大冶人，原名绍香。

曾省三：楚香，应城。

林兆栋：事略见上篇。

蔡大辅：云舫，京山。

詹大悲：传见文学社篇。

王守愚：玄一，京山。

宛思演：黄梅。出资二千元办《商务报》，任总理，鼓吹革命。

郭抚宸

覃炳堃

梁维亚：民希，麻城。

曹振武：世杰，京山。

廖湘云：湖南湘乡。

贺公侠：剑川，天门。事败亡走川。

邓玉麟：品之，巴东。

蒋伯夔：传见文学社篇。

查光佛：兢生，蕲春。任《商务部》编辑，鼓吹革命。

黄元吉：略历见前篇。

杜邦俊：首义后任第七协协统。

潘康时：恰如，黄陂。四十一标一营左队队官，队官入党者独康时一人。

杨王鹏：传见振武学社篇。

李抱良：六如，湖南平江。钟畸随曹进赴南京，抱良接任庶务。

祝制六：原名兆熊，荆门人。三十一标二营兵士。以事泄开除，复化名制六，投四十二标一营当兵，谋革命。

张文选

单道康

陈滔：传见共进会篇。

万奇

邹润猷

孙昌福

陈国琪

刘复基：传见武昌起义首义篇。

何海鸣：初名时俊，湖南衡阳。充四十一标一营副目，后出营任《商务报》编辑，鼓吹革命。

钟畸：字勖庄，湖南湘乡人。学社章程，推彼起草，后被推任庶务。

刘星澂：湖南常德，尧澂之兄。《商务报》襄理，尧澂、翊武俱由彼招来。

黄贞元

邹毓琳

唐牺支：湖南大庸。

章裕昆：德藩，湖南宁乡。发起组织，异常努力。

黄驾白：湖南平江。

黄孝霖：字组织，湖南平江，驾白胞弟，事泄亡走川。

莫定国

李慕尧

黄依僧：在三十一标入伍，名景贤。以事泄开除，复化名依僧，投入四十二标二营当兵，谋革命。

容景芳

冯中兴

林翼支

阙龙：传见文学社篇。

姚钧

邓刚之

彭振新：在四十一标当兵士，事泄开除。

李鑫

杨中巽

叶正中

龚侠初

严昌洪、张铭玉、傅蟾珍编《张难先文集》，华中师范大学出版社2005年版，第162～167页

△ **同盟会缅甸分会举行正式职员选举**。

冯自由《缅甸华侨与中国革命》：

…………

是秋（1908年）九月，孙总理特派汪兆铭、吴应培二人到缅，各党员异常欢迎。汪等乃改定缅甸分会章程，遂于是冬十一月二十日选举正式职员如下：

正会长：庄银安

副会长：卢喜福

财政：陈栽春

会计：沈继昌

庶务：陈振川

书记：林铁汉

主盟员：庄银安、何荫山、陈仲赫、刘庄君、卢喜福、曹沛霖、林致和

调查员：曹树三、陈文豹、林清良、池叔平、郑国兴、利燊、何焕尧、张源、何普泉、陈群英、丘启川

宣传员：林铁汉、李警魂、何可人、周之武、梅宗武、沈屏夷

征收员：李龙、黄镜波、林水都、刘保生、林金源、吴加篆、何若稽、林己巳

评议员：张志成、徐赞周、陈钟灵、陈仲赫、傅剑秋、黄连锦、陈云祥、洪锡福、林登庸、雷振新、陈御卿、黎直卿、曾国汉、陈绍平、黄文儒、李海国、陈汉生、陈美全、黄卯寅、杨秋毫、陈正忠、魏声亩、龚效、陈玉著、朱棹棠、何笃生、曹焕翔、周之武、黄秀、张复、许麾力、林一叶。

冯自由《革命逸史》第2集，中华书局1981年版，第233页

12 月 14 日(十一月二十一日)　孙中山自暹罗返抵新加坡,翌日即函至海南籍同志,促筹款项。

《致符树兰等函》(一九〇八年十二月十五日):

树兰、琼南、瑞和、格兰我兄及海南各位同志公鉴:

弟于昨(12 月 14 日)午已安抵星洲,勿念。

内地各省因虏家母子俱死,人心动摇,各处同志争欲举事,各派专员来星,听候进止。弟以时机虽好,而财力未充,仍嘱稍为缓候,以俟同时大举。弟思人心如此,前途大有可望。至琼州形势,最有可为,而又得诸兄伟力合持,为本地之领袖,将来粤省地方大动,琼州为之后援,则尤为事半功倍。兹弟以各省同志跃踊如此,不得不急为经济之大运动。拟俟星洲事务稍理,即往法国,由欧而美。法国之件已略有端倪,可以就商,须得亲往与开谈判;如未得手,则转往美洲各埠,定有大成。然欧美之行,必有运动之经费,所事既不容缓,则请兄等速将所筹备之项(此项经费,弟行后以兄等之提倡,当多所推广增益)汇至星坡,俾弟速以成行。大款既早日可筹,即早有以慰各省人心之渴望,此今日之首务也。

其次,一面联成海南同志扩充团体,亦是要务。使斧军(王斧,别号斧军)兄行事,而兄等为鼓吹诱掖之人。团体既大,则将来行事益易矣。专此,即请公安。弟孙文谨启。西十二月十五。

汇银到星,现改地址、人名如别纸所录,此较旧开之地址为更妥也。

现时一月内外,俱可用(1)号地址通信,汇银银单当照(2)号写,通电则仍照旧用(3)号。

再:如在暹罗欲秘密不使人知,则汇银可由渣打银行,则不识弟名;如不须在暹十分秘密,则上海银行、法银行皆可。

(1)Chung San
111 Orchard Road
Singapore

(2)Chung San or bearer

(3)Enghock Singapore

(中译文为:(1)星加坡乌节律一一一号中山(2)中山或持单人(3)星加坡永福。)

中国社会科学院近代史研究所等编《孙中山全集》第 1 卷,中华书局 1981 年版,第 399 ~ 400 页

12 月 18 日(十一月二十五日)　清廷定津浦铁路为官商合办,并命各省绅商协力筹集路股款。

原谕曰:

津浦铁路,前经张之洞、袁世凯、梁敦彦会奏,豫定将来官商合股办法,迨至第十年后,国家清还借款之时,准令三省绅商自集成本,将此项股票拨与一半,任其收回。此项津浦铁路,即为官商合办之路。续据吕海寰奏豫筹招股章程,因此路南端经由皖境,添入安徽一省,共为四省,内开十年后官商合办,无论何年,不得退还商股,均经允准。兹复据吕海寰代奏,四省津浦铁路有限公司文称,群情疑畏,观望不前等语。此路既定为将来永远官商合办,自无将商股退还之理,经此次明白宣谕后,该大臣务当劝导各省绅商协力相济,筹集路股,俾免赎路时稍有贻误,以溥乐利而昭大信。

《宣统政纪》卷 3,中华书局 1987 年版,第 55 页

12 月 19 日(十一月二十六日)　孙中山致函邓泽如,商《中兴日报》扩充股份办法。

《致邓泽如函》(一九〇八年十二月十九日):

泽如仁兄同志大鉴:

弟在暹得收兄寄款后,当有书报告一切。弟偕汉民以十四号归星加坡,连日冗忙,故未暇修柬。该件谈判在进行中,效果尚未能决定。

各省同志,因虏家子母之死,各派专员来星洲,以取进止。弟以机局固佳,然吾人财力未充,此次当为大举,为一劳永逸之计,吾人仍要养足实力以待之。且此时海内人心已大动摇,惟彼虏亦自张皇戒备,倘稍迟半载,则吾人蓄锐方周,而彼虏戒严已懈,益易图也。

《中兴报》可望支持过年,然来岁则拟为扩充股份之办法。因今年资本不足,屡次临渴掘井,故报务甚为支绌,非得资本较充,不能从事于改良进步。今年文章议论颇惬人心,而经理则多不善,扩充之举,想兄亦必赞成,俟订好规则,再为寄上。专此,即请大安。弟孙文谨启。西十二月十九号。

中国社会科学院近代史研究所等编《孙中山全集》第 1 卷,中华书局 1981 年版,第 400 ~ 401 页

△ 清廷命庆亲王奕劻以亲王世袭罔替,载洵、载涛加郡王衔,世续、张之洞、鹿传霖、袁世凯加太子太保衔。

《宣统政纪》卷 3,中华书局 1987 年版,第 57 ~ 58 页

12 月 21 日(十一月二十八日)　清东三省总督徐世昌向外务部致电,将延吉厅调查日人枪杀中国弁兵报告书呈上。

原禀曰:

敬启者:前据延吉厅丞陶承续禀陈,奉派往晤斋藤,并驰往火狐狸沟察视死伤弁兵大略情形,当经钞呈,鉴核在案。兹复据该丞详细报告续行禀陈前来,详加核阅,于晤见斋藤、平田问答各语以及亲往肇事地方察看各节,均经备载,较之前禀为详,且该员偕吴统领光新前往调查,亦可与吴统领报告情形互资印证,特饬照抄寄呈,即祈钧部查照前寄各件并行察核,虽大致无甚异同,或有类于复述,而调查要当征实,原不厌于求详。经此次查询,庶几可无遁饰。敬颂勋绥。十一月二十八日。

谨将延吉厅陶丞来禀抄呈鉴核:

前次日宪兵枪毙我巡弁徐占魁、警兵吴起瑞一案,曾将卑职奉傅帮办谕往晤斋藤,并驰往火狐狸沟收殓情形禀陈两帅。本月(十一月)十五日有统带官吴光新奉钦帅札委来边调查此案,十六午前傅帮办谕令同往,遂于是日下午三时动身,日落抵六道沟。卑职函致斋藤为吴统带介绍,斋藤订明十七午十钟半接见,届时卑职与吴统带及此案在事之耿宪兵长同往,斋藤大佐、筱田总务课长、境野宪兵少佐三人在座。统带出札示斋藤,告以钦帅奉外部电,以此案彼此报告不符,特令我前来调查,不识贵国亦曾派员调查否。斋藤云:敝处不知政府派员来查之说,况此案一出,我已派人调查,据实报告,目下我国星使当与北京外部交涉矣。统带云:此次奉命调查必当秉公报告,以全两国和平主义,惟内中情节有不明处,愿面告我。斋藤云:当尽情相告。统带云:山坡挖壕系作何用,请明以告我。斋藤云:此因保存身命而设,如贵统带以此见闻,则敝处应先举以诘问者尚多,兹姑以此事原委为贵统带告,祈垂听之为幸:

阳历十月十日(即华历九月十七日),据平田宪兵中尉报称,前一日(即十六日)下午三

时许，计有火狐狸沟李稽查荣成、稽查处邵事务员胜标、白宪兵班长、郭翻译，带宪兵、巡兵数名前来阻止工事，彼此磋磨日暮而去，平田恐受暴行，即于是晚于新建筑地竖立木棍，以电线用之，铁线系之，以为拦阻闲人之用，尤恐宪兵人少，寡不敌众，故挖壕以便隐匿。九点钟后，日间各员复带巡警十余人星夜前来。平田问：此来何事？各员云：尔又动工，故复来谈判。平田云：谈判何不白日来？时近午夜，究属何为？遂聚集宪兵持枪防范，彼此不让，夜深始各散，云云。十一日（即【华历九月】十八日）复接他处宪兵报称，有中国宪兵、巡警、马弁、马队等三十二人经过，似系向火狐狸沟而去，适前一日下午局中街（即延吉厅街）失火，宪兵与工程兵冲突事，故令境野少佐往见傅帮办。境野走后有巡兵持龚事务员名刺（即六道沟派办处事务员）谓，四点半钟来访我处，拟改订次日早晨，旋刘翻译来向我处值班人员云，我处帮办劝尊处将平田新建房屋务必停止，否则只好派人前往代拆，允转达斋藤大佐。刘翻译走后，我值班人员向我告知，不料晚间得电话来报，前途已于四点钟时出事，连夜函达境野，令向傅帮办交涉。观近来边务举动，叠次强暴，人命攸关，我惟有以正当防卫自保身命。

统带云：何至如是。暴动即以此事而论，我巡兵徒手而去，尚未拆房，尔宪兵即开枪对待，未免过当，况事后耿、邵、李、郭四员拘留平田处，以宪兵持枪监视，失其自由至三日之久，复设卡戒严，不令我兵通过，是诚何心？斋藤云：如贵统带言，必拆房后始抵御，譬诸强盗明知其来劫我，必待其劫夺后始可抵御耶？至耿君等留住数日，本非强制。当时尚有于、白两宪兵班长，于班长令将火狐狸沟之宪兵、巡警（即帮办派去之宪兵十三人、巡兵十人）带回延吉，白班长将稽查处来会合之巡兵等十余人带回稽查处。耿宪兵长云，稽查处白、邵、郭三人来在停枪之后，所带仅宪兵学生四人，决非前来会合。斋藤云：诚然。相离甚远，看不清楚，是否十余人，我不能确指。至耿君留住，一则候会宁医生，一则因露天寒冷，令其进屋，如是晚愿去，平田断不阻止。卑职云：此言欺人太甚。耿宪兵长等一举一动俱有宪兵持枪比拟，焉能自由？耿云：第二日我们托译官转询平田数次，拟将死伤各人设法安置，而平田谓须候六道沟回音。大小便时枪在前后者竟有三十人之多。境野云：宪兵持枪系武装警戒，出入随同略尽保护，决无耿君所言之甚者。况你们宪兵当时乘马而来，亦曾施放手枪，我宪兵拾得手枪一支、弹壳两个。耿云：此手枪系从我来马弁刘连元所带，彼受枪伤后为尔宪兵持枪威逼，勒令献出，始交给宪兵，至我之外套、雨衣，俱在马上背负。境野云：手枪、马匹当时无人管理，故拾之以为证据，雨衣等物曾在马上也。统带云：手枪或可为证，雨衣各件似乎无关。境野云：亦可以为证据。统带云：既据少佐云，拾有手枪并有子壳两枚，如在手头，请给我一看，亦调查之一助也。境野云：似在平田处。统带云：如是，则我明日到彼处调查，请告平田示我，设我有疑问之事，亦请其详告。斋藤云：情形大抵如此。如至该处尚有垂询平田之事，必令详陈，万勿客气。我统监屡饬我和平办事，我亦决无他意，但前陈各节，贵国行为实有强暴，贵统带此行既奉总督所派，务请详查，秉公报告。统带云：我奉委而来，必欲保全两国交谊，惟尊处举动出以战斗行为，似属强暴。斋藤云：然则，贵统带认定我为战斗行为耶？统带云：我尚待实地调查，秉公判断，但顷谈各节，以我观之，究属军事处置。斋藤云：此亦历次相逼所致，尚请贵统带到彼后细查。语毕，卑职始与交涉韩民地亩事，此事亦傅帮办属与交涉，以无关此案，不赘。

时已午后两点半钟，遂告别。斋藤留统带晚餐，统带以即日须到和龙峪住宿，却之。斋藤、筱田复留卑职，卑职以须偕统带前行辞出。回派办处稍息，登车起程，行四十里，至和龙峪已上灯时矣。饭后，与经历检阅越垦韩民领地编甲升科等旧案，而无一完备者，要皆以（光绪）二十六年兵燹遗失。

十八早七钟余起程,十二钟到火狐狸沟稽查处午饭,两句钟起程,行十五里至日宪兵分遣所。吴统带与耿宪兵长等先看旧宪兵所后山之壕沟,旋访平田,当有翻译宪兵引导至宪兵新建屋内,移时复至平田住室,统带邀平田同至冲突原地察看。平田导统带至秫稭帐前,谓帐前二尺余有铁线拦阻一道,线内南北分站宪兵,手持马枪,以资守卫,守卫兵后又有一线,距新房木架三尺许,为第二线,木桩高约三尺,横拦铁线两道。当巡兵等由火狐狸沟来时,有宪兵驰回报告,时正在新房处所,监工闻报之后,折回住室取佩刀,忽闻巡兵走至南守卫兵前,卫兵不令进铁线,即命上等兵两名奔助,已[己]亦佩刀急走,巡兵已到北守卫兵前,彼此交手,徐巡弁拔刀指挥前进,日宪兵持枪拟放,巡兵拾石子击中上等兵耳际,巡弁刀砍平田,上等兵以枪格开,中石之日兵所持马枪为我巡兵所夺,平田喝令开枪,各巡弁、长兵等负伤由南退,平田率兵奔至新屋后山坡壕内,闻宪兵所前枪声,枪止,平田出壕眺望,耿宪兵长由后路驰赴见面。据平田云,壕内共宪兵五名,耿宪兵长所亲见,又马栅前伏地放枪之日宪兵五人,平田亦曾承认,惟耿宪兵长谓旧宪兵所后山坡壕内亦有排枪,平田谓壕系事后所挖,断无开枪。然平田云,与耿宪兵长谈话时,岛田伍长带兵五人来至,报云拾得手枪一杆,则此五人当时曾在何处隐伏虽未言明,其为耿宪兵长所指旧宪兵所之后山坡排枪,为此五人所发无疑。平田自认除伊与岛田伍长外,共有宪兵十五人,新宪兵所前五人,共发十二枪,马棚前发五枪。其岛田所率之五人,并未提及,其为不止十七枪可知。至吴统带向平田索取手枪及已发、未发枪丸一看,平田云:手枪因当时忙乱,业经遗失,其已发、未发枪丸,事毕送交境野宪兵长。昨境野记错,以为尚存我处,实为失之。统带云:枪既无存,丸亦不足为据,如蒙见信,请电话告境野饬人送厅,假我一观。平田云:必当达到。

是晚宿稽查处,十九连夜驰回,二十日卑职晤奥村,询其六道沟有无枪丸送来。奥村云,无有。询诸负伤之马弁刘连元,云,受伤后日宪兵令其交出,以故连装手枪之皮壳一齐交出,实未施放。此前后调查之情形也。

王彦威纂辑、王亮编、王敬立校《清季外交史料》第3册,书目文献出版社1987年版,第218卷第7～11页,总3320～3323页

12月23日(十二月初一日)　革命党人杨振鸿、何畏等计划在云南永昌起义未果,后杨振鸿病卒。

邹鲁《光复之役》:

…………

是年(1908年),清光绪母子相继死,振鸿自仰光至千崖,与黄毓英等计画进行方法。时滇中风潮渐起,锡良悬五万金缉振鸿。振鸿潜至盏达,运动土司刁春园,绕道至蛮见,运动防营管带杨发生。杨阳许而阴派人至昔董、红蚌河、古里卞各要路,邀击振鸿。振鸿不得已,绕道渡沪江,至里布卞,又至蒲缥何家寨,与同志等密筹进行方法。时因滇蜀铁路随粮加股,苛税扰民,乡人多反抗之。振鸿遂利用其机,主张急进,先集敢死队百人破永昌府城,招集乡民编练军队,拟以一军取腾越为后劲,一军进攻大理及省城,一军出顺宁、云州及迤南各地,则云南一省唾手可得,然后北出黔、湘,以戡定中原,西取川、陕,以直捣幽、燕。计画既定,何畏先回永昌,集合反对清吏之乡民数百人为一队,待振鸿到,即行进攻。振鸿则潜入永昌新街背后满林寨,令刘殿才入城,举火为内应,张五楼预备开大北门,何思元往攻南门,预定十一[二]月初一夜起义。讵事为清吏知,戒备极严。振鸿单身持枪登城,视察一周,出指挥兵士曰:“清兵虽多,然非我军敌,速攻城,必胜。”但我军多由乡民集合而成,虽有勇气而素无训

练，且无利器，不能前进，亦不能持久，以致数月经营归诸泡影。乃暂退满林寨，以谋再举。喘息未定，有闵某者入告于众曰："保山县派兵役数十人至新街，君等宜速离此地，以保全一寨生命财产。"振鸿愤而呕血，星夜步行，及至何家寨，病剧发，旋卒。

邹鲁《中国国民党史稿》，商务印书馆1947年版，第929页

12月25日（十二月初三日）　清廷设立禁卫军，由监国摄政王载沣统辖调遣，并派载涛、毓朗、铁良充专司训练禁卫军大臣。

谕内阁曰：

著派贝勒载涛、毓朗，尚书铁良充专司训练禁卫军大臣，准其酌量由各旗营兵丁内拨取精壮，尽数认真训练，不准疏懈。此项禁卫军转归监国摄政王自为统辖调遣，俟有成效，再候谕旨。

《宣统政纪》卷4，中华书局1987年版，第63页

12月28日（十二月初六日）　清廷派张之洞兼为督办鄂境川汉铁路。

原谕略曰：

……前因粤汉铁路关系重要，特派大学士张之洞为督办大臣，鄂境川汉与粤汉两路本属相辅，自应联为一气，方能妥速成功，著派张之洞兼为督办鄂境川汉铁路大臣，会商邮传部、湖广总督，督饬在事官绅认真筹款兴办。即责成张之洞力任劳怨，剔除弊端，严定期限，因时制宜，主持定断，邮传部暨湖广总督均须实力协助，不得掣肘，以一事权而重路权。

《宣统政纪》卷4，中华书局1987年版，第67页

冬　陕西同盟会员公推李仲特为陕西分会长，并推定各会员分担任务。

冯自由《中国革命运动二十六年组织史》：

…………

陕西同盟会员，戊申冬，常假开元寺内同志马开臣学塾开秘密会议，群推李仲特为陕西分会长，并推定各会员分担各项任务。井勿幕、张奎光、邹子良、曹寅侯、王曙山等任军事方面；陈慧亭、曹铭卿、茹卓亭、郭希仁、刘允臣、李元鼎等任文字宣传及教育事业；寇遐、李仲山等任运动绿林会党；景定成、杜羲、焦子静、师子敬、张翊初等任联络其他各部分。有时亦在雁塔上开会，计画秦、晋联合大举方略。

…………

杜元载主编《革命文献》第66辑，中央文物供应社1974年，第133页

冬　孙中山自新加坡赴暹罗，组织同盟会分会。

冯自由《华侨革命开国史》：

…………

戊申年（民国前四年）冬，总理偕胡汉民、胡毅生、何克夫、卢仲琳等自新加坡抵暹，侨商开会欢迎于中华会馆，列席者数百人。越日，暹政府即来干涉，限总理于一星期内离开，并不许谈及政治问题。驻暹美国公使闻之，以总理为檀香山籍公民，特向暹政府提出抗议，因得延期一星期。因是总理不便再赴会演说，惟秘密组织同盟分会。华侨入会者颇不乏人。众举萧佛成为会长，陈景华为书记，沈荇思为会计。总理居暹十日，仍返新加坡，留胡毅生、卢

仲琳二人助理《华暹报》笔政。

…………

蒋永敬编《华侨开国革命史料》,正中书局1977年版,第409~410页

冬　革命党人葛谦、严国丰戊申年在粤谋起事,被捕就义。

两广总督张人骏于次年正月奏请奖赏有功人员,其奏折云:

奏为拿获革命党,讯明分别惩办,谨将出力员弁,遵旨择尤请奖,恭折具陈,仰祈圣鉴事。光绪三十四年十月二十七日,恭阅电钞钦奉上谕,邦家不造,连遭大丧,仰赖大行太皇太后暨大行皇帝庙谟宏远,规画周详,得以官府乂安,朝野翕服,有约各国亦咸尽情尽礼,益笃邦交。乃近有不逞之徒,造言生事,煽惑愚蒙,更有海隅匪党,潜谋内渡,妄思扰乱,若不从严查禁,深恐扰害治安。著民政部步军统领顺天府各省督抚督,饬所属文武,多派侦巡,重悬赏格,一体严密访拿,勿稍疏纵。遇有缉获上项匪犯,立即讯明,就地正法,出力员弁,准其择尤请奖,以靖地方而肃国纪,等因钦此,遵即通饬查拿去后。旋准署广东水师提督李准咨报,十一月间,密查得匪党严国丰等,在亲军卫队散放保亚票,当选派员弁在省城东门外燕塘地方,将严国丰拿获,讯出匪票系由谭馥、葛谦所给,即究明寓所驰往围拿。适谭馥外出未归,拿获葛谦一名。又查有罗树沧系属同党,钱占荣、曾传范亦与匪往来,经先后拿解到案,会同督练公所营务处司道提讯。据葛谦、严国丰供认,以革命为宗旨,与谭馥,即文炳同来广东运动军队,乘国丧起事不讳,并称谭馥,即文炳专煽惑军界学界中人,已散票数千张交伊,严国丰保亚票五十张,至亲军卫队散放,因广东军队开通者少,势力薄弱,不如长江易于办事,现长江人数甚多,广西邕龙亦有党二千余。叠诘其分匿何地,头目何人,作何举动,坚不供明,据称已拼一死,同党断不能供。据罗树沧供认,与谭馥、葛谦结交,知情谋逆,书信来往踪迹甚密。据钱占荣、曾传范供认,与谭馥等往来认识,并未入会知谋各等情,录供咨请核办前来。查核供词,葛谦曾游学东洋,严国丰等亦入武备学堂,或充各营兵丁,均身受教育,知有法律,乃竟倡言革命,来粤散票,运动军队,希图乘国丧起事,实属悖逆已极,当饬营务处提该犯葛谦、严国丰二名,先行正法,罗树沧知情谋逆,亦罪无可逭。惟谭馥在逃,将来获案,须备质证,饬暂行监候,俟获谭馥,质明并办。钱占荣、曾传范二名,以军人学生与匪往来,亦有应得之罪,并饬各递解回籍监禁。察阅匪票上书保亚二字,中书凭票发洋银一元整,右书某字第某号,左书光绪年月日及中部保亚银票等字,旁绕七言四句,语极悖谬。当即悬赏银一千圆,购缉谭馥,并出示解散胁从,凡无知领票者,但经缴销或自行销毁,概不追究,人心始定,军队以安。一面分电各省督抚臣一体防范。伏查粤省地接港澳,匪党最易潜踪,省垣为根本重地,城厢内外系商务繁盛之区,更为匪所觊觎。值此国家多难,臣深虑变出意外,即与署水师提督李准熟商,密调营队扼要屯扎,并暗派侦巡四路确探,乃该匪党竟乘机潜来,分投散票,运动军队,以图一逞,幸托朝廷威福,及早觉察查办,乃能清除巨患,否则难保不为安庆之续,该在事员弁,不露声色,赴机迅速,罪人始得,大局赖安,而又不事株连,禁止骚扰,更属难能可贵,自应遵旨,择尤请奖。所有最出力之降补府经历县丞,广东补用直隶州知州伍秉诚,拟请开复原官,仍留原省补用,免缴捐复银两;分省试用县丞周礼,拟请免补县丞,以知县仍分省补用,并赏加同知衔;副将衔,补用游击,水师提标中营拣发都司林国祥,拟请免补都司游击,以参将仍留原标尽先补用;督标中营尽先守备潘镇藩,新会营崖门千总梁朝彝,均拟请免补守备,以都司仍留原标,尽先补用,并赏加游击衔。相应仰恳天恩,俯赐照准给奖,以示鼓励。除千总以下,咨部核奖,并饬取各员弁履历,照录犯供分咨各部外,所有拿获革命党将出力员弁请奖

缘由,谨恭折具奏,伏乞皇上圣鉴训示,谨奏。宣统元年正月初八日。

奉旨该部议奏,钦此。

《政治官报》第456号,宣统元年正月十六日,"折奏类",第17~18页

邹鲁回忆:革命党人被捕后。

虽经李准亲自鞠讯,但是个个都不肯说出实情。葛谦同志供词千余言,却没有一句涉及布置的情形。再三研讯,他说:"我的宗旨只是如此。我的同党,我断不供。我已拼一死,愿快死为乐。我一人流血,图他们做大事业。历观欧洲大革命,断无不流血而成者,近来因革命流血者,亦不止我一人。我的宗旨,虽死亦不能变。言尽于此,请速杀为愈。"李准因葛同志年只二十余,文学又好,很想成全他。于是对他说:"生汝何以自处?"葛同志答:"革命耳。"这种精神,实足永垂不朽。同时李准举行防营大搜查,想彻底追究;不料营中有票者,占十之七八,大惊,不敢严办。只于二十三日,枪毙严、葛两同志,并且判决罗、黎两同志在省监禁,曾同志解回原籍监禁,就敷衍了案。

邹鲁《回顾录》,载丘权政、杜春和等选编《辛亥革命史料选辑》(续编),湖南人民出版社1983年版,第319~320页

1909年(清宣统元年·己酉)

1月1日(戊申年十二月十日)　清政府准民政部奏,颁行该部拟具之《调查户口章程》,宣布普查全国人口,为立宪之准备。

民政部呈报调查户口章程之原奏略曰:

臣部前于光绪三十二年四月,曾经奏请试办清查京城户籍,又于三十三年正月,奏请再行详查丁口。又于三十三年三月,奏请清查各省户口,颁发表式各在案,试办年余,尚无阻碍。嗣复钦奉谕旨,饬订专章,谨参考东西各国之良规,并依据迭次奏办之成案,督饬员司,详细编订,计成章程十一章四十条,表式五件,计自本年起,调查户数,以第三年十日以前为报齐之期,调查口数,以第五年十月以前为报齐之期,务除从前各省保甲填写门牌奉行故事之积习,以植将来实行户籍法选举议员之始基。拟请明降谕旨,责成各该管有司,按照此次定章,认真举办,并按所定期限,一律汇报,如有奉行不力者,一经确实查明,惟有禀遵八月初一日谕旨,据实纠参,用示惩儆。臣部并应随时派员,亲赴各省切实考查,以期实行,而免延误。再逐年筹备清单内臣部本年应办事宜,系城镇乡地方自治章程,及调查户口章程两项,现均办理完竣,其清单内臣部未尽事宜,应另行筹议,按期具奏,合并声明,所有遵拟调查户口章程,请旨颁行缘由,谨恭折具陈。

《政治官报》,第434号,光绪三十四年十二月十七日,折奏类,第5~7页;另见《宣统政纪》卷4,文海出版社(台北)1989年版,第24页

对于调查户口之事,梁启超在《致肃邸书》中表示:

国家政务,因果相联,苟非全体同时改良,则枝节几无从着手。启超此次说帖,本当由根本处立言,但以奏记殿下,不敢越民政之范围,可行与否,未敢自信,伏惟殿下裁度而采择之,岂(易)胜大幸。再者,潘子(潘博,字若海,编者)子别传钧谕,垂询以调查户口费将安出?启超以为调查之举,不办则已,既办,则似宜勿仅限于户口。盖今后无论欲举何种新政,皆须经一次详密之国势调查,然后得精确之资料,以供斟酌损益之用。此事无论早晚,终须举办,若今次仅调查户口,其余他项不久又当续办,岂非更益劳费,不如最初勉为其难,此后便可一劳永逸。此启超说帖第二项所以以此为请也。至于费用一节,仅办户口所需已夥,全体并举,当更不赀。以正理论之,此费本当由中央支出,但今日中央财政之竭蹶,众所共见,无米之炊,谈何容易,则择财政稍纾之一二省先行试办,而所费即责成该省担任筹拨,亦是不得已之举也。但兹事最缓,亦当以三年之内,期于全国完竣,中央政府总不能不趁今日筹一的款,以供其用。此则关于财政全体之事,非一言所能尽也。启超以为中国财政若机关改良,办理得法,则求岁入数倍于今日,殊非难事,所最困者,非大改革行政机关,则财政之整理,终不可期;而欲改革行政机关,目前便先需一巨款,此实政府两难之道,天下所共谅也。今即合万国之大财政家以谋此,则舍募集公债外,实别无救急之方。然外债既危险异常,非设法以募内债不可。前此举办内债,虽屡次失败,然此事实为财政最重之枢机,若永远不能办到,则理财之术将穷。启超以为苟政策得宜,断无不能办到之理。大约先制定完密之条例,而颁布之,而在海外南洋、美洲、日本各华侨先行募集。既示大信,应者必众,然后内地有所观感,兴起自及。此事在去年以前或不能行,而在今日则必可行者也。因明向所及,辄推衍陈之,此则非徒为调查费用一项起见,而实为财政全体起见者也。

《致肃邸书》(1909年2月10日),载丁文江、赵丰田编《梁启超年谱长编》,上海人民出版社2009年版,第316~317页

民政部拟《调查户口章程》全文：

民政部调查户口章程

第一章 总纲

第一条 本章程遵照逐年筹备事宜清单，以实行调查全国户口，务得确数为主旨。

第二条 调查户口分二次办理如下：

第一次调查户数。

第二次调查口数。

第三条 调查户数，以按照第四章所载，一律编钉门牌为终结；调查口数，以按照第五章所载，一律填明查口票为终结。

第二章 调查职员

第四条 调查户口，京师内外城以巡警总厅厅丞，顺天府各属以府尹，各省以巡警道为总监督，其未设巡警道各省，暂以布政司为总监督。

第五条 左列各员为调查户口监督：京师各巡警分厅知事、顺天府各属知州知县、各省厅州县同知通判知州知县；其有本管地方之各府及直隶厅州，以各该知府、同知、通判、知州为监督。

第六条 调查户口事务，归下级地方自治董事会或乡长办理，以总董或乡长为调查长，董事或乡董为调查员；其自治职尚未成立地方，由各应监督督率所属巡警，并遴派本地方公正绅董会同办理。

第七条 各地方所有巡官长警，均有协助调查户口之责。

第三章 调查区域

第八条 调查监督应就本管地方，按照地方自治区域划定调查户口区域；其自治区城尚未分划以前，应由各该监督就本管地方酌量地面广狭，暂行分划区域，申请总监督核定，由所派各员分别调查。

第九条 调查长应就划定区域以内，再行区分地段，每段设立调查处，由调查员分别调查。

第四章 调查户数

第十条 调查户数应由调查员就区分地段以内，按照部定门牌格式按户依号编钉。

第十一条 每户编门牌一号，其有二户以上同住者，应以一户为正户，余为附户；凡二户以上同住者，以先住者为正户，后住者为附户；若同时移住，则以人口较多之户为正户；附户应另列号数，标明附户字样，别钉门牌。

第十二条 调查户数时应并查明户主姓名，户主指现主家政者而言。

第十三条 门牌编齐后，应由调查员造具本段户数册二份，一份存调查处，一份报告调查长；户数册应载明本段共若干户编为若干号，并应载某户户主姓名。

第十四条 调查长接到各段报告后应汇齐申报监督，监督接到各区申报后应汇齐申报总监督，总监督接到各监督申报后，应按照部定表式汇报民政部。

第十五条 自各户门牌编定之日起，嗣后该户如有迁移等事，应责令该户户主自赴调查

处或巡警派出所呈报,至迟不得逾三日,前项迁移等事应另列表册备查。

第五章 调查口数

第十六条 调查口数应由调查员就编定户数,按照部定查口票格式,交每户户主,限期填报,至迟不得逾十日。

第十七条 调查口数应查明姓名、年岁、职业、籍贯、住所等项。

第十八条 查口票之外,应另制调查证,于各户缴回查口票时发给户主收执。

第十九条 查口票填齐后,仍应由调查员随时亲赴各户,按照所填各节抽查。

第二十条 查口票填齐后,应由调查员造具口数册二份,一份存调查处,一份报告调查长,口数册应载各项,即照查口票所载,按照户数次序编列;口数册造齐后,应将册内年届七岁之学童,及年届十六岁之壮丁,另计总数,附记该册之后。

第二十一条 口数册申报对汇报事项,照第十四条办理。

第二十二条 自查口票填报之日起,嗣后该户如有生死婚嫁,承继来往等事,应责令该户户主自赴调查处或巡警派出所呈报,至迟不得逾三日;有一家死亡无人呈报者,应由该亲族近邻代报;前项生死等事应另列表册备查。

第六章 调查年限

第二十三条 调查户口应按照所定年限,一律报齐,分期汇报民政部,由部奏明立案;一人户总数,应自本年起,于第二年十月前汇报一次,至第三年十月前一律报齐,一人口总数,应自本年起,于第三年及第四年十月前各汇报一次,至第五年十月前一律报齐;其人户总数业已查明地方,应将调查人口事宜提前办理。

第二十四条 自报齐后,户数册应每两个月编订一次,口数册应半年编订一次,于年终汇报民政部。

第七章 调查经费

第二十五条 调查经费应由各地方自筹,其从前所有保甲经费应一律移作此次调查之用。

第八章 调查要则

第二十六条 调查时应由总监督及各监督分别出示晓谕,详序调查主旨,严禁藉端需索,造言生事之弊。

第二十七条 调查务以确实为主,应力除从前保甲虚行故事之积习。

第二十八条 调查时凡应由户主自行填报之件,如该户主不识文字,或现当外出无人书写者,应由调查员亲往或派员前往当面询明,即时录写;嗣后凡应由户主自行呈报之件,如有前项情节,准由该户主或该户家属前赴调查处或巡警派出所口述,由调查员或巡警录写。

第二十九条 调查时一切询问口气,务须和平,并严禁需索,凡遇自赴呈报及请求录写者,一概不准留难收费。

箬三十条 调查时应注意左列各款,另册登记,随时抽查:

户内有曾受监禁以上之刑者。

户主无正当之职业者。

一户内多数人杂居者。

第三十一条 调查时有不能直向户主询问者，应访问于其邻右戚族。

第九章 调查罚则

第三十二条 调查职员有不遵定章办理者，总监督由民政部奏参，监督以下由总监督详参，分别处罚；其报告申报不实者同。

第三十三条 凡有不受调查及填报呈报不实，或逾期不报者，处一圆以上十圆以下之罚金；其有妨害调查之举动者，处三日以上，一月以下之监禁，或三圆以上，三十圆以下之罚金。

第三十四条 调查员如有不法情事，经告发后照各本律治罪。

第十章 特别调查

第三十五条 凡各省船户应另行分段列号，仍照本章程办理，其来往并应由各该监督另订专章稽查。

第三十六条 凡未设行省，如内外蒙古、青海、西藏等地方，应由各该管长官照本章程，另订细则，分别调查，一律按期汇报民政部。

第三十七条 凡旅居外洋，无论游学、经商、作工人等，应由出使大臣督率各该领事，照本章程另订细则，分别调查，一律按期汇报民政部。

第十一章 附录

第三十八条 本章程自奏准颁行后，以文到日为施行之期。

第三十九条 本章程施行后，所有从前保甲一概停办，其民政部前定调查户口表式，应一律改从本章程办理。

第四十条 本章程施行细则，由各该总监督拟订通行，仍申报民政部立案。

《政治官报》，第434号，光绪三十四年十二月十七日，法制章程类，第19～22页；另见《东方杂志》第6年第1期，记载1，宪政篇，第33～36页

1月2日（十二月十一日）　清廷命军机大臣兼外务部尚书袁世凯开缺回籍。

同时满清贵族集团鉴于袁世凯权势日盛，难于驾驭，以袁患有足疾为由，命其回籍养疴。袁世凯只得归隐河南彰德，俟机再起。清廷谕曰：

军机大臣外务部尚书袁世凯夙承先朝屡加擢用，朕御极后，复予懋赏，正以其才可用，俾效驰驱。不意袁世凯现患足疾，步履维艰，难胜职任，袁世凯着即开缺，回籍养疴，以示体恤之至意。

《政治官报》，第429号，光绪三十四年十二月十二日，谕旨类，第2页；另见《宣统政纪》卷4，文海出版社（台北）1989年版，第24页

袁世凯因戊戌政变时期出卖新党嫌疑，遭摄政王载沣仇视。载沣最初计划诛杀袁世凯，张之洞等力劝。刘禺生回忆：

力以时局危疑，务宜镇静宽大为辞。且曰：王道坦坦，王道平平，愿摄政王熟思之，开缺回籍可也。

刘禺生《世载堂杂忆》，中华书局1960年版，第128页

《鹿传霖日记》记当日情形：

陈田、赵炳麟封奏内存，旨袁世凯解任回籍养病，复召世、张入对，遂下罢袁之旨。那桐

入枢学习,载洋派乾清门侍卫,崇兴等奏京控定限,送职名,逾则参,又警各官等京察,交吏议。

河北省博物馆《鹿传霖日记》,载《文物春秋》1994年第3期

《王祖同墓志铭》记当时情形:

宣统初袁公罢黜,潜诣折津,将远遁,公追止之。正色曰:"如此则退,祸且不测。"袁公悟,徐还洹上。

《参议院议员前广西巡按使王公墓志铭》,河南省新乡市博物馆藏

时在中国的日本记者佐藤铁治郎曾于当年著《袁世凯》一书,记载当时情形。

当时支那朝野之议论,多以西太后宾天,袁世凯必有奇祸,众口同声。某日袁退朝稍迟,忽传袁已杖毙。与袁有关系者,麇集袁寓探问,北洋公所车马络绎不绝,未几袁归,始各散去,时大有草木皆兵之势。十二月十一日,果奉免官之诏云:"军机大臣外务部尚书袁世凯,夙承先朝屡加擢用,朕御极后,复予懋赏,正以其才可用,俾效驰驱。不意袁世凯现患足疾,步履维艰,难胜职任,袁世凯著即开缺,回籍养病,以示体恤。钦此。"

…………

免官有诏,时袁尚在朝房,早有所闻似不仅免官。内阁值日官捧诏告袁曰:皇上有旨,袁退然色变。未及读诏,张之洞自内出,告袁曰:上以公足疾,命回籍养病。袁读诏毕,连呼曰天恩高厚,天恩高厚。袁回寓后,张一麐遂藉故逃避。袁之仆从见张逃,亦皆惶惶。或谓自免官诏下,袁之寓所风声鹤唳,处处惊惶,若不知祸之终极矣。翌早袁入朝谢恩讫,即乘快车至天津。有英人海鲁君与袁同车,曾作《车中纪事》,译录数语于下:(上略)头等车内仅三数人,予觅一近暖气处坐定。旋来一人,衣素服,发毛参参,随从甚多。坐处与余相对。见其仆辈置似新闻类一束于其旁,其人遂翻阅。两点二十五分车过丰台,阅有四十分钟,其人端坐未行动。旋有仆人又置似酒类一樽于几上。车上之仆均事之甚谨。余察其人举动异于常人,以英语询车中检票人,知为清国军机大臣袁世凯。四点三十分,车至老龙头,袁下汽车,即乘一华丽马车往西行去云。

…………

袁到天津,先至德国饭店。饭后至杨士骧衙门,住署后花园。其眷属于是日晚车亦到天津,住德国饭店。十二日早车,袁世凯复回北京,其眷属于午车亦回京。闻其来天津,一则与杨士骧有密商事件,一则支取银行存款,汇往河南。至其眷属来津,实因惶恐所致。袁去后杨士骧遍戒从人,切不可云袁住署内,岂知其仆从多逢人辄告云。袁回京后,于十四日清晨即携全眷回籍。闻其时不特随从无多,送行者亦寥寥。是后都中谣说不一,或谓将籍没其家产,或谓祸仍不止此,或谓袁所练之兵将暴动。袁本多子,然多幼稚无知,闻此谣说,茫无头绪,甚有逃而隐匿者。其景象亦甚可悯。

…………

或谓袁事败,有问张何故逃避者?张谓袁宅内藏有快枪数百枝,设被籍出,其祸尚堪问乎?我辈月得若干金,系以心血与文字换来,无他感情,焉能与彼共祸?问其知袁宅中藏此利器何用,张曰乌知其心(又有谓此语系闻诸一鹏者)?噫,人情冷暖,固世人之常态,如张一鹏之兄弟,又罕有其俦者也。

〔日〕佐藤铁治郎《袁世凯》,载章开沅、罗福惠、严昌洪主编,罗福惠、许晓青编《辛亥革命史资料新编》(2),湖北人民出版社2009年版,第317～318页

《时报》报道一：

摄政王斥袁之意，于初十日前已决，庆邸知不可挽，故自初十日即请假不入内，至昨日始消假。十一日召见，独世、张两军机。王出所拟罢袁谕旨，令张视之，张大惊，为袁缓颊。王曰尔勿预此事，但视谕旨妥否，酌改可也。谕旨原文本有指斥袁罪处，张为删去之。

《时报》报道二：

袁世凯开缺后，自知罪状暴露，乃逃至天津。(中略)后知摄政王宽大，张、那两军机同保其无事，即于是夜返京。向人犹称被某侍御参劾，亏空北洋官款三百万两，故至天津调查账目，以防后难。或又称恐有暗杀之者，故深防之。其实彼畏罪逃匿之迹，章章不可掩也。故此次之许其归田者，在袁实为莫大之宽典云云。

章开沅、罗福惠、严昌洪主编，罗福惠、许晓青编《辛亥革命史资料新编》(2)，湖北人民出版社2009年版，第318页

对于袁世凯被罢黜的原因，众说纷纭。《东方杂志》记：

袁世凯开缺之原因，传言不一，中西报章咸有评论，然未可据为信史也。闻事后各国公使咸疑袁世凯开缺后，我国对于外交政策有所变更，争向外务部询问。旋经外务部明白答复，而各国亦无后言云。

《东方杂志》，第6年第1期，记载1，第5页

佐藤铁治郎在其所作《袁世凯》一书中，综合当时各种消息和报道，作了较细致的分析。该书认为袁世凯免官的远因和近因分别是：

袁世凯免官之远因，今可一言决之曰：基于戊戌破康之谋。然当时之说及事后之评，莫衷一是。总之康谋为袁所破坏，众论皆然。但袁、康两人，皆一时杰出，至康之如何谋画，袁之如何破坏，在当时非理想所能测也。著者于此问题，十余年来萦回莫释。兹值西太后崩，光绪帝之胞弟醇亲王摄政，袁遂免官，由是推之，袁、康之事故，亦易明矣。

康有为当日之给袁，必谓有光绪帝诏书。而袁之告密于西太后，亦必谓有诏书。其母子之嫌隙即因此而起。诏书果出自光绪帝乎？又一大问题也，敢断之曰：必不出自光绪帝。何以言之？盖当时西太后已经归政，尽卸大权，自娱晚景。光绪帝苟谋大逆，无所不可，何必密谋诸康，而复令康转谋之袁，多生枝节耶？不待智者可决也。然当袁之在位也，只知康为袁败，不能明致败之原因，兹袁亦以是免，则手诏之说，又似有之。不然袁破康谋，不独有裨光绪帝，并有裨清之社稷，方感之不暇，何衔之有？且衔之而终必免其官，其间似不能使人无疑意矣。虽然，光绪帝亦冤矣哉。

光绪帝自负此冤，康即流窜他邦，光绪帝之心迹，遂不能白于西太后，成终身之隐恨。其心总以祸机之发于袁，而袁又因此得西太后之宠任，故其母子间嫌隙终不能释。是袁之祸机已伏于十年前矣。但袁世凯去位后，康党人报纸论当时事实，訾袁世凯者，似不能掩人之耳目。特节录于下，以见一斑。"戊戌秋间，先帝慨然变法图强。首从事于讲武诘戎，以觐耿光而扬大烈，而中外文武，实乏貔虎干城之选，环顾朝列，无一人足当圣意者。夫己氏(指袁世凯)以负虚声，遂得保荐。上乃立时召见，破格录用，以臬司超授侍郎。不次之恩，虽戮力疆场，裹尸马革，曾不足报涓埃于万一。岂意非为不知感恩，而反卖主求荣，负心反噬也哉？先皇帝纯孝恭谨，虽汉之孝文，宋之仁、孝两宗，曾不能逮其什一。奉事东朝，问安视膳之礼，未尝一日稍阙，天地神明，实昭鉴之。两宫之间，岂尝有丝毫意见之不惬者？胡来此不根之辞，造成弥天嫌隙乎？"

…………

袁世凯免官之近因极其复杂，概而言之可分为二端：曰御史之弹劾，曰复杂之影

响。……

（甲）御史之弹劾。支那最近著名敢言之御史，曰赵启麟、江春霖、赵炳麟。先是赵等纠参庆王父子与段芝贵事，并牵涉袁世凯。其三人本约糊名摸索，使一人先行弹劾，二人依次继之，为首尾环攻之策。赵启麟名独居先，遂首上弹章，以疏劾不实免官。赵炳麟疏又继上，西太后仍是置之不理。都察院陆宝忠亦继之。迨陆以事免官，或谓袁之所使，而台谏之衔袁益甚。至两宫宾天，今皇帝御极后，江春霖又上疏劾袁。闻所参有二十款，奈原折留中，无从证验。惟江疏上，即召见，摄政王谕江曰：我向未经历大事，此次奉孝钦皇后遗旨，令予监国，甚愿尔诸臣匡予不逮。往令言官议朝政，本欲集思广益，乃者两年以来，毫无建白。因国家向无加罪言官之例，余当恪守成规，望尔转告诸臣，均须直言纳谏。言有可用者即用之，即不可用，或与同僚有关系者，亦留中而不加责。至汝素戆直，余甚嘉许，尤宜始终如一，毋负尔职。江曰：凡为大臣者，皆能休休有容。小臣为国家计，罔知忌讳。春霖曾告同官，留中一节似可不必。王曰：今之大臣，非古可比。虽然，尔当勉为其难。因命江详言劾袁各款。原折内容其大略云：自摄政王监国以来，薄海人民殷殷望治，咸谓朝政肃清，昔日贿赂公行之恶习，今兹定可革除。不料因祟加太后徽号，竟予庆亲王世袭罔替。夫亲王之世袭，皇族之关系，非朝政之关系，似为无足重轻。顾有不能不言者，盖朝廷赏不得其直，适误天下之趋向。彼庆王在庚子时，虽稍有微劳，而自当国以来，政以贿行，官以私进，如袁世凯、徐世昌、杨士骧、赵秉钧、冯汝骙、唐绍仪、袁树勋、增韫等，莫不各以重贿破格录用。而袁尤为其心腹，藉新政为名，引用私党，遂令官场相习成风，以奔走为事，钻营为能。今者摄政王监国，此风少息，盖以摄政王素有贤声，将进贤人而退不肖。今庆、袁等又邀巨宠，不知者以庆宠不替，而宵小之徒可复望弹冠之庆，权贵之门又如市矣。造端虽微而关系甚巨，我摄政王其慎思之云云。江折上即蒙叫起，军机甚惊怪，次日访知大略，庆即请假。袁亦知不免，预备一切。十一日赵炳麟、陈田又追论之。摄政王本不喜袁，丙午秋即欲击以手枪，连得数折，遂令开缺。

（乙）复杂之影响。或谓支那两宫宾天后，北京人心惶惶，杨士骧欲逢庆、袁之意，由驻屯马厂之军队拨兵丁二百名，命濮姓兵官携带，又派天津巡警官龚姓亦带兵若干，均暗藏军械，潜赴北京，保护庆王与袁世凯之邸宅。濮行迹极秘，未为人察觉；龚带兵乘火车至黄村，由陆路分途入城，为前门税局盘诘，查出军械，遂将龚及警兵等数人送交巡警厅。步军统领衙门同时在西直门、东华门等处，亦盘诘出数十人，均携带有军器，步军统领衙门系那桐管辖，那遂讯问拿获之警兵，供称系由龚携带来京，缉拿要案。那遂向巡警厅提龚，龚见那，称系奉杨士骧命来京，缉拿革命党，带有公文，被巡警搜去。那又向巡警厅索要公文，其文系天津巡警总局，语甚含混。遂以电话询问杨士骧，杨答以龚某实系天津巡官，想系巡警总局遣派来京缉案者。那桐为人颇明断，不欲深究此事，当日即商车站，派加车命龚带原来警兵回津。北京巡警厅隶属民政部，事为民政部某尚书所闻。某尚书本欲彻底根究，迨闻那释送回津，颇拂其意，乘隙禀告摄政王，谓袁世凯擅自调兵入京。摄政王询问那桐，那谓事实有之，究竟是袁调来与否，不敢确指。但袁素畏刺客，或系天津巡警局人员迎合袁意，派为护卫袁者，亦未可知。但兵丁所携皆手枪，且人数无多，似无他意。当此多事之时，此等事不必深究。摄政王颇奖那能办事，然阴益防闲于袁矣。适有江春霖之弹劾，摄政王遂决意去袁。

〔日〕佐藤铁治郎《袁世凯》，"免官之原因"，载章开沅、罗福惠、严昌洪主编，罗福惠、许晓青编《辛亥革命史资料新编》（2），湖北人民出版社2009年版，第319～320页

《神州日报》记载袁开缺之原因：

北京函云，袁宫保此次开缺，其原因实种于戊戌政变之时。而最近军机中及各部大臣，

又存满汉之见。自醇王摄政后，袁颇不自安，然又不敢遽行请退。初五日因保举起用某员，大受申斥，庆邸亦窘。袁遂请假不入直庐。越数日袁忽与荣庆、张荫麟商通，思怂恿垂帘，为转圜之地。事为铁良所知，密告摄政王，王深恶之。度支部拟查各省报销款，袁又从旁力阻，泽公衔之。初七日江春霖召见，面劾袁二十大款，尚未发觉。初八日袁由私宅发一电致唐绍仪，用军机处出名，摄政王恶其专擅。十一日陈田又专折劾之，遂降旨开缺。张、世两中堂留后独对，力求良久，摄政王坚执不可，有如此已是便宜他之语。谕旨系由摄政王亲拟，故有蓝笔缴进字样云。

〔日〕佐藤铁治郎《袁世凯》，"免官之原因"，载章开沅、罗福惠、严昌洪主编，罗福惠、许晓青编《辛亥革命史资料新编》(2)，湖北人民出版社2009年版，第321页

袁世凯被罢斥回籍后，于宣统元年正月十五日(1909 年 2 月 5 日)分别函袁树勋和张人骏进行说明：

兄自去年秋间忽患腿疼，不良于行，曾经请假两旬，只以枢垣职任繁重，不得不销假，力疾从公，入直必须人扶掖。腊月，疾益增剧，仰蒙朝廷体恤，放归养疴。圣恩高厚，莫名钦感。

骆宝善评点《骆宝善评点袁世凯函牍》，岳麓出版社 2005 年 8 月版，第 191、195 页

宣统元年二月十一日(1909 年 3 月 2 日)袁世凯回复邹道沂函称：

弟半生鞅掌，梦觉邯郸。自顾中外回旋，过多功少，时艰莫补，悚惧滋深。客秋患足疾后，曾经请假休息，迄未就痊：只以事变纷乘，不得不力疾销假，入直必须人扶掖。腊月，疾益加剧，仰蒙朝廷体恤，放归养疴，圣恩高厚，莫名钦感。

骆宝善评点《骆宝善评点袁世凯函牍》，岳麓出版社 2005 年 8 月版，第 199 页

△ **清廷从宪政编查馆奏，于馆内设立专科，考核九年限内，逐年应行筹办之立宪事宜。**

宪政编查馆原奏略曰：

臣等伏查议院未开以前应行筹备各事宜，事体重要，端绪纷繁，内而各部院，外而各督抚，均有应行编辑、调查、厘订、举办之事，九年期限，不容稍有逾违，必须有提纲挈领之外，随时考察，按限督催，方能日起有功，不致因循贻误。臣等公同商酌，拟即遵旨于臣馆设立专科，派员经理，名曰考核专科，遴派总办以下各员，专司考核京外各衙门应行筹备各事。遵照钦颁九年定限清单，按期查核。期届则先事督催，报到则认真考察。均禀承臣奕劻等分别奏咨办理，务使九年限内，所有各项筹备事宜，一律办齐，无误颁布召集议员之诏，以期上成先朝未竟之功，下孚天下苍生之望。

《东方杂志》，第 6 年第 1 期，记载 1，第 5 页

《宪政编查馆奏酌拟考核专科章程》六条：

一、于宪政编查馆内设立专科，考核九年限内，议院未开以前京外各衙门各项应行筹备事宜，名曰考核专科。

一、设总办一人，商承提调，管理本科事务，帮办二人，协同总办管理本科事务，正科员二人，副科员八人，分司本科各事务所有奏咨文牍。由总办帮办挈同科员，详慎拟草送由提调核夺办稿，呈本馆王大臣核定，分别奏咨施行。其馆中编制、统计两局长拟均派兼专科会办差使，以收联合统一之效。

一、九年筹办事宜，钦遵懿旨，责成内外臣工每届六个月将筹办成绩胪列奏闻，并咨报宪政编查馆查核。应自光绪三十四年八月起，至十二月底止为第一届。以后每年六月底，暨十二月底各为一届。限每年二月内，及八月内各具奏咨报一次。俟报到本馆后，查核所办是否核实。于每年四月内及十月内，各分别殿最，汇奏一次。

一、本年应办事宜。查有尚未筹办奏报者，由馆行文该管衙门咨催一次。以后每年二月、八月，查明是年应办事宜，行文京外各衙门，豫行咨催一次。如届限尚有未经奏报者，另行专案酌量分别奏咨催办。

一、京外各衙门于应行筹备事宜如有逾限不办，或阳奉阴违，或有名无实，即由馆指名据实奏参。如办理稍有未协，由馆分别奏咨，指令更正。

一、以上各条外如尚有未尽事宜，随时酌定奏明办理。

《宣统政纪》卷4，文海出版社（台北）1989年版，第25～27页

1月4日（十二月十三日）　中法在北京签订《中越交界禁匪章程》，防止革命党活动。

光绪三十四年二月间（1908年3月），清外务部与法国驻北京公使巴思德会商，禁止中国革命党在中越边境活动，至十二月（1909年1月）始将五项条款商妥，作为定章。《外部咨粤督滇督桂抚越匪勾结党羽已与法使商禁文》：

为咨行事，近因滇粤沿边毗连越南一带逆匪勾结党羽，出没无常，本部特于本年二月间与法国驻北京公使巴思德会商，禁止逆党章程五条。嗣后彼此均有商改之处，迄未定议。现始将该五条相互商妥，应即作为定章。除照知法使转行越督饬属遵照外，相应咨行贵督抚查照。希饬沿边文武切实照办，以靖边患。

王彦威、王亮编《清季外交史料》，第218卷，第15～16页，文海出版社（台北）1985年6月，总3449～3450页；另见《中外旧约章汇编》，第2册，生活·读书·新知三联书店1959年版，第558页

《中越交界禁匪章程》全文：

第一条 法国官员如查知有中国叛匪在越境成股，即当随时实力解散。如有前项情事由中国官员查出，一经知会法汛，或由领事转达越督，亦当照办。

第二条 如有匪党在越境，或用报章，或用他项宣布之法，传播悖逆之论说，均由法国官员禁止，并将为首之人，或驱逐出境，或按法国律例惩治，若有越文报纸干犯前项，亦随时停禁。

第三条 凡携带军械单行，或成股之匪，业经与中国官军抗敌，或在中国地方扰乱治安，逃匿在法界者，当将军械索扣，匪人拘管，由法国政府酌定拘管期限，俟限满后，将该匪驱逐出境，并一面知会中国政府；其所有一切拘管用费，由法官知照中国官担承拨还；又或将该匪党逐出境外，亦可永远不准在越南或越属来往，并设法使其人不能再入中国边界。

第四条 凡曾在中国抢劫或犯私罪人犯，中国有请解交者，应由中国官照会越督，并将其人犯罪案由，全卷随文附送，以便核办。如有可以允交之处，一经交犯案件应行各事均皆办妥后，即照光绪十二年三月二十二日商约第十七款，将该犯解交中国官办理，如有其人供称系国事犯，或与国事犯有涉及者，应将所犯罪案切实根究，毋任朦脱。

第五条 如有匪徒私运军火，两国边界官员均应设法实力查禁，以杜偷漏接济等弊。

王彦威、王亮编《清季外交史料》第218卷，第16页，文海出版社（台北）1985年6月，总3450页；另见《中外旧约章汇编》第2册，生活·读书·新知三联书店1959年版，第558页

1月5日（十二月十四日）　孙中山致函中国同盟会缅甸分会会长庄银安，望将缅甸革命党情况报知。

《复庄银安函》（一九〇九年一月五日）：

精卫兄归星，得读手示，祇悉；并收到会底半额，银四百盾及公费银二百盾矣。闻贵处团体已达五百人之数，循此进步，前途不可量也。关于吾党之事，尚望时以手教报知。

中国社会科学院近代史研究所等编《孙中山全集》第1卷，中华书局1981年版，第401页

1月7—8日(十二月十六—十七日) 因清廷追索山价,苛征钱粮,奉天凤城发生民变。

《沈桐为遵饬查办凤凰厅垦务事给徐世昌的呈文》(清宣统元年正月初五日)(1909年1月26日):

查此次凤民聚众,虽因恳求垦务,缓追山价,减少钱粮而起,实由东边地方频年迭遭兵燹,元气未复,民情困苦。去秋收成虽称中稔,而素鲜盖藏,又值年关伊迩,遽追山价,民力实有未逮,因而聚集各牌于十二月十六七等日一同来城,仅止囊带干粮,手携柱杖,尚无各持军械恃众暴动情事。情形本属可悯。迨经陶道、谈丞约同商会劝解未散,不意是晚即有匪人造布谣言,谓乡民拟待次日人多,齐赴垦局焚烧丈册,意图乘隙滋事。当因彼此情意未通,一时误会,陶道等以凤城并无兵队,恐致临时起事,仓卒无以抵御,不得已带领巡警、捕盗各兵,意在拿获为首之人,即可将众解散,又因凤城街市日本商民不少,虑被波及,一面知照日本军队长自为保护弹压,以免别滋交涉,并恐民多兵少,倘联众进街必致生乱,因留十数兵在街口防护。部署既定,时已夜深,带兵赴店捕拿,乡民闻声惊起,扰乱之间,不知所为,有持木棍殴拒者,有逾墙逃逸者,其中不知何人放有手枪两声,适由[逾]墙逃出之乡民百余人齐向北路而逸,防护街口之兵仅十数人,既闻枪声,又见蜂拥而来,时当黑夜,不辨多寡,情急势危,开枪镇吓,不期放毙一人,放伤一人,乡众当即退回逃散。陶道等在店拿获十余人,带回讯明,分别释押。次日逃逸之乡民,因夜被拿击不甘,又复聚集四千余人陆续来城。

…………

及二十二日职道抵凤,乡民来者益众,途为之塞,均环道跪求。经职道反复开导,晓以利害,动以至诚,并许以年前不追山价,抚恤死伤,仍查拿首先放枪之人惩办,令各乡民均回家度岁,每村牌各举代表数人听候示谕,不准屯聚,以致别滋事端。众乡民均唯唯而退。连日经职道约同商学两界逐细劝导,均各一律解散回乡,并将在押数人交商会具保释放。

《辽宁辛亥革命档案史料选辑》,载章开沅、罗福惠、严昌洪主编,严昌洪、关捷编《辛亥革命史资料新编》(3),湖北人民出版社2009年版,第4~5页

1月8日(十二月十七日) 江西拳民起事,清廷电令张人骏等前往剿捕。

清廷致张人骏电:

前据冯汝骙电奏称,江西大庾边界,有匪盘踞,探悉粤省散勇等语,当即电饬该抚督饬文武各员,妥速防剿。兹据张人骏电奏称,粤省并无散勇,此次匪徒,系漏网拳匪,勾结滋扰。江西防剿失利,并有焚毁教堂巡署,图攻郡城等事。此项拳匪,既系上年漏网,何以至今尚未剿除净尽,致令窜扰,尚集有四五百人之多。著张人骏、冯汝骙会同妥速筹办,勿分畛域,督饬文武员弁,认真剿捕,务绝根株而靖地方。

《宣统政纪》卷5,文海出版社(台北)1989年版,第3页

1月16日再次致电:

据电奏称我军直入匪巢,毙匪甚多,获匪内有头目三名,讯明正法等语。此股匪徒当不难即日扑灭,仍著该抚督饬文武员弁,跟踪搜捕,务绝根株。并电商端方、张人骏,将清乡事宜认真筹办,以靖地方。

《宣统政纪》卷5,文海出版社(台北)1989年版,第27页

1月9日(十二月十八日) 孙中山致函沈文光,介绍曾参加潮州起义的任、陈二同志。

《致函沈文光》(一九〇九年一月九日):

谨向你介绍参加潮州之役的任、陈两君(任、陈二君:原文为 Jim、Tan,据潮语音译,原姓名待考),除这两位外,还有其他人士前来星加坡听取我的意见。我已告知他们,待其他各处完成准备,便可同时开始行动。因你有意于将来前往领导潮州人士,他们可作为你办理征募工作时负责保管记录的最佳人选,你并可向他们了解当地的情况。

中国社会科学院近代史研究所等编《孙中山全集》第1卷,中华书局1981年版,第402页

△ 清廷复端方、徐绍桢等奏请改革兵制,实行征兵制度电,陈述军政大纲,强调政权、军权莫不统于朝廷大权之下。

清廷会议政务处奏议覆端方奏请,敬陈军政大纲曰:

查原奏所陈纲要四端,大致规仿东西各国制度,为改良军备期臻完善起见,臣等详加覆核,其中有业经筹办者,有尚待详求者,谨逐条拟议陈之。一、首颁征兵诏令,风厉天下一节。征兵之利,近时论者甚多。然必能如原奏所称,人人知服兵役之义务,而后征令乃可实行,又必人人能受军事之教育,而后征兵乃有实效。查练兵处奏定营制饷章,内载募兵制略,专选合格乡民,入营后优免差徭,遇有案件,准照生监一律遣抱。意在重其品格,俾知从军入伍之荣,渐化重文轻武之习。本年八月宪政编查馆奏定宪法纲要已将纳税当兵义务明白宣示。逐年筹备事宜内,如编定户籍,推广学塾等项,俱与军事相为表里。以后如何逐渐罢除召募,推广征集,应由陆军部归入逐年预备事宜,详细拟订。其与民政部学部有相关属者,随时会商筹办,请旨施行。二、明定军官出身,筹设中学堂兵官学堂一节。选兵必先选将,况在今日学术日精,自非特辟专途,不能创开风气。查练兵处奏定补官制略,凡用军职,先尽学堂毕业之员选充,正与原奏所叙普、日将校出身,用意相合。陆军各级学堂奏定办法,按通国军队所需员数,酌定学额。现在各省小学堂将次毕业,中学堂正议开办。惟如原奏所称中学人才辈出,军官合格自多等语。中学堂尚属普通之学,须俟升入兵官学堂毕业后,始具军官资格。计其学程,由小学中学至兵官学堂,须七年有奇,再入专门学堂,或大学,统计须在十年以上,既未能期以速成,而陆军镇协按年扩充,不得不参用他项人员,该员果能得力,亦不得不酌补军官。是今日官军之未能概以学堂为限者,时势为之也,惟陆军官制,与军制相维系,须就目前与将来办法,并顾兼筹,以垂经久,应由陆军部斟酌时宜,另行妥议。一面赶紧开办陆军中学堂,并依次设立军官学堂,以宏造就而敷任使。三、请归并督练公所,预备建置陆军都督府一节。查都督府系久远之规,督练处系权宜之制,各省新军练及一协以上,准设督练公所。原为创练伊始,不得不按省分设,以为筹办总汇之地,责成分任之谋。原奏拟请分为八道,固为统一军事,撙节军费起见,惟各省编练新军,限年足额,筹饷用人事繁任重,若数省并归一处,其在总督兼辖省分,已虑隔膜。若山东山西河南等省,原无总督兼辖者,办理尤形窒碍。至将来设立都督府,必须总揽通国大势,边防腹地,统筹分建。应俟三十六镇一律练成,再由陆军部通盘筹议,奏明办理。四、编定陆军刑罚,设立军事裁判所一节。查军人以武勇为节概,以服从为宗旨,性质既殊,故法律亦异东西各国。军律既有专章,裁判亦归特别,皆为尊重保全军人而设。练兵处前奏惩罚制略以及各军所设正副执法官,即系隐师其意。本年九月陆军部复经奏定各项惩治章程,声明应修军律,现饬员司参考中外调查军队情形,妥为拟订裁判所,必以军律为根据,应由陆军部考查明备,分别订立,奏请颁行。以上四端,应请饬下陆军部按照所陈各节详慎图维,次第筹备从之。

清廷会议政务处奏议覆前署江北提督徐绍桢奏请实行征兵制度曰:

查该署提督所奏与两江总督端方前奏用意相同,业经详议覆陈。至请建设军咨府一节,

查政权、军权，莫不统于朝廷大权之下，陆军部奏定军谘处章程，系遵旨暂归陆军部办理，故暂名为军谘处，并声明为设立军谘府始基。一俟规模大备，应否改为军谘府之处，由陆军部奏明办理。

《宣统政纪》卷五，文海出版社（台北）1989年版，第84～88页

1月10日（十二月十九日）　湖广总督陈夔龙奏设谘议局筹办处及办理情形。

陈夔龙奏文：

谘议局事属创始，筹办只限一年，而凡事皆应备具，成立后之善否，实惟筹办时之疏密基之。千条万绪，极为纷繁。而核其要归，莫重于调查、选举两事，使入手之初，淆乱无等，则差以毫厘者，势必谬以千里。不绸缪于事先，惧卤莽于临时，宜于预备之中，区为全体、分期二义。

其全体之预备有二，则确定期限、统一规则是也。查选举之前，调查尤须明确，机关未备，条款为先。鄂境多山，交通不尽便利，必须计算文书到达之后，乃为施行起限之时。馆定正月十五日初选，三月十五复选，日期太促，疏舛堪虞。但使不误明年九月初一开局，限期自可量为推展。拟定四月十五日为初选期，六月十五日为复选期。又虑奉行者玩于具文，而凡民难与图始，所有调查、申报等事，断以道里最远之率，为一律告成之归。后先各有定程，事序不容差误，并随时核记功过，俾利推行。此确定期限之办法也。原章关于调查选举各项规则，由初选、复选监督订定。惟宪政初基，得人不易。谘议局以省会为标准，一省之内断不容稍有分歧。倘由各监督分拟条规，异同实所难免。间逢抵触，又起纷更。日期无可转移，何暇互相纠正。所有调查选举详细规则，均经饬筹办处分项拟定，由臣复核，通饬一体遵行。地方之繁简攸殊，民情之通塞或异。务令遵循途径，庶免南辕北辙之虞。此统一规则之办法也。

分期之预备有三，有关乎调查前者，有关乎选举时者，有关乎议员确定后者。选举事项在各国为通例，在中国为肇端。宪政编查馆所定谘议局章程，密辏万端，诸烦解剖。调查之初，非使身当其任者了然于胸，则枝节横生，选期难待。因先于筹办处附设选举研究所，择在省候补中明白事理各员，研究选举事宜，已于十月毕业，分派各厅、州、县为初选司选员，会同初选监督，办理初选一切事务。复选派籍隶本省留日法政专科毕业各生，分赴各府、直隶州为选举襄理员，襄理复选一切事务。并饬各属选派调查员，前赴该管府、直隶州讲演章程，解释疑义，然后各回所属调查。此分期预备之一也。选举既属创行，则凡选举人之职任，选举之关系，与夫办理选举之程式，倘未能彻上彻下明白于心，非疑虑不前，即张皇失措。因饬刊白话告示，广为晓谕。一面由襄理员、司选员邀集所属调查员及管理监察员，练习投票开票一切办法，或以讲演，或以接谈，总期僻壤穷乡咸晓然于选举权及被选举权之重要。此分期预备之二也。谘议局为人民与闻政事之始基，原章第二十一条所列各项，以关系最巨最要之事，责诸数十议员，其担负之重可知。虽湖北风气夙号开通，而全局纲维所在，苟一事未能莹彻，则众情不免游移，自非预储成材，不足以资因应。拟于复选确定后，在省设议员讲习所，召集各议员先期来省讲习，稍资历练，期得完全议会，同摅忠爱，共体时艰。此分期预备之三也。

以上各节，惟议员讲习所须待明年七月设立，规则续行拟定，其余应行预备之事，章程条告，均经节次通行办理，选举人员刻亦分赴所在地方举办。此后仍当督同在事各员按期责效，严定考成，断不容稍有迁延，致误成立。

陈夔龙《庸庵尚书奏议》（卷10），载武汉大学历史系中国近代史教研室编《辛亥革命在湖北史料选辑》，湖北人民出版社1981年版，第354～356页

1月13日(十二月二十二日)　清政府任命宋炜臣为邮传部三等顾问官。

清廷谕：

以创办汉口水电公司，成效昭著，予职商宋炜臣奖励，为邮传部三等顾问官。

《宣统政纪》卷5，文海出版社(台北)1989年版，第20页

1月14日(十二月二十三日)　为反抗清廷苛虐，楚雄后河彝族农民赵得星、罗大名与镇南三乡汉、彝农民陈宜宽、罗应高等聚众起事，一度攻入镇南城。该日，起义被镇压，赵得星、罗大名、罗应高等农民领袖遇难。

清廷饬锡良镇压农民起义电文：

据电奏，镇南州土匪滋事等语，该督务饬所属，迅将股匪严行搜剿，尽法惩治，毋留余孽，以靖地方。该州知州黄希尚，著即行革职。

《宣统政纪》卷5，文海出版社(台北)1989年版，第20页

1月21日，清廷再次电饬锡良：

前因镇南州土匪滋事，曾经电饬严行搜捕。兹据电称著名匪首擒斩殆尽，办理尚属妥速。务将遗匪搜捕净尽，勿留余孽。所有在事出力员绅，著准其择尤保奖。

《宣统政纪》卷5，文海出版社(台北)1989年版，第50页

1月18日(十二月二十七日)　清政府颁布《城镇乡地方自治章程》，并命民政部及各省督抚迅速筹办城乡地方自治。

宪政编查馆奏复议民政部奏城镇乡地方自治曰：

核议民政部奏城镇乡地方自治并另拟选举章程一折，地方自治为立宪之根本，城镇乡又为自治之初基，诚非首先开办不可。着民政部及各省督抚督饬所属地方官，选择正绅，按照此次所定章程，将城镇乡自治各事宜迅即筹办，实力奉行，不准稍有延误，尤须将朝廷惠爱闾阎，官民共济之意，剀切晓谕，使知地方自治，乃辅官治之所不及，仍统于官治之内，并非离官治而独立之词。周之比闾族党，汉之三老啬夫，其来自古，惟选举自治之职员，责在州县，而选择州县，责在督抚，官绅皆得其人，方能有实效而无流弊。此外宪政馆奏定，各衙门应归第一年筹办之事，现已据陆续具奏，至明年以后所有分年应行筹备各事，并着内外各衙门按限妥筹，次第举办，毋得始勤终懈疲缓延搁，以致贻误实行立宪之期，用昭大信，而慰民望。

《政治官报》，第445号，光绪三十四年十二月二十八日，谕旨类，第1页；另见《光绪朝上谕档》第34册(光绪三十四年)，第368页；另见，《东方杂志》，第6卷第1期，记载1，第13页

《城镇乡地方自治章程》全文：

第一章 总纲

第一节 自治名义

第一条 地方自治以专办地方公益事宜，辅佐官治为主，按照定章由地方公选合格绅民，受地方官监督办理。

第二节 城镇乡区域

第二条 凡府厅州县治城厢地方为城，其余市镇村庄屯集等各地方人口满五万以上者为镇，人口不满五万者为乡。

第三条 城镇乡之区域各以本地方固有之境界为准，若境界不明或必须另行析并者，由该管地方官详确分划，申请本省督抚核定。嗣后城镇乡区域如有应行变更，或彼此争议之

处，由各该城镇乡议事会拟具草案，移交府厅州县议事会议决之。

第四条 镇乡地方嗣后若因人口之增减，镇有人口不足四万五千，乡有多至五万五千者，由该镇董事会或乡董，呈由地方官申请督抚分别改为乡镇。

第三节 自治范围

第五条 城镇乡自治事宜以左列各款为限：

一、本城镇乡之学务中小学堂、蒙养院、教育会、劝学所、宣讲所、图书馆、阅报社、其他关于本城镇乡学务之事。

二、本城镇乡之卫生清洁道路、蠲除污秽、施医药局、医院、医学堂、公园、戒烟会、其他关于本城镇乡卫生之事。

三、本城镇乡之道路工程改正道路、修缮道路、建筑桥梁、疏通沟渠、建筑公用房屋、路灯、其他关于本城镇乡道路工程之事。

四、本城镇乡之农工商务改良种植、牧畜及渔业、工艺厂、工业学堂、劝工厂、改良工艺、整理商业、开设市场、防护青苗、筹办水利、整理田地、其他关于本城镇乡农工商务之事。

五、本城镇乡之善举救贫事业、恤嫠、保节、育婴、施衣、放粥、义仓积谷、贫民工艺、救生会、救火会、救荒、义棺义冢、保存古迹、其他关于本城镇乡善举之事。

六、本城镇乡之公共营业电车、电灯、自来水、其他关于本城镇乡公共营业之事。

七、因办理本条各款筹集款项等事。

八、其他因本地方习惯向归绅董办理素无弊端之各事。

第六条 前条第一至第六款所列事项有专属于国家行政者，不在自治范围之内。

第七条 城镇乡地方就自治事宜得公定自治规约，惟不得与本章程及他项律例章程相抵牾。自治规约内得设罚则，以罚金及停止选民权为限，罚金最多之额不得过十元，停止选民权最长之期不得过五年。

第四节 自治职

第八条 凡城镇各设自治职如下：

一、议事会。

一、董事会。

第九条 凡乡设自治职如下：

一、议事会。

一、乡董。

第十条 城镇乡地方有分属二县以上，或直隶州与县管辖者，其自治职仍得合并设置毋庸分立。

第十一条 城镇有区域过广，其人口满十万以上者，得就境内划分为若干区，各设区董办理，区内自治事宜其细则以规约定之。

第十二条 乡有户口过少，其选民全数不足议员最少定额十倍之数者，得不独立设置自治职，与同一管辖内邻近之城镇乡合并办理。若因地方情形不便合并者，除按章设置乡董外，得不设乡议事会，以乡选民会代之。

第十三条 凡二乡以上有彼此相关之事，必须连合办理者，得以各该乡之协议设连合会办理之。

第十四条 城镇乡地方各设自治公所，为城镇乡议事会会议及城镇董事会乡董办事之地。自治公所可酌就本地公产房屋或庙宇为之。

第五节 居民及选民

第十五条 凡于城镇乡内现有住所或寓所者,不论本籍京旗驻防或流寓均为城镇乡居民。居民按照本章程所定,有享受本地方公益之权利,并有分任本地方负担之义务。

第十六条 城镇乡居民具备左列资格者为城镇乡选民:

一、有本国国籍者。

二、男子年满二十五岁者。

三、居本城镇乡接续至三年以上者。

四、年纳正税(指解部库司库支销之各项租税而言)或本地方公益捐二元以上者。居民内有素行公正众望允孚者,虽不备第三第四款之资格,亦得以城镇乡议事会之议决作为选民。若有纳正税或公益捐较本地选民内纳捐最多之人,所纳尤多者,虽不备第二第三款之资格,亦得作为选民。

第十七条 有左列情事之一者,虽具备前条第一项各款,及合前条第三项所定资格,不得为选民。

一、品行悖谬营私武断确有实据者。

二、曾处监禁以上之刑者。

三、营业不正者,其范围以规约定之。

四、失财产上之信用被人控实尚未清结者。

五、吸食鸦片者。

六、有心疾者。

七、不识文字者。

第十八条 城镇乡选民按照本章程所定有选举自治职员,及被选举为自治职员之权,以第十六条第三项资格作为选民者,有选举自治职员之权,若不能自行选举权者,得遣代理人行之,代理人以具备第十六条第一项第一二款之资格,且不犯第十七条所列各款者为限。

第十九条 左列人等不得选举自治职员及被选举为自治职员:

一、现任本地方官吏者。

二、现充军人者。

三、现充本地方巡警者。

四、现为僧道及其他宗教师者。

第二十条 现在学堂肄业者,不得被选举为自治职员。

第二十一条 凡被选举为自治职员者,非有左列事由之一不得谢绝当选,亦不得于任期内告退:

一、确有疾病不能常任职务者。

二、确有他业不能常居境内者。

三、年满六十岁以上者。

四、连任至三次以上者。

五、其他事由特经城镇乡议事会允准者。

第二十二条 无前条所列事由之一而谢绝或告退者,得以城镇乡议事会之议决,于一年以上五年以下,停止其选民权。

第二章 城镇乡议事会

第一节 员额及任期

第二十三条 城镇议事会议员以二十名为定额,城镇人口满五万五千者得于前项定额外增设议员一名,自此以上每加人口五千得增议员一名,至多以六十名为限。

第二十四条 乡议事会议员按照人口之数定之,其比例如下:人口不满二千五百者,议员六名。人口二千五百以上不满五千者,议员八名。人口五千以上不满一万者,议员十名。人口一万以上不满二万者,议员十二名。人口二万以上不满三万者,议员十四名。人口三万以上不满四万者,议员十六名。人口四万以上者,议员十八名。

第二十五条 城镇乡议事会议员由本城镇乡选民互选任之,城镇乡议事会议员选举事宜,照另定选举章程办理。父子兄弟不得同时任为议员,若同时当选者以子避父,以弟避兄。若有父子兄弟现为城镇董事会总董董事,或乡董乡佐者,不得为该议事会议员。

第二十六条 城镇乡议事会各设议长一名,副议长一名,均由议员用无名单记法互选,其细则以规约定之。

第二十七条 议员以二年为任期,每年改选半数,若议员全数同时选任者,其半数即以一年为任满。前项一年任满之半数,以抽签定之,若全数不能平分者,以多数为半数。

第二十八条 议长副议长以二年为任期,任满改选。

第二十九条 议员及议长副议长任满,再被选者均得连任。

第三十条 议员因事出缺至逾定额三分之一者应即补选。

第三十一条 议长因事出缺以副议长补之,副议长因事出缺应即补选。

第三十二条 补缺各员,其任期以补足前任未满之期为限。

第三十三条 议员及议长副议长均为名誉职,不支薪水,议长副议长有办公必需之费用,得给相当之公费,其数目由本城镇董事会或乡董定之。

第三十四条 城镇乡议事会各设文牍、庶务等员,其员额薪水以规约定之,文牍庶务员不限以选民,由议长副议长遴选派充。

第三十五条 乡选民会议员无定额,以本乡选民全数充之。乡选民会设议长副议长均由会员互选,其任期及再选照第二十八、二十九条办理,若因事出缺,照第三十一条办理,薪水公费照第三十三条第一第二项办理。

第二节 职任权限

第三十六条 城镇乡议事会应行议决事件如下:

一、本城镇乡自治范围内应行兴革整理事宜。

二、本城镇乡自治规约。

三、本城镇乡自治经费岁出入预算及预算正额外预备费之支出。

四、本城镇乡自治经费岁出入决算报告。

五、本城镇乡自治经费筹集方法。

六、本城镇乡自治经费处理方法。

七、本城镇乡选举上之争议。

八、本城镇乡自治职员办事过失之惩戒细则以规约定之。

九、关涉城镇乡全体赴官诉讼及其和解之事。

第三十七条 议事会议决事件由议长副议长呈报该管地方官查核后,移交城镇董事会或

乡董按章执行。

第三十八条 议事会有选举城镇董事会职员,或乡董乡佐及监察其执行事务之权,并得检阅其各项文牍及收支账目。

第三十九条 议事会遇地方官有咨询事件,应胪陈所见随时申覆。

第四十条 议事会于地方行政与自治事宜有关系各件,得条陈所见呈候地方官核办。

第四十一条 议事会于城镇董事会或乡董所定执行方法,视为逾越权限或违背律例章程或妨碍公益者,得声明缘由止其执行,若城镇董事会或乡董坚持不改,得移交府厅州县议事会公断,若于府厅州县议事会之公断有不服时,得呈由地方官核断,如再不服由地方官申请督抚交谘议局公断。

第四十二条 乡选民会职任权限,照乡议事会办理。

第三节 会议

第四十三条 城镇乡议事会会议每季一次,以二月、五月、八月、十一月为会期,每会期以十五日为限,限满议未竣者,得由议长宣示展限十日以内,其有临时应诿事宜,经地方官之通知及城镇董事会或乡董之请求,或议员全数三分之一以上之请求者,均得随时开会。每届会议应由城镇董事会或乡董将本届应议事件,距开会十日以前,通知议事会议员,其临时会议事出仓猝者不在此限。

第四十四条 会议时议长如有事故,以副议长代理,若副议长并有事故,由议员中公推临时议长代理。

第四十五条 会议非有议员半数以上到会,不得议决。

第四十六条 凡议事可否以到会议员过半数之所决为准,若可否同数则取决于议长。

第四十七条 会议时城镇董事会职员,或乡董乡佐均得到会,陈述所见,但不列议决之数。

第四十八条 凡会议不禁旁听,其议长副议长视为应行秘密者不在此限。

第四十九条 会议事件有关系议长副议长及议员本身,或其父母兄弟妻子者,该员不得与议。议长副议长如有前项事由,照第四十四条办理,议员半数以上有前项事由,因而不能议决者,由议长将该件移交府厅州县议事会,或邻近之城镇乡议事会代为议决。

第五十条 会议时议员有不守议事规则者,议长得止其发议,违者得令退出,因而紊乱议场秩序至不能会议,得令暂时停议。

第五十一条 旁听人有不守规则者,议长得令其退出。

第五十二条 议事规则及旁听规则,由议事会自定之。

第五十三条 乡选民会会议照乡议事会办理。

第三章 城镇董事会

第一节 员额及任期

第五十四条 城镇董事会各设职员如下:

总董一名。董事一名至三名。

名誉董事四名至十二名。

董事以该城镇议事会议员二十分之一为额,名誉董事以其十分之二为额。

第五十五条 总董以本城镇选民由该城议事会选举,正陪各一名,呈由该管地方官申请督抚任用之。

第五十六条 董事以本城镇选民由该城议事会选举，呈请该管地方官核准任用之。

第五十七条 名誉董事以本城镇选民由该城镇议事会选任之。第五十五、五十六条及本条选举事宜照另定选举章程办理。

第五十八条 总董、董事以二年为任期，任满改选。

第五十九条 名誉董事以二年为任期，每年改选半数，若同时就任者其半数即一年为任满，前项一年任满之半数照第二十七条第二项办理。

第六十条 总董、董事均支领薪水，其数目以规约定之，名誉董事不支领薪水。

第六十一条 董事会职员任满再被选者，均得连任。

第六十二条 董事会职员不得同时兼任该议事会职员，若有由议员当选者应辞议员之职。父子兄弟不得同时任董事会职员，若同时当选者照第二十五条第三项办理。

第六十三条 总董如有事故，以董事内年长者代理，年同则以居本城镇较久者代理，若再相同以抽签定之。

第六十四条 总董、董事因事出缺及名誉董事因事出缺，至逾定额之半者均即补选。

第六十五条 补缺各员之任期照第三十二条办理。

第六十六条 城镇董事会因执行各事有应设各项办事员时，由总董遴选派充，不限以选民，但须经董事会之公认，其细则以规约定之。

第六十七条 城镇董事会得设文牍，庶务等员，其员额薪水以规约定之。文牍庶务员不限以选民，由总董遴选派充，或按地方情形即以该议事会文牍庶务员兼充之。

第二节 职任权限

第六十八条 城镇董事会应办事件如下：

一、议事会议员选举及其议事之准备。

二、议事会议决各事之执行。

三、以律例章程或地方官示谕委任办理各事之执行。

四、执行方法之议决。

第六十九条 董事会于议事会议决事件视为除越权限，或违背律例章程，或妨碍公益者，得声明缘由，交议事会覆议，若议事会坚持不改，得移交府厅州县议事会公断，不服者照四十一条第二项办理。

第七十条 总董总理董事会一切事件，凡董事会公文函件，均以总董之名行之。

第七十二条 名誉董事参议董事会应行议决事件。

第三节 会议

第七十三条 城镇董事会每月举行职员会议一次，每届会议董事会文牍员应将本届应议事件距开会五日以内通知各职员。

第七十四条 会议时以总董为议长，总董如有事故按照第六十三条以其代理者为议长。

第七十五条 会议时非董事会职员全数三分之二以上到会不得议决，议决方法照第四十六条办理，会议时办事员就该管事务亦得到会与议。

第七十六条 会议时议事会议长副议长议员得到会陈述所见，但不列议决之数。

第七十七条 会议事件有关系董事会职员本身或其父母兄弟妻子者，该员不得与议，总董如有前项事由，照第七十四条第二项办理；董事、名誉董事全数三分之二以上有前项事由，因而不能议决者，将该件移交本城镇议事会代为议决。

第七十八条 凡议决事件应随时报告议事会，并呈报地方官存案。

第四章 乡董

第一节 员额及任期

第七十九条 各乡设乡董一名,乡佐一名,以本乡选民由该乡议事会选举,呈请该管地方官核准任用之。

第八十条 乡董、乡佐不得同时兼任该乡议事会议员,若有由议员当选者,照第六十二条第一项办理,父子兄弟不得同时为乡董、乡佐,若同时当选者照第二十五条第三项办理。

第八十一条 乡董、乡佐以二年为任期,任满改选再被选者均得连任。

第八十二条 乡董、乡佐均支领薪水,其数目以规约定之。

第八十三条 乡董如有事故以乡佐代理。

第八十四条 乡董、乡佐因事出缺均即补选。

第八十五条 各乡因执行各事有应设各项办事员时,由乡董遴选派充,不限以选民,但须经乡议事会之公认,其细则以规约定之。

第八十六条 乡董得设文牍庶务等员,其员额薪水以规约定之,文牍庶务员不限以选民,由乡董遴选派充,或按地方情形即以该议事会文牍庶务员兼充之。

第二节 职任权限

第八十七条 乡董职任权限照第六十八条第一至第三款及第六十九条办理。

第八十八条 乡董就应办各事定执行方法。

第八十九条 乡佐及办事员辅佐乡董办理各事。

第五章 自治经费

第一节 类别

第九十条 城镇乡自治经费以左列各款充之:

一、本地方公款公产。

二、本地方公益捐。

三、按照自治规约所科之罚金。

第九十一条 前条公款公产以向归本地方绅董管理者为限,其城镇乡地方向无前项所指公款公产,或其数寡少不敷用者,得由议事会指定本地方关系自治事宜之款项产业,呈请地方官核准拨充。

第九十二条 公益捐分为二种如下:

一、附捐。

二、特捐。

就官府征收之捐税附加若干作为公益捐者为附捐,于官府所征捐税之外另定种类名目征收者为特捐。前项附捐数目不得过原征捐税定数十分之一。凡以劳力或物品供给办理自治事宜之需用者,得计其相当价值以特捐论。

第九十三条 公益捐之创办由议事会拟具章程,呈请地方官核准遵行,嗣后如有应行变更废止之处,亦由议事会条议呈请地方官核准。

第二节 管理及征收

第九十四条 自治经费由议事会议决管理方法,由城镇董事会或乡董管理之。

第九十五条 公款公产之内有系私家捐助,当时指定作为办理某事之用者,不得移作他

用。其指定办理之事业以律例章程变更废止者,不在此限。

第九十六条 附捐由该管官吏按章征收,汇交城镇董事会,或乡董收管特捐由城镇董事会或乡董呈请该管地方官出示晓谕,交该董事会或乡董自行按章征收。

第九十七条 凡于本城镇乡内有不动产或营业者,即本人不在本地方居住亦一律征收公益捐。

第三节 豫算决算及检查

第九十八条 城镇董事会或乡董每年应预计明年经费出入,制成预算表,于每年十一月议事会会议期内移交该会议决。议决后除照第三十七条办理外,应由地方官申报督抚存案,并于本地方榜示公众。

第九十九条 豫算内除正额外,得设预备费以备豫算不敷及豫算各款外临时之支出,若豫备费不敷支出者,非经议事会之议决不得提用他款。

第一百条 城镇董事会或乡董每年应将上年经费出入制成决算表,连同收支细账,于每年二月议事会会议期内,移送该会议决,议决后照第九十八条第二项办理。

第一百零一条 凡自治经费出入之检查分为二种如下:

一、定期检查。

二、临时检查。

定期检查每月一次,由城镇董事会总董或乡董行之,临时检查每年至少一次,由城镇董事会总董或乡董会同该议事会议长副议长及议员一名以上行之。

第六章 自治监督

第一百零二条 城镇乡自治职各以该管地方官监督之,该管地方官应按照本章程查其有无违背之处而纠正之,并令其报告办事成绩,征其豫算决算表册,随时亲往检查,将办理情形按期申报督抚,由督抚汇咨民政部。其分属二县以上,或直隶州与县管辖者,由各该州县会同监督之。

第一百零三条 地方官有申请督抚解散城镇乡议事会城镇董事会、及撤销自治职员之权,解散或撤销后应分别按章改选,城镇乡议事会应于解散后两个月以内、城镇董事会应于解散后十五日以内,重行成立,乡董应于撤销后十五日以内重行选定。若城镇议事会董事会同时解散,或乡议事会乡董同时解散撤销者,应于两个月以内先行招集议事会,所有选举及开会事宜由府厅州县董事会代办,其城镇董事会及乡董应于议事会成立后十五日以内重行成立。

第七章 罚则

第一百零四条 自治职员有犯赃私及侵吞挪借款项者,除责令全数缴出外,仍按照律例治罪。

第一百零五条 自治职员有不受该管地方官监督者,应由地方官详请该管上司核准办理。

第一百零六条 自治职员有以自治为名,干预自治范围以外之事者,城镇乡议事会各员及城镇董事会名誉董事于会议时,停止其到会三日以上十日以下,城镇董事会总董董事及乡董乡佐,停止其薪水半月以上二月以下,其情节重者均除名。

第八章 文书程式

第一百零七条 城镇乡议事会、城镇董事会、及乡董行文该管地方官用呈。彼此互相行文,及与府厅州县议事会董事会互相行文,均用知会。地方官行文城镇乡议事会、城镇董事会、及乡董用谕。城镇乡议事会、城镇董事会、及乡董行文本省谘议局用呈。本省谘议局行文用知会。

第一百零八条 城镇乡议事会、城镇董事会、及乡董各备木质图记,由督抚核定式样通行各该管地方官判发,仍由地方官申报上司立案。

第九章 附条

第一百零九条 本章程施行之期遵照钦定逐年筹备事宜清单办理。

第一百零十条 本章程内所定应由府厅州县议事会董事会办理之件,在府厅州县议事会董事会未经成立以前,由各该管地方官代办。

第一百零十一条 本章程如有增删修改之处,得由议事会拟具条议,呈送本省谘议局审查后呈请督抚咨送民政部核议奏明修改。

第一百零十二条 本章程施行细则由督抚酌定,仍咨报民政部存案。

《政治官报》,第445号,光绪三十四年十二月二十八日,折奏类,第10~21页;另见《东方杂志》第6年第1期,记载1,宪政篇,第57~67页

△ 清政府颁布《城镇乡地方自治选举章程》。

为预备立宪,清廷命民政部起草,并宪政编查馆核订《城镇乡地方自治选举章程》(光绪三十四年十二月二十七日颁布):

第一章 总纲

第一条 凡选举及被选举资格,按照《城镇乡自治章程》所定办理。

第二条 城镇乡议事会选举事宜,由城镇董事会及乡董、乡佐办理,城镇董事会及乡董、乡佐选举事宜,由城镇乡议事会办理。

第三条 办理选举,应设调查及管理各员,由城镇董事会总董、乡董或城镇乡议事会议长各就自治职员内酌派充之。

第二章 城镇乡议事会选举

第一节 选举年限

第四条 凡选举议员,每年一次,于议员应届任满三个月前,由城镇董事会总董或乡董预定日期举行。

第二节 选举等级

第五条 选举人分为两级,就选举人内择其年纳正税或公益捐较多者若干名,计其所纳之额足当选举人全数所纳总额之半者为甲级,其余选举人为乙级。

第六条 选举人有所纳税捐之额介于两级之间者,归入甲级,若两级之间有二名以上所纳之额相同者,以年长之人入甲级,年同者由城镇董事会总董或乡董抽签定之。

第七条 两级选举人分别各选举议员半数,其被选举人不必限定与选举人同级。若议员

全数不能平分者，先按两级各分半数，其所余单数由甲级选举之。

若甲级选举人数少于该级应出议员额数者，除各举一名外，其余额归入乙级选举之。

第三节 人名册

第八条 每届选举，应由城镇董事会总董或乡董派定调查员，按章查取合格人员，造具选举人名册，所有选举人及被选举人，均以列名册内者为限。其照城镇乡自治章程仅有选举资格而无被选举资格者，应于本人姓名项下注明。

调查细则由城镇董事会或乡董拟订施行。

第九条 选举人名册应按名记载姓名、年岁、籍贯、住居年限及完纳税捐年额。

第十条 选举人名册应于选举期两个月以前一律告成，存放自治公所，宣示公众。

第十一条 宣示选举人名册，以二十日为期，如本人以为错误、遗漏，准于宣示期内取具凭证，声请城镇董事会总董或乡董更正，逾限不得再请。

城镇董事会总董或乡董据前项声请，应即日移知议事会公断。

第十二条 议事会自接到前条移知之日起，应于十日以内断定准否，若断定准其更正者，应由城镇董事会总董或乡董一律更正，即为确定。

第十三条 选举人名册确定后，应由城镇董事会总董或乡董保存，如本届选举年限内有当选无效及照章应行补选者，所有选举人及被选举人仍以列名册内者为限。

第十四条 选举人名册确定后，应分缮副本，申报地方官存案，并交各投票所及开票所各一分备查。

第十五条 宣示选举人名册，将应刊印选举传单一同公布，其应载事项如下：

一、选举日期；

二、投票所及开票所地址；

三、投票方法。

选举日期，两级应分两日，先乙级次甲级。

第四节 投票所

第十六条 投票所设于自治公所，其自治区域较广，人员较多者，得由城镇董事会总董或乡董选划地段，分设投票所若干处。

第十七条 投票所由城镇董事会总董或乡董派定管理员，掌投票一切事宜。

第十八条 投票所除本所职员及投票人外，他人不得阑入。

第十九条 投票所之启闭，以午前八时至午后六时为率，逾限不准入内。

第二十条 管理员于投票毕后，应将投票始末情形造具报告，连同投票匭，于翌日移交开票所，并报告城镇董事会总董或乡董。

第二十一条 投票所自投票完毕之日起，十五日以内一律裁撤。

第二十二条 投票所办事细则，由城镇董事会或乡董拟订施行。

第五节 投票簿、投票纸及投票匭

第二十三条 城镇董事会总董或乡董，应按照各投票所投票人数，分别造具投票簿，并按照定式制成投票纸及投票匭，于选举期十日以前，分交各投票所。

第二十四条 投票簿应记载投票人姓名、年岁、籍贯及住所。

第二十五条 投票簿应将两级分别两册记载。

第六节 投票方法

第二十六条 投票人以列名各该投票所之投票簿者为限。

第二十七条 投票人届选举期应亲赴投票所自行投票,不得请人代理。

其照《城镇乡自治章程》第十八条第二项特许者,不在此限,但投票时应将代理凭证向管理员呈验。

第二十八条 投票人应在投票簿所载本人姓名项下签字毕,方准领投票纸。

第二十九条 投票人每名只准领投票纸一页。

第三十条 投票用无名单记法,每票只准书被选举人一名,不得自书本人姓名。

第三十一条 投票人应准于选举票附记格内,将所选举人素行如何公正附记一二事为众论所称道者,并得于附记格内注明所选举人官衔、职业、住所等项,此外不准夹写他语。

第三十二条 投票人于投票所内,除关于投票事宜得与职员问答外,不得涉及私言,并不得与他人接谈。

第三十三条 投票人投票毕应即退出,不得逗留窥视。

第三十四条 投票人倘有顶替及违背定章等事,管理员得令退出。

第七节 开票所

第三十五条 开票所设于自治公所。

第三十六条 开票所由城镇董事会总董或乡董派定管理员,掌开票一切事宜。

第三十七条 开票所自各投票匦送齐之翌日,由城镇董事会总董或乡董酌定时刻,先行榜示,届时亲自到场,督同管理员当众开票,即日宣示。

第三十八条 开票时准选举人前往参观,若人众不能容时,管理员得以限制人数。

第三十九条 管理员应将开票始末情形造具报告,于检点票数完毕之翌日报告城镇董事会总董或乡董。所有票纸应分别有效无效,一并附送,于本届选举年限内由城镇董事会总董或乡董保存之。

第四十条 第二十一条、二十二条所定事项,开票所一律照办。

第八节 检票方法

第四十一条 检票时应先将选举票与投票簿对照,如有票数与名数不符及放弃选举权等事,均应另册记明。

第四十二条 凡选举票无效者如下:

一、写不依式者;

二、字迹不可认者;

三、不用投票所所发票纸者;

四、选出之人不在选举人名册内者;

五、选出之人不合被选举资格者。

第九节 当选决定

第四十三条 凡选举,以得票较多数者为当选,按得票多寡以次递推,票数同者以年长之人列前,年同者由城镇董事会总董或乡董抽签定之。

第四十四条 当选人确定后应即榜示,并由城镇董事会总董或乡董具名,分别知会各当选人。

第四十五条 当选人接到知会后,应自知会之日起五日以内答复应选,其逾期不复者,以谢绝论。

第四十六条 一人两级均当选者,应自知会之日起五日以内答复愿应何级之选,其逾期不复者,亦以谢绝论。

第四十七条 前二条以谢绝论者，照《城镇乡自治章程》第二十一、二十二条办理。

第四十八条 凡应选者，由城镇董事会总董或乡董呈请地方官给予执照，并由地方官呈报督抚，汇咨民政部存案。

第十节 选举变更

第四十九条 凡左列各款为选举无效：

一、选举人名册有舞弊作伪情事，牵涉全数人员，公断确实者；

二、办理选举不遵定章，公断确实者；

三、照章解散者。

第五十条 凡左列各款为当选无效：

一、谢绝；

二、告退；

三、身故；

四、被选举资格不符，断定确实者；

五、当选票数不实，断定确实者；

六、当选后失其资格，断定确实者；

七、受除名之处分者。

第五十一条 当选无效，如已给予执照，应令缴还，并将姓名及其缘由榜示。

第五十二条 每届选举年限，应行改选，议员出缺至定额三分之一者，应行补选。

选举无效一律改选，当选无效一律补选。

第五十三条 补选以得票最多者补所出缺中任期未满最长者之缺，其余以次递推，票数同者以年长之人列前，年同者由城镇董事会总董或乡董抽签定之。

第五十四条 改选及补选一切应有事宜，均照本章程办理。

第十一节 选举争议

第五十五条 凡选举人确认有左列各款情事者，得提起选举争议：

一、选举人名册有舞弊作伪情事，牵涉全数人员；

二、办理选举不遵定章；

三、被选举资格不符；

四、当选票数不实；

五、当选后失其资格。

第五十六条 选举争议由选举人申诉城镇乡议事会公断，不服者申诉府厅州县议事会公断，仍不服者呈由地方官核断，如再不服，由地方官申请督抚交谘议局公断。

第五十七条 申诉除第五十五条第五款外，应自选举之日起三十日以内为限。

第五十八条 落选人员确信得票额数可以当选而未经与选者，得照前二条办理。

第三章 城镇董事会选举

第五十九条 凡选举总董二年一次，选举董事及名誉董事每年一次，于各该员应届任满三个月前，由城镇议事会议长预定选举日期，招集议员举行，并呈请地方官亲临或派员监督之。

第六十条 总董用无名单记法选举，以得票满议员总数三分之一者为当选。董事及名誉董事用无名连记法分次选举，以得票满议员总数三分之一者为当选。票数同者以年长之人

列前,年同者由议长抽签定之。若得票无满议员总数三分之一者,应即如法再选,以选出为止。

第六十一条 总董选举完毕后,由议长将得票当选者拟定正陪各一名,开列姓名、履历及得票数目,造具清册,呈由地方官申请督抚遴选一名,加札任用,咨报民政部存案。

第六十二条 董事及名誉董事选举完毕后,由议长开列姓名、履历及得票数目,造具清册,呈请地方官核准任用,并由地方官申请督抚咨报民政部存案。

第六十三条 总董、董事及名誉董事均由地方官给予执照。

第六十四条 城镇董事会选举一切细则,由城镇议事会以规约定之。其选举争议,应申诉府厅州县议事会公断,不服者呈由地方官核断,如再不服,由地方官申请督抚交谘议局公断。

第四章 乡董及乡佐选举

第六十五条 凡选举乡董及乡佐,二年一次,于每届任满三个月前,由乡议事会议长预定选举日期,招集议员举行,并呈请地方官亲临或派员监督之。

第六十六条 乡董及乡佐用无名单记法分次选举,各以得票满议员总数三分之一者为当选。第六十条第三、第四两项所载各节,本条一律照办。

第六十七条 乡董、乡佐选举完毕后,由议长开列姓名、履历及得票数目,造具清册,呈请地方官任用,给予执照,并由地方官申请督抚咨报民政部存案。

第六十八条 乡董及乡佐选举一切细则,由乡议事会以规约定之。

第六十四条 第二项所载各节,本条一律照办。

第五章 罚则

第六十九条 以诈术获登选举人名册或变更选举人名册者,处三元以上三十元以下之罚金。办理选举人员知情者,处一月以上二月以下之监禁,或三十元以上六十元以下之罚金。

第七十条 冒用姓名投票者,处一月以上六月以下之监禁,附加五元以上三十元以下之罚金。

第七十一条 以财物利诱选举人或选举人受财物之利诱及居中周旋说合者,处一月以上二月以下之监禁,或三十元以上六十元以下之罚金,财物入官,已用去者按价追缴。

第七十二条 以暴行胁迫妨害选举人及选举关系人者,处一月以上三月以下之监禁,或三十元以上百元以下之罚金。

第七十三条 选举人及选举关系人携带凶器者,处一月以上二月以下之监禁,凶器入官。

第七十四条 加暴行于办理选举人员,或骚扰投票所、开票所,或阻留毁夺选举票、投票匦及其它有关选举文件者,处一月以上六月以下之监禁,附加五元以上三十元以下之罚金。

第七十五条 办理选举人员漏泄选举票上之姓名者,处一月以上六月以下之监禁,附加五元以上三十元以下之罚金。其所漏泄非事实者,罚同。

第七十六条 办理选举人员违法干涉选举人之投票,或暗记被选举人之姓名者,处一月以上三月以下之监禁,或三十元以上百元以下之罚金。违法擅开投票匦或取出投票匦中之选举票者罚同。

第七十七条 凡犯本则所定各条者,于处罚后一年以上五年以下,停止其选举权及被选举权。

第七十八条 凡犯本则所定各条者,由审判厅审理执行。其未设审判厅地方,由地方官

审理执行。

第六章 附条

第七十九条 本章程与《城镇乡自治章程》同时施行。

第八十条 本章程如有未尽事宜应行增改者,照《城镇乡自治章程》第一百十一条办理。

第八十一条 城镇乡自治开办时第一次议事会选举,所有办理选举人员应由地方官选派官绅充之。

《政治官报》,第445号,光绪三十四年十二月二十八日,折奏类,第21~28页;
另见徐秀丽编《中国近代乡村自治法规选编》,中华书局2004年版,第19页

△ **根据清政府谕令,自1月18日(十二月二十七日)起各地陆续开始筹备地方自治事宜。**

《抚部院增奏筹办浙江地方自治事宜折》:

奏为浙省筹办地方自治事宜,恭折仰祈圣鉴事。窃光绪三十四年十二月二十七日,内阁奉上谕,宪政编查馆奏,核议民政部奏,城镇乡地方自治并另拟选举章程一折,地方自治为立宪之根本,城镇乡又为自治之初基,诚非首先开办不可,著民政部及各省督抚,督饬所属地方官,选择正绅,按照此次所定章程,将城镇乡自治各事宜迅即筹办,实力奉行,不准稍有延误,等因。钦此。并准宪政编查馆咨行,钦遵查照办理前来。伏维地方自治为修明内政之要图,实行立宪之基础,举凡未成立时之倡导,与既成立后之维持,固赖热心毅力之士绅,尤赖有条不紊之规划,况当兹创办伊始,事体重大,端绪纷繁,允宜挈领提纲,以期推行,尽利宪政。编查馆原奏拟通行直省,各就谘议局筹办处,兼理地方自治一应筹办事宜。既各属之禀承,且节分筹之糜费,亟应遵照办理,业经奴才札饬谘议局筹办处司道,督同员绅悉心详议,妥慎兼筹,谨将拟办纲要,为我皇上缕晰陈之:一曰预储人才。查宪政筹办清单,本年应筹办城镇乡地方自治,设立自治研究所。此项自治研究所章程,业由民政部具奏,宪政编查馆核复颁行,具有成规,较易就理。惟兹事系属创举,民智尚少开通,举凡地方自治原理,及筹设次序,若不先行讲求,仓猝从事,凌越茫昧,名具而实不存,甚或徒争权利,而不知各尽其义务,或力避义务,而并抛弃其权利,流弊所及,关系匪轻,固欲筹办地方自治,宜先慎选地方人才,尤在严定资格,广为造就,务使以研究之学理,与实地之练习,互相印证,见诸实施,庶得收整齐划一之效。现拟就省城设立全省自治研究所,即由谘议局筹办处订定简章,招考各属员绅,入此研究,限八个月毕业,给与证书,分派各厅州县办理厅州县自治研究所。其厅州县自治研究所研究员录取名额,城镇乡务备相当,以期普及,仍限八个月毕业。其已成立在前,如自治讲习所等类,或虽未成立,而已有讲员,能设研究所者,均责由各该州县查明,将考选资格、讲习课程,及办理方法,据实转详该处,认真考核,方准立案,仍饬该处随时派员前往观察,以求确实。所有各厅州县自治研究所,统限宣统二年十月以内,为第一次毕业之期。嗣后应即继续办理,推广于各镇各乡。似此通盘筹划,庶几大纲既举,而节目毕张矣。二曰分划区域。查城镇乡区域,虽应以各地方固有之境界为准,然镇乡之名称,与夫城镇乡议员之额数,仍视人口之多寡为定。查宪政筹备清单调查人口总数在宣统三年,汇报则在宣统四年,而城镇乡地方自治至四年,已应粗具规模。计自二年至三年之间,人口调查之实数,尚能确定,此时划区定额自非先筹权宜办法不可,现拟责成各厅州县先行遵照光绪三十三年民政部颁定调查户口册式,将调查时所得之约数,分别城镇乡;详细造册,限于本年内呈报该处核明,即据以为

暂定区域,及议员额数之标准。并饬各厅州县俟城镇董事会或乡董成立之后,再查照此次民政部调查户口章程,由董事会或乡董办理调查人口事宜,务以得各本区域内之人口确数为主。限于宣统三年十月以内,调查完竣,重行划配,确定城镇乡区域,及城镇乡议事会议员额数,仍由各属具报立案,庶筹备悉有次第可循,足以昭核实而符定章矣。三曰办理选举。查城镇乡议事会选举,照章应由城镇董事会或乡董、乡佐办理,然在第一次亦得由地方官另行选派官绅。浙省各属风气悬殊,地方官吏职务繁重,兼筹并顾,恐难悉周,现拟饬将所有关于调查选举,乃实行选举各种规则章程,暨册簿式样、图记式样,一律由该处制定颁发,令各该地方官绅查照办理。至调查及办理选举之绅士,应以全省自治研究所,及各厅州县自治研究所,领有毕业证书之各城镇乡绅士为限,以期用其所习,不得滥竽充数。所有一切应由官为督理之处,仍随时饬令各该厅州县督同办理,统限于宣统三年三月以内,将城镇乡议事会一律成立。再行按照馆章将城镇乡董事会,及乡董乡佐选举事宜,责成该议事会办理,统限于宣统三年五月以内一律成立。庶办理皆易于合法,而不至舛误迟延矣。以上三端,业由奴才督同该处司道员绅拟章试办。至实行地方自治,应俟议事会及董事会等成立后,次第举行,总期于宣统四年内粗具规模,以仰副朝廷实行宪政,轸念地方之至意。所有浙省筹办地方自治缘由,除咨明宪政编查馆暨民政部查照外,理合具陈,伏乞皇上圣鉴。谨奏。五月十七日奉到朱批:该衙门知道。钦此。

《浙江官报》宣统元年(1909 年)第 6 期

1 月 23 日(己酉年正月初二日)　陶成章自槟榔屿到坝罗,所筹捐款甚少,募款会上公开表示对孙中山的不满。

陶成章《致李燮和书》(一九〇九年四月二十八日):

中山私人汤伯令出场演说,言《中兴报》事紧要,而不及弟事。旋由他会员提议。汤宣言曰:陶君来此,不过来游历而已,并非筹款而来。于是会友疑且信,本来筹至千金,于是遂仅三百数十元。而弟乃不得不再往,多用川费,多滞时日,多费口舌,始由诸同志允再为开会提议。弟本不说中山坏事,盖尤为团体起见,不得不稍留余地,至是逼弟至无可奈何,不得不略陈一二已。

湖南省社会科学院编注《陶成章信札》,岳麓书社 1985 年版,第 3 页

1 月 24 日(正月初三日)　陶成章拟赴爪哇,时经费窘迫,亟需筹款。

《致李燮和书》(一九〇九年一月二十四日):

弟等到新加坡后,已无一文,已向剑非兄(即何剑非,编者)移借三十元。而又欲急赴爪哇,又向之借一百二十元。祈兄速汇二百盾于剑非兄以偿之。其不足,弟到爪哇再筹再寄。此二百盾算作弟假用,请澄如兄日后代还六十盾,余一百四十盾,由弟设法筹还,因兄等亦在困难中,不必客气也。而弟此次来,亦欲自谋一位置,以拔亏空。

汤志钧编《陶成章集》,中华书局 1986 年版,第 148 页

1 月 29 日(正月初八日)　清廷驻美使伍廷芳致电外务部,望密饬各领严防革命党由美运炸药来华举事。

《使美伍廷芳致外部闻革党由美运炸药来华举事已饬各领严防电》:

访闻近有逆党,由南洋电美华侨筹办款项,及有美人代购炸药,乘美国丸赴香港,转运京

师各省,希图举事,除密饬各领切谕商工勿为所惑,乞密饬严防。

王彦威、王亮编《清季外交史料》,"清宣统朝外交史料卷",卷1,第5页,文海出版社(台北)1985年6月,总3474页

1月30日(正月初九日)　粤省会党首领陆兰清、谭义、李福林等持胡汉民介绍信由新加坡抵挂罗、庇胜,加入同盟会。

时任西贡同盟会领导人黄复黄《侨西贡党事之经过》中记:

是年(戊申)腊月陆兰清秘密来埠,凭潘沛引导,复黄当面询察的确,会同景南、朱衍、壮志、赞臣,开临时会议,委复黄为主盟,兰清即时入党。立修密函给陆兰清,赴星洲大埠丝丝万街万亿昌客栈亲谒邓子瑜,领会孙先生,经先生面授机宜,恰此时先生有美国之行,交带(原文如此,疑为"代",编者)展堂先生执行一切要务也。于是兰清复回西贡,与复黄设卫生社,赁新巷口五办事处,先从洪门各馆入手,黎容(混名二哥容)为引导,略谓反清倡明与革命倒满吻合,昔年孙先生曾驻堤岸广东街二十九号,提倡洪门组织大团体,众兄弟心悦诚服,究不如加入同盟,实行三民主义较为妥适。其时万兴、华胜、同协、华旧义和、义群、祥胜、关帝厅、东胜堂、番邑堂,闻风兴起:如莫福……梁春堂等,陆续加盟,而革命党声势更形膨胀。

杜元载主编《革命文献》第65辑,中央文物供应社(台北)1974年版,第480页

△ 四川拳民首领陈万元、刘载华等被缉获并解送至成都。

《管带张辅周为捕拿习拳聚众民人陈万元事致总督申文》(赵尔巽档,宣统元年正月十一日):

标下卫队管带官张辅周,为申报事:本年正月初三日接准机器局总办丁昌燕函知,年前派弁探得金堂县属普渡山普安庙等处,有拳匪聚众滋事,请派弁会拿,当即将前情面禀大帅。随于初四日派军需长周廷弼、护目张贵现、正兵刘富章等,会同机器局差弁提中世职恩骑尉李培熔、五品军功王霖龙、武定国、弁兵钟嵩峻、曹实玉、徐鹏程、曾耀武等,前往赵家渡查探。旋据机器局差弁李培熔等公禀,内称:窃于本月初四日奉谕,于初五日驰抵赵家渡驻扎,张贵现、刘富章二弁随即混入巢穴,俱已窥悉匪等实在情形,意欲至初七日会合之后,各行哨〔啸〕聚乌合,拟先混入金堂县夺城劫狱,扶保伪称皇帝之刘元聪,就此举事。

嗣张、刘二弁探实回镇会商弁等,倘不趁时捕捉,后恐难获。旋即在赵镇驻扎之前路巡防军纳管带营内,借拨兵丁十余名,并弁等所从之人,内外夹攻,业已捉拿得拳匪陈万元混名天仙状元,刘载华混名刘伯温,秦合仙即合山混名姜子牙,叶教云混名汉张飞,黄乐臣又称陈卜卦,邱子山即邱铁匠,黄士兴即水瓶瓶等七名,均系韩摆子、苏仲等之余党,并搜获朱书黄纸报单,黄缎绣龙单条,内书陈本聪之名,三王爷苏正人名片、图记、符咒、板片等件,于初九日将人犯一并获解回省。

中国第一历史档案馆、北京师范大学历史系编《辛亥革命前十年间民变档案史料》下册,中华书局1985年版,第787~788页

本月初河南会党组织仁义会欲在开封起事,被清廷破获,会党首领姬天顺、牛明德等被捕杀。

《河南巡抚吴重熹奏拿获省城商谋起事会党首要折》(宣统元年六月十八日宫中朱批奏折):

豫省素多会匪,如在园、仁义等会,名称各殊,其谋为不轨则一。频年屡经前抚臣遇案惩

创,骤难净绝根株。臣上年九月奉命抚豫,抵任后,风闻省垣亦有会匪巢穴,当经饬派侦探严密踪访。其时叠遭德宗景皇帝暨孝钦显皇后大丧,人心哀迫,臣深虑匪党生心,祸起肘腋,遂访得会中有胡文庆者,尚非甘心从逆,密饬怵以利害,许以反正。胡文庆悔罪投诚,倾心作线,并于侦探中选择心思机警者二人,令投匪中确查动静,逐日得彼等秘密报告,备悉即日起事情形,并藏匿处所。势甚危岌,比即分谕防、陆各军并旗营一律警备。十二月初八日夜,于南书店街捕获于化龙一名,起得书信、飘纸、木戳、枪械等件,讯认入仁义会,听从姬天顺、牛明德等商谋起事等情。正在羁禁讯办,查拿首要,又得探报,牛明德暗纠党羽,定谋初十夜在城北放火,以救于化龙出狱之信。臣于是夜立调各军队防护各衙署、局所、仓库、监狱及军械、火药储藏之处,并将冲要街巷悉行把守。布置既定,凭探所指之无量庵地方,将牛明德搜获,提同于化龙讯认无异。因姬天顺远飏,一时恐难弋获。该二犯同属著恶头目,未便久羁,致滋疏脱,批饬于十三日先行正法。立撰告示,宣布朝廷德意,设立自新筒,准其缴飘投诚,胁从罔治,以安人心,而寒匪胆。即经电请军机处代奏在案。当因犯供有勾结汝、洛刀匪之语,立即复饬侦探坐火车前往密探。据报该处刀匪类多入会,先本预备起应,后闻牛、于被擒而止,该探屡濒于危等情。嗣据派出弁兵跟踪,在犯籍舞阳县追获姬天顺,并在省城及陈留等处先后拿到方家修、王文德等十九名,发交开封府谳局审办。各匪异常狡展,姬天顺且屡更姓名,有意蒙混,冀延显戮。委员赴该匪原籍多方质证,并提到犯妻详加推问,确系正身。该局复提集研鞫,各供确凿,开折拟议禀办前来。

臣复加核拟,缘姬天顺本名姬本善,光绪三十一年入仁义会,经总头四川人江盛隆派充主堂老大,领有会规、木戳,屡次开堂放飘。三十二年随同西平县嵖岈山案内苗金声谋逆,拒敌官兵,事败漏网,始改今名。牛明德先已入会,姬天顺因其居住省中,治病卖药,易于勾结,且素有智谋,派为腹心老大,管理省城会事,并转给飘纸、木戳,牛明德遂陆续散飘,劝惑多人。并令于化龙辗转煽诱,徒党益重,旋提升于化龙为披红老三。方家修初未入会,与姬天顺平日莫逆,素习星算。三十四年十二月初二日,姬天顺闻京师多故,人心惶乱,又闻省城入会众多,偕同方家修进城晤见牛明德、于化龙等,商议谋逆。牛明德虑及会众虽多,材武者鲜,难以济事。姬天顺以河南府著名刀匪张黑子系伊至交,党众而善施枪炮,可借以为固(疑为“用”,编者),决意起事,随即函嘱张黑子预备接应。因方家修能占卦识字,举为军师。分遣牛明德、于化龙、未获之李怀珠等,暗地纠集会党及大刀会卢乃深一股,叠在各处聚议。尚未定期,于化龙先被拿获,姬天顺、方家修闻而逃逸。牛明德复思营救于化龙,与李怀珠商定纠众乘夜放火未成,亦即就获。续在各处拿获姬天顺等,饬交开封府知府刘更寿,督同前署祥符县知县舒树基,现署祥符县知县苗燮暨各局员,严切质究,各据供认前情不讳。

查光绪十八年刑部通行(例)内开,嗣后拿获会匪,讯系为首开堂散放飘布,辗转纠伙,充当元帅、军师等项名目,审实即行正法;如并非头目之犯,酌定年限监禁。其拿获之文武员弁,准其随案奏请优奖。又二十年吏、兵等部奏准章程,拿获开堂立会首要匪犯,果能不烦兵力消患未萌,准将尤为出力之员照异常劳绩请奖;但获一名,文武并计只准保奖一二员。又三十四年十月二十七日钦奉上谕:遇有缉获扰害治安匪党,准其择尤请奖,钦此。各等因。此案仁义会匪姬天顺,以西平余孽,竟敢乘国家叠遭大故之际,首谋倡乱;牛明德、于化龙同系有名头目,听从起事;方家修平时与姬天顺订交最密,出入相随,既被举为军师,后代占卦纠伙,虽据供未曾入会,实属甘心从逆,罪不容诛,按章均应就地惩办。牛明德、于化龙先已正法。姬天顺、方家修亦批饬斩首。方家修先期病故,与姬天顺、牛明德等遵章分别免其枭首戮尸。王文德、王继英咸预逆谋,应永远监禁。田庆、李光荣、刘金明、萧顺卿、杜文秀或知

情并不告发，或受托窝藏首要，均应监禁二十年。僧人德明任听其徒行城入会，并容留会党在寺焚香结盟，应与行城各监禁十年。高寿山、郭振芳、张考城、张建吉、冲金山五犯仅止入会，并未领飘，亦各应监禁五年。申鸿儒有心容隐，应收所习艺三年。齐学孟、许风林、平福臣均被诱入会，各拟习艺一年。余属误拿，概予释放，以省株累。

臣查此次会匪商谋起事，既当海宇震惊之日，复在省垣根本之区，更值皖变未平之际，羽翼遍布，计谋狡狯，设办理稍涉迟回，祸机立发，汝、洛各匪如张黑子等必群起响应，中州骚动，其为祸之烈，有不堪设想者。

中国第一历史档案馆、北京师范大学历史系编《辛亥革命前十年间民变档案史料》上册，中华书局1985年版，第230～233页

年初　容闳与美国友人荷马·里、布思以及艾伦等共同拟定了一个名为“红龙”的反清活动计划，拟筹集军费五百万美元，枪支十万条，子弹一亿粒，用以帮助孙中山革命。该计划后未能实行。

吴相湘《孙逸仙先生传》记：孙中山1月21日(十二月三十日)艾伦致函布思，论述容闳提出的“中国红龙计划”(Red Dragon—China)，表示：

袁世凯现被斥逐，将来仍将再起。以袁控制北洋新军将领，对康有为极表不满。(康)在美国捐款均饱私囊，不啻是自己伤害自己。对孙逸仙则认为是所有中国革命人士中最可信任的，并认定孙在广东的力量很强大，我们应赞助使他实现其理想与计划。

吴相湘《孙逸仙先生传》(上册)，远东图书公司(台北)1982年版，第696～697页

孙中山《我的回忆——与伦敦《滨海杂志》记者的谈话》(一九一一年十一月中旬)中记叙他与荷马·里相遇的情景。

有一次，我正向一群追随我的同伴演说，看到了一个身材瘦小的年轻人，他身高不够五尺，年龄和我相仿，脸色苍白，显得体格纤弱。事后他来找我，对我说：“我愿意和你共同奋斗，我愿意帮助你。我相信你的宣传一定能够成功。”

从他的口音，我听出他是个美国人。他伸出手来，我紧紧握着向他道谢。但不知道他到底是什么样的人，我猜想他也许是个传教士或学者。我没有猜错。在他走后，我问一位朋友：

“那驼背的小个子是谁？”

“噢，”他说，“那是荷马·里上校，当今世界上出色的军事天才之一——不，也许是最出色的一个。他精通现代战争的战略战术。”

我吃惊得几乎合不拢嘴。

“正是他刚刚表示愿意和我共同奋斗。”

第二天早晨，我拜访了荷马·里，现在他是将军，而且是《无知之勇》一书的著名作者。我告诉他，一旦我的革命获得成功，而我的同胞又授权于我，我将聘请他为首席军事顾问。

中国社会科学院近代史研究所等编《孙中山全集》第1卷，中华书局1981年版，第552页

年初　同盟会缅甸分会，派居正等前往云南指导滇西起义。居正和陈仲赫从仰光抵干崖后，分析形势，认为因永昌起义失败，滇西起义处于低潮，腾越起义暂停，干崖土司刀安仁按照仰光分会和居正的指示，决定只积极做准备工作，暂不行动。

居正入滇前致信中华同盟会缅甸分会会长庄银安(吉普)，报告行程并就同盟会缅甸分

会和《光华日报》相关事宜进行安排。信中写道：

弟本拟二十九日起程赴内，因车道不便，兼以瓦城事毫无头绪，尹君不许弟等走，所以勾留。明天定由瓦起程。昨晚三十日，永昌有一店头，得一家信，云镇南州（在楚雄府，距省有六天程途）已被民兵克复，永昌已大摇动，并有起事之说，目下人心惶惶。腾越方面尚无大动静，然喜刘道终日在花戏场，张镇终日在酒乡，以故诸事废弛。现今残年已过，弟等去极力经营，稍有端倪，即当电达。只不知林子欣已动身否？祈随时打听催促，谚云有钱好做事，即谓此也。前函略道参谋部办法一事，不过举其大要，其组织法，则复表列如下。参谋部内分：

（一）军务课，掌理军务机密及重要谋略。

（二）内务课，掌理庶务及印刷一切要件。

（三）外务课，掌理平时与会外交涉。

（四）经务课，掌理本部军需及收支运动款项。

依右表列，各司其事，而以参谋部长总其成。惟此事系秘密机关，切不可多用人，一切要件章程，祈俟尹先生返后办理可也。

报社编辑，恐尹君一人不能料理一切。祈找一妥当人，襄理一切，庶几易办。此后通信，祈俟弟等至干【崖】后，再开明住址姓名，以便照寄。肃此并候禧安。诸同志均升。弟觉生、仲赫顿首。己酉年正月初二日。

《居正、陈仲赫入滇前之报告》，载章开沅、罗福惠、严昌洪主编，罗福惠编《辛亥革命史资料新编》(1)；另见罗福惠、萧怡编《居正文集》，华中师范大学出版社1989年版，第241页

居正在其《梅川谱偈》中记：

重企干厓（崖，编者）据一隅，土司十地势情殊。盘山腊撒形天险，同户为邻太烂污。

春间同黄子和等复至干厓（崖，编者）。托刀沛生介绍，计游说南甸、遮放、芒市十个土司。合纵连横，就地举义。先至腊撒户撒。腊撒土司有弟名盖达，颇有野心，尝谋夺木邦土司位未遂。腊撒与户撒，同在一高山之阿，形似瓠，腊撒狭而长，户撒宽而短。纵横百余里，有耕地出谷黍，供食无缺。腊撒出刀，户撒出柄，人种复杂。腊撒颇思振作。户撒土司，则唯于雨季，以其衙门为赌场，取赌税。住一月他往。川资不继，又返仰光。

居正《梅川谱偈》，载罗福惠，萧怡编《居正文集》，华中师范大学出版社1989年版，第509页

年初　孙中山委庄银安、胡汉民等在缅甸筹款，并发展革命组织，支援国内革命。

孙中山于1月5日（十二月十四日）致函同盟会缅甸分会会长庄银安：

精卫兄归星，得读手示，祗悉并收到会底半额，银四百盾，及公费银二百盾矣。闻贵处团体已达五百人之数，循此进步，前途不可量也，尚望时以手教报知。专此作复，余事由精卫函详述。

《孙总理来函四篇》，载章开沅、罗福惠、严昌洪主编，罗福惠编《辛亥革命史资料新编》(1)，湖北人民出版社2009年版，第113页

徐市隐《缅甸中国同盟会开国革命史》记：

己酉春初，孙中山先生因经费不足，派胡汉民到仰筹款，发汪所定票据，计得二千元。

为筹款事，胡汉民致函同盟会缅甸分会主盟人陈仲赫：

仲赫我兄大鉴：弟于昨上午已抵星加坡，而喻君亦适于是日到坡也。闻君将与觉生兄入东吁，所事如何？广东人（指广府一属言）已有入会者否？前入东吁仓猝过疲遽行，此弟最不惬意事。弟行后，各区长已举定人否？撙节费用一层，弟顷有书致吉甫（银安字）君已言之。未审于意云何？若不能节省，究难支持。寅支卯粮与挖肉补疮，均非善法也。此次带出之款，才

得星银六百八十元。以济要需，相去犹远。不知仰光继此尚能筹措否？而尤以迅速为妙。

弟濒行见曹美致会长书，具有条理。广东一方面事，洵能任之。会长亦甚赞美其言。以弟观仰光之会务，究可无忧，现时视公事重于家事者尚不乏其人。虽其间办理或有未宜，尽可改良求善。至于或有意见，尚非私意不睦，而正可彼此相竞，双方并进。闻粤东人言，皆谓自治章程若办得有精神，则会必有大进步。以仰光普通人性质论之，此亦必非虚语。到坡得港函，知港地机关甚有进步。粤省前经挫折，今益振奋。以内地办事艰难如彼，而同志之奋励如此，吾人逍遥于外，尤当共勉矣。

中国社会科学院近代史研究所近代史资料编辑组编《华侨与辛亥革命》，中国社会科学出版社1981年版，第167～168页

2月5日(正月十五日)　袁世凯分别致函袁树勋、张人骏等，宣示自己隐居山林，一心养病的政治态度。

袁世凯致袁树勋函中称：

比来寄居卫辉，调治宿恙。春光渐盛，将与田夫野老讲求农桑种植之学，优游林下，终此余年，皆出自天家所赐也。夙承知爱，敢布区区。

骆宝善评点《骆宝善评点袁世凯函牍》，岳麓出版社2005年8月版，第191页

袁世凯致张人骏函中称：

出都后寄居卫辉，调治宿恙，亦无大效。此间屋宇狭隘，人烟稠杂，于病躯甚不相宜。辉县有荒园一区，拟于春暮赴彼独居静养，眷属仍留卫郡。继此田园多暇，莳花种竹，终我余年，皆出自天家所赐也。

骆宝善评点《骆宝善评点袁世凯函牍》，岳麓出版社2005年8月版，第195页

△ 陶成章抵达泗水，境遇窘迫，设法筹款，并拟办报。

2月初，陶成章致函李燮和、沈琨，谓：

弟已抵泗水矣。一切平安，请勿念。……查君春江到谏埠以后，谏埠之总理杨某请荷兰人来谈话，故作难词。查君不能答，于是谏埠之人大哗，以为内地三餐不饱而来此者。查君大怒，遂于昨日返泗水。然如归国，川费既无，而又由吾人特行请来，对他不起。久住泗水，泗水之人，必谓吾人到煤(疑为“倒霉”，编者)转来，大难为情。现弟请他暂寓许绍南君家中，请俟吾兄等代为定策。弟亦代为留意。但弟此刻一文毫无，半步不能游历，故恐亦难一时设法也。还祈吾兄等速速设法之。

汤志钧编《陶成章集》，中华书局1986年版，第149～150页

2月11日(正月二十一日)，陶成章致函李燮和：

弟自初五日抵泗水，迄今已一周矣。一切事情均未易着手，奈何。

弟前在新加坡时，有李君毅夫者，本中人(应为“中山”，编者)之党人也。曾大出力助中山，以破坏弟之行事。近日不知何因与汉民交恶，现寓新加坡，由张玉堂(即景良)介绍于弟处。弟亦素知毅夫，性尚刚直，故不以前事为嫌。彼欲办一报，自言能招股若干，请弟赞成其事，弟亦允之。但言此事非弟一人之力所能赞助，须俟与柱中兄商之。现弟思我辈近日空空无一凭藉，号召非常困(难)，新加坡之报馆，终不可不办，且报馆于商业大有关系，欲经营商业，此事亦不可缓也。

弟在星洲时，景良兄对弟言：这次归香港后，如不举发，即邀张占山君来南方，扩张一切事宜，彼自己亦可向潮人运动，办报之事不患不成，局面不患不成。然吾兄之意，未识已(以)

为何如？至于管慎修之为人，虽觉放荡，但泗水一埠开化之功亦不少。弟意是等人不可绝之过甚。然亦不可假以实权，若假之实权，便能为非矣。现彼在吧城，将自寻一地自滔毁矣。

汤志钧编《陶成章集》，中华书局1986年版，第150～151页

2月10日(正月二十日)　清外务部致沿海督抚电，要求严防旅日革命党人活动。

《外部致沿江沿海各督抚闻革党抵大阪请饬严防电》：

江督苏抚电。据沪道电称，接横滨密探来电，孙逆挈同宋、石两匪抵大阪运动，极密。又闻其约梁逆同赴大阪。请电饬严防内窜等语。希即查照饬属严密防范，勿稍疏虞为要。

王彦威、王亮编《清季外交史料》，"清宣统朝外交史料卷"，卷1，第25页，总3484页

2月12日(正月二十二日)　清外务部照会日本驻京使馆，探悉孙文在大阪，要求驱逐出境。日本当局严密调查。

日本驻京公使伊集院致电外务省，称收到中国外务部照会，谓：

顷密探得孙文等挈同宋、石两人，抵大阪运动，极秘。又闻其约梁启超同赴大阪等情。清政府训令胡公使探明与日本政府交涉，命孙离开。要求回训。

日本外务省档案，1909年2月12日伊集院小村大臣，北京发第49号。陈锡祺编《孙中山年谱长编》上册，中华书局1991年版，第459页

接电后，日外务省小村寿太郎致电新加坡铃木领事：

孙逸仙刻下是否确在新加坡，请确查回报。

日本外务省档案，1909年2月12日机密送第6号。陈锡祺编《孙中山年谱长编》上册，中华书局1991年版，第459页

15日，铃木领事报告：

关于现在此地的孙逸仙之活动，曾蒙多次来电询问，经已禀报在案。至训令中谈到该人他去时，要将其出发地点、船名、目的地等电报之，如所知悉，本港各国船只进出频繁，每日达十数艘之多，若逐一取报出发、抵达之处，实属困难。且孙不断变名，仅据船客名簿，实不可信。欲知该人动静，必须直接向该人居所进行调查。本馆之书记生，多次假托私事，往探访孙氏，察其在否。但官员不敷差使。又孙系极端秘密主义之人，虽其部下亦不泄露。所幸现在状况，容易促外部探知其行踪。

从前东亚同文书院毕业生山口昇，受当局委托赴法属印支地区旅行，途经此地，该员能讲华语，通晓中国情况，其所负责任亦与本件有关，为慎重起见，如果方便，请将该员留在本地调查，同时监视孙逸仙之行动。该员使用合适与否，已经电报，请诠议后回训。

日本外务省档案，1909年2月15日机密受第666号。陈锡祺编《孙中山年谱长编》上册，中华书局1991年版，第460页

小村外相收电后于16日指示：

关于本月15日来电，山口确保奉命出差前往，但所提之事较难诠议。

日本外务省档案，1909年2月16日电送第329号。陈锡祺编《孙中山年谱长编》上册，中华书局1991年版，第460页

19日，濑川领事又报告外务省：

根据本省托办员山口书面报告，该员目前在新加坡，与孙逸仙往来。

日本外务省档案，1909年2月19日第6号。陈锡祺编《孙中山年谱长编》上册，中华书局1991年版，第460页

3月1日，小村外相电训铃木领事：

对山口除发给他的金额外，本省决定另外给予津贴。

日本外务省档案，1909年3月1日电送第425号。陈锡祺编《孙中山年谱长编》上册，中华书局1991年版，第460页

2月16日（正月二十六日）　山东自治研究所开会。

《东方杂志》记山东自治研究所开会时评价说：

自治研究所各处皆有之，疆吏视为私人聚谈之地，不堪措意，甚或由地方官摧抑之。独山东郑重开会，大吏毕至。遵章附设筹备处，与谘议局事衔接，定于二月初一日开班授课，踊跃筹备为天下先。书以美之。

《东方杂志》，第6年第2期，记载1，第80页

2月17日（正月二十七日）　清政府命各省于本年内一律依限成立谘议局，筹办各州县地方自治、设立自治研究所。

《清史稿》记：

戊申，诏筹备立宪事宜，本年各省应行各节，依限成立，不得延误。谕核定新刑律，来年颁行。

赵尔巽《清史稿》卷25，本纪25，中华书局1977年版，第970页

清廷电令各省，根据宪政编查馆奏定颁行分年筹备立宪事宜：

本年各省均应举行谘议局选举，及筹办各州县地方自治，设立自治研究所，并颁布资政院章程等事。积小高大，乃能纲举目张。若阶级不具，则统汇之区无从措手。著各省督抚及管理地方之将军都统等督率所属，选用公正明慎之员绅，一律依限成立。其范围限制，及择人之权，应尽之职，均应遵守颁行章程办理，不得延阁迟误。各省如有不能如期举办，或虽已设局，而员绅违背定章，及办法参差不齐者，统由宪政编查馆查催暨考核驳正。务须妥速完备，俾可依限开办资政院，以副朝廷勤求民隐，期臻上理之至意。

《宣统政纪》卷7，文海出版社（台北）1989年版，第17～18页

《东方杂志》记：

谕各省一律成立谘议局俾资政院依限开办。朝廷重视九年之筹备。度谘议局一事，尚不至过厪宵旰，然他事宜正难言也。海内士民何以答圣明之期望乎。

《东方杂志》，第6年（1909年）第2期，记载1，第81页

是时国人参政之初，兴趣特浓，各地报纸对谘议局之设立多有议论，《中外日报》发文指出谘议局议员应有之认识。

议员负有代表国民之责任，自应于国计民生筹之至熟，直抒己见，不屈不挠，方为尽职者。若夫瞻前顾后，缄默自安，或浅见寡闻，盲从阿附，甚则结党自固，假公济私，则宁、苏人士均承其弊，而大困矣！故江苏谘议局议员得其人，即宁、苏均蒙其利，议员不得其人，则宁、苏均受其害，利害之分在乎议员，不在乎局之分合也。

《谘议局分合理由评论》，《中外日报》1909年1月14日

2月18日（正月二十八日）　清廷明确修改法律宗旨，谕令凡旧律关乎伦常者不可轻率变更。

清廷修律过程中发生“理教之争”，礼教派代表江苏提学使劳乃宣上书宪政编查馆批评沈家本等法理派，曰：

法律大臣会同法部奏进修改刑律，义关伦常诸条，未依旧律修入。但于附则称中国宗教

尊孔,以纲常礼教为重。如律中十恶亲属容隐,干名犯义,存留养亲,及亲属相奸、相盗、相殴,发冢犯奸各条,未便蔑弃。中国人有犯以上各罪,应仍依旧律,别辑单行法,以昭惩创。窃维修订新律,本为筹备立宪,统一法权。凡中国人及在中国居住之外国人,皆应服从同一法律。是此法律,本当以治中国人为主。今乃依旧律别辑中国人单行法,是视此新刑律专为外国人设矣。本末倒置,莫此为甚。草案案语谓修订刑律,所以收回领事裁判权。刑律内有一二条为外国人所不遵奉,即无收回裁判权之实。故所修刑律,专以摹仿外国为事。此说实不尽然。泰西各国,凡外国人居其国中,无不服从其国法律,不得执本国无此律以相争,亦不得恃本国有此律以相抗。今中国修订刑律,乃谓为收回领事裁判权,必尽舍固有之礼教风俗,一一摹仿外国。则同乎此国者,彼国有违言,同乎彼国者,此国又相反,是必穷之道也。总之一国之律,必与各国之律相同,然后乃能令国内居住之外国人遵奉,万万无此理,亦万万无此事。以此为收回领事裁判权之策,是终古无收回之望也。且夫国之有刑,所以弼教。一国之民有不遵礼教者,以刑齐之。所谓礼防未然,刑禁已然,相辅而行,不可缺一者也。故各省签驳草案,每以维持风化立论,而案语乃指为浑道德法律为一。其论无夫奸曰:"国家立法,期于令行禁止。有法而不能行,转使民玩法而肆无忌惮。和奸之事,几于禁之无可禁,诛之不胜诛,即刑章具在,亦只具文。必教育普及,家庭严正,舆论之力盛,廉耻之心生,然后淫靡之风可少衰。"又曰:"防遏此等丑行,不在法律而在教化。即列为专条,亦无实际。"其立论在离法律与道德教化而二之,视法律为全无关于道德教化,故一意摹仿外国,而于旧律义关伦常诸条弃之如遗,焉用此法为乎?谓宜将旧律有关礼教伦纪各节,逐一修入正文,并拟补干名犯义、犯罪存留养亲、亲属相奸相殴、无夫奸、子孙违犯教令各条。法律馆争之。

赵尔巽《清史稿》卷142,志117,刑法1,中华书1977年版,第4190~4191页

清政府谕令:

前据修订法律大臣奏呈刑律草案,当经宪政编查馆分咨内外各衙门讨论参考,以期至当。嗣据学部及直隶、两广、安徽各督抚先后奏请将中国旧律与新律详慎互校,再行妥订,以维伦纪而保治安。复经谕令修订法律大臣会同法部详慎斟酌,修改删并,奏明办理。上年所颁立宪筹备事宜,新刑律限本年核定,来年颁布。事关宪政,不容稍事缓图。著修订法律大臣会同法部迅遵前旨修改删并,克日进呈,以期不误核定颁布之限。惟是刑法之源本乎礼教,中外各国礼教不同,故刑法亦因之而异。中国素重纲常,故于干犯名义之条立法特为严重。良以三纲五品阐自唐虞,圣帝明王兢兢保守,实为数千年相传之国粹,立国之大本。今寰海之通,国际每多交涉,固不宜墨守故常致失通变宜民之意,但只可采彼所长益我所短。凡我旧律义关伦常诸条,不可率行变革,庶以维天理民彝于不敝。该大臣务本此意以为修改宗旨,是为至要。至该大臣前奏请编订现行刑律,已由宪政编查馆核议。著一并从速编订,请旨颁行,以示朝廷变通法律,循序渐进之至意。

《宣统政纪》卷7,文海出版社(台北)1989年版,第18~19页;另见《政治官报》宣统元年正月二十八日

《东方杂志》记:

修订法律大臣修改宗旨。以旧律关伦常者不轻变为宗旨,从学部等言也。

《东方杂志》,第6年第2期,记载1,第81页

△ **革命党人胡汉民函请邓泽如安置李福林等人。**

1月30日,李福林等持胡汉民先生函由新加坡来会泽如。泽如乃将陆兰清、李福林、陆领等安置于蔴坡埠安和矿场,谭、潘等安置于鹿朥之宜春草堂。嗣以当局应清吏之交涉,对

福林等侦缉甚严，胡汉民先生复于本日致函泽如曰：

"查虏吏竟与星洲官办好交涉，出有'拘拿状'缉捕三名，即陆兰清、李福林、谭义等也。所因庇膀住友到新时，颇为疏虞，所以暗侦之徒，经已知其确到，其反对家则与贼领事请以与星官交涉，星旧岁复订有犯私罪人移交之例，故迹追甚严，宜切戒三人等加倍隐密。……将来如有机乘，即经星返粤，而不便逗遛。至此时侦查极严，则万不宜轻出入矣。"

蒋永敬《胡汉民先生年谱》，台北，国民党中央党史会1978年版，第99～100页

孙中山记河口之役后，革命党人被法殖民政府遣送至新加坡。

后党人由法政府遣送出境，而往英属星加坡。到埠之日，为英官阻难，不准登岸。驻星法领事乃与星督交涉，称此六百余众，乃在河口战败而退入法境之革命军。法属政府以彼等自愿来星，故送之至此云云。星督答以中国人民而与其本国政府作战，而未得他国承认为交战团体者，本政府不能视为国事犯，而只视为乱民。乱民入境，有违本政府之禁例，故不准登岸。而法国邮船停泊岸边两日。后由法属政府表白："当河口革命战争之际，法政府对于两方，曾取中立态度，在事实上直等于承认革命党之交战团体也。故送来星加坡之党人，不能作乱民看待"等语。星政府乃准登岸。此革命失败之后，所发生之国际问题也。

"有志竟成"，《建国方略》第8章，中国社会科学院近代史研究所等编《孙中山全集》第6卷，中华书局1981年版，第236页

2月19日(正月二十九日)　清政府派肃亲王善耆、载泽等筹划重整海军计划。

《清史稿》记：

庚戌，重整海军，命肃亲王善耆、镇国公载泽、尚书铁良、提督萨镇冰筹划，庆亲王奕劻总司稽查。

赵尔巽《清史稿》卷25，本纪25，中华书局1977年版，第971页

2月20日《长春日报》发刊，是为东北革命党人宣传革命的重要刊物。

中国国民党党史会库藏原稿载：

清光绪三十四年九月，烈士蒋健(蒋大同，编者)联络同志劝募股款，组织《长春日报》为鼓吹革命机关，凡数阅月。至宣统元年二月一日始发刊。兰是时自山东来主笔政，熊烈士成基已先兰至馆中，改名张建勋，帮同编辑兼校对。一月后，熊烈士赴日本，蒋烈士归里，别时车中密嘱以斯报委诸兰，且曰愿与斯报相终始，兰曰诺。……《长春日报》虽为蒋、熊两烈士潜谋大举之机关纸，然处满洲专制之下，淫威方盛，既难昌言革命，只得以牖启民智为伸张民权之作用，此外，尤注重边务外交，故出版仅两月，屡惹起日、俄领事之反对。迨蒋、熊两烈士去后，旋以股款告尽，四月间停刊。迟至是年(宣统元年)九月一日集股始告成，复续刊，易名《长春时报》，改为白话体，销畅益广。十二月六日，因加入地方营业税款，又易名《长春公报》，仍改为文言。年终，又以无款休刊。

中国国民党党史会库藏原稿《〈长春日报〉历史》，载林能士编《辛亥时期北方的革命活动》，正中书局(台北)1993年版，第454～456页

2月25日(二月初六日)　清外务部致电驻日使臣胡惟德，希与日政府协商，驱逐革命党人出境。

《外部致胡惟德闻革党尚居日本希商外部令出境电》：

沪道接横滨密探，孙逆等现尚居名古乡落民家，拟即向左冢堡号湾等处，聘选无政党之

通中语或西语者入内煽动,已电饬该探尾其行止等因。沪道既经探明该逆住址,兼饬尾其行止,似该逆确有潜游日境情事,尊处前电日外部有尚未离新之语,与此不符,应由执事派员先行密探该逆踪迹所在,如沪道所探果实,再商外部,照前议驱令出境,一面电达本部为要。

王彦威、王亮编《清季外交史料》,"清宣统朝外交史料卷",卷1,第48~49页,总3495~3496页

2月27日(二月初八日)　邮传部奏川汉铁路资本情形。

邮传部奏:

查川汉路线资本,四川认造自成都至宜昌,约长二千三百余里。中分宜万、万重、重成三段。工程造端,自以宜万一段为入手,约计需银三千余万。岁入之款,除历年动用外,共存银八百八十一万二百余两,又常年有租股等项二百余万。陆续建筑,陆续通车,养路之费,不患无着。其自宜昌至应山县,奏归鄂省认造,即所谓湖北川汉也。查鄂境川汉铁路,估资约费三千万两左右,其现收款项共六十五万六千九百余圆。除开支外,实存四十四万一百余圆,均存放官钱局生息。

《宣统政纪》卷8,文海出版社(台北)1989年版,第8页

△ 端方奏安庆兵变后安庆、徐州等地人心摇动,民变不断。

两江总督端方奏:

长江水师提督程文炳,因安庆兵变后,沿江一带,人心动摇,亲乘轮赴长江上下游,督饬各该处将弁认真巡防。……不时巡缉。以靖地方。

又奏:

徐州府所属,界连东皖,伏莽素多,近因山东曹州等处办理清乡,该盗匪等遂以徐属为逋逃薮,并闻该地不少窝匪之家,亟宜赶办清乡。现经设立总分各局,饬督办等选派得力员绅先从铜山、沛县清查入手,递推丰、砀、萧、邳、宿、睢六属,次第切实办理。

《宣统政纪》卷8,文海出版社(台北)1989年版,第10页

2月28日(二月初九日)　山东巡抚袁树勋奏山东第一年筹办宪政及第二年预备情形。

袁树勋奏:

窃臣承准宪政编查馆王大臣咨开:光绪三十四年十二月十一日钦奉谕旨:宪政编查馆会奏,遵设专科,考核议院未开以前逐年筹备事宜,酌拟章程、折单各一件,着依议。钦此。等因。又恭读本年正月二十七日电传上谕:前经宪政编查馆奏定颁行分年筹备事宜,本年各省均应举行谘议局选举及筹办各州县地方自治,设立自治研究所,并颁布资政院章程等事。着各省将军、督抚,督率所属,选用公正明慎之员绅,一律依限成立各等因。跪聆之余,仰见圣谟深远,于筹备事宜,包举靡遗,莫名钦佩。查宪政编查馆原奏考核专科章程第三条内载:九年筹备事宜,责成内外臣工,每届六个月将筹办成绩胪列奏闻,并咨报宪政编查馆查核。应自光绪三十四年八月起至十二月底止为第一届,以后每年六月底暨十二月底各为一届,限每年二月内及八月内各具奏咨报一次等语。又查宪政编查馆原奏,九年筹备事宜清单内载:第一年期,督抚所应办者只一项,第二年期,督抚所应办者共七项。今遵奏定考核专科章程,每年分两届奏报,是本年二月所奏报者,应属于第一年期。兹将第一年期所已筹办,及第二年期应筹办而已预备者,敬为皇上胪陈之。

查山东筹办谘议局选举事宜,于上年十月间设立筹办处,当将开办情形奏报有案。该处

参用官绅并延派娴习法政办事素有经验者为参议，文牍、庶务分科办事。据该处所定期限清单，十一月初考取司选员演讲谘议局章程，浃旬而毕，分赴各府直隶州，再由各州县选派明白耐劳之士绅赴该管之府直隶州听司选员演讲，亦浃旬而毕；听讲之后，各回本选举区，实行调查，仍虑人数不敷，得由各州县加派义务调查员，以资赞助。盖山东风气未尽开通，选举法制久废，毋怪蚩蚩者瞠目相顾，经此次一辗转演讲，群疑渐释，阻力自消。复虑各州县或不尽晓事，而司选员或需索供张，仿照直隶办法，由该处筹给各州县选举经费暨司选员夫马、薪水，期于丝毫不得扰民，以免藉口而专责成。复将初选举画分三期：一为选举人名草册告成之期，二为选举人名经审查制定清册告成之期，三为初选举投票之期。每届一明，饬各该州县电禀该处，以便督催而免延误。自上年十二月实行调查，现据各处陆续禀到人名草册，均依限告成，其有事前稍涉观望者，亦经臣随时访闻，严加训斥。目前情形依照东省所定选举期限，不至后时，并拟俟复选事毕，召集被选各员，于九月开局以前，先期研究一月，为议案之预备，亦即为筹办选举之结束。该处开办以后，一应经费，均经遵章筹拨，于上年十二月附片具陈，奉旨钦遵在案。此属于第一年期已经筹办之实在情形也。

其有事属于第二年期，而目前已分别预备者，如原奏清单，筹办地方自治，设立自治研究所一节。上年冬间，臣即与司道筹商，以为欲实行地方自治，必先浚人民自治之知识，并养成人民自治之能力，自应先在省城设立研究所，饬知各州县每邑选派二人，到省听讲。正在札饬间，钦奉谕旨，颁布城镇乡自治章程。本年正月奉文后，即遵将上项章程，列入研究所，分期演讲，业于二月初一日开课，并查照宪政编查馆原奏，责成谘议局筹办处，兼理地方自治筹办事宜，正在另案奏咨办理。此关系乎地方自治之已预备者一也。

又原奏清单，各厅州县巡警年内粗具规模一节。查山东巡警，业设专官，并先于光绪二十九年开办警务学堂，大致参照直隶办法，经前升任抚臣周馥奏咨有案。三十一年、三十二年，历经分派该学堂官班学生及兵班学生赴各州县分充巡官、教弁等职。上年臣到东后，逐加考核，以此项学堂，岁糜巨款，而缺憾滋多，自非大加改良，不足以资任使。嗣准民政部咨行奏定各省巡警学堂章程内开：高等巡警学堂各省城须设一处，巡警教练所府厅州县须设一处。又高等巡警学堂，为目前警官需人计，得附设简易科。其各省已设有巡警学堂者，均按照此次奏定章程办理，并限期设立，由各督抚具奏咨部等语。臣于奉文后，即谕饬该学堂改为高等巡警学堂，并将已办各班，分别考验毕业给凭，仍按照新章另行招考，暂定为正科学额八十名，简易科学额一百二十名，俟次第召齐，即日开课。唯定章府厅州县各立巡警教练所一节，照章每处至少一百名，以山东一百十七府州县计之，同时举办，学额将万二千名，不特此项教员有乏材之患，抑虑经费支绌同无米之炊。但巡警为宪政最要之图，自不得不从长计画，现于省城先设巡警教练所一处，学额宽定在二百名以上，一俟招齐，即行开课，以资模范而图扩充。其各府州县，从前本派有学生襄办警务，但学识究未完备，拟陆续抽换回省，使之补习而宏造就。所有遵章办理情形，亦当另案奏咨办理。此关系乎各府州县巡警之已预备者又一也。

又原奏清单，调查岁出入总数，度支部各督抚同办一节。查上年十二月度支部奏，遵旨妥议清理财政一折内称：决算、预算报告各册，与从前报销旧案不同，自应另订册式，现拟逐一厘定，交清理财政局遵式填送等语。此项调查，既须度支部会同办理，自应候另订册式遵照填报。惟臣自上年到任后，曾将东省财政异常困难情形，于六月间奏明在案。嗣与司道等筹议，以为不能开源，不能不从事于节流，遂将各项差务，逐一考核，可裁者裁之，可并者并之，可减者减之，计各局所学堂二十余处，较前岁省银四十余万两。惟目前新政日增，在在均

需款项,经臣核实撙节,任事人员,但求饩廪之称,力袪调剂之私,兼差概不兼薪,择人断非择地,举办伊始,怨谤丛生。但臣忝膺疆寄,未报涓埃,傥取锱铢而用泥沙,即毫无饱橐之私,于国计民生所妨已大。东省岁亏甚巨,此项节省经费,杯水车薪,诚虑无济。然塞从前已漏之卮,汲来日方长之绠,得尺则尺,得寸则寸,舍此殊少良图。此关乎调查岁出入总数之已预备者又一也。

又原奏清单,筹办各省省城及商埠等处各级审判厅,法部各省督抚同办一节。查审判一项,本系专门之学,吾国旧制,各厅州县兼理刑名词讼,不特用非所长,抑亦日不暇给,现在九年筹备,凡各省举办事宜,无不责成州县,若再兼理审判,贻误恐多,此审判人才之所以尤亟亟也。现在遵章筹办,自以养成审判人才为第一要义。查东省法政学堂开办已久,上年准学部咨行各省法政学堂画一办法,应照奏定京师法政学堂章程办理等语。当经臣饬该学堂即遵照定章办理,并将原有之速成班,分别认真考验,增益课程,改为司法讲习科,专为养成审判员之地,新招之讲习班,亦准此办理。似此略一变通,于定章固无出入,于事实或有裨补。此关系筹办各级审判厅之已预备者又一也。

以上在第一年期已筹办者一项,在第二期应筹办而已预备者四项。至于颁布资政院章程,举行该院选举,应候资政院同办,调查各省人口总数,应候民政部同办,颁布简易识字课本,创设厅州县简易识字学塾,应候学部同办。微臣渥荷圣恩,睠怀时局,淬一息尚存之志,赴万弩待发之机,惟有奋起力追,持平核实,以期仰答高厚鸿慈于万一。

《山东巡抚袁树勋奏山东第一年筹办宪政及第二年预备情形折》,故宫博物院明清档案部编《清末预备立宪档案史料》,中华书局 1979 年版,第 758 ~ 762 页

3 月 1 日(二月初十日)　同盟会员佘竟成、熊克武等联络哥老会在四川广安起义,旋失败。

纪元前三年(清宣统元年己酉)春二月十日,佘英、熊克武、廖宗纶等,率众发难于广安,与保安营队于城内巷战,党徒何宗绪、王亚东、肖贤哲、邝玉田、兰孝先、雷迅、陈云九、王小臣等十九人被逮。英、克武各率所部败退,聚议分道图再举。

向楚《四川党人革命大事记》,隗瀛涛、赵清主编《四川辛亥革命史料》四川人民出版社 1981 年版,第432页;另见周开庆编《四川与辛亥革命》,台湾学生书局1964年9月版,第30页

△ 贵州巡抚庞鸿书奏贵州第一年筹办宪政及现办情形。

庞鸿书奏:

窃查光绪三十四年八月初一日奉上谕:宪法未颁,议院未开以前,逐年应行筹备事宜,责成内外臣工遵照单开各节,依限举办,每届六个月将筹办成绩,胪列奏闻,并咨报宪政编查馆查核。钦此。旋准宪政编查馆咨,应自光绪三十四年八月起至十二月底为第一届,以后六月底暨十二月底各为一届,限每年二月内及八月内具奏咨报一次各等因。

查第一年外省事宜,为筹办谘议局,而筹办之法,首重开通人民知识,次则划分各属区城,又次则调查选举人资格,造立名簿,然后初选、复选,得以次举行。贵州筹办处自上年九月二十六日设立,当即依照馆章,将应办事宜,分期列表,确定会期。每月逢一为绅议期,逢六为官绅合议期,遇有事关紧要,仍临时召集为特别会期。议时先由各绅上意见书,臣督同司道随加裁决,订立议事汇录,饬书记员绅详晰编载,登之报章,并将颁发章程刷印札发,饬地方官悉心查阅。十月间,遴派官绅为各属选举调查员,先就处内研究章程,逐一解释,于十

一月初旬一律出省，即以该调查员为宣讲员，饬各属遴选士绅，随同研究，分任调查事宜。复饬处编纂自治白话报，按期分发，责成各地方官派员分投宣讲，俾共知选举为公民之特权，被选为与闻政事之始基。贵州地多插花，或隔越在百里数百里外，或二壤本属一邑，中间一线为他境，或一线插入他境，既断复续，已续又断，区域分配，稍有疏漏，则投票时动多困难。去冬札饬各属，详审分割，绘图列说，有不合者，仍由处驳回，再行酌配，大致尚属井然。现合计全省约共四百二十四区，各处选举人名册，限闰二月十五日以前申送到省，此后初选、复选及配定员额各事，自当查照定期，依限催办。共投票匭早经处内制备多具，各饬依式仿造。至投票纸、投票簿，一并由处制备分给，各项就绪，即可开办选举，于本年九月谘议局准可成立。至谘议局基址，已择省城请裁之右营守备衙门，面积宽广，地势适中，现派官绅合估，不日即可兴工建筑，夏月当能竣事。

此外筹办巡警，省城已具规模，各府厅州县，亦已札催举办。地方自治，已于省城设研究所，饬各属选送士绅来所听讲，再谋推广。调查人户总数，业经民政部咨到章程，已饬巡警道查照办理。清理财政局，业经度支部咨到章程，已委布政司并加派道员，择所开办。至各级审判厅及简易识字学塾，均俟接到部章，督同该管各司认真筹画。臣于各事皆有督率之责，自应竭力图维，不敢以一隅迟误，致牵全局。

《贵州巡抚庞鸿书奏贵州第一年筹办宪政及现办情形折》，故宫博物院明清档案部编《清末预备立宪档案史料》，中华书局1979年版，第762～763页

3月2日（二月十一日）　孙中山致函中国同盟会暹罗分会负责人、《华暹日报》主笔王斧，告以经济困难及影响大局的急迫问题。

《复王斧函》（一九〇九年三月二日）：

二月初四来函，已得收读。保党又在暹组织商会，吁！彼党做事何其勇，而吾辈又何其怯耶！日前各同志所认之款，弟预为指定为办某事之用，到时函电数催，皆不见答，而事已为延误。弟回此以来，百务交逼，星洲同志财力俱穷，遂致弟坐困重围，此犹未已，乃日来忽遭横祸，敌党诬陷吾党由越送来之战士为劫盗，前日警吏竟到吾人所开之石山拿去廿一人。而战士之避难于此者四百余人，尚有百余无处安身。今辩护之费，安置余人谋生活之费，在在需钱，刻不容缓，望足下代向前时认款之同志切实问明，能否践约，速决一言，免弟愿望也。

又谓：

弟现实处于得失之交点，倘日内能解决经济问题，得以办妥各事，早日成行为欧美之经济大计划，弟所谋一通，则全局活动。倘以后亦得如近月之情势，则恐诸事误失，机不再来，则吾党之前途真有不堪设想之悲态也！幸为向同志力言之。若彼等不欲扶植吾党之势力则已，否则此时为得失进退之秋，必不能稍容一刻之坐视也。西二月廿四打一电去佛公（萧佛成）告急，请救困厄，乃为暹罗电局阻拦不交，真属贻误不浅矣。

汉民已于西二月廿四号往仰光，弟则欲行而不得，真有日坐愁城之慨也。不尽欲言。

中国社会科学院近代史研究所等编《孙中山全集》第1卷，中华书局1981年版，第402～403页

△ 孙文函宫崎寅藏，慰谢其在困境中拒绝日本警方之贿赂，并告以将赴欧商议经济计划。

日本警方以宫崎经济困难，且又与中国革命党人过从甚密，赤阪察署长本堂平四郎乃宴

请宫崎，嘱其提供有关中国革命党人之情况，宫崎拒绝。宫崎龙介记：

民报社解散以后，中国革命运动转变为地下活动的形式。革命党人的秘密往来日渐频繁，从而对武器的需求也越来越大。有时甚至要把武器运到四川省附近，委实费煞苦心。也有人把炸药装在"胃散"铁筒里带了回去。

何天炯计划收买日本政府抛售给民间的武器。我把放在娘家的古董全部卖掉，用作收买武器的费用。由于象这样的秘密运动日渐发展，日本官方的监管也日趋严厉，警察对我们更加强了注意。有一次，神乐阪警察署署长突然邀请滔天到酒楼宴会，滔天去了，回来的时候，却对署长愚笨拙劣的手法非常慨叹。

〔日〕宫崎龙介《先父滔天的一些事迹》，载〔日〕宫崎滔天著，佚名初译，林启彦改译、注释《三十三年之梦》，三联图书有限公司（香港），花城出版社1981年版，第284页

此事由黄兴函告孙中山，孙中山《致宫崎寅藏函》（一九〇九年三月二日）谓：

比接克强兄来书，述足下近况穷困异常，然而警吏欲贿足下，足下反迎头痛击之。克兄谓足下为血性男子，固穷不滥，廉节可风，要弟作书慰谢。弟素知此种行为，固是足下天性，无足为异；然足下为他人国事，坚贞自操，艰苦备尝如此，吾人自问，惭愧何如！弟以此事宣之同志，人人皆为感激奋励。则此足下天性流露之微，已有造于吾人多矣，弟安能已于言佩谢耶！

中国社会科学院近代史研究所等编《孙中山全集》第1卷，中华书局1981年版，第403页

孙中山在致宫崎寅藏信中还提到：

自与足下握别后，事变万端，革命军曾于防城、南关、河口三举，皆未能一达目的，无非财力之不逮，布置之未周。故自河口以后，已决不再为轻举，欲暂养回元气，方图再发。乃自虏袁帝后之后，各省人心为之一变，无不跃跃欲动，几有不可终日之势。惟遇吾人财力极乏，不能乘时而起，殊为可惜！

弟近接欧洲一名商来信，云经济计划有机可图，问弟何时可到欧洲商议其事，此言想非欺我。弟本欲早日就道，苦以旅费无着，难以成行，刻已四向张罗，日间或望有一路得手。倘弟欧洲之经济计划可通，则其他问题可以迎刃而解，而吾人穷苦一生之愿力亦有日能酬矣。此想足下所乐闻，弟敢预为告慰也。

中国社会科学院近代史研究所等编《孙中山全集》第1卷，中华书局1981年版，第404页

3月3日（二月十二日） 考察宪政大臣于式枚进呈《普鲁士宪法译注》。

于式枚奏：

查普鲁士宪法，首为国家领土，次曰普人权利，三曰国王，四曰国务大臣，五曰国会，六曰司法权，七曰非裁判之国家官吏，八曰财政，九曰乡市及省府县联属，十为通则，十一为补则，共十一章，百十九条。其法多原于比利时，所异者，比宪法首明主权出于国民，普宪法则特著王权为所自有。比宪法所不载者，其权皆在议院。普宪法所不载者，其权皆归国王。比宪法既行，从前旧法多废。普仍遵用如前，所具列百十条文，不过揭示大纲，俾国民执为保护权利之据。毕士麦谓英法比三国宪法为暴力要索之条款，与普之惠与者不同，然与索虽殊，其为交换之条款，则无以异。宪法定后，国民独于选举法，频年争论，请改不已。因当时本有改定之谕，日久迄未议行，既经允许于先，宜有责言之及。日本宪法又本于普，而删并为七章七十六条，尤为简括。伊藤博文自为义解，于普法颇有异同。如升天皇于首章，以明臣民统属之义。后大臣于国会，以示原本舆论之公讥籍制君权之偏见，为仿法比宪法之偵，举废弃预算之变例，为非奥美立宪之正。不必载事变专律，愈见特权保全之真。不备列铸币诸条，益征

大权包括者广。大臣无别设纠弹断罪之法,议院不可有提出议案之权。租税议决,不必限定一年。议置摄政,不必召集两院。其所驳议,具见别裁,固由后世损益之弥工,亦见东方情势之本异也。普自立宪以来,宪法遂为专门之学。宪文本简,所重最在解释,兹就正文逐条译注,根据历史,参稽律令,博采诸儒解释。附为论说,芟繁举要,期于详明。

《宣统政纪》卷8,文海出版社(台北)1989年版,第14~16页

△ 内阁侍读学士甘大璋上奏,批评礼部和法部,坚持强调礼教是立宪的基础。

甘大璋上奏:

恭绎宣布立宪预备,以修明礼教、移风易俗为礼部责任,又以刑律之源,根乎礼教,修订宗旨,必本此意。良以礼教为中国数千年立国之本,将欲规定宪法,必先修明礼教,始能据礼以为宪法之范围。此君政立宪与民政立宪之分途,即中国宪法与外国宪法之异点。礼为根本法,宪为循用法,律为防禁法。现闻礼学馆但主纂书,不明修礼,宪政馆但知步趋日本,不识中国数千年相承伦教之重,哲学之微与国故民风之关系。法律馆专赖所聘洋员,录其国已成之法律,与我国伦教官制礼俗民情,动多凿枘。该三馆为议法之权衡,即为立政之基础,岂可听其草率从事,又听其各不相谋,致修礼成无用之册。订律有非礼之条,即编成宪法,势必视为不能实行之具文。拟饬三馆会议,提出礼教与宪政法律互有关系,互有出入,及所有妨碍,所当损益各条,别为议案。各据所学,引抉经心,参酌宪章,勘合律意,统归划一,始行决定。以礼为规定宪法之根据,即以律为维持礼教之大防,庶三馆会通,而立法乃并行不悖。

《宣统政纪》卷8,文海出版社(台北)1989年版,第13页

3月5日(二月十四日) 浙省清廷当局拘捕革命党人阙玉琪等。

《东方杂志》载:

先是温州清防营禀报,拿获张伟文一名,并搜出革命草檄证书及军火票布等物。据供同党阙玉琪授有职位,现匿于省城,清浙抚得报,本日饬属将阙拿获。

《东方杂志》第6年第3期,记事,第15页

△ 孙中山致函庄银安,介绍日本人岛让次加入同盟会。

《致庄银安》函:

兹有日本人同志岛让次君,去年与小室君(小室友次郎)受干崖土司刀公(刀安仁,编者)之聘,为之理各务。今由干崖来星,再由星返干。其人尚未入同盟,今欲由弟处联盟。弟思彼既在云南办事,则当与公等相识,彼此可一气照应,故特介绍前来,请收之入盟可也。其宗旨之解释,可请汉民兄或日本留学诸兄为之皆可。

中国社会科学院近代史研究所等编《孙中山全集》第1卷,中华书局1981年版,第404页

3月6日(二月十五日) 清廷下诏宣示预备立宪、维新图强之宗旨。

清廷谕旨称:

国家预备宪政,变法维新。叠奉先朝明谕,分年预备,切实施行。朕登极后复行申谕依限筹办,毋得延缓。今特将朝廷一定实行预备立宪维新图治之宗旨再行明白宣示。总之国是已定,期在必成。嗣后大小臣工皆当共体此意,翊赞新猷。其有言责诸臣,亦当慎体朕殷殷求言之至意。于一切新政得失利病,剀切敷陈,俾臻上理。倘敢私心揣摩,意存尝试,摭拾

腐败浮言,淆乱聪明,亦有应得之咎也。将此通谕知之。

《宣统政纪》卷8,文海出版社(台北)1989年版,第18~19页;另见《政治官报》,第485页,宣统元年二月十六日,谕旨类第2页;另见故宫博物院明清档案部编《清末预备立宪档案史料》,第71页;另见赵尔巽《清史稿》卷25,本纪25,中华书局1977年版,第971页

3月7日(二月十六日)　山东巡抚袁树勋奏山东筹办地方自治设立自治研究所情形。

袁树勋奏称:

窃臣恭读本年正月二十日电传上谕:前经宪政编查馆奏定,颁行分年筹备事宜,本年各省均应举行谘议局选举及筹办各州县地方自治,设立自治研究所,选用公正明慎之员绅,一律依限成立各等因。钦此。仰见慎重初基,巩固邦本之至意,钦佩莫名。

臣维地方自治,诚如原奏,名虽近沿泰西,实则根荄中古,比闾、族党之制,灿备于周时,三老、啬夫之名,仅存于汉世。至历代保甲、乡约及今各处水会、善堂、积谷、保甲诸事,则虽以本乡之人办本乡之事,然选举之法无存,把持之患愈亟,贤者有涂炭衣冠之惧,而自好不为,不肖者煽狐鼠城社之风,而路人以目。官长误以摧残民气为贤能,人民误以习惯服从为安分,礼失求野,文郁从周,斟古酌今,事穷思变。臣于去年冬间,即与司道筹商,以为地方自治施诸今日,必先知其所难,而后知其所便。夫愚民烈焰,燔于暴秦,科举拘挛,牿自唐、宋,政治委靡,知识消亡,譬如久病痿躄而与之驰骤,则厥足用伤,甫及含哺而遽饷膏梁[粱],则虽茹必吐。即如近数年间,教育会、商会等,其办有秩序者,固日进于文明,其貌是神非者,或益丛为诟病,此其所以为难也。

然天下无无弊之法,中人皆可造之才,国所与立者惟民,民所附丽者惟国。三代以上,君与民相亲,故则君自治之文,见诸礼运,五洲而遥,国由民所积,故地方自治之制,行且同伦。今者搜采列邦,商榷旧制,将名义、范围、经费各节,咸纳于自治监督之所司,即为城为镇为乡各区,悉蕴为自治精神分之所寄。以少数官治之能力巩卫国家,与以多数人民自治之能力保守疆土,譬如有中央而护以四方,有头目而捍以手足,其为得失无待蓍龟,此又所以为便也。

臣等再三讨论,遂于上年冬间即拟定自治研究所章程,计东省一百零七州县,每处选派二人到省入该所研究,延派娴习法政学识开通者,分别充任所长及教务各事宜,业于本年二月初一日开课。并遵原奏责成谘议局筹办处兼理地方自治一应筹办事宜,仍派该处司道,率同在事员绅,认真办理,概不另支薪水,以节縻费。一俟养成此项自治人才,略有基础,再推行各州县,遵章依限扩充。

《山东巡抚袁树勋奏山东筹办地方自治设立自治研究所情形折》,故宫博物院明清档案部编《清末预备立宪档案史料》,中华书局1979年版,第741~742页

3月8日(二月十七日日)　革命党人潜运枪枝到云贵,清廷外务部电粤滇桂黔各督抚防范。

《外部致粤滇桂黔各省督抚革党潜运枪支到云贵希饬防范电》:

江苏督抚电,据沪道电称接日本密探来电,孙逆共储枪枝三万余份,存对马及萨之马两处。去年二辰丸运粤之枪系从对马拔出,今派粤人游知,方入萨之马,将枪万余枝用该处民船先盘出海,运入缅甸,潜到云贵广西。该密探已混入该党,故一切秘密知之最详,请密饬严查,以遏乱萌等语,业经本部进呈,希即查照,速饬严密稽查,认真防范,毋稍疏虞为要。

王彦威、王亮编《清季外交史料》,"清宣统朝外交史料卷",卷2,第3页,总3501页

△ **孙中山致函庄银安，言振天声粤剧团不能到仰光演出原因。**

年初，广东振天声粤剧团到南洋宣传革命，演出成功，孤立了保皇党势力。

先是，陈铁军等人在广州组织“振天声”粤剧团，演出《熊飞起义》、《博浪沙击秦》、《剃头痛》等剧，受到观众欢迎。适清帝、太后死，以国丧例禁演戏，陈铁军乃商陈少白，请其代向香港筹赈八邑水灾公所建议，该团赴南洋，为赈灾演出，且宣传革命，少白助其成。该团既抵新加坡，到晚晴园谒先生，其有未加入同盟会者，一律加入。先生并加勖勉。

张福光整理《广东早期及抗战前的话剧概述》，中国戏剧家协会广东分会，广东话剧研究会编《广东话剧运动史料集》第1集，中国戏剧家协会广东分会，广东话剧研究会1984年印行；另见冯自由《革命逸史》第2集，第225～226页

《致庄银安函》(一九〇九年三月八日)：

振天声初到南洋，为保党造谣，欲破坏，故到吉隆之日，则有意到庇宁，演后就近来贵埠，乃到芙蓉埠之后，同志大为欢迎。其所演之戏本，亦为见所未见，故各埠以此争相欢迎，留演至今，尚在太平、霹雳各处开台，仍未到庇宁。到庇宁之后，则必出新加坡，以应振武善社延请之期。现闻西贡亦欲请往，故该班虽不到贵埠，亦可略达目的矣。顺此通告，俾知吾党同人所在无往不利，可为之浮一大白也。

中国社会科学院近代史研究所等编《孙中山全集》第1卷，中华书局1981年版，第405页

△ **“礼教派”代表陈夔龙批评“法理派”所新订之刑律草案中未设亲属相奸等。**

湖广总督陈夔龙奏：

新订刑律草案，参订本已详尽，惟中外风俗，不无异宜，人民程度，亦多差等，似有不得不就政教民情，再加讨论者。如删除比附，以杜意为轻重，而情伪万殊，条目不足以赅事变，且审判人才缺乏，如凭审判官就各刑上下之限，临时审定，恐程度不及，亦不免援引失当，出入人罪。他如刑事丁年，断自十六岁以上，碍难施诸强迫教育未行以前，徒罪囚人，虽得许假出狱，亦应案其所犯轻重，酌示限制。五伦首重君亲，设有杀伤，不得以过失而宽减，叛逆大干法纪，若系首要，应处以唯一之死刑。至强奸不科死罪，亲属相奸，未著专条，亦无以维名教之大防。其余如反狱劫囚诈伪等项，亦多从轻减，恐不免水懦民玩之虞，似应与强盗抢夺发冢诸条，同辑暂行章程，并声明此等章程，专为治本国痞匪淫凶而设，不在总则第一章范围之内，以免改正条约时，为外人所藉口，俟人民程度进步，再行一体改从新律。庶于斟酌轻重之中，仍寓权衡缓急之意。

《宣统政纪》卷8，文海出版社(台北)1989年版，第22～23页

3月11日(二月二十日)　清廷诏命内外各衙门按照宪政编查馆所奏统计表限半年内填报咨覆。

宪政编查馆奏：

统计之法由来最古。周官岁计曰会，月计曰要，日计曰成。司会考岁成，以知四国之治。司徒颁比法，以受三年之要。王制亦言大司徒大司马大司空以百官之成质于天子。虽其成式不传，而郑重统计之意，要可概见。汉令郡国上计，唐令州县报最。至今每届岁终，内外衙门犹有汇奏户口城隍钱粮仓谷之事。古今典章未尝不合，特以日久相沿，簿书期会，习为故常，祇视为报政之虚文遂失其立法之本意。臣馆遵设统计局，奏定办事章程，并由各部院分设统计处，各省分设调查局，搜集各种事项汇齐办理，现已先后奏明成立，并据民政部等衙门咨送表册到馆。伏查东西各国所以刊行统计之意，非徒磨勘帐籍，绘演算式而已。将以研究

国家之势力,人民之情状,察其消长进退之原,以为比较设施之准也。惟其关系重要,故列为科学一门。中国疆域广袤,民物殷阗,政治宽大,而相习为阔疏,交通艰阻,而遂成为隔阂。州县之事督抚不尽知,督抚之事部院不尽晓。创办统计之初,势难一一赅悉。而委曲繁重,尤莫甚于民政财政两门。民政以清查户口为最难。财政以清理款目为最要。方今积习相仍,编审既虞纷扰,报销尽属通融。检门牌则户户有脱漏之人,查库簿则处处有参差之数。一端已不可究诘,况关乎全体之繁。是以逐年筹备事宜首以此为宪政之初基,开宗之先务。今则清查户口章程、清理财政章程,民政部度支部均已奏定通行。既有审端致力之方,自有循序进行之效。所有统计事项自宜一并从此入手,以期相辅相成。谨将例要解说,缮具清单,连同表式呈进,伏候钦定颁行。所有表中应开事项,拟请饬下内外各衙门。自此次奉旨文到日起,限半年内,务各查照表式例要,逐一确实迅速填报咨覆,以备查核。不得粉饰稽延。

《宣统政纪》卷8,文海出版社(台北)1989年版,第27~29页,另见《宣统已酉大政记》,第11册,第896~899页

3月14日(二月二十三日)　山东巡抚袁树勋奏筹设立地方自治研究所、巡警教练所等,培养宪政人才。

山东巡抚袁树勋奏:

筹办地方自治,设立研究所。东省一百零七州县,现经每处选派二人到省,入所研究,仍派该处司道,率同在事员绅,认真办理。一俟养成此项自治人才,略有基础,再推行各州县,遵章依限扩充。

…………

东省高等巡警学堂,照现行章程,分为正科、简易两班,并在省城先设巡警教练所一处,学额宽定在二百名以上,均经招生开课。

…………

筹办各级审判,当先养成审判人才。现将东省法政学堂,原有速成班改为司法讲习科,专为养成审判员之地。其新招讲习班,亦准此办理。

《宣统政纪》卷8,文海出版社(台北)1989年版,第30~31页

3月15日(二月二十四日)　清外务部电覆驻日大使胡惟德,嘱应雇密探继续侦查革命党。

《使日胡惟德致外部应否雇探跟踪革党电》:

顷据张领事电称:中村昨回名古,将游信州,但其踪迹无定,应否雇人跟探,费恐太巨,乞速电等语。查中村是否果系孙逆,非跟探无从确知,名古村地段颇大,户口数万,非本署人所易密查。现该领既雇有密探侦得消息,应否属其继续跟探,惟需费太巨,应如何办理,乞速电遵行,除电该领仍饬侦踪毋懈外。

《外部覆胡惟德应雇密探续侦革党电》:

该领雇有密探,自应属其继续跟探,随时电闻,惟所费不宜太巨,希由尊处酌核发给,作正开销。

王彦威、王亮编《清季外交史料》,"清宣统朝外交史料卷",卷2,第6页,文海出版社(台北)1985年版,总3502页

3月17日(二月二十六日)　孙中山为赴欧事致函邓泽如等,南洋党务托诸胡汉民

经理。

《致邓泽如函》(一九〇九年三月八日):

弟定于十九号离星往欧洲一游,此行以财政、外交为两大注意问题。英、法、荷等国各种外交,俱必于彼祖国政府运动,方能得力。至于财政问题,即前日借款要件,前途催往共商,为日已久,不能复缓也。

弟行后,仍望公等以热力鼓吹同志,增进团体,为一日千里之象。南洋支部,弟托诸汉民君经理,各事均可如常通知商办。近旬日内汉民有要事暂往香港,想未几即能返星;或伊有未暇兼顾之时,嘱托人代理,亦属汉民君之权责。

中国社会科学院近代史研究所等编《孙中山全集》第1卷,中华书局1981年版,第406页

冯自由记宣统元年春孙中山与胡汉民行踪:

总理赴欧洲,胡汉民亦归香港,支部乃移于槟榔屿。

冯自由《中国革命运动二十六年组织史》,商务印书馆1948年版,第56页

△ 河南巡抚吴重熹奏河南第一届筹办宪政及第二年预备情形。

吴重熹奏:

窃臣于宣统元年二月十七日,承准宪政编查馆咨,以奏设专科,考核议院未开以前逐年应行筹备事宜,酌拟章程一折。奉旨:依议。钦此。钦遵。行知在案。令遵前奉懿旨,每届六个月将筹办成绩,胪列奏报,自光绪三十四年八月起至十二月底止为第一届,以后每年六月底暨十二月底各为一届,限每年二月内及八月内各具奏咨报一次,并将本年应办事宜,就本衙门应办之件,督饬所属依限举办等因。承准此。

宪政编查馆原奏,九年筹备事宜清单内载,第一年督抚应办之事,只筹办谘议局一项,经臣于上年十月间,督饬员绅设立谘议局筹办处,业将开办日期及筹办情形具折奏明在案。该处成立以后,陆续选派官绅充当检察、参事、科长、科员各职事,并以期限紧迫,董劝兼施,数月以来,规模粗具。叠据该处呈报,派员赴各处宣讲,饬设选举研究所,一面详定办事期限表,自上年十二月以前,颁发调查资格表册及选举告示,限于本年正月开始调查,二月蒇事,现据各州县申报,调查草册依限造送,计定五月初一日为初选举之期,当可无虑延误。其谘议局房屋,拟就贡院旧址勘估兴修,俟工竣后,再行专案奏报。此豫省第一年办事之成绩,所当据实胪陈者也。

至本年督抚应办之事,除谘议局已于第一年筹办,及举行资政院选举,筹办省城各级审判厅,创设厅州县简易识字学塾,均候资政院、法部、学部同办外,查宪政之基,莫急于地方自治,本年正月间,准宪政编查馆咨行城镇乡地方自治章程,并选举章程到豫。当行谘议局筹办处,责令兼理一应筹办事宜,拟俟初选举大致就绪,饬将省城及各属所设之选举研究所,一律改为自治研究所,以期循序渐进,不致治丝而棼。若调查人户,尤为自治之根本,臣于正月间,准民政部咨行调查户口章程以后,当即通饬清查,犹恐各州县狃于保甲门牌之故习,不免视为具文。现正议设调查总局,遴委专员综司其事,以资考核而专责成。以上二端,皆筹办事宜中之正在预备者。

至清厘财政,现已设立专局,派委司道切实勾稽,将来豫省岁出入总数,即可逐款调查,无虞隔阂。其厅州县巡警,业已举办有年,臣随时察核,虽办理认真者固不乏人,而未尽合宜者亦复不少,大率由于经费不敷,警材缺乏所致。已饬将各属前设巡警学堂及传习所,一律遵章改为教练所,厘定规则,画一课程,俾免糜费而得实际。俟年内考试毕业后,即以派充各

该处巡警，虽未能悉臻完善，自可渐次改观。以上二端，皆筹办事宜之中见诸施行者。

伏思时事艰难，正臣子力图报效之日，况屡奉明诏，饬纪陈纲，又何敢观望迁延，稍涉玩忽。惟有督率僚属，次第实行，淬发神明，扫除积习，以仰副朝廷宵旰忧勤厉精图治之至意。

《河南巡抚吴重熹奏河南第一届筹办宪政及第二年预备情形折》，故宫博物院明清档案部编《清末预备立宪档案史料》（下册），中华书局1979年版，第763～765页

3月19日（二月二十八日） 护理云贵总督沈秉堃奏办滇省谘议局情形。

沈秉堃奏筹办滇省谘议局情形折：

窃查光绪三十四年八月初一日内阁奉上谕：钦奉慈禧端佑康颐昭豫庄诚寿恭钦献崇熙皇太后懿旨，宪政编查馆、资政院王大臣奕劻、溥伦等会奏，进呈宪法、议院选举各纲要暨议院未开以前逐年应行筹备事宜一折，即责成内外臣工遵照单开各节，依限举办，每届六个月将筹办成绩胪列奏闻，并咨报宪政编查馆查核等因。钦此。钦遵。在案。谨按逐年筹备事宜清单内开：第一年由督抚筹办者即谘议局一事，滇省谘议局筹办处于光绪三十四年九月内开办，经前督臣锡良详细陈奏。臣于本年正月二十六日接护督篆，遵即督饬员绅认真筹办，并将谘议局筹办处详报筹办各情，咨呈宪政编查馆在案。兹计开办及今已届六个月，谨将筹办情形为我皇上缕晰陈之。

窃维谘议局之设，仿列国地方会议之良规，为全省人民参政之枢纽，欲以少数之议员，代表全省之舆论，自非实行选举不为功。惟选举之义，古昔已明，而投票之制，于今为创，端绪既觉纷繁，筹备尤宜详审。查定章内载：每届选举年限，以正月十五为初选期，三月十五为复选期。又选举人名册应于选期六个月以前加告成。滇省交通不便，奉文较迟，当筹办处开办之日，距初选之期已仅三月有奇，万难如期办理，不能不援照临时选举办法酌量变通。当由前督臣电咨宪政编查馆，以宣统元年四月初二日为初选日期，五月二十二日为复选日期，仍遵章于九月初一日开谘议局会议，曾准电覆在案。此变通选举日期之实在情形也。

选期既定，遂将关于选举事宜逐月逐日依限预算，列为办理选举日期清单，使奉行者有序可循，克期毕事，庶无凌乱延缓之虞。又虑选举章程条文繁密，法理精邃，地方官绅或难索解，乃由筹办处逐条讨论，详为注释，排印成帙，取便研究。复以入手办法在调查选举人之资格，开列或有错漏，讼端必原兹以起，更厘定调查员办事细则及调查须知二种，合注释之选章，分发各属，俾有遵循，期无贻误。旋由法政学堂及省会自治研究所遴选毕业士绅，派充选举顾问员，令其分赴各郡备复选监督之咨询，并由复选监督派往各属视察办理之善否。此筹备选举事宜之实在情形也。

滇处边峤，风气晚开，郡县播绅类乏政治上之智识，一般人民尤不知选举权之可贵，骤令其遵章投票，诚恐放弃权利者既所在皆是，而滥用权利者更举非其人。乃略仿与民读法之意，为普及教育之方，由筹办处、自治局会饬各属，各就城乡要地设立自治宣讲所，每属至少须设六处，于宣讲自治而外，并将谘议局章及注释之选章逐条讲解，令合格之绅民轮班听受，使晓然于谘议局之设，乃朝廷勤求民隐之苦心，而议员必由公选，实负代表舆情之重任，庶届期投票，鲜有放弃及滥用之弊。此牖启选举人民之实在情形也。

至议员之但得人与否，一省之利害系之。非富于社会上之经验，洞明法政之原理，必不能统筹全省之兴革事宜，而规画精详思虑宏远也。因推广省会自治研究所继续开班，轮调各郡士绅来省研究，复于各府直隶州设立自治传习所，轮调厅州县之绅董各赴府州讲习。现计省会研究所二班学绅已届毕业，各郡传习所亦陆续闭办，并由前署学司叶尔恺，将法政学堂

遵照部章，另开讲科别科，合官绅而并教。使全省素有资望或学有根柢之士绅，率皆入所入堂，熏陶讲贯，一旦选为议员参与政治，或不至茫无把握。此豫储议员之办法也。

选举而外应行筹办之事，厥为建设局所。查谘议一局为省会议事之地，议员之名额，将来必日见增多，而议会以公开为原则，旁听人员当亦不少，规模过狭则人众不能容，结构过宏则筹款尤匪易。臣前在藩司任内，曾与前署学司叶尔恺详细商酌，查有旧日师范学堂，地既适中，规模亦尚宏整，堪以改为谘议局。惟堂室体制稍有未合，详经前督臣督率员绅亲诣勘度，拟以讲堂改作议事堂，略仿日本众议院及府县会议事堂形式，中设演说台，台之后为议长席，右为书记席，后为行政官席，议员坐次环列台之三面，议员席后列旁听者席，凡席皆层累而上作阶级式，后高于前，使无壅蔽。此堂为一局主要之建业，屋宇宜稍崇闳，而滇处边远，苦无深通工程之人，以致绘图估工，稍延时日，现已饬从速估定，克期建筑。至议员之宿舍及堂常驻各员办公之所，均就原有斋舍堂室略加修理，即可敷用。如斯改建，体制既不甚差，经费或可稍省。此筹备局所之实在情形也。

局所而外最要之端，则为经费。谨按谘议局章第五十三条载：经费项目凡五：一、讲员旅费，二、议长、副议长及常驻议员公费，三、书记长以下薪金，四、杂费，五、豫备费。第五十四条载：公费及薪金由督抚酌定，其旅费、杂费、豫备费，由局会议豫算数目，呈请督抚核定等语。现在谘议局尚未成立，而举行复选举后，议员进省即需旅费，故旅费一项亦应豫筹。拟除杂费及豫备费俟开局后由局州豫算再为核定外，其旅费、公费、薪金三项，已饬筹办处公同酌定，由善后报销总局指拨专款，作正开支。此筹备经费之实在情形也。

伏念各省之设谘议局，为实行宪政之先机，开设议院之基础，办理苟无实际，其他新政或因之而顿生阻力。滇省自设筹办处以来，既得前督臣热心毅力主持于上，而在事各员绅复能遇事和衷商榷，措置协宜，一扫因循敷衍之习。以后应办各事，臣自当率同在事员绅淬励精神，敬慎将事，以仰副朝廷殷殷求治之至意。

除以前筹设之自治研究所、传习所、宣讲所，业经前督臣将各项章程咨部查核，并本年应行筹备事宜，再随时咨呈宪政编查馆核办外，所有筹办云南谘议局情形，理合恭折具陈。

《护理云贵总督沈秉堃奏办滇省谘议局情形折》，《清末筹备立宪档案史料》(下册)，中华书局 1979 年版，第 698 页

3 月 20 日(二月二十九日)　两广总督张人骏奏广东第一年筹办宪政及第二年开办各事情形。

张人骏奏：

伏查单开逐年筹备事宜，以光绪三十四年为第一年，各省督抚应筹办谘议局一项。前经臣遵照宪政编查馆奏定章程，在于省城设立谘议局筹办处，派委司道办理，并选延正绅到处遇事公议，由官执行，业将开办情形奏明在案。旋将应办选举一切事宜，分别议订详细规则，通饬各属克期遵办，一面选择地段，博采图式，估建合格房屋，以便谘议局成立会集议员之所。举凡调查检察、投票、开票，分区支配定额，当选给照宣示诸端，一务于本年八月内一律办妥，以期无误九月初一日该局成立定限。此筹办谘议局之情形也。

至本年为第二年，应办之事较多，如调查岁入岁出总数，调查人户总数，甫准度支、民政二部颁发章程到粤，业饬藩司照章设立清理财政局，会同各司道调查款目，编造报告，一面画分新旧现行各案，赶紧报销。至通省人户繁多，向无版籍，今稽核总数，必须按乡编查，亦经责成巡警道严饬各属，认真办理。其应办省城及商埠等处各级审判厅，已饬臬司派员调查京师、奉天、天津开办成法，赶紧筹设。又应办城镇乡地方自治，虽章程尚未奉颁，而先已在于

省城设立自治研究所，选绅讲习，省外各属亦多设所研求，一俟部章颁到，即当督饬地方有司，实行选举，遵章开办。各厅州县巡警，其繁盛之区，多已举行，间有地处偏隅，财力不赡者，亦饬该管警察道员，严为程督，责令设法筹款，一律办理，务期年内粗具规模，不许稍事延宕。至若举行资政院选举及创设厅州县简易识字学塾，应俟奉颁资政院章程暨简易识字课本到日，再行督饬谘议局筹办处司道并提学使率属举办，统俟本年八月再行详晰奏报。此又开办各事之情形也。

窃维举行宪法，所以宣德达情，尊朝纲而保兹臣庶，吁衡时局，实难视为缓图。现在行政机关骤未完全，人民程度尚有弗及，自当将逐年应办事宜，切实筹备，以冀届期成立。臣才识浅陋，无补高深。惟有殚竭愚诚，策励僚属，实力兴举，固不敢迁延贻误，亦不敢操切扰民，（朱批：甚是，切戒迁延，妥速筹备为要）期于逐渐办齐，仰副朝廷励精图治之至意。

《两广总督张人骏奏广东第一年筹办宪政及第二年开办各事情形折》，故宫博物院明清档案部编《清末预备立宪档案史料》（下册），中华书局1979年版，第765～767页

3 月 25 日（闰二月初四日）　孙中山致函张永福、陈楚楠，嘱重新改良《中兴报》，成立有限公司。

《致张永福、陈楚楠函》（一九〇九年三月二十五日）：

各埠股东皆望《中兴报》早日注册，成立有限公司，从新改良一切。其如何办法，各人皆愿由两兄全权办理。请为从速施行，以慰各同志之望可也。

《南洋与创立民国》，中国社会科学院近代史研究所近代史资料编辑组编《华侨与辛亥革命》，第112页；另见中国社会科学院近代史研究所等编《孙中山全集》第1卷，中华书局1981年8月版，第406页

△ 清廷责成各大员督率所属认真办理应办要政及关于预备、立宪各事。

清廷谕：

国家设官分职，各有应尽责任。现在朝廷预备立宪，屡降谕旨，不啻三令五申。然所望于赞助新猷，实惟内外诸臣是赖。近观内外诸臣中，公忠体国，勤劳将事者，固不乏人，然涉于推诿敷衍者，仍所难免。自此宣谕以后，内则责成各该部院衙门堂官，外则责成各省督抚大吏，举凡应办要政，及一切关于预备立宪各事宜，皆当次第筹画，督率所属官员认真办理。上以副朝廷倚畀之隆，下以慰薄海苍生之望。如能各尽其职，定必优加赏赉。倘敢敷衍因循，空言塞责，放弃责任，上以诿过于朝廷，下以累及于民庶，朕惟治以应得之咎，决不姑从宽贷也。特此通谕知之。

《宣统政纪》卷9，文海出版社（台北）1989年版，第5～6页；另见《政治官报》，第504号，宣统元年闰二月初五日，谕旨类第2页

△ 清廷为融化满汉，谕令嗣后丁忧人员无论满汉，一律离任终制。

谕文：

礼部议奏满汉服制一折。现当预备立宪，满汉服制一事尤为伦纪攸关，自应统归画一。嗣后内外各衙门丁忧人员，无论满汉，一律离任终制。其有责任重要，关系大局，势难暂离，不能不从权夺情者，应听候特旨遵行。至一切丧服事宜，著礼学馆详细编订，奏明办理。另片奏，丁忧之汉员在外投效，满员在部当差，应如何定章，请饬吏部详议具奏等语。著会议政务处会同吏部议奏。寻奏，拟将关于吏部考核之京外满汉丁忧文职人员，应行开缺终制，及改为署任奏准留差者，酌订章程十一条。至武职丁忧，事同一律。事关定制，文武皆同。谨

并订武职丁忧人员章程十二条呈览。

《宣统政纪》卷9,文海出版社(台北)1989年版,第6页;另见《政治官报》第504号,宣统元年闰二月初五日,谕旨类第2页;另见《东方杂志》第6卷4期,谕旨,第50页

《清史稿》记:

闰二月甲申,诏严预备立宪责成,戒部臣、疆臣因循敷衍,放弃责任。以服制伦纪攸关,诏自今内外遭父母丧者,满、汉皆离任听终制。

赵尔巽《清史稿》卷25,本纪25,中华书局1977年版,第971页

《国闻备乘》载清末丁忧之制:

旧制满京员不丁忧,百日限满即入署当差,缘缺多人少,其田宅、家族皆在京师,服官之地即守制之乡,仍停其升迁,使无所歆羡。外官则开缺回旗,如汉制,固未尝歧视也。自新法兴,汉人不丁忧者多援满制为口实。袁世凯之夺情,虽非金革之义,犹出自君命也。梁士诒、许秉琦皆斩然衰□之中,一为陆军部右丞,一为邮传部参议。丞、参岂难任之职?梁、许岂不可少之才?自数人作俑之后,讳员调部者日益加多,其已任部事者,闻丧乞假一月,假满仍入署支领薪金,腼然莫知为怪。长芦盐运使周学熙丁母忧,已开缺矣,闻有荐其名于朝者,即入京赴部投名考验。学熙,周馥亲子,又身任三品大员,本世臣也,而悖礼若是,他更何尤。

胡思敬《国闻备乘》卷4,"汉员不丁忧",中华书局2007年版,第123页

△ 清廷谕嗣后进讲诸臣,务当于各书中有关新政宪法之处,剀切敷陈。

谕文:

昨日吴士鉴所进西洋通史讲义,尚属可观。嗣后进讲诸臣务当于各书中有关一切新政宪法之处,详慎采择,剀切敷陈。俾有益于朕殷殷求治变法维新之至意,断不可摭拾空言谬论。无补时艰为要。

《宣统政纪》卷9,文海出版社(台北)1989年版,第6页

△ 湖广总督陈夔龙奏请增加田房税契捐以缓财政困难。

陈夔龙奏:

湖北司局州县入不敷出,拟援案酌加契捐,以资弥补。查湖北田房税契,向止征三分,嗣因赔款,加契捐三分。现拟再加收三分,以一分解储司库,为调查等局常年之用,以一分解储善后局,专供赔款不敷之用,以一分留给州县,津贴公费之用。

《宣统政纪》卷9,文海出版社(台北)1989年版,第2页

3月29日(闰二月初八日)　在"礼法之争"中,山东巡抚袁树勋明确表态赞成新刑律草案。

山东巡抚袁树勋奏:

刑律实行,宜分期筹备。臣细绎修律大臣所订刑律草案,变通之事例凡五,内如酌减死罪,或议其太轻,删除比附,或疑其太浑,其所以酌减及删除之理由,实皆采取欧美列邦之学说,参以中国旧时之习惯,斟酌损益,颇具苦心,原奏均已详言之,无可议亦无可疑也。臣窃窃然议且疑者,则不在枝叶上之讨论,而在根本上之解决。根本维何,中国如不改订法律,尚能适存于列强竞争之世纪否,尚能范围此住居衣食之人民否。原奏所称不能不改之故,固不待智者而自明也,此所谓根本上之解决也。虽然,我国现用之刑律已成何等之时代。我国今日之时代,应适用何等之刑律。原奏于不可适用之处,则别为暂行章程,又恐暂行章程之或有窒碍也。则曰举行警察为之防范,普及监狱为之教养,罪重法轻之弊,可无顾虑等语,盖臣

之顾虑即在此矣。夫各省举办警察,仅存形式耳,或并形式而未备耳。上年民政部始颁行警察学堂,及巡警教练所章程。按照九年筹备期限,今届甫出举办,若监狱为筹备清单内所未及,似不能即属于筹办审判之一部分。其实监狱如不改良,则虽受极文明之裁判,而仍处以极不文明之监狱,与新订刑律,乃真有直接之关系,其弊尤甚于巡警之不完备也。刑律枝叶之讨论,纵极完密,事实之障碍,固已多矣。臣闻刑法之沿革,先由报复时代,进于峻刑时代,由峻刑时代,进于博爱时代。我国数千年来相承之刑律,其为峻刑时代,固无可讳,而外人则且持博爱主义,驯进于科学主义,其不能忍让吾国以峻刑相残也。非惟人事为之,亦天道使然也。原奏所谓警察为之防范,监狱为之教养,即由峻刑而进于博爱之证也。论者不揣改订刑律主义之所在,而毛举峻刑时代之习惯,瑕指而瘢索之,毋怪格不相入也。故为我国今日计,既不能自狃于峻刑主义,则不能不采取博爱主义。警察所以强制未犯罪之人,不得为非。监狱则并教养已犯罪之人,复归于善,亦曰感化主义。是二者在刑法上为旁义,而在新刑律实行之先,则非有切实之筹备。至某年巡警办有规模,某年监狱均已设立,则新刑律终不可得而施。我国新政,变甲而不变乙,并甲亦不效,大都然也。就东省情形而论,曹兖数府,以强悍闻。杀人于[越]货,相习成风。治斯土者,亦惟嗜杀为能,杀愈多而盗亦并不减少。夫刑罚者最后之制裁也,日以刑罚加诸民,则制裁之道穷,而乐生之意少。老子曰:民不畏死,奈何以死畏之。故峻刑主义之不得不转入博爱。理有固然,亦势有必至也。如是,则今日京外衙门对于新刑律不必从枝叶上讨论,仍当从根本上解决。既如原奏刑律不能不改,则惟有豫筹未施行此项刑律之先,应用何种助长之方法,使之易峻刑而进博爱,易威吓而用感化,似非仅如原奏空言法律知识所能办此。臣疆寄忝膺,不敢为苟且之图,亦不敢存凌躐之见。拟在东省择地,先办一宽大之监狱,经营伊始,难在筹款,尤难在得人,盖必须择宅心公正,具有慈善之愿力,而尤朴实耐劳,有监狱之经验学识者,综理其事,始不至视为例差,有始传舍。微臣智短材疏,不敢谓办理必有效果,而默察施行新刑律之入手,非经此阶级不可。无论东省财政如何支绌,然上体天心之仁爱,下伤民命之颠连,荡涤瑕垢,咸与维新,臣断不敢不勉为其难,一俟计画稍有端倪,另折奏报。

《宣统政纪》卷9,文海出版社(台北)1989年版,第23~25页

3月31日(闰二月初十日)　《时报》报道,汉口布店帮伙因不满工价罢工,遭当局镇压。

《时报》报道:

汉口布店帮伙因争工价,一律停贸。江汉关齐道、巡警道冯令同上院禀陈,若辈抗殴官长,自警摊交斗后,演出后湖业户闹局、土店罢市,今又有帮伙停工。此风一炽,实属有坏大局,力请将为首之王明庵斩决,以昭炯戒。而冯道禀请尤坚,盖因前警摊交斗曾受一番挫折。鄂督陈小帅以该商等既经停工出号,乃敢假齐帮之名,聚众敛收要挟各匹头店闭门,殊属扰害市面,不安本分。如遇有目无法纪,不受弹压,持强抗拒者,格杀勿论。……所有各匹头店门首均派有兵丁,以资守卫。并由鄂督派委中协陈大恒,武巡捕都司徐堂,戈什张用彬、熊有文,持大令一支来汉,会同夏口厅金守弹压。

《布店帮伙之罢工》,《时报》,1909年3月31日

是月　同盟会南洋支部移于槟榔屿,《中兴日报》经营困顿。

冯自由记述:

时河口败军将士虽已多方设法安置,然以份子复杂,良莠不齐,常发生妨害地方治安情

事，清领事更藉端要求英吏干涉革命党行动，因之党务进行愈形棘手。翌年己酉（民国前三年）春，总理遂决意将南洋支部移于槟榔屿。令胡汉民归香港，扩张南方党务，自赴欧美游历，以谋国际上之协助。新埠党务自总理他适后，《中兴日报》旋以乏人主持，遽告停刊，遂于无形中失其领导之地位。

冯自由《革命逸史》第4集，中华书局1981年版，第155页

戊申（一九〇八）后，南洋党务虽日发达，然新加坡党员对于历年维持《中兴报》及供应各地失败同志等费，已觉精疲力竭，加以从越南来之河口败兵，份子复杂，良莠不齐，时有妨害地方治安之行动，于蔡厝港中兴石山开设后，尚有抢掠嫌疑案发生，致被警吏拘去石山工人二十一人，经总理多方设法，始获开释。时清领事复藉端要求英吏干涉革命党行动，故党务进行愈形困难，于是总理决意将南洋支部移至庇能。己酉（一九〇九）三月，总理首途赴欧洲而支部亦同时迁地。

《支部移庇能之经过》，冯自由《中国革命运动二十六年组织史》，商务印书馆1948年版，第70页

春，总理遂决意将南洋支部移于槟榔屿，令胡汉民归香港扩张南方党务，自赴欧洲游历，以谋国际上之协助。新埠党务自总理他适后，中兴报旋以乏人支持，遂告停刊，遂于无形中失其领导之地位。

冯自由《华侨革命组织史话》，正中书局（台北）1974年版，第42页

及己酉年三月，总理远游欧美，陈楚楠以历年为革命耗资，发生兄弟争产涉讼事件，张永福亦因商务亏折，几至破产，中兴报负债累累，屡次招股，均随手则尽，无法抵欠，卒于庚戌夏间停版歇业。

冯自由《华侨革命组织史话》，正中书局（台北）1974年版，第50页

是年春　朱执信等积极在广州运动新军，赵声因被清廷猜忌，去职。

张醁村回忆：

在一九〇九年二月间，广东新军除步兵已成立第一、第二两个标（团）外，还有炮兵第一、第二两个营，辎重兵一营，工程兵一营，学兵营一营和巡防新军七营。在上述各单位中，经过我们二三年的努力争取，都已在不同程度上播下了革命种子，但这仅限于排级以下的干部，因为队级以上的军官，不是由北洋派来受过奴隶教育的，就是早期日本士官毕业生，前者顽固落后，后者也因他们做到了中级军官以上而比较保守，不但不容易争取，而且恐怕反因此招致败露。至于本省陆军毕业生，能爬上队官一级的是绝无仅有的事。因此，我们要搞一次大规模的革命起义，最好能在军队中争取一个较高级的中心人物和在士兵方面展开广泛的联系工作。

第一标标统赵声，是一个富有民族民主主义思想的人，……他于一九〇五年左右任南京第九镇三十三标标统时，曾在明孝陵对士兵演讲民族主义，后为端方侦知，因而失职，旋到广东投效总督袁树勋。袁任他为陆军小学监督，后调一标标统。他通过陆军小学国文教员胡毅生结识了朱执信。为了便利我们进行工作和使他了解我们在军队内部的工作情况，朱执信约我与姚雨平同去见他。事前由执信到他军中说是约他游白云山能仁寺以掩人耳目，便利我们会面。不料执信见到他时，才知道他已奉命免职，一二天内要离开部队。原因是总督袁树勋保荐他任广东新军第一协协统（旅）又被端方闻知，电告陆军部大臣荫昌，谓其才可用其心不可测，因此，不但得不到协统之职，而且连标统也不保了。赵声个人虽然失了军权，但对我们的工作不但毫无损失，反而促成我们早日采取行动的决心。

张醁村《庚戌新军起义前后的回忆》，中国人民政治协商会议广东省委员会文史资料研究委员会编《广东辛亥革命史料》，广东人民出版社1981年版，第22页

姚雨平回忆：

一九〇九年清廷命广东编练新军二镇，先练一镇，嗣以各项条件未备，又改练一混成协，合其他兵种约为数五千人。当派黄士龙等分赴北江、高州、嘉应州三处征集新军。同时又由新军中挑选文化程度较好的五百人，编练学兵营，一年毕业，即派充新军班长。当时所有新军与防营的下级官佐，多由各军事学校如虎门讲武堂、陆军将弁学堂，特别是陆军速成学堂毕业生充任。新军入营后，清吏即派陆军速成学堂毕业生林震、苏慎初、扬刚，广东将弁学堂毕业生张念雄等任见习官、班长、排长等职。我以时机已至，一方面对林、苏等人指出，这是我们宣传革命的最好场所，应积极进行，不要把机会错过；另一方面，我又与朱执信、张谷山、张伯裔、姚方渝(壁楼)、张醁村、吴倚沧、邹鲁等各以同乡或同学关系，发展革命组织。在多方进行之下，新军中便布满了革命种子，只候春雷一声，就可开花结果。至于革命活动经费，由热心革命侨商丘苹荣、曾伯锷、邓寿南、曾稚南、姚海珊等不断资助，因而革命活动能够顺利进行。又为了掩护党人的革命活动，在香港中环德辅道设立嘉属商学会(起初党人到港，经常住在温佐才所开的广嘉兴客栈)，在广州高第街开办瓷业公司，其款项支出，大部由曾伯锷担任。记得有一次，新军标统赵声(别字伯先，江苏丹徒人)与其队长陈励吾曾亲到我住所马鞍街姚氏书室见访，并询问军队中革命党人情形，我具以实告，彼等欣然而去。

姚雨平《新军起义前后及辛亥三月二十九日之役的回忆》，中国人民政治协商会议广东省委员会文史资料委员会编《广东辛亥革命史料》，广东人民出版社1981年版，第28～50页

章士钊记：

伯先设宴廉之南郊海角亭，与将士痛饮，席间赋诗，有"八百健儿齐踊跃，自惭不是岳家军"之句。顾伯先隐痛益深，而人漳娼嫉益甚，日讦伯先于人骏所，适端方亦有来电，称赵声才大，而志不测，不可用，人骏惑焉。伯先不自安，弃职归，而终不能忘情于粤也。

章士钊《赵伯先事略》，《章士钊全集(1926.1.2～1928.12.30)》第5卷，文汇出版社2000年版，第6页

4月4日(闰二月十四日)　湖广总督陈夔龙奏湖北第一年筹办宪政情形及第二年预备事项。

陈夔龙奏：

为鄂省逐年筹备事宜，遵章将第一年筹办成绩暨第二年预备事项，恭折具陈，仰祈圣鉴事。

…………

查鄂省筹办谘议局选举事宜，上年八月准宪政编查馆咨行各省设立谘议局筹办处。臣于文到后，即就前督臣奏议谘议局创办所改为谘议局筹办处，曾于上年十二月间将办理大概情形奏报在案。当筹办之始，以选举事属创行，入手无方，势必漫无结束，因以确定期限统一规则为第一要义。据该处划定办事顺序期限，以本年四月十五日为初选期，六月十五日为复选期。而其间如调查、申报等事，皆明定日期，以资考核，并经该处拟定调查选举详细规则，由臣详加覆核，通饬一体遵行。虑司选员之难其人也，先于筹办处附设选举研究所，择在省候补中明白事理各员，研究选举事宜，已于上年十月毕业，分派各厅州县为初选司选员，会同初选监督办理初选一切事务。虑调查员资之未能尽谙也，复派籍隶本省留日法政专科毕业各生，分赴各府直隶州为选举襄理员，担任讲演，并由该处通饬各属选派调查员，前赴该管府直隶州听讲，五日而毕，各回所属调查。虑士民之未尽浃洽也，因饬刊白话告示，广为晓谕。一面由襄理员、司选员邀集所属派定之管理监察员，练习投票、开票一切办法。自上年十二

月实行调查，各属选举人名册，业经一律到处。一俟复选举确定后，拟于本年七月间在省设立议员讲习所，招集复选当选人，先期来所讲习，一为议案之预备，一为开议之练习，筹办谘议局选举事宜，至此毕事。至该局建筑地址，拟用原有贡院改建，以闱属贡选之场，为全省谘议之地，名实尚属相符。近正具图式，核实估计，筹款兴办，届时当专折奏明。此属于第一年已经筹办之实在情形也。

臣又查原奏清单内载，第二年应归督抚筹办者，除选举事宜续筹开办外，其余七项，其已由臣分别预备者，如筹办城镇乡地方自治，设立研究所一节。查湖北地方自治事宜，于上年二月间经前督臣奏设全省地方自治局。臣到任后，因调查乏员，先于法政学堂附设自治研究班，分饬各厅州县选送循谨明达之士绅来省入学，与之讲演各国地方制度及组织方法。又由该局设立公民养成所，为武昌、汉阳两府试办自治之预备，业于上年四月开办，期以年终毕业。各属士民屡有以试办自治为请者，深惟地方自治实与官治有相成而无相妨，然行之不慎，士庶涉于嚣张，官吏引为疑虑，是转失好恶同民之本旨。鄂省既设立武、汉公民养成所，即藉武、汉两府为试办自治之地，使人民咸晓然于职务范围之所在，然后推行遵办，庶不致法立弊生，徒滋纷扰。上年十二月该所一律毕业，即议及推广办法，改名为自治研究所，定额三百名，由各厅州县考送，大县五人，中小县四人，为养成全省地主自治人才之本，正饬办间，钦奉谕旨，颁布城镇乡自治章程，并查照宪政编查馆原奏，责成谘议局筹办处兼理地方自治办事宜。遵将原局归并谘议局筹办处兼理其事，俟办理就绪，即当奏咨立案。此属于办理地方自治之预备者一也。

又调查各省人户总数一节。臣惟宪法万端，必自清查户口始。鄂省设立之调查局，上年分制统各表，于民政户口特详，现正刊表饬发。且户口消长与地方自治关系尤密，前设自治局，会通饬各厅州县举定调查员，即以调查户口为第一要端。现又准民政部咨送奏定调查户口章程，当经饬由巡警道专饬各属一体遵办，既有依据之资，益利推行之用，必使户口之消长盈虚，瞭如指掌，而后可与言治。此属于调查户口之预备者又一也。

又调查各省岁出入总数一节。查上年迭准度支部咨行清理财政，详核部章，自以厘定款项为入手办法，尤以截清旧案，为承接关键。界画既明，举凡预算、决算，乃有凭藉。当饬司道各员，遵设清理财政局，业于本年二月开办。惟查上年十二月度支部奏，遵旨妥议清理财政一折内称：决算、预算报告各册，与从前报销旧案不同，自应另订册式，现拟逐一厘订，交清理财政局遵式填送等语。此项调查，应候部定册式到后，遵造填报。现在试办大纲，先饬省内外文武大小各署及局处、学堂、场厂、公所，均自光绪三十四年起，分别内销、外销，赶造收支清册，注明事由，近者限闰二月内到局，远者限三月内到局，复限于此两月内，由该局核定，厘为国家行政、地方行政两项，详晰开列。其自光绪三十三年以前，应遵部章第五条作为旧案，仍饬照光绪三十四年造报办法，分别内销、外销，核实开列，由臣详细覆核，妥议截结办法。似此界别部分，为今日清理之初基，亦即为将来预算之张本。此属于调查岁出入之预备者又一也。

又筹办各省省城及商埠等处各级审判厅一节。臣惟宪政要端，其一在司法独立。鄂居天下中枢，为通商大埠，将来拟收回领事裁判权，必先改良审判，使外人无所藉词，而后法权乃无旁落。现在遵章筹办，即以省城及商埠审判厅计之，其需才已在数十人以上，循流溯源，自应以养成审判人才为预备始基，已督饬臬司迅遵筹办，另案奏陈。此属于筹办各级审判厅之预备者又一也。

又各厅州县巡警，年内粗具规模一节。查鄂省巡警，业设专官，且于武昌省城开办警察

学堂,数年以来,计毕业学生已及三四百人,分派武、汉及外属充当巡士,并在该堂内附设巡警教练所,招集粗通文字之人,入所训练。继又陆续抽调武、汉两处警兵来所补习,于更番训练之中,寓逐渐推广之意。兹引准民政部咨行奏定各省设立高等巡警学堂,各府厅州县应设教练所,期限三月、六月设立,按章教授等语。臣于奉文后,即札饬该学堂改为高等巡警学堂,招选高等科学生一百人,三年毕业,仍在该学堂附设巡警教练所,专以养成巡警下士为主。至定章府厅州县应设巡警教练所一节,通饬各属一律筹办,其有因经费不足,不能如期设立,或已练巡警仍属不敷分布者,则由省城教练所酌派巡警前往开办。此属于筹办各属巡警之预备者又一也。

以上各节,就第一年已经筹办者只一项,于第二年应筹办而已预备者共六项。余如举行资政院选举及创设厅州县简易识字学堂,颁布国民必读课本各节,应候资政院章程并简易识字国民必读各课本由资政院暨学部颁发到鄂后,再行分别筹办。臣惟九年筹备事宜,外用虽殊,内体则一,事以能豫而不穷,理以相因而各当,直追急赴,犹恐后时,月考岁稽,敢忘惜寸。微臣遭际圣明,忝膺疆寄,惟有督饬所属各员,振刷精神,(朱批:是)克期责效,庶几交相鞭策,必求实事之归,不使稍涉铺张,致蹈空言之咎。

《湖广总督陈夔龙奏湖北第一年筹办宪政情形及第二年预备事项折》,故宫博物院明清档案部编《清末预备立宪档案史料》(下册),中华书局1979年版,第767~771页

4月5日(闰二月十五日)　直隶总督杨士骧奏设会议厅、宪政筹备处,以备预备立宪之需。

直隶总督杨士骧奏:

遵就臣署设立会议厅,饬拟章程,定期集议,随时编为议案,以备谘议局提议之用,下所司知之。

…………

议院未开以前,各省应行筹备各事,条理甚繁,非有总汇纲领之区,不足以资考核而免贻误,拟就臣署设一专办处,名曰宪政筹备处,遴派提调科长科员,遵照九年筹备章程,各按期限,专办本省各主管官厅局所遵办事件,统由该处随时考查。

…………

得旨,畿辅重地,凡关于一切预备宪政事宜,皆当切实筹办,以期依限无误,俾作各省模范,切毋松懈。

《宣统政纪》卷9,文海出版社(台北)1989年版,第39页

4月6日(闰二月十六日)　孙中山致函邓泽如,告宜紧急办理改良《中兴日报》。

《致邓泽如函》(一九〇九年四月六日):

《中兴报》前由弟代请汤伯令君来坡,办理改良各务。乃伯令君到坡后,因意见与永福君不合,致小有冲突,伯令遂决然辞去,而永福亦有推卸一切责任之事。惟《中兴报》于大局甚有关,不能不竭力维持。弟今再代请本坡林义顺君出来司理一切,而吴悟叟副之。日内已开办注册事务。惟各地所认之股多未交来,而《中兴报》前日用了后日钱,前贵处寄到之千元为债务及日需已用尽,今又告急矣!各埠散股,非待注妥册成为有限公司,发出股票,未易收也。未知贵处能否再将其余股份千元速行寄来,以应燃眉之急?《中兴报》若能过了此次之关头,便可无忧矣。盖注册后拟即制就股票四千张,前已有股者即行发给,此次认股者亦给股票收银,所余者即托各同志散买,如此则股本可立集矣。而目下之急,望贵处先行设

法维持。

邓泽如遗著《中国国民党二十年史迹》,正中书局(台北)1948年版,第27~28页;另见中国社会科学院近代史研究所等编《孙中山全集》第1卷,中华书局1981年8月版,第406~407页

为维持《中兴日报》,孙中山欲扩充股本。《致曾壬龙函》(一九〇九年四月中上旬):

为维持扩充《中兴报》计,加报股本一万二千元,每股五元。由星加坡同志担任三分之二[一];其余八千,须望外埠同志协力。特派罗节单前来劝招,其详情已具招股节略内。此于南洋吾党前途关系至大,不待赘言,望我兄提倡,与各同志勖力。认股有成,即由兄与庆武兄举人集收汇出。

中国社会科学院近代史研究所等编《孙中山全集》第1卷,中华书局1981年版,第410页

孙中山5月12日致函邓泽如:

通知《中兴日报》注册事已经办妥,日内可发给有限公司股票,现吴悟叟经理较前差好,亦略可称意。

邓泽如遗著《中国国民党二十年史迹》,正中书局(台北)1948年版,第28~29页

《致邓泽如函》(一九〇九年五月十二日):

《中兴报》注册成立有限公司,已办妥。刻制印股票,日内制妥,当再遣人往各埠交给,并催收未交之股及发买余股。如有人到,望为赞助一切。

中国社会科学院近代史研究所等编《孙中山全集》第1卷,中华书局1981年版,第413页

4月6—7日(闰二月十六—十七日)　孙中山致函暹罗同盟会同志,谓关仁甫等行劫累及无辜同志,嘱为留意。

《致邓泽如函》(一九〇九年四月六日):

前因劫案及尤列事,被拿去石山工人同志廿一人,日来弟出头与华民(指英国殖民当局华民护卫司,编者)交涉,或可望省释也。安南送来之人极杂,非尽属革命军人,亦有极坏者在其中,破坏人家治安之事所不能免,今惟设法别其良莠耳。

中国社会科学院近代史研究所等编《孙中山全集》第1卷,中华书局1981年版,第406~408页

《致暹罗同盟会员函》(一九〇九年四月七日):

前闻关仁甫来贵埠,已发一函,详言其人之劣迹及在军队失机误事等情。后关不来,闻六逵(陈景华)兄未将此信宣布,以存忠厚。今关又闻至暹。此人自出安南之后,在星坡、香港等处皆闻有破坏人国治安之事。在星尚有彼同类五六人,日以行劫为事,致累及他之无辜同志廿一人,现尚系狱待审,后来结果未知如何。弟今不得已,只得向本坡政府交涉,指出真犯,求彼省释无辜。昨晚已拿得一真行劫之人,其假而被疑之同志或有释放之日矣。

此类不安分之人,其最著名者为关仁甫、何海荣、杨冠英、陈三等人,率其手下五六人,串合本处之匪徒,日与劫相为生。自彼等到坡以后,则劫案频闻;关回香港之后,港地亦复如是。今彼来暹,想是香港声气紧,立脚不住,故逃来暹也。吾恐彼到不日,亦有串合本地匪徒以行不法之事,故当拒绝其人;否则他日彼做出不法之事,必有累及公等,及有辱吾党之名也。此等广西败类素在穷乡僻壤,一出外埠,见市上之繁华富庶,则欲念顿炽,爱财忘命,无所不至。此等之徒与广府捞家大有分别:广府捞家平日靠收行水,而出外亦有人为之代收付出,故在外常多安分;而广西捞家既无此可靠,又不务正业,故贼性到处不改也。自彼等到星,吾党前程几为之累,幸早设法分别良莠,今此间政府亦略明白,将来或可尽释嫌疑也。关既到暹,不日在星企不住之徒亦必逃暹归之,彼党羽既众,将亦无恶不作,故不止要拒绝之,更当设法防之。如知彼等有不法之实据,宜指证拿之,以警其余,庶全体或不致为彼所累,否

则其害有不胜言也！望为留意。

中国社会科学院近代史研究所等编《孙中山全集》第1卷,中华书局1981年版,第409页

4月7日(闰二月十七日)　清廷出使英国考察宪政大臣邮传部左侍郎汪大燮奏纂英国宪政书籍十四种。

《宣统政纪》记:

出使英国考察宪政大臣邮传部左侍郎汪大燮奏赴英考察宪政。现编纂宪政要目答问十卷,英国宪政要义四卷,英宪因革史三卷,政枢纲要五卷,枢密记略二卷,曹部通考二十卷,国会通典十四卷,国会立法议事详规三卷,选举法志要十九章,英理财沿革制度考五卷,法庭沿革考五章,司法考略四卷,民政辑要八卷,治属政略五卷,计成书十四种。俟到京缮呈,用备采择。

《宣统政纪》卷10,文海出版社(台北)1989年版,第3～4页;另见《宣统己酉大政记》,第17册,第1357～1359页

4月8日(闰二月十八日)　清廷谕设立贵胄法政学堂,派贝勒毓朗为总理。

宪政编查馆奏:

遵准升任内阁学士宝熙奏,请设贵胄法政学堂一所。凡宗室蒙古王公满汉世爵及其子弟曾习汉文者,皆令入学。闲散宗室觉罗及满汉二品以上大员子弟,亦准考取肄业,分为正、闲两科。正科四年毕业。闲易科二年毕业。其业经从仕贵胄及满汉四品以上官员,另设听讲一班,以一年半毕业,专授法政大义。拟订章程九章三十九条,并预算经费数目,缮单呈进。拟请派王公一员,二三品大员一员,分任该堂总理监督之职。

上谕:

现在预备立宪需才孔亟。凡宗室外藩王公满汉世爵,若不预为培植,其何以储政才而裨治本。应即设立贵胄法政学堂,以广造就。著派贝勒毓朗充贵胄法政学堂总理,农工商部左侍郎熙彦、翰林院学士锡钧充贵胄法政学堂监督。务宜认真经理,毋负委任。至宗室王公暨其子弟,实为满汉及外藩世臣之表率,如有及岁尚未入学与入学后半途退学,或不恪守学规等事,该总理等尤宜破除情面,劝惩一切。照章办理,勿稍宽假。至陆军贵胄学堂最关紧要,仍须认真劝勉,广储干城。总期安勉兼施,用副朝廷兴学教胄文武兼资之至意。

《宣统政纪》卷10,文海出版社(台北)1989年版,第4～5页

△ 农工商部进奏预备立宪逐年筹备事宜。

农工商部奏:

遵奉限期,将本管事宜应办各要政,详加厘订,略分四类:曰调查、曰筹议、曰兴办、曰编制,约一百二十八条,分年列表。第一年,调查中外棉业,筹议各省设立农务总分会,筹办自来水,筹办京师工业试验所,开办京师农事试验场,重建京师劝工陈列所,推广内地及海外各埠商会,推广各处船会,招致华侨创办大宗实业,颁布农会章程,颁布划一度量权衡制度,修订商标章程;第二年,通饬清厘全国矿山区域,通饬各省照章检留最通用之度量权衡旧器各一种,查明核定报部,调查各国赛会章程办法,通饬各省调查商品出入大概数目,商务衰旺大概情形,编成报告,筹议开垦事宜、林业事宜,通饬各省筹设渔业公司、水产学校,筹设化分矿质局,举办各省农务总会,设立蚕业讲习所、茶务讲习所,开办京师工业试验所、劝工陈列所,设立度量权衡官厂,制造新器,编辑棉业图说,厘订奖励棉业章程,修订矿务新章,编订划一

度量权衡各种细章；第三年，调查内地丝业茶业情形，调查各省出产商品，饬各省调查商品出入详细数目，商务衰旺实在原因，编成报告，通咨出使大臣，将各埠华商人数商业册报，通饬各省筹设农林学堂、农事试验场，推广保险办法，举办各省农务分会，推广蚕业、茶务讲习所，开办化分矿质局，施行划一度量权衡各种细章，颁行度量权衡新器，划一京外官衙局所、各省城、各商埠度量权衡，商务总会以次设齐，颁布棉业图说、奖励棉业章程、矿务新章、保险规则、运输规则，编订工会规则；第四年，调查丝市茶市情形、全国矿物品类产额销场，编制统计全国工艺及制造原料，编制统计调查全国著名工艺品，通饬各省设立专门学堂工厂，研究改良各州县筹设习艺所，各省会、各商埠筹设工艺局、劝工陈列所，各省筹设矿务学堂，组织各种工会，研究工业改良法，筹设各省商品陈列馆，筹议奖励海外贸易，通饬商民出洋贸易，海外大埠华商商会以次设齐，商船总会以次设齐，编定各处酌留度量权衡一种旧器与新器比较表，统计各省历年商品出入，商务衰旺，分别列表，筹议改良办法，颁布商业登记章程，监督交易行规则，整顿货栈规则；第五年，通饬农会编辑农务统计，列表报部，调查森林区域，筹议改良棉业丝业茶业事宜，通饬筹议农事半日学堂、农事演说会场，筹设各省劝业会，为赛会之练习，划一各府城度量权衡，各省会及通商口岸商品陈列馆以次成立，汇齐各省商务报告，逐年比较，列表统计，核定改良办法，颁示商民；第六年，通饬各劝业道编辑畜牧统计、渔业统计，列表报部，筹议整理渔界，绘具图说，筹设兽医学堂，筹办农林矿务警察，筹办商团，筹办国内赛会，通饬农会改良农具，开拓农业，增殖农产，实行开垦办法，商务分会、商船分会、各省劝业会以次成立，厘订振兴丝业茶业办法；第七年，通饬各劝业道查明水利事宜，绘具图说报部，通饬各省筹设美术学堂，实行改良棉业，振兴丝业茶业办法，外埠商会、各府及大埠商品陈列馆以次成立，编制历年航业推广比较表；第八年，考查农会、商会、船会、办理成绩，筹议万国赛会，设立商律讲明所，开办国内赛会，编制实业公司局厂逐年增进比较表，编制历年海外贸易比较表；第九年，通饬报告历年筹办森林情形，列表统计，调查改良棉业、丝业、茶业、商业后，逐年进步，列表统计，划一各厅县度量权衡，各州县商品陈列馆以次成立，开办万国赛会，编制全国农产品、水利、森林、畜牧、渔业、矿产图志，编订全国工艺商业志。

《宣统政纪》卷10，文海出版社(台北)1989年版，第5~9页

△ **邮传部进奏预备立宪逐年筹备事宜**。

邮传部奏：

遵将应办要政，分则按年筹备，开单呈览。第一年，沪宁告成，门头沟枝路告成，广东粤汉筑成由黄沙至迎嘴一百二十八里，潮汕意溪枝路告成，启筑津浦，启筑福建漳厦，启筑湖南粤汉，启筑齐昂，接筑京张、汴洛、广九各官路，沪嘉、杭嘉、芜广、南浔各商路，查勘川汉、洛潼、西潼、同蒲、江苏、浙江、潮汕、新宁、惠潮、广西、福建、滇蜀、安徽、江西各商办铁路款项工程，勘估吉长路线，覆勘四川宜夔路线，勘估正德路线，勘估延长石油矿路线，清还京汉铁路借款，议销广澳成约，废止京奉南票运矿枝路合约，收赎商电改归部办，展设太湖县至安庆电线，展设贵阳至兴义电线，展设上海至川沙厅电线，展设浙江桐乡至双桥电线，展设江西饶州至景德线路，展设下关至浦口线路，大修江宁至汉口电线，大修京师至保定电线，改设保定至信阳州电线，展设湖南常德至益阳电线，筹画核减电报价目，派员赴葡萄牙万国电政公会听讲，为预备入会基础，整顿上海实业学堂筹设臣部实业学堂；第二年，汴洛告成，京张告成，杭嘉告成，沪宁告成，新宁告成，齐昂告成，商定吉长借款，启筑吉长，启筑四川川汉，启筑洛潼，启筑清徐，启筑杭甬，启筑鄂境川汉，接筑广九，接筑漳厦，接筑芜广，勘明张络路线，测勘张

库北干路线,广西聘员测勘路线,商议改良安奉,并派员履勘路线,勘定海清开徐路线,实行核减电报价目二成,展设科布多至绥来无线电报,筹设归化至太原电线,展设河南信阳州至光州线路,展设河南至汝州线路,大修福广湘鄂电线,大修张家口至恰克图电线,筹设安徽颍亳电线,大修陕西全境线路,筹办电汽专门学堂,筹议改良京师电话机器,筹画京师各省电灯改良办法,设立臣部实业学堂;第三年,筹备清还正太路款,江西南浔告成,启筑西潼,接筑吉长,接筑四川川汉,接筑清徐,接筑杭甬,接筑洛潼,接筑芜广,测勘库伦至恰克图北干路线,测勘新民洮南齐齐哈尔抵瑷珲东干路线,筹设归化至包头镇电线,筹设江西吴城至广信电线,筹设安徽凤阳至江苏徐州电线,筹设四川至西藏电线,大修赣浙电线,试办镇江电话,展设福建汀漳电线,展设奉吉两省电线,扩充上海电话,扩充福建电话电灯;第四年,清还正太铁路借款,清徐告成,广九告成,杭甬告成,漳厦告成,接筑西潼,接筑四川川汉,启筑同蒲,接筑洛潼,接筑芜广,测勘西安达兰州西干路线,测勘附属南干各枝线,创设电料制造厂,试造电报电话各种电品材料机器,展设湖南洪江至永州电线,展设河南周家口至安徽亳州电线,展设黑龙江电线,展设广东高州至肇庆电线,筹画沿海沿边一带设立无线电报,试办京城自动电话机器,扩充天津电话,扩充江苏电话,扩充浙江电话;第五年,筹备清还汴洛路款,洛潼告成,吉长告成,芜广告成,接筑四川川汉,接筑西潼,接筑同蒲。接勘兰州达伊犁西干路线,接勘附属南干各枝线,测勘附属北干各枝线,展设陕西省南北两路电线,展设山西省南北两路电线,展设广东自佛山至顺德香山电线,派员出洋研究比较自制电品各种材料及制造方法,扩充湖北电话电灯,试办湖南电话;第六年,清还汴洛铁路借款,西潼告成,接筑四川川汉,接筑同蒲,接勘附属北干各枝线,测勘附属东干各枝线,测勘附属西干各枝线,入万国电政公会,展设江西抚州至福建延平电线,展设江西吉安至湖南醴陵电线,扩充江西电话电灯,试办广州天津上海自动电话机器,试办河南电话;第七年,筹备清还沪宁铁路借款,接筑同蒲,接筑四川川汉,接勘附属东干各枝线,接勘附属西干各枝线,展设贵州兴义至云南广南电线,展设四川成都至甘肃电线,扩充制造厂,试造关于电灯水线各种电品材料机器,试办云南电话,试办贵州电话,试办四川电话,试办广西电话,扩充山西电话;第八年,筹备清还道清路款,清还沪宁铁路借款,接筑同蒲,接筑四川川汉,接勘附属西干各枝路,展设云南普洱至顺宁电线,展设广西庆远至贵州贵阳电线,筹设库伦至科布多电线,扩充制造厂,关于无线电报各种电品机器材料,试办甘肃电话,试办新疆电话,展设前后藏电线;第九年,清还道清借款,接筑四川川汉,接筑同蒲,修订全国铁路敷设法,编定全国铁路轨线图说,展设内外蒙古电线,筹设包头镇至宁夏电线,筹设甘肃至青海至前藏电线,筹设伊犁至库车电线,大修西北各省电线,筹画扩充改良各省电灯电话。

《宣统政纪》卷10,文海出版社(台北)1989年版,第9~15页

4月9日(闰二月十九日)　两江总督端方等奏江苏省城设立谘议局筹办处情形。

两江总督端方、江苏巡抚陈启泰奏:

窃查光绪三十四年六月二十四日钦奉孝钦显皇后懿旨:宪政编查馆、资政院王大臣等会奏,拟呈各省谘议局及议员选举章程一折。详加批阅,尚属周妥,均照所议办理。着各省督抚迅速举办,实力奉行。自奉到章程之日起,限一年内一律办齐等因。钦此。本年正月二十七日又钦奉谕旨:前经宪政编查馆奏定分年筹备事宜,本年各省均应举行谘议局选举等事,着各省将军、督抚,督率所属,选用公正明慎之员绅,一律依限成立等因。钦此。跪聆之下,仰见朝廷慎重宪政,注意实行,海内臣民,同深钦感。臣等遵照宪政编查馆章程,将以前所设

江苏省城谘议局改为筹办处，派委官绅分充总会办、总协理暨科员等分职治事，拟定章程，于上年九月十六日具报开办在案。查自开办以来，至上年十二月底止为一届。查照馆章，应于今年二月将筹备事宜胪列具奏，谨将办法情形，敬为我皇上缕晰陈之。

一、各属设选举事务所，而令绅民另立调查所，以资辅助也。查谘议局为立宪之基础，选举关人民之特权，章程既极缜密，时期又复迫促，事属创举，若非官民同心合力，则迟误固所不免，流弊亦恐难防。因饬遵照馆章，各以府州厅县本衙门为办理选举事务所，复选本地明达士绅，另设选举调查事务所，专调查合境人民具有选举资格者，编定名册，呈由本管府厅州县察核送省。其各厅县中有因发起较迟查造不及者，则遴委法政毕业员绅为司选员，分赴各属帮同赶办，绅以辅官之所不逮，而司选员又以辅绅之所不逮，未及六旬，各属人民册一律编成。此名册之所筹备者一也。

一、变通初选举限期，而于复选仍遵定限，以免贻误也。查宪政编查馆章程，原定于正月十五日举行初选，三月十五日举行复选。惟创办之始，前无所承，一切措施均须临时组织，况人民程度尚浅，非将选举之事详定细则，列布告示，则于被选之责任，投票之权限，皆必茫然。至于合格绅民，尤须调查确实，更非一朝一夕之故，此昔初选以前所最繁难之事。至于复选，则已有辙可寻，较之初选为力稍易。故将初选投票之期展至闰二月初一日举行，其复选投票仍照馆章以三月十五日为期，庶几循序而进，不误谘议局九月成立之限。此选期之所筹备者二也。

一、分配议员名数，而于当选人仍严加甄别，以昭慎重也。查苏属四府一州所属三十六厅县，自人民册编成后，其合选举资格者共五万九千六百四十三人，业已遵照馆章核配议员额数，并分配初选当选人额数宣示各属。其复选、初选监督，均遵令以府厅州县学正等官分别充任，管理、监察各员亦均照章保荐派定。至京口驻防地属镇江府丹徒县，即附由该县该府举行初选、复选事宜，并照学额设专额议员二名。所有投票、开票办事细则，及投票匦与投票纸簿、知会书、执照等件，均由筹办处依式置备，发交各属领用。业于本月初一日举行初选，选不足额，并令重选，总以足额为止。所幸民智渐开，遵崇秩序，毫无滋扰，得以初选告成。当选人中有声名素劣而占票数最多者，亦经札县照章将其选举权及被选权一律注销，总期将来当选议员皆有公正之人格，不使害群者搀入其中，为宪政之诟病。此选额之所筹备者三也。

一、撙节常年经费，而于建筑事仍力求坚壮，以垂久远也。查谘议局为一省舆论机关，故馆章于应办条件，且予以议决本省岁出入财政之权。今开办伊始，必须核实开支，方足以资模范。经臣等迭饬筹办处遇事撙节，力戒浮縻。兼差各员，不支薪水，协办各绅，半尽义务。自上年九月至十二月底止，决算出入约计开办费银一千零六十八两，每月支用之费不过千金，为数已俭，无可再减。惟建筑谘议局一事，似须宽筹经费，备具规模。盖苏州去沪甚近，轮车顷刻即达，开议之时，各国官商必有来此旁听者，若过示[于]狭隘，不足以昭体制而壮观瞻。前经札饬藩司筹议，据详省城旧有铜元局，基屋较为拓大，可以拆补改造，第房屋应用何式，款项应需若干，一时未能核定，应俟江宁筹办处所派调查日本议会委员回国后，参照图式，酌量办理，克期告竣。所有改筑经费暨一切开支，均饬由苏藩司筹拨，恳恩准予作正开销。此经费之所筹备者四也。

以上各节，均系半年以来切实筹备之件，初选现今办竣，复选为日匪遥，臣等仍当督饬员绅勤慎将事，以期始终无误。所有遵设江苏谘议局筹办处及第一届办法情形各缘由，除咨报宪政编查馆外，谨合词恭折具陈，伏乞皇上圣鉴。谨奏。

《两江总督端方等奏江苏省城设立谘议局筹办处并第一届办法折》，故宫博物院明清档案部编《清末筹备立宪档案史料》（下册），中华书局1979年版，第701～704页

4月13日(闰二月二十三日)　民政部奏报预备立宪逐年筹备事宜。

民政部奏：

妥筹逐年筹备事宜，缮单呈览。宣统元年，第二年，拟订自治研究所章程，请旨钦定，通行各省，照章设立，拟订京师地方自治章程，请旨钦定，筹设京师议事会董事会，核定各省城镇乡自治区域，指定各省繁盛城镇地方，督催照章筹设该城镇议事会、董事会，督催各省将该省省会及外府所属各首县并商埠地方，人口总数，照章调查，一律报齐，汇造各省第一次查报户数清册，整理京师内外城巡警厅区，编制扩充京师高等巡警学堂并推广内外城巡警教练所，督催各省照章设立省城高等巡警学堂及各厅州县巡警教练所，督催各省将该省省会及外府所属各首县并商埠地方巡警，一律办齐；第三年，京师地方议事会、董事会限年内成立，考核上年指定各城镇议事会、董事会办理成绩，指定各省中等城镇地方，督催照章筹设该城镇议事会、董事会，督催各省将该省省会地方首县照章筹设该县议事会、董事会，督催各省将该省上年未经清查各地方之人户总数，照章调查，一律报齐，汇造各省第二次查报户数清册，确定京师内外城巡警编制，推广京师外郊巡警编制，推广京师外郊巡警，督催各省将上年未经筹办之各厅州县巡警，一律办齐；第四年，考核上年续行指定各城镇议事会、董事会办理成绩，督催各省将上年未经指定筹办自治之其余各城镇，一律照章筹办，并就近城各乡地方照章筹设乡议事会、乡董，考核各省省会首县议事会、董事会办理成绩，督催各省就该省外府所属各首县，照章筹设该县议事会、董事会，督催各省将该省省会及外府所属各首县并商埠地方人口总数，照章调查，一律报齐，汇造各省第一次查报人口数清册，考核各厅州县巡警办理成绩，指定各省繁盛市镇地方，督催筹办该镇巡警事宜；第五年，考核上年续行筹办自治之各城镇议事会、董事会及近城各乡议事会、乡董办理成绩，督催各省就所属偏僻各乡地方，指定若干处，照章筹设乡议事会、乡董，考核各省外府各首县议事会、董事会办理成绩，指定各省冲繁厅州县，督催照章筹设该厅州县议事会、董事会，督催各省将该省上年未经清查各地方之人口总数，照章调查，一律报齐，汇造各省第二次查报口数清册，考核上年指定各市镇巡警办理成绩，指定各省中等市镇地方，督催筹办该镇巡警事宜；第六年，拟定户籍法施行细则，考核上年续办自治之各乡议事会、乡董办理成绩，考核上年指定筹办自治之各厅州县议事会、董事会办理成绩，就各省偏僻各厅州县，指定若干处照章筹设该厅州县议事会、董事会，考核上年指定各市镇巡警办理成绩，督催各省将所属近城各乡地方巡警，一律筹办；第七年，考核上年指定筹办自治之各厅州县议事会、董事会办理成绩，督催各省将上年未经指定筹办自治之其余偏僻各厅州县，一律照章筹设该厅州县议事会、董事会，考核各省近城各乡地方巡警办理成绩，督催各省就所属偏僻各乡地方，指定若干处筹办该乡巡警；第八年，考核上年续行筹办自治之各厅州县议事会、董事会办理成绩，考核上年指定各乡巡警办理成绩，督催各省上年未经筹办之各乡巡警一律办齐；第九年，考核上年续行筹办之各乡巡警办理成绩，拟订关于议员选举事宜之各项程式规则，核定下议院议员选举区，督催各省调查选举人数，编造名册。

《宣统政纪》卷10，文海出版社(台北)1989年版，第21～25页

4月14日(闰二月二十四日)　理藩部奏报预备立宪逐年筹备事宜。

理藩部奏：

筹备藩属宪政本年应办事宜，分别缓急，择要推行。查内外盟及青海西北路回部西藏之王公世爵内，计汗五人，王四十三人，贝勒三十一人，贝子四十九人，公七十三人，札萨克、台吉、塔布囊七十八人，总共为二百七十九人。拟请设立专额议员，其员数由资政院核定，奏请

派充,以练习其学问政事之才,为储备开通藩属之用,此项急办者一也。又凡已经设县之各蒙旗,官民能通汉语,有一定之居处财产者,均得有选举、被选举之权,应否另定专额,抑或与汉民一律选举,应由宪政编查馆核定。其未经设县之各旗蒙,言语不通,居处无定,另订合宜办法,此项急办者二也。以上两端为本年筹备之起点。其余俟各旗报告催齐,再行统筹全局,分列事项,妥定章程。每期将应办事宜,奏报一次,以冀渐逐推行。庶于分期举办之中,仍无违九年筹备之意。

《宣统政纪》卷10,文海出版社(台北)1989年版,第25~26页

△ 山西巡抚宝棻奏审判传习所毕业学员安置事,并对刑律草案签注意见。

山西巡抚宝棻奏:

前于按察司署筹设审判传习所,考取候补正佐各班,课授中西刑律民商诉讼各法。第一届入所各员,已满两学期毕业,拟择尤留办省垣各级审判厅,其余发各属暂充帮审等差,俾资实地练习。

…………

参考刑律草案,照章签注,查分则草案,关于帝室之罪,首列简端,立义洵为正大,但尊君亲上,名教之大防,苟有危害杀伤,不得因过失而辄予宽减。叛逆不道,国法所不容,但系首魁要犯,均应尽法严惩。至骚扰地方,暴行胁迫,以及奸盗各项,亦宜从重治罪,以资惩儆。又总则著明律无正条,不得为罪,盖欲删除比附,以免意为轻重,然条目不足以尽事变,适足以开奸人趋避之门。其罪名等差,又设为某刑至某刑数等,上下悬殊,悉听裁判者之自为审定,方今裁判人材缺乏,于法律素未谙习,窃恐任意高下,处断难平。以上数端,皆关系重要,不复逐一签注,而特揭其大旨。可否酌量修订,择其重要各条,别辑暂行章程,照旧办理。而用刑上下之等,亦应于各条下详注其所由,俾裁判者有所依,免致罪名出入之差。

《宣统政纪》卷10,文海出版社(台北)1989年版,第27~29页

4月16日(闰二月二十六日)　陆军部进奏预备立宪逐年筹备事宜。

清陆军部奏报:

遵议宪政预备陆军应办事宜,分年酌拟纲要,开单呈览,以预备立宪第八年为限,期于早日观成。宣统元年,预备立宪第二年,厘订陆军部新官制,厘订军谘府新官制,厘订军学院新官制,扩充军谘处军学司规制,厘订各省督练公所暂行官制,厘订军官考试任用退休及官俸章程,厘订军人待遇恩赏荫恤等项章程,奏明立案,改订陆军章服制度,奏明办理,厘订陆军军制,各省按奏定期限,编练陆军,开办陆军中学堂,改订各项学堂章程,开办陆军警察队,实行陆地测量,筹拟开办枪炮厂办法,厘订平战两时军医马医一切章制,奏明办理,厘订陆军刑律,并军事司法章制,筹拟征兵办法,筹拟改良马政办法,设立陆军财政处,调查全国军费总数,筹拟陆续裁撤绿营归并防营办法;第三年,筹备建设军谘府事宜,筹备建设军学院事宜,筹拟参领军事大臣办法,厘订平时军司令处编制,实行军官考试任用及官俸章程,实行军人待遇恩赏荫恤等项章程,颁布陆军新军制,各省按奏定期限编练陆军,筹拟兵官学堂章程,续行陆地测量,开办枪炮厂,颁布陆军刑律及军事司法章制,择要实行,规定征兵法令,奏明颁布,试办改良马政事宜,筹拟制造各项军用物品厂办法,编订各项勤务规制,试办各省陆军预算决算,酌量裁撤绿营归并防营;第四年,实行陆军部新官制,建设军谘府、军学院,实行各省督练公所暂行新官制,陆军部会同各省督练督抚筹办全国军政,厘订军营标区办法,实行陆

军新军制,各省按奏定期限编练陆军,预备开办兵官学堂一切事宜,续行陆地测量,实行改良马政,次第设立制造各项军用物品厂,实行勤务规则,续行裁撤绿营归并防营;第五年,请旨简授参预军事大臣,全国陆军三十六镇一律成立,开办兵官学堂,续行陆地测量,筹备征兵各项事宜,拟定征输令,续查全国军费确数,续行裁撤绿营归并防营;第六年,设立标区司令官,筹拟专科学堂章程,续行陆地测量,陆军刑律及军事司法章制,一律实行,颁布征输令,试办全国陆军预算,续行裁撤绿营归并防营;第七年,陆军部预备统一全国军政,改良陆军军制,预备开办专科学堂一切事宜,筹拟陆军大学堂章程,试办征兵,续行陆地测量,各项军用物品厂,一律开设完备,试办全国陆军决算,颁布会计法,续行裁撤绿营归并防营;第八年,陆军部统一全国陆军军政,实行军管办法,设立军总统,归并督练公所,改设军司令处,开办专科学堂,预备开办陆军大学堂一切事宜,试办征兵,续行陆地测量,全国军械画一,实行陆军会计法,确定陆军预算决算,全国陆军经费统由度支部收支,绿营一律尽裁,防营一律归并,改编陆军。

《宣统政纪》卷10,文海出版社(台北)1989年版,第34~38页

△ 江西巡抚冯汝骙上奏清廷,拿获南安三点会及拳民首要一万余名,先后"正法"九十五名。

冯汝骙:

上年十二月间,三点会匪勾结拳匪窜扰大庾、崇义一带,剿办大概情形,叠经随时电奏在案。两月以来,仰叨朝廷威福,搜捕余党,凡积年著名渠魁陆续就擒,地方安静。……

赣南各属界连湘、粤,民情狡悍,三点会匪伏匿蔓延,拳匪根株未净,尤易勾结。臣上年八月抵任,察悉情形,其时适值改编巡防队制,前派赣州剿匪之前路第四营应调回省,又副后一营亦将裁撤,边境辽阔,仅只后路巡防队五营零星分布,兵力单薄,深虞匪类生心,兢兢夙夜,饬将前路第四营仍留赣州,副后营则挑留一哨以备缓急。九月间,复加派前路第三营驻南安严拿匪党。嗣据拿获著匪罗火烧添一名正法。至十二月初间,粤境三点会大头目许渣耀、李世槐、陈过房、陈玉滢、何溃生、曾玉山等,庾境三点会大头目张财溃、聂过牵、聂复阑、张振锡、刘受渫、黎祖淋、僧静修等,勾结前年漏网拳匪头目陈万琚、沈本标、黎茂、观保等,同谋作乱。初六日,在广东仁化县冷饭坑买粮杀牛,啸聚数百人,窜踞大庾县属之五洞。南安府知府裕隆、大庾县知县武曾任,会同第十二营管带申玉衡,驰赴距该处三十里之内良隘防剿。派团勇朱亚三等往探,即被匪捉。次日又捉一乡民,并杀以祭旗。边地各匪闻风响应,据险架炮,声势汹汹。臣电饬俞明震亲往督剿。其时前路第三营早经抵赣,副后一哨亦经精练,与旧有各营布置幸已周备。该道即饬申玉衡堵截各隘,防窜南安府城之路;一面抽调防营即日赴援。臣又以边界驻兵之区,节节紧要,未易抽动,电调左路巡防队第六、第八两营,随带机关炮驰赴前敌,分路防剿。内河水师拨船六号,防堵河路。其左路防地,则以驻九江之陆军两队调驻吉安,以资策应。拨驻省之巡防一营填扎左路之临江、瑞州府等处,以免空虚。

正调度间,复据南安府县禀报:初十日,匪由粤边界窜袭崇义县属聂都,已聚千余人,拳匪在前,会匪持快枪在后,两路夹进。该处仅前路第四营哨官蒋契炎带兵竭力抵御,枪毙匪首曾玉山,终以人少不敌,致阵亡什长一名,正兵五名,司书生一名,受伤弁兵两名。匪遂纵火焚掠,毁福音教堂,幸未伤人。杀前铅厂司巡检陈子健,又毁巡检府,并市店多处。次日窜至距聂都六里之白溪,号召徒党搜乡间鸟枪火药,势甚猖獗。俞明震率驻赣州之第十六营兵一哨教练队四十人,于十三日黎明拔队,驻南滕之第四营管带蔡世衡率队同赴前敌。其赣州府城,则有赣南镇总兵邱俊凤督率所部,在于城厢内外昼夜巡防;并侦探匪踪,简练军实,备

作后援。时匪仍踞白溪，裹胁居民，议分两股；一股北窜南康之塘江，焚大窝里教堂，一股扑南安府城。闻蔡世衡已至聂都，俞明震亦率兵将至，遂全股回扰大庾县境。俞明震于十五日驰抵南安，时申玉衡已派哨官辛棣堂等向白溪一路迎击，往木枯山遇匪，路险匪众，我军小挫。哨长刘玉贵冒死率兵三四十名抢登山脊，从侧面轰击，毙匪二十余名，内有头目一名。我军仅受伤七名。匪败退，仍踞五洞负险自固。复饬前路第三营管带林鹏飞扎南康，截由崇义北窜之路。蔡世衡及哨官谭国臣等节节前进，会合申玉衡抢驻隘口。俞明震亲督兵队，约期分五路围剿。十六夜，匪窜流洞。各军冒雨奋击，毙匪多名，获旗帜枪械无数。复鼓勇乘夜追击，十八日攻入五洞、流洞等处匪巢，分兵搜捕，匪窜粤境，韶州镇总兵吴祥达迎击获胜。二十四(日)夜，又击败悍匪，一股窜入芳坑地方，为谭国臣截击，擒伪先锋魏德焕一名，并毙多匪。余众胆寒，分投散匿，边境一带遂无大股匪徒。左路第六、第八两营先后到防，兵力益厚。俞明震遂将各队分扎要隘，饬管带蔡世衡、雷达成、申玉衡专在边境搜捕余匪。计前后临阵所擒及士绅指拿首要各匪，共一万余名，庾匪头目张财溃、聂生耷、聂复阑、张振锡、刘受渶、黎祖淋，拳匪陈万琚、沈本标、黎茂、观保等均经捕获。惟云台山僧静修一名在逃。粤匪大头目，除曾玉山阵毙外，捕获陈过房、何溃泩二名。其许浚熠在粤境被获，李士槵亦在湘境就擒，仅陈玉滢逃逸，已悬赏协缉。其余曾受伪职之匪目尚多，由俞明震督同讯实，先后正法九十五名，尚有未得确供，及应减等惩办者，应俟办竣，再将各匪姓名供词汇同咨部。

伏查此次事起仓猝，幸得先期布置，临时复与督臣端方往复电商，指示机要。俞明震督率各将士踊跃用命，两旬之间，迅即扑灭，得免蔓延。现饬俞明震督率营县实力清乡，搜捕余匪，务使尽绝根株。此后仍当随时督饬，以冀仰副圣主绥靖地方之至意。

《江西巡抚冯汝骙奏拿获南安三点会及拳民首要详细情形折》(宣统元年闰二月二十六日宫中朱批奏折)，中国第一历史档案馆、北京师范大学历史系编《辛亥革命前十年间民变档案史料》上册，中华书局1985年版，第347～350页

4月17日(闰二月二十七日)　清吏部进奏预备立宪逐年筹备事宜。

吏部奏：

妥拟筹备事宜。按年开列清单呈览。第一年，停选州县，奏定改选章程，通行双单月轮次表，奏定办理己酉年京察变通章程。第二年，核造各员月选人员统计表、各项分发人员统计表、各省考核州县事实最优等优等中等人员统计表、各项开复捐复人员统计表，以上一条，应即以光绪三十四年造起，行令各省造送各项实缺人员任卸调署统计表、各项候补人员差委入学统计表、全年所见员缺及请补人员统计表，均限于次年二月内到齐，酌改外省州县班次轮次，拟订暂行章程，酌拟厘定京师官制草案，酌拟编订文官考试章程、任用章程草案。第三年，增修各省道府以下新设旧有缺目一览表，行查各省在籍候选佐杂教职实存员数，限一年内报齐，拟订停选佐杂章程，停选教职章程，是年厅州县巡警一律完备，改订命盗案处分则例，会同法部办，改订外省大计章程，归并考核事实章程，酌拟厘定直省官制草案。第四年，实行停选佐杂教职，是年实行文官考试章程、任用章程，从是年起，一律改造新册并按季造考试合格统计表、考试黜落统计表，按照新订税则，改订钱漕盐关等项处分则例，会同度支部办。第五年，是年颁布户籍法，增订隐匿脱漏户籍处分条例，会同民政部办，是年直省府厅州县各级审判厅粗具规模，删订承审事件处分则例，会同法部办，是年颁布新定内外官制。拟订各官事任权限简明表，改刊新品级考，改订京外官革职、降调、降级、罚俸、停升、记过各款切实办法。第六年，拟订限制各项劳绩章程，酌改各项分发验看办法，是年三科贡举生员考试，一律完竣，核造授职人已仕未仕统计表、学堂出身已仕人员统计表，是年设立行政审判

院,分别何种案由该院判决后归本部核办。第七年,是年试办新定内外官制,详定裁并各官善后章程,删除处分例内与各项新律不符条目,另订画一章程,改定州县等官回避本籍章程及在本籍服官限制章程,行查各省原设各项选缺,有无今昔不同情形,并专补选缺人员各若干员,令一年内报齐。第八年,是年变通旗制,一律办定,详定满汉官缺归并办法,实行州县等官免回避本籍,统计各省各项选缺,共应酌留若干缺,余悉归各督抚拣补。第九年,是年宣布宪法,确定本部办事权限,是年新定内外官制,一律实行,改造职官录并附刊各种品级俸限公费表,将历年四司修订则例理由,撮具大纲,奏定后即在本部设专局派员办理。

《宣统政纪》卷10,文海出版社(台北)1989年版,第38~41页

△ 法部进奏预备立宪逐年筹备事宜。

法部奏:

统筹司法行政事宜。就九年应有办法,分期开单呈览。第一年,京师各级检察厅、高等审判厅、内城地方审判厅、初级审判厅一律成立,修改新刑律,规画司法统计事宜,编订法官惩戒章程。第二年,筹办京师模范监狱,奏请京师实行法官惩戒章程,筹办各省省城商埠等处各级审判厅,颁布审判厅试办章程,奏请推广诉讼状纸,编订法官进级章程、法官补缺轮次表,详订司法警察职务章程,奏请颁布编订监狱规则、监狱官吏惩罚规则,编订登记章程。第三年,奏请简放各省提法使,通行提法司衙门官制,筹办京师外城地方审判检察厅,奏请颁布登记章程,奏请颁布监狱规则、监狱官吏惩罚规则,各省省城及商埠等处各级审判厅,限年内一律成立,奏请直省实行法官惩戒章程,奏请通行审判厅试办章程,编订法官考试章程、任用章程、官俸章程,奏请京师实行法官进级章程、法官补缺轮次表。第四年,筹办直省府厅州县城治各级审判厅,奏请颁布法官考试章程、任用章程、官俸章程,奏请直省实行法官进级章程、法官补缺轮次表。第五年,会同民政部、度支部奏请京师实行登记章程,直省府厅州县城治各级审判厅,限年内粗具规模,奏请实行法官考试章程、任用章程、官俸章程。第六年,直省府厅州县城治各级审判厅一律成立,筹办乡镇初级审判厅,实行新刑律。第七年,乡镇初级审判厅,限年内粗具规模,直省通行登记章程,所有登记事宜,暂由地方审判厅办理。第八年,乡镇初级审判厅一律成立,直省乡镇登记事宜,改归初级审判厅办理,修改法官进级章程、法官补缺轮次表。第九年,定法官为终身官,实行修改后之法官进级章程、法官补缺轮次表。

《宣统政纪》卷10,文海出版社(台北)1989年版,第41~43页

△ 外务部进奏预备立宪逐年筹备事宜。

外务部奏:

外务部奏遵议筹备事宜。一、厘订出使报告章程五章十四条,以期考查外事。第一章:使臣之报告三条;第二章:领事及商务委员之报告三条;第三章:海陆军随员之报告二条;第四章:留学监督之报告二条;第五章:附则四条。一、厘订出洋任用章程十四条,以期作养使才,复于臣部丞参厅立秘书英法德俄日本等股,酌派股长股员,专司调查研究等事。庶几各使领报告可总其成,而培植使才之意,亦寓其中。

《宣统政纪》卷10,文海出版社(台北)1989年版,第43~45页

4月18日(闰二月二十八日)　清学部进奏预备立宪逐年筹备事宜。

学部奏:

应行筹备事宜,按年开具简明清单呈览。宣统元年预备立宪第二年,颁布简易识字学塾章程,颁布简易识字课本、国民必读课本,颁布视学官章程,颁布检定两等小学教员及优待教员等项章程,颁布初等小学各科教科书,颁布中学堂初级师范学堂教科书,审定书目,颁布女学服色章程,颁布图书馆章程,增补学堂管理章程,编订两等小学堂、中学堂教授细目,编订各种学科中外名词对照表,京师筹办分科大学,京师开办图书馆,京师及各省设简易识字学塾,各省优级师范学堂,中等实业学堂,初级师范学堂,各府中学堂,本设立者,限本年一律设齐,各厅州县及城镇推广两等小学堂,行各省学司,整顿已设之各项学堂,均附整顿办法,行各省学司,体察情形,照后开四项,预定分年筹备事目,按年列表,附加解说,一师范教育、一普通教育、一实业教育、一专门教育。第三年,颁布高等小学教科书,颁布小学、中学教授细目,审定各高等专门学堂所送讲义,编辑中学教科书,编辑初级师范教科书,编订官话课本,编订初级师范学堂教授细目,编辑女子小学教科书,编辑女子师范教科书,改正已发行之各种教科书,编辑各种辞典,颁布检定中学教员及优待教员章程,颁布检定初级师范教员及优待教员章程,实行检定两等小学教员及优待教员章程,行各省因已定城镇乡之区域分画学区,行各省学司,估计逐年所需经费,应出自国税地方税者若干,行各省一律设立存古学堂,行各省一律开办图书馆,行各省学司,省城初级师范学堂,及中小学堂,兼学官话,此项课本未颁布以前,均遵旧章,讲读圣谕广训直解,派视学官分查各省学务,派员查看华侨学堂,订拟蒙藏回各地方兴学章程。第四年,京师筹设专门医学堂、农业学堂,颁布中学、初级师范、女子师范、女子小学教科书,颁布初级师范教授细目,颁布检查学生体格章程,颁布官话课本,京师设立官话传习所,行各省设立官话传习所,编译高等专门以上学堂各种科学用书,修定各学堂毕业奖励章程,实行检定中学初级师范教员及优待教员章程,拟订学堂教员列为职官章程,派视学官分查各省学务。第五年,京师筹设专门工业商业学堂,行各省学司,清查全国十五岁以上之幼童人数及已未就学各若干人,行各省督抚,就地方自治经费内划分学务经费,行各省推广官话传习所,试行学堂教员列为职官章程、选派大学分科毕业生出洋留学章程,派视学官分查各省学务。第六年,行各省学司,确查全省人民识字者若干人,行各省学司,所有府州厅初级师范及中小学堂兼学官话,派视学官分查各省学务,编订中学堂法制课本,预算明年学部及京外学务经费。第七年,派视学官分查各省学务,奏报全国人民能识字义人数,续编学部则例。第八年,颁布强迫教育章程,京师筹设音乐学堂,派视学官分查各省学务,奏报全国能识字义人数。第九年,试行强迫教育章程,行各省学司,厅州县中小学堂兼习官话,派视学官分查各省学务,奏报全国能识字义人数,派员分查蒙藏回各地方学务。

《宣统政纪》卷10,文海出版社(台北)1989年版,第43～47页

4月19日(闰二月二十九日)　清礼部进奏预备立宪逐年筹备事宜。

礼部奏:

筹备立宪事宜,酌拟办法,就职掌所及,本年筹备之事自应先从编书入手。现满汉划一服制,已奏准施行。所有丧服事宜,即须从速编订。至于朝庙典礼,民间冠昏丧祭诸礼,均应次第编定。拟限于三年内,将通礼纂辑成编。第四年以后,作为颁行礼教之期。查各直省并无董司礼教专官,凡通礼内所列纲目关于法制者,须会同民政部法部通行检察。关于风化者,须会同学部妥订教科书,并与资政院、各省谘议局,皆有随时咨商签订之事,容臣部详细调查,再行奏明办理。

《宣统政纪》卷10,文海出版社(台北)1989年版,第48～49页

4月19日(三月初二日) 广西巡抚张鸣岐奏广西筹办地方自治情形。

张鸣岐奏:

窃臣于宣统元年二月二十五日,承准宪政编查馆王大臣咨开:本馆核议民政部奏,城镇乡地方自治并另拟选举章程一折,业于光绪三十四年十二月二十七日具奏。奉上谕:地方自治为立宪之根本,城镇乡又为自治之初基,诚非首先开办不可。着民政部及各省督抚,督饬所属地方官,选择正绅,按照此次所定章程,将城镇乡地方自治各事宜,迅即筹办,实力奉行,不准稍有延误等因。钦此。仰见朝廷天下为公,好恶同民之至意,钦服莫名。

伏维自治成立之迟速,固视官吏提倡之是否认真,尤视人民责任心之有无多寡。人民果能明于时局之大势,知一己与国家之关系,事事引为己责,自不难计日程功。若人民本无希望自治之热心,则议事、董事不免仍旧害公,附捐、特捐或且疑为厉己,民智之不开,利弊之所以相乘也。

广西僻处边陲,风气素称锢蔽,人民责任心之薄弱,地方生产力之凋敝,均远在内地各省之下。臣深知广西办理自治之难,而又知自治为宪政始基,办理不容稍缓。是以于光绪三十三年九月奏明设立全省自治局,以为筹办总汇之区,并于局内附设自治研究所,先考选桂林府所属士绅入所研究,以为着手进行之本。旋因臣出省督师,稍有停滞。该局于光绪三十四年三月开办,研究所于四月开办,截至上年年底,综计入所研究毕业者,共一百九十人,一切章程名册,均于上年七月咨送民政部有案。此未奉分年筹备清单以前,广西即已筹办自治之情形也。

追奉清单,本年应筹办城镇乡地方自治,设立自治研究所。桂省幅员寥阔,交通不便,仅省城设立一所,既苦于山川阻隔之为难,令各属自行设所,又苦于经费人才之无着。经臣督同局员,详加体察,议将全省划作三区:以桂、柳、庆、思为第一区,设所于桂林,以平、梧、浔、鬱为第二区,设所于梧州,以南、太、泗、镇、归、百、上为第三区,设所于南宁。按属分配名额,饬令阖省各厅州县,考选品学素优之士绅入所研究,于闰二月一律开学,教以自治制度及与自治有关系之法政学科,以十个月毕业,毕业后即派回本籍传习研究,以期普及。此广西遵照清单,切实筹办自治之情形也。

城镇乡地方自治,粗具规模,清单本定在宣统四年,城镇乡地方自治一律成立,清单本定在宣统五年。推原立法之意,或因事属创举,端绪纷繁,若凌节而施,欲速转虞不达,故持宽其期限,俾得从容筹备而不遽责以完成。臣愚谓凡事百闻不如一见,以今日人民之不识负担义务,官吏之未能悉解提倡,若不先行试办一二处,示以模型,转瞬即届一律成立之期,仓卒恐多敷衍。是以臣复饬局选派上年优等毕业学员,分任临桂县属调查、宣讲之事,期将临桂县城镇乡地方自治,于年内粗具规模,一以树外属之风声,一以验推行之利弊。此又广西遵照清单提前筹办自治之情形也。

以上办法,于养成人才,标示模范,固可稍提纲领,然不为各属定一推行之准,仍难植积小高大之基。现饬各厅州县,于城治各设一自治筹办公所,遴派正绅主办,为一邑筹办总汇之区,经费就该属原有之地方公款拨用。该公所办事约分两期:第一期召集阖属士绅,调查户口总数,为划分城镇乡区域之预备。第二期禀派干事,设立城镇乡筹办事务所,为地方自治之实行。厅州县自治事宜,俟奉到奏定章程,亦即责成该公所,继续筹办,以资熟手。事务所俟城镇乡议事会成立后裁撤,筹办公所俟厅州县议事会成立后裁撤。除临桂县筹办公所,定于四月初一日开办外,其桂林府所属各厅州县及梧州、浔州、南宁、龙州各属,均限以本年九月初一日为筹办公所成立之期。此外各属均分别后先,以次饬令设立。此又广西遵照清单及奏定章程引申筹办自治之情形也。

总之，地方自治，实宪政之根基，自治苟不完成，宪政仍难确立。抱人一己百、人十己千之志，虽民愚俗陋而无伤，为月计不足、岁计有余之谋，庶刻日程功之可待。臣惟有认真督饬，次第推行，以期仰副圣主惠爱闾阎之意。

至宪政编查馆原奏，有令各省谘议局筹办处兼理地方自治事宜之语。查广西奏设全省自治局，在开办谘议筹办处以前，与原奏令筹办处兼理俾资提挈用意正同。该局筹办各事，已有端倪，循序图功，当可渐期就理，可否免其改并，俟谘议局成立时，即将谘议局筹办处裁撤，拟请饬下宪政编查馆核覆施行。

除将局用经费分咨度支部、民政部立案外，所有广西遵旨筹办自治并胪陈历年办理情形缘由，理合恭折具陈，伏乞皇上圣鉴训示。

《广西巡抚张鸣岐奏广西筹办地方自治情形折》，故宫博物院明清档案部编《清末筹备立宪档案史料》（下册），中华书局1979年版，第743～745页。

4月22日（三月初三日）　御史叶芾棠奏请设立爪哇领事，保护侨民。

叶芾棠奏：

和[荷]属爪哇各岛，华民侨寓者，不下数十万人。始设中华会馆，继设中华学堂、中华商会，现泗水又倡立补助祖国海军会。然华侨爱国之心愈切，外人之忌亦愈深，近来苛政叠兴，于我华民不以平等相待。其最不平者，抽收人税，则比和之上等人，至偶涉词讼，辄以爪哇下等人律之，不问是非曲直，稍拂和官之意，即酷禁三月，然后讯案，虽辩护士不能干涉。他如身后遗产，必追入官，过境越界，必请路字，购房置器，必征重税。种种苛待，无所底告。光绪三十三年曾蒙简命大臣，徧历南洋抚慰。今年春间，又派员乘舰前往。侨民无限欢迎，第为日无多，非设领事常驻是邦不足以资保护。南洋新嘉坡仰光各埠中国已设领事，爪哇事同一律，请饬下外务部与和使交涉，于该埠派领事官驻扎，抚驭华侨，并商除一切苛政，俾得各安生业。

《宣统政纪》卷11，文海出版社（台北）1989年版，第4～5页

△ 湖广总督陈夔龙等奏请粤汉铁路仿川、滇铁路办法抽租集股。

湖广总督陈夔龙等奏：

粤汉铁路为南北之枢纽，只以股款不充，未能大兴工作。查川汉铁路，川省集股章程，有抽租之股，滇省铁路，仿为粮捐，均经奏咨有案。湖南素重农务，因地制宜，惟有仿照川滇章程，量为变通，令各租户同任路股，同分利息。综计合省租数，约五千六百七十三万六千三百余石，每租五十石，输出一石，以为路股。每谷一石，折银圆一圆，其银圆不便之处，折收钱一千三百文，于完纳钱粮时，随正交收，发给铁路公司收条，由零星凑成整数，填换股票，每年可得银圆一百余万圆，名为租股。由州县汇解司库，转解铁路公司备用，不准于折收之外，复有补水解费等项名目，以杜流弊。俟五年后，察看路成股足，即行停止。朱批，如所请行。

《宣统政纪》卷11，文海出版社（台北）1989年版，第5～6页

4月25日（三月六日）　徐世昌、恩寿等地方大员对新订刑律草案签注意见。

东三省总督徐世昌等奏：法律为宪政之根据，自应以公理为衡，以简赅为断。详绎总则草案，大抵以生命为重，以平均为义，以宥过为宗旨，故过失皆得减刑。以人格为最尊，故良贱无所区别。谨就各条有未完备及应酌改者，开单签注，以备采择。

陕西巡抚恩寿奏：新订刑律草案经修订法律大臣采取各国成法，斟酌纂订，惟兹事体大，

不厌详求。如君民共和,父子自由,夫妇平权,在列邦视为故常,在中国则论以悖谬,甚至危犯乘舆,大逆不道。及伤害尊亲之罪,亦从轻减。又如无夫妇女,不科和奸,年及二十,不为拐诱。强奸强盗之重犯,止于徒刑。聚众为暴之恶人,减至四等。未免有失防闲。谨就管见所及,分条签注。缮单呈览。均得旨、修订法律大臣法部汇核具奏。

《宣统政纪》卷11,文海出版社(台北)1989年版,第21~22页

是月　孙武、焦达峰等在汉口法租界长清里设共进会总机关,以联络长江流域会党和各革命团体。

《湖北革命知之录》记:

共进会,发起于日本东京。先是中国同盟会于丁未新设十部,中有联络部,专以联络各省秘密会党为职志,焦达峰被推为调查部长。未几,达峰及川人张伯祥、余晋成、吴祥慈,赣人邓文翚,鄂人刘仲文,以长江各省会党头目,皆脑筋简单,非另设小团体,并委用熟悉会党情形者,分别招纳,不易收效。又以同盟会誓约内之"平均地权"四字意义高深,非知识幼稚之会党所能了解,故另设一同盟会会员,组织共进会,专司此项联络任务,且将"平均地权"改为"平均人权",以免收揽会党多费口舌。此事进行异常秘密,其编制三等九级,一如同盟会,并以同盟会之总理为总理,直同盟会之外府也。(达峰于立会前,尝举以告黄克强。克强以为不可,曾与驳论数次。即闻其已经成立,而孙总理方在越南筹备军事,未便商讨,遂亦置之。)鄂人居正、孙武、杨时杰、彭汉遗、刘英、刘铁、向寿英等皆与焉。刘仲文曾先后任副会长、会长。戊申九月,推举主要会员回国,分头进行,十二月,达峰抵汉口,与孙武协商两湖入手方法。己酉三月,乃设总机关于汉口法租界长清里。武昌,就吴肖韩家设分机关。惟绌于经费,支持不易。适有浏阳布商刘肯堂、周海文贩布至汉口,达峰以乡谊关系,说之入会。二人以卖布所得,捐充党费,而两机关赖以维持。长江各会党,名目纷歧,特改为中华山以统一之,俾泯封畛。会党自焦住汉整理后,日有起色。孙武复与群治学社相接纳,黄申芗等加入,于是共进会与群治学社发生密切关系矣。

张难先《湖北革命知之录》,商务印书馆1946年版,第179页

邓文翚记:

其时共进会的青年同志中有潘的恒、胡元福、彭树军等,皆青年积极,对于四烈士的惨事,更激发其革命的意志。遂决计请求回国投考新军,便于军队中联络同志,乘机活动。会内各部极表赞同,以为各省各处都应采用此法。不久孙武即从东京啣命动身,绕道由东三省、香港一带密回汉口,专用此法使同志投入军队,加入革命。共进会对上述计划决议之后,并主张焦达峰亦宜早日回湖南,着手布置,以待时机。

邓文翚《共进会的原起及其若干制度》,《近代史资料》(总10号),科学出版社1956年版,第19页

《辛亥革命先著记》记:

戊申己酉间(1908—1909年),孙武、彭汉遗、焦达峰等先后回国,实行共进会在东京所拟方略。湖北黄申芗、邓玉麟、查光佛等与孙、彭深相结纳。时黄申芗在兴国(今阳新)、大冶,刘英、宋镇华在安陆、德安,彭汉遗在黄州,袁菊山在襄樊,均有所活动。刘玉堂为长江会党头目之一,时任水师探长,开新大方栈于汉口,对于长江会党颇具势力,因以黄、刘、彭、袁、刘等五部编为五镇,以黄申芗为第一镇统制、宋镇华为第二镇统制,其余三镇拟以彭(汉遗)、袁(菊山)、刘(英)等分统之。仍推刘公为大都督,刘英为副都督,设总机关于汉口鸿顺里。分设通信处于上海公学曹忠恕寓、岳州高等小学堂彭鑫寓、长沙太平街同福公栈、宜昌潘级

升寓。此外有刘燮卿、汪性唐、钟雨亭、吴肖韩、李赐生、李伯贞、邵焕章等襄赞机要。焦达峰则往来湘鄂间,互相策应。卒以饷械两缺,进行迟滞;而会党人物尤不受约束,湖南潘平介部之焦逸山,湖北刘英部之龚世英、刘伯旗,黄申芗部之柯玉山等先后暴动,因之全功尽弃。而孙武遂以聂荆之召,偕潘公复、吴肖韩及吴妻汪梅仙女士等离鄂,由粤赴梧州,参加广西温(德臣)刘(玉山)发难事。邓玉麟由汪定忠介绍投入江督卫队。而湖北共进会则由军队同志担任进行,以黄申芗为军界中心,彭汉遗、查光佛任联络,曾省三、黄元吉、江炳灵、萧国宝、陈孝芬、高尚志、黄驾白、陈献斌、陈复元、谢熔成、汤习兵等为大都尉,分途活动。

《辛亥武昌革命团体》,载杨玉如编《辛亥革命先著记》,科学出版社 1958 年版,第 3 页

胡祖舜回忆:

时军中有误传孙总理之弟孙武其人者,潜居汉口租界,密谋革命。窃议谋与联络,久之不得通款。士龙夙与沔阳人杨玉如(号藻香)识,玉如时业新闻,以"古复子"为笔名,所为文多论时事,余尝读其文而未见其人。士龙常与往还,遂得加入共进会为会员。士龙复介绍余与玉如晤。余复在武昌雄楚楼十号刘公寓,填愿书加盟。其书中首为宗旨,文曰"驱除鞑虏,恢复中华,建立民国,平均人权",与同盟会所异者,仅易一"地"字为"人"字耳。愿书上,刘公与湘人谭人凤(号石屏)合衔并列为主盟。刘公,字仲文,湖北襄阳人,以加盟同盟会为名"湘",故一名刘湘,以加盟共进会为名"公"。武昌首义,共进会实为中心,彼为共进会总理,故以"公"名之。其先世业农,积资富,广有田园,号称百万。其祖某好义举,曾以巨金捐献于襄阳府贡院作为试生卷费基金。七属士子,咸称颂之,名乃大显。刘公性谨厚,不善词令,自幼读书,数与试不第,乃渡日本,入早稻田大学习法政。孙总理创立同盟会于东京,公服膺其革命主义甚笃,遂加入为会员。其后颇同情于同盟会急进之一派,力主回国实地革命行动。时有川人张伯祥,赣人邓文翚,湘人焦达峰,粤人陈昭明等,发起组织共进会,从回国实施进行革命为目的。一时同盟会赞同此主张者,有吾鄂之居正(号觉生,广济人)、孙武等,湘人钟剑秋、熊毅、杨晋康等,川人何其义、何庆云等。刘公亦其一也,且曾继伯祥、文翚之后,被推为共进会总理,其回国固后于孙武也。孙武者,即误传为孙总理之弟也,原名葆仁,号尧卿,一号摇清,湖北夏口人也。少有大志,长入湖北武备学堂习军事,尝以武职候补于江宁。不得志,走日本,入同盟会为会员,并参加共进会之组织,以实际革命行动为己任。纪元前四年即光绪三十四年戊申回国,南北奔走联络,颇积极。旋由香港至汉,孑然一身,赁居于武昌分水岭,尝引其亲友汪性唐、刘玉堂、吴肖韩、刘燮卿、钟雨庭等以为己助。初与焦达峰等谋两湖会党之联合,一以共进会相号召。旋与军界邓玉麟等相结识,得与新军士兵相往还。继乃组机关于汉口法租界长清里。其后刘公、刘英、杨时杰、彭汉遗等先后回国,居正亦自南洋归,谭人凤、宋教仁等常与结纳,乃共谋两湖革命之积极进行,一以孙武为中心。长清里机关,遂为两湖革命同志之唯一据点。湖北革命团体之有共进会者,以此也。

胡祖舜《六十往谈》,载武汉大学历史系中国近代史教研室编《辛亥革命在湖北史料选辑》,湖北人民出版社1981年版,第49~50页

是月　浙江巡抚院颁定《浙江地方自治筹办处章程》。

《浙江地方自治筹办处章程》(宣统元年三月浙江巡抚院颁定):

第一章 总纲

第一条 本处系查照宪政编查馆原奏,设立为筹办浙江地方自治之总机关,名曰浙江地

方自治筹办处。

第二条 本处直隶于浙江巡抚之下,所有各员绅由抚院选充。

第三条 本处特设四科,分任事务。其细则本处另定,呈候抚院核行。

第四条 本处除应行筹办事务外,其应设之全省自治研究所,亦由本处兼办,其详细办法,以另章定之,呈候抚院核行。

第五条 本处由抚院刊发木质关防,文曰"浙江地方自治筹办处"之关防。

第六条 本处查照宪政编查馆原奏,一俟地方自治粗具规模,即行裁撤。

第二章 组织

第七条 本处组织如下:

一、督办一员;

一、总理一员;

一、协理一员;

一、参议两员;

一、编制科科长一员,科员三员;

一、考核科科长一员,科员三员;

一、收发科科员一员;

一、庶务科科员二员;

一、书记六员。

第三章 职务权限

第八条 督办,监督本处一切筹办事务,随时会议重要事项。

第九条 总理,商同督办,管理本处一切筹办事务,随时会议重要事项。

第十条 协理,以本省绅士充之,商同督办、总理,管理本处一切筹办事务,随时会议重要事项。

第十一条 参议,随同总、协理,筹划本处一切事务,审订各种章程规约,及各种程式,并随时会议重要事项。

第十二条 编制科科长,商明总、协理、参议,掌管本科事务,率同所管科员分任各事。

第十三条 编制科科员,商同本科科长,编制本处颁发各属之章程、规则、各种程式,兼办关于本科之一切公文函件。

第十四条 考核科科长,商明总、协理、参议,掌管本科事务率同所管科员分任各事。

第十五条 考核科科员,商同本科科长,考核各属所拟各种章程、规则、规约,及陈报办理一切情形,兼办关于本科之一切公文函件。

如有须赴各属视察、督率之事,得于该科科员内派充。

第十六条 收发科员,掌管收发本处一切公文函件,分别登录、保存,并校对事。

第十七条 庶务科科员,掌管本处出入经费簿册,购置一切应用器具,并分任一切杂务事,兼办关于本科之一切公文函件。

第十八条 书记承督办、总、协理、参议,及各科之指挥,缮校各种章程、规则、方式,及一切公文函件,并盖印过朱等事。

第十九条 关于本章规定各科职务权限,遇事务互有繁简时,得互相协同办理。

第四章 办法及顺序

厅府县地方自治办法及顺序，应俟奉到部颁厅州县地方自治章程后，再行拟出，抚院核准增入。

第二十条 本处筹办城镇乡地方自治办法及顺序如下：

甲、开办自治研究所。

先于省城设立全省自治研究所，由本处另定简章招考，每厅州县录取四名，遵照部定期限毕业，给与证书，派赴各厅州县办理该厅州县自治研究所（办法另定颁布）。各厅州县如有自治讲习所等类成立在前，或虽非成立在前，而无待省城自治研究所学员毕业，已有讲员能组织成立者，应即呈由该厅州县，详晰转报本处，核与民政部颁发自治研究所章程及本处办法不相违背者，准予立案。本处仍不时派员前往视察。至迟限于宣统二年十月以内，各厅州县自治研究所一律毕业。

乙、假定城镇乡区域及城镇乡议事会议员额数。

当厅州县自治研究所尚未办第一次毕业之前，本处拟责成各厅州县，仍暂将上年遵照藩司通饬，光绪三十三年民政部颁定调查户口册式，调查时所得之数，除总数详报藩司衙门外，一面仍将该厅州县底册，分别城镇乡，至迟于本年年内，报明本处，以为假定区域及议员额数之标准。禀候抚院批准，通饬各厅州县遵照办理。

丙、办理城镇乡议事会选举（乡选民会同时办理）。

厅州县自治研究所办第一次毕业后，由本处代拟关于调查选民资格，及实行选举各种章程规则暨册簿等式样。遵照城镇乡地方自治选举章程第八十一条，由地方官遴派官绅（绅以省城自治研究所及厅州县自治研究所毕业者为限）办理，至迟统限于宣统三年三月以内城镇乡议事会一律成立。

丁、办理城镇董事会及乡董、乡佐选举。

按照馆章，由城镇乡议事会办理，至迟统限宣统三年五月内一律成立。

戊、确定城镇乡区域及城镇乡议事会议员额数。

查照民政部调查户口章程第六条，由城镇董事会，或乡董，办理调查人口事宜，务以得各本区域之人口确数为主，至迟统限宣统三年三月以前调查完竣。即将假定区域及议员额数，按照城镇乡地方自治章程第二条、第二十三条、第二十四条，再行划配，作为确定城镇乡区域及城镇乡议事会议员额数，至迟统限宣统三年十月以内，呈请各厅州县转报本处，禀候抚院立案。

己、实行城镇乡自治。

此自城镇乡议事会，及城镇乡董事会、乡董成立以后，即应按照城镇乡地方自治章程第五条所列八款，次第实行，至迟限宣统四年内粗具规模。

第五章 会议

第二十一条 本处为筹办地方自治事宜，集思广益，特设会议规定如下：

一、定期会议，

二、临时会议。

第二十二条 定期会议于每月初二日行之；临时会议遇有应议事项，由会长随时指定日期行之。

第二十三条 会议组织如下：

一、会长

以督办任之,如督办不能到会时,则以总理任之。

二、副会长

以总理任之,如总理充会长,则以协理任之。

三、会员

以本处协理、参议以下人员充之。

四、书记

临时由会长指定科员中二人充之。

第二十四条 会议事项如下:

一、关于本处内部重要事项;

二、关于各厅州县重要事项。

第二十五条 会议决议事项,另以议事录记之。

第六章 经费

第二十六条 本处经费分额支活文,另以预算表定之。

第二十七条 本处所需一切经费,由抚院筹定专款办理。

第七章 附则

第二十八条 本章程自本处呈请抚院颁定之日起,为施行之期,遇有应行增删更改之处,随时由本处会议呈请抚院核行。

《浙江官报》宣统元年(1909 年)第 3 期,浙江省社会科学历史研究所、浙江图书馆编《辛亥革命浙江史料续辑》,浙江人民出版社1987年,第164 ~ 169页

是月 浙江监理地方自治浙江谘议局筹办处印发《浙江全省地方自治研究所招考简章》。

《浙江全省地方自治研究所招考简章》:

第一条 本所以讲习自治章程,造就各属办理自治人员为目的,每厅州县招考额定四名,加三倍收考,以资选择。

第二条 凡愿赴本所投考者,遵照奏定《自治研究所章程》,应就各该厅州县居民内,须具备左列选民之资格:

一、有本国国籍者;

二、男子年满二十五岁者;

三、居各该厅州县之城镇乡,按[接]续至三年以上者;

四、年纳正税(指解部库司库支销之各项租税而言),或本地方公益捐二元以上者;

五、居民内有虽不备第三、第四之资格,而劝学所、教育会公同保证其素行公正,众望允孚者(原章本以城镇乡议事会议决为限,此时城镇乡议事会尚未成立,姑予变通办理,以免向隅)。

本所为兼储各厅州县自治研究所讲员起见,除前列各款外,仍须文理优长者。

第三条 有下列情事之一者,虽具备前条各项之资格,仍不得赴本所投考:

一、品行悖谬,营私武断,确有实据者;

二、曾处监禁以上之刑者；

三、营业不正者；

四、失财产上之信用，被人控实，尚未清结者；

五、吸食鸦片者；

六、有心疾者。

原章尚有不识文字者一项，照前条既须文理优长，则不识文字当然在不得投考之列，故不载。

第四条 合第二条资格，无第三条所列各事情，愿赴本所投考者，须向各本厅州县，或劝学所、教育会报名，填明籍贯、年龄、住所（或寓所），及住居年分、年纳捐税额，由各该厅州县或劝学所、教育会依照本所所定保证书式样，应具保证书，一并申送本所，以归一律。

第五条 招考以各厅州县出示之日始，五月十五日止。限六月初十以前，投考各员一律到省，来本所报到，以便定期考验。

第六条 投考各员均应预备四寸照片一枚，报到时缴存本所，以凭核对。

第七条 凡考验以经录取者，须由本人来所填写志愿书，以昭慎重。

第八条 凡录取各员，俟八个月研究期满试验及格者，遵抚院颁定《自治筹办处章程》，分派各该厅州县办理自治研究所，及筹备自治事宜。

第九条 本所设在省城吉祥巷，不取学费，不备膳宿。

保证书式

具保证书（衔名）；今因某县某处某人，愿赴省城自治研究所报考。查该生资格，核于招考简章第二条相符，并无第三条各项情事，其文理亦属优长，除另文申送外，合具保证书是实。

今将该生资格开列于左：

计开：

一、籍贯：某省某府某县人；

一、年龄：若干岁；

一、住址：本县某处住几何年（寓几何年）；

一、年纳正税额若干元，公益捐额若干元。

其不备上列第三、第四两款资格，而素行公正，众望允孚者，须改列劝学所或教育会保证考语一款（其本由教育会、劝学所保送者，但须改列切实考语一款）。

宣统元年　月　日具保证书（衔名）盖印

浙江省社会科学历史研究所、浙江图书馆编《辛亥革命浙江史料续辑》，浙江人民出版社 1987 年，第 169 ~ 172 页

是月　孙中山因东南亚的革命活动遭遇严重的经济困难，前往欧美筹款。

己酉春，总理以历年经营粤桂滇三省军事相继失败，南洋同志筹饷之力渐告枯竭，遂决计远游欧美，另辟财源，以谋再举。是岁四月自南洋渡欧洲，九月杪由欧洲抵纽约。

冯自由《华侨革命组织史话》，正中书局（台北）1974 年版，第 62 页

孙中山《致邓泽如函》（一九〇九年四月六日）：

弟久欲速往欧洲决夺重要问题，以暹罗所承任之旅费尚未寄到，故不能成行。其所以迟迟之故，只因一领袖同志以米较生意不前，几有破产之忧，故牵动一切。日前此款几使弟失

望,故着汉民向仰光同志筹之。前礼拜再得暹罗来函云,日内当竭力筹交。文得仰光来信云,该处已有公款千余盾,可以随时拨用。今另向同志加筹,筹就一并交汉民带来。有此两路之预约款,则欧洲之行或不致久延,而误绝大之机会也。惟现在本坡百务交迫,各同志皆陷于穷境,多有自顾不暇之势,故弟处已绝粮矣。而办事要人,尚有十余人在此相依。而日内又有安徽省与熊成基起事之同志、炮队营管带洪承典等来星,皆不能不招呼。故暹、仰二款未到之前,尚须三百元乃足支月内之用,此又不得不恳足下等供给一月之费,以待接济之至也。

中国社会科学院近代史研究所等编《孙中山全集》第1卷,中华书局1981年版,第407页

《致张永福函》(一九〇九年四月六日):

弟久欲早日离星,免至坐困,乃以旅费无着,未能成行。近接暹罗来信云:前认之款,日内当竭力筹交。而仰光又有信云:该地积有公款千余盾可以调用,今更向同志再集,集就当并交汉民兄带回等语。有此两地之预约款,弟行期有日矣。

中国社会科学院近代史研究所等编《孙中山全集》第1卷,中华书局1981年版,第408页

《复邓泽如函》(一九〇九年四月十二日),告来函及盟书、汇票收到:

南洋近况如此,真为大事进行之大阻滞也。幸尚有热血如兄者,否则吾等不免有坐困此地之虞矣。

邓泽如遗著《中国国民党二十年史迹》,正中书局(台北)1948年版,第28页;另见中国社会科学院近代史研究所等编《孙中山全集》第1卷,中华书局1981年版,第410页

《致庄银安等函》(一九〇九年四月二十日):

得悉贵埠人心近日愈有进步,且定立自治章程,以维持团体于久远,洵为法良意美,深为喜慰。弟以刻下人心、机局皆有可图,而吾人不能乘时而起者,只以财政难题无从解决,故每每坐失时机,殊堪痛惜!此方暂时既无法可设,弟不能不思图远举,欲往运动于欧美之大资本家;乃以经费无着,故汉民兄来仰光特以此奉商。今蒙以贵埠之优先捐拨为此用,何快如之!弟今以速行,望公等即行收集交汉民兄速带来星,以得早日起程。他日大事有成,皆公等之力也。

中国社会科学院近代史研究所等编《孙中山全集》第1卷,中华书局1981年版,第411页

《致曾壬龙函》(一九〇九年四月二十七日):

四月十九号曾致一书,但未合船期,想亦与此书齐到也。前函云筹得款电汇加刺巴,由加刺电汇新加坡;后闻有人说文岛与巴城亦无银行可通电汇,只由信馆可汇小款,大款恐有不便,反为延滞云云,未知是否?果如此,则筹得款后不如仍由人带出新加坡,更为妥速矣。昨日甲元(黄甲元)兄已着人带到五千余盾,今日即电汇前途应急。如能陆续源源接济,则军事必能一跃千丈也。

中国社会科学院近代史研究所等编《孙中山全集》第1卷,中华书局1981年版,第412页

5月5日(三月十六日)　清廷宪政编查馆奏准自治研究所章程。

宪政编查馆奏:

查地方自治之制,虽东西各国一律通行,而溯厥由来,实分二派。有由市府[自治]而自然发达者,有由国家立宪而渐次推行者。今当中国创行自治之始,皆本预备立宪而生。臣等前奏覆核城镇乡地方自治章程,首以渊源国权,对待官治,郑重剖析。兹据民政部拟定自治研究所各条,均属简要可行,谨就原章推阐,共订为十四条,伏候颁行各省,一体遵照办理。

《宣统政纪》卷11,文海出版社(台北)1989年版,第18~19页

《东方杂志》记：

臣等遵查地方自治之制，虽东西各国一律通行，而溯厥由来，实分二派：有由市府自治而自然发达者，有由国家立宪而渐次推行者。一则因人民本有自治之能力而日以扩充，故编制易而范围自广，一则欲人民克尽自治之义务而徐为倡导，故施措难而监察亦严。源流既别，法意迥殊。今当中国创行自治之始，皆本朝廷预备立宪而生。臣等前奏覆核城镇乡地方自治章程，首以渊源国权，对待官治，郑重剖析，复举其名义范围，及责重监督之意，逐一声明，皆所以示研究之指归，定人民之法守。兹据民政部原奏清单，拟订自治研究所各条内讲授科目，即已隐含此意。其余设立次序、选送资格等项，亦均简要易行。臣等悉心覆核，方今各省人民知识尚稚，财用极艰，此项研究学员，将由省城递及府厅州县，依次传习，必使学力稍能深造，经费悉戒虚糜，庶可以免谬说之流传，杜前途之阻碍。谨就原单酌加推阐，共核订为十有四条，缮具清单，恭呈御览。伏候钦定颁行，即由臣馆通咨各省，一体遵照办理。所有核覆自治研究所章程缘由，谨恭折具陈，伏乞皇上圣鉴。

《宪政编查馆奏核覆自治研究所章程折》（宣统元年三月十六日），《东方杂志》第6年第5期，记载1，宪政篇，第264～265页

《核覆自治研究所章程》：

第一条 自治研究所为讲习自治章程，造就自治职员而设，应就各省省城及府厅州县，各设一所。前项所称之府，指有直辖地方者而言，以下各条凡称府者均同。

第二条 各省省城自治研究所，遵照逐年筹备事宜清单，统限本年年内成立。各府厅州县自治研究所，应俟省城第一届听讲员毕业后，即行派赴各属，一律设立。

第三条 各省省城自治研究所，应由自治筹办处遴派通晓法政人员，充任讲员，由讲员内遴派一员为所长。府厅州县自治研究所所长讲员，即以听讲毕业员分别派充。

第四条 各省自治研究所，除官设各所作为模范外，其各地方士绅自愿照章设立者，均得呈明该管官批准照办。惟该所所长，应由该所公举通晓法政品学优裕士绅一员，呈请自治筹办处核派。如各地方先经设立者亦同。

第五条 自治研究所应讲授左列各项科目：一、奏定宪法纲要，二、法学通论，三、现行法制大意，四、谘议局章程及选举章程，五、城镇乡地方自治章程及选举章程，六、调查户口章程，七、其他奏定有关自治及选举各项法律章程，八、自治筹办处所定各项筹办方法。

第六条 自治研究所讲授宗旨，应以恪守奏定地方自治章程不越范围为要义，统由自治筹办处稽察管理，并得查核功课勤惰，酌加激劝。

第七条 省城自治研究所学员，应由各府厅州县遴派本地士绅，按届送所听讲，每属每届至少以二人为率。

第八条 各府厅州县自治研究所学员，应就该管境内分别城镇乡区域，遴选本区士绅，次第入所听讲，以每区有听讲员为度。

第九条 自治研究所，应由所将城镇乡应办自治各事，演为白话，列布宣讲，以资劝导。

第十条 自治研究所学员资格，以按照地方自治章程得为选民者为限。其无选民资格不得为自治职员者，均无庸入所听讲。

第十一条 自治研究所以讲授八个月为毕业期，俟第二届或第三届毕业，即行裁撤。其由地方士绅呈准设立各所，不在此限。

第十二条 省城自治研究所经费，应由自治筹办处筹拨。各府厅州县经费，由各该地方公款筹办，其选送各员赴省川资，并由该地方官筹给。

第十三条 自治研究所需用讲堂房舍,应各就原有公所公产空闲房屋,酌量设立,无庸建筑,所中一切用款,亦不得稍涉糜费。

第十四条 自治研究所内详细章程,应由自治筹办处酌定通行,以及一切办理情形,均由各省督抚随时咨报民政部存案。

《宪政编查馆奏核覆自治研究所章程折》,故宫博物院明清档案部编《清末筹备立宪档案史料》(下册),中华书局1979年版,第745～748页;《宪政编查馆奏核覆自治研究所章程折》(宣统元年三月十六日),《东方杂志》第6年(1909年)第5期,记载1,宪政篇,第265～267页

5月6日(三月十七日) 新加坡《中兴日报》论清廷复以科举愚民。

本日,同盟会党人吕志伊以"天民"笔名,在《中兴日报》上撰文,批清廷科举愚民:

清廷近年之所谓举行新政、预备立宪,无非假变法图强之美名,为杀人敛财之诡计,此尽人皆知者也,惟停止科举一事,足以除数百年积重之陋习,破四亿人愚惑之恶魔,尚为差强人意,故欧美日本诸国报纸亦多赞与之。吾人虽知其所办之学堂皆用奴隶教育,名固取法欧美,而实则腐败压抑,不免沐猴而冠,淮橘变枳之诮,然科举既停,吾国民之稍有智识者固不必专受虏廷之奴隶教育,如公立私立之学堂渐兴,则官立学堂惟一般有奴隶性根者愿入之,究其极虽不获受自由之教育,亦尚能稍得今世实用之学问,斯亦吾民不幸中之幸也,何意载沣摄政,袁奴去位,一般迂拘无用朽腐无识之言官,窥载沣之意旨,仰张奴之鼻息,有奏请复岁科考者,有奏请复乡会试者,载沣明虽未允,而实已袭用之,如诏举博学鸿词也,诏举孝廉方正也,与科举有异乎,无以异乎。朝三暮四,朝四暮三,狙公赋芧之术,实取法于乃祖玄烨弘历,其名愈美,其计愈毒。盖岁科考也,乡会试也,惟一般初学小生肯投罗网,即间有特出之英才,亦如昔人所谓非科举能得人才,实人才屈就科举者。若博学鸿词、孝廉方正,则所谓闭户潜修,多识前言往行之经师,与洁身自好、沽名钓誉之粹士,亦以为无上之荣幸,而欣然就取,数罟竟入污池,梓人不弃樗栎,盖所谓天下英雄皆入吾彀矣。

而虏廷之于是等举动,固非所以求才也,实所以愚民也。历观伪康乾间之所举所取者,其博学鸿词,非食书蠹、钻纸蝇,宜束高阁者,即图献龟、技雕虫,媚兹一人者也。其孝廉方正,非跨宠犬、食坏蚓,无行于家庭者,即附膻蚁、趋粪蛆,讨好于官吏者也。盖灭人家国者之登庸人才,非甘心事仇、为虎作伥者,必不愿就其羁轭,即就之亦必不见用,此明儒王夫之所以逃窜苗山,顾亭林所以不应伪诏,惟一般蝇营狗苟之徒,假经术以文其奸,受奴职以为宗族交游光宠,深抱赵孟頫"往事已非那可说,且将忠赤报皇元"之奴隶性根而牢不可破,复鼓其妖言邪说,欺世盗名,致四亿同胞皆被其愚惑,而不复知满虏之恶,竟忘记亡国之耻。呜呼!此等汉奸之肉,其足食乎?予恨无朱云剑、伍员鞭,斩其头而鞑其尸也。

然昔之博学鸿词、孝廉方正其已矣,而今之奴子奴孙、小龟小鳖、小螟蛉、小疫虫,正方兴未有艾也。其谋应博学鸿词之考生,则狗眼望穿矣,其欲得孝廉方正之乡愿,则鼠头削尖矣,此非予之苛论,实此等怪剧已屡演于清国之官绅学界中,海内外各报均载之也(如湖南某绅,钻营谋举孝廉方正,福建某生等禀请厦道考课)。呜呼!科举之流毒于中国其何日已哉。兹更有一奇异不可思议者,则老奴张之洞之力主特开恩科也。夫张氏之于清奴中固素号开通者也,而今竟以考博学鸿词为重要,更病狂而发开恩科之梦呓,岂张奴真头脑冬烘哉。然前此清廷废科举之议,虽为袁世凯所主持,而张奴固亦赞成者,且所谓奏定学堂章程,亦张奴所主稿,有识者虽谓其不惟于新学不通,且于旧学亦不通(因其所定读经之年级,于经学之浅深难易尚未了解,故凌乱无序,不适于儿童之程度),然尚冀学堂之或可改良,而不意科举之毒

魔复活也。夫张奴固科举出身者也，其相业则苏味道之模棱两可，其资望则冯道之五朝元老，老奸巨猾，善窥虏廷喜怒，前日那拉载湉惩于庚子之痛巨创深，始思变计，而彼乃奏办学堂，今日载沣执玄烨、弘历之政策，极端排汉，而彼又议开恩科，是欲愚民者载沣，而助载沣以愚民者张奴。若李灼华、恽毓鼎辈之小奴隶，则诛之不胜其诛也。

天民《清廷复以科举愚民之怪剧》，《中兴日报》1909年5月6日

5月9日（三月二十日）　清廷派陆军协都统吴禄贞充吉林边务督办，以两协之兵归其节制。

清廷谕：

吉林边务吃紧。延吉、珲春、宁古塔、临江州等处，皆与韩俄接壤，必须一气贯注，乃能呼应灵通。陆军协都统吴禄贞，请派充督办吉林边务。并请以两协之兵归其节制。饬速赴防。得旨著照所请，仍著吴禄贞随时禀商锡良妥慎办理。

《宣统政纪》卷11，文海出版社（台北）1989年版，第31～32页

《清史稿》记：

命陆军协都统吴禄贞督办吉林边务。

赵尔巽《清史稿》卷25，本纪25，中华书局1977年版，第973页

△ 陶成章致函李燮和，谓由于孙中山暗中阻挠，其在南洋筹款的目的全然未达。

《致李燮和书》（一九〇九年五月九日）：

弟自去岁南来，迄今已历九月，所希望之目的，全然未达。中山面子上（近日愈趋愈下）不便反对，而暗中设法播弄，槟榔先受其难。该地办事人云：必须中山之人来运动况（方）可，盖章程如是故也。弟大愤，与会长吴世荣力争，旋由嘉应人先赞成，吴世荣乃不得已而从之。又不肯开会，仅邀三四人会议赞助，仅得三百金。不料弟去之后，又遇一难，邓慕韩踪弟而往，不知用了何种手段，并此而亦不寄。弟自槟榔到坝罗，该地同志甚为赞成。因届年底，弟去而之他。……现今所筹者，不足三千元，且多未寄出，暗杀暴动，再无可办。内地同志，均坐而待毙，牵连者竟及八府之多，肝脑涂地，徒死无益，□胜悼哉，现欲往吻里洞，旋即来贵埠，一切仰仗斡旋，或者于文岛得集数千金，则事尚有可为。惟祈吾兄务为预先计划，使弟来时得有所措手足，则幸甚焉。

汤志钧编《陶成章集》，中华书局1986年版，第152页

5月11日（三月二十二日）　孙中山命胡汉民自新加坡返香港筹划国内革命。

因南洋革命陷于困境，故孙中山自决定赴欧美筹款外，命胡汉民返香港，与邹鲁、陈炯明等筹划国内革命。孙中山回忆：

予自连遭失败之后，安南、日本、香港等地与中国密迩者皆不能自由居处，则予对于中国之活动地盘已完全失却矣。于是将国内一切计划委托于黄克强、胡汉民二人，而予乃再作漫游，专任筹款，以接济革命之进行。后克强、汉民回香港设南方统筹机关，与赵伯先、倪映典、朱执信、陈炯明、姚雨平等谋，以广州新军举事。

孙中山《建国方略》，中国社会科学院近代史研究所等编《孙中山全集》第6卷，中华书局1985年版，第241页

孙中山《致邓泽如函》（一九〇九年四月六日）：

近旬日内汉民有要事暂往香港，想未几即能返星。

中国社会科学院近代史研究所等编《孙中山全集》第1卷，中华书局1981年版，第406页

《黄克强先生年谱》记：

四月(阴历)，中山先生离南洋后，胡汉民奉命来港。

李云汉《黄克强先生年谱》，台北：中国国民党党史委员会1973年版，第235页

《胡汉民自传》记：

先生由暹罗返星加坡，未几复被当地政府驱逐，先生乃往欧洲，而使余返香港，密与黄克强、赵伯先(声)、倪映典等谋广州事。

《胡汉民自传》，载丘权政，杜春和等选编《辛亥革命史料选辑》(上)，湖南人民出版社1981年版，第189页

5月15日(三月二十六日)　革命党人于右任在上海创刊《民呼日报》，百日未满被迫停刊。

《于右任先生年谱》记：

是年三月二十六日，《民呼报》出版。《民呼报》首揭"大声疾呼，为民请命之宗旨"，持论较《神州日报》更为激烈。清吏乃假甘肃赈款事，陷先生于狱。其后虽以事实大白，及中外正论压迫下，先生得以获释，而《民呼报》竟以此停刊。先生无辜被拘，在押已达一月零七天，并被判逐出租界。《民呼报》出刊至六月十八日被封，计时不足三月，但其在当时影响人心至深。

台北陕西文献社编《于右任先生年谱》，载章开沅、罗福惠、严昌洪主编，罗福惠、许晓青编《辛亥革命史资料新编》(2)，湖北人民出版社2009年版，第130页

《革命逸史》：

于右任自《神州日报》被火辞退后，旋向沪寓殷商庞青城、柏小鱼、张人杰诸人募集资本，另创《民呼日报》，号称已招足股额六万元，馆址设在山东路一百五十六号，其筹备始于戊申年八月，至明年己酉三月十六日始告出版。

冯自由《革命逸史》第2集，中华书局1981年版，第84~85页

5月18日(三月二十九日)　陶成章抵吧城(巴达维亚，即雅加达)，拟于次日赴谏义里。

本日，陶成章致函李燮和：

近弟已到吧城，明日赴谏义里。

汤志钧编《陶成章集》，中华书局1986年版，第154页

5月19日(四月初一日)　孙中山离开新加坡，起程前往欧洲。起程前委黄兴、胡汉民负责内地和南洋革命运动。

孙中山《致邓泽如函》(一九〇九年四月六日)，告将于19日启程赴欧，此行以财政、外交为两大注意问题，并嘱托：

南洋支那，弟托诸汉民兄经理，各事均可如常通知商办。……或伊有未暇兼顾之时，嘱托人代理，亦属汉民君之权责。

中国社会科学院近代史研究所等编《孙中山全集》第1卷，中华书局1981年版，第406页；另见邓泽如遗著《中国国民党二十年史迹》，正中书局(台北)1948年版，第26~27页

孙中山《致邓泽如函》(一九〇九年五月十八日)：

弟以明日启程，南洋大局望公等维持扩张。

中国社会科学院近代史研究所等编《孙中山全集》第1卷，中华书局1981年版，第413页

王云武等回忆：

国父化名萧大江，自新加坡乘日轮赴欧，送行者约有二千人。在轮中遇吴敬恒之眷属。

王云五等著《我怎样认识国父孙先生》，台北，传记文学出版社1982年版，第122页

《中国同盟会革命史料》记，孙中山于：

纪元前三年（己酉）西历五月十九日分，由南洋赴欧，为外交财政之进行。嗣赴美，除进行财政外，更整理党务，改定章程，并将誓词"驱除鞑虏，恢复中华，建立民国，平均地权"四语，改为"驱除鞑虏清朝，建立中华民国，实行民生主义"三语，复将"中国同盟会会员"改为"中华革命党党员"。因河内之役，英、法、南洋殖民政府，已承认革命党为政治团体之故。

杜元载《中国同盟会革命史料》(1)，中国国民党中央党史委员会1974年版，第14页

胡汉民回到香港后，根据孙中山安排，仍对南洋革命进行指导。5月27日复庄银安函：

会事闻大有起色，慰甚。前弟所云云，但就事理推拟，初无成见，即弟在仰时亦曾为足下言之，初不因他人之意也。弟所重者，是为能负责任之人，所愿与你言者，亦为负责任之人。至于不肯负责任，而但作旁观者之诋谋，此种言论，若出于同志之口，弟从来不欲闻矣。

来教所论压阻二力，弟以为终当潜消。盖彼若以公之性质来，则自当取决于众意。此亦如来教所谓有反对而生进步也。

一二人无足偾事，而若以私之性质，则尤不待移时而自破也。报馆一纸，弟亦略审笔迹，既为当局之人，自宜以当面商量，取匡正维持之益，为正当之办法。不然则人亦可付之不议不论之列也。经费节省之议案，与何居、辞职各事，足下与各同志皆办理得宜，会之进步，将较之弟在仰光有过之无不及，此弟所最释然者，尤愿勖励同志精进不已为望。弟来香港，除足下所知之目的外，尚有他种要事，暂未能返南洋。

《胡汉民先生来函三通》，章开沅、罗福惠、严昌洪主编《辛亥革命史资料新编》(1)，湖北人民出版社2009年版，第114～115页

5月24日（四月初六日）　《绍兴公报》刊登《城镇乡地方自治篇》，详解地方自治事宜。

《城镇乡地方自治篇（选）》：

（一）发端

古之国家，一村落耳！以村落之若干人为臣民，以村落之若干地为领土，又以村落之强有力者为酋长，其命令宰制之功能为统治权。小小结构，成一国家之雏形，且为今日国家之始基，谈国家学者恒溯及之，而吾述地方自治，不得不援引之者，以积国而成世界，积地方而成国。就名义言，今之地方非古之国家；就实际言，古之国家即今之地方。万古之世，民智幼稚，而万国兢峙，不即淘汰者，非天演之道，今烈而昔弱，小小结构之易适生存也。今日籍民亿兆，领地京垓，反朝野多故，晨夕懔懔，若朽索之驭六马者，非执臣工智不古若，而乡土众民之难为理也，盖有分治统治之质点存焉。夫然，故地方自治之说出。地方自治者，非析大国家而还为无数之小国家也。就国家各种政事之可以分析者，逐项分配，以委任各地方担负其职务，而国家复综其成。是为立宪国通引之例，有百利无一害。担负国家所委任之职务者，谓之地方自治团体。此种团体之类别有二：曰上级自治团体；曰下级自治团体。上级自治团体，位置虽较高乎下级自治团体，然自治职务之范围，下级自治团体，恒广于上级自治团体；而上级自治团体，除自治监督权尚称完全外，他种职务，殊少自治之可言。是胡谈地方自治者，几有以下级自治团体为主论，上级自治团体为附论之势。而去年二月廿七日，谕颁之《城镇乡地方自治章程》实专为下级自治团体而设。盖城镇乡之地方自治，为最初之地方自治。

城镇在日本则似之市，乡在日本则似之町村，为国家行政上最小之区划，故有适于为琐屑事务之效用。此种理由，早为各国学者发挥尽净，无俟赘述。吾之所欲言者，为我国之地方自治。我国之地方自治，创议于数年以前，都缘法典未颁，不特人民无所适从，即官吏每引为口实，若有若无，未底于成，此志士所为抚髀悼叹者也。何图九章百十二条之《城镇乡地方自治章程》出，吾民宜如何馨香祝祷，如何珍重宝贵，以遂初志，并为国家奠立宪之基。吾安得不寻绎条文之意旨，次第述之，以质吾民。

（二）性质

近世学者，总解释地方自治，谓"公共团体，以处理一定范围内之国家事务，为自己生存之目的，并受国家之监督，于法令之下，自由处理其事务也"云云。语虽近是，然非针对我城镇乡地方自治以立论，吾奚取？吾欲究城镇乡地方自治，当遵据原章第一条开宗明义所揭之自治名义而析之曰：

（甲）地方自治，专办地方公益事宜者也。夫国家之事夥矣，地方自治，属于内务、行政之范围。举凡关于精神发育、经济发展各事宜，莫不有益民生，即莫不归地方团体自办。原章第五条所列八大纲数十细目，要皆所谓地方公益事宜，而自治团负其责者也。至"专办"二字，又含两种意义：谓自治团可办之事仅限地方公益之事，苟不关乎地方公益，即无办理之权；一谓地方公益之事，惟自治团【体】得办，自治团【体】以外之自然人或法人即无办理之权。之二意义，吾得推定为原章所兼有，以其皆予地方自治以直接之利益。即由前之说，可以清自治之界限；由后之说，可以坚自治之责任也。

（乙）地方自治，以辅佐官治为主也。自治与官治，非有绝对之区别，不过学者就说辞之便，以官治之外，又辟一自治，遂连类称之曰"自治"，曰"官治"，实则无论"自治"、"官治"，总属之国家统治。此其稍明国家学者，类能知之，固无待言已。惟辅佐之意，不可误解，亦不可漠视。辅佐云者，非有主、客之观，而有相成之道也。谓前此都系官治之事，今既组织自治团体，自当夹辅官吏而一一为之（或称自治事务为委任事务），以培植立宪国之精神，故曰："以辅佐官治为主也。"

（丙）地方自治，宜按照定章办理者也。近顷国家都法治国，其地方为国家一部，即一部不可不以法治。所云定章，即国家之法律。国家法律，恶可以不遵世人所称"于法律之范围内"者是也？虽然法文简单，含义甚广，按照之者，当推究其中所蕴精理，昌明而阐发之，俾无遗义，庶得收地方自治宏美之效果。是其最切要者，为研究法文一事。

（丁）地方自治，由地方公选合格绅民办理者也。此为地方自治特具之质点，与前此官治大异者也。夫官治之办理者为官，自治之办理者为绅。官由朝廷独断，绅由人民公选。由公选，则乡里之众望必孚；其为绅，则地方之情形自熟。以此兴利，何利不兴？以此革弊，何弊不革？而立宪国之所以美备，全赖乎是。

（戊）地方自治，受地方官之监督者也。析全国而为数千百十小团体，各各自治，无虑分崩离析者，地方团体受地方官之监督，地方官又受朝廷之监督，若网在纲，有条不紊。立法之善，孰有过此？虽然监督者，监视自治团体所办之事，按照定章与否，此外不得有丝毫之干涉。在自治团体，悉心照章办理，无所用其顾忌，亦无所用其畏葸，应有尽有，是所望予自治团[体]。吾为此言，吾恐我官民之情，向极隔阂，一旦变革，怀疑无已，卒置地方自治于不办，而予不良之影响于宪政也。

（三）组织

地方团体组织之制度，因国而异，姑置不论。而论组织地方团体之要素，要素有三：一、

区域；二、人民；三、自治权。是犹国家的领土、臣民、统治权三者之要素也。惟国家之统治权，国家自有之；地方团体之自治权，非其自有之，而国家付予之，此理甚明，略而不述，而述区域及人民如次：

（甲）区域。城镇乡之区域，城镇乡自治团体权力所行之范围也。此范围为城镇乡行其权力之根据，故其界限，除特别事件，与他城镇乡变通办理外，各城镇乡之区域，仍不可不明为剖析，此原章第二条至第四条所以规定之也。抑原章第四条所称，因人口之增减，而变更城镇乡名称，于区域上仍无影响，是可知区域仅为权力施行之范围，更无他项效用矣。

（乙）人民。原章“人民”，实含居民、选民两种。居民无何等之限制，取义良广，如第十五条所称是。选民须备第十六条所举积极资格，并须无第十七、十九等条所举之消极资格。然则选民为最荣誉之名称，应有而不有，可耻；既有而复失之，更可耻焉。

要之国家为领土、臣民而设，地方团体亦因区域、人民以成。区域、人民二者之中，又区域因人民以存，人民因区域而立，故居民，选民，当共存爱乡土之心，是为地方自治之骨髓，组织地方团体者，不可不知也。

（四）机关

凡无自然之心意、自然活动之能力之法人，当必为之特组机关，以决定其意思，或执行其决定之意思。此种机关，就城镇乡地方自治言，有数端焉，类别之如下：

（甲）以其备具之性质言，曰议决机关（或曰意思机关）；曰执行机关（或曰行政机关）。议决机关，代议地方团体之意思，如人之脑。执行机关，执行所决议之意思者，如人之五官四肢也。原章第二十三条至第四十二条所举，属议决机关；第五十四条至八十九条所举，属执行机关，而第十二条二项所称之选民会，亦议决机关之一种也。

（乙）以其组织之制度言，曰单独制度；曰合议制度。何谓单独制度？如乡董为单独制度，以其得独就应办各事定执行方法，虽有乡佐及各办事员为之臂助，然彼不过在辅佐之地位，非有牵制乡董之权能，即乡董执行事宜，亦无所用其商榷，原章第八十八、八十九两条所揭，章章明矣。何谓合议制度？如议事会、选民会、董事会等，各由二以上自然人之组织，巡事和衷商榷办理者是也。

右述各机关，为形成地方团体之必要机关。存则政举；亡则政息。其关系地方自治之密切，无俟赘述。至其组织方法，与夫职任、权限，备详原章并选举章程，可稽考得之焉。

（五）财政

马氏端临序《国用考》有：“财少而国延，财多而国促。”是言也，于国家财政，洵不刊之论矣；于地方财政，则有未尽然者。以地方财政与国家财政，地位各有不同，性质因之顿异。国家财政，以公经济之收入为主，私经济之收入为辅；而地方财政，以私经济之收入为主，公经济之收入为辅。故谈地方财政者，恒以置立基本财产，为唯一之要务，此近人之所公认也。余再就此次章程，列举关于地方财政各点，分别揭之于后，以资研究地方财政者之参考。

（甲）入款之种类

（子）本地方公款、公产；

（丑）本地公益捐；

（元）附捐；

（亨）特捐；

（寅）按照自治规约所科之罚金；

（卯）私家捐助款项（原章归入公款公产内，见第九十五条）。

(乙)管理之机关

(子)城镇董事会;

(丑)乡董。

(丙)征收之机关

(子)附捐由官吏征收;

(丑)特捐由董事会或乡董征收。

(丁)支应之方法

(子)预算:城镇董事会或乡董事会每年预计明年经费出入,造成预算表,移送议事会决议;

(丑)决算:城镇董事会或乡董事会每年将上年经费出入造成决算表,移送议事会决议;

(寅)检查:每月定期检查一次,每年至少临时检查一次。

观此则原章所载,关于财政事件,原无特别之意见,惟第九十一条二项:"城镇乡公款、公产数寡少不敷用者,得由议事会指定本地方关系自治事宜之款项产业,呈请地方官核准拨充"等语。良以办理自治,不可无经费。前此地方事宜,大都官为之理,故在今日论之,地方公款、公产寥寥可数。一旦兴举各事,费无所出,欲其奏效,难矣。得此通融,足资提倡,办理自治者其注意!

《绍兴公报》宣统元年(1909年),四月初六、四月廿二、五月初六日

5月26日(四月初八日)　《时报》报道湖北枣阳因春荒发生民变。

枣阳县民风悍朴,号称野蛮。近因春荒,各乡饥民大起,竟集有大小男女三四千人,齐赴县署要求赈济,任意抢劫富户,地方大受扰害。县令曾传强当派差将为首之人捕获四人拘狱,各饥民遂齐集衙署乞全数收禁。曾令只得将拘禁三[四]人开释,传谕绅董好言劝令,分散四乡,并谕各富户捐粮赈济。一面通禀督院拨款购米平粜,以免酿成他变。

《时报》,1909年5月26日

6月6日(四月十九日)　督办粤汉川汉铁路大臣张之洞与英法德订立粤汉及鄂境川汉铁路借款草约。

《湖北通志》记:

宣统元年四月,议定借款合同草约二十五条,并附签购料、用人权限及办事细则十条,由张之洞委高凌爵、曾广镕与德商柯达士、英商熙礼尔、法商萨壁业公同签订,内载借款英金五百五十万镑,两湖粤汉二百五十万镑,鄂境川汉二百五十万镑,余五十万镑为收回粤汉未赎比股二百二十二万余金元小票之需。

《湖北通志》卷54,"经政志"12,新政2,第1473页;另见武汉大学历史系中国近代史教研室编《辛亥革命在湖北史料选辑》,湖北人民出版社1981年版,第446页

6月13日(四月二十六日)　江苏开谘议局研究会,举张謇为会长。

光绪三十四年五月,清廷命令各省设谘议局,筹备立宪。为筹备立宪事,张謇等江苏立宪党人呈请江苏都抚请设谘议局。"为请设谘议局研究会,以为辅助议员之机关,仰请鉴核示遵事:窃自筹办处设立以后,宁苏两属人民清册先后告成,自必按照预定初选复选日期,遵守章程所定资格妥慎选举,切实进行,以期无负朝廷采取舆论因时制宜之至意。唯是选举者国家所以广建言之路,资格不必过严,研究者人民所以开知识之原,预备不容不早,谨按章程

第六章职任权限,自议决本省应兴应革,至收受本省自治会或人民陈请建议事件共十二款。又资政院议员得由各省谘议局选举,是近自本省土俗民情沿革大事,以及朝章国故,郡国利病,旁及列邦之自治规章,议会制度,皆在议员指陈规划之中,其寄任可谓大矣,而第以五种之资格衡之,非特仅有财产之人不足窥其崖略,即具有以上四种者(或资劳虽备而新知尚待精求或理想甚高而经验未能遽广)求其踌躇满志,足副议员之量而无愧,固非易易。记曰:"学而后知不足",又曰:"凡事豫则立",假使以操持无具之身,出而应选,而欲得政界中之信用与社会上之欢迎,不可得也。绅等前次会集公议,呈请设立筹办处之时,即经提议及此。顷调查已毕,次第选举,距九月初一开会不过半年。实行研究,尤不可缓。现拟就宁垣设立会所,令各厅、州、县各举会员,于法理事实两端详细分科,尽心考究,并延就通人,以供采访;广罗书籍,以备参稽。总求早一日研究,则有一日之进益;多一人预备,则有一人之知能。庶几供本省之论择而有余,即备京师之顾问,而亦无不足。此则绅等所共相勖勉,想亦台衡所乐与赞成者也。

谨将章程若干条录呈钧案,仰求迅赐批示,以便克期成立,无任喁企!再,本会与教育等会事同一律,应请发给图记,用资信守。"

《呈江督苏抚请设谘议局研究会》,《申报》,1909年4月13日;另载中国人民政治协商会议江苏省海门县委员会文史资料委员会编《海门县文史资料》(第8辑),1989年印行,第10~11页

《江苏谘议局研究会简章》:

一、宗旨 本会以联络全省绅民,研究关于谘议局之职任、权限,以为辅助议员之机关为宗旨。

二、会所 设会所于江宁,通信处于苏州。

三、会员 (甲)凡被选为议员与未被选为议员者,皆得为本会会员;(乙)每厅、州、县各举会员三人,多举者听;(丙)不由地方团体公举者,但有谘议局章程第三条资格,经本会会员三人以上之介绍,便得为本会会员;(丁)外省人有谘议局章程第四条资格,经本会会员三人以上之介绍,亦得为本会会员;(戊)会员无须驻会;(己)本会会员犯谘议局章程第六条暨不守本会规则者,经会员公同议决,令其退会。

四、职员 会长一人,副会长二人,调查员无定员,编辑员无定员,驻会书记兼会计员一人。

五、责任 会员研究事件以谘议局章程第六章之职任权限为范围。

六、职权 (甲)会长综理全会事务,有支配会员分门研究,及预备提出议案之权;(乙)副会长襄理全会事务,有协同会长支配提议之权;(丙)调查员各因其地位、才力之所及,实行调查报告;(丁)编辑员掌荟萃调查员报告,编立专条,以为议案之根据;(戊)书记兼会计员掌往来文件、函牍,暨银钱出入等事。

七、会期 (甲)第一次会期定本年七月举行,俟择定日期由会长布告;(乙)临时会须有全会会员三分之一以上连署请求者,方得开会。

八、经费 不收会费、会捐;常年费由各厅、州、县地方分认,大县百元,次七十元,次五十元。

九、典籍 (甲)印行各书,向官私各书局征取,不能得者,备价购买。(乙)现行案牍须查考者,备文向衙署、局、所借抄,或派会员往阅。

十、附则 本会职员举定时,另订详细规则。

《申报》,1909年4月13日;另见张謇研究中心、南通市图书馆、江苏古籍出版社编《张謇全集》(第1卷,政治),江苏古籍出版社1994年10月版,第122页

张謇等人的呈请得到当局批准。批文如下：

谘议局议员为国民代表，责任甚重，当此创办之初，诚如来牍所云，求其足副议员之量而无愧者，殊非易事，请绅拟设会研究，以为议员之辅助，既可阐明法理，复可广储人才，于宪政前途殊多裨益，所拟章程亦简当周匝，切实可行，希即会合同志，如法组织。

《江苏批准设立谘议局研究会》，载中国人民政治协商会议江苏省海门县委员会文史资料委员会编《海门县文史资料》(第8辑)，1989年12月印行，第11页

6月13日(四月二十六日)　于南京开谘议局研究会，各县议员到者二百四十余人，张謇得一百九十六票，当选为会长。

本月二十六日宁苏两属士绅二百四十人，于夫子庙开谘议局研究会。先行选举。张季直得一百九十六票，仇涞之得一百零八票，马湘伯八十五票。张为正会长，仇、马为副会长。……

苏属代表到宁会议谘议局建设事宜，经与该处总协理张季直、仇涞之、夏虎臣诸公往勘局址，坐落金陵北城鼓楼下紫竹林地方，计广六千四百二十三方，估价九万八千两，择定五月初二日开工。

《宁苏绅士开谘议局研究大会纪事》，载中国人民政治协商会议江苏省海门县委员会文史资料委员会编《海门县文史资料》(第8辑)，1989年印行，第11页

6月20日(五月初三日)　两广总督陈夔龙奏剿捕会党及会党首领陆兰清等在逃事。

陈夔龙奏：

粤省多盗，自昔已然，于今为烈。臣于光绪三十三年八月抵粤，时值廉、钦军务吃紧，外人干涉西江捕权，同时并起，实切隐忧，仰托朝廷威福，廉、钦用兵得手，乃有肃清之日。西江经防缉周密，商旅畅行，遂能保我主权。此外各属清乡缉捕亦日起有功。总核上、今两年，据各州县禀报，抢劫护杀之案较前已减其半，或减十之六七，殊为臣初意所不及。惟罗定州属近接西省，又与阳江、阳春处处接壤，尚多匪薮，派防兵力较单，不敷查办，以致分帮结股，益肆扰害。上年冬间，廉、钦事平，遂酌调营队委革将何元山统带前往，会同统带西路防营隆世储，管带贺蕴珊、李耀汉等切实剿捕。本年正月复委广肇罗道蒋式芬亲往罗定驻扎督办。蒋式芬统筹调度，分路进兵，各营转战于帽子岭、石仔坑等处，生擒、击毙、收降共计数百名，三罗股匪已歼除几尽，收效之速，为近年来办匪所仅见。又广属著匪吴照、连阳著匪余兆庆均稔恶多年，韶属著匪许企山在赣省起事，并已调营先后剿除。现在逃首要广属尚有陆兰清，罗定尚有陈孟要，随时密拿侦缉，终有就擒之日。至各属清乡已责成各文武员弁接续查办，迅速竣事。一面妥筹善后，教养兼施，以期长治久安。

《两广总督陈夔龙奏罗定廓清各属安谧片》(宣统元年五月初三日陆军部档)，中国第一历史档案馆、北京师范大学历史系编《辛亥革命前十年间民变档案史料》下册，中华书局1985年版，第475～476页

6月21日(五月初四日)　清廷考察宪政大臣于式枚奏陈普鲁士地方行政制度，指出各省谘议局章程权限与普国地方议会制度不符。

于式枚奏：

查普鲁士分国家行政、自治行政区域、自治行政三级。为市、为乡、为私领地，为第一级自治基础也。为县、为市县为第二级。省为第三级。皆自治联合体也。行政府纯乎国家行政，不在三级自治之列，然实自治监督之司。普于欧美中自治最完备，而中央权力亦至坚强。

省县本国家行政区域，自治益增进，乃兼为自治联合体。然联合区域愈广，自治权限愈严。盖纳自治于国政范围之中，长官秉中央法令，行上级监督权，以谋行政统一，不得徇一方人之意见。故初级自治，国家不为置吏，任人自为。然国家法令，无论何时何事何地何人，皆有强制之力。国家行政、自治行政，其必受范围于法令，受全权监督于地方政府。乡市之长皆由民选，市长由行政府认可，取决于府参事会。意见不合，则请命于内务大臣。乡长由县长认可，取决于县参事会。县长请命于国王，县会亦可建议推荐，国王不得以远籍者任之。省府之长，皆国王亲任，省长与国务大臣同等。府初隶于省，后乃直接中央，举国所同。普国百年前，所谓自治体团结，皆出中级人把持，上抗国家政权，下朘民人生计，叠加改革解散，而民人与国家始得直接。虽加重担荷，而较中级武断之日悬殊。如国道水道河堤耕地强制改良，以及博物美术之馆、聋哑疯痴养育之院、国家救济贫病之所旧皆国政，今悉委之地方。而办事需财，则政府常为地方留筹款之余地。故二十年来，举地税、房租、营业税、财产税悉归地方收用，而地方自治完备，则财政亦愈精密。以预算由地方起，而收国税亦由地方代办，纤悉不隐也。宽其资力既如此，严其法律又如彼，普人民比英法为服从，以法制独善也。中国民情服从，根于质性，以乐事劝功尊君亲上为本分，以犯上作乱为恶名，不尽由法令束缚，实本于名教自然。臣窃见宪政馆所定城镇乡地方自治章程，条理详明，于范围权限，分析尤严，与普国法令同意，惟近日西学大盛，应采德国主义立法以制之时，诚不可不豫防其渐。普国自治以千八百八十三年七月地方行政法，及八月地方官职权法，为今全国通行画一之法，兹于行政大纲及职任权限，依据两法为主，约具条说，附列各表，期于详明。缮单呈览。

《宣统政纪》卷13，文海出版社（台北）1989年版，第5～8页；另见《政治官报》，宣统元年五月初十日，第597号，折奏类，第4～8页

又奏：

现所定各省谘议局章程权限，与普国地方议会制度不符。查宪政编查馆原奏，所称各国皆设上下议院于国都，即指资政院也。又称其下直接地方议会，即指谘议局也。夫国会为参与立法之地，而地方议会仅其一部，无立法之权，于国家行政，得述意见，不得决可否，于自治行政，得决可否，不得与执行，即国会亦无裁判官吏之权。今细核谘议局章程条文，直以资政院为一国行政最高裁判之司，而谘议局立于一省行政唯一监督之地，又内外联络，国政民事皆入范围。征之各君主立宪国，无类此者。原奏谓议院代表舆论，又谓民权所在等语。考各国学说，代表国民全体者，一则见非一部分人私意，一则见议员不可徇一部分人私意。论国权者，有君主、国民、国家各主体，未闻有议院主体也。今以民权解舆论，又以议院为民权所在之地，将来对国家则以民权抗政府，对国民又以议院概舆论，所必至矣。原奏谓民权者，言之权，非行之权，而按语乃曰资政院实行解决之权，谘议局与督抚不得异议，何相刺谬也。原奏又谓议院攻击政府，但有言词，普鲁士、日本宪法载任免之权在君等语。查日本不认议院有弹劾之权，普国弹劾一条未尝实行。今议院既得攻击，又得裁判地方行政，是原告与法官同一人矣。原奏又谓谘议局为地方自治与中央集权之枢纽等语。夫中央政府总监督全国行政，无论上级下级国政自治，莫不奉行。此总监督权，即地方分治与中央集权之枢纽也，今以谘议局当之耶。将合地方之权归之资政院，则资政院既为中央国会，又为中央政府矣。将移督抚之权归之中央政府耶，则谘议局既为中央政府之分体，而又自合于中央国会，不受政府干涉，以卖中央监督权，直民主联国中一国家之资格矣。章程第三章常驻议员，若云比普国参事会，各种委员会，均有不合。第六章职任权限，第二十一条中论议决权尤无限制。第四十六条谘议局议决之案，督抚不得驳，一驳则受资政院裁判，而资政院皆议局所举之人，是不

啻自为裁判矣。总其权限之大者言之,一于财政有监察权,有承诺租税权,一于督抚有弹劾权,有任免权,一于立法有参与权,有审查权。若督抚不为之屈,则必至斗争。若听其自为,则或多要挟。未有能善其后者也。然而颁行已半年,而中外无异议者何也。近日西风益竞,而西术犹疏,以为必西国所通行耳。臣见普国诸博士阅此章程,莫不骇笑。臣今所陈,非一人之言,皆西国法学家之说。乃辩护西法,非诋訾西法也。

《宣统政纪》卷13,文海出版社(台北)1989年版,第8~11页;另见《政治官报》,宣统元年七月十七日,第663号,折奏类,第13~18页

又奏:

普鲁士议院权限、责任、种类、组织、地位、权利、义务、原因、办法、细则,综其大纲,一曰法律定义,其权限已载在宪法,不以解释有异同,而使权限有张弛;一曰成立沿革,自联合八省议会,等级分明,而国民会与之抗,顾以数百年之王室,政权坚固之政府,不能摇撼,于是国民会败,而钦定宪法出矣,自立宪至今,国会解散一次,因议用兵而议院不从耳;一曰两院缔构,联合会本分两部,一为王族及侯伯,一为三阶级代表,是为今两院基础,上院全出任命,下院全出选举,然若何而得明达公正之人,若何而权利义务均配无毫忽之差,则从来无完善法,故惟从其形以为类别,而多悬其格以备包容;一曰国会权限,其权限常与国王政府之权为张弛,原分四类,曰立法、曰国债、曰预算、曰税率,议立法者,有合议,有承诺,有审查之别,议国债者,有长期、短期之别,议预算者,先提付下院,而上院只能可否全案,不得逐条抽驳,议税率者,凡变更及新设,非经国会协赞,明布法律,不得征收。四类之外,又有非常特例,如议定摄政,有徒存空文,如弹劾大臣,有事属应为,而权无强迫,如求大臣列席说明,以及上奏国王,受理吁请及派遣调查委员之类,均列于宪法。以上诸项,或决一事之可否,或征一时之意向,或为非常之局,或为应有之义。至召集解散,自国王言之为大权,自国会言之为事例,又非前数项之比矣。又奏:近世选举法不出三端。曰从众,曰从贤,曰从其势之所重。从众者,普通选举是也,而其弊往往变为从党,则争权利有以致之也,从贤者适与相反,顾若何而后为贤,必先求一至公无私网罗无遗之格,绝营运侥幸,去偏徇剧争,而后名实相符。若从重势者,其势本起于自然,而法乃从之,不问贤愚众寡也,财力聚于少数人,则势重而法亦玩。故从众从贤或有敝,能以选举法救之,从势之敝,则非选举所能救者矣。今之多数投票选举法,最宜于新立宪国。普国上下院选举法,皆不用从众之制。上院以从势为主,而参用贤制。下院三级法,实矫贵族民党两偏重之势,而一以贫富为断,则其法亦不纯。窃谓当以有无财产为有无选举权,而不以财产多寡为选举权多寡,则持平矣。

《宣统政纪》卷15,文海出版社(台北)1989年版,第30~32页

《清史稿》记:

壬子,于式枚言,各省谘议局章程与普鲁士国地方议会制度不符。下宪政编查馆妥议。

赵尔巽《清史稿》卷25,本纪25,中华书局1977年版,第973页

△ 清廷考察宪政大臣李家驹奏陈立宪官制。

李家驹奏:

为考察立宪官制,录缮成书,敬陈管见事。窃凡厘定官制,必依其国之政体为标准,即循乎宪法之本义为编制。日本为君主立宪政体。综七章七十六条,一言以蔽之曰:重君主之大权而已。故君主立行政、立法、司法三机关之上,政府者乃君主行使大权所设机关之一。不以君主为政府之长,所谓君主无责任也。此其本义一也。法律无责问君主之力,乃必有负责

任之国务大臣，凡法律政治，皆所独当。责问弹劾，实职其咎。议不及君，此其本义二也。准此而编制之，其通义有四。入赞阁务，谓之国务大臣；出领省务，谓之各省大臣。责任有二，一曰宪法之责任，国务大臣负之。一曰行政法之责任，各省大臣负之。政务无论大小，必以有责任之官吏主之。此其通义一也。内阁以国务大臣组织之。凡政务协议既定，各就所主任之事，以命其属。是负责任者必国务大臣。此其通义二也。各部政务主任之人，即负责任之人，主任必归一人，否则互相牵掣推诿。此其通义三也。负责任之大臣，有取销训令、指令，升降惩戒、处分之制，所谓监督权也，此其通义四也。由是而分配行政事务，曰内务、曰外务、曰军政、曰财政、曰司法。内务范围太广，分为四部，曰内务省、曰文部省、曰农商务省、曰递信省。由是组织内阁，由于国务大臣。国务大臣者，除宫内大臣外，合内阁总理与各省大臣之称。组织例有二，一由总理大臣集合同志，一由君主任命，而各省大臣必须与阁员之列，此组织要义一也。置内阁总理一人，本国家之主旨，以审各部政务轻重缓急而经营之，不受议会束缚，且可操纵议会。此组织要义二也。内阁职权有七：一曰定大政方向，一国行政，有谋通常利益，有谋特别利益，方向定，然后各部行政计画，相须而成，各大臣政见不至龃龉。至于各大臣行政，循其方向，又当自定计画。二曰凡国务必经内阁具案，奏请施行，皆总理副署。三曰凡臣工入对，必经内阁，阁员中惟总理得随时入对，不使人任意奏对，致紊政策。四曰凡臣工入奏，必经内阁。其不经内阁者有四，一枢密院上奏，二议院弹劾政府，三会计检查院上奏，四陆海军统帅事务。五曰外交事件必取决阁议，不独和战订约非常之举，凡国际无不取决。六曰统一各部事务，其要有五，一各部重要官吏之进退，一各部经费，一各部权限，一各部命令处分，一内阁得发训令于各部。七曰特别职权，日本除责任大臣外，如枢密院、元帅府、军事参议院、陆军参谋本部、海军军令部，以不负责任，不得为国务大臣。至于会计检查院、行政裁判所不属政府范围。以上属于中央官制者也。至于地方官制有二，一曰中央集权，由中央政府颁发法律命令，预算地方经费，委地方官行之。一曰地方分权，除军事、外交、邮政、铁道、电信、货币等归中央外，余由地方政府议会行之。中国行省名义，本系中书。督抚受事，仰承朝命。地方分权之制，不适于用也。中国分省而治，如复秦汉初制，郡县直达京师，则全国千百余州县，分区行政散涣无纪。且地方事务，悉待部臣经营，势有不及。中央集权之制，不适于用也。谨按逐年筹备事宜清单，已分全国预算决算与各省预算决算为两事。又按谘议局章程职任权限章，谘议局有议决本省预算决算之权，又有议决本省单行章程规则增删修改之权。夫预算与法规，皆地方与中央关系最要之端，即为直省官制准的。综其要义有三，一曰帝国行政与各省行政之关系，二曰帝国法律命令与各省法律命令之关系，三曰帝国预算与各省预算之关系。直省官制分四种，一曰省务大臣及其官属，二曰中央政府特设官吏，三曰地方官吏，四曰参事院。凡立宪政体，宜多设合议机关，此直省官制之大要也。或谓直省与中央行政相关，应令督抚与于国务大臣之列，然事务已分，内阁与各部职任权限不涉于督抚，且阁议随时举行，督抚远难豫议。惟是直省与中央，此省与彼省，不可无联合之机关，以谋统一耳。或疑责任内阁，朝命必待副署而行，章奏悉经内阁而进，保无窃弄威福。不知君主立宪，国务大臣上对君主负其责，下对议会当其冲，且奏事则君主自由准驳之，失政则君主自由罢免之，大事仍归乾断，军谋兵柄悉属统帅。至于敕尾署衔，阁台所职，封驳诏书，掌于门下，斯又辅弼之古谊，抑亦宪政之精神矣。或又疑总理只一人，不无竭蹶，不知内阁以各部大臣组织，同心敌体，总理第为领袖。独是政府与议会恒为国家进行主动之枢机。假使人才集政府，而议会人才不足以副之，将以行政权干涉立法权。假使人才萃议会，而政府人才不足以副之，将以立法权干涉行政权。则尤以训练人才，同时并进为要义矣。惟厘定官

制,尚复需时,从政无所历练,偏重之弊,窃恐寖成议院政治之局,此可虑者一也。谘议局职任权限章第一款,议决本省兴革事,第二款至第五款监察财政事,六、七两款参与立法事,官制不定,则责任政府无由成立,而各省事件纷纷议决,何以处之。内外权限未分,督抚且不知某事谁属,此可虑者二也。官制不定,则国家与地方财政岁入项下何者为国税,为地方税。岁出费下,何者属中央,属地方。所谓预算决算,何从议决。此可虑者三也。谘议局为各省立法机关,官制不定,则法令亦不能定,督抚无所据以提出议案,议员将何据以议决,此可虑者四也。计惟有将内外官制速行厘定,提前试办。但日本行新制之初,发布整饬纲领五条,各部省据以裁汰冗员并省局署,一时官吏失职者过半。我国将来亦必不免耳。

《宣统政纪》卷13,文海出版社(台北)1989年版,第18~25页

6月22日(五月初五日)　倪映典等革命党人密议在广州运动新军,建立新的革命组织。

己酉春,炮工辎各营成立,训练渐熟。五月端午,倪映典与维扬等复谋再举,密议于息鞭亭。时倪任炮二营右队二排长,旋调左队二排长。自是每借卒兵散步,密以革命主义鼓动之。无何,倪被嫌疑,告假暂避。维扬乃与朱执信密谋继续进行。会炮一营中队头目姚焯盛与管带官齐汝汉相遇,忙未行礼,被掴。姚性乱,误以恶言报之。齐大怒,执法严惩,正目黄忠等怜之,为之缓颊,齐发令周番官李可简,将黄严治,并即革除。于是激动公愤,群起殴之,秩序大乱。维扬劝止之。维扬此时机可乘,遂到省城豪贤街与朱执信密商,图谋大举,旋在华宁里知遇隆约倪映典等会议于白云山,依期莅会者数十人,即席举定干事员担任运动,并宣布革命方略之军律及其赏恤各章,俾资遵守,而事激劝。倪乃各给盟票二百张,以便分途进行。自是不旬日而军界举手者甚众。

徐维扬编,邓慕韩订《庚戌广东新军举义记》,中山大学出版社1990年版,第59~69页

6月24日(五月初七日)　孙中山复函吴稚晖,告对行踪保密等事。

《复吴稚晖函》(一九〇九年六月二十四日):

来示读悉。以旅次无着,故未即行奉复。别后事故,千绪万端,非笔墨所能罄,当俟迟日到伦敦面谈一切。尊夫人等此时想已安抵英京矣,从马赛港张兄曾托令郎带上一函,当已达览。便请将在留英国各同志详情相示为望。

故人 Mulkern 君亦数年未有通信,未知迩来先生有与会面否?彼仍在伦敦否?并近况如何?亦望示知。

…………

弟现在秘密行动中,无论中西各友,如已知弟到欧者,务望转致请为勿扬,并切不可使报馆知之为要。

中国社会科学院近代史研究所等编《孙中山全集》第1卷,中华书局1981年版,第413页

6月25日(五月初八日)　御史胡思敬奏劾两江总督端方十罪二十二款,清廷命两广总督张人骏查覆。

御史胡思敬奏:

今日天下之大患,不在法制之不善,而在内外无一可恃之人。忧国者或曰兵弱,或曰财匮,然即取欧美已富之国,汉唐已强之兵,付之此辈二三猥琐浊乱之臣,能保不败乎?以臣所

闻,两江总督端方本一狎邪小人,初至两江,号为债帅,不一年而收蓄骨董碑帖字画珠宝,值数十万金。江南人恨入骨髓,而彼则交欢朝贵,贿通报馆,招致游士,所以取宠固位者极工。计其侵吞赈款之罪一,公行贿赂之罪五,营私之罪二,纵匪殃民之罪三,抗谕旨之罪一,滥用匪人之罪五,欺蒙之罪二,枉法之罪一,冒案滥保之罪一,挟娼淫宴之罪一,凡十罪二十二款。若在乾嘉以前,坐其一节,便合尸诸市朝,自光绪以来,政尚宽大,上下师师,习为软熟。言路弹章,必阴伺夫朝廷已厌之人而后发,疆臣覆奏,必密揣政府私授之意而后陈。无论如何狼藉败露,弃此一官,了无余惧,水懦易玩,伤人实多。此次端方情节较重,拟请即特派查办大臣,并调取各部案卷,以备质对。得旨,交两广总督张人骏查覆。

《宣统政纪》卷13,文海出版社(台北)1989年版,第25~26页

5月—6月间　立宪党人所设立广智书局在经营上陷入困难,为立宪党人所不满,梁启超致信给美洲各宪政会,报告经营该局的经过和解决办法。

梁启超云:

贵埠帝国宪政会列位同志义兄均鉴:顷接美洲各处来书,知各埠于历年所办商事,啧有烦言,其谣诼之词,几于不可听闻,今有不能不披沥肝胆,为我同志告者。港、纽、庇、墨各局,弟向以事多不能兼涉,其内中详细情形弟未深悉,当别由港局报告,恕不再赘。惟上海一局,弟实经手,其有办理失当之处,弟不能卸其责,今谨将始末为诸君一言。

广智书局当弟游美时由黄慧之管银。弟方在美,而慧之品行之不端,已为横滨同志所渐知,因电催弟速归,与之办交涉。当时弟所以忽然遄归,虽有多埠同志敦请往游,而弟皆辞不赴者,实以此故。及弟返滨,再四催彼交数,彼始将数及存银交出,而据所开单尚有三万余金存彼处,彼哀求稍宽时日,陆续交还。第一则念旧情,二则见虽逼之无益,不得已而许之。至今此款化为乌有,此皆由弟不能识人,任用失当之咎,将来必当由弟筹措归还者也。

至此后本局办理艰难之情形,亦有不得不为各同志告者。当本局初办时,科举未废,故所印之书,多为科场应用。及科举废后,此等书全不能销行,以致壬寅、癸卯两年所印出之书,积压不售者,值数万元。此其难一也。前此内地党禁甚严,各官场皆有意与吾党作对,故欲求确实之版权而不可得。本局所印好书销行稍广者,无不为他局所翻印,贬价夺市,虽屡禀官究治,皆置之不理。故本局每出一书,未能赚回本钱,已为他人所翻,本局若不贬价,则一本不能售出,而成本既重,贬价则必至亏本而后已。此其难二也。科举废后,则学堂教科书最为盛行,然教科书必须由学部审定乃得行销。近年由学部自编自印,颁行各省学堂,则此宗利益更非书坊所能有矣。此其难三也。近年书市大坏,有江河日下之势,其资本雄厚集股至八九十万元者,且不能获利,况我局资本既少,而又经为之亏蚀,虽有巧妇,难为无米之炊,此其难四也。尚有一事,借支资本者,则唐才常君遗族之家费是也。唐君兄弟皆死于王事,而其祖母九十余岁,父母皆七十余岁,一家二十余口,非老病,则妇孺幼弱,不能自给朝夕。吾党与人共事,岂能当其死后,坐视其遗族之冻馁,而不一救援?而公款既一文无存,弟之自力复有所不及,故不得已由广智就近借拨每月一百元(近两年来因力竭渐减至九十元),而其家老人久病,所需医药费又常有额外借支。自辛丑迄今,八年有余,诸君试一计,则此数之巨,亦可想见。弟前此于此事绝口未尝对诸君言之,诚以书局乃做生意,此等款项只能挂借,不能以入年结总,望将来筹得公款,或弟自己有法得款,则将此数还本局,不欲以累股东也。今诸君既疑,则不得不揭出之耳。诸君试想,本局资本共有几何,而历年积书责本及为他事牵累所亏如此,则数年来所以维持本局之苦况可想矣。此其难五也。

现今中国内地情形，他种之书多不能销，惟弟所自著之书，全国依然到处欢迎，特不能禁止翻板耳。弟近数年来，一则因内地国事多端，不能专心著书；二则因每出一书，必被人翻印，无异自绞心血，替他人赚钱，故愤极不欲著书。今本局情形既已如此，则弟亦顾不得许多，不能不独任其劳。计弟所著书，每出一部，必销数万，但使除翻板外，本局所自印者能销数千，则亦有利。现今朝局能容弟一切不问，尽全力以著书否，尚未可知，若果能之，则弟此数年来著而未成之书，不下数百万言，一一续成之，次第可以出版，以之赚回数万金，亦非难事，但非立刻可办耳。

今诸君既有疑于弟，则弟为表明心迹起见，有两种办法：其一则请诸君公举人来稽查数目，并派人接管局事。计除黄氏所亏三万余金，唐家借支万余金外，现局中自存铺底家私机器、书籍及未印之原稿等，共约值七万余金，《时报》股份一万余金，各处分局开办资本及历年客账共值三万余金，请即派人来当面点收。其黄氏所亏之项，乃由弟委任非人所致，必须由弟填还。其唐家所借支者，若诸君公议谓必须弟填，则弟亦任之。惟此两项皆须限若干年陆续归还，一时不能还出耳。若用此办法，则接管之人或续办下去，其若何办法，弟不复过问，或将现存机器书籍等货物拍卖，收回本钱，而得回原货成本之价几成，弟亦不复过问，此一法也。其第二种办法，则将现在局面接续办去，弟仍负责任，由弟拼命著书，而前此积阁之书，随时搭销，一二年后，元气乃可恢复，然后将原股派回一半，所余一半之股乃可获利，此又一法也。两法之中，当用何法，弟不能自决，望诸君即速议定施行为盼。

再者，尚有去年创办《大江日报》收股一事，当此报不能开办以后，弟即已有函往纽约，使报告各埠，谓未交之股，请即截止勿寄；其已交之股，因办机器及开办时租屋用人等已用去，拟俟将机器拍卖后方行派回云云。现闻各埠皆言弟无信言及此事，岂前信未收到耶？该报机器自停办后，存贮汉口，久未能售出，直至今年二月始有售者，及交货时，则云内有锈坏散失之件，不肯承受，即承受亦吃亏太甚，以故未能出手，仍当候办理妥协后，方有以报命，尚祈原谅。

我会创办至今，已历十年，不知经历几许艰辛，本以义合而非以利合。今先帝弃我臣民，骨肉未寒，监国摄政王又方将绍先帝遗志，大为一国造福，而本会同人乃反因区区薄物细故，致生内讧，小之则为反对党所笑，大之则为外国人所轻，揆之初心，何苦出此？愿诸君熟思之，勿贻后悔也。

若弟经手各件，或因事多不能兼顾，致有旷职，或因无知人之明，任用失当，弟断不敢自辞其咎。惟此心皎皎，可表天日耳。昔诸葛孔明上表云："臣死之日，必不使内有余帛，外有余财，以负陛下。"弟虽不敢自比孔明，而此心则毕生矢之，诸君试博访细查，看弟之起居饮食衣服所以自奉者何如，曾滥用公款一分一文以自肥其私否，澈底清查，必当共白，亦无俟弟哓哓自辨也。若夫会事之欲全始全终与否，则在诸君矣。专此奉布。即请大安。弟梁启超顿首。宣统元年四月。

梁启超《致美洲各埠帝国宪政会书》，载丁文江、赵丰田编《梁启超年谱长编》，上海人民出版社2009年版，第317～318页

7月1日（五月十四日）　河南巡抚吴重熹对刑律草案签注意见，认为该草案破坏名教，自坏礼防。

吴重熹奏：

签注刑律总分则草案，择要缮单，并陈管见。窃维刑与礼相维系，白虎通曰：礼为有知设，刑为无知设，唐律犹承此旨。前明未戾唐制，我朝损益变通，如秋审制度之规定，已具博

爱主义。近年复免除凌迟枭示，停止缘坐笞杖，薄海同钦。惟自中外交通，刑法互异，通商口岸，裁判之权，移于领事，诚有不得不改之势，然其中有不尽适用，不可偏废者。一曰流刑暂缓废止也。总则主刑之种类，死刑之下，直接徒刑，分有期无期，俱禁之狱，定其劳役，其无期徒刑监禁逾十年以上，仍许假[释]出狱，此系用日本最新学说。第查日本旧时刑法，徒流人犯，不分无期有期，移居岛地，后经停止。中国腹地诸省，生齿日繁，罪人日增，边省户口畸零，地多遗利。上年东三省督臣徐世昌等奏准军流人犯，移以实边。盖此项囚徒，罪不至死，禁之内地，督令服役，何如流诸边境，俾充垦荒开矿等苦工，较为有益。臣以为无期徒刑不如改为无期流刑，其配所除东三省外，新疆藏蒙，一律遣派。其情节凶恶者，或到配后酌加监禁年限，或以兵法部勒之。其有期徒刑之最长期以下，不妨执行于内地监狱。一曰比附未可删除也。比罪之法最古，亦以人情万变，科条不能赅，唐代出罪举重明轻，入罪举轻明重，诚不能无爱憎之弊。明律改为引律比附，加减定拟，问刑者有所依据，以律为衡，即不能凭空比引。我朝益昭慎重，凡援引比附者，均请旨遵行。原奏采日法指斥比附，于第十条明定律无正条，不论何种行为，概不为罪，亦虑执简御繁，不无渗漏，遂于一罪悬数等之刑，并列数十圆以至数千圆之罚则，由裁判官伸缩于临时，窃恐不肖官吏，初无畏难苟安之心，转有骫法营私之便。一曰罚金不合定为主刑也。现行律例于收赎诸条，大率施之于情节较轻及应授笞杖人犯，其常赦所不原者，概不准收赎。草案于罚金定为主刑，凡因过失致尊亲属于死或笃疾者，按照律例俱在不原之列，悉以罚金科之，既失之宽，而于俱发罪之执行刑期，有以罚金与拘留徒刑并科者，又失之严。如四十三条之例，受五等有期徒刑及拘留，得以一日折算一圆易以罚金。刑既可以易金，四十五条之第二项，罚金确定后，无资力完纳者，以一日折算半圆，易以监禁，金又可以易刑。是使豪财者玩法，绌赀者罹刑，止奸不足，长恶有余。且监禁日数，不得逾三年。罚金定额，多至三千圆。以半圆折一日计算，三千圆之罚，应处六千日之监禁，乃以不过三年为限，负罚愈巨，处分愈轻，尤非情法之平。其他关于帝室之罪，奸非之罪，杀伤之罪，修订者芸人舍己，未免自坏礼防。签注者义正词严，所以力持名教，要之根本中之根本，以宽施教养为先务，但使人民知识日进，游惰者少，不至轻罹刑网，目阔节疏，或能适用。否则刑罚不中，民之手足无措，遑论有裨时艰。

《宣统政纪》卷13，文海出版社（台北）1989年版，第39～41页

7月4日（五月十七日） 李是男等在旧金山创办《美洲少年》周刊。

廖平子记：

己酉，清学部派侍读梁庆桂赴美劝学。三藩市、砵仑 Portland、舍路 Seattle、芝加古 Chicago、纽约 New York、波士顿 Boston 各中华会馆，遂设中华学堂，以国文及普通科学教授华侨子女，礼聘朱兆莘、程祖彝、张蔼蕴、黄魂[芸]苏等为教员，独张、黄主革命，未几辞职。蔼蕴以《大同日报》虽间有民族主义之宣传，而华侨对之不痛不痒，亟欲发起青年团，以见诸实行，以李是男有排满观念，乃就商之。适是男已有香港同盟会之任命，正欲秘密活动。从此李是男、温雄飞、黄超五、黄伯耀、黄魂[芸]苏、张蔼蕴遂结秘密社团以为基础，创办《美洲少年》周刊。

廖平子《辛亥前美洲之革命运动》，载中国社会科学院近代史研究所近代史资料编辑组编《华侨与辛亥革命》，中国社会出版社1981年版，第289页；另见蒋永编敬《华侨开国革命史料》，正中书局（台北）1977年版，第140页

黄鼎之回忆：

美洲三藩市有少年学社之组织，该社外以研究学术为名，内以鼓吹革命为实，知为美洲

华侨唯一之革命机关,乃思所以联络之。盖少年学社者,即驻美洲中国同盟会对外之名词,其在美政府立案,则曰少年中国会。厥后会务日盛,遐迩景从,所有南北美洲之古巴、加拿大、墨西哥、檀香山、秘鲁、智利等六十余埠;远及英之伦敦、利物浦;海洋洲之千里达、大溪地;澳洲之雪梨;非洲之毛利市等分会,皆奉之为领袖,以从事革命工作。质言之,美洲之中国同盟会,实为欧、澳、非等洲各埠分会之鼻祖。而创之者则为李君是男。李君一号公侠,粤之台山人。光绪末叶,奉本部总理孙中山先生之命,委任为美洲中国同盟会创建专员兼主盟人。其时保皇党及洪门致公堂之势力,遍布新大陆,保皇党日以软膝响头,请愿立宪,以图升官发财之谬说,煽惑人心,华侨多中其毒。致公堂虽以反清复明为宗旨,而办事人暮气已深,寖假且失其本来面目,态度模棱,与保皇党沆瀣一气。李君欲揭橥三民主义,以苏已死之人心,乃与华侨中具有革新思想志同道合之青年,黄君伯耀,温君雄飞,黄君魂[芸]苏、许君炯藜、黄君杰亭及卢君仲博等,成为七人团。由李君主盟入党,组织美洲中国同盟会,其对外名称,则曰少年学社。此即美洲革命机关之基础也。

同时李君与温君雄飞、黄君超五、黄君伯耀等四人,假华人土生机关"同源会"名义,组织一言论机关,名曰《美洲少年周刊》,黄君超五任编辑,鼓吹革命,一方复与黄君魂[芸]苏、卢君仲博、张君蔼蕴等,组织金门学校,传布革命种子(粤省委李禄超,闽省委陆文澜皆出其门)。而《美洲少年周刊》言论警惕,灌输革命思潮,美洲华侨耳目为之一新;其倾向保皇党、致公堂之心理,遂渐冷淡,转而倾向少年学社矣。

黄鼎之《古巴的三民阅书报社》,载中国社会科学院近代史研究所近代史资料编辑组编《华侨与辛亥革命》,中国社会科学出版社1981年版,第314页

温雄飞回忆少年学社的成立过程:

美国旧金山大埠的中国同盟会表面上,名义上是成立于一九一〇年的春天,然而事实上,实质上这个革命小组早于一九〇九年春就秘密组织成立了。这个秘密革命小组取名为"少年学社",表示为这组少年彼此向学术方面探讨、互相传习的意思,实则内容就是同盟会一个小组,或是一个雏型运动,因为当时反对党保皇会在华侨社会上还握有一部分经济上的实权,我们自顾羽毛未丰,未便大张旗鼓,显与抗衡、招其反对。所以取名为"少年学社",目的在专向有新思想的少年华侨中鼓吹,俟势力充足、然后揭开面幕,表露出中国同盟会的真正面目。

这个少年学社的中心人物是李是男、黄伯耀、李旺和我四个。四个人之中,都是当地的土生,都是新宁县人(民国后改称台山县),又都是同源会会员,而我和黄伯耀又都是同源会的职员,我任中文书记,黄伯耀任西文书记,因此每晚我们差不多都可以在同源会的大厅里见面,有事时则交换意见,无事时则随便谈谈,从同源会本身和华侨间的切身问题起、溯源到中国政治地位的衰弱、影响到海外华侨地位的降低、以致到处事事都受美国人的歧异待遇。因此,久而久之,渐渐谈及中国政治问题,保皇和革命问题。我们两人都是土生土长,又没有离开过旧金山大埠。所有一般华侨之向背,对于保皇、革命两派的政治信仰,我们比任何人都有进一步深刻的了解。那时保皇党不仅在诓骗华侨方面已到了露形露骨的丑态,而且酝酿到了公开的分歧。我们预测到保皇党已到末路穷途,四分五裂了,但又深忧革命的新势力,在华侨方面尚未建立起来。

那时,虽有"致公堂"的组织(即内地三合会会党)总算是在华侨方面的革命势力的代表,可惜是:是他们那封建性的迷信组织,封建性的思想,都同同阶层有新思想、进步的知识分子格格不相合,表面虽觉谐洽,精神终归不能投契。《大同日报》是致公堂的机关报,在当

时说，总算是受进步思想的影响而成立的，然而整个致公堂，尽管拥有会员甚多，却找不出一个真正热心于“致公堂”反清复明思想的知识分子来主持记者的论评著述，因而尴尴尬尬地延聘保皇党机关报《文兴日报》的记者欧榘甲来勉强兼任。不久欧矩甲因事弃职潜逃，由是《大同日报》记者席位空缺，致公堂迫不得已请孙先生荐人，孙先生介绍刘成禺来继任。即此，足以确认致公堂方面内部人才的空虚，还有待于我们几个土生少年。

……大约在李棠发了信向香港机关报告请示之后，约在两个月的时间左右，即一九〇九年的春天，我们就开始向他询问香港方面有没有信来，他的答语总是这样：恐怕不能这样快，大抵总要两个月多些罢，如果有信来，就是你们不来找我，我也要去找你们的。这样的问多次了，有一晚我们照例到和隆靴店谈天，他说：你们来得好，有信来了，你们看罢！他就把香港回复他的信取出来给我们看，那信的上款是写给李是男同志收，下款是李海云署名，还盖了一个方形的香港支部的图章的，信内的大意是欢迎他，到大埠仅仅在最短的时间里就能介绍有若干名热血少年加入本会，如果加入本会的人数众多，可以从支部办起，如果人数不多，则先办分部。信内同时附有支部章程，分部章程各一份，和盟书式样一纸，信末则注重新会员加盟的仪式和工作要点等；大意是按照党章新会员加入是要有介绍人和主盟人签名才作准的，可是现在大埠只有你一人是本会同志，这次新会员的加入，可以变通，由你同时做介绍人兼主盟人，以后统由新会员做介绍人便可以了。新会员加入时应该告诉他们应负的义务，现在各地方的会员一律都负有宣传和筹饷两种任务，目前还是注重在宣传，筹饷则俟有实行计划时由本部统一通知办理。新会员有能力的可筹办一间报馆，作为本会的宣传机关报，如能力不能自办一报的，亦要多做宣传的文章，送交各友报刊登。至于筹饷则俟有实行计划时，由本部统一通知办理云云。我们俩人很仔细地看了好几次，觉得没有什么窒碍行不通的地方，只有连声称好，倒是李棠谦虚的说：你们觉得有不妥的地方，不妨提出来共同修改，免得将来加入的人多了时就难于修改了；我们觉得李棠这番话虽是有理，但章程还没有实行，怎能够在没有实行之前看出有不妥的呢？仍旧主张俟将来实行有不妥时再说。李棠还解释他在同盟会里用的是李是男名〈的〉字的原因，他笑着说：他因为好写革命性的文艺小品，在那些小品文章上他往往署他笔名为是男两个字，因此一般爱好谈革命的朋友都称他为是男，被介绍入同盟会时当然用李是男这个名字了。说至此，他的面容又复庄严起来说：身家财产的观念那个没有，用个别名，说不上有什么保障，但究竟总是有点小用处的。我明白李棠这番话的意思，好象是示意我们：你们如果害怕危险，可用个别名来加入，我当即笑着答他，我是没有财产的，雄飞就是我的笔名，就用这个名写上盟书就可以了。黄伯耀也抢着答：伯耀还是我的真名，就用这个名写上盟书罢。我当时忽然想起一件事来，就问李棠说，我们加入同盟会后究竟公开给人知道，还是守秘密。李棠答：要守秘密的，不能一下子就给人知我是已经加入了同盟会的，同时还要看谈话的对方，如果谈话的对方是出于至诚，出于热心，还要试验再三，确信其谈话的内容是出于至诚热心的，然后才劝告他参加同盟会，使彼此的言谈动作，取得一致的行动，这样革命的大业才能成功的，应该采这样的态度。我当时觉得这番话是对的，但我还有多少忧虑。我就接着说，不能一下子给人知道自己是个同盟会会员是对的，要试验对方的谈话是出于至诚热心，然后给他知道，也是对的；可是，我们几个人常常聚谈，究竟为什么事，我们当然守秘密，但熟悉我们几个底蕴的人，恐怕瞒不过他，假使他一定要了解我们的秘密时，他何难找出另一个人来和我们接近，只须花上两三个月的光阴，我们谈革命，这个人也谈革命，我们试验他的至诚热心，这个人也伪装至诚热心，万一混进了这样的一个人，恐怕我们全盘的秘密都给这个人泄漏出去。我提议我们现在组织的同盟会、不妨

表面上另外改上一个名称,免得外人对我们常常接近发生许多猜疑,猜这猜那,都是不好的。我们现在几个都是少年人,少年人见面谈谈文章,谈谈诗词歌赋,谈谈词章小品是没有错的,又如谈英文翻译,修词语法,词义辨异这些都是正大光明,有进步思想的。不妨把同盟会的对外名称,暂时称为"少年学社",这样一则可以免去一般顽固的保皇党的嫉视反对,阴谋中伤等等毛病;二则可以使一般有进步思想的少年人同我们接近。同我们接近的少年人中,如果有热心而又对革命的见解和我们相同或相近的,我们都可以设法介绍他加入的。黄伯耀也同意我这个提议。他说:这是好的,对外我们称为"少年学社",是可以杜绝保皇党的阴谋破坏,此后我们介绍新会员一般都是从本来熟悉的少年中介绍,他们家里的长辈和亲戚等有没有和保皇党有密切关系的,我们都是比较地了解的。反正,我们介绍的新会员、主盟人如认为某个被介绍人的态度或来历有可疑时,可以拒绝其加入的。李棠也认为暂时把同盟会对外的名称改为"少年学社"是好的,也是有利无弊的。谈至此"少年学社"的名称遂决定。……李棠则带[将]香港寄来那张盟书式样,陈列案上,要我们照写,那盟书的式样如下:

具愿书人某某某当众发誓:驱除鞑虏、恢复中华,创立民国、平均地权,矢忠矢信、有始有卒,倘有食言、任众处罚。

天运己酉年　月　日

介绍人

主盟人

温雄飞《回忆辛亥前中国同盟会在美成立的过程》,载中国社会科学院近代史研究所近代史资料编辑组编《华侨与辛亥革命》,中国社会科学出版社1981年版,第179～194页

温雄飞回忆《每周少年》出版时间、过程和影响:

酝酿若干时日,李是男和黄伯耀都终于决定办一个星期刊物了。可是这个刊物取什么名称呢?黄伯耀提出这个刊物取个名称叫《美洲少年》。我们这个秘密的中国同盟会,对外既取名为"少年学社",则这个《美洲少年》刊物,有心思的人一望便知它是和"少年学社"是有关系的,岂不是相得益彰吗?黄伯耀更提出这个刊物封面要有一个图案,这个图案要表示出美国的少年,图案中心画一只大鹰,大鹰两爪抓着两支旗,一枝是美国的星条旗,另一枝旗是同盟会的青天白日旗,这样把我们的对象和作用都在这个图案上显示出来,省得将来有坏人向美国政府告密,说我们有某种阴谋,我们本来都了解美国政府对于无政府主义者,或同情无政府主义的人都是深恶痛绝,要驱逐的。黄伯耀这个提议我们都同意。

大概这个《美洲少年》的星期刊物的研究办法至此已告一段落,以后入于实行的阶段了。我们三人之中,按各尽所能的原则,由各人自己认定,或由他人提出:我担任整个刊物的编辑,另外负责评论文章的撰稿,选择和新闻纪事的重编,选择;李是男担任谐文小品的撰稿和选择;至于有关英文的翻译的论文或新闻,统由黄伯耀担任。这只是编辑方面的工作,此外还有购置庶务和发行工作,都由黄伯耀担任,而在金山大埠市区内的派报工作,则由李旺同志担任。这样分工之后不久,黄伯耀就把那个封面的图案托一个美国美术家绘画出来,神采奕奕,并且是李是男亲笔在那个图案上题上"美洲少年"四个汉字的报名,然后交由黄伯耀再把这个图案拿去制成锌版,候印报时排版使用。

…………

诸事筹备到此,我便敦促李是男,请他早日通讯香港本部把金山大埠党事的进行向它报告一切,并把我们这里已决定自己办一个报做宣传同盟会宗旨的机关报,取什么名,报社地址设在何处,请它立即通知香港和暹罗、星加坡、仰光各处的机关报,早点寄报来和我们交

换。这样,我们这个《美洲少年》才有纪事新闻,供我们选择,我们才有材料出版的。李是男对我这一意见,立即采纳,答应在一两日向香港本部发信。不知是谁的提议,要《美洲少年》在公历七月四日美国独立日出版第一期,其理由是表示我们的态度,是以美国公民的身份来劝导中国革命的,用来防范美国政府向我们找麻烦。我们觉得这个主张也对,我们索性把美国独立时那篇煌煌大文《独立宣言》译来作为论文之一,也是对题点景的一篇绝妙文章。因此,我们请黄伯耀把这篇东西找出来,译成汉文;译成后我们还请黄超五把这篇译文来润色一下。

黄超五的文笔本来是刚劲简练的,这篇译文经他润色一过之后,不只词严义正,宛如对一般独夫民贼声罪致讨的一篇檄文,而且亦琅琅可诵,一般有文学修养的读者多交口称赞不已。

…………

自一九〇九年七月四日《美洲少年》第一期发刊以来,至十一月约有将近半年的时间,究竟在这段很短的时间内有没有效果呢?概括地说是有的,可分两方面说明它:

1. 就金山大埠说　《美洲少年》是提倡革命的机关报,然而它并不单纯地是一个提倡革命的机关报,它是代表一个有革命性的有机体——少年学社。因此一般爱读《美洲少年》的少年都不禁要疑问这个少年学社究竟是不是同盟会?我们对于这种疑问的态度,大率分两种不同的答复。如果其人是本来认得的,亦略了解其人格意态真挚,无虚伪迹象,每答以表面是少年学社而内容实际是同盟会。如果其人是素昧生平,而其言语举措有些不够诚实的,则径答以少年学社就是少年学社,和同盟会没有什么关系,有时且杂以游戏的语调:同盟会可以提倡革命,难道少年学社就不可以提倡革命吗?大抵当时有思想的少年,感于这半年来受《美洲少年》宣传革命的鼓动,人人皆思投身到革命这个洪流中来参与活动,苦于不得其门而入,所以发生少年学社是不是同盟会的疑问。……当时接近少年学社的同志,有的径直加入少年学社因而就是同盟会会员,有的只是亲近而没有加入少年学社,而后于一九一〇年终于加入同盟会的,现在不为区别,统列其名于后,其为回忆,所忆不起的则缺之。最先接近的是黄芸苏、黄超五两同志,稍后有张蔼蕴、赵昱、许炯藜、伍平一、刘鞠可、卢仲博、刘博文、李绮庵、朱本富、黄杰亭、李禄超等等,人数不多,主要是少年学社取谨慎态度所致,我们取友的态度虽平易近人,乐与为善,然终于深忧误交一坏人会泄漏秘密,所以在平易近人的态度中,终不能不战兢自守也。

2. 就各埠通讯联系说　自《美洲少年》出版后,没有多期,即有各埠爱读的同志来函嘉许,有介绍同志订阅报刊的,有报告他那里的同志愿互相联系的,……略举几件比较有趣的谈谈如下:

…………

芝加哥梅乔林来信。来信大意告诉我们,他们芝加哥和附近邻埠一共有几十名同志都愿意订阅《美洲少年》报刊的,他们都认为《美洲少年》提倡革命,宗旨纯正,汇款订阅并将订阅者的住址寄来,同时并表示如果少年学社要设立分社的话,他们那里的同志可以加入等语。我们复函希望他介绍同志订阅刊物,至于少年学社分社一事,目前还没有决定,如一旦需要,一定通知你处云云。

…………

美东各处专函介绍订阅《美洲少年》。美东各处专函介绍订阅《美洲少年》之函件有好几次,有介绍订阅一份,有介绍订阅几份,也有介绍订阅十几份的。此类信件统由黄伯耀复

回,因此地名、人名都不能记忆。

……孙中山先生从美东某处来信。来信的大意是:刚从欧到美,得晤美东各处的同志,由各同志处得悉你们办《美洲少年》刊物鼓吹革命,宗旨极为纯正,本拟即到美西和你们一面,惜此间有事要办,要耽误几个月时间,才能到美西来,先此函达,希多多努力办理报刊,共维大业,余不多赘等语。此函由李是男复,具言他在香港已经加入了中国同盟会,回到美国适遇有志同道合的同志数人,要求加入中国同盟会共图革命,因此,把情形向香港支部报告,月余,香港支部复信,准许在美国开展工作,办理美洲支部等语;现在已有同志某某等若干人,办《美洲少年》报刊,已出版若干期,因人少力薄,恐敌党反对,故对外取名少年学社,内容就是中国同盟会,希望他早日到美西来主持一切,无任欢迎云云。

…………

就大埠本处联系和各埠通讯联系合两方面来说,可见《美洲少年》的发刊仅仅是几个月的时间,还不到半年的光阴,其联系的方面,越推越广,有风起云涌之势。盘据多年在华侨心理中的统治思想的立宪说,已不敢明目张胆揭示出来。那时的《世界日报》(《文兴报》的后身一九〇六年大火灾后改组为今名,仍为保皇党机关报)主编者梁某,平日的笔名都以神龙两字标志,比及《美洲少年》诘难指摘,窘迫得不敢在报上公开答辩,并把他的笔名"神龙"改为"臣聋"。任凭你们怎样指摘,他总是不理,把臣聋来做免战牌,这还不是文坛上的一个佳话吗?

温雄飞《回忆辛亥前中国同盟会在美成立的过程》,载中国社会科学院近代史研究所近代史资料编辑组编《华侨与辛亥革命》,中国社会出版社1981年版,第197~205页

△ **直隶总督端方致电军机处,奏报拿获江浙会党首领夏小辫子。**

端方奏:

窃照前年江、浙交界地方,枭匪滋扰,奏明由宁派兵合剿,擒斩匪首夏竹林即余孟亭、江北阿四及悍目多名,迭经奏陈在案。惟有匪首夏小辫子一名,先已逃逸,悬示重赏,通饬查拿无获。嗣因江苏候补道刘体乾曾统苏省水师,部下弁兵多有知夏小辫子踪迹者,又经密饬设法缉拿去后。兹据刘体乾派弁购线,侦至安徽湾沚地方,将夏小辫子拿获,解送来宁。饬派委员研讯,据供:又名夏连贵,安徽合肥县人。先在嘉兴防营当差,因事开革。投入青帮,与余孟亭、夏竹林、江北阿四同为枭匪首领。该匪手下有船五六百只,枪数百杆。凡有船装私盐,皆由该匪包送贩卖。抗拒官兵,不止一次。并迭向富户强借,有时亦帮助贫苦同乡。至前年冬间,抢劫商轮之案,该匪不在内等供。

据此,伏查该匪夏小辫子,为枭匪渠魁,伙党甚众,强悍与已获正法之余孟亭等相埒,而狡谲异常,日以抢富济贫为名,颇能摇惑人心。兹据刘体乾设法购线,将其拿获,洵为地方除一巨患。现经提案研讯,供与前获各匪相符,已将该匪夏小辫子就地惩办,以照炯戒。出力之弁兵、眼线,从优给赏。

《直隶总督端方等为拿获枭党首要夏小辫子事致军机处电》(宣统元年五月十四日军机处收电档),中国第一历史档案馆、北京师范大学历史系编《辛亥革命前十年间民变档案史料》上册,中华书局1985年版,第282~283页

7月7日(五月二十日)　清廷党禁稍开,翁同龢官复原职。

《宣统政纪》记:

予故革户部尚书协办大学士翁同龢开复原官。

《宣统政纪》卷14,文海出版社(台北)1989年版,第82页

7月12日(五月二十五日)梁启超致信梁仲策曰:

开禁之议,近复大炽,闻将由常熟、义宁以及六君子,最后乃逮生者云。大约此事终办到,然痛快之举恐不可见。周公固贤,然英断似非先帝,比其视我,当亦寻常一时髦耳。兄年来于政治问题研究愈多,益信中国前途非我归而执政,莫能振救,然使更迟五年,则虽举国听我,亦无能为矣;何也,中国将亡于半桶水之立宪党也。顾此事自关四万万人之福命,乌可强耶?我亦求其在我者而已。兹为有聘莘顾隆之诚,决高卧不漫起也。

梁启超《与仲弟书》(宣统元年五月二十五),丁文江、赵丰田编《梁启超年谱长编》,上海人民出版社2009年版,第322页

7月9日(五月二十二日) 善耆等奏海军发展计划。

肃亲王善耆等奏:

遵筹海军基础,自应熟权财力,专举阏纲,先植兴复之基,再谋扩充之策。拟就现有款项,画一海军教育,编制现有舰艇,开办军港,整顿厂坞台垒,以期根基日固,凭藉有资。查现有海军官兵教育所在凡四,曰烟台、曰黄埔、曰南京、曰福州,原系各省自筹自办,虽皆有成就,然各有短长,必分门专课,庶造诣能精。必增设枪炮鱼雷练习所,练勇雷勇等队,及海军大学等,庶教程乃密。应请将烟台学堂改为驾驶专门,黄埔学堂改为轮机专门,福州前学堂改为工艺,定额收学生,陆续扩充。并就浙江之象山,设枪炮练习所,附以练勇队,水雷练习所,附以雷勇队。至海军大学为官长研究高等学术之所,设于京师,分选科、将校轮机科,各科甲班专设高深战术及海军机要。其将校轮机之乙班,专课高等炮术、鱼雷、水雷、航海、轮机、造船。此先就现有学堂练营量为增损,以储人材之基础也。查各省现有舰艇,或拨款购造,或各省自购,制异饷殊,有乖统一。今计暂可编成队者,如海圻、海容、海筹、海琛四艘,堪充巡洋舰。飞鹰、飞捷、建安、建威、楚材、楚同、楚泰、楚谦、楚有、楚豫、楚观、伏波、琛航、元凯、南琛、福安、宝璧、镇涛、广玉、广金、广庚二十一艘,堪充沿海巡防舰。镜清、通济、超武、保民四艘,堪充练习舰。江元、江亨、江利、江贞、广元、广亨、广利、广贞、策电、登瀛洲十艘,堪充长江巡防舰。雷龙、雷虎、雷艮、雷乾、雷坎、雷震、雷坤、雷巽、湖鹏、湖隼、湖鹗、湖燕,及辰、宿、列、张十六艘,堪充守口雷艇。其余各船艇,只可内河巡缉。此先就现有舰艇,量为编制,以立舰队之基础也。海军根据地,择适中之浙江象山先行开筑,除建灯塔、设浮标等,应就海关船钞项下动支外,拟先将海军办公处所、演武厅、操场靶场、瞭望台、旗台、贺炮台、仓库、码头、医院、枪炮鱼雷练习所、练勇雷勇营房、修械厂等即行建设,并购置浚港轮剥等项机船,布置粗完,舰艇即可湾泊。至现需开办经费约银八十万两,常年约银十六万两。此择定军港,以为海军根据地者也。制造厂船坞为海军命脉,近象山港择地兴建,以资联络。但现在度支奇绌,惟有将现有厂坞之大沽、上海、福建、黄埔四处先行整顿,选熟悉人员经理,就该坞原有经费应付。此整顿厂坞,以备修理舰艇者也。炮台与舰艇战守相资,当会商各督抚切实改良,随时考察。各台官兵,即以海军人员陆续更替,薪饷亦由原发省分应付。此整顿炮台,以为海军策应者也。

《宣统政纪》卷14,文海出版社(台北)1989年版,第9~12页

7月10日(五月二十三日) 外务部奏请设立游美学务处。

外务部奏:

美国减收赔款,业于本年正月起实行,则选派学生出洋即应举办。非徒酬答与国,实乃推广育材。臣等拟在京师设立游美学务处,管理考选遣送稽查等事,并附设肄业馆,选学生

入馆试验,随时送往美国肄业。以八分习农工商矿等科,以二分习法政理财师范诸学。专派监督驻美,管理学生学费功课起居等事。至于学生名额,案照各省赔款数目匀给。其满汉蒙藏亦酌给名额,以昭公溥。

《宣统政纪》卷14,文海出版社(台北)1989年版,第12~13页

《清史稿》记:

辛未,立游美学务处。

赵尔巽《清史稿》卷25,本纪25,中华书局1977年版,第973页

7月11日(五月二十四日)　甘肃连续两年遭灾,陕甘总督升允奏灾情与赈灾事。

陕甘总督升允奏:甘省上年被灾,业经随时赈济。今春雨泽愆期,二麦未种,加以连年旱歉,饥民牲畜已多饿踣。现于司署设筹赈局,经电奏蒙恩赏拨帑银六万两,催各省筹赈,亦已陆续汇甘。第办赈莫难于筹款,尤莫难于用人,非力求核实,不足以苏民困。傥承办各员奉行不力,或侵吞肥己,自当立时严参。其能洁己奉公、勤劳罔懈者,亦拟奏恳奖励。得旨,著毛庆蕃按照所定劝惩章程,如办有成效者,准予请奖,玩忽滋弊者,即予严惩。务使实惠均沾,毋令灾黎失所。

《宣统政纪》卷14,文海出版社(台北)1989年版,第142页

7月13日(五月二十六日)　护理云贵总督沈秉堃奏请川滇两省联合镇压凉山彝族人民反抗活动。

沈秉堃奏:

凉山猓夷介在川滇之交,横亘千有余里,久为政教所不及,与滇之永善巧家等厅州县接壤,时出劫掠。赵尔巽奏请由两省会筹大举,剿抚兼施,实一劳永逸之策。惟是滇省兵力,悉注重于西南两边防,凉山居金沙江之外,偏在东隅。猓夷过江肆掠,恒以秋后江水涸时为最甚。设有江防各营,专司巡缉,果能两省会筹,惩其顽野,不第为川省除心腹之患,亦为滇民清肘腋之忧。特滇为著名边瘠,兵力不足,饷项难支。大举深入,实有未逮。惟有川任剿而滇任堵,就江防现有各营队,简选将弁,择隘驻扎,扼守江岸各渡口,与川兵遥为声援,川击则滇应,俾该夷无渡江逃窜之虞。庶几兵不多增,饷不多费,而成效可收。

《宣统政纪》卷14,文海出版社(台北)1989年版,第14页

7月15日(五月二十八日)　清政府诏谕皇帝为陆海军大元帅、亲政前由摄政王代理,并先列专设军谘处。

谕令曰:

前经宪政编查馆奏定宪法大纲,内载统率陆海军之权操之自上等语,已奉先朝谕旨颁行。朕今钦遵遗训,兹特明白宣示,即依宪法大纲内所载,朕为大清帝国统率陆海军大元帅,并敬符我太祖太宗肇基鸿业,亲统六师之制,以振我军人尚武图强之心。并著先行专设军谘处,赞佐朕躬,通筹全国陆海各军事宜。即著贝勒毓朗管理军谘处事务。惟朕现在冲龄典学之时,尚未亲裁大政,所有朕躬亲任大清帝国统帅陆海军大元帅之一切权任事宜,于未亲政以前,暂由监国摄政王代理,以合宪法。至一切应如何定拟筹办事宜,即著军谘处随时妥酌。奏请施行。将此通谕臣民知之。

…………

贝勒毓朗现派管理军谘处事务。著派镇国将军载振充专司训练禁卫军大臣。毓朗著开去此差。

…………

著派郡王衔贝勒载洵、提督萨镇冰充筹办海军大臣。

《宣统政纪》卷14,文海出版社(台北)1989年版,第21页

《清史稿》记:

丙子,诏立军谘处,以贝勒毓朗领之。摄政王代为统率陆海军大元帅,贝勒载洵、提督萨镇冰俱充筹办海军大臣。

赵尔巽《清史稿》卷25,本纪25,中华书局1977年版,第974页

7月16日(五月二十九日)　南洋革命党人许雪秋在《中兴报》发文,对保皇党人挑拨革命党人内部关系予以批驳。

许早年与孙中山交往甚笃,后因武装起义载运枪械和经费接济等事与胡汉民不睦,受陶成章影响,在南洋加入光复会,保皇党人乘机挑拨,借年初河口起义后退至南洋的会党抢劫事件离间革命党人。许雪秋在《中兴报》发文驳斥:

天下放纵卑劣阴险无耻之人,莫有过于保皇党,天下放纵卑劣阴险无耻之言,亦莫有过于保皇党之机关报纸。夫跖犬吠尧,盗憎主人,保皇党之仇视革命党,本无足怪,所可怪者,彼亦靦然人面,即至无赖,亦当自视为人类,乃日张其穷凶极秽之吻,含血噀人,如狐如蛇,如蝎如蛆,是彼直不以人类自待久矣。受其螫者于己初无所损,但觉其凶毒臭秽之气,触人欲呕,终不能不斥而远之,即如五月二十日香港商报登有南洋通信,内之所言,兴谣造讪,无丑弗备,徒供读者之作恶,其最无赖之语,则云"许某者,潮人,前受孙文运动,而散家资数十万者也,今既无资,孙遂厌之,谓抢劫之事由其主使,英官至发差役搜其屋,许某大怒,现与孙文势不两立,欲置之死地以泄愤"云云。此一段狂吠之言即使狺狺然出于狗喙,吾亦惊其将瘈,初不料出于保皇党之喙也。吾恒闻人呼保皇狗,今当加以徽号,呼为保皇瘈狗矣。吾今通告读者,该报所谓潮人许某,即我也,吾之识孙君已在家资中落之后,孙君所期于我者,盖许为同志,欲相与戮力以负恢复之责任,而吾自遇孙君,亦益自奋,思所以报国报知己者。

孙君不以吾家中落而贫我,我亦不以家中落而自馁也,而该报乃云:"前受孙文运动,散家资数十万。"是全未知吾二人相与之始末,其诬一也。

吾既誓心革命,努力以谋光复,顾才与志迕,机会未来,屡遭蹉跌,然而孙君不以是而轻我,恒以卷土重来相策励,且尽力资助,期有一当,知己之感,有过于秦穆公之于孟明矣。凡此皆年前事也,吾今虽无事,郁郁居于星洲,吾心岂一日忘故国哉。革命之勇气,百折而不挠,盖平日自励,与孙君之相期,有非尔保皇贼所知者,而乃妄造谣言,谓孙君以无资而厌我,其诬二也。

抢劫之案,与革命党无涉,此事实上人所共见者,总汇报前者欲演造谣之故技以诬革命党,已为中兴报所深斥矣,今商报更甚其词,谓孙君云抢劫之事由许主使,英官至发差役搜其屋,此种谣言,既诬他人又欲他人自相猜贰,卑劣之技,真非人类所宜有,其诬三也。

吾与孙君相与之始末既如上所言,足知吾人以公义相结合,贯彻始终,决无有凶终隙末之事,而该报又捏谓吾与孙君势不两立欲置之死地以泄愤,此种凶秽之词,不足以渎孙君,不足以毁我,适足见其平日居心凶险,故发言惨厉如此,其诬四也。

凡此四诬,皆恃我为包庇,我一辨其诬,则彼将如狸狌之畏日,缩避无地矣。想该报造谣

之时,以如此不经之谈,许某必不屑介意,故不妨洋洋而道之,此与妄称陈君天华投海为不欲与孙君共事及妄称黄君兴与孙君不两立同一造谣,岂知陈君已死,黄君远在东方,故末由立辨其诬,若我者,口舌犹存,居处密迩,而亦可随意诬捏耶?该报心盲目盲,竟至于是,殆其平日兴谣造谤之罪状将藉是以尽行发露欤,故不辞辨正之如此。呜呼,保皇贼!呜呼,保皇贼!尔之含血喷人亦至于此!

许雪秋致信《中兴报》主编:

欧风东渐,公理大明,恨鄙人僻居潮属,未得风气之先,且家□丰裕,久以纨绔自处,以为世间无甚事,徒挥霍以了此生,岂知前此之失,顿成晚恨,迨鄙人渐悟大道,而家道已中落,否则以一旅之师期与满虏一决雌雄,事甚易为耳,即事或不幸,鄙人亦只求上无愧于黄帝在天之灵,下无愧于后世,且为吾汉族提倡已耳,故鄙人以中落之家资乃与孙文先生相遇,徒作相见恨晚之思,只呼负负而已。又二月清国河口投降我党之清军,被劫强之嫌疑,吾为革党知名之人,英官因恐吾家有住藏党人事遂来询问,鄙人言明,英官即返矣,事后鄙人且举此事以告孙文先生,孙文先生亦询问戒勉有加,可见鄙人与孙文先生交道之真,亦可见吾真正革命党之面目也。乃保皇贼徒,因事煽动,本坡已有蜚言之起,但鄙人以为风闻之辞,不足为据,不料今日接港中友人寄来保皇贼之机关报商报,所登新闻一则,与鄙人所闻者无异,乃知保皇贼徒造谣之实据,其胆大妄言,则莫如一方面谓孙文先生厌鄙人,谓抢劫之事由鄙人主使,一方面谓鄙人与孙文先生势不两立,欲置之死地以泄愤,此等含血喷人,疑问本党之邪谋,实在可痛可诛。鄙人甚钦孙先生之为人,不敢稍有疑贰,特恐孙先生远出,此中情形不明,若以事出有因而或疑及鄙人,则鄙人真含冤矣,是不可以不辨,特此函达贵报,祈为揭之报端,以褫丑类之魄。

《中兴报》为此发表案语:

保皇党借事造谣,无所不至,许君发奸摘伏,可谓深明大义,诚不愧为明族巨子。噫!保皇党闻言,其亦愧死无地。

许雪秋《辨驳保皇贼党含血喷人之特谬》,《中兴报》1909年7月16日。载章开沅、罗福惠、严昌洪主编,严昌洪、彭建编《辛亥革命史资料新编》(5),湖北人民出版社2006年版,第421~422页

7月17日(六月初一日)　湖广总督陈夔龙奏设自治研究所情形。

陈夔龙奏:

鄂省据天下中枢,地居冲要,风气早开。上年二月间,经前督臣奏设全省地方自治局。臣到任后,即议及事属创办,当以造就自治人才为根本要义。惟其时自治专章尚未准民政部奏定颁发,因先于法政学堂附设自治研究班,分饬各属选送士绅来省入学。又由该局设立武汉公民养成所,为试办自治之预备。计自上年四月开办,十二月一律毕业。初基略具,推广宜首先正名为自治研究所,额定大县五人,中小县四人,由各厅、州、县考送候试。正饬办间,钦奉谕旨颁行城镇乡自治章程,并查照宪政编查馆原奏,将原局归并谘议局筹办处,附设全省地方自治筹办处,专理自治各项事宜。方原局未经归并之先,各属奉饬申送士绅,纷纷云集。臣按之宪政筹备清单、自治研究所章程,须俟钦定颁行后,始能遵章设立。因饬由该处先行修葺房舍,延委教员,并将各属申送候试各生定期考验。凡应行预备各端大略就绪,适奉到宪政编查馆核复章程,益有依据。计先后取定正取二百六十九名;又另取备取十五名,以备临时传补。自治一事,关系全省公益,其有未经申送而来处递禀请考者,复酌取二十七名,作为旁听生。所列讲授课目,均遵照馆章第五条所开各项作为主课,并酌加财政学、经济

学、各国自治大要数门为补助课，分别派员教授。布置大定，即于四月二十四日举行开学。是日，臣亲率司道莅所行礼，莘莘诸子，冠带咸集。当谕以朝廷叠颁明诏，实行好恶同民之微旨，并训以首须认明自治名义，继须守定自治范围。申儆再三，诸生咸环听鼓舞而退。鄂省自治研究所至是始告成立。

至该所扩充办法，自当查照馆章，俟第一届研究士绅毕业，即派赴各厅、州、县办理自治研究所，统限宣统二年二月以前一律设立。其各属士绅自愿照章设立者，在省城由自治筹办处察核，详请备案，在各厅、州、县由该管官察核批准，申报该处备案。又凡各属士民未能分入各该研究所者，则由该处发行校外讲义，并督饬各员编辑地方自治浅说，分发各厅、州、县，即以研究卒业各士绅，担任分途讲演。盖以各属分设研究所，佐省设研究所之不及，又以校外讲义分途讲演，助各属分设研究所之未逮，将使全省士民无一不涵泳濡育于自治之中。而于公家筹办之初，佐理不患无才，经费无须多款，期于事半功倍，克期观成，以仰副圣朝殷殷倡行自治之至意。

陈夔龙《庸庵尚书奏议》(卷11)，载武汉大学历史系中国近代史教研室编《辛亥革命在湖北史料选辑》，湖北人民出版社1981年版，第357～358页

7月18日(六月初二日)　江西丰城等县因调查户口发生风潮。

调查人户总数，为议院未开以前，逐年筹备立宪事宜之一，各省皆根据预备立宪计划进行。因对立宪活动不了解，江西丰城等县因此发生骚动。

或误为当兵抽税，或误将按人勒税，乃至至有殴官杀人，纠众毁屋之事。丰城县属五坊湖芒村，于五月二十五日，有妇女数十名，向该村编查员索还原册，任意嘶闹，窘辱交施。二十九日至本月初一、初二日，一坊之河湾村，六坊之九都圩，八坊之余姓葛姓谢姓等处，亦有捣毁编查员房屋，及捆吊殴打情事。据丰城县赵大令峻电禀抚院云："县境二百余里，共分九坊，滋闹之处，除五坊无故外，河东以一二三坊为重，四六坊次之，河西以七坊为重，八九坊次次之。曲江为河西七坊，日前纠众男妇万余，要挟免查户籍。经峻明白晓谕，适水师周管带来县，往彼开导，旋即解散。城守把总李仕英，因往三坊查勘，突被大浇黄姓，拒殴受伤，经调集刘哨官，偕谢典史，带全哨于即日往大浇查办，峻即亲赴各乡，逐案分别查办，其情节稍轻者，业已办结多起。"

《东方杂志》，第6卷第8期，记事，第222～226页

△ 两江总督端方奏，拟以中国公学为基础在上海建立工科大学。

端方奏：

南洋为工商业最盛之区，拟就上海制造局相近，先建工科大学。即以已成之中国公学，为高等工学之预备，先行购置校舍，以立基础。

《宣统政纪》卷15，文海出版社(台北)1989年版，第1页

△ 陶成章在日本拟从事暗杀活动，准备另组一报为机关报。

《致某某书》(一九〇九年七月十八日)：

……兄之心意何如也？若再经营，或加一字，或改一名，或以暗杀名义行之。其章程中，不认孙文为会员，谅亦可以做得。弟当另拟章程，请兄与魏君及最热心诸人共同谋之，谅可有济。江、浙、皖、赣、闽之内地，弟犹堪招呼，一时不致冷落。近日专门注重暗杀(若办必先

声明与孙文无涉,免至为人所借用)。而暗杀一道,浙人大有可为,可恨者经费无着耳。

台友有信来,饷银之事,可以做得,须要二千资本,现款仅有五百,为之奈何?各地之款,只有吧城寄来(即五百元也),大吡叻为弟事中山派人前去,致令会中大生冲突。至于吾兄欲得委任书,不必开会商斟,商斟必误。弟可担任以为保人。弟现拟邀旧日同事之人而尚未归国者,另组织一报,以为机关。否则筑室道旁,议论百年,亦未见其有成效也。兄如以为善,弟当即定章程,且不必举首领。举首领最为坏事,前车可鉴。孔子曰:"惟名与器不可以假人。"前次之举孙文,实授之以刀柄,而使之杀与刀于彼之人也。一误岂堪再误云。

…………

文岛可以用总会出名筹款之说,已对克强说之。克强兄欲与弟同谋暗杀之事,但弟若不声明与孙无关系,决不顾也。

汤志钧编《陶成章集》,中华书局1986年版,第154~155页

7月24日(六月初八日)　因地方反教,意大利公使照会清外务部,外务部饬河南地方保护教民。

意大利公使照会外务部:

接河南南部教堂主教贾师谊由许州来函称:地方官与该教堂似日增拒阻,恐酿巨祸,况该员举动甚能摇惑人心,现常有教民被打被欺被伤被逐情形。该主教与抚台并地方官员所有宛转之策均已用尽,禀请查明设法保护,照章办理。

河南巡抚吴重熹复电:

临颖[颍]县因教民霍兆祥恃教勒讹,控案累累,经该县质讯明确,禀明惩办。又该县教士彭柏岩护袒教民,屡次干涉词讼,曾札交涉局函知该主教贾师谊,迅将该教士撤换。据该主教函复照办。此外各处教民并无被打、被欺、被伤、被逐之事。

7月27日,意公使再次照会外务部称河南西部反教,经河南地方当局弹压,反教活动减少,但民众与教会之间的矛盾依然激烈。11月25日,意公使再次宣称:

民教虽然匿怨在心,而仍然照旧怀恨不忘,以致教民局面日渐难堪,因之有多人反教,俾得平安无事。临颖[颍]县教民之数,先时甚众,至今较前减少实多,守教者心怀畏惧,深虑将来之祸端。以上情形均系民间之事,特欲缩减教民之数也。惟应声明,现行条约原有特准华民奉教之权,如有允准挟制欺侮教民,以致心存畏惧,至有反教之重情,即系与条约大相违背。且反教一节,近来在该处实为平常之事,其实在原由亦不必密行访查,乃系人所共知也。此事本大臣务请贵国政府格外关照,稔知必能遵守现行条约之旨,并行转饬责成保护教堂各员遵照办理可也。

河南省地方史志编纂委员会编《河南辛亥革命史事长编》(上卷),河南人民出版社1986年版,第377~378页;另见吕实强主编《教务教案档》(第7辑),台湾中央研究院近代史研究所1981版

7月26日(六月初十日)　湖北设立自治研究所。

湖广总督陈夔龙奏:

鄂省遵设自治研究所,所列讲授科目,均照馆章第五条。俟毕业后,即派赴各府厅州县办理自治研究所。盖以各属分设研究所,佐省设研究所之不及。又以校外讲义,分途讲演,助各属分设研究所之未逮。

《宣统政纪》卷15,文海出版社(台北)1989年版,第16~17页

7月31日(六月十五日)　孙中山由巴黎抵布鲁塞尔。

《致吴稚晖函》(一九〇九年八月二日):

巴黎事机颇有可望,惟非立刻可以成功,必待暑令后各富者回城,搭路人一一见之,然后乃能实复。地步已至此级,弟毋须再留巴黎等候,已于礼拜六日来比京,同志八九人相见甚欢。弟大约于此礼拜之内,可以来伦敦相晤也。闻曹君亚伯已经迁寓,惟未得其新地址,故托一函先生转交。

中国社会科学院近代史研究所等编《孙中山全集》第1卷,中华书局1981年版,第415页

本年夏　被清政府罢斥,暂时隐退的袁世凯在辉县薄壁镇购置田舍,韬光养晦,等待东山再起。

1909年7月11日,袁世凯致函严修说:

弟半生鞅掌,梦觉邯郸,自顾樗庸,忝窃厚禄。回旋中外,功少过多。猥承垂谅区区之愚,独持侃侃之论,虽于鄙人不无偏好,然风义笃厚,要当于古贤中求之耳。

…………

弟南归半载,调治宿疴,迄无大效。今年春间,就苏门山下营一别墅,小有竹林荷塘稻畦之胜。居彼两月,引泉叠石,莳花灌园,颇得优游之乐。四月杪,回卫辉度节。卫属庐舍狭隘,水土又劣,加之天气亢燥,家人多有病者。适彰德北郊有舍亲何副都统仲瑾空宅一所,去城少远,似较爽朗,遂于月之中旬挈同全眷移来此间。迩日布置,略已就绪。下月,仍拟独往苏门,藉以避嚣养病。昨在辉县六十里之薄壁镇左近,以一千二百金买山一区,周围约二十余里,土脉尚润,宜于种树。更拟葺屋数椽,明年夏间,即往彼中消夏。将与山农木客为伍矣。村居多暇,拉杂裁复,不觉辞费。

骆宝善评点《骆宝善评点袁世凯函牍》,岳麓出版社2005年8月版,第223页

本年夏　吉林、湖南、湖北大雨连绵,多处受灾,秋收无望。

锡良、陈昭常8月3日(六月十八日)电奏:

吉林省城,本月初旬,雨势过猛,江水陡涨,沿江房屋坑堤,以及官商木植,公家建筑,多被损坏。省东蟒牛河新开河额赫穆等处,受灾尤重,淹毙人口千余名,田庐牲畜,冲没殆尽。余如双岔河尤家屯等处,亦有全屯被淹,溺毙人口等语。

…………

前据陈夔龙、岑春蓂电奏,湖南澧州等处被水成灾。当经谕令将被灾户口,妥为抚恤。兹复据电奏,澧州安乡等州县灾情,较上年为重,常德岳州所属各厅县,同时被灾,秋收无望,必须筹放赈济等语。

《宣统政纪》卷16,文海出版社(台北)1989年版,第4~5页

前据陈夔龙电奏,湖北霪潦为灾。当经谕令陈夔龙督饬分别情形,妥为抚恤。兹据查明电奏,荆州属之公安、石首、江陵,汉阳属之沔阳,灾情最重。饥民荡析离居,惨不忍者滟见。余如汉阳属之夏口厅、汉川、孝感,安陆属之天门、潜江,荆州属之监利,德安属之应城,黄州属之黄冈等处,及枝江、松滋、黄梅、蕲水、蕲州、嘉鱼、汉阳、黄陂等处,亦多被淹等语。

《宣统政纪》卷16,文海出版社(台北)1989年版,第9~10页

本年夏　陈其美在上海集江浙同志议大举,旋为刘光汉告密而终止。

本年夏,陈其美在上海与江浙两省同志商议大举计画,刘光汉已暗中为两江总督端方作侦探,即将消息报告,端方向租界当局交涉。巡捕查抄机关部,适其美不在,在内之褚辅成(慧僧)、周淡游改装走脱,只张同伯被捕,不久移拘南京监狱。江浙大举计画,遂不能不暂行停止。

《中华民国开国五十年文献》,第1编第12册,台北正中书局1964年版,第154页

己酉年夏,英士先生在上海与江浙两省同志商议大举计画,当时有党人刘光汉,时时往来上海机关中,但暗中实作两江总督端方的侦探,将党内的消息报告端方。这次英士先生商量江浙大举的时候,刘光汉也在座,得了详情以后,立刻报告端方,端方就同租界当局交涉,派巡捕到机关部查抄,适值英士先生不在内,在内的褚慧僧、周淡游又改换了工人的服装走脱,结果只捉去了张同伯一人。不久,张同伯移拘在南京监狱。

《陈英士先生革命小史》,载中央党史史料编纂委员会编《革命先烈先进传》,台北,1965年版,第391页

8月3日(六月十八日)　上海《民呼日报》被封,主笔于右任、陈飞卿被捕。

革命党人于右任,于本年三月二十六日(五月十五日)在沪发刊《民呼报》后,言论激烈。于氏陕西人,揭发陕西吏治腐败尤甚,陕省大吏恨之刺骨,日思有以中伤。陕甘总督诬以侵吞旅沪陕甘同乡赈款,控于租界会审公廨。公廨据以拘捕于右任及陈飞卿,并查封报社,且不准保释。

罗家伦、黄季陆编《国父年谱》(增订本),上册,台北中国国民党中央委员会党史委员会1969年版,第289页

冯自由撰《上海〈民呼日报〉小史》,记《民呼日报》办报经过:

一　筹备出版之经过

三原于伯循(右任)于丁未年(一九〇七)春,与同志杨笃生、汪允中、叶仲裕、王旡生、金怀秋诸人创设上海《神州日报》,刊行未及一载,以邻居失火殃及,全馆悉付一炬,右任遂辞退该报社长之职。翌年戊申年(一九〇八)秋间,复筹办《民呼日报》,以为之继。助之者有庞青城、柏小鱼、张人杰、周柏年诸人。号称募集股银十万元。张人杰、周柏年且以所设巴黎世界社为其后盾。世界社系《巴黎新世纪报》诸人出版图书之机关,如《世界大事》,及《世界六十名人》、《夜未央》、《鸣不平》诸书,皆其出版物。《民呼日报》出版告曰:声言凡定报半年,或全年者,均分别赠送世界社图书或书券若干。是即张人杰、周柏年之馈赠品也。右任于戊申八月初一日用个人名义,在上海各大报登载启事云:"鄙人去岁创办《神州报》,因火后不支退出,未竟初志,今特发起此报,以为民请命为宗旨。大声疾呼,故曰《民呼》,辟淫邪而振民气,亦初创神州之志也。股额定十万,每股百元,现已招足六万元。俟机器运到即宣布出版日期。卷土重来,誓以劫后之身,雪前此无功之耻。海内外同人如有宠锡教言,及愿担任访事者,请函寄上海四马路西三山会馆东隔壁本报事务所为幸"等语。惟以措集资金煞费心力,经营七八月,至己酉年(一九〇九)三月二十六日始在山东路望平街一百五十六号宣告出版。

二　出版后之困难

《民呼报》既出版,除于右任自任社长外,执笔者有范光启、吴宗慈、王旡生、戴天仇、周锡三人,宏论宏议,渐受世人欢迎。惟鉴于往日《苏报》及《国民日报》之覆辙,对于汉满种族问题,未敢公然言之。至于批评时政之得失及排斥官僚之腐败,则较《神州日报》尤为激烈,以故渐为各省当局所嫉视。即在上海各旧派报纸,亦以《民呼》放论敢言,销场日盛,彼此相形

见绌，遂多假藉外人势力或当地官威以横施压迫，且有在报端公然以恶语诋毁者。《民呼》忍无可忍，遂于己酉年四月初七日在“天声人语”栏宣示该报态度，题曰：“欢迎本报者看看，嫉忌本报者看看。”其辞云：“本报出版以来，自知势弱力薄，不敢与有势力之报相抗，故立言无不谨慎。乃发行数日，蒙有心人以青眼相加，销路大增，而某某无价值之报，虽送阅而无人过问。遂老羞成怒，讥诋本报不遗余力，不道德之言，无日无之。似此挟势相凌，旁观者为之不平，投函者日数十起。同人以忠厚待人，发表者仅十之二一，连日乞哀，当为阅者所共见。乃该记者不知自量，欺我孤立无援，又插画以诬我。同人虽存打狗看主之心，谁能忍再一再二之诮。今特正告天下。倘若辈再挟势相凌，使我忍无可忍，必正正堂堂作诛心之论，以雪连日之耻，使人知衅端不自我开，若辈实为祸首，我人春秋之作，不得已也”等语。观此可知《民呼报》当日环境之困难及应付恶势力之不易矣。

三　关于甘肃赈款之讼案

《民呼报》揭发各省吏治之腐败，以抨击陕西政界为最力，故陕省大吏恨之刺骨，日思有以中伤之。时旅沪陕甘二省人士刘定荣、李岳瑞等方发起赈济甘肃巨灾，有甘肃筹赈会之组织。于右任亦会员之一，其办事所即假民呼报社内一室充之。陕吏藉此为题，遂诬攻《民呼报》主持人侵吞赈款，砌辞倾陷。己酉年六月中旬，陕甘总督毛有电饬令上海道蔡乃煌查究此事。旋由蔡道饬札公共租界公廨谳员宝子观云：“为札饬事，本年六月十四日，奉护理陕甘督宪毛电谕，以上海《民呼报》馆内所设之甘肃筹赈公所与盛大臣暨商会诸君所办义赈并非一事，且并未将办法函告，亦未将所收赈款姓名、数目、时日，按照义赈向例，随时报解，登报声明，申报馆席裕辐称有墨洋四千元交其汇解。迄未收到。朱经帅汇赈款三千两亦交解甘。访闻该公所在沪募赈数已三万余金，人多谓其敛钱肥己，意图渔利，实于赈务有碍，嘱饬廨查明勒令解清等因。查甘肃义赈公所设在《民呼日报》，而《民呼日报》馆系陕人于伯循所开，前经呈明行廨有案。今义赈收款既有三万余金之多，解到甘省只有二千两，究竟钱归何用？款存何处？仰即提案严究押追，限三日内将所收赈款全数缴出。呈由该廨禀请扫解。毋许蒂欠。借赈敛钱，情甚棍骗，该报馆有经收之责，如逾期不缴，应如何严办禀候核夺，毋得延庇”等语。是月十八日，遂由会审公廨派警探将《民呼报》社长于右任及职员陈飞卿二人拘至捕房。次晨十九日，由宝谳员会同英领事开庭审讯。时有商店四家盖章保证于、陈二人在外候讯，谳员只许陈飞卿保出，于右任仍系捕房，不准交保。二十一日第二次审讯，被告于右任等延德雷司及佑尼干两律师抗辩，声明该报只借地与甘肃筹赈公所办事，所有筹赈事务概不过问，复由上海商会及旅沪陕甘二省人士数电北京农工商部及陕甘总督毛某详细解释，并声明于、陈二人被拘之冤抑。上海《时报》、《神州日报》及各西报均著论批评清吏压迫舆论及故入人罪之非法。公廨谳员以是不敢再为已甚，因向被告律师稍露但求当局顾全面子即可息事宁人之表示。

四　朱蔡陈等之三讼案

与甘肃筹赈公所一案同时控告《民呼报》者，尚有其他三案：一为安徽铁路公司候补道朱云锦指称毁谤名誉案，二为已故上海市蔡钧之子国桢指称毁坏其父生前名誉案，三为新军协统陈德龙指称毁坏名誉案。盖清吏目的在于彻底打倒《民呼报》，使其一蹶不能复起。特授意有关系之各方面，先后提出控诉，以极尽摧残之能事也。朱云锦控辞云：”《民呼报》某日所载安徽旅沪同乡公叩之广告一则，另加评语任意谤毁，与路政前途大有障碍。朱于去年九月间由全体公举，至路事之迟速，实因款未筹足，朱接办后，总理周味西嘱朱节省经费，裁并局所。朱即裁去多人，被裁者挟嫌，乃函致《民呼报》登载其所叙同乡公叩广告，询诸皖绅，皆

称不知。朱于初四日见报后,即往该馆声明实在,并拟稿送请该报更正,该报竟置之不理"等语。于右任辩称,该广告乃皖路董事范姓父来,由范某签押负责,可以随时传讯。据《神州报》载皖路总理周味西之广告所言,可见《民呼报》所载并无不合,朱云锦所交来要求更正之底稿一纸,措辞多毁谤铁路股东,亦属不合。且篇幅太长,例须自担负广告费,而朱吝不照交,故不能照登云云。又关于蔡国桢及陈德龙二控案,据《民呼报》辩称,两案均照有人负责之来函登出,可以随时传讯。查蔡钧生前任沪道时,创办淞口验疫所,有一候补知县过口,令其跑跳,殊失文明体统。当时由陈一清目击,是以具名投函该报,谓其查验中西人员,看待有别。并叙述蔡之历史,该报即照来函登载。并未添改一字,且蔡之革职,系奉清廷谕旨。京报与上海各日报,均于八月十五日登出,蔡系先朝佞臣,煌煌上谕著交地方官严加看管,所登各节,并非毁坏名誉云云。蔡国桢所延律师答曰:中国官场短处,报纸是否尽量登载,考中国定律,为子者应保父之名誉,《民呼报》任意谤毁,或因于右任欲向蔡国桢购买《南方报》机器未遂,以致挟嫌亦未可知云云。讯员与旁听席闻言,咸为失笑。

以上三案,均属附带性质,中西讯员,均不重视。而三原告人怯于各报之正论,亦不愿扩大讼案,致起非议。故会审公廨于判决甘省赈款时,一并连带判决,实不过藉此构成《民呼报》向日不守本分之罪名而已。

五　会审公廨之非法判决

租界会审公廨连续研讯《民呼报》讼案十四次,于右任因此被羁捕房月余,中西谳员以甘肃赈款数目迭经各方证明,确无侵吞情事,且与《民呼报》无涉。至是年七月二十四日遂不得不糊涂判结,将于右任逐出租界,并取消《民呼报》之发行权,作为了事。即由宝谳员宣布判辞云:"赈务为救灾要政,报馆为舆论代表,宜如何洁身自爱,一秉至公。于右任系甘赈发起人,公所赈房《民呼报》馆所派,岂容推诿,经公堂调查赈册,弊混丛生,现虽据悉数呈缴,然非经此番彻查,难免将公款归其私蚀。律以挪移,百喙难辞。至朱星斋、陈德龙等各控案,报载诸多失实,大乖舆论代表之旨,原告控其损坏名誉,不为无因,叠被控发,至再至三。攻讦甚而讼狱繁,非地方和平之福。于右任外借公论,内使私图,言是行非,昧良肥己,道听途说,捉影捕风,实非安分之徒,足扰公安之治。本应从重惩办,姑念赈款清缴,尚未侵吞,言论萌芽,未宜摧折。查上海各报时有凭空毁诋是非之事,向来未经公堂惩办。《民呼》报馆不安本分,叠被控发。公堂念系初犯,姑予从轻议结。于右任已在押一月零七天,毋须再行押办,判逐出租界。陈飞卿系公所发起,且系《民呼》报馆主笔,应并饬具安分结存案。嗣后如有借开报馆,不安本分,凭空毁诋,叠被控发情事,定当重办,不得仍援民呼之案为例"等语。此案既结,《民呼报》由是闭歇,计自三月二十六日出版至六月十八日被封,在五十二日而已

六　报界公论及变相复版

《民呼报》案结后,中外各报多主持正义,咸著论斥责会审公廨判辞之失当,尤以《神州日报》、《时报》、《东方杂志》等为激昂。《时报》批评云《民呼日报》案为赈款也,曰赈款未侵吞,是《民呼日报》无罪也。《民呼日报》案,为朱蔡陈控毁名誉也,控毁名誉仅曰不为无因,是《民呼日报》未定罪也,《民呼日报》何罪,于朱蔡陈何罪,而乃至于押一月余,至于逐出租界,至于具不开报甘结。呜呼,所谓言论萌芽不宜摧折者,顾宜如是耶?乃忽又曰:"上海各报时有凭空诋毁是非之事,岂以一《民呼报》为未足,又欲尽上海各报而一网尽之耶?呜呼!上海各报果能摧折尽净否,即令摧折尽净,报馆尽死,能令人心尽死否?噫嘻。"等语,他报评论大率相同,清吏无如之何。于右任经此打击,所志仍不少懈,即日卷土重来,另起名目,为变相之复版。是年八月十四日,遂在各报登载《民呼报》最后之广告云:"呜呼,本报自停歇

招盘业经多日，近始将机器生财等过盘与《民吁日报》社承接。所有一切应收应付款项，以后概归《民吁日报》社经理，快事亦痛事也"等语。二十日后，遂有新创之《民吁报》在山东路同一地址呱呱诞生焉。

冯自由《革命逸史》第3集，中华书局1981年版，第300～308页

《东方杂志》载《记上海报界之风潮》：

六月间，上海报界，以涉讼受审于公堂者，计有二家，一为《神州日报》，以论议印人事，被工部局控告。一为《民呼日报》，则控之者不一人，被控之由亦不一端。然《神州日报》一案，主控者为工部局，会审者为英国副领事及中国委员，而究其归宿，则不过责令报馆将公堂堂谕，并自撰解释之论，登入本报三日而止，无他罚也。《民呼日报》一案，大约可分两起，一为毁坏名誉案，主控者朱某、蔡某、陈某也，一为短解赈款案，初不知何人主控，而罪案尚未定，堂谕尚未宣布，即已拘其人，并已禁其报之发行权，于是《民呼报》馆不得不停歇。岂中西官吏对待报馆之意趣，互有异同耶，抑必如是办理，始为各当其可也，记者不敏，不敢妄言，姑据各报所载事实，详叙于下，亦窃比于案而不断之意云尔。

《民呼报》案

《民呼日报》主笔于右任、陈飞卿，经护理陕甘总督毛庆蕃，以该报主笔有短解甘省旱灾赈款情事，电饬沪道蔡观察，札饬英公廨，传提该主笔等解讯各情。六月十九日，由总巡捕房将于陈两主笔解廨请讯，谳员宝子观大令，与英布副领事升座后。被告费信惇律师等，起而辩曰：被告被控之案，均由敝律师代表，应请将该被【告】等先行交保。又曰：于系有名人物，现有的实铺保四家，决不致于逃避，堂上既准改期会讯，应请该被[告]等交保。中西官谕将陈飞卿先行交保候示。被告律师又言曰：于等先于西历八月二号，因被安徽铁路协理朱星斋控告一案，由捕房将于陈两人传去。及至捕房，捕头即检出牌票一纸。内载系道宪奉甘督电，饬查究赈款，即将被告扣留，惟查原电有饬令道宪先将电文宣布字样，并无饬拿该被告及友人查追之命令，电文既未宣布，而又出票误拘于等，似已违背宪谕。至甘省赈款，另有刘道经办，派有司帐两人，专司其事，进出捐款，均有帐据可凭，与于主笔并不关涉。而被告只因事关公益，故将馆中余屋，让与刘道，作为筹赈，现在刘道及经手存款之一林丰号，又经手汇款之蔚丰厚号，均在堂下，可以传讯。即据一林丰将存款帐簿，蔚丰厚将汇款清单，先后呈堂请察。官问进出收条何在。答均可以检呈。费信惇律师又曰：总之此案，甘省离沪极远。甘督以赈款日久未据解到，误会被人侵用，致有此举，但现在三案并发，注意者赈款一案，如照文明国办法，须由原告上堂证明实据，可以将被告收押而况经办赈务之刘道，明知于已被累，已将灾款预备起解，各见证亦已到堂，声明与于不涉，无论何国法律，照例未便再将被告收押。如堂上不以敝律师等所请为然，似与司法上有所不公。中西官会商之下，以赈款尚未查明，进出收条，未据呈堂，因判于带回捕房，赈款案定于礼拜五讯，其余控案，订期下礼拜一午后二点钟续讯。

二十一日复审，被告仍延费信惇及莫肃两律师辩护，宝大令先问刘道来否，被告律师答容俟知照。中西官又问该馆何以帐簿不齐，被告律师答敝律师等承办此案，第一日即奉开讯，第二日即将帐簿呈堂，是以未得其详。大令又谕曰《民呼报》帐簿，只有五月二十日以后二本，所有该报帐房经手，转交一林丰号之各赈款，收进提出之总数，均属不甚明晰，应将五月二十日以前之帐簿，呈候查对帐情，是否《民呼报》与甘省筹赈公所，联合一气。于主笔即辩称，《民呼》只协赈江浙湖北两项赈款，随收随解，均有帐据可查，惟甘赈与《民呼》并不联合。至于帐房代交一节，或者有之，因不知情，求察。大令又谕曰：本分府办理此事，只不过

就案问案,自问毫无成见,惟案关宪饬,不得不详细研究,如果甘赈与该馆一无关系,自然与尔无干。谕毕,判于仍带回捕房,候下礼拜一复讯,并谕令该馆帐房人等,均于午后二点半钟,检齐帐簿,来廨听候查对帐目再核。

二十四日第三次覆讯。

二十五日第四次覆讯。此二日专讯安徽铁路协理朱星斋控告《民呼报》馆主笔于右任、陈飞卿损坏名誉一案,以无关全案宏旨,故不具录。

七月初三日第五次复讯,被告仍延莫肃律师上堂,译称堂上所谕帐目不符一层,敝律师已询据司帐人声称,确有不符之处,即如一百零二元一款,报上有而簿上无,又江北志杰子助洋一百元,簿上有而报上无。又如五月十九日,春桂戏园戏资助赈一项,而款未收到,报上数先登明者,皆学界中人不明帐务,并排字人排误所致。前堂费信惇律师所说,毛督实因传闻上海赈款已及三万两,解甘只有二千两,疑有弊窦,因而查追。其实筹赈公所又派员解银一万两赴甘,得有回电,据称所解赈款,均已收到。惟此案自始至终,从无原告上堂,而被告已押两星期,不知援引何国法律,况帐目小有不符之处,实系经手人不小心之故,以帐论帐,至多错银四五千两未解,被告情愿如数呈缴,应请交保开释等语。宝谳员谕曰:本分府本不愿将于收押,因案奉宪饬,调查如果草率,难免责备,所以不得不逐细确查。兹查此项赈款帐,有种种不符之处,试问如何详销,况甘督今日尚有电到,道宪饬廨查办其事,并谓此次解来赈银一万两,已经收到,至于春桂戏资助赈,究竟曾否收清,应俟传到春桂经理人讯明再核。遂即商之布君,判于右任仍带回捕房,并谕令被告于今日派人来廨,赶将赈款帐目,查照莫律师所辩各节,造具清册,听候详请道宪核示,如无不是之处,毋庸交保,应即将于开释。

初五日第六次复讯。据春桂戏园经理江友仙供,本年五月间,得悉甘肃受灾,春桂园主热心公益,即于是月十九日发起,慨将是日所得戏资,以及手巾茶帐,悉数助赈,并届时知照筹赈公所,派人来园,监督经收戏资。当日核计买洋五百八十元,现洋只有一百八十元,即该报误登之二百零九元,计共缴过三百七十七元,尚短洋二百零三元,因发出赈券,尚未收齐,容当续缴。被告仍延莫肃律师上堂代辩,译称是日尚有白云观助洋五十元,并珊家园某公馆助洋一元,报上照登,并无错误等语。宝谳员谕曰:助赈公款,本宜认真催缴,不稍延缴,惟查前堂被告律师所称春桂赈款数目,报上虽登,因未收到,故不入册。兹据江经理供称,已经缴过洋三百七十七元,而赈款簿上,并无分毫载入,则该公所实难辞咎。遂商诸布君,谕令江友仙将所供各节,补具禀词,送候备查,仍着将未收各资,从速呈缴。判于仍带回捕房,候下礼拜一再行讯夺。

初十日第七次复审。

十二日第八次复审。

此二日共审两案,一为蔡国桢控告《民呼报》毁坏故父蔡和甫观察之名誉,一为陈德龙控告《民呼报》登载来函毁损彼之名誉,亦以无关全案宏旨,故不录。是日问案毕后,官判候即宣布堂谕:

堂谕:赈务为救灾要政,报馆为舆论代表,宜如何洁身自爱,一秉至公,于右任系甘赈发起之人,公所帐房为系《民呼报》所派,岂容推诿。经公堂调查帐册,弊混丛生,现虽据悉数呈缴,然非经此番彻查,将公款归其私蚀,律以挪移,百喙难辞。至朱星斋、陈德龙等各控案,报载诸多失实,大乖舆论代表之旨,原告控其损坏名誉,不为无因,叠被控发,至再至三,攻讦甚而讼狱繁,非地方和平之福。……言论萌芽,未宜摧折。查上海各报,时有凭空诋毁是非之事,向来未经公堂惩办,《民呼》报馆不安本分,叠被控发,公堂念系初犯,姑予从轻议结,于右

任已在押一月零七天,毋须再行押办,判逐出租界。陈飞卿系公所发起,且系《民呼》报馆主笔,应并饬具安分结存案。嗣后如有借开报馆,不安本分,凭空诋毁,叠被控发情事,定当查办,不得仍援民呼之案为例也。

《东方杂志》载《时报》时评:

《民呼日报》案,为赈款也,曰赈款未侵吞,《民呼日报》无罪也。《民呼日报》案为朱陈控毁名誉也,控毁名誉,仅曰不为无因,是《民呼日报》未定罪也。《民呼日报》何罪?于、陈何罪?而乃至于押一月余,至于逐出租界,至于具不开报甘结。呜呼:所谓言论萌芽不宜摧折者,顾宜如是耶。乃忽又曰上海各报时有凭空诋毁是非之事,岂以一《民呼报》为未足,又欲尽上海各报而一网尽之耶?呜呼!上海各报果能摧折尽净否?即令摧折尽净,报馆尽死,能令人心尽死否?噫嘻!

《东方杂志》载《时报》社论:

《民呼报》案之发生也,世人佥谓《民呼报》必侵吞赈款若干万,毁人名誉若何重大,致干官府之拘押,讼案之累累,悉愿静听公堂之审问,以期此案之水落石出,得其结果,以卜今日人心天理之有无,今后言论权之消长。乃迟之又久,及一月余,含糊延宕,而至于今日,而有此结果之堂判。呜呼!此堂判耶,此实摧折言论萌芽之大刀阔斧耳,人心何在?天理何在?今后之言论权更何在,试一一辩之如下:

甘肃赈款案之若何来源,若何去路,姑置不论,即以堂判论甘肃赈案,其归根结局之言,则曰:赈款清缴,尚未侵吞。夫清缴,不混弊之谓也,未侵吞,不私蚀之谓也。而乃其前,则又冠之曰:调查帐册,弊混丛生,又曰将公款归其私蚀。一判之中,前后反对若此,虽有非经此番彻查一语,以为之自饰而转圜,而若何私蚀,若何挪移,丝毫未经指实,是其吹毛求疵之心,固已天下而皆知矣。朱陈控案之若何来源,若何去路,亦姑置不论,即以堂判论朱陈案,其归根结局之言,亦不过曰:原告控其毁坏名誉,不为无因。夫不为无因,而即可控告,则不为无因之事,而报纸记人短长者,亦可谓之毁坏名誉耶?且即以毁人名誉不为无因之罪论之,亦仅些细耳,而其上又必张大其词曰:报载诸多失实,大乖代表舆论之旨。又继之曰:道听途说,捉影捕风,实非安分之徒,足扰公安之治,强加以无数之空罪名,是其吹毛求疵之心,固又天下而皆知矣。

《民呼报》之案,甘肃赈款案、朱陈控案所合成也,甘肃赈案,已清缴,未侵吞矣。朱陈控案,仅仅不为无因矣。是予陈所负之罪若干,固尽人所能知也,而又必诬加其词曰:于右任外借公论,内使私图,言是行非,昧良肥己。又曰《民呼报》馆不安本分,叠被控发公堂。夫至以叠被控发,亦可为《民呼报》罪,然则苟欲入人罪者,只须多约数人以控发,不必问其所控之是否也,是其吹毛求疵之心,固又天下而皆知矣。

且即如判语所称,《民呼报》所犯之罪,与于、陈二人所犯之罪,亦应明定其罪,援引中外报律何条,若何惩罚,在前既不当无故拘押,在后更不当以拘押抵罚。在押一月零七天,是援引何国报律而判定之也,逐出租界,更非法律所宜有矣,租界之界之外,岂非中国土地,岂即尽野蛮无法律之所在,而乃投畀罪人耶,是又援引何国报律而判定之也。至若陈飞卿之具安分结,不许再开报馆,开报馆而不许再被人控告,是又天下所未闻,古今所未有矣,是又何国报律而判定之也。夫既无法律,毋庸控告,并毋庸审问,更毋庸判断,逞一己之意,将一人之势,纵横行之,援引无所不可,亦安用舆论言论等之空言以欺世耶?

嗟乎,放激烈之言,攻击一二人阴私之事,以取快于一时,记者原有所不愿。然于是非大端,人心天理之所在,苟亦可以颠倒而隐默,是岂真中国之人心尽死,而所谓立宪者其欺人

耶？亦太轻视天下之无人矣。呜呼！附录《神州日报》论说一曰《民呼报》案之结果也，《民呼报》讼案之是非，自有公论在，吾侪不必言，吾侪所不解者，则前日之堂谕中，其首言筹赈公所事，曰赈款已缴清，则是于、陈为无罪也。曰尚未侵吞，则是于、陈未尝以私人蚀公款也。既曰赈款缴清，尚未侵吞，则于、陈固宜即时开释也，而承审者文回护其词曰：弊混丛生，私蚀公款。既以于、陈为弊混，既为私蚀，则必有以证实其弊混，指明其私蚀者。盖不如此，不足服天下之人心也，顾乃含糊其词，前之所言者，既如此，而后之所言，又如彼，但存饰非怙过之心，遂未尝计及以矛陷盾之处，其不解者一也。其次则言控案，始则谓朱陈之控，不为无因，继又称《民呼报》叠被控发，不安本分，仅曰不为无因，则于陈之被控告，其罪固至轻不足道。以至轻之罪，而又加以迭被控发之名，为推翻报馆之举，则自今以后，凡当道有不慊于某报者，皆可使数人出面，朝授意旨，夕进诉词，无不可惟所欲为矣。以立宪时代而有此，其不解者二也。夫以极不可解之堂谕，而必迟之又久，而后宣布者，吾度其中，必有大故在，及读至末段数语，然后晓然于其用心之所在也。自古位高而行陂者，万事不足惧，惟不能不畏清议，今停一《民呼报》，安知无第二之《民呼报》出现，逐一于右任，安知无第二之于右任发生，于是不得不处心积虑，以摧残言论为宗旨，而微示人曰《民呼报》皆尔曹榜样也，然后各报馆者，始相率慑伏，莫予敢攖。项庄舞剑，意在沛公，曹瞒捉刀，目营来使。当道者，固不恤以东鳞西爪之文章，而大肆其指桑骂槐之口吻。

然则此区区一堂谕，实为今后言论权伸绌之机关，而区区一《民呼报》，又为今后普通报馆之前车鉴也。且吾观前此禁寄《民呼报》札文，谓其干犯报律，词严义正，夫于、陈既干犯报律，则当以报律惩治之，乃无端而押一月零七天，无端而逐出租界，无端禁止他日借端开报馆。吾不知当道所援引者，中国报律耶，抑外国报律耶，吾仍大惑不解矣。呜呼！

《东方杂志》载关于《民呼日报》案之电报公私函牍。

陕甘总督毛庆蕃致上海道蔡乃煌电：

上海道蔡伯翁鉴。甘省旱灾，不容假义赈之名，揽收捐款，任意营私。上海所设甘肃筹赈公所，四月间曾电致升督帅，末署上海土药统税职道刘定荣，旋汇赈款二千两。经弟电查，始悉该公所设于一《民呼报》馆之内，与盛宫保暨商会诸君所办义赈，并非一事。刘某系一忽同知忽道员之陕人，其土药税差，查系江浙土药税局洪道所委，且该公所自设立以来，并未将办法函告，亦未将所收赈款姓名数目时日，按照义赈向例，随时报解，登报声明。昨申报馆席裕福电称，前有墨洋四千元，交其汇解，至今敝处并未收到。又顷朱经帅电称，已汇赈款三千两，亦交其解甘。访闻该公所在沪募收赈款，数已三万余金，人言啧啧，多谓其敛钱肥己，意图渔利，实于甘省赈务，有大关碍，用特电请我公，迅赐札行英界廨员，饬令查明该公所沪款若干，勒令解清，以重赈务。以后各处善士助赈，请送交盛宫保暨商会周、焦、严、陈诸君代收汇甘，最为妥速。并请将此电登报，俾众周知，为荷，除电达江苏督抚暨农工商部柯大臣外，谨开，蕃真叩。

上海道蔡乃煌札公廨文：

为札饬事，本年六月十四日，奉护理陕甘督宪毛电谕，以上海《民呼报》馆内所设之甘肃筹赈公所，与盛大臣暨商会诸君所办义赈，并非一事。且并未将办法函告，亦未将所收赈款姓名数目时日，随时报解，登报声明。昨申报馆席裕福称有墨洋四千元，交其汇解，迄未收到，朱经帅馈赈款三千两，亦交其解甘。访闻该公所在沪募赈，数已三万余金，人多谓其敛钱肥己，意图渔利，实于赈务有碍，嘱饬英公廨员，查明勒令解清等因。查甘肃义赈公所，设在《民呼报》馆，而《民呼报》馆，系陕人于伯循所开，前经呈明行廨有案，今义赈收款，既有三万

余金之多，解到甘省，止有二千两，究竟钱归何用，款存何处，仰即提案，严究押追。限三日内，将所收赈款，全数缴出，呈由该廨禀请扫解，毋许蒂欠。借赈敛钱，情甚棍骗，该报馆有经收之责，如逾期不缴，应如何严办，禀候核夺，毋得延庇。合亟抄电札饬，札到，该令即便遵照办理，毋违，切切特札。

甘肃筹赈公所致陕甘总督毛庆蕃电：

兰州毛护督宪鉴：庚由蔚丰厚电函万两，收到否？前收皖省协赈漕平三千，即加费四十三两零，托蔚丰厚汇甘，约月底到，因有回批，未能电汇。再义赈员接带万金，此间陆续收数尚好，几及四万元，并闻。沪甘赈所刘定荣、李岳瑞等叩。

陕甘总督毛庆蕃致筹赈公所电：

电悉，前汇赈款库平一万，均收到，惟各款由贵公所经募，究系何人所捐，未承示悉，甚念。沪上捐款，闻颇踊跃，贵公所先后收过赈款若干，向来义赈办法，凡捐赈者姓名，及捐银数目，交银日期，皆应逐一登报声名，以示大信。各善士既助甘赈，应并按旬报知甘省，俾陇右官民，得识芳名，同深铭感。贵公所曾否逐一登报，何以并未报知甘省。又上海席君裕福来电，续汇赈款，道及前曾交贵公所墨洋四千元，安徽朱中丞来电，亦交协赈银漕平三千两，何以贵公所两次汇款，电中并无一字提及，人言啧啧，惟望慎之，督署。效。

筹赈公所覆陕甘总督毛庆蕃电：

兰州护督毛鉴：效电悉。捐赈芳名，确系每日登《民呼报》声明，席款即在万金中，皖款约在月底到甘。承问各款，系何人所捐，此皆由零星集来，人名不下万余，有帐薄旧报为凭。此间余款，即交公堂，被累之于伯循，尚未释。筹赈公所。

陕西同乡会致陕甘总督毛庆蕃电：

二十日午十二点钟，陕西旅沪同乡会，为于君右任被拘事，特开临时大会，到者八十余人。首由李君季直宣说，筹赈公所刘道定荣等发起，《民呼日报》为于君右任所办，两事本不相涉，今因筹赈公所事，而拘及于君，冤枉已极，本会有保护会员之责，似未可任其受冤。言辞悲慨，阖坐咸为动容。次由刘百泉、王霆宣二君提议，电达甘护督，乞雪此冤，并提议于二十二日开特别大会，研究此事。当由李君季直拟定电文，徧示大众，众悉赞成，遂摇铃散会。发电，电文如下：兰州毛护督宪鉴，甘赈系刘道定荣等办，与本会会员于伯循无涉。沪道言奉宪电拘于，冤甚，乞赐湔雪。陕西同乡会同人泣叩。

甘肃筹赈公所致安徽巡抚朱家宝等电：

安庆朱抚宪、沈藩宪均鉴。皖省协赈五月十八日送到，票期月底，本所提前二十三，交蔚丰厚汇甘。贴费四十四两零，约期本月底交，前已电禀在案。今甘省来电，谓本所吞赈肥己，天日在上，实式凭之。再筹赈公所，已因此撤销矣，刘定荣、李岳瑞同叩。

旅沪捐助甘赈同人致盛宣怀书：

径启者，甘赈一事，台端为灾民援手，具佩热忱，上海筹办甘赈，不止一处，某等欲稍效棉薄，已向《民呼报》馆内之筹赈公所交纳。不期近日该报馆因此大遭诬陷，谓该公所赈款，不将助赈人姓名捐数，禀报毛督，致将《民呼报》主笔羁押苦累，言之可骇。助赈人姓名捐数，尽见《民呼报》，某等传相究诘，并无称有遗漏之人，执报查款，凭证具在，有何风影之可捕，若责其不早电闻，则盈千累万之姓名捐数，何能逐一电达。执事同办甘赈，敬问遇有赈款，何以为取信于毛督之道，设办法亦不过尔，即请以此意电告毛督，速电饬沪道，省释无辜，以劝来者。某等以助赈累人，甘民以受赈累人，非同胞相恤之道，大吏不为灾民求助，转为灾民造孽，于意云何。

农工商部致上海商务总会文：

为札饬事，宣统元年五月十九日，接据上海甘肃义赈协会王震、庄箓、朱大经、李钟珏、李厚垣、张嘉年、吴庆第、叶增铭、姚曾荣、顾履桂、林世杰、沈懋昭等电称，举张警予、徐志鸿赴甘，目睹灾情轻重，恳电咨甘督照料等情，当于六月初四日，据情咨甘肃毛护督，饬属照料在案。本月十七日，准甘督电开，甘肃义赈会，即系甘肃筹赈公所，刘定荣查有营私肥己等情，已专请沪道查明办理。此后如有托名义赈招摇，胆敢电渎大部者，应请严加驳饬等因。查甘肃电称刘定荣，与义赈协会署名之王震等，名目姓字，均属不符。上海义赈协会，与甘肃赈筹公所，是否一事，王震、庄箓等来电，是否本人情愿，抑系他人捏名，仰即就近查明声复，以凭办理。除电复甘肃毛护督外，合行札饬，札到，该商会即便遵照可也，此札。

按甘肃义赈会，与筹赈公所，各为一事，主持义赈会为王震、庄箓诸人，与刘定荣亦不相涉，毛护督并为一谈，不无误会。

上海商务总会覆农工商部电：

农工商部堂宪钧鉴：奉札，并钞甘督电，敬悉。查甘肃义赈协会，确系王震、庄箓等原为发起，与甘肃筹赈公所，另是一事，其宗旨在先调查甘灾实情，再议筹款，系谨慎核实办法。前公举张警予赴甘，自备资斧，并未派捐，因筹赈公所所派之徐志鸿，熟悉甘省路程，与之同往，原议调查后，甘实需款，王震等系上海信实商董，劝募尚易。今毛护督指为即系筹赈公所，众商疑沮，即日解散，惟张警予冒暑长征，勇于为善，恳仍电咨毛护督，饬属护送出境，为将来他省遇灾劝沪赈捐之地，候训示。上海商会。

《记上海报界之风潮》，《东方杂志》第6年第8期，记事，第224～239页

△ **江西宜春乡民暴动**。

江西宜春北乡士民，因反对抽捐学款，本日午刻聚集千余人，围逼郡城，破毁学堂，经巡防管带张国梁会同知府弹压，死伤多人。

《东方杂志》第6年第10期，纪事，第328～321页

8月5日（六月二十日）　清外务部为延吉日人调兵渡江越界事，向日使伊集院提出照会，抗议日兵携军事装备至延吉事，要求撤回日兵，以保和平。

《锡良、陈昭致枢垣外部日人向延吉添兵运械请维持电》：

窃据督办吉林边务大臣吴禄贞电称，先后据密报员、稽查员报称，日人动辄添兵，意存挑衅。朝鲜会宁、清津等处俱已戒严。十一日早六钟，有日官兵由会宁渡江越境者。日官一员着宪兵服制，整队而入，携带马枪六十三枝，手枪六十八枝，军刀六十九把，载子弹牛车二十一辆。我处宪兵白班长赴日宪兵分遣所诘问，日兵已抵六道沟，不及阻止。欲派兵往阻止，而左右兵力不备一队，寡不敌众，束手无策，惟有备文诘责日员斋藤。昨日接斋藤来函，延吉马贼将欲蠢动等语。禄贞到防后，地方甚为安谧，并无华贼出没，窥其用意，无非为日后进兵张本。综观近日举动，陆续调兵运械，又欲蛊惑马贼扰乱治安，生事挑衅，势将破坏和平，籍词占领。祸患之来，迫于眉睫，非有钧部迅速设法维持，大局不堪设想等情。查日人近日在延吉强占民房，伤官戕兵，种种无理举动，迭经电咨钧部与日使交涉并饬禄贞事事稳慎妥办在案。此次日人复添兵输械闯入我国领土，并捏称马贼蠢动，居心实为巨测。……

《外部致伊集院日兵携军装至延吉事希饬撤回照会》：

为照会事，本月十八日，准东督吉抚电称据报称，十一日早六点钟，有日官兵由会宁渡江越

境者,日官一员著宪兵服制,整队而入,携带马枪六十三枝,手枪六十八枝,军刀六十九把,载子弹牛车二十一辆,我宪兵白班长赴日宪兵分遣所诘问,日兵已抵六道沟,不及阻止,当备文诘问日员斋藤,昨准覆函,延吉马贼将欲蠢动等语。该处地方甚为安谧,并无马贼出没。综观近日举动,陆续调兵运械,恐将寻事生衅,破坏和平等情。应请切实与日本驻京大臣交涉,商令撤退延吉日兵,以弭衅端等因。查延吉界务,正在会商解决,日本官兵不应托故携带枪枝载运子弹,前往六道沟地方,此等举动,似属有心挑衅,殊与贵国政府和平商办之意不符。相应照会贵大臣查照,迅电贵国政府,电饬撤回该处日兵,以保和平,而维友谊。即希见覆为要。

王彦威、王亮编《清季外交史料》,"清宣统朝外交史料卷",卷6,第7~9页,文海出版社(台北)1985年版,总第3617~3618页

△ 清廷以日人在延吉添兵戕弁,意图挑衅,命锡良、陈昭常、吴禄贞妥为应付,力求稳慎。

《锡良、陈昭致枢垣外部日人向延吉添兵运械请维持电》:

……日人在延吉添兵戕弁,种种情形,无非意图挑衅,现值磋商未定之际,不可使有籍口,著锡良等,严饬吴禄贞妥为应付,力求稳妥,勿得少涉大意,以防叵测,钦此,枢号。

王彦威、王亮编《清季外交史料》,"清宣统朝外交史料卷",卷6,文海出版社(台北)1985年版,第8页,总3617页

8月7日(六月二十二日) 孙中山自布鲁塞尔抵伦敦,准备赴美。

孙中山《致吴稚晖函》(一九〇九年八月六日):

弟定期明午由比京来伦敦,明晚(即七号晚)十时可到 Charing Cross 车站。八号午后,当来贵寓详谈。如八号或有阻不能到,九号午后必到。此两日之午后务请先生留寓一待也。弟住伦敦想不过四五日,有船便往美矣。然到伦敦后乃与他方通电,或有意外之逢,则非此时所能知;如有此,则或暂留亦未可定。

中国社会科学院近代史研究所等编《孙中山全集》第1卷,中华书局1981年版,第415页

马君武此时在布鲁塞尔,于孙中山离别前赋诗赠行:

黍离怀故园,烽火老先生。天意殊无定,人权久不平。葡萄一杯酒,玫瑰十年兵。又是他乡别,英伦重此行。

《革命先烈先进诗选》,近代中国出版社(台北)1984年版,第53页

8月8日(六月二十三日) 孙中山访伦敦期间得曹亚伯赠款。

吴稚晖回忆:

我记得总理在1908年,……经过英伦,要往美国。有位老同志湖北的曹亚伯先生,他揣度,总理旅费不充足,就集了四十镑钱,送到他的寓里。总理辞、受,又毫不矫揉造作。

〔美〕孙穗芳《我的祖父孙中山》,人民出版社1996年版,第216页

8月12日(六月二十七日) 湖南巡抚岑春蓂奏湖南筹办地方自治设立自治研究所情形。

岑春蓂奏:

伏维自治一端,法始于商周,名成于欧美,举社会公利公益事宜,责之地方绅董,而官府以监督之,法律以范围之,上下相维,古今合辙,法良意美,莫盛于斯。当创办之初,地方风气甫开,人民程度不一,必先养成讲演组织之才,推行方期尽利,亦必预设总汇纲领之所,因应

庶免失宜。溯查湖南省前准民政部咨,先就省城设自治研究所一区,即经臣督同司道酌议办法,遵照设立,以各国自治制度及法理,分拟门目,列为学科,定明研习八个月为毕业之期。檄饬各厅州县,遴选品学较优、富于经验、素有乡望之士绅,申送考选。其名额视各该属区域之广狭,人口之多寡,别为上、中、下三类,分定数目条列资格,令其依限选送。但各属距省道里远近迥殊,险夷各异,选送士绅,自难同时齐集,不得不随时试验,分班课授。本年春间,各属陆续选送到省,先后两次考录合格士绅二百十七名。第一次于三月十五日上课,第二次于五月初八日上课,各为一班教授,而科目程级期限,仍一律规定,间有未经送到者,则留额待补,以期普及。其有送逾定额,未经考取各士绅,概列备取,由该所刊刻讲义,给令于校外自行研究,即名为自修科。惟是湘省创设自治研究所,系在奏定章程颁发未到以前,比经考察谘访,咸以地方自治为法政之一部分,因就原设法政学堂、绅校,扩赁房屋开办,讲员、管理员即在法政、官绅两校教职人员内慎选派充,藉资节省。旋准宪政编查馆咨送定章到湘,复按原章第五条所列讲授科目,改定授课,暨将该所划归自治筹办处管辖,饬令选派所长,期符定制。计各士绅在所,已历数月,俱能悉心研习,恪守章规。现一面督饬讲员认真讲授,并缩短暑假时期,俾得早日毕业,一面饬由该所将讲义札发各厅州县,加印多张,分给本籍士绅就近研习,俟研究所各生毕业后,再各赴本籍设所传习讲演,庶官绅咸知自治之有裨地方,将来实行兴办,不致别生障碍。

至城镇乡地方自治办法,前准宪政编查馆咨送原奏章程,声明通行直省,各就谘议局筹办处责令兼理地方自治,一应筹办事宜等语。遵即行饬该处添设自治筹办处,仍派原委总办、会办、司道及会办绅士,督率在事员绅办理。业经将原奏章程并增订施行细则,印行各属一体遵照。另拟该处开办简章及办事期限表,以便分年筹备。际此筹办伊始,选举绅董、拨用经费两端,关系最重,措办维艰。偏远地方智识多未开通,劝导不易着手,而误会宗旨、滥动公产之弊,亦不可不防。即遵章出示申明宗旨,通行张贴晓谕,暨饬各属于谘议选举完竣后,将原设选举事务研究所改为筹办地方自治公所,为本籍办事员绅研习职务之地。

至自治经费,照章应以地方公款、公产等项充用。惟各属情形不同,全在经办员绅和平劝导,从长计议,方期有利无弊,亦即饬属照章议办。其省城筹办处暨自治研究所用费,自应官为筹备,由处撙节支用,核实报销。事关自治初基,各厅州县身任地方,职司綦重,臣有监督之权,于牧令之选择诰诫,议会之成立效果,尤属责无旁贷。谨当督饬筹办处,将选举事宜次第举行,并随时按章督责,总期与定制适相符合,于期限不致迟误,以冀仰副朝廷注重宪政巩固邦本之至意。

《湖南巡抚岑春蓂奏湖南筹办地方自治设立自治研究所情形折》,故宫博物院明清档案部编《清末筹备立宪档案史料》(下册),中华书局1979年版,第748～750页

8月14日(六月二十九日)　清政府以萨镇冰为海军提督,李准为广东水师提督、汤寿潜为云南按察使。

上谕:

萨镇冰著开缺为海军提督,广东水师提督著李准补授。……云南交涉使著世增调补,汤寿潜著补授云南按察使。

《政治官报》,第646号,宣统元年六月三十日,谕旨,第4页

8 月 16 日(七月初一日)　同盟会会员谢心准、周之桢等在新加坡创刊《星洲晨报》。

旅居新加坡之同盟会会员谢心准、周之桢等所创筹办之《星洲晨报》于本日创刊，社址设在石叻海山街四号，立论以广开民智为宗旨，而又取晨钟以醒疑迷之意。

罗家伦主编、黄季陆增订《国父年谱》(增订本上册)，中国国民党中央委员会党史史料编纂委员会 1969 年版，第 289 页

《星洲晨报》出版于己酉年(民国前三年)，为同盟会员谢心准、周之桢等所创。是岁香港《中国日报》记者谢心准因事至南洋，初任《中兴报》编辑，旋与同志周之桢措资发刊此报。其倡导革命抨击君宪，与《中兴报》相伯仲，且畅销于英、荷两属各埠，收效亦巨。惟出世不及一年，即以资本不足于庚戌秋冬间停刊，于是职员星散，其司账员劳培及收账员周华返粤后参加辛亥三月广州黄花岗一役，为国殉义，足为华侨生色。

冯自由《华侨革命开国史》，载中国社会科学院近代史研究所近代史资料编辑组编《华侨与辛亥革命》，中国社会科学出版社1981年版，第66页

8 月 18 日(七月初三日)　保守派代表，监察御史胡思敬严厉抨击学堂章程，指出其有十弊六害。

胡思敬奏：

学堂新章，行之数年，有十弊六害，请毕陈之。大学八分科，而中学占科不及外洋艺业十分之一，且又本末精粗，淆乱颠倒，是有心撕灭数千年礼教纲常。后虽倡言存古，悔之何及，此一弊也。科举之失，失在束书不观，而惟乡会墨是求。学堂之失，失在东书不观，而惟讲义是求。科举行之数千年，始为后世诟病，学堂甫辟初基，人人已言腐败，此二弊也。师严而后道尊，今之教习，或一人兼四五差，辗转奔驰，有同市道。学生既不认教习为师，或且閧堂以困之，教习亦设计笼络以求全，在外洋或不以为嫌，施之中国国学，何辱如之，此三弊也。古人之才未尝不可效驰驱，至谓三代以来之政教，不足以治今日之民。必学西文，读西书，然后可窥西人之秘奥，而伍廷芳学西文最早，为美国法律专家，及为侍郎，不能阅刑曹之稿。严复译孟德斯鸠法意，发明民权自由，实已中毒于民。今学堂定章，乃令中学以上皆以洋文为主课，旷少年之时日，锢子弟之聪明，此四弊也。古人劬学，有起于樵牧者，有为人佣舂者，今事事务为侈观。学生初入学堂，见宫室之美，器物之精，先已荡其心志，又朋侪众多，互相夸耀，甚至争津贴而结伴寻仇，争般馔而喷饭大诟，此五弊也。学堂一切规制章程，以外人为法，洋服洋言，与之俱化，其初不知有中国之学，其继且忘其为中国之民，此六弊也。学堂之文凭，重于公侯之告身，黠者百计购得，觊求调用，但凭一毕业生之名，上者予以京卿，下者予以部属，奔竞夤缘之路宽，而士林廉耻扫地尽矣，此七弊也。海内老师宿儒，凋丧殆尽，惟无数社会青年，甫受毕业之凭，便拥皋比之席，道听途说，安从诘其所授之分，此八弊也。教习屡易，各掉弄笔舌以诩其长，而学生之聪明乱矣。学生屡迁，各计较奖励轻重以定去留，无不请奖之学堂，即无不毕业之学生，而朝廷鼓舞之法穷矣，此九弊也。人莫不爱子弟，闻新政悬格招才，而不策励以勉其至者，非人情也。今夺之慈父严师之手，而托诸不关痛痒之人，纵技艺薄有所成，而习染之性情先坏，此十弊也。十弊既滋，六害因之。一曰压抑寒畯之害。自古人才，起于寒门者，十常七八。今学堂一味夸张，则窃人之进取已绝，计内地一学生费，至少需二三百金，必家具万金之产，始足拼孤注之一掷，下此更何望焉。二曰搅乱仕途之害。执学商之人，与以翰林，而令其修史。执学农学医之人，与以部属，而令其治文书，理案牍。执学工学理化之人，与以州县官，而令其临民，虽三尺童子，知其不可，无足辩也。然即取通习各国语言文字者，归之外务部，而遂能办交涉乎？取农工商学及法政财政毕业者，归之农工商

部及法部度支部,其遂能兴实业,断大狱,通国计乎?而徒聚此无数攻金攻木攻皮设色刮摩抟埴之徒,布列左右,一朝有变,其将谁与国存耶?三曰骚扰闾阎之害。近时捐派繁重,托之学务者为多,奸党百计侵渔,欺压良善,往往激而生变。当大学堂初兴,岁费二十余万,是时有学生三百余人,计七八百金养一学生,而使农者不安于田,工者商者不安于市,谁为画此策者,当亦哑然失笑矣。四曰摧残士类之害。乾隆极盛时,一县应童子试者,约二三千人。庚子和戎以后,四民皆乱,儒业尤衰,贫者限于物力,富者亦畏避风潮,乡井萧条,弦诵将绝,才难之叹,自古已然,不于士乎求之,而专重外洋专门实业,以为人才在是,不愈求而愈远欤。五曰增长逆焰之害。近闻东洋留学生,党派甚多,各省皆有领袖,潜相句[勾]引,煽动四方,以洪秀全、杨秀清为英雄,以张汶祥、徐锡麟为义烈。托之文字诗歌,极口赞扬。内地学生,遥相唱和。不设计禁阻,而反提倡民权,罔民而陷,独何心乎。六曰推广漏卮之害。学堂所需者模范标本器具,以及图籍操衣等类,无一不从海舶而来,聘一洋教习,岁破五六千金,送一出洋学生,岁破七八百金,自学务大兴,只日本一国,每岁吸我膏血,不下数千万金。在廷诸臣,日日侈[谈]富强,乃酿成此极贫极弱之证,其何说以解此。以上所陈,激于一时孤愤,不免言之过当。请饬部臣改筹办法,以维大局而安士心。

《宣统政纪》卷17,文海出版社(台北)1989年版,第6~10页

8月21日(七月初六日)　江苏丹阳因柜书征收银米,抑勒浮收,引发乡民暴动。

江苏丹阳西门乡民千余人,至漕书丁紫庭家中,拆毁一空,下午复至朱家村,将马乡董房屋烧毁。起衅缘由,或称该县粮柜之柜书抑短洋价,或称绅董借公肥私,究其原因,以柜收洋价,与典价或有参差,柜书丁紫庭勒短铜元,经收舞弊,积怨怀疑,遂酿成暴动。

《东方杂志》,第6年第9期,记事,第270页

9月11日张人骏奏报清廷:

丹阳乡民,因柜书征收银米,抑勒浮收,该县知县罗良鉴提该柜书追罚,将款拨充学堂及农会经费,民初不知,群情不服,欲与官书为难。该县西南乡有棍徒二三人,向众煽诱,谓闹成事端,归其担当。于是乡民鸣锣聚众,本月初六、初七等日,先毁该柜书家,继至县城。罗良鉴恐变闭城,乡民汹涌异常,扬言放火。城内人惧开城,乡民拥至县署毁闹,并毁盐栈及绅屋数家。该县电请派兵弹压。瑞澂电商人骏,派拨驻苏之四十五标步兵三队,飞划水师二十艘,并由常镇道刘燕翼派镇江府承璋驰往查办弹压,人骏亦派员前往密查。迨承璋及营队到县,城内虽已安靖,各乡尚纷纷毁闹。盖该邑滨临长江,本为帮会各匪出没之区,其中已有匪徒混入,乘机滋扰,以致延陵、珥村、段家桥、导墅桥等处盐栈,相继被毁,乡董房屋、店铺,亦被毁坏多家。此初八日以后事也。

瑞澂因承璋弹压不下,复饬刘燕翼亲往查察,分别民匪,解散拿办。该道于十三日到县,适合城盐栈及董事贺绍章家房屋被毁。该道饬派军队往拿,由贺董指获在场打毁之帮匪黄竹舟一名。其叔黄定叙,亦系帮匪,遂率匪党并胁逼乡众,欲向贺董索人。经军队拦阻,匪党抗拒,先伤军队六人,军队始犹向空开枪虚吓,匪仍不退,不得已,格毙六人,伤一人,匪众始散。并据乡众捆送毛仁一名,由该道讯供电禀,先派道员汪瑞闿前往会审。人骏等为慎重起见,复饬将犯解苏,由瑞澂亲提连日研审。黄竹舟供认:与格毙之黄金叙、黄须茂,格伤之黄金连,均系帮匪,匪首景文胜在逃未获。伊此次随同黄金叙等,打毁合城盐栈及贺董家。毛仁亦认随众进城毁闹,并毁延陵盐栈各不讳。核其供情,均非滋事首要。黄竹舟虽属帮匪,并非头目,平时亦无犯事案据,自应就案论案,与毛仁一并发司,归案审办。惟景文胜实属匪

首，及倡言煽诱之棍徒、纠党抗拒官军之帮匪黄金（定）叙，必须获案严惩。现在乡民一律解散，匪已慑伏，人心大定，可纾圣廑。

人骏等查此次滋事，在乡民因柜书浮收，致动众怒，与官书为难，事虽蛮横，情尚可原。而匪徒借端煽惑，乘机滋扰，法无可恕。惟有抚民锄匪，严治首要，不咎胁从，办法方得其平。罗良鉴已先撤任，再行查办。其浮收承柜书照例严究。仍饬刘燕翼及接署县，将地方善后事宜妥筹办理，统俟案结奏报外，谨先电陈。

再：该处铁路、教堂，均经营队保护弹压，并未波及。正在译发间，据丹阳县电，知匪首景文胜已获，俟提省讯供核办，合并陈明。乞代奏。

《两江总督张人骏等为丹阳官书抑勒浮收激变事致军机处电》（宣统元年七月二十七日军机处收电档），中国第一历史档案馆、北京师范大学历史系编《辛亥革命前十年间民变档案史料》上册，中国社会科学出版社1981年版，第283～284页

9月12日（七月二十八日），清廷令张人骏等严厉镇压乡民暴动。

丹阳县乡民，因柜书浮收银米，藉端滋事。此案由柜书激动众怒，自应严行究办，其向众煽诱之棍徒，暨抗拒官军之匪党，亦情殊可恶。著该督等迅将帮匪黄定叙饬属拏获，与已获匪首景文胜等一并从重惩治。仍将该乡为首滋事棍徒，查明严办，以靖地方。

《宣统政纪》卷18，文海出版社（台北）1989年版，第24页

8月23日（七月初八日）　清廷颁行资政院章程六十五条。

资政院奏：

臣等前于光绪三十四年六月初十日具奏逐次拟订资政院院章一折。内开院章目次：首总纲，次选举，次职掌，次资政院与行政衙门之关系，次资政院与各省谘议局之关系，次资政院与人民之关系，次会议，次纪律，次秘书厅官制，次经费，凡十章。现在第一章总纲、第二章选举业经臣等详慎拟订，其余八章，俟臣等会同妥议，逐次厘订，陆续奏闻等语。奉旨俞允在案。窃维资政院为上下议院之基础，而各省谘议局又为资政院储材之阶，规制相因，事理相近，若谘议局办法茫无端绪，则资政院亦终无成立之期。当经臣等会同宪政编查馆大臣，将各省谘议局章程并该局选举章程详拟具奏，钦奉论旨颁行各省一体遵办。臣等旋即商同协理、帮办各员，将原奏目次职掌以下八章，悉心拟议，分别属草，务与现定谘议局章程无相抵牾，即为将来上下议院法之根本。数月以来，讨论多次，所有八章草案，一律粗定。其总纲、选举两章，原奏曾经声明，如有应行损益之处，容由臣等体察情形，再行随时更定奏明办理。迭经臣等详加覆核，将原奏选举一章酌量修正，仿照谘议局章程体例，改第二章目次为议员，专详资格、额数、分类、任期等项，而以选举详细办法一律归入另定选举章程内，以免淆杂而便遵循。

伏查钦定逐年筹备事宜清单，内开颁布资政院院章、举行该院选举，为本年应办之事。现在院章既经臣等详慎拟定，一律告成，自应及时具奏，请旨钦定颁布。除选举章程及各种细则由臣等另行筹拟随时奏陈外，兹谨将改订原奏两章及续订八章，一并缮具清单，恭呈御览。伏候圣明裁定，宣示施行，用昭郑重。再，此折系资政院主稿，会同军机大臣办理，合并声明。

《资政院会奏续拟院章并将前奏各章改订折附清单》，故宫博物院明清档案部编《清末筹备立宪档案史料》（下册），中华书局1979年版，第629～630页

清廷谕令：

资政院奏续拟院章，并将前奏各章改订，开单呈览一摺，朕详加披览。该院自职掌以下

八章,与现订谘议局章程实相表里,即为将来上下议院法之始基。所拟尚属周妥,著京外各衙门一体遵行。其各项细则章程,仍著迅速筹拟奏请宣布。

《宣统政纪》卷18,文海出版社(台北)1989年版,第14页

《清史稿》记:

资政院奏续拟院章,改订第二章目次为议员,专详议员资格、额数、分类、任期,而另定选举详细章程,以免混淆,从之。院章规定资政院议员资格,由下列各项人员年满三十岁以上者选充。一,宗室王公世爵;二,满、汉世爵;三,外藩王公世爵;四,宗室觉罗;五,各部院四品以下、七品以上官,惟审判、检察、巡警官不与;六,硕学通儒;七,纳税多额人;八,各省谘议局议员。定额:宗室王公世爵十六人,满汉世爵十二人,外藩王公世爵十四人,宗室觉罗六人,各部院官三十二人,硕学通儒十人,纳税多额者十人。各省谘议局议员一百人。类别为钦选、互选。宗室王、公世爵,满、汉世爵,外藩王公世爵,宗室觉罗,各部院官,硕学通儒,纳税多额者,钦选。各省谘议局议员互选。任期三年,任满一律改选。

赵尔巽《清史稿》卷113,志88,选举8,新选举,中华书局1977年版,第3250~3251页

改订资政院院章两章暨续订八章:

第一章 总纲

第一条 资政院钦遵谕旨,以取决公论,豫立上下议院基础为宗旨。

第二条 资政院总裁二人,总理全院事务,以王公大臣著有勋劳通达治体者,由特旨简充。

第三条 资政院副总裁二人,佐理全院事务,以三品以上大员著有才望学识者,由特旨简充。

第四条 资政院议员以钦选及互选之法定之。

第五条 资政院议员于院中应有之权,一律同等,无所轩轾。

第六条 资政院会议期分为二种:一常年会,一临时会。常年会每年一次,会期以三个月为率。临时会无定次,会期以一个月为率。

第七条 资政院开会闭会,均明降谕旨,列布官报。

第八条 资政院开会之日,恭请圣驾临幸,一或由特旨派遣亲贵大臣恭代行开会礼,宣布本期应议事件。

第二章 议员

第九条 资政院议员由左列各项人员年满三十岁以上者选充:

一、宗室王公世爵;

一、满汉世爵;

一、外藩蒙、藏、回王公世爵;

一、宗室觉罗;

一、各部院衙门以四品以下七品以上,但审判官、检察官及巡警官不在其例;

一、硕学通儒;

一、纳税多额者;

一、各省谘议局议员。

第十条 资政院议员定额如下：

一、由宗室王公世爵充者，以十六人为定额；

一、由满汉世爵充者，以十二人为定额；

一、由外藩王公世爵充者，以十四人为定额；

一、由宗室觉罗充者，以六人为定额；

一、由各部院衙门官充者，以三十二人为定额；

一、由硕学通儒充者，以十人为定额；

一、由纳税多额充者，以十人为定额；

一、由各省谘议局议员充者，以一百人为定额。

第十一条 资政院议员钦选互选之别如下：

一、宗室王公世爵、满汉世爵、外藩王公世爵、宗室觉罗、各部院衙门官、硕学通儒及纳税多额者钦选；

一、各省谘议局议员互选，互选后，由该省督抚覆加选定，咨送资政院。

第十二条 资政院议员钦选及互选详细办法，照另定选举章程办理。

第十三条 资政院议员以三年为任期，任满一律改选。

第三章 职掌

第十四条 资政院应行议决事件如下：

一、国家岁出入豫算事件；

二、国家岁出入决算事件；

三、税法及公债事件；

四、新定法典及嗣后修改事件，但宪法不在此限；

五、其余奉特旨交议事件。

第十五条 前条所列第一至第四各一款议案，应由军机大臣或各部行政大臣先期拟定具奏，请旨于开会时交议。但第三款所列税法及公债事件以第四款所列修改法典事件，资政院亦得自行草具议案。

第十六条 资政院于第十四条所列事件议决后，由总裁、副总裁分别会同军机大臣或各部行政大臣具奉奏，请旨裁夺。

第四章 资政院与行政衙门之关系

第十七条 资政院议决事件，若军机大臣或各部行政大臣不以为然，得声叙原委事由，咨送资政院覆议。

第十八条 资政院于军机大臣或各部行政大臣咨送覆议事件，若仍执前议，应由资政院总裁、副总裁及军机大臣或各部行政大臣分别具奏，各陈所见，恭候圣裁。

第十九条 资政院会议时，军机大臣及各部行政大臣得亲临会所，或派员到会，陈述所见，但不列议决之数。

第二十条 资政院于各衙门行政事件，及内阁会议政务处议决事件，如有疑问，得由总裁、副总裁咨请答覆。若军机大臣或各部行政大臣认为必当秘密者，应将大致缘由声明。

第二十一条 军机大臣或各部行政大臣如有侵夺资政院权限，或违背法律等事，得由总裁、副总裁据实奏陈，请旨裁夺。前项奏陈事件，非有三分之二以上之同意，不得议决。

第五章 资政院与各省谘议局之关系

第二十二条 资政院于各省政治得失、人民利病有所咨询,得由总裁、副总裁札行该省谘议局申覆。

第二十三条 各省谘议局与督抚异议事件,或此省与彼省之谘议局互相争议事件,均由资政院核议,议决后,由总裁、副总裁具奏,请旨裁夺。前项核议事件关涉某省者,该省谘议局所选出之议员不得与议。

第二十四条 各省谘议局如因本省督抚有侵夺权限或违背法律等事,得呈由资政院核办。前项核办事件若审查属实,照第二十一条办理。

第六章 资政院与人民之关系

第二十五条 各省人民于关系全国利害事件有所呈请,得拟具说帖,并取具同乡议员保结,送呈资政院核办。

第二十六条 前条陈请事件,应先由议长交该管各股议员审查,如无违例不敬之语,方准收受。其经审查后批驳者,在本会期内不得再行投递,或另向他处投递。

第二十七条 资政院于人民陈请事件,若该管各股议员多数认为合例可采者,得将该件提议,作为议案。其关于行政事宜者,应咨送各该衙门办理。

第二十八条 资政院不得向人民发贴告示或传唤人民。

第二十九条 资政院于民刑诉讼事件概不受理。

第七章 会议

第三十条 资政院会议时,由总裁为议长,副总裁为副议长。议长有事故时由副议长代理。

第三十一条 资政院常年会,自九月初一日起,至十二月初一日止,其有必须接续会议之事,得延长会议一个月以内。

第三十二条 资政院临时会,于常年会期以外,遇有紧要事件,由行政各衙门或总裁、副总裁之协议,或议员过半数之陈请,均得奏明,恭候特旨召集遵行。

第三十三条 资政院议员召集后,应以抽签法分为若干股,每股由议员互推一人为股长。

第三十四条 资政院会议非有议员三分之二以上到会,不得开议。

第三十五条 资政院会议以到会议员过半数之所决为准,若可否同数,则取决于议长。

第三十六条 资政院自行提议事件,非有议员三十人以上之同意,不得作为议案。

第三十七条 资政院于豫算法典及其余重要议案,应先由议长交该管各股议员调查明确,方得开议。

第三十八条 资政院会议应由总裁、副总裁先期将议事日表通知各议员,并咨送行政衙门查照。

第三十九条 资政院议员于议案有关系本身或其亲属及一切职官例应回避者,该员不得与议。

第四十条 资政院议员如原有专折奏事之权者,于本院现行开议之事,不得陈奏。

第四十一条 资政院议员除现行犯罪外,于会期内非得本院承诺,不得逮捕。

第四十二条 资政院议员于本院议事范围内所发言论,不受院外之诘责。其以所发言论

在外自行刊布者,如有违犯,仍照各本律办理。

第四十三条 资政院会议不禁旁听,其有左列事由,经议院公认者,不在此限:

一、行政衙门咨请禁止者;

二、总裁、副总裁同意禁止者;

三、议员三十人以上提议禁止者。

第四十四条 资政院议事细则、分股办事细则及旁听规则,另行厘定。

第八章 纪律

第四十五条 资政院议场内应分设守卫警官及巡官、巡警,听候议长指挥,其员额及守卫章程另行厘定。

第四十六条 资政院议员于会议时有违背院章及议事规则者,议长得止其发议,违者得令退出。旁听人有不守规则者,议长得令退出。其因而紊乱议场秩序致不能会议者,议长得令暂时停议。

第四十七条 资政院议员有屡违院章或语言行止谬妄者,停止到会,其情节严重者除名。

第四十八条 资政院议员无故不赴召集,或赴召集后无故不到会延至十日以上者,均除名。

第四十九条 资政院议员有以本院之名义干预他事者,停止到会,其情节重者除名。

第五十条 资政院议员停止到会,以十日为限,由总裁、副总裁同意行之。除名,以到会议员三分之二以上决议行之。

第五十一条 资政院议员有应行除名者,如系钦选人员,应由总裁、副总裁奏明,请旨办理。

第五十二条 资政院有左列情事,得由特旨谕令停会:

一、议事逾越权限者;

二、所决事件违背法律者;

三、所议事件与行政衙门意见不合尚待协商者;

四、议员在议场有狂暴举动,议长不能处理者。停会之期以十五日为限。

第五十三条 资政院有左列情事,得由特旨谕令解散,重行选举,于五个月以内召集开会:

一、所决事件有轻蔑朝廷情形者;

二、所决事件妨害国家治安者;

三、不遵停会之命令,或屡经停会仍不悔改者;

四、议员多数不应召集,屡经督促仍不到会者。

第九章 秘书厅官制

第五十四条 资政院设秘书厅,掌本院文牍、会计、记载议事录及一切庶务。

第五十五条 资政院秘书厅设秘书长一人,秩正四品,由总裁、副总裁遴保相当人员,请旨简放。

第五十六条 资政院秘书厅设一、二、三等秘书官各四人,一等秩正五品,二等秩正六品,三等秩正七品,由总裁、副总裁遴员奏补。

第五十七条 资政院秘书厅附设图书室一所,掌收藏一切书籍之事。图书室设管理员一人,即以秘书官兼充。

第五十八条 秘书厅秘书长承总裁、副总裁之命,监督本厅一切事宜。

第五十九条 秘书官承秘书长之命,分掌各科事务。

第六十条 秘书厅分为四科如下:

一、机要科;

一、议事科;

一、速记科;

一、庶务科。

第六十一条 秘书厅应设书记及速记生等员额,由秘书长酌量事务繁简,禀承总裁、副总裁酌定。

第六十二条 秘书厅办事细则由秘书长拟订,呈候总裁、副总裁核定施行。

第十章 经费

第六十三条 资政院经费其款目如下:

一、总裁、副总裁公费;

二、议员公费及旅费;

三、秘书厅经费及守卫经费;

四、杂费及预备费。

第六十四条 前条所列各款经费数目,另行奏定。

第六十五条 资政院经费由度支部每年归入豫算,按数支拨。

附条

第一条 本章程奏准奉旨后,以宣统元年九月初一日起为施行之期。

第二条 本章程未尽事宜,由总裁、副总裁会同军机大臣奏明办理。

《宣统政纪》卷17,文海出版社(台北)1989年版,第14~19页;另见《政治官报》,第657号,宣统元年七月十一日,折奏类,第5~11页

8月24日(七月初九日) 清廷着邮传部妥协接办粤汉、川汉铁路事宜

《湖北通志》记:

八月二十四日奉上谕:粤汉铁路、鄂境川汉铁路事宜,着归邮传部妥协办理。

《湖北通志》卷54,"经政志"十二,新政二,第1473页;另见《宣统政纪》卷20,文海出版社(台北)1989年版,第10页

8月25日(七月初十日) 浙江巡抚增韫等奏明嵊县拿获革命党赵光潮等分别惩办具体情况。

浙江巡抚增韫奏:

浙江绍兴府属之嵊县地方,光绪三十三年间,有著匪裘文高者,与九龙党匪张岳云即岳元帅等,串同革党王金发、竺绍康,并纠大股台匪,合谋起事。迨经营县带同兵役兜拿,该匪裘文高等负隅抗拒,竟与官兵开仗,始则戕毙哨弁李逢春,并轰毙兵勇六名,劫去洋枪、号衣等件;继则管带刘庆林及哨弁杨泰华同勇二十余人,死战力竭,同罹于难。当时居民横遭蹂躏,地方甚为扰乱。幸经前抚臣张曾敭、冯汝骙先后派兵剿办,迭获革匪聂李唐、刘耀勋等多名,又土、会首要各匪张岳云即岳元帅、黄溁庆、张长春即长生、裘阿标、裘小高等二十余人,

分别讯明惩办，并歼除匪类无算。匪首裘文高党羽王金发，因羽翼多被剪除，势孤力弱，四散远飏，地方渐就安谧，人心亦靖。

奴才到任后，以此股首要尚在漏网，祸根未除，深虑死灰复燃，即经严饬各营、县悬赏购线密拿，务将在逃匪首悉获究办。去腊王金发潜回故里，有纠结党羽复图起事之谣，城乡居民谣诼纷乘。经县访闻，商同驻防新嵊管带巡防第十队候补守备张长发，选派干练勇役购线踩缉。一面经前署嵊县知县陈常铧，会同在城文武，添购眼线，派拨勇役梭巡。本年正月初十日，由线民报经张长发率带营勇，于新、嵊交界之黄泽镇，拿获匪党赵洸(光)潮即广潮又名光召一名解县。讯据供认：前在大通学堂学习体操，曾与王金发同党，给有伪印照为凭。后因事败，闻拿紧急，逃逸他处。此次王金发回籍，伊亦同归。是月初四日，王金发与伊商议复图起事，称已纠集多人，备有洋枪六十枝，并置有王氏革命统带字样大旗一面，约定初七日大岭头山大洋路廊会齐，拟先往崇仁镇抢劫富户助饷，再至城内县署劫夺被获羁押之族人王公会出所，一齐报复等语。并纠邀徐悟增即胡正麻子、徐林风等共约二百多人，后因探知崇仁城里均有勇役防备，随各走散等。供禀经奴才发委会讯无异，饬即正法。

本年春间，访闻著匪裘文高亦潜回里，在于新、嵊、会三县交界之处，煽惑莠民，勾串党羽，欲于茧市时抢劫洋款，充当兵饷，图再起事。当经督饬密拿。据现署嵊县知县施荣复，会同防营管带张长发、城守汛把总张荣镳，督带勇役，于闰二月二十五夜，在离城六十里石坑地方密往掩捕，不料该匪已先惊觉，胆敢开枪拒捕，互轰之际，格毙匪党姚钱兆一名。因系夜间，裘文高仍被免脱。拿获窝家周家政一名，并手枪一杆，前膛枪二杆。旋侦悉该匪首仍匿迹新、嵊交界之六□地方，施荣复等星夜会同驰往，将所带勇役四散分布，暗为应援，遂于三月二十一日，将该匪首裘文高由张长发一鼓成擒，会集兵役督解到县。据讯供认，前为匪目，结伙多名，节次拒捕戕官不讳。录供禀由署绍兴府知府萧文昭电请惩办前来。当经奴才发委复讯无异，饬即正法。

伏查党匪赵洸(光)潮、匪首裘文高本属大逆不道之犯，稽诛多年不知改悔，近复潜回重图起事，傥防范稍疏，后患何堪设想。

《浙江巡抚增韫等奏嵊县拿获革党赵光潮等分别惩办片》，(宣统元年七月初十日宫中朱批奏折)，中国第一历史档案馆、北京师范大学历史系编《辛亥革命前十年间民变档案史料》上册，中华书局1985年版，第382～383页

8月28日(七月十三日)　清政府决定筹设南洋劝业会，准所有赛品豁免税厘。

谕令曰：

振兴实业为国家富强要政。叠经谕令各直省督抚实力提倡，并简派大臣前赴各国赛会，藉以开通商智，为改良竞进之图。我国地大物博，诚非荟萃观摩，不足以造精进。兹据农工商部会奏，议覆南洋筹设劝业会，及赛物免税一摺。两江风气早开，民物繁盛，自应就地设会，树各省之模型。著派南洋大臣两江总督张人骏为该会正会长，并著各督抚筹办协会出品各事。所有赛品，准其分别豁免税厘。俟开会有期，届时由农工商部奏请简派大臣为审查总长莅场开会，用示朝廷劝励农工，推广商业之至意。

《宣统政纪》卷17，文海出版社(台北)1989年版，第25～26页

《清史稿》记：

庚申，南洋筹设劝业会，命南洋大臣、两江总督张人骏为会长，各省筹办协会，出品免税厘。

赵尔巽《清史稿》卷25，本纪25，中华书局1977年版，第975页

8月31日（七月十六日）　清政府进一步明确谘议局权限，明确将之定位于“辅助机关”，强调各省督抚的“主动地位”和对谘议局的“停会解散”之权。

针对出使考察宪政大臣于式枚等提出的谘议局章程权限意见，宪政编查馆大臣奕劻等于是日上奏，认为其意见有“涉于过虑者，有不免误会者”。奕劻奏曰：

查臣馆所拟谘议局章程，原系钦遵先朝谕旨，敬谨厘订。伏读光绪三十三年九月十三日上谕：朕钦奉慈禧端佑康颐昭豫庄诚寿恭钦献崇熙皇太后懿旨：前经降旨于京师设立资政院，以树议院基础。但各省亦应有采取舆论之所，俾其指陈通省利病，筹计地方治安，并为资政院储才之阶。著各省督抚均在省会速设谘议局，慎选公正明达官绅创办其事，即由各属合格绅民，公举贤能，作为该局议员，断不可使品行悖谬营私武断之人，滥厕其间。凡地方应兴应革事宜，议员公同集议，候本省大吏裁夺施行。遇有重大事件，由该省督抚奏明办理。将来资政院选举议员，可由该局公推递升。如资政院应需考查询问等事，一面行文该省督抚转饬，一面径行该局具复。该局有条议事件，准其一面禀知该省督抚，一面径禀资政院查核等因。钦此。是谘议局之范围权限，已明定于煌煌圣训之中，本非各国地方议会所得比拟。考各国地方行政除联邦各有议院外，凡本国地方，皆直隶中央政府。至分配地方官吏及其执行政务，亦均受成于内务大臣。合全国为一行政区域，而集权中央，与中国之部臣疆臣显分内外，地方行政可由督抚主持命令者，截然不同。其地方行政之范围既小，故辅助行政之机关仅有上级自治制之地方议会，而不必别立制度。中国地大政繁，久已分省而治，而督抚实立于一省行政最高之地位，求之各国，本鲜此制。督抚之权限既视各国地方行政长官为较广，则辅助行政机关之权限自应与之相称，而不能仅据各国之上级自治以为准则。谘议局之设，用意盖即在此。臣馆原奏所以有谘议局为地方自治与中央集权之枢纽一语也。故谓谘议局为联邦议会固属不符，即比之各国上级自治制，亦有区别。惟其为中国特别制度，自不能与普国地方议会相等。故其权限，悉遵谕旨中采取舆论、指陈利病、筹计治安诸大端所规定。而又恐其逾越权限也，因明定监督一章，授督抚以停会解散之权。且对于谘议局议案有裁夺施行之权。夫曰议案，是谘议局只能任决议，而不能强迫其实行。曰裁夺施行，则先裁夺，而后施行。是督抚直处主动之地，而不得视为被动。二者之间，界限固甚分明。即虑一二议员间或近于桀骜，而苟违悖法律，小则除名，大则解散停会，所以维持于事前事后者固已无微不至。臣等以为监督全省之行政以及一切之政权，实在督抚，而不在谘议局。何至如原奏所称谘议局立于一省行政惟一监督之地及一国政权落于最少数人之手。臣等所谓该大臣所陈各节，以涉于过虑者此也。至原定谘议局章程十二章六十二条，词简意赅，不能不藉引伸以明其义。而前此所以只将条文略具按语不加笺释者，则以督抚对于兹事苟有怀疑，不妨随时电询，即如办理初复选举间有疑义，督抚之于臣馆旋询旋复，便可迎刃而解无所疑阻也。今核该大臣原奏各节曰：于财政，不特有监察权，且有承诺租税权。于督抚，不特有弹劾权，且可操其任免权。于立法，不特有参与权，且有审查权。并谓有强制执行及责问各权。其于章程条文殊多误解，遂有网罗权力完全无缺之疑。臣等细核其误解之处，要不外章程中之职任权限及监督数条。在臣馆原定范围固已严加制限，惟以该大臣既多疑虑，自应逐条发明原章意旨，以清权限，而释群疑。查谘议局章程第二十一条：一、议决本省应兴应革事件。指定本省者，以本省人议本省事，痛痒相关，利害较明。即本前年九月间谕旨指陈通省利病集议兴革事宜之意所发生也。至事关君上大权及凡属国家行政者，自非谘议局所得参预。且谘议局仅代表一省之舆论，尚非国家议院之比，何至蹈原奏以议院为主体，得以民权抵抗政府之疑。二、议决本省岁出入预算事件。诚以新政待兴，非财莫举。令人民负纳税之义务，自应令其

周知每岁进出款，以激其急公好义之忱。臣馆于上年九月间咨行度支部文内已声明：谘议局预算事项，应以各省之地方办事用费为限，国家行政费不在其内。等语。则议决岁出入只限于本省行政费，无可疑也。三、议决本省岁出入决算事件。各省报部支款，往往暗有融销。今与议员以公同决算之权，原以期稽察者多，稍可杜浮冒侵蚀之弊。揆诸清理财政之义，正为必不可少之举。四、议决本省税法及公债事件。似于财政有特权矣。然税法公债均冠以本省，乃系专指地方税，与地方公债而言，与国税国债，截然两端。若国家租税，则皆定于国家之法律，本非谘议局所得议决。其得议决者仅属本省单行章程规则之征收方法而已。况宪法大纲载明。臣民现完之赋税，非经新定法律更改，悉仍照旧输纳。且臣馆核议度支部清理财政章程第十五条声明，各省岁入，当国家税地方税未分以前，谘议局不得议减现行税率。则所议决只有改良增加之事，并无议减之权。至地方公债，以本省之人，任本省之债，似更无流弊之可言。关于财政者，限制如此，则原奏所陈谘议局干预财政各节，不无过当矣。五、议决本省担任义务之增加事件。其指定本省者，譬如浚河、筑路、卫生、教育本省应担之义务为前此所无者，谘议局得视地方款项之盈虚以为推行之准。则其前此已担任者，宪法大纲载明有法律上必需之一切岁出，非与政府协议，议院不得废除减削之条。是议院之议决权，其范围尚只如此。推而至于邻省之协济、海陆军之摊派、公债之募借，凡为国家特颁之命令即皆不在议决之列。夫何至如原奏所谓有地方议会联络呼应，劫持中外大臣之疑。六、议决本省单行章程规则之增删修改事件。查全国通行法律须由钦定颁行，宪法大纲早经揭明宗旨。惟各直省之风俗习惯不同，不能无特别之单行法。如违警律中各省得定违警章程之类。而施行法律之细则，各省情形不一，亦不能不令各省自定，如地方自治等章程施行细则之类。凡根本于国家法律之单行章程规则属于督抚权限内者，自应由谘议局参与，以收集思广益之效。究其范围有限，非所谓参与国家立法之全权也。原奏所称谘议局居然有参与立法权者，未免视为范围太广矣。七、议决本省权利之存废事件。譬如全省自有之公共产业，欲为变置移易，即为关于本省之权利存废。此种事项，全省利害所系，自不得不郑重视之。至业经法律规定及奉旨允准者，自不在谘议局应议之列。此可无庸疑者。八、选举资政院议员事件。此即遵奉谕旨谘议局为资政院预备议员之阶也。臣等已会同资政院奏定院章第十一条内载明：各省谘议局议员互选后，由该省督抚复加选定，咨送资政院等语。是选举之权，虽肇端于谘议局，而仍受成于督抚。与原奏所称资政院议员即为谘议局所选举者，究属有别。况资政院议员，钦选互选各居其半，凡王公世爵及京朝官，均可由钦选为议员，各省谘议局所互选者，第居得半之数，而并非其全体。是原奏专谓为谘议局所选举者，由未详查资政院前奏章程遂有此疑。九、申复资政院咨询事件。立法之始，不能不详查各省之习俗以资参考。曰申复者，则必资政院有所咨询，该局方可建议。查资政院议员既不尽由各省谘议局推选而来，至谘议局议员更不能与资政院相为左右。组织既有不同，权限亦复互异。谓资政院即为各省谘议局之全体已不尽然，今谓谘议局即属资政院之分体，更似误会矣。十、申复督抚咨询事件。督抚对于庶政，本有主持之权，而有时或欲周咨博访者，则行政官有刍荛之询，谘议局即不能无一得之献。究之采纳与否，凭诸督抚。夫亦何至有原奏所称听地方指挥政令终至下移之虑。十一、公断和解本省自治会之争议事件。地方下级，各图自治，事势所至，或不免有权限之冲突。各国于下级自治会之争议，大都由上级自治会公断和解。现定地方自治章程，府、厅、州县之上别无统一全省之最高自治会，谘议局既为全省舆论之代表，自应归其处理。然只处理自治会之互相冲突，若自治会与地方官之冲突则仍属督抚主持。谘议局即有所见，亦但能建白以备督抚之参考。夫何至如原奏所称有裁判地方行政之权。十二、收受自

治会或人民陈请建议事件。督抚为国家行政之代表,有应行专决者,如军事、外交、裁判等事,断非议员所能干涉。但以人民各具国家思想,苟实有所见,不妨上书陈请。定例:在内由都察院代奏,在外由督抚代奏。已开其例。其必以谘议局代为陈请建议者,因表示众意所在,以备督抚采择,其裁夺之权,则仍统诸督抚,谘议局固不得强督抚以执行。又何至如原奏所称有不问为国政为民事,一切均纳入范围之权。此外,如原章第二十七条所称谘议局遇有督抚侵夺权限可呈请资政院核办者,似为权之过重。不知侵夺云者只限于谘议局应行议决之事。督抚于议场不许其议决,是之谓夺其议决权。非云议决之后,督抚不与施行即谓之侵夺权限也。又如原章第二十二、二十三、二十四等条,系就谘议局所议与督抚或合或不合事件定其办法。其各执一见不能解决者,由督抚将全案咨送资政院,以待决定,而资政院议决事件均须请旨裁夺,则是可否予夺之柄仍在君上,固不出大权统于朝廷、庶政公诸舆论之本旨也。且臣等会同资政院奏定院章第二十三条内载明:各省谘议局与督抚异议或此省与彼省谘议局异议事件,均由资政院核议。而关涉某省者,该省谘议局所选出之议员不得与议。等语。是于此等流弊,早已防范綦严。原奏所称谘议局与督抚相持上之资政院裁判官,乃原告所举之人,似不然矣。且以资政院核议请旨之件,遽谓之为裁判权。是混议院议决与法廷裁判为一事。裁判之真义,殆不如此。又况用人之权操之君上,议院不得干预,钦定宪法大纲中早经明定。又何至如原奏所称,有任免督抚之权。即原章第二十八条所载:本省官绅纳贿违法等事准谘议局呈控者,实因中国幅员辽阔,交通机关,又未便利,各省官绅中,固不乏束身自好之人,而或操守难信,粮税逾额之征收、公款非理之滥入以及舞弊营私骫法徇情者,皆在所难免。非得人民指摘,则害马不去,群何由安。且本条所载,有以上情节,谘议局尚须指明确据,方可呈候核办,则发动之机虽在谘议局,主持之权实在督抚。何至如原奏所称与督抚监督权力相较,轻重悬绝乎。原奏又称:议员在议场,如有轻蔑朝廷情形及有狂暴举动者,不过停会解散除名,因疑为处分过轻。不知会议时,议员言论如有失检,议长即应止其发议,违者得令退出,故仅因发言不当,未必即成法律上之犯罪,此各国议院通例。谘议局章程第三十九条即援以规定也。议员如有以所发议论在外间自行刊布者,自应照各本律治罪。至狂暴举动议长不能处理者,督抚有令其停会之权。其应治罪与否,自可以当时在场狂暴之现状为断。设于言论冲突至于殴伤,亦应照殴人律例治罪。所谓轻纵者,亦未必尽然。他如现行犯罪亦得逮捕,曾于原章第四十条内声明。是议员果有犯罪确据及为议员以后有品行悖谬营私实迹者,督抚即当凛[懔]遵前年九月间谕旨,断不可使品行悖谬营私武断之人,滥厕其间,随时斥退惩办。断不至如原奏所称假谘议局为护符使之肆无忌惮也。原奏又致虑于议院攻击政府。查宪法大纲所附议院法要领内载:行政大臣如有违法情事,议院只可指实弹劾,其用舍之权仍操之君上,不得干预朝廷黜陟之权。此又俟之议院成立以后,与今谘议局无与者也。臣等所谓该大臣原奏各节有不免误会者此也。总之,谘议局为采取舆论之机关,予以决议权者,所以冀达情通隐图省治之改良。督抚为督率行政之机关,予以监督权者,所以冀救弊补偏,期政务之统一。而二者之分际,均以法令为依归。在谘议局固不能出法令之外,为非理之要求,即督抚尤须持法令之平,为适宜之处理。官绅有相资为治之功,而无互相猜忌之患。此臣等上年拟订谘议局章程,所以恪遵历次大权统于朝廷庶政公诸舆论之旨,斟酌至再,以期无弊。而该大臣审慎迟迴[回],犹复过为疑虑,故不能不重申法意,以期与天下共晓也。惟是谋事最难于图始,徒法不能以自行。现届预备之第二年,尚在办理选举。今岁九月,方为各省谘议局第一次开会之期。此后按照清单,递年筹办。行得其道,则循序渐进,上理自可日臻。行失其道,则动辄龃龉,大局或虞纷扰。得失之机,间不容发。惟望凡百

臣工以及士庶，均能和衷共济，开诚布公。臣馆更随时随事遇有纷歧侵越之处，力为指正，请旨办理，庶几朝野交励，上下相维。此八年中实行预备，一届颁布召集国会之期，自有实效，而无流弊。以上副圣主孜孜求治之怀，下慰薄海喁喁望治之愿。不至良法美意，徒以推行未善，而为四方万国所非议。

…………

再，查历来法律章程内笺注解释，皆系由在事臣工纂辑，奏请钦定，方准颁行。其私家撰著律例注解之类，未经呈进者，一概不得援用。诚以立法之权，统之君上，断不容人自为说，致淆观听而紊政纲。

清廷谕旨：

宪政编查馆奏议复考察宪政大臣于式枚奏陈谘议局章程权限一折。又片奏：奏定章程有疑义者，应以官定解释之说为据，坊间私刻，不得援以为据等语。著依议。钦此。

《宪政编查馆复议谘议局权限折片》，清陆军部档案，载中国第二历史档案馆编《中华民国史档案资料汇编》第1辑，江苏人民出版社1979年版，第114～121页

是月　在同盟会南方支部指导下，广东革命党人在广州天官里建立机关部，谋图再举。

《胡汉民自传》记：

时先生已任余为南方支部长，支部费用，由港同志负担，林直勉、李海云则倾其家以为助；余更使同志分至南洋荷属筹款，而嘱邓泽如在英属综募军资。其时克强已由日本到港，赵伯先为清督抚所猜忌，去军职至港。伯先军事学甚优，且有经验，天资豪迈，能为诗文。其为陆军学校监督及将新军，辄以民族大义鼓励学生士兵，俱悦服之，亦以此为清吏所恶。江南、广东两省军界革命种子，大半伯先所培植也。余与克强、伯先在港规划一切，省中新军运动，则以倪炳章（映典）为总主任。炳章干才不亚于伯先，而刻苦耐劳则且过之。一九〇七年冬，以兵与熊成基举义于安庆，不克，变名字，走南方，欲至河口革命军，而河口不守，乃入广东，因伯先，得为新军排长，既长于煽动，又精力殊绝。其运动新军，乃进步至速，数月已与本团之连排长结纳。事为某协统（旅长）所侦知，褫其职。炳章乃更为秘密机关，与军中同志分组行事，辗转运动，至一九〇九年冬（己酉），士兵加盟入同盟会者三千余人。时广东全省军队万余，惟新军有训练，器械精良，得新军则他军无难制驭。余与伯先、克强尚虑其不足，复使姚雨平、张醁村等运动巡防营之在省会附近者；又使执信、毅生联络番禺、南海、顺德之民军为响应。是年邹海滨、陈炯明始以执信之介绍至南方支部；邹、陈皆广西法政学堂学生，执信、君佩等自东京毕业归，即为此校教授，故邹、陈受盟为同志。陈方为广东谘议局议员，好言事，颇有声誉，克强尤喜引与计事。

《胡汉民自传》，载丘权政、杜春和等选编《辛亥革命史料选辑》（上），湖南人民出版社1981年版，第190～191页

张醁村回忆：

六七月间，在同盟会南方支部的指导和支持下，广州的同志们赵声、朱执信、倪映典（在安徽新军事变后易名来广东投效，在炮一营充过队官和排长，时已失职）、张醁村、胡毅生、陈炯明、莫纪彭和黄侠毅等人，在一次小型会议上分配了工作任务，倪映典担任新军各营联系工作，张醁村担任巡防新军联系工作，胡毅生担任农村会党联系工作，而由赵声总其成，其他各人则分别担任筹款、筹械、调查、通信及各方面的联系工作（当时我曾向朱执信建议电邀姚雨平前来，姚正在汕头因党案与官府涉讼。朱说：俟时机成熟时再邀他来担负惠州方面之责）。首先在天官里成立一个机关，以为营中官兵们假日出来会面的场所，随后，又分别在官

纸局后街、雅荷塘、清水濠、小东门和大东门外等处以女会员或眷属为掩护而广布办事机关,以策进行(大东门外的住所,系以谘议局议员陈炯明的名义租来作为藏械之所的)。经过数月的鼓动联系工作,新军方面尤其是第一标和炮兵一营的士兵当中,加盟人数已达百分之七八十以上,在新军巡防营方面,则有哨官如曾虎标和副哨官见习官如范秀山、温带雄、张桓杰、刘逸夫、陈辅臣、李济民等人先后加盟,且能在士兵当中起些影响作用。巡防新军的士兵方面,不能大规模展开运动,是因为他们调动不常,无一定的驻地。在这样的军事形势下,如果各方面都准备就绪,又不为清军方面预先侦知而有所防备,是有可能一举而占领广州,从而底定全省,出师北伐的。

张醁村《庚戌新军起义前后的回忆》,中国人民政治协商会议广东省委员会文史资料研究委员会编《广东辛亥革命史料》,广东人民出版社1981年版,第22页

广东革命党人在天官里寄园巷设立机关运动新军:

七月,由东莞及各属征集新兵补充各营,尤多革命份子。党人陈哲梅、张立璧、潘林雄等均于此时入伍,随同维扬秘密进行,尤为活动,遂设机关于天官里寄园巷。倪映典、朱执信、维扬等主持之,积极进行。嗣以人多来往,倪为避侦者耳目起见,乃别租住所南关余庆坊,秘密绝不使人知。

徐维扬编,邓慕韩订《庚戌广东新军举义记》,中山大学出版社 1990 年 12 月版,第 59 ~ 69 页

姚雨平回忆:

我们搞新军和防营工作,曾设有内代表和外代表的组织,以便互通消息,密切联系。记得当时林震、苏慎初、罗炽扬、姚右军等,俱是新军的军官,且系我们的内代表。特别是由学兵营入伍的姚右军,担任司务长,管理军队给养,他就利用职务关系,外出机会较多,担任内外联系,传达消息信件,非常方便,不易为人觉察。至于外代表,则由黄嵩南、郭典三、郭冠雄、廖淑唐、温若侬、吴倚沧等担任。平常是假府学东街廖家祠和惠爱街古家祠等地为党人会晤接洽之所。通过几年来一系列的活动,新旧军中革命气氛已达到一定程度。

姚雨平《新军起义前后及辛亥三月二十九日之役的回忆》,中国人民政协广东省委员会文史资料委员会编《广东辛亥革命史料》,广东人民出版社1981年版,第28 ~ 50页

是月　因发表革命言论为当局所不容,缅甸政府勒令《光华日报》停刊,并将报馆革命党人居正、陈汉平等驱逐出境。船至星洲码头,警察监视,不许离船。幸经星岛同情革命的华侨多方设法,延聘律师向公堂以三千元担保,才获准换船。

居正在《梅川谱偈》中记:

殖民法律暗无天,广告非文亦获愆,日报停刊余出境,星洲犹不许离船。

…………

再返仰光以后,保皇分子,伺隙而动。会有商人互讦,登广告于《光华日报》。对方执是控于官,以余为被告。延律师出庭,法官为缅人,要余举手宣誓,并不问余,只法官与律师吱吱数语而退。隔数日,警察来勒余出境,并命《光华日报》停刊。初允买舟至槟榔屿。抵埠警察监视,不许离船。乃至星洲,监视如故。幸槟城同志电星洲邓子瑜,请律师向公堂以三千元担保获准,易船东去。邓子瑜设席,胡汉民、赵伯先在座畅谈。翌日登德轮。过香港,陈汉平同志登陆。

居正《梅川谱偈》,载罗福惠、萧怡编《居正文集》,华中师范大学出版社 1989 年版,第 509 页

9月9日(七月二十五日)　孙中山在伦敦访问日本驻英大使馆。

日驻英公使加藤高明将会见情形及会谈纪要报告日本外务省。

孙逸仙二三日前来英，于本月9日访问山座参事官。该人拟在本月末赴美，停留二三个月，希望到日本寄住，询问日本政府是否许可。告以从日清两国关系出发，碍难许可。又问经过日本赴新加坡，如何？答以仅仅经过不妨，但即使是暂时停留亦难同意，并恳切指出，若因其居留问题而引起日本政府的为难，应断然避免，这样对其本人亦有利。该人对此引为遗憾。

日本外务省档案，"驻英加藤大使致小村外务大臣"，1909年9月10日，第179号，见陈锡祺《孙中山年谱长编》上册，中华书局1991年版，第466页

山座参事官与孙逸仙会谈事：

以前在新加坡流亡的清国革命党首领孙逸仙，本日访问山座参事官。该人自五月份从新加坡出发，在法国停留约三个月，二三日前由法国来伦敦，本月末左右去美国，停留二三个月之后，希望得到帝国政府许可回到日本。以前在离开日本之际，在政府当局者与该人之间，诸事由民间有志者斡旋，曾有过一年以后再来麻烦的话。而今，已过去三个年头，因此切望对帝国政府提出此项要求。

山座参事官回答：今日情况不仅与三年前不同，而清国人民排日思想又处于横溢状态之中，此时若允许其回日本，则彼等清国人攻击日本之气焰不仅必将更为高涨，而且近来北京政府内部已略有警醒，认为须与日本维持良好关系，稍加努力，则可顺利解决满洲悬案，假如允许孙回日本，则必将使彼等再起猜疑，外国又将随而乘机中伤。因此，考虑到日清两国大局之利害，对其回日之事，帝国政府最终将不会批准。所谓民间有志者之话，经过一年再来日本，不会再出现麻烦之事，并非这个意思。事实如上，实难同意，谨此作答。

至于问道仅是经过日本赴新加坡如何之事，答曰：仅是经过问题不大，若作短暂停留则日本政府碍难许可。

孙逸仙随即对山座参事官之询问作答。谈到清国国内状态时，孙说政府之腐败，今犹如昔，例如司法制度，数次颁布改善的诏敕，但拷问的恶制仍然不改，反而增加租税，即增加人民的负担，假如任其存在，中国只有灭亡。故各地不满之人，不堪恶政，欲乘机辄发，但草率组织力量，徒舞旗帜，不仅得不到任何成效，且空费气力，并有受内外共同掠夺的危险，结果恐怕极为不利。故我党五六年来对彼等之活动竭力加以节制，告诫其毋为无谋之举，然而实际上难于制止。去年广东汕头附近及广东西部并广西云南掀起动乱，在汕头地方首先发动，其它地方相隔甚远，不能联络运动，且军费缺乏，最终归于失败。故今后必须准备十分充分，且努力集中于一切大举。我党对于地方人民，着重于政治上的鼓动，如他们在汉口及南京之军队，指挥之将校多数为我党人士，因此时间一到，则必倒戈以投我党；北京军队则自袁世凯罢黜后，气氛大变，对政府不忠。我党之纪律在去年动乱中得到了全面的考验，在云南附近占领了云南铁路，对各车站，用贮藏的巨额资金支付工资，革命军毫无掠夺，法国及其它外国人的生命当然也受到了充分保护。为此，他们对我党纪律之严明颇为感叹，当时法国官宪未给我党任何直接援助，因此我党的行动才能自由，不受任何束缚。其时，清政府请求法国政府保守中立，其后又交涉与法国政府合力打击我党。法国政府答以如承认交战状态，保守中立，那末就不能参与打击。不过因我党不幸，资力不足，不得不退入法境。不久法清两国为解决赔偿事宜纠缠交涉。逃往法境的革命党员，最初，清政府要求引渡。如法国政府不答应，则很难试图再次进入边境，清政府要求将他们从东京地区放逐，送到遥远地区。法国政

府首先将若干革命党员,送到新加坡;英国海峡殖民地政府反对,虽一度出现麻烦,但经过协商,终于将六百名革命党员转往该殖民地。海峡殖民地政府对本人的活动历来是放任的,毫无监视情事。康有为改良派没有势力。梁启超在北京有朋友,为促使他归国正在斡旋,尚未解决。张之洞反对梁,故归国问题目前仍不现实。

孙逸仙继续问道:若革命党有组织地进行策划大举发动,日本政府将持何种态度? 山座参事官据其上述答复,指出帝国政府不用说是诚心诚意地希望保持远东的和平现状,故对扰乱行为,不论来自任何方面,均将断然反对。然而,若不幸而出现此种局面,届时将采取适当措施以处置之。孙逸仙认为,英国之对华政策,受日本态度之影响,其它国家亦复如是。又称,经长期考虑,日本的态度最为重要,完全可以看出,得到日本的支持是十分必要的,希望能得到日本政府同意,到该国居住。山座参事官告以目前无法实现其愿望,给日本政府造成麻烦,对谁都不利。孙无法,只好离去。

上述孙的言论难于完全相信,只供参考。又该人动静,将尽快报告,第179号电信,即刻发出。

日本外务省档案,"驻英大使加藤致小村外务大臣",1909年9月9日,机密第3051号,见陈锡祺《孙中山年谱长编》上册,中华书局1991年版,第466~469页

△ 洪江会会首被清廷杀害。

《清史稿》记:

秋七月……,壬申……洪江会匪姚芒山伏诛。

赵尔巽《清史稿》卷25,本纪25,中华书局1977年版,第975页

江西巡抚臣冯汝骙奏:

近年来长江一带,多有匪徒勾结党羽,谋为不轨情事。上年臣抵任后,获匪杨洪早等正法,并将情轻各犯分别年限监禁。业将拿办缘由奏报在案;并饬各属及警察员弁仍随时严密查拿去后。嗣据警察员弁先后拿获匪首姚芒山等三名,并熊洪等十一名,又据浮梁县协同委员甄官保,获匪江玉庭一名,丰城县获匪杨沨鸣一名,解省发委南昌府确审拟办。

兹据按察使陈夔麟复审核议具详前来,缘姚芒山、雷汰佃、张少卿、江玉庭分隶南昌及湖南善化、湘潭等县。姚芒山即六子,先当城守营兵,因酗酒被革,听从在逃匪首鲁藕香入洪江会,图谋不轨,初当巡风老六,递升心腹老六,开山放票多张;又与戴毛毛、江玉庭开山充当新辅老大;又与程金彪开青原山为副山主,放票一百余张。宣统元年正月间,投入警察局充当暗探,仍复通匪放票,即被觉察获案。雷汰佃听从袁友山入洪江会,图谋不轨。充当巡风老六。嗣在萍乡煤矿当车水工头,听从王春佃入会,派充红旗老五,勾结矿丁散放票布八十余张。光绪三十二年,龚春苔在浏阳起事,听从已经正法之萧克昌派充心腹老大,煽惑矿丁帮打接应。张少卿曾充营勇,听从傅美求入洪江会,图谋不轨,派充江口老九;继入金华山会,派充管事老五;又入西梁山会,派充当家老三;又入江南武备学堂当学生,被革后入卧龙山会,派充心腹老大;又听从萧克昌入会,派充管堂,散卖票布多张,纠邀二三百人入会接应,希图起事。江玉庭先充营勇,听从何德标入洪江会,又听从周标、戴毛毛入江炉、山西、真山等会,迭次散卖票布,由刑堂提升副山主等语,各据供认前情不讳。臣伏查光绪十八年通行内开,嗣后拿获会匪,如讯系领受票布,辗转纠伙,散放多人,或在会中名目较大者,一经审实即行就地正法。此案该匪姚芒山等,听纠入会,谋为不轨,迭受伪职,开山放票,辗转纠人,希图起事,且多系营勇,或谋充警察,或潜入学堂,居心叵测,均属罪不容诛。臣于提审后,饬将姚

芒山、雷汰仰、张少卿、江玉庭四犯就地正法，以昭炯戒。其余杨沨鸣及熊洪等，讯系被诱入会，并非头目，衡情不无可原，分别情罪轻重，酌拟年限监禁，以示惩儆。

《江西巡抚冯汝骙奏拿获洪江会首要姚芒山等分别惩办折》（宣统元年七月初十日宫中朱批奏折），中国第一历史档案馆、北京师范大学历史系编《辛亥革命前十年间民变档案史料》上册，中华书局1985年版，第350～351页

9月12日（七月二十八日）　瑞澂奏江苏筹办宪政情形。

瑞澂奏：

光绪三十四年八月初一日谕旨，宪政逐年应行筹备事宜，必须秉公认真次第推行，各部院领袖、堂官，各省督、抚及府尹遇有交替，后任人员应会同前任，将前任办理情形详细奏明，以期各有考成，等因。钦遵在案。查前抚臣陈因病出缺，奴才系于五月十八日接受抚篆。江苏筹办宪政情形，奴才在布政使任内皆一切身亲赞画，幸能略道其详。接任以后，复查据案卷证以事实，将本年期内应行筹办之事，实以筹画继续推行。其前抚臣所筹办将竣者，则当勉力，以图其成；所筹未尽者，更当竭诚以竟其绪。自应将前任办理情形，遵旨奏明，以备考核。谨为我皇上缕晰陈之。

查宪政编查馆逐年筹备事宜清单，第二年期督抚所应办者共为八项，除举行资政院选举尚未奉到颁布章程外，一为举行谘议局选举，各省一律开办。查江苏苏、松、常、镇、太四府一州选举事宜，业经依限举办，复选旋于三月告竣。其谘议局、所，前经督抚臣会咨宪政编查馆，合设江宁，由前督臣端择定江宁省城内公园南首丁家桥以东，计会场及办事等室，建筑房屋，共地亩三百五十余方，现已绘图将次建造。此筹办将竣者一也。

一为筹办城、镇、乡地方自治，设立自治研究所。查筹办地方自治，亟应先设总区，前经于省城设立自治局。本年四月间遵照宪政编查馆通行章程，改由谘议局筹办处兼理，以节糜费。奴才接任后，复饬令厘订办事章程，遴选官绅认真擘画。其自治研究所，经前抚臣陈于会议厅集议，拟于省城先行设立，以为模范。刻正督促开办，并议扩充，用期养成人材，阐明法理。此筹办初定者二也。

一为调查各省人户总数。查调查户口照章以布政司或巡警道为总监督，厅、州、县为监督。今江苏巡警道一职尚未设立，前抚臣陈于会议厅集议，以布政司为总监督，即在布政司衙门派委专员管理。从本年七月初一日起，先由各属城治推及乡、镇，以次调查。奴才接任后，已饬令依限举行。此筹办初定者三也。

一为调查各省岁出入总数。查苏省虽属繁富之区，而近年财政情形，殊形困绌。奴才在布政司任内切实董理，且幸向未出纳，惟谨较诸他省端绪易寻。经前抚臣陈于省城设立清理财政局，并于会议厅集议，拟分别光绪三十三、三十四年，限期造册送局，本年则按月补报，六月以后遵章按月递造清册，刻已选派专员，随同监理官详加稽核。奴才于接见僚属时，遇有经管财政者，皆谆谆以实事求是为告诫，务求开源节流，量入为出，俾可上裕国计，下苏民困。此筹备初定者四也。

一为筹办省城商埠各级审判厅。查吾国行政、司法向不区分，现在试办司法独立，实政体上一大改革。立制甚善，图始实难。前抚臣陈以为宜准司法独立之意，暂行试办，不可苟简一语，良为有见，亦经于会议厅集议，议将向设之法学研究所，增广名额，添聘教员，改为司法研究所，并先于按察司衙门附设审判厅筹办处。其省城商埠各级审判厅如何布置，当时虽经督抚臣往返函商办法，迄今未定。除饬将司法研究所审判厅等筹办处赶紧开办，其一切预为储备或变通之处，窃以肃法规、杜流弊为宗旨，随时随事与督臣筹议。一俟就绪，谨当再行

奏闻。此筹办初定者五也。

一为创设厅、州、县简易识字学塾。查此项学塾,乃所以谋教育普及,开通民智,此为权舆。经前抚臣于会议厅集议,现据苏提学司详称,先于省城设立模范学塾十所,塾师补习所一所,各厅、州、县先从城治设立若干区,以城厢之户口多寡为率。未奉颁布简易识字课本以前,咨取山东所编课本参酌教授,俟学部颁布简易识字,国民必读各课本,再行遵用,以归一律。奴才详加核实,尚属可行,刻正限期开办。并议推及城乡,责成各厅、州、县,率同劝学所董事,认真经理。此筹办初定者六也。

一为厅、州、县巡警,限年内一律粗具规模。查江苏各厅、州、县巡警,仅具萌芽,实以办理警政之人才,现既缺乏,而常年经费亦属困难。前抚臣陈于会议厅集议,令各厅、州、县每城治先设四十名,两县同城者得各设六十名。惟查巡警职务于地方行政极有关系,奴才前在江西署按察司任内,创办警察,艰苦经营,深知措施之不易。且查苏省巡警开办虽久,成效未睹,积习颇深,现拟先从省城巡警整顿入手,于署内设立警务处,派员专司其事。遵照部章切实改良,以为各属表率,务求振奋精神,不徒貌为形式。此筹办初定者七也。

以上各端,或循前议而切实进行,或因前规而力加整顿,断不敢奉行故事,稍事因循,亦不敢徒托空言,侈为奏记。此则奴才视事以来朝夕兢兢,所以自矢其悃诚者。除俟办有成绩,依限遵旨胪列奏闻,并咨报宪政编查馆查核外,所有奏明前抚臣陈筹办宪(政)情形,以备考核各缘由,理合恭折具陈,伏乞皇上圣鉴。谨奏。

《苏抚瑞澂陈明筹办宪政情形折》(宣统元年七月二十八日),《苏州商会档案丛编》第1辑,华中师范大学出版社1991年9月版,第1228~1231页

9月15日(八月初二日)　清政府以泄漏机密,有碍交涉为由,封禁《北京国报》、《中央大同日报》两馆。

外务部奏,报馆泄漏机密,有碍交涉,……据称交涉机密要件,纷纷登载,殊属有违禁令。请饬民政部将北京国报、中央大同日报两馆即行封禁,以示惩儆。

《宣统政纪》卷19,文海出版社(台北)1989年版,第5~6页

9月16日(八月初三日)　江西宜春乡民因反对抽捐、学款发生暴动。

《东方杂志》记:

江西宜春北乡士民,因反对抽捐学款,本日午刻聚集千余人,围逼郡城,破毁学堂,经巡防管带张国梁会同知府弹压,死伤多人。

《东方杂志》,第6年第10期,记事,第319页

清廷谕令:

江西宜春县北乡因办学抽捐,匪徒乘机煽惑。著该抚迅速督饬弹压解散,严拿首要,并加意保护教堂,毋令别生事端。至此次究因何项捐款,应否抽收,抑另有起衅别故,并著查明电奏。

《宣统政纪》卷19,文海出版社(台北)1989年版,第21页

《民吁日报》报道宜春乡民滋事原因:

宜春民变,现已平静,本馆昨复得宣袁学会来函言,此事起因较详,特补纪如下,读者慎勿以为明日黄花也。宜春近来绅界,分新旧两党。旧党素来勾结流痞,霸据公款,阻挠新政,向因新学提款,碍伊肥私,故仇视学界为尤甚。破坏选举,屡见不一。自去岁前令阮札、邑绅卢元弼为劝学所总董,易继昌为教育会会长,曾继良为副会长。三人皆热心学务者,办事不支薪水;而一切皆认真整顿,井井有条,宜邑学务近日稍有起色者,皆数人之力也。而旧党忘

不得逞，心甚愤恨，欲攻去之，奈三人办事甚公无瑕可指。适正月间，因县办之统计处缺款（系地方官遵宪办者与学界无涉），县令王依去岁成案，从各乡公款项下提拨，四乡多遵缴无异议，讵城厢地保等，抗不遵缴。延至七月，代理县吴乃饬差催收，是时适值调查户口，地保等遂捏造谣言，煽惑乡愚，谓将大抽人口税，并谓将百货抽捐石米抽钱百文，人抽入城钱六文；其余各物，均十分抽五。加以顽绅等欲借此倾陷学界，从中耸动；诬此举实为设立学堂而起，非毁学杀绅，则事难罢手。乡愚为所动，突于八月初三日，勾结流氓千余人，屯北门外大桥头。官兵闻变防堵，始不敢动。初七日，乱党聚集愈多，攻开西城门。经官兵开枪击毙二十余人，始退。旋有旧党某绅，从中主持，张旗列栅，与官兵相持，将善和集云两乡之学堂拆毁，掳去劝学所办事员易道轩。地方官吏见事情重大，以劣绅藉学苛捐酿变等语，电禀大吏，希卸责任，不思宜邑现办之学堂，其经费皆系宾兴公款，或由富户乐输，未抽小民丝毫捐款，有案可稽。且衅起捐收，统计用费，与兴学尤无关系，若不剖而晰之，是使宜邑办学诸绅，既被陷于旧党，见疾于流痞，复为官吏撄罪首之名也。呜呼。

《民吁日报》，1909年8月25日

《东方杂志》记江西袁州乡民暴动事：

今岁江浙诸行省，亦可谓多事矣，五月末，浙江德清乡民暴动，捣毁库书漕总乡董三家，七月初，江苏丹阳继之，焚毁漕书总书乡董城董多家，案尚未结，而江西袁州，又见告矣……。

八月初三日午刻，有宜春北乡民千余人，围逼郡城，破毁学堂，经巡防管带张国梁，会同知府弹压，乡民不遵，枪伤兵四名，张管带亦受伤，知府命还击，乡民稍退，即闭城。此据张管带电文。

八月初三初四两日，宜春北乡士民，因抽捐学款，反对聚众，来城滋事，经知府等劝阻，不准进城，兵民互有受伤，当请将劣绅籖分福建优贡知县卢元弼，奏参革职拿办。初三日击退之后，访闻该乡民等拥众在距城十余里之枫林杨家山等村，停住不散，因此城门随时启闭，此据袁州府及宜春县禀文，以下均同。

初五日巳刻，易绅子谷至府署面称，竭力传谕劝导，该乡民一味逞强不听，往复至再，未能定议，必欲进城毁堂，杀尽学界绅首而后已。探得北路乡民，有将萍乡县派送公文进省之勇一名捉去，捆吊不放，又有在杨家山隙地，打灶扎棚情事，意在久抗，均未知其虚实。揭得黏帖，察看语气，仇视学界，非伊朝夕，知府会集文武商议，城内兵力尚单，安敢轻于举动，抽队出城追捕。特是城内粮食缺乏，最为可虑，铺户商民之储有粮食者，又受乡民传单挟制。如敢出售，进城抢害，即谕以官府保护，率皆饰词推托，于是议开官仓积谷接济，知县德禄，知官谷平时侵亏甚巨，且复众口同声，未经出议。

初六日辰刻，知府正会集文武，商议解散良法，遣易绅子谷出城劝谕，返署代为邀免各项捐款，免究首先纠众主犯。而城外旗帜张天，炮声震地，乡民已四逼城下，文武登陴守御，知府察看情形，势甚汹汹，随即出示诰诫兵勇，不得卤莽，胁从良民，即速散归，倘敢负隅抗拒，即属乱民，断难稍事姑容，毋贻后悔。讵持至午刻，竟敢来攻西北两门，炮声隆隆不绝，西门旋被轰开，十余人拥进月城，知府同在城楼，始令第七营兵队开枪，击毙首先抬炮进城各犯。小北门虽未攻破，该兵等同时开枪还击，随各退散，东南〈大〉北三门，炮声亦绝，当在西门拿获炮械多件，如此情同叛逆，果是真正乡民，何至胆大若此，深恐其中必有匪类，乘间勾结思逞。但河北设有统税分局，铺户居民，亦居多数，未闻被该乡民丝毫侵犯滋扰，又似无匪混杂，故仍不敢抽队开城出击，以城内教堂衙署，仓库钱粮，数万生民，无一不关紧要，知府等亦不肯稍涉玩视，不得不闭关谨守，以待外援。

初六晚即发鱼电，无人敢往，探得四路乡民，凡遇往来人等带有公文信件，概须搜检，以及军火米粮，截留不准进城，并邮政信局，亦均不敢开班。知府等复发阳电，禀乞速调大兵救援，两次送电者，俱经挑选壮健之人，给以重赀，切嘱将电底密藏身畔，绕道先后赴萍，迄今该差等尚未回郡。现该乡民等，不惟不即散归，复集多人，在距城东北西等门外数里之遥，竖旗屯聚开炮恫吓，谣诼纷来，知府等无法可施，惟当持之以恒，镇之以静，保守城社，为唯一之宗旨。

初七日复集多人，距城数里屯聚，并截文报，今防兵仅敷守御，未敢抽调出击，兵粮民食，现开仓接济，今日绅来乞抚，知首要击毙，城厢铺户居民均各安堵，此据袁州府电文。下同。

初十日绅士力劝乡民就抚，查明学堂苛捐，列条给示，勒碑示禁，乡民感戴散归，一律肃清，市面照常。

执笔人编辑既竟，复书其后曰：袁州此变，盖由官绅勒捐而起，至其勒捐之事实，则或谓实系地方官与绅士，藉办学为名，抽取各乡牛捐，乡民因之反对，或谓实系抽收图捐，充统计局经费，以致激变。二说未详孰是，然其敛无名之费，填无底之橐，剥削小民之膏血，以肥官绅之身家，则昭昭无可掩矣。事后地方官，诿咎绅士，谓由绅士藉学苛捐，而绅士亦电禀当道，指谓地方官苛捐激变。此盖有利则相助，有祸则相诿，为小人之常态，无足深尤，独无如此小民何耳。

又按据报言，初二日首由北乡聚众数百人，入城跪香，要求免捐，周守因闻乡民有聚众之谣言，异常恐惧，即派巡防营管带张国梁，带兵驻防。城外乡民，被阻不得入城，颇为哗然。适值宜春县令张善禄丁忧去任，无人出而劝散，该守又惧不敢出，并不派能员正绅，出而开导，反传地甲里正入署，责令解散，拘拿为首之人惩办。乡民闻之尤哗，坚欲入城，久持不退，张管带即率兵队，先开空枪一排，尚未吓退，遂上子弹轰击，一时枪林弹雨，血肉纷飞，乡民伤亡无算，而民愤愈深矣。乡民自初二日受创后，聚众愈多，乃于初三日持械攻城，张管带又开枪轰击，乡民之伤愈多。该郡乡民素有蛮悍之名，虽受巨创，散而复聚。初六日复又攻城，张管带因见乡民人众，又电调驻萍乡防营两棚，到郡助战。闻三次开枪，乡民死伤不下数百之多，各乡均愤官兵滥杀，附从日众，以故围城多日，并四路裹胁，以壮声势。据其所言，则袁州府禀报上台之词，毋亦有不足信者欤。

《东方杂志》第6年第10期，记事，第318～321页

10月9日清政府颁布宜春民变处理意见：

宜春县匪徒起衅，及获匪情形，……该地方官于劣绅苛捐敛怨，并不严禁，及乱兆已萌，又复迁延不报，实属颟顸庸懦，咎有应得。袁州府知府周邦翰、代理宜春县事袁州府经历吴德禄、前署宜春县事试用知县张善禄，均著即行革职。仍著速饬严拿卢元弼，务获惩治，其苛细杂捐，查明分别停减，并确查有无与卢元弼通同苛捐之人，一并究办。所有清乡缉匪事宜，务饬所属，赶紧办理，以靖地方。

《宣统政纪》卷20，文海出版社（台北）1989年版，第18～19页

9月18日（八月初六日）　热河平泉州宽城乡民聚众闹税，清兵前往镇压，伤多人，毙命十八人。

热河都统延杰奏：

本年八月初九日，奴才风闻平泉州宽城地方，有聚众闹税情事，当即遴委财政局税务科科员，佐领麟章驰往确查。旋于是日据喜峰口司员保龄转据宽城把总翁国有禀：八月初六日午刻，乡民聚众，被巡防兵枪毙多命等情，飞禀到热。并据平泉州知州涂德基电禀：本月初六

日，闻信驰赴宽城，讵于是日午前已被匪徒数千焚毁税局，经护局巡兵枪伤匪徒多人，今已验明死者十八名等情。奴才卷查前据八沟税员候补知县祝万年，请在宽城设立分卡，禀经奴才批令会同平泉州知州妥筹办理。嗣据涂德基以会同祝万年前往宽城布置已妥，即于初一日回州电覆前来。乃不数日，竟酿枪毙聚众匪徒多命之案，无论如何起衅，究属办理不善，咎有应得。应请旨将候补知县祝万年先行革职，归案审办。统带热河东路巡防营，副将衔，尽先游击李保荃，当兵丁枪毙多命之时，虽不在场，究属漫无约束；平泉州知州涂德基于地方刁民聚众焚局，未能先事防范，均请旨先行摘顶示惩。仍令李保荃将护局兵十名一并交案。

《热河都统廷杰奏平泉州宽城乡民聚众闹税片》（宣统元年八月十二日军机处录副奏折），中国第一历史档案馆、北京师范大学历史系编《辛亥革命前十年间民变档案史料》上册，中华书局1985年版，第62～63页

9月23日（八月初十日）　江苏设立地方自治筹备处。

苏州商会档案载：

江苏苏属地方自治筹办处为移会事。宣统元年八月初十日奉抚宪瑞札开：照得筹办苏属城乡地方自治，设立自治筹办处，并开办自治研究所情形一案，本部院于宣统元年七月二十八日恭折会奏，除俟奉到硃批，另行恭录咨行外，合先抄折札知。

《地方自治筹办处发送瑞澂奏折移苏商总会文》（宣统元年八月十八日），《苏州商会档案丛编》第1辑，华中师范大学出版社1991年9月版，第1225页

宣统元年七月二十八日（1909年9月12日）苏抚瑞澂筹办地方自治折：

奏为筹办江苏苏、松、常、镇、太五属城、镇、乡地方自治，设立苏属地方自治筹办处及开办自治研究所情形，恭折仰祈圣鉴事。

恭读光绪三十四年十二月二十七日谕旨，宪政编查馆奏，核议民政部奏城、镇、乡地方自治并另拟选举章程一折。地方自治为立宪之根本，城、镇、乡又为自治之初基，诚非首先开办不可。著民政部及各省督、抚督饬所属地方官，选择正绅，按照此次所定章程，将城、镇、乡自治各事宜迅即筹办，实力奉行，不准稍有延误。等因。钦遵在案。复由宪政编查馆、民政部抄录原奏清单，咨行前来。伏查江苏省上年遵章设立自治局，业已分别奏咨在案，嗣奉宪政编查馆行知，将地方自治事宜责令谘议局筹办处兼理，当经前抚臣陈启泰遵于四月间将自治局撤销，改由谘议局筹办处兼理。奴才接任后，值谘议局复选议员将竣之时，遂即遴选官绅厘定规则，责令认真将自治事宜会同办理，以速进行。札委藩、学、臬三司为该处总办，江苏候补道夏敬观为该处会办，并派提调科长各员随同佐理。又照会在籍前署农工商部尚书唐文治为该处总理，翰林院编修蒋炳章、朱寿朋为该处协理，兼采用官绅所议，公举各府、州明达士绅为参议，以期群策群力，相与有成。查照馆章，该处应附设自治研究所，用以讲求法理，陶冶人材，现亦专饬即日筹立。所有该处开支经费，仍暂由谘议筹办处开支项下先行拨用。此现在筹办地方自治之大概情形也。

窃奴才更有陈者，今日而求地方自治，亦亟亟矣。自奉明诏颁行，海内喁喁相望，况江苏风气素号开通，其士民希望自治之心既切，则奋勉期成之志亦坚，督率进行，自较易于他省。然风俗习惯各有不同，欲按日而程功，在因势以利导，加以时会所迫，众情所趋，似有不能不量为变通先加整理者。今请为我皇上陈之。

查民政部分年筹备清单于地方自治一端，将镇、乡分为繁盛、中等、偏僻三期筹办，自系统计全国而定，惟苏属各厅、州、县、镇、乡多相联接，户口向称殷繁，镇之与乡竟致多难区别，若以繁盛、中等、偏僻列作三期强分筹备之后先，恐滋氓黎之观望。现奴【才】按照情形详加酌核，拟

于本年五月至宣统二年五月为筹办各属城厢自治之期;宣统二年六月至宣统三年五月为筹办各镇自治之期。照章镇制以五万人口为率,或有不能悉符,则令各繁盛之乡亦一律举办;宣统三年六月至宣统四年八月为补行筹备各乡自治之期。总期粗具规模,于宣统五年遵限一律成立,其各镇、乡人民有陈请提前先办者,亦准由该管地方官详核呈报,酌予照行。庶秩序不致紊淆,而期限得能迅集。上可以无背馆章,下可以勉符众望。此奴才所请量为变通者也。

开办自治有相因组合之事务,厥惟调查人口。镇乡制度既因调查而定,议员名额又以人口为衡。我国自纳丁于粮,户籍久同虚设,州县按年例报,类同奉行故事,不足为凭。若据此以为自治调查,未免近于率略。查民政部调查户口章程,以户籍法为下级地方自治之职务,则今日先从调查入手,正为将来之储备。今拟令各属于遴派官绅办理第一次选举时,即按城、镇、乡所在区域实力钩稽,既以慎重选民,并以豫编户籍。此奴才所请先行整理者也。

查章程自治事宜,如学务、卫生、道路、工程、农工、商务、善举及公共营业各款,共列八项,皆地方公益民生需要,一日不可缓者。既贵经理之得人,尤赖财力之相济。苏省各属公款、公产,本皆绅董经存,而出于慈善事业为多,如义学、善堂、恤嫠、育婴、义仓、积谷及施衣粥、医药等类,向来职任寄之于绅,所有出纳一切,亦绅任之,其热诚经理者固不乏人,而浮冒侵蚀者亦比比皆是。值此除旧布新,固应专饬所属,视其力所能及逐渐施即。绅董旧日管理之公款、公产,尤应逐项检查,重加整饬。现奴才拟令各属设立清理处,地方官遴派正绅督同清理,务求事有实际,款不虚糜。此又奴才所请先行整理者也。

以上三端,或拟量为变通,或拟先行整理,类皆因地以制宜,窃愿循名而责实。伏念地方自治为宪政预备之初基,官民共担之职任,然一有不慎,则无以通上下之情,上下之情不通,势必致阻遏新机,滋生疑谤。故今日之言自治,既贵推诚以相与,尤赖合力以为谋。奴才前于地方自治筹办处接见各绅,即以此意相为勖勉,士绅亦同感奋。此后所有应行筹办事宜,奴才自当督同在事员绅妥为擘画,务益周详,以仰副我皇上求治爱民之至意。所有江苏苏、松、常、镇、太五属筹备地方自治情形,及设立苏属地方自治筹办处并自治研究所各缘由,除分咨宪政编查馆、民政部外,谨会同两江总督臣张人骏,恭折具陈,伏乞皇上圣鉴训示。

《苏抚瑞澂筹办地方自治折》(宣统元年七月二十八日),《苏州商会档案丛编》第1辑,华中师范大学出版社1991年9月版,第1225～1228页

9月24日(八月十一日)　江苏巡抚瑞澂奏江苏地方自治计划。

瑞澂奏:

筹办地方自治,遵将自治事宜,由谘议局筹办处兼理,并附设自治研究所。查民政部清单,于地方自治一端,系将镇乡分为繁盛、中等、偏僻三期筹办。现拟本年五月至二年五月,为筹办城厢自治之期,二年六月至三年五月,为筹办各镇自治之期,三年六月至四年八月,为补行筹办各乡自治之期。

《宣统政纪》卷19,文海出版社(台北)1989年版,第20～21页

9月26日(八月十三日)　清政府准湖广总督陈夔龙所奏于署内设立宪政筹备处。

鄂省遵奉迭次谕旨实行筹备宪政,节经督饬所属官吏,依限次第举办。惟宪政范围极广,端绪尤繁,非有规画全局之区,仍无以挈纲维而资检核。现谨就臣署内特设宪政筹备处,由臣自任督办,拟定试办章程,檄本省现任司道暨总办各局所道员为该处总会办,派候补道一员为驻处会办,并设提调书记官各职司,分别遴委充任,于八月初一日成立。凡关于九年筹备清单

内,应由外省筹办事件及应交付谘议局提议各种议案,或谘议局议定,呈请宣布执行事件,均由该处会集妥晰筹议,庶几精神专注,脉络贯通,策进步而课成功,得渐收上下齐一之效。

《政治官报》第692号,宣统元年八月十七日,折奏类,第16页

9月27日(八月十四日)　**宪政编查馆会奏覆核各衙门九年筹备未尽事宜。**

宪政编查馆奏称:

光绪三十四年九月二十九日内阁奉上谕:朕钦奉慈禧端佑康颐昭豫庄诚寿恭钦献崇熙皇太后懿旨,前据宪政编查馆、资政院将议院未开以前逐年应行筹备事宜,开单具奏,当经降旨,谆谕内外臣工,依期举办。伏查单开各衙门筹备事宜,系就与开设议院最关切近者而言,非谓未列单内之各衙门,便可不受责成,逍遥事外。如外务部职在考查外事,作养使才,吏部职在变通选法,考核任用,礼部职在修明礼教,移易风俗,陆军部职在巩固国防,振兴军势,农工商部职在提倡实业,保守利权,邮传部职在审度形势,统筹交通,理藩部职在考查藩情,整饬边务,皆与宪政息息相通,理应同时并进。即已入单内之民政部、度支部、学部、法部等衙门,尚多有未尽事宜,若顾此失彼,偏而不全,恐届开设议院之期,规模未备,致滋纷扰。着各衙门统限六个月内,按照该馆院前奏格式,各就本管事宜,以九年应有办法,分期胪列奏明,交宪政编查馆会同覆核,请旨遵行,以专责成而杜迁延。钦此。又宣统元年闰二月初四日内阁奉上谕:现在朝廷预备立宪,各该部院衙门,举凡应办要政及一切关于预备立宪各事宜,皆当次第筹画,督率所属官员认真办理等因。钦此。仰见我皇上光绍前谟,力策富强之至意。数月以来,各该衙门业将本管之应行筹办各事,陆续奏陈,先后准军机处交,奉旨:宪政编查馆知道。钦此。

臣等伏维预备立宪,应以改良行政为最先,中国幅员广大,各直省自为风气,一切行政,颇有狃于积习难期画一整齐者。今欲图挈领提纲之法,自宜由该管各衙门立定宗旨,按年督责施行,则庶政修明,一届颁布宪法之时,得以推行尽利,是此次各该衙门所奏未尽事宜,补筹备清单所未及,实为宪政之权舆,关系至为重大。伏读上年八月初一日谕旨:该王大臣等若敢扶同讳饰,贻误国事,朝廷亦决不宽贷等因。钦此。臣等责成所在,更何敢附会因循,以干罪戾。兹谨督率考核专科各员,就各该衙门奏到筹备事宜,按部检核,有未尽者曲为引伸,有过当者稍示限制,其有彼此互相关联者,酌令同办,有与筹备原单歧出者,指令更定,分别厘正,开具清单,恭呈御览。请旨饬下各该衙门,将臣等覆核各节,应筹办者依限筹办,应更正者分别更正,应酌核者再加酌核,另行奏明办理。

惟是为政之道,有准的,有办法。准的者立定主见,可历久而不渝,办法者期利推行,要随时而通变。除已列誊黄清单各项,应钦遵前奉谕旨,由各衙门依限筹备外,其未尽事宜,端络繁赜,似宜先定筹备准的,以为递年实行布置之方。盖九年中天时人事之不齐,水旱灾荒之互见,必欲按期按事一一观成,匪特关于财政,不能逆睹其盈亏,即时会相承,亦恐多端之室碍。臣等愚以为此次各该衙门所奏筹备事宜,虽非誊黄中所列宪政重要事项可比,而实为各部院行政之准的,与立宪本旨,均属息息相通,拟请嗣后每年冬间,由该管衙门按本年原奏清单,再将拟定次年实行办法,及预算用款数目,量财政之盈绌,为规模之大小,先期切实奏明办理。但使所筹事项,克赴行政准的,纵与各该衙门此次筹备清单略有出入,不妨声明缘由,请旨允行。惟既经第二次预筹实行办法之后,各该衙门堂官即须负其责成,按照所奏,实力施行,每届六个月,按照仍将已办成绩,咨送臣馆,由臣等督率科员,实行考核,以昭慎重。盖与其九年并计,仅为笼统之考成,不如按届预筹,较切现时之情事,与其敷

衍于事后,致贻有名无实之讥,不如宽筹于事前,当收得尺得寸之效。不然者,各项筹备非财莫举,遥揣九年财政,恐难措之裕如。当此初办之时,如各项养成所、研究所、调查所、传习所,仅为筹办中之筹备,无需巨款,尚可勉强因应,二年以后,渐及实行,用度益繁,挹注匪易,不于此时实筹办法,届期竭蹶,纵将该管衙门暨臣等各予处分,而于宪政前途,已多贻误矣。以上办法,系于变通之中预为实行之地。如蒙俞允,即由臣馆咨行各该衙门遵照办理,以图渐进而期有成。

再,此折系宪政编查馆主稿,会同资政院办理,合并陈明。宣统元年八月十四日奉旨:着依议。

《会奏覆核各衙门九年筹备未尽事宜折》(宣统元年八月十四日),《东方杂志》第6年,第13期

覆核各衙门九年筹备未尽事宜清单

外务部:

查外交政策,有关国际,操纵因时,化裁通变。必谓其逆料九年进步如何,预为上地,势所不能。计惟有预储交涉人才,调查各国情势,以期洞机观变,徐收折衡樽俎之功,则原奏所谓厘定出使报告章程暨出洋任用章程,洵为筹备根本之要策,应由该部随时妥为办理。惟外交官亦在文官之列,原定逐年筹备事宜清单内,厘订京外官制、文官考试任用官俸各章程,系归宪政编查馆、会议政务处同办,外交官未便两歧,应令该部将现定章程作为暂行办法,俟将来统归京外官制文官各章程内厘定。

吏部:

查内政修明,厥惟吏治。欲期吏治之澄清,尤在赏罚之悉当,则叙补班次,处分规则,实为劝惩之标准。查该部清单所载,将以上二项分年分事,列表颁章,加意改良,果能祛其旧日之拘牵,条文之烦琐,俾实心之吏无所用其迟疑,则巧诈之员自无所售其规避。至厘订京外官制、文官考试任用官俸各章程,上年八月初一日钦奉谕旨,附列清单,系归宪政编查馆、会议政务处同办,业经遵照刊印誊黄,颁行天下,自未敢擅事更张。查会议政务处,吏部尚书本在与议之列,有应查核之处,自可随时商度,毋庸另订办法。又该部单内列有改订京外官革职降调罚俸停升记过各款切实办法,并增订各项处分条例,皆系文官惩戒章程之属。文官惩戒章程,本包于任用章程之内,该部所订各条,例应作为暂行办法,俟臣馆与会议政务处议定文官各章程颁布实行时,悉归文官各章程办理,以免两歧。其余单开各项,亦应作为暂行办法,一俟新官制及文官各章程颁布实行以后,应即酌量归并办理。

民政部:

查该部筹备各事,如调查户口,地方自治,直省巡警,均系按照立宪筹备原单办理,自应由该部依限筹办,毋庸另行覆核。但发令之权虽属该部,而能否实行,则仍视地方官吏预备人才筹储经费之何若,惟在该部严定考成,随时督催各直省该管专员依限办理,庶收坐言起行之效。

度支部:

查该部奏称立宪筹备原单应归该部办理者,以颁布清理财政章程始,以制定确当预算案终,其间确查出入、明定会计、划分国家税、试办预算决算一切办法,均已分年胪列,自应遵照单开次第,切实筹办,而尤以清理财政为切要之图。除币制一项,既经会议政务处奏交该部设局调查,应由该部另行筹办外,其余各项事宜,或已包括于逐年清理财政之中,或须推行于将来清理财政之后,容由该部体察情形,随时奏明,请旨办理等语。查臣馆会奏原单内,该部应行筹备事宜,自第一年颁布清理财政章程起,至第九年制定明年确当预算案,预备向议院

提议止，共十五条，于预备立宪期内该部应办之事，其大端略已包举，此外节目，自应酌盈剂虚，与时消息，难于逐一预为制定，转至临时或生窒碍。应如所奏。由该部体察情形，随时奏明，请旨办理。

礼部：

查礼教盛衰，有关风化，则修明秩序，赖有官吏之转移，尤赖教育之默化，诚如原奏所谓乃积渐熏陶之功，而非旦夕强迫之事。至创设礼学馆，斟酌时宜，援今证古，本通礼为权衡，垂不刊之令典，既据奏报编辑以三年为期，自应责成该管堂官，会同礼学馆总理，督率纂、协修行员，分门纂辑，计日程功，俾得依限成书，再由臣馆核定，请旨办理，以正彝伦而昭天秩。

学部：

查世界文野，以读书多少为比例，况中国为文明之祖，人类之多，环球未有，预备立宪，非从多数识字及增进普通教育入手，难收实效。考核该部所奏历年筹备事宜，由粗以及精，穷源而竟委，诚属窥见要领，条绪井然，于灌输科学之中，仍寓保存国粹之意，尤为能见其大。惟在该部随时督率各省提学使，奉令承教，切实施行，勿令良法美意徒托空言而鲜实效。

法部：

查司法独立，为立宪国惟一之主义。该部原奏，除按照筹备原单开列外，如改良监狱，编订法官惩戒暨进级各章程，编订登记章程，筹办京师外城地方审判检察厅各节，均属司法要键。惟筹办模范监狱，仅及京师，恐各省相距辽远，未能悉来取法，应酌定年限，令各省一律筹办，以期周遍。又法官惩戒章程与吏部所奏增删承审事件处分则例相同，吏部奏称会同法部办理，应令该部与吏部同办，以免两歧。惟法官亦属文官，惩戒章程本包于任用章程之内，该部所订惩戒进级各章程，应令作为暂行办法，俟臣馆与会议政务处议定文官各章程颁布实行时，悉归文官各章程办理。又登记章程系与民、商、户籍各法相辅而行，各项专律未颁以前，此项章程应由该部会同民政部、度支部、农工商部编订，奏交臣馆覆核，俟颁布后，亦宜酌定京师及各省推广办法，以期实行，其筹办之期，均查照筹备原单内直省审判厅成立年限办理。又京师外城地方审判检察厅，该部原拟，系参照内外城巡警厅制办理。惟查该部自光绪二十三年奏设京师内城地方审判检察厅以来，兼理外城民刑诉讼，尚觉力能并举，本年复经奏增庭数，已无人少事烦之虑，且该管案件，刑事系在徒罪以上，民事系在二百两以上，比之初级，究属烦简不同，应令照旧于内外城并设一厅，毋庸另行筹办，以节财力而归统一。其余单开各项，事属应办，仍由该部查照原奏，依限妥筹办理。

法律馆：

查该馆应办之事，为修改颁布新刑律，颁布法院编制法，核定颁布民律、商律、刑事民事诉讼等法典，均已列入立宪筹备原单，自应遵照年限，按期筹办。此外惟新刑律未经颁布以前，先行编订现行刑律，为目前要图，业经臣馆会同法部，议准由该馆修订，应令查照原奏，迅速办理。

大理院：

查该院为全国最高法院，乃立宪国实行宪政重要之地。法庭规制为观瞻所系，审判人才为民命所关，该院所奏建筑法庭、练习人才两端，均属切要之图，应令该院按照前后所陈，认真办理。

农工商部：

查中国与各国通商以来，外货输入，漏卮无算，及今不图振兴实业，小民生计有日穷困者。该部原奏所分调查、筹议、兴办、编制四端，不为无见。惟筹议开垦及林业在第二年，而

实行则迟至第六年,兴办各处商会既属第三年,而设立商律讲明所直迟至第八年,划一度量权衡,京师暨各省会各商埠定于第三年,而推行于各厅州县又迟至第九年,此中距离不无太远,应令该部酌核更定。其商业登记章程,亦应由该部会同法部等衙门编订,奏明办理。至中国实业所以腐败,率由才智上士以事为卑贱,而厕身农工商者,又多智识薄弱之人,以至日言保护,日言提倡,率难见功。为今之计,惟有选派多数学生,留学欧美,分肄实业各科,俾技能精进,思想发达,回国将其所学见诸施行,方收实效,现在各省各边农业林业,待兴正多,应由部商明各省,或酌择学成各人员,分投试办,以验实绩,或催令开辟田矿,种植树木,以浚利源。此为百务之本,必实业发达而货产乃能充盈,国民乃能富庶,筹备宪政费用乃不致为难,是又在该部于培植人才振兴实业加之意已。

邮传部:

查补助实业,转输军务,则轮、路、电、邮,无一不关要政,即无一不在筹备之列。考核该部原奏,如路政、电政,按年规画,极见详备,惟于船、邮二政,犹付阙如。查轮船招商局现已奉旨专归该部管辖,自属责无旁贷。至如理船厅之划分权限,航路航业之推广组织,商船学校之豫储人才,皆其所应筹备者。即邮政之附属税务司,本在未设专部以前,风气未开,暂归兼辖,今既有专官,自应责成该部堂官会商税务大臣,筹备收回方法,以符名实而清权限。至清单筹备邮政内叙及某年筹办某省电灯,此为营业性质,无关交通要政,应设与否,以商埠之盛衰为断,似可无庸议及。

理藩部:

查蒙藏回疆虽各自为风气,要皆隶我版图,则巩固边陲实豫备宪政不可缓之举。该部原奏所筹备者,先从已有之王公台吉,已列县治之土著,豫定议员额数,此自为保护藩属之权利起见。其余事件,据称所设调查、编纂两局,即为筹备基础。惟查光绪三十二年十一月间,理藩部奏准核议该部大概情形折内,声明缓设殖产、边卫两司,拟由理藩部先行调查。三十三年六月间,该部于酌拟司员各缺折内,声明设立调查、编纂两局,为将来添设两司之基础。此次折内,该部仍以调查为词。查各立宪国于经营藩政,皆以拓殖本计。三十二年,王大臣厘定该部官制奏案,于殖产、边卫两司,列明职掌,如蒙地开恳林业畜猎织造皮毛骨角路矿渔盐学务商务等,皆为不可缓之图。该部现已调查数年,虽不能概责详备,谅必已稍有端倪,边远即骤难考求,近边如内蒙古诸盟,阿拉善、额济纳等蒙部,亦岂竟一无所得,拟并请饬令先将近年调查情形,详晰认真筹画具奏,免致年复一年,仍无措置。此关于藩政要图,不能不亟为筹及者也。

《会奏覆核各衙门九年筹备未尽事宜折》(宣统元年八月十四日),《东方杂志》第6年第13期;另见夏新华、胡旭晟整理《近代中国宪政历程:史料荟萃》,中国政法大学出版社2004年版,第136～139页

△ 清廷奉天当局发布告示,严厉禁止抵制日货事件。

告示:

照得懋迁有无,为生民必要之端,互市交通,乃各国通行之例。奉省自开商埠以来,铁轨轮舟,四通八达,各国货物之进口者,麇集鳞比,销售亦日多一日。近闻因此次外务部与大日本国交涉案议成,一二无知之徒倡有抵制日货之说。夫国际交涉,政府自有权衡,岂容妄生谣诼?推其究竟,不过一二人煽惑其间,遂致此倡彼和,传播几遍。尔等须知,保邦善邻,古之明训;造谣生事,法有常经;买卖虽属个人之自由,抵制必为友邦所藉口。自示之后,倘再有开会演说,布散传单,宣言抵制日货者,一经查觉,即以抗违论罪,决不稍宽。

《奉天民政使为禁止抵制日货事的告示》(宣统元年八月十四日)(1909.9.27),载《辽宁辛亥革命档案史料选辑》,章开沅、罗福惠、严昌洪主编,严昌洪、关捷编《辛亥革命史资料新编》(3),湖北人出版社2009年版,第6～7页

9 月 28 日(八月十五日)　清廷外务部奏准建游美肄业馆于清华园。

本年 7 月 10 日(五月二十三日),清外务部奏请设立游美学务处。外务部奏称:

美国减收赔款,业于本年正月起实行。则选派学生出洋即应举办。非徒酬答与国,实乃推广育材。臣等拟在京师设立游美学务处,管理考选遣送稽查等事,并附设肄业馆,选学生入馆试验,随时送往美国肄业。以八分习农工商矿等科,以二分习法政理财师范诸学。专派监督驻美,管理学生学费功课起居等事。至于学生名额,案照各省赔款数目匀给。其满汉蒙藏亦酌给名额,以昭公溥。

《宣统政纪》卷 14,文海出版社(台北)1989 年版,第 12 ~ 13 页

本日,外务部奏:

拟建游美肄业馆。恳请给西直门外清华园地亩,以便兴筑,而隆作育。

《宣统政纪》卷 19,文海出版社(台北)1989 年版,第 29 页

《清史稿》记:

五月,定留学生赴美名额,因美退还庚子赔款,为中国学生赴美游学费,议自退还之年起,初四年每年遣一百名,以后每年至少须遣五十名,遂订办法大纲。是年美工商部新颁华人入美保护例凡十条,大旨仍重在禁止限制华工影射赴美,而于商贾、教习、学生等游历则从宽。

赵尔巽《清史稿》卷 156,志 131,邦交 4,中华书局 1977 年版,第 4597 页

8 月—9 月间　陶成章等因在南洋筹款受挫,与孙中山及同盟会南洋支部矛盾日深。在原《中兴日报》书记陈威涛支持下,联络李燮和等起草攻击孙中山的“公函”,并经陶成章到东京后交付黄兴,由此发起第二次倒孙风潮。

邓文翚记:

1909 年在东京的革命党人鉴于内地举事屡次的失败,如云南河口之役,熊成基、秋瑾、徐锡麟安庆之役,广东潮州黄冈之役,萍乡醴陵之役,不下七余次,起来不到几时即成泡影。一般消极分子对于革命前途多抱失望,在东革命分子除同盟会黄兴赴香港,宋教仁赴东北密谋活动外,陶成章亦赴南洋群岛筹款去了。陶成章在新嘉坡因筹款事与孙、黄派内筹款的胡汉民、陈其美等互相攻击,互相破坏,结成深怨。

邓文翚《共进会的原起及其若干制度》,《近代史资料》(总 10 号),科学出版社 1956 年 8 月版,第 11 页

《致王若愚、李燮和书》(一九〇九年八、九月):

公函已交克强兄。惟彼一力袒护孙文,真不可解。精卫来东京已十余日,与克强同住。石屏在安南信孙文大言,亦为所迷。精卫此次之来,一为辩护中山,二则因南洋反对日多,欲再来东京窃此总会及《民报》之名,以牢笼南洋。盖东京总会无人过问,故彼图此以济其私。弟现已明白宣言:不由众议而自窃取者,无论何人,弟等决不承认。兹附上章、易、黄与弟之各函,可以略悉一切矣。克强兄之意,拟先复一公函于兄等。所谓公函,仍出于此四五人之手,不过为缓兵之计耳。弟拟日内往克强处,先行取归公函,而后再议他事。再俟敝友到东,另行组织新机关,为内外各地之信所,俟有成议,当行奉告。

…………

精卫为人,狡展异常,狭(挟)制克公,使其不发表此公函。章太炎已刊报告,不久当分布南洋各埠也。

汤志钧编《陶成章集》,中华书局 1986 年版,第 156 页

《致李燮和、王若愚书》(一九〇九年秋):

东京总会名存实亡,号召不尽,全由一二小人诞妄无耻,每事失信,以至如此耳。弟初到

之时,即与克强公商议,不料已先入精卫之言(先已有信云),而精卫亦即随之而至,以术饵克强,遂不由公议,而以《民报》授之。以精卫为编辑人,由秀光社秘密出版,托名巴黎发行,东京同人概未与闻。为易本義兄所知,告之章太炎先生,太炎大怒,于是有传单之发。克强既不肯发布公启,弟往向之索回,不肯归还。太炎传单出后,克强屡使人恐吓之,谓有人欲称足下以破坏团体之故也。遂又登太炎于《日华新报》,诬太炎以侦探,谓因其与刘光汉有来往也。又以信责弟,以神圣孙恶,而隐隐以弟谓授(受)政府之指使。自谓真正公心,而责弟以妄存私意。弟乃为二千言之长函以责之。兄之公启再寄到时,总机关已无,弟乃录出数纸(本欲刊印,因身无分文),一与云南杂志社,一与太炎,贴之于国学讲习会之讲室。而南洋各埠接到太炎之传单,已有复信,又来责言一纸,以太炎之事,为受弟指使,目弟有代为总会长之意。彼等又使人诈取太炎之图章,太炎不虑有他,与之(云往警察署取旧《民报》之保证金)。越数日,而《日华新报》又登章炳麟有与端方合谋卖革命党之信矣。又牵涉及弟,谓弟在南洋与李时乾狼狈为奸,于是克强函责太炎以晚节不终。而太炎亦责克强以端方请其入幕(此信自南京来),并派湖北人吴坤往天津谒端方(此事本甚秘密,不知何故为云南会长赵伸所侦知,因以长函责克强,而转为太炎所悉也),意欲何为等语。现太炎已有辩书一纸,将以付印,日后当寄奉也。克强如此,故现在东京皆人人疑惧,不可与有为矣。

湖南同志大半反对克强,然弟所识者只有本義,已于两月前归国,中道疾亡,可哀也哉。弟又邀秋瑾旧日盟弟王姓者一人,欲与商议收拾湖南之一方面,彼亦畏恶人作恶,致千未便。湖北会长余君甚赞成发表孙文之举,且亦反对克强,然病甚重,不能有所补助。故总会亦已一败涂地,无可整顿矣。弟乃邀集旧时同志最可靠者商酌数次,已议定草章,寄奉三张,乞兄等与各同志酌量之,再细加商榷,冀臻于完全,是所至盼。

此次设立会长,均以不置总会长为是。盖总会长一举一动,系于会事前途甚大。当其职者若有才能而无道德,则借权营私,弊将百出,第二孙文将复见于他日。若有道德而才不足以副之,则难免不受人愚弄,倒行逆施,会之破坏亦可预卜,当其时再谋补救晚矣。章君太炎,其人并非无才之人,不过仅能画策,不能实行,其立心久远,志愿远大,目前之虚名,彼亦所不愿也。大约日后使彼来南洋讲学,广招学徒,分布四方各埠,其效果当非浅鲜。若以会长处之,用违其才,反碍前进之路矣。其情节彼已于辩书中声明之。故现今会章,但分评议、执行二部,分立权限,各行其事,既无不能统一之虞,又有互相监察之效。兄等皆可居于评议、执行之列,犹明制之督抚,由京职而抚治地方者也。且东京既不能实行革命,又不能代为筹款,仅设一通信所已足矣。南洋分会之权,使之加重,未识兄意以为何如?

近接恨海之信,知新加坡之张永福、陈楚楠亦已反对孙文。夫新加坡为各埠所观望,不可不乘势联络之。弟意仍欲于南洋设一支部,举本地有名之人为支部长,而评议、执行二部之人,以东京同志之在南方者充之,兄意以为然否?弟所筹之款,均不见寄来,前后寄到者不过七百元,合之去岁仰光之款,不足千元,已另星付牢狱费及内地同志川费等用完。弟将用一纸声明:且言不再向南洋各埠筹款,以免贻人口舌,而绝后贤之路。盖弟同德同心之旧同事,犹有多人,皆尽力于财政之研究,二三年后,必有济矣,尚不致束手无策也。

弟明年欲再南下一次,提倡教育,劝人多设学堂,为后人开门径,且欲以助兄等公司之组织。至于革命一节,弟意非先扰乱北京不可。若有三四万金,亦可将就。否则甚难措……(原文缺,编者)

汤志钧编《陶成章集》,中华书局1986年版,第158~160页

《致亦逵等书》(一九〇九年九月):

昨日克(强)、石屏、霖生三君来弟处,适弟外出,今日特走访之,与克公辩论中山之事多时。据克公意,先复一函于南方诸君(此函即由三四人主之,弟不之阅,听之而已),且俟诸君之复函再议。其复函即辩论公函之事,系克公及精卫所知者申言之。克公之言,弟未敢妄议其是非;唯精卫之欺妄,弟已亲受之矣。近日克公恐又在术中而不悟耳。前此公信尚留克公处,并未发布与各省人看。现闻有川人王礼君对克公说:言三宝垅王君某,系新去爪哇者,有函致王礼君,言彼及杨家彬君、陈方度君,公函之事,并未与议其间云云。若此,则克公等将疑此反对中山之事,由弟运动之矣,乞兄向方度兄言之为要。

中山指弟为保皇党及侦探事,克公不信,而石公更不信,以谓天下断无此理。兄能将前后二次开会情形,并其与各人之函件寄来为妙。弟思时局如此,焦唇敝舌,屡与不道德之人苦辩,实在乏味之至,苦恼之极。弟意各处局面,可以收拾者则收拾之,不则弃之可也,何妨另开局面乎?前次之事,终算一场大悔(晦)气罢了。兄如以为然,弟当致函魏君,另立方面。如兄商业之事,可以运动成功,大妙之至。否则缅甸、暹罗,尚可去得,弟当为介绍之,未识兄意以为何如?

汤志钧编《陶成章集》,中华书局1986年版,第160~161页

《致某某书》(一九〇九年九月二十二日):

公函交与克公而后,并不发布与各分会看,均留克公处。克公欲复一公函,此复函即由克公等数人拟之而发,其中即以克公及精卫二人之所知者而为之辩难。克公之说,弟不敢以为非,而亦未敢竟断其为是。精卫之欺诈,弟固亲受之,即兄亦何常(尝)不亲受之乎?其言之无价值,已可想见一斑。然彼亦一是非,此亦一是非,克公既欲复函,弟亦何能强止不发耶?克公欲弟附一函,弟亦允之。克公以为南洋之事,久远非所宜,意欲速就为是,皆与弟及兄等之意大相反。且以为不开除孙文,无妨于事。不知各埠感情已大坏,势已分崩瓦解,必然至于莫可收拾而后止。弟亦不愿与其列,已函致相知诸友,早为设法防维之矣。而弟之所赞成者,方度兄之独立营办实业耳。

孙文妄指弟为保皇党及侦探之事,克公以为无有,而石公更以为无有,弟亦不辨(辩),但兄可将两次开会情形,写在复克公之信函中,更能将与庆武、瑞元、甲元之函,一并带来更妙。余不多述。

汤志钧编《陶成章集》,中华书局1986年版,第161页

《致王若愚书》(一九〇九年九月二十四日):

到东京后,即将公函交付克公。迄今并不发布,专为中山调停。精卫亦来,与克公同寓。精卫知反对者已多,乃又欲收《民报》以为己有矣。现在弟已声明不承认之。

羲谷(指易羲谷,编者)兄时常会面,病亦愈矣。弟思筑室道旁,永不成功,不若由二三人出面发表之,从此分为两歧罢了。

汤志钧编《陶成章集》,中华书局1986年版,第163页

《致某某书》(一九〇九年九月二十五日):

……昨日去索回公函,由弟表白。今得克强来信,中多无理取闹之言,可恨已极。彼之如此,不过欲俟《民报》出版,以为其掩饰耳。苟复函中有一项异议,彼即全体反案矣。克公自以为能,竟不料其自坏长城矣。方度兄用意若何,弟不得而知,乞兄询之可也。弟意事已如此,不若尽弃之,改造新方面耳。

…………

克公贪于目前之近利,不识适贻日后之祸患,又为一人之便益,而以之反伤其同人,有所不计。英雄作用如此,吾其奈之何哉!

…………

克公已受精卫之愚,以弟观之,已有谮兄之言于克公,弟已窥其隐矣。因为精卫致函于兄,兄之不答,彼已知兄反对,以故先有谮言。而精卫则未知方度亦反对中山,故在克公前力扬方度,故必须方度有信于克公方佳。何以知之?因今日弟言及兄(尚有多事),并提起天麟君事,克公云:柱中与天麟亦有反对,君知之乎?弟曰:不知。彼曰:柱中于去年有信于中山,言天麟为人,须以名誉归之,而内中事不可深任之。中山之怒天麟,即由柱中之信而来。弟对曰:天麟须以名归之,此言柱中兄亦已对弟言,至于冲突之事无之。故克公疑兄有欲独揽其权之意。精卫既如此说,则必又构兄于天麟也必矣,不可不预筹防备之。盖精卫之人,外诚内诈,专用离间之法云云。

汤志钧编《陶成章集》,中华书局1986年版,第163页

魏兰在《陶焕卿先生行述》中记:

先生交英荷各属运动,孙文、胡汉民皆作函阻止之。先生至网甲岛之滨港,孙文诬指先生为保皇党,运动人暗杀先生,幸赖李燮和(改名柱中)力为剖白、始免于难。时李燮和等在网甲为学堂教员,亦屡忿孙文之以诈术待人,遂联络江、浙、湘、楚、闽、广、蜀七省在南洋办事人,罗列孙文罪状十二条、善后办法九条,并将孙文往来信札,交先生手,托其带至日本东京同盟会总会,不欲戴孙文为会长。燮和恐先生遭暗杀,并托人护送至新加坡。孙文随命汪精卫尾随先生而至东京,与同盟会书记黄兴联络,黄兴偏袒孙文,不肯发布,并作书覆李燮和等,为孙文辩护,洋洋千余言。善后办法中,有言兴复《民报》之举,精卫遂作《民报》续刻之。由是章太炎作《伪民报检举状》,痛斥孙文借革命为新骗术,当其时,陈威涛客爪哇魏兰处,将《孙文罪状》用药水印刷百余纸,邮寄中外各报馆登之。孙文大怒,命各机关报攻击先生与章太炎、陈威涛不遗余力。先生因作《布告同志书》一册,直言孙文种种之非,并略述自己生平所经历,此己酉年事也。

汤志钧编《陶成章集》,中华书局1986年版,第433页

10月3日(八月二十日)　上海《民吁报》发刊。

于右任曾于本年三月,在上海集资发刊《民呼日报》,出版甫四月,因抨击时政,为陕甘二省当局控告,卒被沪租界当局封闭停业,并逐出租界。于氏气不稍馁,旋改名《民吁报》,继续出版。其所以定名《民吁》为:

报何以民吁名也,曰民不敢声,故仅吁耳。曰今世界之民复有以吁代其声者乎?曰:有之,俄人不使波兰人声也,而波兰人吁;英人不使印度人声也,而印度人吁;法人不使安南人声也,而安南人吁;日本不使朝鲜人声也,而朝鲜人吁。曰彼何以不使其民声而必迫之令吁,曰英、美、德、法、义、日诸强国何以不迫其民吁而必听之使声,曰知之矣。但我中国今日其民何以必吁?曰:我中国今日之民何以不吁。

《民吁日报》第1号,1909年8月20日

《民吁报》以提倡国民精神,痛陈民生利病,保存国粹,讲求实学为宗旨。

《民吁日报》第1号,1909年8月20日

《民吁报》名义上以朱葆康(少屏)为发行人,范光启为社长,实际仍由于右任负责,撰述人有景耀月、王旡生、周锡三等。

冯自由《中国革命运动二十六年组织史》,商务印书馆1948年版,第193页

10 月 4 日(八月二十一日)　清内阁大学士张之洞卒,享年七十三岁。

张之洞病逝后,清廷谥文襄,晋赠太保,谕曰:

大学士张之洞公忠体国,廉正无私。荷先朝特达之知,由翰林洊升内阁学士,简授山西巡抚,总督两广、湖广,权理两江。凡所设施,皆提倡新政,利国便民。庚子之变,顾全大局,保障东南,厥功甚伟。旋以总督晋陟纶扉,入参机要,管理学部事务,宗旨纯正,懋著勤劳。朕御极后,深资倚畀,晋加太子太保衔。服官四十余年,擘画精详,时艰匡济,经猷之远大,久为中外所共见。近因患病,屡经赏假调理,并赏赐人参,方冀克享遐龄,长资辅弼。兹闻溘逝,轸惜殊深。著赏给陀罗经被,派郡王衔贝勒载涛带领侍卫十员,即日前往奠醊,并赐祭一坛,加恩予谥文襄,晋赠太保,照大学士例赐恤,入祀贤良祠。赏银三千两治丧,由广储司给发,任内一切处分,悉予开复。应得恤典,该衙门查例具奏。灵柩回籍时,沿途地方官妥为照料,伊子礼部郎中张权著以四品京堂候补,邮传部学习员外郎张仁侃,著以郎中补用,伊孙选拔生张厚璟,著赏给主事分部补用。用示笃念荩臣至意。

《宣统政纪》卷 20,文海出版社(台北)1989 年版,第 8 ~9 页;另见《政治官报》,第699号,宣统元年八月二十四日,谕旨类第2页

《清史稿》记:

己亥,大学士张之洞卒,赠太保,入祀贤良祠。

赵尔巽《清史稿》卷 25,本纪 25,中华书局 1977 年版,第 976 页

胡思敬记张之洞因抑郁而死情形。

张之洞晚年见新学猖狂,颇有悔心。任鄂督时,指驳新律,电奏凡百余言,词绝沉痛。及内用,管理学部。学部考试东洋毕业生例派京官襄校,司员拟单进,之洞指汪荣宝名曰:"是轻薄子,不可用!"取朱笔抹之。顾满尚书荣庆曰:"我翰林院遂无一堪胜此任者乎?何必是!"自新名词盛行,公牍奏稿揉和通用,之洞尤恶之。一日,部员进稿中有"公民"二字,裂稿抵地,大骂。然新政倡自湖北,废科举,专办学堂,事极孟浪,实由之洞主持。既提倡在先,不能尽反前议,袖手嗟叹而已。及袁世凯既罢,无人掣肘,自料可伸己志,已而亲贵尽出揽权,心甚忧之。军谘府之设,争之累日不能入,唐绍仪为世凯死党,监国欲委以津浦铁路,之洞不可,绍仪闻而衔之。先是,粤汉铁路拒美款,本谓收回自办,旋以款绌又改借英债,皆之洞为政,绍仪因是嗾美使诘路事以撼之洞。之洞生平多处顺境,晚岁官愈高而境愈逆,由是郁郁成疾。疾甫作,即知不起,急将平日诗稿自编为《广雅堂集》。计其在位先后几五十年,官至大学士兼军机大臣,临死乃欲与文士争名,其自处盖可知矣。

胡思敬《国闻备乘》卷 4,"汉员不丁忧",中华书局 2007 年版,第 77 页

10 月 8 日(八月二十五日)　孙中山欲兴办《学报》,致函王鸿猷,提出办报宗旨,并委其在巴黎办理。

《致王子匡函》(一九〇九年十月八日):

柏林王亮畴博士宠惠处,弟今午已写信去,请他出名担任报事,想彼必乐成其事也。彼于本月杪当往巴黎。此事如何办法,从何集资,请兄可直捷与亮畴兄商量也。彼若肯出名,吾党各同志可各就其地运动清公使助资;公使肯出资,将来必肯代为介绍行销内地,如此销场一广,则运展可灵。此报将来可作交通内地各省有心人之机关,又可作联络欧洲学界之枢纽。其言论表面当主平和,以不触满政府之忌,而暗中曲折,引人入革命之思想。蘅兄主于报外另印单张,专言激烈之事以动人;别出他名,按照看报者之地址以分寄。此亦甚为可行。

今日已与蘅兄商酌，可名曰《学报》，中可言科学、政理及欧洲时事（此门便可多引革命之事实）等等各大端，可由兄等随后妥酌而行。

巴黎张君翼枢，号骥先，曾与Maybon君商量，欲刊华、法两文，如此乃可销于法人之留心东方时事者，并可招徕法商广告，以补助报资。张君与Maybon君更拟在巴黎设一机关，以为联络法国有心人以助中国之革命；如土耳其人之得法人之助者，亦因有机关在巴黎，乃得如此好结果也。此事请足下到巴时与张兄详商，协力相助为望。张兄曾与弟同入镇南关，亲冒弹雨；其人聪敏有办事才，滇粤起兵时，与法人办交涉皆多彼之力，甚有成效。将来巴黎一地，有足下、亮畴及张兄同聚一处，吾信兄等必能商筹妥善之法，以联络法人而得其助力也。望兄留心图之。

中国社会科学院近代史研究所等编《孙中山全集》第1卷，中华书局1981年版，第416～417页

10月13日（八月三十日）　清命九月初一日为各省召集议员开议之期。

《清史稿》记：

丙午，诏以九月初一日为各省召集议员开议之期，特申诰诫。谕曰：

谘议局议员于地方利弊当切实指陈，妥善计划。勿挟私心以妨公益，勿逞意气以紊成规，勿见事太易而议论稍涉嚣张，勿权限不明而定法或滋侵越。各督抚亦当虚心采纳，裁度施行，以期上下一心，渐臻上理。至开局以后，各督抚尤应遵照定章，实行监督，务使议决事件不稍逾越权限，违背法律。共摅忠爱，以图富强，朕实有厚望焉。

赵尔巽《清史稿》卷25，本纪25，中华书局1977年版，第976页

10月14日（九月初一日）　新疆省除外，各省谘议局正式开幕。

根据清廷筹备立宪计划，是日各省谘议局纷纷宣布成立，四川省谘议局于当日召开第一次会议。

宣统元年九月初一日，督部堂赵、制军马（指川督赵尔巽、成都将军马亮，编者）、布政司王人文、提学司赵启霖、按察司江毓昌、巡警道高增爵、劝业道周善培、盐茶道尹良、成都府于宗潼、成都县史久龙、华阳县钮传善等以午前八钟齐集谘议局。议员除特别有事者外，实应召者一百〇四人。午前九钟行开局礼如式，讫十钟行议长选举。第一次实投一百零四票，蒲殿俊得七十六票，当选为议长。第二次实投一百〇二票，肖湘得五十八票，当选为副议长。第三次实投票一百〇四票，罗纶得四十七票，吴季昌得二十六票，俱不及过半票，照章加倍开列，指定再选，罗纶得五十五票，当选为副议长。

《四川省谘议局第一次议事录》，隗瀛涛、赵清主编《四川辛亥革命史料》，四川人民出版社1981年版，第2页

选举结束后，赵尔巽发表演讲，曰：

维今上登极之元年，为各省谘议局一律成立之日，川省居长江上游，以二十余万方里之大，七千三百余万人口之众，巍然为西南屏蔽，其谘议局所处之地位，所负之责任尤至重且要，而于国家有莫大之关系。自去岁奉旨筹办以来，官率于上，绅应于下，经营规画，不遗余力。兹幸初复选业已告竣，谘议局如限落成，各属选出之议员，先后咸集。其中或蜚声黉序，为学界之美贤，或驰誉乡邦，为缙绅之表率，且有筮仕京外，负笈东西，而奋然投身应选，思有所效力于乡国者，济济跄跄，备极一时之选。本督部堂渥承恩命，忝领此邦，乃得与我贤士大夫雍容晋接，揖让周旋，相与聚首一堂，举行此至隆重至庄严至有关系之开局礼式，此诚亘古所未有，全省所具瞻，而私衷所不胜欣喜过望者也。惟是谘议局创办之始，一切无所观摩，而

国民与闻政事，亦在正当练习之初，各议员躬逢盛会，讨论一切应如何而后能图厥成功，如何而后能绝夫流弊，苟欲善保其终，必当慎谋于始。本督部堂熟计前途，有不能不相与共勉者数事，窃愿为□□□畅言之：

一曰融畛域。今日何日？乃我全国官民上下协力同心，共图自强之日也。人皆谓谘议局一旦成立，则官绅之竞争于是方兴。本督部堂则谓谘议局既经成立，则官绅之感情益臻联络。何则？夫设谘议局之前，官有所困难，而不能谋之于绅，绅有所疾苦亦不能诉之于官，故始则相疑，继则相远，终遂成为痞隔之症。若谘议局既经成立，则官所困难者，绅得而共谅之；绅所疾苦者，官得而维护之；官与绅隔阂尽除，方互相亲爱，互相扶助之不暇，尚何畛域之可言乎？所虑者意气用事，私见未融，官则挟一官之见存，遇事而私心自用；绅则挟一绅之见存，遇事而意存批剔，遂不免别生龃龉耳。不知今日之绅，即异日之官，此省之官，即彼省之绅，本属一体，易地而观，原无区别之可言。且绅固爱其乡土，而官亦何尝不自爱其名誉。苟有可以利国利民者，自非大愚不灵及一二贪私自利之辈，谁不乐助其成，以报上知而慰群望，而顾先存一不肖待人之心，谓此之所主张者皆公皆是，彼之所主张者皆私皆非，有是理乎？此后商办一切，务望推诚相与，择善而从，切勿预存此疆彼界之见，致各怀尔诈我虞之心，庶几同舟共济，宏济艰难，或可收易危为安，转弱为强之效，此本督部堂所期望于我议员者一也。

二曰明权限。畛域化矣，而分际不明，则仍不免有淆杂纷争之患，则权限又当明焉。以近时国家主义盛行之日，一切权力皆属之于国家，官吏为国家之机关，机关无权，其所执行之权力，皆国家之权力也。议员为人民之代表，人民无权，其所有议政之权，亦国家之所付与也。人有恒言，曰官权、曰民权，其实除执行国家之意思及为国家之所认可者外，官吏与人民何尝有毫末权力之可言哉。然既因执行国家之意思而有官权，则当自保其执行之权，而于人民议政之权，不容有所遏抑。既因国家之许其议政而有民权，则当自守其议政之权，而于官吏执行之权丝毫无所侵犯。屡奉先朝明谕，大权统于朝廷，庶政公诸舆论，又曰建言之权在人民，执行之权在政府。圣训昭垂，凡我官民，皆应共守，不可稍有违背。且即以议政之权言之，亦自有其畛域，非竟漫无限制者。以资政院所应提议之件而于谘议局提出之，则为上侵。以地方自治会所应讨论之事而于谘议局代议之，则为下替。故除谘议局章程二十一条所列举者外，皆非谘议局所应过问，此亦犹行政官之有上级下级之分，行政司法之异也。抑更有进者，本督部堂历官各省，无不以通下情、达民隐为急务，莅蜀以来，延接士绅，广搜舆论，区区重视人民之意，当为诸君所共见。然先之建言者，其心无一权之见存，故准驳皆无所容心，傥后之建言者各挟一权之见来，则方寸已先存成见，欲解此结，则与其曰此权也，不如曰此义务也，官绅各尽其义务，相与浑然而忘之，谆然而出之，坦然而受之，则将来成就必有加人一等者，此本督部堂所期望于我议员者二也。

三曰图公益。公益二字，为近人所乐称，其反对之词则为私益。公益私益云者，即古人义利之分也。诸君以公民之资格，受公众之推选，今者不惮跋涉，不辞劳瘁，牺牲其珍贵之光阴，抛弃其有用之职业，仆仆然相与萃集于兹，谋所以兴利除弊，造福国民，固除公益外，无第二目的矣。虽然公私之辨界在几微，求利禄私也，博声誉亦为私；持己见私也，徇众议亦为私。爱乡里公矣，而因乡里之利益而忘其省，则爱乡里亦私。爱本省公矣，而因本省之利益而忘其国，则爱本省亦私。公私本无一定，惟就其见理之深浅与其所图谋、所希望之大小、久暂以为衡，其根荄虽存于个人心性之间，其效果遂见于全体国家之际。失之毫厘，差以千里。故有所谋本公，而不知其适蹈于私，本以求益而不知其反以招损。彼古今之才人杰士，发愤

救时,而其后或反为厉阶者,则公私几微之界辨之不早辨也。凡我议员将来出而临事务,冀公听并观,无所偏倚,无所徇执,以共趋于大中至正之途,国步艰难,庶其有济。若夫假公济私,是己非人,自好者且不为,岂足为我议员虑。此本督部堂所期望于我议员者三也。

四曰谋远大。凡立国于今日者,在其民有高掌远跖活泼进取之精神,然后能独立争雄,以与世界竞争之大势相应,而其集中之点,实在国家。就四川而论,物产丰饶,河山四塞,居天府之雄封,据神州之奥壤,此其势似可无求于外矣。然试问藏卫有警,川西之民得甘食乎?秦陇新疆多事,川北之人得安枕乎?又使滇黔不靖,湘鄂告灾,川南、川东一带,得晏然无忧、闭户而自守乎?然此犹就其近者言之也。更就其远者言之,则四川居二十二行省之中,实为国家之一部,政府犹头目也,各省犹手足也,头目有患,则全体为之不灵,而顾沾沾焉于一手一足之是卫,求其安全无恙也得乎?彼东西各国之国民,其于国家也视之为公产,爱之为父母,遇急难则不惮捐生命、竭资财以拥护而拯救之,故能巩固邦基而扬光辉于世界。我国近年以来,爱国之说腾于人口,而省界县界之见犹未能遽化,往往为合群卫国之障害,故不惮谆谆告诫,期与诸君一排除之,非谓议论范围可驰逐于域外,而于政府全局统筹之计划,不可疑为偏重之负担,非谓本省利害可姑置为缓图,而于邻藩杌陧不安之情形,亦当知为切身之痛痒。如医然,必知全经之脉络,而后不触不背,可以治一经之病证。谘议局为一省舆论之机关,谘议局议员为一省人民之代表,其所谋者亦当以一省之利益为限,然非胸有全局,必不能奠安一省。故界限宜严,而眼光戒小,此又本督部堂所期望于我议员者四也。

五曰务实际。语曰:言之非艰,行之维艰。又曰:议论多,而成功少。凡此诸弊,皆坐见事太易,不求实际之所致也。夫天下事,固有视之甚易,而其中细微曲折,非身历其境不知其艰难辛苦者。亦有本系良法美意而行之于古则合,行之于今则窒,施之于彼则见其咸宜,施之于此则反以为害,盖缘情势不同,习惯互异,虽有贤智,不能骤更。即以就定之谘议局选举章程及城镇乡地方自治章程言之,其大端虽系取法各国,而其中采取之主义,施行之方法,实大半依据本国之惯例习俗以为衡,及行之各省又不无斟酌变通之处,使必执一格以绳之,其能密合无间者鲜矣!诸君学识优裕,阅事甚多,因不虑有好高鹜远之病,惟以与闻国政之日浅,究于政界情形得诸传闻者多,得诸实验者少,或不免稍有隔膜之处。查各国议院成法,皆设有临时调查委员会,凡遇有本院提议,或政府交议事件,皆先交该会共同研究,详细调查,必确得其真知真弊之所在,然后公议而决定之,其法至为妥善。将来院中讨论各事,似可参酌照办,庶几坐言者皆可起行,不致有空疏无补、过高难行之患,而彼此隔阂诸弊亦可悉免。此又本督部堂所期望于我议员者五也。

六曰循次序。为治之道,非勇往直前固不足以图功,而求治太急,不分其事之缓急轻重,兼营并骛,遽欲于旦夕之间,责莫大之效,其势亦有所不能。盖凡办一事,必其财力有余,人材足用,而后循序渐进以图之,方能徐底于成,固非咄嗟间所能悉办也。譬之治生,必糊口而后求温饱,先温饱而后求服玩。譬之筑室,必有基址而后筑墙壁,有墙壁而后饰门户。断未有糊口无资,而服玩是好,亦未有基址不立,而门户先具者。推之政事,何莫不然。比见海内人士,以我国时势积弱,待治孔殷,于是朝建一策焉,以为可图强,夕上一书焉,以为可致富,推其心岂非真诚爱国,而以凌躐之故,或行之而不效,或搁之而不行,欲速反迟,谁之咎欤!今幸国是大定,人心咸趋于宪政之一途,凡自治、巡警、教育、实业诸大政,皆于九年豫备之中,定有先后施行之顺序。凡我官绅皆可遵循途辙,次第图成。本督部堂审度川省情形,于可以提前赶办者,无不竭力图维期早成立,其有不容凌躐者,亦不敢操之太蹙,致多窒碍,但使官绅协力依次办去,当不致误九年筹备之期。诸君热心公益,力求实际,其各本积极进取

之精神，为循守秩序之举动。此则本督部堂所期望于我议员者六也。

以上各节，皆仅就平日所见及者，略述一二，籍供参究。其他议员应有之权限，应尽之职务，与夫平日发言建议应守之规条秩序，则有宪法大纲及钦定之局章、续奏之解释在。诸君以阖省之人望，为阖省之代表，而又值谘议局第一次成立之时，会为将来无量数谘议局之模范，必能谨守绳墨，发抒怀抱，本其爱乡土之心而爱其省，本其爱本省之心而爱其君国，爱其政府，推及于政府所委□之官吏，相与一德一心，黾勉从事，以跻其所代表全省人民于康乐和亲、文明强盛之域，而为国家之光也，固无待本督部堂之谆谆诰诫，徒为词费云尔。

蒲殿俊代表全体议员口述答词，曰：

四川地形偏远，交通机关又复不甚发达，虽称地大物博，人民众多，而于政治上之思想，政治上之能力，较之京畿及东南各省，其萌芽不免稍后。乃今日我辈同人，居然能与各省一律躬际盛运，对于本省政治得以从容议论，此固由朝廷培养之厚，施泽之宏，与夫我四川士大夫父老子弟，感激发愤，不自菲薄之所致，而实则我行政长官以及各贤有司提倡诱导，催促其进步，使有今日，其力尤多。此殿俊所敢代表全川人致其感谢者也。今又承督部堂称述朝廷德意，谆谆然以六事相期，我辈虽不才，何敢不勉。而在殿俊私意，则谓当时时服膺者，尤在化畛域、明权限两端。盖谘议局之设，其根本无非为整兴国事，则上下心目中皆当以国事为前提。国者对于他国之词，除国以外，无所谓界，即无所谓畛域，绅与官同为本国人，即所办同为本国事，在理论上本无畛域可分。事者离乎人之词，事须如此者，不当徇人以丧己，亦不当扬己以求异于人。心中不存人己之见，而惟知有事平心研究，何事不善？所谓权限，即因事而明，然而天下事非知之艰，行之惟艰，诚有如督部堂所言者。平日口言化畛域、明权限，一旦临事，忽然意气发动，不但畛域不化，甚至蹂躏权限而不恤，其心中只有我之意见、我之利害、我之名誉、我之所谓是非得失，不复有人，遑知有国？遑知有事？既不知有国、有事，则所谓谋公益、图远大、循次序者，更复从何说起？古人云：为治不在多言，顾力行如何耳。今日督部堂开诚布公，与我辈相见，其能化畛域，明权限，已为上下所共见共信，殿俊尤愿与我全体议员共相策励，时时悬国事两字于胸中，而以化畛域，明权限两端期诸实际，使将来所议之事，议无不协，行无不利，所以付朝廷立议院基础之厚望者在此，所以赞助督部堂措施善政者在此，即我辈所以对全川父老子弟者亦在此。

谘议局自九月一日成立后，逐步完善自身组织。

次日正副议长及议员入局视事。先选任编制、文牍、庶务、会计四科书记，整理应用什物，购制参考书籍，分设议员办事室及书记办事处。次撰拟会议细则、并旁听规则五十二条，警卫规则十三条，提议细则八条，书记办事处细则二十八条，由全体公决，呈请督部堂批准施行。次组织全部委员会，正副议长临会，监理签分座次，分为三部，用单记投票法，于每部各举部长一人、理事一人，主保持本部秩序。部分既定，组织委员会，首用单记投票法，选举委员长一人、理事一人，主理全局委员会事件。次用抽签法，依主查事项，分定甲、乙、丙、丁四科委员。甲科十七人，主查督部堂提议咨询并资政院咨询事件。乙科十七人，主查议员提议事件。丙科十三人，主查本省自治争议及本省自治，又人民陈请建议事件。丁科十五人，主查议员惩戒事件。嗣因有特别重要事件，复由全部委员公推十三人组织特别委员会，主查提定要案。组织既竣，以九月十五日开议。

《四川省谘议局第一次议事录》，隗瀛涛、赵清主编《四川辛亥革命史料》，四川人民出版社1981年版，第3～9页

谘议局闭会情形。

本期会议，因开议稍迟，延长会期五日，以十月十六日午前九时闭会。是日督部堂、布政

司、提学司、按察司、巡警道、劝业道,俱衣冠莅局,议员到者九十九人,于十一钟入会场,议长、副议长协同议员向行政官行鞠躬礼讫,各就座。议长起立报告会中经过事件,并向督部堂申谢维持之意。略云:本局自开议至今日,中间除去休息,实在议事者,不过三十日,其由督部堂交议者五案,均已分别议决。由本局提议者三十七案,议决者十有九案,其余咨询事件,亦均经过讨论,可以次第申复。考东西各国议院,每会期提议事件不下数百件,然闭会时计所决议者不过数十件而已。议案之有无价值,原不在乎多少计较,此次本局决议,虽止二十余件,然事前预备调查,皆不如东南各省之早;以短促之时间,解决繁重之事理,虽无特别成效可举,我同人实已尽心竭力,当为人所共谅。至于以千年未有之创举,第一次开会竟能以秩序始,以秩序终,不至辜负朝廷设局之意,则全由督部堂虚衷商榷,尽力维持,始能至此,我同人对于督部堂惟有极诚感谢而已。由今日毕会以后,我同人相聚又须一年。本期会议虽已尽心竭力能以秩序终始,然此事当力求进步,不能沾沾自足。我同人无论在家在局,均宜时时以局事为心,以本省兴革利弊为念,虽散处各地,仍为聚首一堂,庶明年会议更有把握,更能详实,凡我同人当能齐心共勉,无待鄙人之哓哓也。

议长报告毕,退就议席。督部堂就座前起立演说。略云:议长报告,甚为明晰。本督部堂政务殷繁,新政又素缺研究,忝膺民寄,不胜怀惭,其可告于人民者,惟此心无私耳。对于诸君之谢辞,实觉惶愧,今亦略述鄙意以质诸君焉。凡论事须破除意见,乃见真理。官绅共处,尤宜平心。须知在此者不必尽是,在彼者不必皆非,须要虚怀静气反覆审查,不可专顾一面。东坡先生读书用八面受敌法,今诸君身负重任,为本省兴利革弊所当兼顾者,不特八面而已也。窃望留心经过事件,于已决之事加意研究,未决之案更端讲求,则孰得孰失,当必较然,下次开会自有进步矣。国之强弱,全视人民之自治力如何。国家设立谘议局,原为救亡起见,非徒尚空言者。近今列国环伺,群然思有所逞于吾国,亦以吾民无自治力耳!往年在东省时,闻外兵所至劫掠,独有一家,入其门器物位置整然,地无纤尘,家人聚堵,毫不纷扰,遂不敢犯而去。果使人民自治皆能如此一家,尚何敌人之足虑?且川省绝少外患,人皆称为干净土、安乐窝,若人人能自治,则席兹天府,发愤为雄,其将来之盛强岂可限量?诸君既为人民公选,大家提倡自治,使人民实力充足,不骛浮嚣,庶谘议局之设,不徒以空言塞责,诸君归里所宜注意者在此。此外尚有两事,亦宜留心。一则解散会党,一则破除迷信,此二者皆足为自治之阻力,不可不扫除之。至于地方官吏,贤否不齐,本督部堂亦尚知之,然欲求人人循良,实不可必得之事,惟有去其太甚而已。果有违法纳贿等情,照章据实纠举,本督部堂决不袒纵,然不可求之过苛,责之太骤。盖朝廷设立谘议局,虽曰监督行政,实以辅助行政。且监督之事有限,而辅助之事无穷。若仅趋重监督一面,官绅感情或至反生隔阂,于事实反多障害。至于改革事业,尤须以渐而成,若操之太促,一利未兴,或反生诸弊。要之,今日官绅总宜和衷共济,不可彼此相非,权限之争亦不可过急,惟当平心察理,以求于事有济。本督部堂历仕以来,此心尚可自信,凡举一事,并不以反对我者为憾,不以迎合我者为喜。惟望诸君不独切实监督,更须竭力辅助。助我者我当视为益友,规我者我当视为畏友,诸君勉之。

次,布政司就座前起立,略云:谘议局成立,则舆论有采取之地。诸君能如督部堂所云,和衷共济,始终为一,即我辈所馨香祷祝者也。

次,议员江三乘登台演说,略云:今日督部堂相告者皆为金玉之言,我等不可不勉。惟三乘对于反对、迎合二语,尚欲更进一解。天下事无所谓反对,亦无所谓迎合,惟当以道理之是非为断。对于其是者,无论为官为绅,当极力赞成,不得谓之迎合。对于其非者当极力匡正,不得谓之反对。即曰反对,亦反对其事,而非反对其人。迎合亦非迎合其人,而迎合其事,诚

如督部堂所言，惟求事之有济而已。明知为是而故避迎合之名，不肯赞成，明知为非，而故引反对之嫌，不能匡正，其失于己而害于事则一而已矣。此义虽单简，我国人不可不朝夕服膺，以答督部堂之盛意，故今日特一言之。

次，议长登台演说，略云：殿俊因督部堂辅助、监督之说，窃有所感。顷日本伊藤博文游历我国，尝谓人云：中国人民最好守消极主义，国之不强，实由于此。今虽各省已开谘议局，然议员若仍守定从前不出钱、不办事之宗旨，则其国终不能不亡。斯言也，实可谓深中我人民之病。然在谘议局未开以前，若竟以不出钱、不办事为我人民之罪，则殊不然。从前我辈固当因办事而出钱矣，所办之事、所出之钱安在？盖几如石沉海，而出钱者既不能与闻于始，亦莫能过问于后，惟拊心抱痛，莫可谁何！惩羹吹齑，于是不问事之当办、钱之当出与否，总以无事省钱为免灾脱祸，此其罪岂在人民哉！不许其监督，则不能必得其辅助，此定理也。至今日则谘议局成立，资政院亦将继起，庶政公诸舆论既有明文，即今日督部堂亦明认监督之义。办事之得失，用钱之当否，在一定范围中，我人民皆得置议，若仍不出钱、不办事，使庶政不举，而国亦不救，则真无以自解于伊藤之说矣！故在今日，为中国人民及代表人民，当极力破除旧习，事之当办者，当竭力整顿，以为行政之辅助，一面又当尊重法律，可为行政之监督，因不出钱而废事，以致不能救亡，不可也；但知出钱而不问事，一致钱销而事仍不举，尤不可也。辅助、监督两义，如弹丸然，破之则失其转圜之用，此吾同人所当共守，而官绅当共谅、共信者也。

演说讫，议长、副议长退就议员座，率同议员向督部堂行三揖礼，督部堂离座答揖。复向各行政官行一揖礼，各行政官离座答揖。行礼讫，时为午后一钟，议长摇铃报告闭会。

《四川省谘议局第一次议事录》，隗瀛涛、赵清主编《四川辛亥革命史料》，四川人民出版社 1981 年版，第 9～12 页

是日，浙江谘议局举行第一次正式会议。《浙江谘议局第一次常年会议事录》记：

浙江谘议局成立于宣统元年八月，公举假定正议长沈钧儒、假定副议长陈黻宸、陈敬第。九月初一日行开会礼，官厅到会者：巡抚部院增、藩司颜、臬司李、运司王、巡警道杨、劝业道董、粮道王，杭嘉湖道启、杭府卓、仁和县苏、钱塘县盛，委员梁建章、谷锺秀、邱鸿文、郑礼融、沈惟贤、林长民、陈启谦、陈福霖、熊运昌、祝震、李蔚然、殷松年、彭彝、祁荫甲、万一奇、刘可均、姚景沅、孙耀增、贺学海、黄镛、李孝先、朱其选、黄大华、胡为和、陈坤、王树德、吴鋆、黄为、熊符璋、吴万里澄、宋镇涛、王燮阳、沙煦、王祖耀、庄光骏、贵林、元贞、熊才。

巡抚部院增，并致开会辞，辞曰：

今日谘议局开会，本部院敬遵谘议局章程第三十一条第二项，亲自莅局行开会式，得与我浙江全省公选代表舆论之议员诸君，正式相见。开会之中，本部院又得随时闻诸君之崇论宏议，俾周知通省之利病，以筹地方之治安，为宪政之预备，此乃本于孝钦显皇后之懿旨，德宗景皇帝之谕，与今上皇帝践祚以来叠次之诏旨。立宪政体，取决公论之意。固得举次旷古未有之盛典，本部院与议员诸君，得躬逢其盛，实为荣幸！凡为臣子所当共矢不谖者也。议员诸君，咸负乡党盛望，又多硕学通时之士，必能上体庙廷之忧，下宣民间之隐，外鉴时局，内持清操，佐官吏以进行之，规导社会于公忠之途，以巩国本，以济患难。此本部院之所确信而不疑者。故自此次选举后，本部院恒额手称庆，为我浙江选民之能得人喜也。惟是事属创举，凡百积习，或狃予便安，未能遽革，且法律命令多出新布，遵行亦多未娴。本部院有不敢不再三申告，与我议员诸君互相警悟者，冀泯畛域猜嫌之端，而收和衷共济之效而已。愿我议员诸君听之：

一曰权限之区划不可以不明也。我国历史与东西各国不同，国体亦因之而异，向来主权

在乎君上,行政之权统于政府,各疆吏皆受成于中央,而部臣得以操纵之。然而版图辽远,策应不灵,各疆吏有时不能不从权断制。此种制度,按之东西各国,均无其例,独德意志之奥尔斯、鹿林两省之行政长官,略有此等权限。然其地为战后新收之版图,故不能不设此例外。现在我国家既已采取中央集权主义,则各省谘议局之权限,固一省之地方议会也。特从来分省而治,区域较广,规模较大,地方议会又不能不于国会与自治体之间开一新制,此谘议局之所以立,为各国制度之所无。而宪政编查馆原奏中,所以有谘议局为地方自治与中央集权之枢纽一语也。此次考察宪政大臣于式枚奏驳谘议局章程,颇以谘议局之权限过大为言。宪政编查馆议奏,将其章程分别笺释,意旨划然,而于第二十一条所举各项,尤详加剖晰,其义益明,当为议员诸君之所审知矣。夫谘议局在国法上之位置既明,则议决权于会议中之范围自定,有矩矱之可循,而后无侵越之争议。此权限之所以不可不明也。

一曰时势之艰难不可以不察也。第一为财政之困难。我国岁入之款,向无国税、地方税之分,而各省岁出之款,又有解部外销之别。比年以来,指拨摊派,竭蹶不遑;搜括中饱,而弊混犹未尽除;厘定公费,而挹注尚恐不足。目下正在清理财政,预算决算,按照年限,须至明年方可成立。而新政待举,无事不关度支,预算未成,新政又难措办,剜肉医疮之治,久已成习;量出为入之用,又乏税源。其间之计量缓急,保持均衡,实有不胜困苦者。此今日之艰难一也。第二为行政机关之不整。夫行政权之作用,其最终之点,在乎民间。虽有良法美意,苟不能下逮乎民,则行政机关将失其用。各国郡县之制,恒以知事为最亲民之阶级,与我国制度亦大略相同。然其下辅以地方自治、町村之制,接近庶民;其上接于国务大臣,命令之达,直承政府。故其机甚敏,其效甚捷,行政之事,无扞格不行者。我国现在城镇乡自治章程尚未施行,向来各州县之庄图,复未有职权之规定,一切行政权,及于州县官而止,不能下逮于庶民。官制改革年限未届,州县以上层级甚多,每行一政,徒有转折之烦,而少迅速之效。虽曰分省而治,规模宏大,设官不得不多,然如今日之制,亦太繁矣。且以凡百政务,责之州县一人之身,养才未成,复少通变识时之吏。缺分高下之旧习未蠲;公费厘定之新章未立,提款之缺,几无余地;亲民之官,至不聊生。欲望其奉行繁剧之政务,以为地方造福,诚不易期。此等改革之事,其权当操之于中央政府,而其事又非一朝一夕所能致。此今日之艰难又一也。第三为民智之闭塞。子夏曰:"信而后劳其民,未信则以为厉己也。"目下民间风气既未大开,而一切禁令命令之行,动招怨仇。安于习俗者,反以纵弛为便民;蔽于旧闻者,辄以革新为苛政。将来教育之强迫,巡警之执法,又不知其如何疑忌,如何阻抗矣!求民之喻,且不可得,何论乎信?况学校之设,实业之兴,无事不当增其担荷。未睹其利,先受其损,更不知行政之官吏与地方之议会,又将何以共白于斯民?此其艰难又一也。综此数难,共当危局,时事之亟,又有一落千丈之势。知诸君不能无责望于本部院,而本部院亦不能不属望于诸君。畏难苟安,不振刷其图治之意,本部院之所不敢出也;因势利导,以慎持于虑始之期,尤诸君之所当兢兢焉。故曰时势之艰难不可以不察也。

虽然,本部院尚有为诸君告者:天下之事,难于经始,其机已动,则进行甚速,常一发而不可止。国步之增进亦然。欧美各国立宪政治,至今大率百年,而其富强之效,则前五六十年固已见矣。然则自立宪以后,不过二三十年耳。日本府县议会之成,在于明治十一年,不十余稔,宪法颁布,当时已为望国,乃驯至今日之治,其效亦不可谓不速。我国今日既有舆论政治之基,而又挟之以五千年来文献不绝之国民,天时地利,所凭复厚,有善导之者,其成功当逾欧美而驾日本矣。初次选举,有选民之资格者,其数虽少,以浙江全省计之,不过九万余人。然自此之后,教育之程度渐进,资产之额数日增,选民之增加,亦当未可量。有选举权之

人口益多，则代表之信用亦日益厚；代表之信用日益厚，则谘议局之所主持，将益成为完全之舆论政治，无可疑也。愿诸君以先觉自居，木铎自任，秉古先哲之遗训，立大国民之远图，上副圣人求治之心，下造一方无疆之福，本部院有厚望焉。本部院为政之指，已具于所提各议案中，惟冀谘议局议员诸君，匡我不逮，予以决议，俾得见诸施行，浙江幸甚，大局幸甚。

议员出席者一百十二人，请假者三人，未到者二人。依互选细则第三条规定选举之顺序，选举正议长，由众议员投票举出陈黻宸，得七十六票，为过半数，当选为正议长。第二次选举副议长时，褚辅成提议，副议长得票过半数，应以议员出席之数为标准，不以议员全数为标准。即由众议员赞成表决，举出陈时夏，得五十九票，为过半数，当选为副议长。第三次选举副议长，举出沈钧儒，得六十七票，为过半数，当选为副议长。乃由假定正议长沈钧儒介绍正议长陈黻宸、副议长陈时夏就议长席。与议员行礼毕，副议长陈时夏、沈钧儒，即退就议员席。

《浙江谘议局第一次常年会议事录》，浙江省辛亥革命史研究会、浙江省图书馆编《辛亥革命浙江史料选辑》，浙江人民出版社1981年版，第164～168页

是日　湖北谘议局成立。《湖北通志》记湖北谘议局成立情形：

……宣统元年查照宪政编查馆奏案，本年各省均应举行谘议局选举，遂于四月十五日行初选举，应初选人十一万三千二百三十三名，分次选举如额。六月十五日行复选举，应设议员八十名，专额议员三名，复分次选定如额，准于八月内齐集省垣，二十日举行议长、副议长及常驻议员等正式选举，一律如额，九月一日成立。并将该局常年、开办各项经费分别规定，计需银四万余两，以阅马厂绿营旧址（即演武厅）为该局地段，计议场、公所建筑费共需银十万余两。

《湖北谘议局成立》，武汉大学历史系中国近代史教研室编《辛亥革命在湖北史料选辑》，第359页

陈夔龙奏：

鄂省上年八月设立谘议局筹备处，所有初选复选各事宜，业于本年闰二月、八月两次奏报筹备宪政成绩折内详细胪陈，并于九月初一日将该局成立情形电由军机处代奏各在案。湖自成立筹备处以来，先后札发章程，并饬令各厅州县按照选举资格切实调查，计本年正月十八日一律完竣。四月十五日行初选举，鄂省应初选人十一万三千二百三十三名，分次选举如额；六月十五日行复选举，鄂省应设议员八十名，专额议员三名，复分次选定如额。随于七月初一日以前齐集省垣，布置开局事宜。议员均于八月内先后到省。二十日举行议长、副议长、常驻议员正式选举。是日臣亲莅督率，选定吴庆焘为议长，汤化龙、夏寿康为副议长，刘赓藻等十七名为常驻议员，刘耕余等为候补常驻议员，一律足额。九月初一日举行开局典礼，臣亲临行礼。臣率议长、副议长、议员等北向宣诏谢恩讫，适奉宪政编查馆电传八月三十日上谕，当即恭录行知，敬谨缮录谘议局一体钦遵，各议员均蹈咏皇仁，肃聆明谕，按秩成礼而退。至是谘议局始告成立，前设谘议局筹办处即于是日裁撤。

章学诚《湖北通志》卷53，经政志11，新政11，第1429～1430页

《湖北谘议局议事细则》：

第一章 总纲

第一条 谘议局办事大纲除遵照谘议局章程及宪政编查馆明定专条外，悉以本规则定之。

第二章 开会期前之组织

第二条 谘议局议员应总督之召集,于指定之期日内,齐集于谘议局所在地。议员齐集谘议局所在地日期,至迟须在开会期三十日以前。

第三条 已到谘议局所在地之议员,应即通知谘议局办事处,并呈示谘议局议员执照。

第四条 议员通知谘议局办事处后,由前任议长定期通知各议员齐集谘议局,举行议长、副议长及常驻议员之选举,日期至迟须在开会期五日以前。因前任议员之解散,再行召集议员时,其通知选举议长、副议长及常驻议员各项办法,由办事处书记长代理之。议员一任期中第二会期以下之常年会期前,由议长通知议员,但行常驻议员之选举。议长、副议长及常驻议员选举方法另以规则定之。

第五条 议长、副议长、常驻议员举定之翌日,前任议长、副议长及常驻议员约时通知新举议长、副议长、常驻议员集会于谘议局,交代一切。因前任议员之解散,再行召集议员时,议长、副议长、常驻议员之交代由书记长代行之。议员一任期中第二会期以下之常年会期前但举行常驻议员之交代,其交代期由议长通知新举各常驻议员。

第六条 议长、副议长、常驻议员受交代之翌日午前八时,各议员齐集谘议局,由办事处书记长在谘议局为议长、副议长之介绍,引议长临议长席。

第七条 议长临席后,命书记长用抽签之法定全数议员之议席,议员之议席编定号数,每会期一定之,但临时会则继续前会议议席。

第八条 议长莅职、议员议席确定后,即由议长将谘议局组织成立情形咨呈总督,预备开会一切事宜。议员一任期中第二会期以下之常年会议员议席确定后,咨呈督总,预备开会与前项同。临时会于召集后,议员已到省通知办事处者及半数以上,即由议长咨呈成立情形于总督,预定开会日期通知各议员。

第三章 开会

第九条 谘议局议员遵照谘议局章程第三十二条,于九月初一日午前八时齐集谘议局,举行开会式。临时会之开会日期由议长咨呈总督定之。解散后再行召集之开会期,由谘议局办事处书记长呈请总督定之。

第十条 谘议局之开会,依开会之次数定名为湖北谘议局第某次大会。临时会之次数依前会之次数递算之。解散后再行召集之开会次数仍原解散之会之次数。

第十一条 谘议局常年会遵章以四十日为率,其有必须接续会议之事,得由议长呈请总督遵章延长会期十日以内。临时会会期遵章以二十日为率。

第四章 会议

第一节 通则

第十二条 谘议局议员会议以午后一时至五时为率,但因议事进行之必要时,议长得变更之。

第十三条 谘议局议员会议非有议员半数以上到会不得开议。

第十四条 议事开始时刻由议长宣告开议。议长未宣告开议以前,无论何人不得就议题发言。

第十五条 已至应开始议事时刻到会议员不达半数时,由议长指定相当之犹豫时间;经

过此时间议员仍不达半数者，由议长宣告延会。

第十六条 议事中遇有应行中止会议事项发生时，得由议长宣告会议之中止。

第十七条 记载于议事日表之事项已经议毕，虽未至散会之定时，得由议长宣告散会。达散会之定时记载于议事日表之事项未经议毕时，由议长宣告散会，以未经议毕之事项列于次回会议之议事日表，但其事项虽未议毕而已经开议，易于取决或紧急之事项必须议毕者，得由议长宣告延长会议时刻。

第十八条 谘议局会议不禁旁听，但秘密会议时，不在此限。

第二节 议案

第十九条 谘议局议案照章由本省总督提出，惟谘议局议员亦得自行提出；但关于预算决算议案，惟本省总督得提出之。

第二十条 总督提出之议案应于每届常年会期四十五日以前备文详具事实理由，交付于谘议局。

第二十一条 议员提出议案须有议员五人以上之赞成，由提出之议员详具说明书，署赞成员之姓名，呈出于谘议局。

第二十二条 自治会或人民陈请之件详具说明书呈出谘议局，经委员会或常驻议员之审查，认为应作为议案提出者，仍作为谘议局议案。

第二十三条 每届应议之议案，由议长汇分印刷，于开会期三十日以前通知各议员；但议员随时提出之议案不能于三十日以前通知者，则于开议该议案前七日通知之。

第二十四条 既提出于谘议局之议案，不得任意取消之；但总督交付之议案不在此限。

第三节 质问及纠举案

第二十五条 谘议局议员遵谘议局章程第二十六条、第二十七条、第二十八条之规定，得提出质问案及纠举案。

第二十六条 质问及纠举案之提出，须详具理由书，有议员十人以上之赞成，连同署名，呈出于谘议局。

第二十七条 自治会或人民陈情之件，属于质问或纠举之事项，经委员会或常驻议员之审查认许提出者，仍作为谘议局质问案或纠举案。

第二十八条 质问案或纠举案由议长于提出审认之后开议该案日前七日通知各议员。

第四节 议事日表

第二十九条 每次会议日之前，由议长将该日应议之案刊印议事日表，记载该日开议时刻、案由，次第分配各议员，并呈请于总督。

第三十条 议事日表以总督交付议案居前，但因紧急事件，经总督之同意时，不在此限。

第三十一条 议事日表已经刊定分配，遇有紧急事件发生，急须付议时，议长得取消已分配之议事日表，再行更正，分配各议员。

第三十二条 议事日表指定之日如不能会议所载之事件时，议长当再定议事日表，分配各议员。

第五节 讨论

第三十三条 谘议局会议各案非经当该委员会审查后，不得付于讨论；但极简单之案议长认为不必审查时，不在此限。

第三十四条 议员对于议事日表所载之各案欲发表其意见者，须予会议开始前，预将其姓名及反对或赞成之旨，通告书记员。

第三十五条 书记员依前条之通告记入发言表呈出议长,议长当讨论之始,命提出或审查该案者报告后,依发言表先命反对者发言,次赞成者,次命反对与赞成者交互发言。受议长交互发言之命时欲发言者,须起立报名,待议长之许可。

第三十六条 未行通告之议员非于已通告之各议员发言既终后,不得遽请发言。但已经通告之议员赞成与反对之两方,有一方发言已毕时,未通告之议员,不妨为发言之请求。

第三十七条 未行通告之议员请求发言时,须起立报名,待议长之许可。

第三十八条 议员二人以上求发言时,由议长认定先时起立者使先发言,若同时起立,则由议长指定其发言之次第。

第三十九条 议员发言讨论须登演台;但极简单之意见,不在此限。

第四十条 议员发言讨论不得涉于议题之外,否则可由议长制止之。

第四十一条 议员对于讨论之案遇有疑义,得请议长命提出该案者辨明其趣旨。该案或为总督所交付者,得请总督委员之辨明。若为自治会或人民陈请之件,得请议长命审查该案委员或承认署名该案之一人辨明之。

第四十二条 议员讨论时,总督委员对于总督交付之议案欲申辨其趣旨者,虽无议长之请求,无论何时得告之于议长,登演坛申辨。

第四十三条 议长欲自与讨论时,须降临议席,令副议长临议长席,行议长之职。

第四十四条 议长既与讨论该问题未议决以前,不得复于议长之席。

第四十五条 讨论终结议长宣告之。

第六节 修正及复议

第四十六条 议员对于讨论之案有发修正之议者,须有议员十名以上之赞成,于讨论之当日具案提出于议长。委员会提出之修正案,无须其他议员之赞成。

第四十七条 同一议题有提起数个修正案者,开议取决之顺序由议长定之。

第四十八条 除谘议局章程第二十二条、第二十三条之规定,总督于谘议局议定事件得更令复议外,谘议局议员对于议决之案,于议定之当日亦得提出复议之议。议员提出复议之议,须有议员赞成者三十名以上之署名,提出理由于谘议局。

第四十九条 应付议案之件复议之日,莅会议员非与原议决定日莅会议员之数在同等以上不得开议。经过复议议决之件,不得再提起复议之议。

第七节 决议

第五十条 凡决议,非在场之议员不得与于表决之数。

第五十一条 议长于讨论终结时,即宣告该讨论案之决议。议长宣告讨论案之议决时,无论何人不得再就该案发言。

第五十二条 议长宣告决议问题,使以问题为可者起立,认定起立者过到会议员之半数,由议长宣告可决,否则宣告否决;可否同数取决于议长。

第五十三条 议长认为必要时,或有议员十人以上之要求时,得不用起立,取决之法以记名投票或无记名投票法决之。前条起立决议之数认为可疑时,议员申明异议,有议员二十人以上之赞成,得改用记名投票或无记名投票法决之。

第五十四条 用投票法取决时,由议长命书记员挨席各发红白票各一纸,无论记名不记名,赞成该案之议员用红色票,反对该案之议员用白色票,投入匦中。投票毕后,未经使用之票纸由书记员点数收回,若收回票数与到会议员总数不符时,从前项办法再行投票。

第五十五条 投票收票毕后,由议长命书记开票计可否之数,宣告其结果。

第五十六条 议长宣告开票之结果，议员不得再行请求表决。

第五十七条 议员对于一议案之意见涉于分歧时，可分为甲乙丙丁各意见，用红绿黄白各色票投票决定。其投票之结果若皆不满到会议员之半数者，该案作为废弃。前项发票收票之法照第五十四号[条]办理。

第五十八条 关于修正案之决议，若全行反对时仍取决于原案。

第五十九条 修正案与原案皆不得到会议员过半数之赞成时，从第五十七条之规定，该案作为废案。但谘议局议员决议为不得废弃者，得使委员会特行起草，再议决之。

第六十条 议决既定后，议员不得请更正自己之表决。

第八节 议决案之呈上

第六十一条 每次会议议决各案于议决之七日以内，书记员依决议者诠次定案，书记长署名盖印，交由议长呈上之。议案遵谘议局章程第二十二条、第二十三条，呈请总督核定施行。质问案、纠举案，遵谘议局章程第二十七条、第二十八条，呈请总督或资政院核办。

第六十二条 已呈出之议决案，议长当于每次会议时宣告之。

第五章 闭会

第六十三条 谘议局之闭会，由议长先期呈报，以总督命令行之。

第六十四条 总督下闭会之令，凡会期中未经议决之件，次会期不继续之，但经谘议局之决议付托常驻议员之调查者，不在此限。

第六章 委员会

第六十五条 谘议局每届开会期中，为审查事件，得设各项委员，由议员全数中选举之。

一、法律委员　十人

二、预算决算委员　十人

三、税法及公债委员会　十人

四、陈情委员　六人

五、资格审查委员　六人

六、惩罚委员　六人

第六十六条 前条各项委员外，谘议局认为必要时得更因事设置委员，其员数由议长临时定之。

第六十七条 选举各项委员，于谘议局开会日举行之，但前条因事设置之委员不在此限。

第六十八条 选举各项委员，由议长命书记员照第六十五条所列之顺序，分次挨席发给票纸，议员各就议席，用无记名连记法写毕，投入匦中。

第六十九条 选举委员每一次投票毕后，由议长命书记员开票，以得票多者为当选，票数同者抽签定之。每次当选委员姓名于开票后即宣示议场，选举他项委员时，不得再选举之。

第七十条 各项委员选定后，由该项委员中互选或公推一人为该项委员长。

第七十一条 各委员开会时日由委员长定之。

第七十二条 委员会期中，委员长有故障时，由该委员会推临时委员长代理之。

第七十三条 当谘议局开会时间，不得开委员会，但得谘议局之许可者不在此限。

第七十四条 委员会非有三分之二以上之委员到会不能开议，其议事以到会委员过半数决之，可否同数，取决于委员长。

第七十五条 本省总督得派员莅委员会发言,但须先期告之委员长。

第七十六条 谘议局议员对于委员会所审查之事件欲发表意见时,先期告知委员长,得莅委员会发言。

第七十七条 谘议局议员须阅览委员会之记录及其他各种文书时,除有特别之障碍外,委员会当应其请求,但不得携出谘议局之外。

第七十八条 委员会于当该审查事件审查终结后作报告书,由委员长呈之议长,但经委员会之决议,委员长可以口述报告之,或委任他委员为报告者。

第七十九条 委员会之报告书应于开议该事件之前日,由议长印刷分配于各议员,但必须秘密之事件不在此限。

第八十条 谘议局可指定期限,使委员会报告所审查之事件,若委员会迟延报告,谘议局可选特别委员审查之。特别委员不拘员数,其选举方法与各项委员之选举同,但因其情事亦得由议长委任之。

第八十一条 委员会为调查事件,得函请各署局将该事件范围内应阅卷宗抄答。审查终结,所有抄答各件即由谘议局办事处收存。

第八十二条 委员会除总督或议长所派专员及经委员长许可入会场者外,不准旁听。

第七章 常驻议员会

第八十三条 凡不在开会期中,常驻议员由议长遵照谘议局章程第十二条委任协议办理事件时,得开常驻议员会。

第八十四条 前会期中未决议之事件决议付托常驻议员调查者,为调查该事件亦得开常驻议员会。

第八十五条 常驻议员会开会日期、事由,由议长通告之。

第八十六条 常驻议员会非有常驻议员四分之三之到会不得开会。

第八十七条 本省总督得派员莅常驻议员会发言,但须先通知于议长。

第八十八条 常驻议员外,议员之在省城者,于常驻议员会所议之事件欲陈述意见时,先期告知议长,亦得莅会发言。

第八十九条 常驻议员会之决议,以到会之常驻议员三分之二定之。

第九十条 常驻议员会之决议在权限以内得行办理之事件,即由议长办理之,仍须于次会期报告于全体议员。

第九十一条 常驻议员会之决议有非常驻议员之权限所得办理者,以其议决之件作为次会期之议案。

第九十二条 前会期中付托调查之件,常驻议员会议决后,详具报告书于次会期提出之。

第九十三条 常驻议员会为调查事件,得函请各署局将该事件范围内应阅卷宗抄答,查审终结,所有抄答各件即由谘议局办事处收存。

第九十四条 常驻议员会除总督委员及经议长特许入场者,不准旁听。

第八章 记录

第九十五条 谘议局会议、委员会议、常驻议员会议,皆须有左列之记录:

一、记事录。

二、记言录。

第九十六条 记事录应载之事项如下：

一、到会之议员数；

二、开会、延会、中止及散会之月日时；

三、本省总督委员到会之姓名；

四、议长或委员长及总督委员报告之件；

五、会议之议题及发言者之姓名；

六、决议之件；

七、计算表决可否之数时则记载其数；

八、其他认为必要之事件。

第九十七条 记言录记载会议时议员之言论及其他报告辩论之要旨。

第九十八条 谘议局开会期中，每次会议之记言录、记事录，由书记长诠次印刷，呈出议长分配于各议员。

第九十九条 议员对于记事录、记言录或有异议时，议长可命书记长答辨之，不服书记长之答辨者，各于次回之会议取决之，但在委员会、常驻议员会之记录，得于传观时征当日到【会】各员之意见取决。

第一百条 议员于分配记录之当日，对于记言录除订正字句外，不得变更其演说之趣旨。

第一百一条 记事录、记言录须署经手书记员、书记长之姓名，由议长签字，盖用关防，保存于谘议局办事处。

第九章 秩序

第一百二条 凡会议时列于议场者，无论何人，当守一定之秩序。

一、不得对于皇室发不敬之言语；

二、不得对于他人为谩骂之言语，但为议事之参考报告劣迹者，不得以本款论；

三、不得携带伞杖等物入议场；

四、议事中不得阅读报纸及他种书籍，但供议事参考之用者不在此限；

五、不得为异样之服装；

六、议场内不准吸烟、饮食、任意咳唾；

七、议事中不得发赞声、否声及任意喧噪。

第一百三条 谘议局开会期中，为保持秩序，呈明总督饬由巡警道特派巡警官丁，驻在谘议局，听议长之指挥。

第一百四条 议员不守秩序者，议长得警戒制止之，且得取消其发言。

第一百五条 因议员不守秩序，致议场骚扰时，议长得命不守秩序之议员退出会场，其骚扰致难整理者，议长得中止当日之会议。

第一百六条 委员会有不守秩序者，委员长得制止之；不受制止者，由委员长报告议长，请其处分。

第一百七条 旁听人不守秩序，议长得使其出场，因其情节且得付警官处分之，谘议局议事旁听规则另定之。

第一百八条 谘议局会议散会时，非议长退席之后，议员不得退席；常驻议员会之散会同。委员会之散会，委员长退席后，各委员始得退席。

第十章 请假、辞职及退职

第一百九条 议员如有事故不能到会必须请假者,当开具事由,预定日期,呈出于议长,受其允许。谘议局会期中议员请假日期不得逾五日。

第一百十条 已受议长请假之允许者,假满日尚不能到会时,当开具事由,续行请假。但谘议局会议期中续假不得逾五日。闭会后常驻议员之请假续假至长不得逾二十日。

第一百十一条 议长、副议长遇有事故须请假者,开具事由、日期,通知办事处书记长,其请假续假期限与议员同。议长、副议长不得同时请假。

第一百十二条 所有请假续假期限遇有大故时,不适用之。

第一百十三条 议员欲行辞职者,当开具事由呈出于议长。

第一百十四条 开会期中议长以辞职议员之事由书宣布议场,议决辞职之允否。闭会后议员辞职,由议长开常驻议员会取决之,但须于会期之始报于全体议员。

第一百十五条 议员失谘议局章程所载之被选举资格时,当自行退职。

第一百十六条 谘议局开会期中,议员有对于他议员之资格提出异议者,须开具事由,呈出于议长。

第一百十七条 议长以提议议员开具之事由通知被议议员,定期令其答辨。

第一百十八条 提议议员开具之事由及被议议员之答辨书,皆付当该委员会审查之。被议议员逾期不答辨时,审查委员亦得报告审查之结果。

第一百十九条 审查委员报告后,由议长通告各议员于会议时决定之。关于议员资格之会议,被议议员得到会自行辨明,或托他议员代辨之,但被议议员到会辨明时,不得与于表决之数。

第一百二十条 被议议员经决定无议员之资格时,当由议长令其辞职。

第十一章 惩罚

第一百二十一条 依谘议局章程第五十六条,谘议局得有惩罚权。其惩罚分二种:

一、停止到会,但以十日为限;

二、除名。

第一百二十二条 议员提出惩罚之议者,须有五人以上之赞成,开具事由,连同署名提出于议长。

第一百二十三条 惩罚事件属于停止到会者,由议长、副议长之同意行之;属于除名者,付委员会审查后,须经大会之决议。

第一百二十五条 惩罚会议,应受惩罚之议员不得列于议席,但得议长之许可时,得自行到会辨明或托他议员代办之。应受惩罚之议员到会自行辨明时,不得与于表决之数。

附则

第一条 本规则以谘议局议决呈请总督批准公布后为施行之期。

第二条 关于本规则之疑义,由议长解决之。

第三条 本规则之修改须有五人以上之提议,由当该委员会拟具草案,于谘议局会议决定后,呈请总督批准。

《湖北谘议局议事细则》,武汉大学历史系中国近代史教研室编《辛亥革命在湖北史料选辑》,湖北人民出版社1981年版,第363~377页

10 月 18 日(九月初五日)　出使意大利大臣钱恂建议宪法应取法意大利和日本宪法之立法精神,巩固和维护君权。民法制定,亦应借鉴意大利民法。

钱恂奏:

欧美各国,惟义大利宪法是君主而非共和,是代议而非专制,是上定而非下拟,是专成条文而非集合法律。查义宪全文,颁布于道光二十八年西四月,先于西三月间颁布大纲十四条。声明宪所必立,以安民心,西四月乃颁全文八十四条。臣译撰为义大利宪法疏证一书。查光绪三十二年,考察政治五大臣曾进有日本宪法疏证一书。臣以为东方日本,西方义大利,其宪法诚对峙而可为我国取法者,故亦撰疏证,以便参资而互考。其第一条即许人民信教自由。彼立国于千余年教士之上,而欲免新旧数百余年之祸,开宗首列,具有深意。自第二至二十三条均巩君位,尊君权,固君主宪法所最重。第二十四至三十二条为人民权利义务,颇能满当时人民之意,而克垂永久,为宪法中最注意之处。第三十三至三十八条为元老院。第三十九至四十七条为代议院。第四十八至六十四条为两院合制,于议会法制亦极详备,此立法权之组织也。第六十五至六十七条为国务大臣地位,此行法权之组织也。第六十八至七十三条为司法专章,此司法权之组织也。第七十四至八十一条为通则。第八十二至八十四条为暂定。而全文以毕。臣逐条诠释,探源以疏通宪理,引事以证明宪政,属稿正成,因交卸伊迩,未克缮呈。如圣明以为可备宪政所取材,归国后仍行恭缮呈进御览。

…………

义大利上承二千余年罗马帝国之后;于法律一门最修明亦最详备。其最著之法律凡八,曰民法、曰民事诉讼法、曰商法、曰刑法、曰刑事诉讼法、曰海商法、曰陆军刑法、曰海军刑法。查民刑两法,及诉讼两法,为治国根本,今各国无不于此种法律加意修订,而义法尤冠绝欧洲。至海商法一种,在义大利居地中海中脊,沿三千年来海商之盛衰以制为法律,以今世界海权最盛之英国,且瞠乎其后,遑论他国。前年海牙第二次保和会,英义争执海上捕获事件,议者终据义法以折服英国,可见其为欧美所重矣。我中国预备宪政,于法律正在讲求。臣以为宜饬法律馆,详译义国法律,以资参证。顾译解颇非易事,上海商馆曾译日本法规大全,卷帙颇多,然所译仅有条文而无解释,读者究莫明译意之所在。夫以同文之日本法律,尚且难于贯彻,何况西文。译字而不译理,虽译而不适于用。然一国之法律程度每为万国之观瞻所系,方今正预备立宪,何敢畏难勿译。所有民法一种,臣子钱稻孙已译有端倪,名曰义大利民法通训定文。盖非先通其训,即不能译定其文,而其理其义,即因之莫显也,除俟译成缮送法律馆外,拟请饬下法律馆于义国法律中,酌定数种,延通晓律意之人,从事译解,以备修律之一助。下所司知之。

《宣统政纪》卷 21,文海出版社(台北)1989 年版,第 8 ~ 10 页

10 月 19 日(九月初六日)　章太炎、陶成章在东京的倒孙活动进一步发展,发传单南洋各埠指责孙中山等窃夺《民报》。

陶成章《致李燮和书》(一九〇九年十月十九日):

弟近烦恼已极,欲归内地一行,日后再告。太炎大恨孙文,因彼等欲窃取《民报》事,已发了传单,分送南洋各埠,弟另保险寄上二百张,请兄再为分送各埠(恐日本人不暗〔谙〕地名,有失误也)。

汤志钧编《陶成章集》,中华书局 1986 年版,第 167 页

陶成章《致李燮和书》（一九〇九年十月二十二日）：

弟思南洋局面，已败坏到极点，一切均难收拾。惟教育一方面尚可着手。……近来东京人心大坏，南洋更不可不注意。

汤志钧编《陶成章集》，中华书局1986年版，第168～169页

10月22日（九月初九日）　孙中山致函王子匡、吴稚晖，对陶成章攻击诬谤一事表态。

《致王子匡函》（一九〇九年十月二十二日）：

近接美洲来信，谓有人托同盟会之名致书各埠，大加诋毁于弟，不留余地，该处人心颇为所惑云。此事于联络华侨一方面，大有阻碍矣。为此事者乃陶成章。陶去年到南洋，责弟为他筹款五万元，回浙办事。弟推以近日南洋经济恐慌，自顾不暇，断难办到。彼失望而归，故今大肆攻击也。东京留学界之不满意于弟者，亦有为之推波。故从外人视之，吾党已成内乱之势。人心如此，真革命前途之大不幸也，可为浩叹！

中国社会科学院近代史研究所等编《孙中山全集》第1卷，中华书局1981年版，第417～418页；另见《孙中山手迹选》，北京文物出版社1986年版，第48～49页

《致吴稚晖函》（一九〇九年十月二十五日）：

昨日先生之意，以为宜将此事和盘托出，以解第三者之惑，而表世界之公道。弟再思之，先生之言甚是。而世人之所见疑人者，多以用钱一事着眼，故将弟所发起之三次革命所得于外助之财，开列清楚。然此适表出以前助者之寡，殊令吾人气短。然由前三次推之，则一次多一次矣。若明明白白表示于人前，使新得革命思想者无此疑惑，安知下次不更得多助乎？前二次助者无几，无甚可对人报销之事。前年第三次之款多由外助，而出款之人如南洋各埠，则零星合集数万金，当为千数百人之所出也，弟此处未有详细数目。然各款收入与支出，弟在安南时多自经手，弟离安南后则汉民经手。而受款分给各处用者，则河内之五家字号经手，以用于钦廉、广西、云南三地；其潮惠之款，则由香港同志经手；日本办械、租船之款，则由日本殷实商人经手：皆有数目列明。除所入各款，尚支长万余元（即河内之欠债）。弟所开各处之入款是大约之数，因不记详细，所报皆过多面[而]从无报少也。收款多由精卫，支款则我与汉民也。此事弄清，则可破疑惑矣。除三人经手之外，知各款之来路去路者尚有多数共事之同志，即今巴黎之张骥先亦其一也。请先生为长文一编，加以公道之评判，则各地新开通之人心自然释疑，而弟从事于运动乃有成效也。

所言事实皆当作第三者之言，则较弟自言者更为有力也。留此以作面谈，今晚有暇请到寓一叙为望。

弟文字所攻者，以我“得名”、以我“攫利”为言。而不知我之经营革命在甲午以前，此时固无留学生为我吹嘘也。而乙未广州之事失败，则中国举国之人，无不以我为大逆不道，为乱臣贼子，为匪徒海盗。当时如有陶成章，想亦不欲得此等之名辞也！今日风气渐开，留学之士以革命为大光荣之事业，而陶辈始妒人之得名。然我之初意只在赴大义、行宗旨，而与共事之同志亦无不如此。不期今日乃有以名而始谈革命者，此故固属风气之开，而亦道德之退化也！

以我为“攫利”，而不知我于未革命以前，在社会上所处之经济界中固优胜之地位也。若不革命，则我之地位必不失，而世人所欲图之快乐我无不得之，革命“攫利”云胡哉？且当日图广州之革命以资财赞助者，固无几人也。所得助者，香港一二人出资数千，檀香山人出资数千，合共不过万余耳。而数年之经营，数省之联络，及于羊城失事时所发现之实迹，已非万

余金所能办者也，则人人皆知也。其余之财何自来乎？皆我兄及我所出也。又庚子惠州起兵及他方经营接济，所费不下十余万元，所得助者只香港李君（李纪堂）出二万余元，及一日本义侠出五千元，其余则我一人之筹获而来也。自此吾一人之财力已尽，而缓急皆赖家兄之接济，而妻子俯蓄亦家兄任之。是从事革命十余年以来，所费资财多我兄弟二人任之，所得同国人及日本人之助者前后统共不过四五万元耳。若谓我以十余年之时间，而借革命以攫取他人四五万之资，则我前此以卖药行医每年所得亦不止万余元，此固港粤人人所共知共见也，而其他之事业投机取利者犹过于此也。若为图利计，我亦何乐于革命而致失我谋生之地位，去我固有之资财，折我兄已立之桓［恒］产耶！（两年前家兄在檀已报穷破产，其原因皆以资助革命运动之用。浮钱已尽，则以桓［恒］产作按，借贷到期无偿，为债主拍买其业，今迁居香港，寄人篱下，以耕种为活。而近因租价未完，又将为地主所逐。乃陶更诬以在九龙建洋楼，夫家兄本为地主实业家者，非我从事革命以耗折之，则建洋楼亦寻常事，陶等何得多言。）此庚子以前，我从事革命事业关于一人得失之结果也。

自庚子以后，中国内外人心思想日开，革命风潮日涨。忽而萍乡之事起，人心大为欢迎。时我在日本，财力甚窘，运掉［调］不灵，乃忽有他方一同志许助五万金，始从事派人通达湖湘消息，而萍乡军已以无械而散矣（此事不过乘一时矿工之变而起，初未谋定而动，故动，他方同志多不及助，是以不支也）。惟有此刺激，人心已不可止，故定计南行，得日人资万四千元及前述所许五万元，以谋起义。初从事潮惠，潮黄冈以未期而动，事遂不成；惠七女湖怆悴应之，亦属无功。吾人遂转向钦廉，与该处军队相约，遂破防城，围灵山。惟此时所有之资以买械而尽，而安南同志虽陆续集款以助军需，精卫又亲往南洋筹资，惟所得不多；钦军统领终以资少不肯如约反正，钦事遂不成。吾人转破镇南关炮台，以促钦军之动，事又不成。我遂出关而入安南，过文渊，为清侦探所悉。广西官吏托龙州法领事到安南查我踪迹，知我寓某街洋楼，密告清政府，与法政府交涉，逼我退出安南。我遂往星加坡。我到星加坡后则河口之事起，占据四炮台，诛彼边防督办，收降清兵陆营。本可进取，据有全滇，惜当时指挥无人，粮食不继遂退。自潮州、惠州、钦廉、镇南、河口五役及办械、运动各费，统共所用将近二十万元。此款则半为南洋各地同志所出，为革命军初次向南洋筹款者。今计开：由精卫向荷属所筹者约三万余元，向英属所筹者万余元，共约四万元；向安南、东京及暹罗所筹者约五六万元。我手得于上述之同志五万元，得于日本人万四千元，河内欠责［债］万余元。此各项之开支，皆有数日，皆有经手。除梁秀春自行谝去五千及累去船械费数万，又一人谝去千余及陶成章用去一百，此外之钱皆无甚枉费。自我一人于此两年之内，除住食旅费之外，几无一钱之花费，此同事之人所共知共见也。而此期之内，我名下之钱拨于公用者一万四千元，家人私蓄及首饰之拨入公用者亦在千数百元。此我“攫利”之实迹，固可昭示于天下也！

又以东京同志以官费折作按贷钱，责我不代筹，此诚我罪矣。然家兄亦因以家产作按而致今日之破产，亦我罪也。河内五家作保之万余元至今犹未还，亦同为我之罪也。然此时则无如之何之际，闻陶现在南洋托革命之名以捡［敛］钱亦为不少，当有还此等债之责也，何不为之！

又谓在南洋有出保护票之事，此乃荷属一隅同志所发起行之，本属自由行动，至成效如何我全未闻之，亦无从代受责任也。而陶成章亦在南印发票布，四处捡［敛］钱，且有冒托我名为彼核数，其不为棍谝乎？其无流弊乎？问陶成章当自知之，今乃责人而不自责。

中国社会科学院近代史研究所等编《孙中山全集》第1卷，中华书局1981年版，第419～4422页

10 月 25 日(八月十二日)　汪精卫接手《民报》编辑工作,由秀光社秘密出版,托名巴黎发行。

1908 年 10 月东京《民报》第二十四期被日本政府“停止其发卖颁布”,陷于停刊境地,1909 年 10 月汪精卫由南洋至日本,出任《民报》主编,秘密复刊发行《民报》第二十五至二十六号。黄兴《致巴黎新世纪社书二件》(1909 年 10 月 16 日—12 月 18 日间)记:

《民报》自日政府受胡政府运动,将《民报》封禁后,同人等即谋继续。以著述、经费两者困难,未能迅速出版,殊深惭歉!前中山先生由欧洲来函,云贵社允担任印刷事务,同人等不胜雀跃,奋励图成,冀副贵社同人之望。今秋以来,又得香港同志林君(指林文,即林时塽)之助,并请精卫君来东任其编辑,始得继续。二十五号起秘密出版,托贵社为发行所,前已由精卫君将情形函达贵社,已蒙于《新世纪》第一百十四号登布广告,奖励同人,同人等曷胜感激。惟是事事皆从秘密,经费较前为多,往还邮费殊为昂贵,又不能纯为营业的性质,借所入以资周转。同人等材力绵薄,深惧无以继其后。尚望贵社诸君有以匡持不逮,则更所企祷者也。至章太炎此次之发布《伪〈民报〉检举状》,乃受陶成章运动(陶因在南洋欲个人筹款不成,遂迁怒中山,运动在南洋之为教员者,连词攻击之。陶归东京后,极力排击,欲自为同盟会总理,故谓《民报》续出,则中山之信用不减,而章太炎又失其总编辑权,无以施其攻击个人之故智,遂为陶所动),遂有此丧心病狂之举。已于二十六号中登有广告,想同人阅之,皆晓然于太炎人格之卑劣,无候辩论也。

刘泱泱编《黄兴集》第 1 册,湖南人民出版社 2008 年版,第 24 ~ 25 页

10 月 26 日(九月十三日)　清资政院奏准资政院议员选举章程。

资政院奏:

遵拟资政院议员选举章程,谨将编纂大意陈明。查资政议员选任之法大别有二。一为钦选,一为互选。两者各有取义,办法已不能相同。而钦选议员中分类既多,等差匪一。论名位则有崇卑之异,较人数则有多寡之分,势不能以同一之规程,求彼此之适用。要当因宜定制,取便推行。窃维宗室王公世爵,满汉世爵,及外藩王公世爵,阶级既高,计数较少,权衡取舍,一秉圣裁。自应开列全单,恭候简命。至宗室觉罗、各部院衙门官及纳税多额者,合格人数与议员定额之比例,多少悬殊。若一律奏进全单,不足示限制而便甄择。考外国上院之制,敕任议员多有先经互选者。今拟略师其意,凡宗室觉罗、各部院衙门官及纳税多额者,均于钦选之前举行互选,各照定额增列多名。好恶既卜诸舆情,而用舍仍归于宸断。其硕学通儒一项,资格标准,确定较难。人数几何,调查不易,互选之法势所难行,拟略仿从前保荐鸿博之例,酌量变通,宽取严用,以搜访之任寄诸庶官,以抉擢之权授诸学部。仍宽定开列名数,以广取材,冀不失钦选议员之本旨。以上各项,略采各国上院办法,即为将来建设上议院之基础。而资政院既兼有下院之性质,势不能无民选议员,以与钦选议员相对待。惟创办伊始,一切准备均未完成,骤行民选,恐多窒碍,故特以谘议局为资政院半数议员之互选机关,谘议局议员本由各省合格绅民复选而来,而谘议局公推递升之资政院议员,即不啻人民间接所选举,立法本意,实在于此。此项议员,即以公推递升之标准,则去取之法,自不能不以得票之多寡为衡,但监督之权,在于督抚非经覆定,不令遽膺是选,而覆选之际仍以票数之多寡为后先。既与钦选大权,示有区别,乃与下院要义不相背驰,此又臣等厘订互选一章之微意也。节经公同讨论,意见相符,谨分别缮单呈进,恭候钦定。俟命下之日,再由臣等通行京外各衙门,一体遵照办理。

《宣统政纪》卷 21,文海出版社(台北)1989 年版,第 28 ~ 29 页

奏为遵旨拟订资政院议员选举章程，谨分缮清单，恭折仰祈圣鉴事。窃臣等前于宣统元年七月初八日会奏，续拟资政院院章，并改订前奏各章缮单具陈一折，同日奉上谕，所拟尚属周妥，著京外各衙门一体遵行，其各项细则章程，仍著迅速筹拟，奏请宣布等因，钦此。钦遵在案，伏维资政院为上下议院之基础，造端闳大，条理纷繁，欲令纲举目张，推行无阻，必当曲防事制檃括靡遗。臣等前奏院章，不过胪列纲要，其详细节目应特设专章者，均经于院章内声明另定，就散见于院章各条内者计之，应订章程细则约有七种：一曰议员选举章程，二曰议事细则，三曰分股办事细则，四曰旁听规则，五曰守卫章程，六曰秘书厅办事细则，七曰经费数目。凡此均与院章相辅而行，必须于明年开院以前，一律筹定，而议员之选举为资政院组织之权舆，必先按次举行，乃可定期召集，故选举章程在各项章程细则中，尤属最关紧要之件。查资政院议员资格、额数、分类、任期等项，均于院章第二章内分别规定，此次厘定选举章程，自应以院章为根据，而不能尽以各国选举法强相绳尺。臣等当与臣院协理帮办等员，妥慎筹商，尅期属草，谨依院章第九条所列，各项人员自宗室王公世爵至各省谘议局议员，体察情形，详拟办法，各为一章，都凡八种，兹经一律告成，谨将编纂大意为圣明缕析陈之。查宪政院议员选任之法大别有二：一为钦选，一为互选。两者各有取义，办法已不能相同，而钦选议员中，分类既多，等差匪一，论名位则有崇卑之异，校人数则有多寡之分，势不能以同一之规程，求彼此之适用，要当因宜定制，取便推行。窃维宗室王公世爵、满汉世爵及外藩王公世爵阶级既高，计数较少，权衡取舍，一秉圣裁，自应开列全单，恭候简命。至宗室觉罗、各部院衙门官及纳税多额者，合格人数与议员定额之此例，多少悬殊。若一律奏进全单，不足示限制，而便甄择。考外国上院之制，勅任议员多有先经互选者，今拟略师其意，凡宗室觉罗、各部院衙门官及纳税多额者，均于钦选之前，举行互选，各照定额增列多名。好恶既卜诸舆情，而用舍仍归于宸断。其硕学通儒一项，资格标准确定较难，人数几何，调查不易，互选之法，势所难行，拟略仿从前保荐鸿博之例，酌量变通，宽取严用，以搜访之任寄诸庶官，以抉择之权授诸学部，仍宽定开列各数，以广取材，冀不失钦选议员之本恉。以上各项，略采各国上院办法，即为将来建设上议院之基础。而资政院既兼有下院之性质，势不能无民选议员，以与钦选议员相对待。惟创办伊始，一切准备均未完成，骤行民选，恐多窒碍，故特以谘议局为资政院半数议员之互选机关，谘议局议员本由各省合格绅民复选而来，而谘议局公推递升之资政院议员，即不啻人民间接所选举，立法本意，实在于此。此项议员，即以公推递升之标准，则去取之法，自不能不以得票之多寡为衡，但监督之权，在于督抚非经覆定，不令遽膺是选，而覆选之际仍以票数之多寡为后先。既与钦选大权，示有区别，乃与下院要义不相背驰，此又臣等厘订互选一章之微意也。节经公同讨论，意见相符，谨分别缮单呈进，恭候钦定。俟命下之日，再由臣等通行京外各衙门，一体遵照办理。除议事细则等项，容由臣等陆续筹拟，随时奏陈外，所有拟订资政院选举章程，开单具奏各缘由，是否有当，谨恭折具陈，伏乞皇上圣鉴训示。再此折系资政院主稿，会同军机大臣办理，合并声明，谨奏。谨将拟订资政院议员选举章程，开具清单，恭呈御览。

《政治官报》，第726号，宣统元年九月二十一日

《清史稿》记：

资政院议员选举章程之规定，宗室王、公世爵，列爵凡十二：一，和硕亲王；二，多罗郡王；三，多罗贝勒；四，固山贝子；五，奉恩镇国公；六，奉恩辅国公；七，不入八分镇国公；八，不入八分辅国公；九，镇国将军；十，辅国将军；十一，奉国将军；十二，奉恩将军。

按院章定额分配，自和硕亲王至奉恩辅国公十人，自不入八分镇国公至奉恩将军六人。

满汉世爵,以满洲、蒙古、汉军旗员及汉员三等男以上以之爵级为限,按定额分配。三等侯以上八人,一等伯至三等男四人。外藩王公世爵,凡下列蒙古、回部、西藏各爵:一,汗;二,亲王;三,郡王;四,贝勒;五,贝子;六,镇国公;七,辅国公。

按定额分配。内蒙古六盟,盟各一人;外蒙古四盟,盟各一人;科布多及新疆所属蒙古各旗一人;青海所属蒙古各旗一人;回部一人;西藏一人。

凡各项世爵年满三十岁以上,未奉特旨停止差俸,及因疾病或事故自请开去一切差使者,均得选充资政院议员。

每届选举,资政院于前一年九月行知宗人府、各该管衙门、理藩部,分别查明合格者,造具清册,于选举年分二月以前,咨送资政院。由院分别开单,于三月以前,奏请按额钦选。其宗室王公,满汉世爵,现任军机大臣,参豫政务大臣,及资政院总裁、副总裁者,无庸选充。有缺额时,资政院随时行知各该衙门,修正清册。按爵级或部落应选充者,奏请钦选补足之。

宗室觉罗,凡男子年满三十岁以上,无下列情事者,得选充资政院议员:一,曾处圈禁或发遣者;二,失财产上信用被人控实未清结者;三,吸食鸦片者;四,有心疾者;五,不识文义者。其现任三品以上职官,审判、检察、巡警官,及现充海陆军军人者,无庸选充。按定额分配,宗室四人,觉罗二人,由各该合格人先行互选。于选举年分二月初一日,在京师及奉天府行之。京师以宗人府堂官为监督,奉天以东三省总督为监督。每届互选,资政院于前一年九月行知互选监督,照章举行。设互选管理员,掌调查互选人,管理投票、开票、检票等事宜。由互选管理员查明合格人员,造具互选人名册,先期呈由互选监督宣示公众。如本人认为错误遗漏,得于宣示期内,呈请互选监督更正补入。经批驳者,不得渎请。互选选举人及被选举人,均以列名互选人名册者为限。届期互选监督应亲莅投票所,或派员监察之。互选人应亲赴投票所自行投票,用记名单记法。互选人有因职务或因疾病、事故不能亲赴投票者,得就互选人内委托一人代行投票,应由本人亲书密封署名画押,连同委托凭证,送致受托人。该受托人应将密封及委托凭证临时向互选监督呈验,方许代投。以得票较多数者为当选。互选当选人额数,各以议员定额之十倍为准。互选告竣,互选监督即日将当选人名榜示投票所。不愿应选者,得于三日内呈明互选监督撤销,将得票次多数者补入。互选管理员造具当选人名册,连同票纸,呈由互选监督咨送资政院,由院将当选人名及得票数目,于选举年分三月以前,奏请按额钦选。有缺额时,资政院随时将本届当选人开单奏请钦选补足之。本届当选人数不足议员缺额之三倍时,应举行临时互选,一切照寻常互选办理。

各部院官,以下列各官为限:一,内阁侍读学士以下,中书以上;二,翰林院侍读学士以下,庶吉士以上;三,各部左右参议以下,七品小京官以上;四,掌印给事中、给事中及监察御史。各官以年满三十岁以上,具下列资格之一,得选充资政院议员:一,现任实缺者;二,曾任实缺未休致、革职者;三,奉特旨署理或奏署者;四,奉特旨候补、补用、选用或学习行走者;五,其余候补满三年以上者。由合格人先行互选,于选举年分二月初一日在京师行之,以都察院堂官为监督。互选当选人额数,以议员定额之五倍为率,各部、院官选充资政院议员者,于院内职权,本衙门长官不得干涉。其因升转降调致失原定资格者,即同时失资政院议员之资格。所有举行互选、奏请钦选、补足缺额各办法,与宗室、觉罗选举同。

硕学通儒资格凡四:一,不由考试、特旨赏授清秩者;二,著书有裨政治或学术者;三,有入通儒院之资格者;四,充高等及专门学堂主要科目教习五年以上著有成绩者。凡年满三十岁以上,具前列资格之一,均得选充资政院议员。每届选举,资政院于前一年九月行知学部,由部通行京堂以上官、翰林、给事中、御史、各省督、抚、提学使、出使各国大臣,各搜访一人或

二人，开具事实，保送学部审查。择定合格得保多者三十人，作为硕学通儒议员之被选人，于选举年分二月以前，咨送资政院。由院将被选人姓名及原保人姓名官职开单，于三月以前，奏请按额钦选。有缺额时，资政院随时将本届被选人照章奏请钦选补足之。本届被选人数不足议员缺额之三倍时，应另行保送。

纳税多额人，以下列资格为限：一，男子照地方自治章程有选民权者；二，年纳正税或地方公益捐，在所居省分占额较多者。凡具此资格，年满三十岁以上，得选充资政院议员。由合格人先行互选，于选举年分二月初一日在各省城行之，以布政使或民政使为监督。每届互选，资政院于前一年九月行知各省督、抚，照章举行。互选监督会同商务总会总理、协理，遴派互选管理员。互选办法与普通互选同。互选人额数，每省以二十人为限。投票用记名连记法，以得票过互选人数三分之一者为当选。互选当选人额数，以互选人额数十分之一为率。如当选人不足定额，就得票较多者，令互选人再行投票，以足额为止。其得票及格、额满见遗者，作为候补当选人。当选人不原［愿］应选，得呈明互选监督撤销，以候补当选人依次递补。互选管理员造具当选人及候补当选人名册，连同票纸，呈由互选督申送本省督抚，各督抚将当选人姓名及得票数目咨送资政院，由院开单，于三月以前，奏请按额钦选。有缺额时，资政院随时将本届当选人开单奏请钦选补足之。本届当选人不足议员缺额之三倍时，以候补当选人递补。候补当选人数不敷时，举行临时互选。

各省谘议局互选谘政院议员，按定额分配：奉天三人，吉林二人，黑龙江二人，顺直九人，江苏七人，安徽五人，江西六人，浙江七人，福建四人，湖北五人，湖南五人，山东六人，河南五人，山西五人，陕西四人，甘肃三人，新疆二人，四川六人，广东五人，广西三人，云南四人，贵州二人。互选于选举年分前一年十月十一日，在各省谘议局行之。以督抚为监督。每届互选，资政院于前一年九月行知各互选监督，照章举行。届期互选监督亲莅监察之。投票、开票、检票等事，由谘议局办事处管理。适用普通互选规则，互选选举人及被选举人均以该省谘议局议员为限。投票用记名连记法，以得票过互选人半数者为当选。互选当选人额数，以各该省议员额数之二倍为率。如当选人不足定额，就得票较多者，令互选人再行投票，以足额为止。其投票及格、额满见遗者，作为候补当选人。谘议局办事处造具当选人及候补当选人名册，连同票纸，呈送互选监督，覆加选定，为资政院议员。不愿应选者，得呈明互选监督辞退，依次将本届当选人及候补当选人覆加选定补充。不敷选充者，举行临时互选。选定后，由互选监督造具名册，连同当选人及候补当选人原册，咨送资政院。凡选充资政院议员者，不得兼充本省谘议局议员，有缺额时，由院行知该省督、抚，覆加选定补充，或举行临时互选。此资政院议员钦选、互选办法之概要也。

各省谘议局议员选举章程之规定，议员之选任，用复选举法。复选之别于单选者，单选径由选举人投票选出议员，复选则先由选举人选出若干选举议员人，更令选举议员人投票选出议员是也。谘议局议员定额，因各省户口尚无确实统计，参酌各省取进学额及漕粮多寡以定准则。奉天五十名，吉林三十名，黑龙江三十名，顺直百四十名，江宁五十五名，江苏六十六名，安徽八十三名，江西九十七名，浙江百十四名，福建七十二名，湖北八十名，湖南八十二名，山东百名，河南九十六名，山西八十六名，陕西六十三名，甘肃四十三名，新疆三十名，四川百零五名，广东九十一名，广西五十七名，云南六十八名，贵州三十九名。京旗及各省驻防，以所住地方为本籍。但旗制未改以前，京旗得于顺直议员定额外，暂设专额十名；各省驻防得于该省议员定额外，每省暂设专额一名至三名。选举权之规定，用限制选举法。凡属本省籍贯之男子，年满二十五岁以上，具下列资格之一者，有选举谘议局议员之权：一，在本省

地方办理学务及公益事务满三年以上著有成绩者;二,在本国或外国中学堂及与中学同等或中学以上之学堂毕业者;三,有举、贡、生员以上之出身者;四,曾任实缺职官文七品、武五品以上未被参革者;五,在本省地方有五千元以上之营业资本或不动产者。凡非本籍之男子,年满二十五岁,寄居本省满十年以上,有万元以上之营业资本或不动产者,亦得有选举权。被选举权之规定及其限制:凡属本省籍贯或寄居本省满十年以上之男子,年满三十岁以上者,得被选举为谘议局议员。凡有下列情事之一者,不得有选举权及被选举权。一,品行悖谬、营私武断者;二,曾处监禁以上之刑者;三,营业不正者;四,失财产上信用被人控实未清结者;五,吸食鸦片者;六,有心疾者;七,身家不清白者;八,不识文义者。其有所处地位不适于选举议员及被选举为议员者:一,本省官吏或幕友;二,军人;三,巡警官吏;四,僧、道及宗教师;五,学堂肄业生:均停其选举权及被选举权。其现充小学教员者,停其被选举权。谘议局设议长一,副议长二,用单记投票法,分次互选。设常驻议员,以议员额数十分之二为额,用连记投票法,一次互选。凡议员三年一改选,议长、副议长任期同。常驻议员任期限一年。议长因事出缺,以副议长递补。副议长出缺,由议员互选充补。议员出缺,以复选候补当选人依次递补。议员改选,再被选者得连任,以一次为限。议员非因下列事由,不得辞职:一,确有疾病,不能担任职务者;二,确有职业,不能常驻本省境内者;三,其余事由,经谘议局允许者。

凡选举区域,初选举以厅、州、县为选举区,复选举以府、直隶厅、州为选举区。直隶厅、州及府之本管地方,均作为初选区。直隶厅无属县者,以附近之府为复选区。初选区,厅以同知、通判,州、县以知州、知县为初选监督。复选区,府以知府,直隶厅、州以同知、通判、知州为复选监督。府、直隶厅、州作为初选区者,得遴派教佐员为初选监督。初选、复选均设投票、开票、管理员、监察员若干名。管理员不拘官绅,监察员以本地绅士为限。初选区选举人名册及当选人姓名票数,由初选监督申报复选监督;复选当选人姓名票数,由复选监督申报督、抚,分别咨报资政院、民政部立案。

选举年限,三年一次,以正月十五日为初选日期,三月十五日为复选日期。凡初选举,初选监督按地方广狭、人口多寡分划本管区域为若干投票区,分设选举调查员,按照选举资格,详细调查,将合格选举人造具名册,于选举期六个月以前,呈由复选监督申报督、抚,并宣示公众。如本人认为错误遗漏,得于宣示期内呈请初选监督更正。初选当选人额数,按照议员定额加多十倍。各初选区应出当选人若干名,由复选监督分配。投票用无名单记法,其有写不依式者,夹写他事者,字迹模糊者,不用颁发票纸者,选出之人不合被选资格者,作为废票。以本区应出当选人额数除选举人总数,所得半数,为当选票额。得票不满当选票额以上者,不得为初选当选人。复选由初选当选人齐集复选监督所在地行之。复选当选人,即为谘议局议员。各复选区应得议员若干名,由督、抚按全省议员定额分配,投票当选,一切与初选同。

关于选举之变更,如选举人名册有舞弊、作伪情事,或办理不遵定章,被控判定确实者,初选、复选均无效。当选议员有辞任、或疾病不能应选,或身故,或被选资格不符,当选票数不实,被控判定确实者,其当选无效,各以候补当选人递补。如选举人确认办理人员不遵定章,有舞弊、作伪证据,或当选人被选资格不符,当选票数不实,及落选人确信得票可当选而不与选,候补当选人名次错误、遗漏者,均得向该管衙门呈控。限自选举日起三十日,凡选举诉讼,初选向府、直隶厅、州衙门,复选向按察使衙门呈控。各省已设审判厅者,分别向地方高等审判厅呈控。不服判定者,初选得向按察使衙门,复选得向大理院上控。限判定日起三个月。已设审判厅者,照审判厅上控章程办理。选举人及办理选举人、选举关系人,有违法行为,分别轻重,处以监禁、罚金有差;二年以上、十年以下,不得为选举人及被选举人。

专额议员选举人及被选举人,以京旗及驻防人员为限,选举及被选举资格,与谘议局普通议员资格同。各省驻防专额议员之数,视该省驻防取进学额全数在十名以内者设议员一名,二十名以内设二名,二十名以外设三名。初选当选人额数,以议员定额十倍之数为准。复选当选人额数,以议员定额为准。调查选举人名册,由督、抚会同将军、都统,于京旗及驻防人员内,各酌派选举调查员。当选、改选、补选及诉讼、罚则各事,均照谘议局选举章程办理。此各省谘议局议员初选、复选办法之概略也。

各省谘议局选举,宣统元年各督抚次第奏报举行。于九月初一日,召集开会,举行互选资政、谘议员。二年四月,资政院奏请钦选各项议员,奉敕选定。以八月二十日为召集期,九月初一日,资政院举行第一次开院礼。监国摄政王代行莅选,颁谕嘉勉议员。三年九月,遵章第二次召集开会。

资政院、谘议局议员选举外,尚有地方自治团体之选举。地方自治为立宪基础,列于筹备事宜清单。光绪三十四年、宣统元年,宪政编查馆先后核议,民政部奏城、镇、乡、府、州、县及京师地方自治暨选举各章程,各省次第筹办。其选举办法,与谘议局议员选举略有出入,以繁琐,不备载。

赵尔巽《清史稿》卷113,志88,选举8,新选举,中华书局1977年版,第3250~3261页

10月27日(九月十四日) 四川嘉定知府段友兰、乐山县知县周建华等为缉捕革命党人佘俊臣禀报赵尔巽。

段友兰禀报:

访闻革党佘俊臣在乐、犍等处煽惑勾引,饬即密饬所属,严密侦察,购线踩缉,务获禀办。等因,奉此。遵即飞札密饬各属,一体严密查拿去后。伏查该匪佘俊臣即佘敬臣,籍居泸州小市,初原上流会党,因上年潜入革党,图谋滋事未遂,被拿逃逸,与嘉定各处会党声息素通,遂窜匿嘉、雅、眉各处。本年五月内,知府风闻该匪在洪雅、荣经交界之铜厂沟一带藏匿,即借查属为名,拟出其不意,前往捕拿。讵该匪闻风,即由僻径窜入宁远以内。八月,又风闻该匪支使党羽,传有秘密口号,在嘉定等处煽惑勾结,业已派人密访。惟该匪在外日久,已与下等会匪为伍,到处有匪容留,踪迹极为诡秘,耳目又多,查拿颇不容易,非先将其口号探得,不能使人混入彼党,非使人混入彼党,不能侦探佘俊臣踪迹之所在,筹划半月有余,尚未得手。现又密饬周令广设方略,以期必获。至乐山安谷场保正刘源溥即刘清泉,据周令称,初原会党,自当公以来,改邪归正。近数年内并无不合之处,且在外贸易时多,与佘俊臣是否相通,即再密查酌办。杨鹏高系犍为著匪,久拿未获,现亦设法购缉。

知府窃以佘俊臣既自命为革党,势必到处散布邪说,勾结党羽,希冀乘间以逞。日久不除,终必酿出事故,所谓萌芽不折,将寻斧柯。现已饬属严密查拿,仍自派得力之人,密为侦探,果有踪影,即当设法捕拿,务获禀请究办,断不敢掉以轻心,贻患将来,上烦宪廑,而干咎戾。

《署嘉定知府段友兰为遵饬密拿革党佘俊臣事致总督禀》(赵尔巽档,宣统元年九月二十二日),中国第一历史档案馆、北京师范大学历史系编《辛亥革命前十年间民变档案史料》下册,中华书局1985年版,第789~790页

周建华禀报:

访闻革党佘俊臣在乐山、犍为及眉州、峨眉等处煽惑人心,传有秘密口号,转相勾引。杨家场之杨鹏高系犍、乐著名匪徒,常窝藏佘俊臣在家,为之保护。又安谷场之刘清泉与杨鹏高声息相通,亦皆佘俊臣之羽翼。饬即严密侦察,购线踩缉,务将佘俊臣拿获,禀候核办,杨鹏高、刘清泉并应同时拿案详办。……

遵查该匪佘俊臣自去冬奉文查缉,知县随即购线密捕,迄未得其踪迹。本年八月底间,风闻该匪潜匿在杨家场一带,复派人购线,到处侦探。九月十八日,探知该匪窝藏牟子场饶姓家中,即于是夜亲督勇役,严密布置,天明入室搜捕,仍无该匪踪迹。诘问左右邻居,均称饶姓家中素无形迹可疑之人往来,自系查访失实。现仍密派妥人,分路四出,先探该匪秘密口号,以作入手线索。并密饬平日相信团保,查探匪踪随时密禀,许以千金之赏,俟得确报,即由知县亲往捕拿。

至安谷场之刘清泉,向充安谷乡七甲保正,其人早年曾有通袍情事,近年出外营业,常在马边、洪雅购办木料,而于地方办团办学等事亦肯出力。每年冬防期临,必由知县传谕回县督办,现仍借办冬防为名,传谕赶紧回县。俟其归来,由知县随时密加察看是否佘俊臣之羽翼,如形迹可疑,即行遵札拿案讯办。

至杨家场之杨鹏高,其地本系犍为辖境,该匪犯事亦多在犍为。去年该匪窜逃入境,曾经知县两次遣派勇团查缉未获。现闻逃外未归,仍当与佘俊臣一体购线严缉,获日另行禀报。

《乐山县知县周建华为先后查捕佘俊臣情形事致总督禀》(赵尔巽档,宣统元年九月二十八日,)中国第一历史档案馆、北京师范大学历史系编《辛亥革命前十年间民变档案史料》下册,中华书局1985年版,第790~791页

为缉捕佘俊臣,赵尔巽派出四川全省营务处改装易服,并重金悬赏,但依然未能如愿。四川全省营务处禀报:

查川东巨匪佘俊臣,日久漏网未获,近日风闻该匪常在乐山、夹江一带往来,并有富室为之招留。诚恐勾结煽惑,为患滋大,现在既有所闻,亟应专委妥员前往严拿究办,以除民害。拟即札委本处差遣员柴守备宝山、涂守备浚随带得力弁兵十数人,改装易服,不动声色驰往各该处,不惜重资购觅眼线,严密踩缉。如能拿获该匪,验明确系正身者,立即赏给银壹千两。拿获之时,如与防营切近,即就近持札拨派防营弁兵随同押解;如与地方州县切近,即持札就近由地方官多派得力干役堂勇押解来省。倘有疏虞,定惟防营地方官是问。

《四川营务处为委派干员缉拿革党佘俊臣事致总督详》,(赵尔巽档,宣统元年九月三十日),中国第一历史档案馆、北京师范大学历史系编《辛亥革命前十年间民变档案史料》下册,中华书局1985年版,第791~792页

10月29日(九月十六日)　孙中山致函南洋同志,通告由于欧洲政局变化,筹款目的未达到。

《致南洋同盟会员函》(一九〇九年十月二十九日):

弟自抵欧以来,竭力经营筹划,以期辅同志之望。然所谋至今尚未就绪,困在南洋时所得前途所拟之条件(即在芙蓉呈览之件),乃经手人欲从中渔利,非资本家之意也。弟察悉此情,即行婉却经手之人,而托政界上有势力之韬美君(即前任安南总督)帮同运动资本家。韬美君满意赞成,将有成议矣,乃不意法国政府忽然变更新内阁,大臣比利仁不赞成此事,而资本家故有迟疑。而韬美君仍欲与外部大臣再商,欲由彼以动新内阁大臣,因法资本家非得政府之许可,断不肯投巨资也。即由前之经手人交涉,结果亦必如此。前经手人一见吾人河口之事实,则出条件以示吾人者,彼盖忖知前内阁居利文梳必能许可,故投机而来也。而内阁之变更实为意外之事,否则无论何人说合,皆可成事也。韬美君游说外部之事,至数日前始有回实音,云"现在事不能求,请迟以有待"等语。第一得此语,即于西十月三十号起程往美,因该处亦颇有望,故一往以观机局如何也。

在英京亦找得一路,惟现尚未有眉目,故未敢详报。此路之条件甚属便宜,利息亦照通

常算法，并不要求特别之利权，惟须吾党各埠同志出名担保一事耳。英路之介绍人现往美国，弟到美时当与他再商，如得实音，当另行详报。但关于出名担保一节，弟已思得一法，想当可行，则并奉闻，以请大教。

前借之款，现尚无由归赵，求为宽限，以待此事之揭晓，当再报命。

中国社会科学院近代史研究所等编《孙中山全集》第1卷，中华书局1981年8月版，第423～424页，另见邓泽如遗著《中国国民党二十年史迹》，正中书局（台北）1948年版，第29～30页

10月30日（九月十七日）　孙中山由伦敦启程赴美国，在华侨中宣传革命和筹款，并将入党誓词，改为“驱逐鞑虏清朝，建立中华民国，实行民生主义”。

《致布鲁塞尔同盟会员函》（一九〇九年十月二十九日）：

弟明日动程往美。此行于联络华侨恐难有效，因陶成章造谣攻击，人心颇有疑惑，一时未易入手。惟于美国有势之人，有数路可通，不可不一往，以观机局也。

中国社会科学院近代史研究所等编《孙中山全集》第1卷，中华书局1981年8月版，第422页

孙中山自伦敦赴美后着手整理党务。

除进行财政外，更整理党务，改定章程，并将誓词“驱除鞑虏，恢复中华，建立民国，平均地权”四语，改为“驱除鞑虏清朝，建立中华民国，实行民生主义”三语，复将“中国同盟会会员”改为“中华革命党党员”。因河内之役，英、法、南洋殖民政府，已承认革命党为政治团体之故。

中国国民党中央党史委员会《中国同盟会革命史料》（1），1973年印行，第14页

△ 两江总督张人骏奏请留江防军队等以镇慑革命党活动。

张人骏奏：

请留江防军队以资镇慑。查长江界连五省，地段绵长，处处冲要，防范稍有不周，匪党即虞蠢动，故先朝垂念江防，特派重兵驻扎。现在地方虽较前安谧，而防务仍不容稍松。盖盗匪生心，往往乘虚窃发。该军驻守两年，常川巡缉，得以相安无事。若一旦他调，则长江门户洞开，五省藩篱尽撤，实有防不胜防之虑。至陆军第九镇，虽已成镇，尚待组织完备，巡防仅有三年，余队分布各属，尚虑未周，设有缓急，实无可调之兵。酌核现在地方情形，拟请仍留该军驻防。钦遵光绪三十三年谕旨作为长江游击之师，以资镇慑，惟军队首重纪律，该军南北异居，其中或有人地未宜，致遭物议，自应责成提督程允和严加约束，认真训练，并由臣随时酌调来省，更番查验，设法整顿，俾昭节制而成劲旅。

《宣统政纪》卷22，文海出版社（台北）1989年版，第5～6页

本月　中国同盟会南方支部在香港成立，以胡汉民为支部长，汪精卫为书记，林直勉为会计，筹划国内武装起义。南方支部与香港分会划分权限，南方支部接手负责南方各省的军事和会务，香港分会则专管香港会务。

冯自由记：

己酉九月，香港同盟会员以各地党势日盛，建议于香港分会之外，添设南方支部，以扩大组织。遂推举胡汉民为支部长，汪精卫为书记，林直勉【为】会计，会所设于黄泥涌道。其开办费初由直勉捐助之，自是南方支部与香港分会划分权限。分会专任香港以内党务，西南各省之党务则由支部统理之。汪精卫仅任书记三月，即离港北上。

冯自由《革命逸史》（第3集），中华书局1981年第236页；另见莫纪彭《同盟会南方支部之干部及庚戌新军起义之回顾》，载《中华民国开国五十年文献》第1编第12册，正中书局（台北）1961年版，第17～18页

己酉(民国前三年)冬同盟会南方支部成立,渐与香港分会划分权限,自后关于军务及香港以外之党务由南方支部处理之。

冯自由《华侨革命开国史》,商务印书馆(台北)1975年版,第9页

己酉(民国前三年)以前港分会忙于军事,不便大张旗鼓招揽党员,以避侦探耳目。自戊申三月河口革命军失败,同盟会元气大伤,军事进行因之停顿一年有余,遂得专心党务,改取开放主义,以广收同志为务。是年二月特辟新会所于德辅道先施公司对门某楼,榜其名曰民生书报社,党员日常开会不复如前之秘密。另在广州省垣河南分设机关,名守真阁,由高剑父、潘达微、徐宗汉、朱述唐、梁焕真等筹备成立,会务亦颇发达。是年港粤两地加盟者,有刘一伟、陈元英、马达臣、谭民三、李以衡、陈逸川、黄轩胄、关非一、何丽臣、何剑士、梁焕真、何辑民、陈自觉、梁藻如、杜药汉、陈瑞云、蔡忠信、潘达贤、莫纪彭、李文甫、林直勉、罗道赝、黄侠毅、张志林、陈哲梅、何振、马小进、易侠、胡律林、廖侠、刘守初、陈俊朋、李昌汉、李文启、李少穆、朱润芝、洪承点、容铨、陈恭谱、麦瑞祺、陈炯明、黄洪昆、王占魁、江运春、尤宠标、甘永宣、易培之、黄宗汉、苏美才、孙武等二千余人,就中以倪映典所招致新军兵士居大多数,惟无名册可考。至十一月民生书报社以会所过狭,复迁于中环德辅道捷发号四楼,易名少年书报社。

冯自由《华侨革命开国史》,商务印书馆(台北)1975年版,第17页;另见
冯自由《华侨革命组织史话》,正中书局(台北)1974年版,第36~37页

己酉年(1909)冬,同盟会运动广州新军反正,将次成熟,决意在粤大举。时担任制造青天白日之革命旗帜者有两处:一在香港湾仔东海旁街七十六号四楼冯寓,李自平、陈淑子、卢桂屏诸女士任之;一在牛池湾德彰农场,德彰及德初等任之。事为邻居陈少白所闻,虑因此惹起该地惊吏干涉,牵累地产所有主,乃再三向德彰警为制止。德彰大愤,遂将布料缝车等件,尽移至冯宅缝制,数日内成三色旗百余幅,是即庚戌年(1910)年倪映典率广州新军起义一役所用之旗帜也。

蒋永敬编《华侨开国革命史料》,正中书局(台北)1977年版,第103页

胡汉民回忆:

时先生已任余为南方支部长,支部费用,由港同志负担,林直勉、李海云则倾其家以为助;余更使同志分至南洋荷属筹款,而嘱邓泽如在英属综募军资。其时克强已由日本到港。赵伯先为清督抚所猜忌,去军职至港。……余与克强、伯先在港规划一切,省中新军运动,则以倪焕章(映典)为总主任。……至1909年冬(己酉),士兵加盟入同盟会者三千余人。

《胡汉民自传》,《近代史资料》总45号,中国社会科学出版社1981年版,第31页

《庚戌广东新军举义记》:

香港同志以各地党势日盛,建议于香港分会上,添设南方支部,以扩大组织,遂推举胡汉民为支部长、汪精卫为秘书,林直勉为会计。林东莞人,与莫纪彭、李文甫于己酉三四月入党,因借先人遗产,资助革命,遂于九月正式成立南方支部,设会所于黄泥涌道。倪映典自广州至香港,报告运动新军成绩,支部乃电邀黄兴、谭人凤、赵声来港,共图大举。总理自美汇款接济,而赵声亲到省垣,居中策划,莫纪彭亦至省机关部助理一切,邹鲁等则任巡防营布置,陈炯明、朱执信、邹鲁、古应芬等则任联络谘议局及学报界人才,朱与胡毅生并任民军响应,姚雨平、林树巍、李济民、罗炽扬、苏慎初,钟德贻等则暗中联络新军速成毕业的队官、排长、见习官等。维扬、巴泽宪、赵珊林、杨凤岐等专任运动新军干部士兵,以备发难。南方支部乃分发革命运动章程十条(章程另录),而巴泽宪于十一月十六日昧爽,因事泄潜逃,维扬负招待干部同志之责,特设机关于雅荷塘。然办事需人,乃与陈哲梅运动炮一营右队排长谭

瀛、司务长梁耀宗加盟，并与之结为兰交，使谭夫妇同居之，以便助理一切。而清水濠机关则为机要重地，胡汉民之妹宁媛，林直勉之妻均常居于此，而赵声则时到此处策划一切。如是布置就绪，尤恐计划未周，乃由维扬担任，选择新军勇敢诚实者，编为发动员。九月下旬，维扬复与莫纪彭入花县，组织番、花同盟分会，招罗同志，择其善战可靠者二百人，编为敢死队，以备赵声率其一部入北校场，倪映典、维扬率其一部入燕塘，协同新军动员一齐发难之用。于是定期庚戌正月初六日起义。

徐维扬编，邓慕韩订《庚戌广东新军举义记》，中山大学出版社1990年12月第1版，第59～69页

本月　新疆革命党人杨缵绪等人到宁远县（今伊宁县）的陕甘新回族大寺召开筹还国债大会，宣传爱国主义思想。

时人回忆：

宣统元年十月间，杨缵绪等在伊宁的回族大寺（名胜古寺）召开"筹还国债"大会，到会的有当地文武官员和各族人士。军乐悠扬，市民拥挤，道巷为之塞。杨上台讲话，慷慨激昂，讲话大意是说国家多难，同胞应为努力。据闻当时便有一周姓孀妇捐献金镯一支，有一卢子山者，因乏于捐献，乃以刀砍去手指以明志。吾先伯父韩玉书由山里归来，参加大会，被同学黄应选、吴光荣、李钟麟等（均系汉族绅士）推之为代表讲话。先伯上台沉痛陈词，其言"昔勾践不忘会稽之耻，卧薪尝胆，而我甲午战役虽受挫于日本，但民气不馁，自有奋起图强之日……"。杨等初讶其哈族人何以能讲汉话，继则知系回族中不第"秀才"，废读入山和哈族人交道，衣着外貌一如哈族，乃握手交谈，以至热泪盈眶。晚间，冯特民、李亚权、郝大衡等人来家访问，和先伯促膝长谈，直到深夜。从此常来访问，有时下榻。他们常来伊宁，凡酒肆、饭馆、赌场中皆有交识。上层人士中有维族之阿克木拜克（清封王公），巨商牙胡甫巴依，回绅马兴隆、马秀文、游生春，汉绅徐三泰（哥老会魁）等，皆成好友。而游生春又系当时俄国领事馆翻译官，多才广交，为俄领所信任，在当地交涉事件中能举足轻重，因之，中外人士多奔走于其门，革命党人与之周旋亦颇相得。后先伯父又被邀至惠远《伊犁白话报》馆工作，奔走革命活动。

韩希良（回族）《伊犁辛亥革命起义记闻》，载汤永才编《新疆辛亥革命史料选编》，新疆人民出版社1991年版，第40～41页

11月5日（九月二十三日）　因反对邮传部以两湖盐厘捐税抵押向西方四国借债修筑鄂境川汉粤汉两路，湖北留日学生推举张伯烈、夏道南为代表回国运动自办，与谘议局议员等组织"湖北铁路协会"，举刘心源为会长。

《趣报》报道：

湖北留学日本诸生，因鄂境川【汉】粤汉两路现经邮传部接续与四国辩议借债修建，并将两湖盐厘捐税抵押，特公推张伯烈、夏道南二君为代表，回鄂运动各团体争回自办。时值鄂省谘议局议员亦组织铁路协会与部争办之议，故二十日张、夏两代表抵省时，诸议员即于是晚在谘议局开特别欢迎大会。当二代表入会场时，全体议员皆起立致敬。首由吴议长庆焘报告开会欢迎之宗旨，二代表即出席相继演说，痛陈借款之病与商办路事之利益及办法。除招股不分省界外，请将抵押借外债之盐厘捐税作为公股，本省之绅富则悉行摊股，以期官民两得其利，并以速电枢部力争为最先最要之图。说毕，议员刘赓藻君接续演说，略谓诸君既心许，即须实行，拟请各议员将所得薪金以九五助捐，即在办事处扣提，以作组织铁路协会经费。言至此，众皆起立，拍掌赞成，刘君遂续言请代表起草订立铁路协会章程，以便联合武汉

商会、教育会、宪政筹备会及一切各团体,合力坚拒。两代表遂立草章,并由吴议长推举刘赓藻、张国溶、夏寿康、汤化龙、魏寅宾等十人为铁路协会会员,而张国溶、吕逵先二议员亦相继演说,担任联合各团体,并举教育会职员万昭度、金式度二君,绍介二代表亲往各团体联合。至铁路协会事务所,则假定教育总会之内。复经全体议员拟就电枢部争回商办文稿,本拟即刻译发,因吴议长言须俟彼谒见制府以后再发。连日鄂籍人士官幕于各省者,均起而响应,如京师王鲁香部郎,奉天虞木斋学使,江宁樊云门方伯,上海徐士燮太守,河南李维桢观察、周兆源大令等,均有电函致谘议局。而省绅吴兆泰、刘心源、刘邦骥、李绍芬、杨守敬等,亦联名函呈谘议局,皆以拒借归商办为唯一主义,并闻各函陈说筹款条件甚详。

《湖北拒款大会志盛》,《趣报》1909年11月14日

铁路协会成立后致邮传部电:

湖北商办铁路协会,业已成立,现正筹备的款,公恳大部取销川汉粤汉两路借款草议,查照去年鄂督咨案,准予商办完全权限,以顺舆情而维大局。湖北商办铁路协会刘心源、吴兆泰等公叩。

湖北谘议局致邮传、度支两部电:

邮传部、度支部钧鉴,粤汉川汉借款,关系大局安危,鄂人全未预闻,誓不承认。现已组织湖北铁路协会,妥筹办法,谨合词公恳大部主持,撤销借款草案,余详公呈,湖北谘议局长吴庆焘等公叩。

湖北绅民致度支、邮传两部尚书电:

度支部、邮传部堂宪钧鉴,川[汉]粤汉两路之借款,路权失,全鄂亦亡。此时幸未定议,况与议者无一鄂人,全体誓不承认,谨公恳大部力赐主持,撤销鄂路借款草案,徐定办法。悚迫待命,湖北绅民杨守敬、密昌墀等公叩

《东方杂志》第6卷第11期,记事,第338～342页

湖北留日学生致函张之洞谓:

鄂境川汉、粤汉两线,一由枢相奏准开办,一由枢相自美国赎回;外绝窥伺,内保主权,阖省人民至今犹感戴不已。去岁十月初四日,钦奉明谕,枢相为督办粤汉铁道大臣。枢相督鄂日久,廑念綦深,于统筹粤汉之余,兼及川汉,函电交驰,尽劳特盛甚。一时绅民仰体钧意,奔走集资,咄嗟间得款三百八十余万元。商办基础方奠,正呈请代奏间,忽奉国丧,一时事遂中止。今年德宗暂安后,全鄂人民坐俟钧示,忽闻有筹借外债之举;高提学(凌蔚)、曾观察(广镕)先后入都,不逾时而津沪各报已将草合同登出矣。合同中六、七、八三条,查帐由外人,工程由外人,材料虽归汉阳铁厂供给,必由外人认可,则其不认可,而我即不能供给也明矣。鄂省人民一闻外债,几乎谈虎色变,矧损失主权如是之甚耶。枢相督鄂时,于财政教育及人民生计国家主权,无不兢兢致意,且粤汉铁道系枢相竭力争回,今又主张借款,窃所未解。盖枢相深悉鄂民困惫,不忍以重负累鄂民。然借款承办铁路,实我国所创闻,各自主国无此公例。以其关系交通机关,一经有事,权必操自我手,方不掣肘。况借款交付,土地随之,近年如九广、广厦、新奉、汴洛、沪宁诸线,借外资授外权,外人骄横万状,可为殷鉴。中国诸大干路,权皆操于外人,川、湘、鄂、粤稍有干净土者,亦仰赖鸿慈。鄂民受枢相之赐,自当永矢弗忘。前收回于美,今送之四国,孰利孰弊,枢相自有明镜。此次草合同虽云优于津浦,然津浦仅受英、德节制,而此路乃受英、德、法、美四国干涉。况津浦聘用洋工程师,今已有尾大不掉之势。朝野痛心疾首,实天下人共见共闻。明知之而故犯之,亦枢相所厌为也。虎口之前,断无全肤,覆巢之下,焉有完卵。外人苟可驻足,必任意狡展。今年津浦车站设于租界之内,即

其一端。其他种种阴谋有非生等所能预测者。苟授之以柄，吾民被其蹂躏，何堪设想。与其悔之事后，不若制之事先，况我尚可筹款自办耶？查鄂境粤汉线连湘共约二千里；川汉线就枢相所计划者，约一千六百里。平均计算，大约官办者每里需二万一千五百六十六元，借款承办者每里需三万三千八百另四元，商办者每里但需一万六千一百五十一元。而此借款合计五百五十万镑，以华银计之，鄂省应借三千九百万元，每年利息一百九十五万元；以二十五年计算，仅利息一项，鄂省须支出数千万元，此皆须绞鄂民膏血也。鄂民负此重累，必非枢相福鄂之本心。故与其将来偿此巨款，驯于外人之下，不如归鄂民自筹商办，且获厚利。在枢相本意，以为鄂境路线收回有年，认股不盛，与其不办，不如借款。然昭信股票失信于前，电股收回失信于后，故拥资者咸裹足不前。且前此商办官督、绅办民办诸问题，屡议不决。宗旨无所汇归，商民观望，何怪其然。去秋枢相致鄂垣各绅电云：鄂路应归鄂有，鄂乃可受实利。生等逖听之余，悉枢相为鄂谋永久利益，感泣无已。奈鄂省连年水旱频仍，再加重负，实不堪命。生等悉心筹议，惟俯恳钧裁，奏归商办。汉上商民现在鉴于京汉之有利可图，且有省谘议局以司其首，人民视此大利，必力趋而不徐。且此时允以厘金作押，必为的款可知。去年八月二十七日，枢相致鄂省川汉路局云：粤汉路短，只需银六百万元已经招齐，则所需者仅川汉二千万元尔，倘稍加提倡，不难集腋成裘。

生等现通告内地各县，各设一局劝股，以省垣为总汇，一遵商律而行；外省人勿论满汉蒙回藏，皆可入股，凡我国人必有同舟共济之心。我枢相最关心之鄂路，亦不难立观厥成，一可纾朝廷南顾之忧，一则感枢相再造之德。方城汉水，公与俱传。起死人而肉白骨，实维公是赖。盖此路成后，一入滇，一入藏，英法阴谋实枢相所素悉，现美俄互攘而来，日本亦狡焉思逞。虽经枢相拒俄允美，而与德法英集中心点于汉。津浦尚仅英德，而鄂省则四面楚歌，后患实不堪设想。枢相前争津浦主权颇热心桑梓，国人感服。鄂为枢相久驻之地，而生等父母之邦也。用特合词吁恳枢相俯顺舆情，收回草约，据情奏准商办。鄂民食惠，没齿不忘；一发千钧，在此一举。不胜屏营待命之至。

《趣报》，1909 年 11 月 16 日

《留日湖北学生铁路会代表张伯烈、夏道南意见书》：

吾鄂自粤汉、川汉两大问题发生以来，已五载矣。刍狗历史，无庸赘述。兹者张伯烈等受留东同人委任，匍匐归国，泣诉于伯叔甥舅父老昆弟之前。自知才绵力薄，人微望浅，不克胜此巨艰；然痛关切肤，祸迫眉睫，爱乡天良，未绝一线，螳臂当车之妄，精卫衔石之愚，固有不能自已者。独是旬日万里，倥偬奔命。一部二十四史，不知从何处说起。即令勉强成言，毕竟挂一漏万。顾言之不文，默之不敢。弗揣冒昧，谨分段缕陈，以渎我伯叔甥舅父老昆弟听。倘蒙矜此下忱，勿以人而废言，更匡我以不逮。湖北幸甚，天下幸甚。

(一)湖北铁路与国家存亡之关系

湖北今日在中国之位置，溯洄五千里长江，鳞接六七都上省；租界宏开，商务麇集；水陆交通，星驰电掣。稍有知识者，咸知为我国中心点，无论天津逼近都门，上海偏居一隅，莫能与京。就世界言之，亦惟英之伦敦、美之纽约，差堪伯仲。固地理进化之使然，亦山川本质之有素也。得此无上宝贵之湖北，朝廷苟能振饬自立富强之图，自不难越德法而陵英美。然而今日失已过半矣。请看今日之湖北，果实是我中国之湖北也耶？不见夫长江乎？自岷山始导，奔腾入海，水深幅广，不涸不冻，虽与黄河、珠江号称中国三大流域，实则黄、珠不及远甚。要其利则被外人吸收殆尽，不惟我湖北人民未尝食此生产之惠，即我中国全体人民，除招商局数只轮船外，余皆落于五国人公司之手。而五国人公司之中，获大利占优势者日本惟最，

英国次之,他国又次之。总之同归于久假不归,剥削无遗。此长江交通生产利已非我湖北所有也。又不见乎大陆乎,高鼻深眶之辈,龙盘虎踞,几无隙地。而日本殖民则每日自沪至汉之轮船,旧往新来,络绎不绝。试一入汉口观之,其富商大贾,固自岳重山积;而提药包、卖零货,男男女女,出入于街巷客栈,驱逐微末利者,举目皆是。及闻汽笛一声,横览彼都则有京汉之大干铁路,在政府虽曰赎回,仍是借英人之款偿比国之债,前门拒虎,后门进狼。尚不知何年日月能否了此债务,斩此胶葛。曾记当赎回此路时,日人某报论著云:京汉已陷法俄二国范围中,英人染指不得,颇有遗憾。不意迄今竟归英掌握中,以偿当日未遂之愿。据此观之,可想见其政策矣。噫,剜肉补疮,饮鸩止渴,匪不暂快,实速其亡。曾亦知黄河南北、山陕诸省之财力久已为他人囊括耶,此大陆交通生产利又非我湖北所有矣。齿漏舌嚼之余,仅剩此川汉、粤汉二线以延我湖北残喘,而又被英德法美笑之而去,湖北人尚望生活耶?况此二路告成,一通藏,一通滇;藏通则英兵可以直入,滇通则法兵可以直入。俄日则自东三省而直抵京师,德国则自山东而直捣关洛,长驱并进,讵堪设想?此军事上绝大危机也。且其路权之所至,即其财力之所至;其财力之所至,即其殖民之所至。制我命脉,扼我咽喉,波兰、印度是其前鉴。思及于此,胆碎心寒。此政策上之绝大危机也。夫立国要素为土地、人民、统治权三者,若款借路抵,则土地非我所有,土地既非我所有,则生出种种干涉,势必假手政府以压制我人民,而间接得统治权。由是操纵自如,殖民所有将渐次芟艾我人民。即令我俯首归从,亦不过奴隶犬马,万难享此等权利。至于此,尚可以立国乎?或谓列强盖未欲瓜分中国也,如欲瓜分,虽不假此亦优为之,何必故作危词,以自摄其魄哉。不知前此未瓜分者,独一美国主持大计耳。美国所以主持大计者,非不欲瓜分中国,奈眷彼亚东,惟美国尚无尺寸地,既不得利益均沾,即无妨假托公理。今也以大统领直电我摄政贤王,最后借款加入,则美国已有一枝可借,非复前日食之不能下咽也。呜呼,哀哉!列强争借路款于吾国之中心点,是即列强实行瓜分吾国下手之处。谓予不信,安奉条约缔结后,彼美国撤换大使胡为者?而海牙会上拟来年提议监督中国财政之案又胡为者?小言之,吾三楚人民自此亡身亡家,子孙无栖息之所,祖宗灭坟墓之地。大言之,即亡国亡种之劫运耳。呜呼,哀哉!立国于亚洲者,安南亡矣,不过受制一法;印度亡矣,不过受制一英;朝鲜亡矣,不过受制一日。若我中国则直瓜分豆剖,七零八落,为第二非洲之化身也。然则铁路借款其可忽乎哉?

(二)中国不宜借外债之理由

或谓借外债固世界普通之政策也,不独中国为然,即以现在调查计之,英国债额770 291 195元,法国债额11 988 862 196元,德国债额1 622 366 525元,俄国债额8 636 649 524元,美国债额4 746 084 261元,日本债额2 257 348 637元(西历八月五日每日电报所载)。是借外债实足生政府活动力,为贫国唯一之政策,百利而无一害者。不然,何列强毫无忌避,而且视为经济上之要素耶?然而在我国则有难言者。试陈述于左。

(甲)列国之募债,先本国人民,而后及于外国。我国自昭信股票失信民间以来,凡国家所需巨款,俱仰给外人,初未尝谋及民间,民间亦遂视政府若鬼蜮,若蛇蝎,惟恐避害之不远。而外人乃乘以制其死命。此我国借外债之不宜者一也。

(乙)列国之借外债,乃由本国度支部发行债券,自由募集,仍属商业性质。故其债券价额时随目的物之信用发达与否,以生市场高低之变更。我国乃紧靠一国政府硬借巨款,俨成一国际交涉,致各国环生觊觎之心,而不知其国非金山银海,藏以待需,亦实由民间募集而来。以民间募集而来,转而投资于我,脱非一巨窝也,何其争相染指如是。此我借外债之不宜者二也。

(丙)列国之借外债,借否可以自由,予国体上经济上毫无妨碍。我国则受他人挟制,不问愿借与否,非曰利益均沾,即系条件另附。除以目的物作抵当外,材料必限用若干数,技师必限用若干员。日本阳历十一月十二日《朝日新闻》载有川汉粤汉借款草案,此报伯烈等已携归示证。假道江宁时,为樊云门先生所留。查草案内容有六:(一)借英法德美四国之债,共六百万镑。九五折扣,每年利息五厘。(二)借期以二十五年为限。但自借债之次年起,即须分将本利金额逐年偿还。(三)以川汉、粤汉为四国抵当物,若不足时,则以两湖之厘金及盐税充之。(四)川汉工程师限定用德国人,粤汉工程师限定用英国人。(五)必须用英、法、德、美四国材料;若要他国及本国材料,必须完纳五分用钱于四国。(六)凡工程师等宜居于清国行政官监督之下。此条乃列强欺弄中国之惯技也。外托货债之名义,内喷侵蚀之毒液,此我国借外债之不宜者三也。中国各报近日所载借款草案内容,乃伯烈等归国告知者。此等要件,我本国人尚未及知,而外国人已知之详者。盖以外国在我国住[驻]京使臣或领事等,可直接向我部臣探问消息,一得消息,即电回国,登诸各新闻。我中国访事人员既难得此秘密,亦无灵通机关,日在瓮中,死不知故。吁!可慨矣。

(丁)列国之借外债,量本国人口若干以为差等;每年本利收入支出若干,有预算决算为之整理焉。我国议院未开,国家财政与地方财政不分,糊涂也入,亦复糊涂也出。初不知人口与借债之比例为何物。故每有亏损,一般人民绝不负责任,惟政府独受债外债、息中息之害耳。急之则仍勒索于民间。此我国借外债之不宜者四也。

(戊)列国之借外债,以固定之款,办限定之事。无论何项,不准通融挪用。而我国虽明系指定之款,一到当道之手,则东扯西挪,挹彼注兹,致本位反形棘手。且除经手借款者分红利外,上自督办,下至司事,无一人不饱其欲壑而去。此时问所借之款,则鲜有存余;问所办之事,则尚无头绪。将以生产之作用,化为消耗之帑物,此我国借外债之不宜者五也。

有此五不利,故同一借外债也,在他国则补若参苓,在我国则毒若乌附,不待再剂而立毙矣。不然,英、法、德、美固亦高筑债台者也,假使彼有余财,何不了其债以饶其国生产力,而反投无限资本,争揽粤汉、川汉铁路权。是必其利有十百千万于其所负之国债者。所谓司马昭之心,路人皆知。而主持大计者独不能知耶?

(三)他省铁路丧失主权之殷鉴

欲知川汉粤汉借款修路之结果,须鉴吾东三省丧失铁路主权之惨状。试举一二实事,以警觉我乡人。此事实非安奉自由行动之问题也,乃旅顺之问题耳。今年夏,友人熊君瑞芬乘暑旅行辽东,览当年日俄战场,足迹遍东三省。东三省钱币最滥。日俄币及中国奉天等币,互见杂出。熊君游旅顺,随带奉天货币若干。不意至火车栈[站]买票,则限用日币。时有巡士在侧,熊乃就谋之。巡士见其系中国留学生,极力向卖票人通融不允。熊君徘徊良久,巡士入向驿长处通融,亦不允。无已,熊君乃谓巡士曰:“此路虽属贵国,此土究属我国。钱币兑换,何严限乃尔。假定此地为日本东京,而予有今日之事,亦将使我束手待毙乎?兑换无所,行人困难,文明之国,未必若是。但事已至此,吾惟暂羁旅馆,函告奉天友人汇寄日币,以了此劫。”巡士默思良久,遂呼警卒一人前命之。此警卒乃中国旅顺人,日本利用以土人制土人法故也。巡卒奉命如飞,往返约计五里余,向中国土人贸易店兑换之,始得日币数元,买票而归。呜呼!熊君以我东三省之币,尚不能行于东三省,可知将来湖北之钱币,必有不能行于湖北之日。同种同文之日人尚如此,则异种异文之西人,将必更有甚焉。且熊君所遇,幸是日本巡士,若遇中国目下巡士,吾不知其为何如也。又幸熊君之为留学生也,若非留学生又不知其为何如也。更幸熊君能操日语,获以感情动之,若使不谙日语,又将何以处之哉?

鸣呼,此非铁路既修而土地从而失之之明证欤?吾辈此次自沪上至南京,乘沪宁火车,见其车票上载有中国国家四字。窃怪沪宁铁路原系英人购办,中国何时赎回?何以未见明文?询之车中小使,乃云此乃洋人哄我民人最巧之法。此车票旧无是字,洋人因中国人最喜尊重主权之空牌子,故如愿偿之,以消人民排抵思想,实赚其厚利以去。从沪至宁,每日所入约有三千六百余元。惜中国人贸贸然不知也。吾等耳聆此言,不禁泪如雨下。再察沪宁一路,仅一小山穿隧,余皆一带平阳,沃野千里,非桑即田,丰富景象,一望而知。使当日有人倡议,每人民仅捐四五百文,即可修起此路。乃观望不前,权操人手。虽印度黑奴,亦红巾黑棒,立于各路旁车场,捶楚我帝国人民。宁为强国犬,不为弱国民,殆此之谓欤?吾伯叔甥舅父老昆弟鉴乎此,则知湖北借款关系之轻重也。

(四)国有民有及官办商办之利害得失

国有民有,互有得失。主张国有者,谓有铁路完全,运输迅速,赁金低廉等益,而民有则不能如是。主张民有者,谓有撙节经费,自由竞争,工程速成诸益,而国有则不能如是。英、美、德、法各张其帜,非丹非素,迄今莫定。衡之我国,国有则类官办,民有则类商办。但中国幅员宽广,铁路繁多,政府穷乏无策,致为外人所经营者,十有八九。由此观之,与其集中国全体之铁路,遗累政府一身,不若分全国各路使各省人民自为担任之之为愈。非好倡为民有,实中国现在之情形使然也。然则宜商办不宜官办,固为救时之定论。或有主张官商合办者,谓仅商办而无官长督率,势必有种种碍难。官与商盖不可须臾离者。然以伯烈等观之,殆未免见其浅而不见其深,知其一而不知其二。我湖北贻误至今,坐于官办二字。夫在官者非无贤有司。奈民间一般习惯,畏官如虎,亦我中国不能为讳之事。是以官招股,而认股者即裹足不前,以官筹款,而输款者即痛心疾首。因此遂谓商办之不宜,而不知实我国官场恶潮有以致之耳。故虽有贤有司提倡于上,而民莫之信也。不然,刻下汉口水电公司,需款数百万,呼吸之间,巨金立集。其所以踊跃争先,购股恐后者,特无官干预其间也,纯然商办性质耳。即此一端,已可想见商办成效。况路之修筑,非一二年可以竣工,而官之升迁则又久暂无常,驻旌既等夫传舍,其办此铁路也无惑乎。贤者虽不欲秦越视之而不得,不肖者徒盈箱累箧而去。谓予不信,试问此粤汉、川汉之铁路,其提议已经几何年耶?迄今尚无头绪,匪职是故哉。然则宜改官办而为商办,急矣,官不过监督保护于其上耳。监督之事,如稽查财产,规定路线等类是也。保护之事,如防卫铁路、收买土地等类是也。质而言之,无论商办官办,莫不居于交通行政范围圈之下。此外凡执行董理诸事,概由人民选举,官不与焉。以故论者自形式上观之,谓我湖北之铁路,皆断送于张文襄公之手。文襄之在两湖,不免德怨互见,功魁罪首。究之自根本上解决之,仍属我湖北人民之咎也。使当日有人提倡集股,不畏当道摧折,一集之不成再集之,再集之不成三集之。果有确实款项,而文襄公为海内通人,亦非丧心病狂,又何至故意扼民而必出于借款之下策耶?近读邸报,谓文襄遗折提有川汉、粤汉铁路事件,曾力疾改借款之"借"字为"筹"字,可以想见其苦心矣。然见兔顾犬,亡羊补牢,未为晚也。我湖北人其亦起而图之乎?

(五)川、粤、湘与湖北之比较

或谓外债之害,吾既知之矣。但湖北近日之现象,财政支绌万分。问诸公,则杼柚已空,问诸民,则流离载道。如斯巨款,苟不假外债之力,其将从天而降乎,自地而出乎?不然,则此铁路可以息喙矣。然伯烈等亦未尝言筹款之易也。但天下事欲知己之能为与否,莫善用比较的方法。于此有人焉,与我年相等,分相若,境相同,才相齐。谓彼所为之事而我绝对不能为之,是欺我者也。否则为懦夫,为自弃,为无能力之人。不然,同一昂藏七尺之躯,人胡

见优，我胡见绌耶？知得此理，则我湖北筹款之方法可以不言而喻。广东筹款之事，未尝绝无冲突，而绅气愈挫愈厉，事遂有志竟成。然犹曰吾鄂去粤稍远，地方情形，未可概断。独不见夫四川乎，其土地宽广等吾湖北，而肥腴则逊之；其人口繁衍等吾湖北，而商业则远不如之。方诸湖北，其优劣何如，不待智者而亦知。然而川路之款，居然不需外债，而亭亭独立矣。且不惟能筹川路之款，而我宜昌以上路款皆属川人担负。今湖北于川人担负之余，尚不能善自为谋，乃俯首帖耳，摇尾噤声，供食于封豕长蛇，罔知别求生路。相形之下，得勿恧然。若湖南则与我仅隔一湖水，同受制一督宪之下者。乃彼都人士，在乡在京，互相声援，一鼓再鼓，各负责任，至今其所筹路款，虽未十分充足，然士民义气，已有感动当道之势。乃回顾湖北，竟如一盘散沙。非各怀私见，即置若罔闻。是以有今日仍无成议之结果。夫老死牖下，不出湖北一步者，吾不知其感愤为如何。独念伯烈等漂流万里，激刺百端，见有当湖北人而面骂者，遇湖北人而故讽者，为湖北人而唤醒者、痛哭者。而湖北人自若也。因之"湖北人"三字，竟成为最下等凉血动物之代名词。其极也晋接酬酢之际，有以籍贯见询者，伯烈等面赤耳热，忸怩羞缩，踌躇而不敢对。魏冰叔云：明季人皮厚，掐无点血，殆我湖北今日之现象乎？虽然，人有天良，孰不如我。上而大夫，下而人民，各脑筋中固莫不有此拒款之观念在。其所以迟迟未即发者，特事体过于重大，易于乐成，难于图始耳。今幸火之始然，泉之始达，苟能充之，正是我湖北起死回生之日也。或谓吾民虽愤，吾款虽确，其如朝廷不肯罢约何？不知苏杭甬之铁路，原属已结成约者，而江浙人士，竟达拒款目的，归部自借自还。况我川汉、粤汉尚属未成之约，当同舟以共济，遂百折而不回。苟使坐观成败，且前且却，或一经压制而即自解其体；或过畏外人而即自馁其气，不具路存而湖北存，路亡而湖北亡之坚心毅力，以拚背水一战，则遗误大局匪浅。纵使江浙人不罪我，而我湖北人果能自存于天壤间耶？

（六）筹款之方法

欲拒款则不能不筹款，欲筹款则不能不预谋筹款之法。按鄂境粤汉一路，自武昌至临湘约四百里内外；川汉一路，自汉阳至宜昌约八百里内外，共计千二百里内外。经工程学家考校之，借债修则每里需三万余元，官修则每里需二万余元，商办则每里仅需一万八千内外。以千二百里估算之，合计需款不过二千五百万元内外。再分五年均派之，每年有五百万元足矣。今所借四国之款共六百万镑，即以三百万镑归鄂担任，每年亦须利金二百万元。试问此年负之二百万元为政府任之乎，抑仍出诸我人民乎？不待智者而知也。当此天灾连年，民不聊生之时，尚堪如此巨累乎？即令以朝廷强迫命令，不问人民死生，不问地方瘠苦，六十九州县，各假定摊派二万，亦不过一百三十余万。然如此辛苦之一百三十余万，尚不足以偿四国一年之利。彼期限以二十五年云云者，盖无异待嫁之姑也。且每年民间可出百三十余万，积之二十五年此路亦可告成。与其二十五年后除担负利息外，尚须别筹巨本以赎之，何若宽限二十五年，使我人民徐以修之。纵谓交通机关不可刻缓；以我湖北之大，竭力筹之，每年亦不难于五百万之数。试将筹款之法呈述如下，以备我伯叔甥舅父老昆弟之采择。

一、派股 派股之法，分而为四。一依丁粮派之，凡年完钱粮二元或三元以上者可派一股。一依营业费派之，凡营业费资本有六百元以上者可派一股。一依税契价派之，凡买田地屋宇价上百元者可派一股。一依所得税派之，凡商学军界每月得薪水六十元以上者可派一股。每股至多以五元为限，不及此者勿派，过于此者用递加法，其款可以立集。或谓行此派股之法，则民间未享其利，先受其害，自此不堪骚扰矣。且调查亦复不易。此言诚然。要之此法行于昔日则难，行于今日则易。何也？谘议局已经成立，而地方自治又接踵而起。各州县之调查统计，自不难于周知。况粮券资本尤属置而易见之事耶。或谓前此选举调查，人民

无知,以为朝廷意在搜括财产,故以多报少,以少报无,自甘抛弃选举权者不知凡几。若乘此时派股,则人民搜括财产之误解将因此疑为实而愈形畏避,是未免有妨新政。不知刻下叠经选举,人民咸晓然于一己利权之所在。朝廷并无他意。且最善之法莫如借重谘议局员分任其事,并使初次当选者襄理之,到处演说,多方劝导,使人民洞悉外国侵占我国土地,殄灭我国人类之意,则人民爱乡心发,目见倾箱倒箧以为之助。苟能各议员每年均出而担任二万元,以五年计之可得金额三分之一。或谓从前昭信股票不惟朝廷失信于民,而地方贪官蠹绅亦乘股票停止消息,罔上欺下,从中侵蚀,致人民退股不得,求官不可,迄今犹有异议。若继以派股之事,徒使民气不靖耳!似也。但昔日劝股之绅,系地方官例谕,或绅自求承充者,故多跋扈贪婪之辈。此次派股之绅乃由民间选出者,概是端人正士。此人民易于乐从者一。昔日所劝之股,乃无一定章程,每遇一富民,其多寡之数任意勒捐。强狡者徇其私,愚弱者遭其毒。此次原有一定程度,凡钱粮资本税价,不及其额者可以拒绝之。而股份之数尤有限制,派股者自无从上下其手,此人民易于乐从者二。昔日股本之还,皆由政府量财偿官以了其事,不过一时权宜之计。此次则系商业性质,铁路未成之先,自投股之日起,由当事者予以股票,年付官利。及既成后,量所赚多寡按股分红,以为子孙之业。较诸四川、湖南租捐仅负义务而不享利权者大有区别。此人民易于乐从者三。即谓派股之事终久不免扰民,然扰民固为民害,以视路失国亡,为人奴仆,求生不能,求死不得之日,固何如也。两害相较,避重就轻,实逼处此,亦将奚逃。窃见子弟之患病疽也,为父母者明知医药之苦,针灸之痛,不忍加诸其身。然而非药之针之,不能治其病而疗其毒。就表面观之固近于忍,就实际论之,则出于父母爱子之苦心。今日之强迫派股,殆亦犹此。此派股之可期其成者也。

二、招股 招股之法,较派股尤便,其范围尤广。苟能由谘议员担负责任,到处开导,将见爱乡之心,焕发三楚,官吏学员,必撙节夫马以入股;耕夫织妇,必盈余布粟以入股;婢仆走卒,必齿薪劳以入股;儿童孺子,必减除饼饵以入股。孟子曰:德之流行,速于置邮传命。此言当不我欺。伯烈等此次到沪,寓长春栈。其栈房接客人,姓艾名启发,黄陂人。伯烈等见系同乡,略告借款修路不可不争之害,艾便惊谓此等大事,全仗公等,吾侪小人,无他能力,愿效一二日奔走劳,乃为引见在沪之湖北同乡,并各报馆,及代买火车票等事,送至停车场始归。不惟不取分文酒资,且有解囊致敬之意。夫惟利是视,以吸钻过客之血者,莫如栈房接客人。然闻铁路关系,竟能识大义如此。况吾乡风俗素称纯厚,使六十九州县之父老闻此伤心亡国之恨,其激昂慷慨,愤发兴起者,当又何如也。或又谓招股之事不惟张文襄公督鄂时招而无应,即现在湖北官钱局之代招犹新也,而应者亦复寥寥,安在招股之足恃?不知无人认股者,乃坐于官办之故,以官办而招股,虽招之百年,亦不济事,其弊前曾言之矣。若易之以商办,有不如影随形、如响随声者,请斩吾等之头,以谢国人。今年外省集股,尚屡至吾鄂,满载而去,讵吾鄂独不能自为谋耶?客藏绅商诸公提议商办,欢欣醵资,指顾间得五百余万。目的未达,其事始寝,可为招股踊跃之明证。况刻下督宪筹划财政,已有公债办法。公债与股票,其名则异,其实则同。公债既可行于湖北,股票自不待言矣。或谓湖北富商巨贾,外省人居多数,若广告招股,必外省人占股甚巨,而我湖北人仍不能享我湖北铁道之生产利,失策未免不知。此言为湖北计之,不可谓其无见。虽然,今有一巨产者,临垂毙之期而无承继之人,将听强暴之劫夺乎,抑遗赠伯叔甥舅乎?窃以为今日之竞争,乃中国与外国竞争之秋,非此省与彼省竞争之时。湖北铁路之生产权虽外省多占股分,犹不失为吾伯叔甥舅,若借英、德、法、美之款,以修筑我铁路,则直甘强暴劫掠耳。天下有甘为强暴劫掠而不欲伯叔甥舅沾其余润者,苟非丧心病狂之人,必不出此。语曰:楚人失之,不若楚人得之。天下人失之,不

若天下人得之之为愈。此招股之事，可以期其成者也。

三、抽股 抽股之法有二：一就收买土地时抽之。例若甲某地价百元，卖归铁路，则给与七十元，所余三十元留充股本。近闻民间愿以土地作股本而不领取钱者，比比皆是。吾人即宜顺而导之也。一就发给薪工时抽之。例若某甲充当铁路某职，月受薪工二十元，则可给与十五元，所余五元留充股本。其他之数，由此类推。斯亦取不为多。且职役人等，自知此路有股本在内，尤易使各自勤俭，虽处公共场中，仍有直接关系，势必消耗费少，建筑功速，盖一举而两得者。此抽股之可以期其成者也。

四、公股 公股亦有三：一曰湖北厘金及盐税等类是也。我湖北厘金盐税，俱是我湖北人民膏血。与其将厘金盐税漏与四国，何若即将此款拨与我人民修路，且作为股本，年收利息耶？一曰各州县、各里甲之积款也。凡各州县、各里甲所有公共之产，非必须生息于本地方者，可劝之使入路股。此款虽微，合而计之，当亦不少。一曰开办湖北铁路彩票也。近来湖北人之于彩票，举国若狂，推行尽利。若设铁路彩票以为增股之计，必能风行一时。此公股之可以期其成者也。

此外犹有减杀巨款者，惟铁木交易一事。夫铁木为修路大宗，湖北产天然之铁，湖南产天然之木。如会商二省，先修湘鄂相接之粤汉路，去时可运湖北之铁至湖南，来时可运湖南之木至湖北。此中搬运之费，所减当不可计。不然，据借约内容所载，必向四国购买材料，无论价值过昂与否，而由欧西运至吾鄂，其赁金较诸湘鄂铁木交易，其差数当不啻倍蓰也。况不如其约，彼即挟以五分手续料（即用钱）更为丧失国权之甚者耶？

（七）工程师之有人

筹款固为要着，而工程尤属大件。苟延聘外国工程师而不于本国求之，未免受其愚弄，耗我金钱。现闻铁路局中用英人一，每月千两，用日人十余，每月或五百元，或三百元不等。路尚尺寸未修，钱则支取殆尽。每一念及，不禁寒心。况借款见拒，感情即伤，使之就范，良非易易。由是观之，外国工程师不惟不宜用，亦必不为我用也。我国皖省詹眷诚（天佑）先生，留学于外国者有年，工程之学，为天下最，勤苦之风，为后学法。京张铁路，已著成效。其路虽仅三百余里，然除架桥梁百二十余座外，尚有三十余里之崇山峭壁，穿隧凿洞。当其开车之日，欧西人士来观者，亦莫不啧啧称叹。刻下京张既已竣工，各省延聘先生者尚未定局。吾鄂遣人迎之，先生当无不至。即令谢以他事，然以湖北关系之重，苦告先生，先生虽非鄂人，究系中国人，纵不为鄂计，独不为中国计乎。司绳墨者既有詹公，其次建筑机械两科，自日本卒业归国者颇不乏人。即以我湖北留东学生计算，明年尚有二十余人卒业归国。由是观之，工程一事，盖不必过为虑也。

（八）进行紧要办法及各团体各个人之祷祝

以上所言款之不可借者既如彼，而自能筹款者又如此，则进行宜急焉。进行之法有四大端：一曰迅速组织公司，妥定股章，禀督存案，以为实行筹款之地。二曰迅速派选代表入都，直接与邮传部交涉，并请都察院代奏或叩阍，至款拒约罢而止。三曰迅速遣人迎聘詹公来鄂，审查已测路线，估算将来工程，择日开办。四曰迅速调查川汉、粤汉两路已积之款，裁撤洋员，节制糜费，以便移交公司接办。此四者宜同时并进，分道扬镳，方能有济。苟或待约罢而始筹款，或俟款齐而始进行，则此湖北必非我所有也。一发千钧，稍纵即逝，存亡所系，只呼吸间事耳。伯烈等栖迟三岛，合湖北同乡计之，在东者不过四百余人，尾琐流离，无能为役。然情迫桑梓，欲已不得，爰招集同人，立留日湖北铁路会，出节衣省食之余，以为会费。除各倡特别捐外，先行人头捐。凡湖北留日学生，无论官费自费，每月纳日洋三角，以为斯会

进行费。九月初六日开会,七日筹款,八日伯烈等即出东京,十八日抵武昌,请愿于谘议局。谘议局诸公当即择选委员十人,联合武汉两商会、教育会、宪政筹备会以及绅界军界学界诸公,组织湖北商办铁路协会,并自公费、旅费、薪水中,由会计处先行九五折扣,以为协会临时费用。谘议局诸公诚不愧为我人民代表矣。总之以后各团体愿以湖北为各团体之湖北,和衷共济,勿使湖北亡而团体尽。以后各个人愿以湖北为各个人之湖北,匹夫有责,勿使湖北亡而个人灭。不然,则谘议、商业、教育、宪政、军旅将无托足之所与旋行之地矣。日来四国催促政府画押甚急,当道诸公素识大局,当必怜我湖北,而不轻于一诺。即令变态莫测,事出意外,而湖北拒债自若也,筹款自若也,修路自若也。上非违朝廷法,下可援他省例。勿惕于威,勿堕于术,头可断而债不可借,身可戮而路不可失。孟子曰:志士不忘在沟壑,勇士不忘丧其元。愿与伯叔甥舅父老昆弟共勉之。区区意见,未知当否,尚希明以教我。

《湖北商办铁路意见书》,载武汉大学历史系中国近代史教研室编《辛亥革命在湖北史料选辑》,湖北人民出版社1981年版,第460~473页

△ **清廷学部奏准欧洲游学监督政归使署经理,并遴员分充监督。**

清廷学部于本日奏准欧洲游学监督改归各国使署派员经理,并派王继曾驻法、江国珍驻德、章祖申驻俄、高逸驻比英,分别担任监督。奏折称:

窃查臣部于光绪三十三年以旅欧学生人数日多,奏请以开缺江苏淮扬海道蒯光典充欧洲游学生监督,奉旨允准在案。该监督到差以后,悉心整顿,劳怨不辞,选将游学事宜随时呈报臣部,并订明办事详细章程,呈由臣部核准施行,颇收整齐画一之效。惟是以一人之布画,居四达之交冲,轮轨纵便,于通行精神究虞其不给,且监督不归使臣节制,体制权限均未分明,遇有交涉事宜,亦不免有所扞格。该监督曾以此情具禀到部,力求引退。臣等覆加查核,确系实在情形,再四筹思,惟有仿照日本游学生监督处办法,将欧洲游学监督处事宜,仍分隶于驻欧各国使署,遴派专员经理其事,仍由出使大臣董理一切,较为周妥。当经将改定办法电商出使各国大臣,由各该大臣遴择通晓学务,堪胜监督人员,商明臣部,再行奏明派充,以昭慎重。兹准各该大臣先后选定,电覆到部。查有候选同知王继曾,堪以派往法国;山东候补直隶州江国珍,堪以派往德国;翰林院庶吉士章祖申,堪以派往俄国;臣部七品小京官高逸,堪以派往比国,分充游学生监督,其高逸一员并兼充英国游学生监督,俟遴有妥员,再行分任。此项人员自非久于其任,不足以专责成,拟请以到差之日扣满三年为期,任差未满,除遇丁忧事故,无论何处调用,不得辞差回国。差满之后,果有成效,拟请比照日本使署监督处奏定章程给奖。并先照章不扣资俸。其从前各省认解欧洲游学监督处经费,臣部原奏数目,本系三万五千两,续经奉天认解二千两,浙江认解一千两,合之前数计共每年三万八千两,现在该员等分派五处,自应匀均拨给,每处每年计银七千六百两,仍由原认省分按照原解数目分为五分,径汇欧洲以省周转,而应急需。所有各该员等薪水每月三百两计,每年三千六百两,即于前项经费七千六百两内开支,至所余四千两作为公费,由各该监督随时禀商出使大臣撙节开支,报部核销,以重公款。至各该员分驻各国,凡关于游学事宜,即行遵照臣部前奏办法,悉心董理,遇有重要事件,仍请出使大臣主持,平时咨行各署文牍,由该员具稿呈请出使大臣核定,印行期与日本游学监督处均归一律。此外办事详细章程,各有应行斟酌改订,俾臻周妥之处,容俟该员等到欧会商妥协,再由臣部察核奏明立案。以上各节,如蒙俞允,即由臣部分别咨行钦遵办理。谨奏。本日奉旨:依议,钦此。

〔日〕多贺秋五郎《近代中国教育史资料》(清末编),文海出版社(台北)1976年版,第19~20页

11 月 7 日(九月二十五日)　黄兴致函孙中山,告知陶成章、章太炎在东京活动情形,并表示反对分裂活动。

黄兴《复孙中山书》(一九〇九年十一月七日):

昨接读由伦敦发来之函,得悉有人冒名致函美洲各埠,妄造黑白,诬谤我公,以冀毁坏我公之名誉,而阻前途之运动。其居心险毒,殊为可恨!再四调查东京团体,无有人昧心为此者。但只陶焕卿一人由南洋来东时,痛加诋诬于公,并携有在南洋充当教习诸人之公函(呈公罪状十四条),要求本部开会,弟拒绝之,将公函详细解释,以促南洋诸人之反省。是函乃由弟与谭人凤、刘霖生三人出名,因当时公函中有湖南数人另致函弟与谭、刘也。本拟俟其回复,再作处理,不料陶焕卿来东时,一面嘱南洋诸人将前公函即在当地发表(即印刷分布于南洋各埠者),一面在东京运动多人开会,在东京与陶表同情者,不过与江浙少数人与章太炎而已。及为弟以大义所阻止,又无理欲攻击于弟,在携来之附函中,即有弟与公朋比为奸之语,弟一概置之不理。彼现亦如何只专待南洋之消息,想将来必大为一番之吵闹而后已。彼不但此也,且反对将续出之《民报》,谓此《民报》专为公一人虚张声势,非先革除公之总理,不能办《民报》。见弟不理,即运动章太炎在《日华新报》登一《伪〈民报〉之检举状》(切拔,附上一览),其卑劣无耻之手段,令人见之羞愤欲死。现在东京之即非同盟会员者亦痛骂之。此新闻一出,章太炎之名誉扫地矣!前在《民报》所登之与吴稚晖君书,东京同志已啧有烦言,知其人格之卑劣,今又为此,诚可惜也。弟与精卫等商量,亦不必与之计较,将来只在《民报》上登一彼为神经病之人,疯人呓语,自不可信,且有识者亦已责彼无余地也。总观陶、章前后之所为,势将无可调和。然在我等以大度包之,将亦不失众望,不知公之见意若何也?美洲之函,想亦不出陶、章之所为,今已由弟函达各报解释一切(函稿另纸抄上),桀犬吠尧,不足诬也。我公当亦能海量涵之。至东京事,陶等虽悍,弟当以身力拒之,毋以为念。《民报》廿五号已出,廿六号不日亦可出来。……弟所欠款事,刻尚无从筹得,且利息日加,今已及四千元以上矣。欲移步他去,为所牵扯,竟不能也。公有何法以援我否?港部在东所筹事如能成功,当可少资以活动,刻未揭晓,不知结果如何(勤学舍自六月解散矣),余俟续述。

刘泱泱编《黄兴集》第 1 册,湖南人民出版社 2008 年版,第 21 ~ 22 页

《致美洲各埠中文日报同志书》(一九〇九年十一月七日):

同盟会总理孙君今春由南洋起程赴欧,将由欧来美,想各位同志已有所闻。本处风闻于孙君未抵美以前,有人自东京发函美洲各埠华字日报,对于孙君为种种排挤之词,用心险毒,殊为可愤,故特飞函奉白:

(一)按本会章程,如总理他适,所有事务由庶务代理,故凡公函必须有庶务签名及盖用同盟会之印者,方可认为公函。

(二)如非公函,而函中有多数会员签名者,则作为会员之函件,请将其姓名及所陈之事实,抄录一通寄来敝处,俾得调查考核,以明是非曲直之所在。

(三)如系匿名之函,则其为清政[府]侦探奸细之所为毫无疑义。近日奸细充斥,极力欲摇撼本党,造谣离间之事陆续不绝,同人可置之不理。

以上三条,尚祈各位同志留意。

再者,南洋近二三同志对于孙君抱恶感情,不审事实,遽出于排击之举动,敝处及南洋分会已解释一切。望我各位同志,乘孙君此次来美,相与同心协力,以谋团体之进步,致大业于成功,是所盼祷。

刘泱泱编《黄兴集》第 1 册,湖南人民出版社 2008 年版,第 23 页

其时党内同志,大多不满陶、章之所为,如原光复会领导人蔡元培,在复吴稚晖函中即谓:

吾党凋枯,令人痛哭。陶君之内讧,尤为无理取闹。此公本有此等脾气,前与徐、陈诸君结为特别死党(凡五人);在东京时,亦以党款故,与徐君龃龉,驰函各处攻徐君,谓其有异志。然徐君卒不出一诋陶语,识者曾以是见判徐陶之优劣,及徐君殉义,则是非更昭然矣。吾族终不免有专制性质,以政府万能之信仰,移而用之于党魁,始而责望,终而怨怼,真令人短气!

《蔡元培全集》第1卷,中华书局1984年版,第579页

11月8日(九月二十六日)　孙中山抵纽约筹款,接济国内革命。

冯自由记:

11月8日(九月二十六日)抵纽约,洪门老友黄溪记(号佩泉,在巴也街七十二号开店)至码头迎接。

冯自由《革命逸史》第4集,中华书局1981年版,第165页

九月杪由欧抵纽约,时有洪门老友黄溪记亲至码头迎接。黄号佩泉,有商店在巴也街七十二号,其店即以溪记名之。时赵公璧持冯自由介函请谒,并介绍同志陈永惠等数人。

冯自由《华侨革命组织史话》,正中书局(台北)1974年版,第62页

《开国前美洲华侨革命史略》记:

己酉秋,中山先生由欧洲抵纽约,芝加古同志闻讯,即致电欢迎,电由钟星初转,星初者,经商纽约,是先生知交也。电去后,蒙复函谓先生拟先之三藩市,后芝加古同志等乃再电表诚恳,并述已设机关,始蒙许可,先生于十月八日莅止,华侨热烈欢迎。九日,在会英楼设筵,开欢迎大会。赴会者留学界居多,虽康有为之干儿亦与焉。先生于席间演讲革命之必要,有五、六小时之久,座皆感动。宴后同志等更环而领教,夜以继日,如听如来说法。说者谆谆,而听者津津,于是由先生介绍入同盟会。加盟者有萧雨滋、罗泮辉、程天斗、曹汤三、李雄、梅乔林、梅光培、梅就、梅天宇、梅赐壁、梅友伙、梅彬十二人,公推萧雨滋、梅乔林为会长,梅光培、曹汤三充书记,梅麟耀、梅耀富、梅寿、谭赞、梅冠豪、蔡进、曹起鹏、梅捷迺、梅鹿鸣、伍颂唐、梅迺衡、伍耀三等相继加盟,梅寿充司库。十一月,致公堂宴请中山先生演讲革命。先生此次来芝以麟耀之泰和号为会所,此地侨商入保皇党者十居其九,独泰和一家欢迎革命,当时保皇毒之中于华侨可谓深矣。

李绮庵、梅乔林《开国前美洲华侨革命史略》,中国社会科学院近代史研究所近代史资料编辑组编《华侨与辛亥革命》,中国社会科学出版社1981年版,第280页;另见丘权政、杜春和等选编《辛亥革命史料选辑》(下),湖南人民出版社1981年9月版,第120页

时哥伦比亚大学学生顾维钧回忆:

我想那是在1909年秋天。我是由WEF·陈介绍给孙中山的,地点就在他的房间里。只有我们三个人。我们谈得很投机,还一起到第125街一家中国饭馆吃饭,然后又回去。孙谈话最多,他的话使我心服。看来他有充分理由来组织一个政党,他相信每一个关心国家幸福的人都应该属于这个党。不过他没有充分说明这样一个政党应该具有什么样的纲领。我知道,他一直在鼓动推翻满清和大致按照美国的模式建立一个共和国,但是他没有公开讲这话。我想原因是他充分理解这是一个有争议的问题,而他还不了解我的看法。据我回忆,他的确没有说要建立民国。他谈到有必要把中国建成一个强国,并强调中国具有成为强国的一切条件,他特别强调工业化和发展经济的重要性。

他确实谈到,总有一天要发生推翻满清的革命。他说,一旦他得到人民和一支有组织的

武装力量的支持，就肯定会胜利。我记得他说，这支军队会很容易，从华南行军一千二百到一千五百英里到达北京。他所显示的对本国地理的知识，给我留下特别深刻的印象。他可以列举一个又一个的城市。总之，他说中国必须有一次革命。这场革命一开始，一支组织良好的军队向北京进军就不会有困难。他说，他将从广州或桂林出发。接着他就说，某地有一条河流，某地有一座多高的山。对啊，这就是北伐思想的萌芽。我觉得这个思想一直保存下来了，甚至在他死后还实现了。

他曾婉转地敦促每一个有思想的中国人都加入革命党，以实现推翻满清，拯救中国；不过他没明说。我想，他知道这是任何一个认真的中国青年所必须仔细考虑的问题。他显然想要播下对事业充满信心的种子。我所得到的另一个印象，是关于他的具有魅力的品格。他热情洋溢，友好可亲，令人倾心。他使我感到他只是一位朋友。我们的谈话一直持续到凌晨三点。他毫不疲倦。WEF、陈和我都被他的谈话吸引住了。我们用心听着，也向他提出问题。

《顾维钧回忆录》第1册，中华书局1983年版，第67~68页

因美国华侨对孙中山革命缺乏了解，孙中山初期筹款未获成功，政治活动亦未取得理想的效果。

孙先生文于本月十七日，自伦敦赴美国，本日抵纽约。时章炳麟、陶成章扶私见对孙先生大肆攻击，诬先生藉革命以骗财，旧金山等埠侨胞受此影响，对先生颇有隔阂，一时颇难获得协助。孙先生留纽约近月，因托吴敬恒用新世纪同人名义，致函美西四报馆、即《大同》、《美洲少年》、《中西》及温哥华之《华英》，与檀香山三报馆《自由》、《民生》、《大声》，代为辩白，以释群疑。

罗家伦、黄季陆编《国父年谱》（增订本），上册，中国国民党中央委员会党史（台北）1969年版，第291页

《致吴稚晖函》（一九〇九年十一月十二日）：

西十一月八号早晨行抵鸟约，登岸时亦幸无阻难，可为告慰。到埠后已见得二三旧交，相谈颇欢。惟同志尚未多见，能否从事联络，尚不得而知。美国政客现皆在华盛顿、鸟约，所欲见者二人，一已于两月前作古，一于前礼拜往欧，故只见其代理者二人，虽甚欢接，然未能深谈也。

中国社会科学院近代史研究所等编《孙中山全集》第1卷，中华书局1981年8月版，第424~425页

《致比利时同盟会员函》：

至于美国人，现尚未得多见，因各政家不在鸟约（即纽约——笔者注）而在华盛顿京城也。故就此方面之运动，尚无头绪，必等他日到美京后，乃能知前途机局如何也。

中国社会科学院近代史研究所等编《孙中山全集》第1卷，中华书局1981年8月版，第427页

△ 四川省谘议局开会议决"整理川汉铁路公司"案。

本案以九月二十六日午后四时付第一读会，议长、副议长、议员出席者共九十五人，布政司及委员徐樾临会。议长宣布原案后，刘志诚等相继为大体之讨论，以多数决付委员会修正。十月初三日午后四时本案并开第二、三读会。议长、副议长、议员出席者共九十二人，布政司、劝业道及委员陶思鑫临会。议长宣布修正案，刘声元代表委员会报告修正之意见，王昌龄、王树槐等相继讨论修正字句毕，议长宣告取决，赞成修正案者九十二人，以全体可决。十月初五日呈请公布，十月初七日批复到局。全案录左。

原案

（一）提出之理由：川汉铁路于今开办已及六年，而工尚未开者，其中原因诚至极复杂，然必以股份难集，资本无多为其最大原因。公司现在之股份收入，惟恃每年循例征收之租股。

今暂无论租股之弊害,但仅恃此款则所入有限,而工巨费重,万难以底于成,斯固可断言者。爰提出本案,以催促铁路工事之早日进行,请本局议决。

(二)本议案提出之要点:

(甲)筹济股本 开办川汉铁路,前制军锡原奏筹集股款方法约分四种:(一)官本之股,(二)公利之股,(三)抽租之股,(四)募集之股。其可为公司主要之财源者,惟此第四之一种耳。余皆不过补助方法,顾自今观察所谓募集之股,应者实形寥寥,成本占最少数。铁路事业将来收益,公足以利国福民,而私亦足以养身赡家,此理人人皆能言之。犹复望而生畏不肯投资购股者,正坐公司组织不善,成不成未可知,利与害自不计耳。故欲筹济股本,应先排除为其障碍之原因,而注重于募集之股。

(乙)修订章程 川汉铁路公司成立虽亦历有年所,而其组织实未完善,树商办之名而无商办之实。总理由选派奏委,不由股东集会公举。其他一切用人行政多未遵照商律办理。出股份者不得商律上应享之权利,人非至愚,孰肯投资?此其最大原因之一。但前制军锡于川汉铁路之奏归商办也,附有续订章程五十九条,此组织至不完全之公司,实因缘于是而后愈益巩固。故为今日力求变计,莫如依据原章程第五十九条之规定议改章程,以期公司之组织完善而举商办铁道之实益。

(丙)清查帐项 前此公司岁入岁出之帐项,虽经部委清查两次,而其结果之报告一纸文书,究不能派局外者之疑虑,以吾属之股东实未得干与于其间也。但当事者之帐目既经两次清查,倘无不合,则借此次之查帐,明其出入,确实现银存放何处,以昭示前此之清白,即用以立今后之信用。凡人醵资经营一种事业,其最所指重者,在于监视出入,较量锱铢,稍一不当,顿生乖离情迹。此今日之查帐所以为尤要也。

(丁)整理财政 公司今日存款虽不能谓之巨大,然亦非细小矣。苟使注指[挹]得宜,不惟成本巩固亦且子利可权。反而注指[挹]弗当,丧资亏本,工废路危,后患实在不堪设想。如现在公司之寄放资本散存各处,毫无统一,欠耗可虑。又其开支每多浮滥,即以昨年之报部清摺而论,各局所开销至于五十余万金,寸路未修而耗款若斯之巨,凡此皆宜整理者也。

以上所陈,系定此次川路公司整理之纲要,应议决呈请督部堂公布施行,饬知公司先立标准,所有条目及详细办法付股东会决议。

决议案:四川川汉铁路开办已及六年,今虽已定期本年十月由宜昌开工,而统计全路资本七千万两,现在仅逾千万。工大款微,既已若此,而总、分各公司条理棼如,未开工以前即以岁费巨万,若不切实整理,前受之病,行且益深,将来之功复何可冀。现在公司订于本月初十日召集各地股东开第一次股东总会,饬旧谋新在此一举。会中应办之事,亟宜先定大纲,庶临时有所依据。兹撮其要,一则组织董事局及选查帐人也。凡公司以董事局为纲领,律有明文,查帐人监督款项一切尤关重要,皆非出于公举者不能励行其职。川汉公司自开办至今,不设斯席,丛弊误工厥由乎此。此次开会允当首先从事,盖必董事局、查帐人选举成立而后整理一切,权责有所专属,不至筑室败谋也。

二则修改公司章程也。前督部堂锡于公司改归商办时奏定章程五十九条,久过实行之期,而按之事实则无一条曾经遵守。例如章程定公举总、副理各一人,而公司乃忽有总理三人。章程并无监督之说,而忽置监督五人。其他离奇私擅不胜毛举。公司不能无章程,载在公司律,而违反章程,公司律又曾定明罚则。推当事者之意或将以股东会未成为解。今既开会,若再不实行其又何辞?顾当日章程仓卒入告,其中规定亦实有种种不合者,应于此次会中提出公议修改,期诸妥协无室,且于事实相宜,使执事者范其驰驱,而股东亦有所据以为监

督之地。其修改之法宜将关于选举董事及查帐人各条先行提出议决,待选举既定而后更议其余,庶不至因修改章程之故阻滞机关之成立矣。

三则清查帐项也。前此公司帐项,虽经部委查,实未能尽塞疑窦。距今又逾两年,则应查者自复不少。此次股东大集,董事局创设,新旧递嬗之交,则尤非可以寻常之清查相比。应将公司帐目由董事局成立之日划为两届,以后另立新帐,由到会股东互选明习会计精于钩稽者若干人,会同查帐人将前届帐目分类分年细查,并将存放款项之处确实考证,限期毕事,印刷报告以示信于全体股东,庶嫌疑可以尽释而宿弊亦可以尽祛矣。

四则扫除锢习以昭商业信用也。公司奏归商办,而种种锢习时且较官尤甚。即就表面而言,如股东言事用禀呈,而公司居然于门首悬牌批示,商业分科亦属常事,而领其职者必以监督为名,下至队官兵勇,一切依仿官场,惟恐不象形惟肖。商界骇笑,股东侧目,靡不由此。其他冗人滥费沿习于旧日局所者,中病尤隐而深。若不彻底廓清,非特违迕商规,实亦僭逾官纪。此次修改章程,关于此类均须详细规定,极力禁止。至于文牍往返亦须立定格式,期与官府文书有别。此事于商业关系至重,不得视为小节而忽之也。

五则统一会计也。商业以会计为最要,而公司奏定章程于此殊失简略。此年公司存款散置成渝、泸、汉各处,稽考则互不相谋,汇兑则上下缪辖,亏蚀折损危险时时可虑,而事后且将莫可究诘。是应详定会计章程,使万流百派胥归于一,无令仍此纷乱。凡百商业虽分店至数十百所,而财政中枢必汇归于总店,此无待烦称者也。

六【则】亟筹募股之法也。公司资本,仅租股一端万不足以集事,此理已人人知之。而顾不能别募股本者,以公司对外则信用不立,对内则股友寒心故也。今既开会且议整理一切,则情谊渐孚,猜疑渐泯,值此开工之始,希望顿增。股东既为主张权利而来,则亦当负筹集股本之义务。应由公司将工事年限,及资本总额比对预算,除岁收租股外,每年尚须募股若干,请股东及各代表人筹议,分地分人共担劝募之责,庶路工不至有中道蹶蹶之险矣。

七【则】开会至闭会之日,公司上下执事人不得更易或他适也。应行清查之件须向经手者始得明晰,此理易明,勿待解说。

要之,铁路系全川应兴之事业,成败即系通省之性命。以上整理大纲,应请督部堂于本月开会以前转行饬知四川川汉公司,此次开会务必按照逐一举行,于公司前途,裨益实非浅鲜矣。

批复:四川川汉铁路公司开办已及六年,股东总会甫议予本月十一日第一次开会,自应由股东会照章将董事、查帐人按定额赶紧选举成立,再由董事局、查帐人将应行整理一切办法遵照迭次奏案禀承本督部堂主持核办,以仰付朝廷振兴路政之至意。所呈提议各节,候行铁路公司俟董事局、查帐人选举成立后参酌采择,以期情谊渐孚,猜疑渐泯,而速路工之成,实深至盼。

《四川省谘议局第一次议事录》,隗瀛涛、赵清主编《四川辛亥革命史料》,四川人民出版社 1981 年版,第 47 页

△ 四川省谘议局开会议决"解散会党"案。

原案:

川省会党,名目繁多。初由不法匪类结党横行,续而绅富相率效尤,亦各立会名,以图自保,迨人数既众,人类不齐,彼此争雄,因而仇杀。仇杀不已,因而抢劫。卒致缉获到官,身家不保。此等愚顽,于法固无可宽,论情亦有可悯。第各种会党随处皆是,捕不胜捕,诛不胜诛。若不设法急为解散,久之滋蔓难图,隐忧方大。有何良法使之复为良民,共享治安之乐。议员桑梓情殷,见闻亲切,必能知其致病之由,出其施治之法。亟应详细指陈,以备采择。

申复案:

川省下流会党,名目繁多,人数既众,品类尤杂。彼此争角,常为治安之扰,劫杀犯禁,亦多自此而出。诚非设法解散,不足以除稊稗而靖隐忧。惟此种集会,举动诡秘,从类蔓延,既难寻其集合之迹,即未易施以廓清之术。惟有待人民生计优裕,智识开通,各有恒业,则游食之徒寡,自无人聚而为奸。各有常识,则善恶之辨明,不至于群居不义。质言之,则解散会党舍促进实业、普及教育之外,别无根本之治法,断断然也。然而教育、实业两端,今虽并日力追,要须逐年进步。下流会党之患,则目前之窃发,岂能坐视其滋张而不问。为今日治标之计,固略有数端可择:一则辨其种类也。川省下流会党,千流百派,而大别不过两类。甲类为江湖会,乙类为孝义会。江湖会起最早,纠结日久,多亡命无赖及不肖绅衿,常为乡里所苦,于是孝义会起而敌之。其初由乡里有籍之民,互相结集,以抵御江湖会之侵扰,既而手滑势急,羽附日杂,其为患遂与江湖会无异。而各会党中又自分两类。一种各有正业,特借入党以联声势而为缓急之恃者;一种别无正业,而专以不法行为为业者。欲解散会党,必先知谁为会党,谁非会党,而后有所施其治。此辈既为秘密结合,无册籍可稽,则是否会党惟于有无正业辨之。有正业者不必尽非会党,顾即为会党而不必为非,即为非而祸犹不烈。有恒产者有恒心,其势然之。惟无正业者则可断其必为会党,且必属为非,而祸又甚烈之会党。解散之著手,必当以此曹为专注。胡文忠所谓不问其会不会,但问其匪不匪,实为治会党之科纂。否则不加辨别而求会党于漠然,万众之中其会而匪者既不可必得,徒以开含沙之射,兴瓜蔓之狱,且使会而不匪者望绝自新,党益滋而结益固,非解散之,适驱陷之耳!惟于无正业而衣食淫乐,辨齐民之蠹者认定为会党,筹其治法,庶几心力专而易以中其要害,此解散会党之第一路径,不可忽者矣!次则断其饷源也。凡众非能养,则不能聚,邪僻之途非有利,则人不趋。会党既无正业矣,其用以自养而诱聚徒众者,固自有各种饷源,以剽暴取之大端,则为劫夺勒赎,以和平取之大端,则为衙蠹赌局。劫夺勒赎,公然犯法者,即当置之于法,此无待论。顾往往罪人不能必得者,固由保甲巡警之不密,兵差缉捕之不力,而最为府奸庇恶者,害实莫深于衙蠹。各衙门、局所、丁役、差弁以及不肖地保之中,殆莫不有会党之足迹。此辈溷身于此,与外间会党互相勾结,诈财舞弊,既以为衣食之源,更复伺间漏言,塞聪蔽明,使其党之犯法者不轻易发觉,即发觉而消息相通,逃匿已远,而赌局尤资其包庇。然则欲使会党无所资以自养而诱人,穷而归于各寻正业之一途,其可不以澄清衙蠹为要图乎?又次则绝其滋乱也。前会党未息,后之会党方生,生生不已,解散虽多方,长此相寻,力且不给,法当先绝其滋乱之路,而后解散有所措手。会党之增加,党类必在开山结盟之时,开山一次,新入会者辄数十百人,如是不已,会党安往不多。其开山必在深宵僻地,又有衙蠹为之牒蒙,盖似不易察。然每开山少者人以百计,多以千计,来程至数百千里,如此五方大众,岂敢公然而集,大约皆藉期会或生辰燕会为名,发布红柬,遣人邀请,此为朕兆可观者也。苟非聋瞽,何难发觉。今其所以未能禁遏者,一在地方人知而不敢言,惧其寻仇;一在地方官知而不敢问,惧其逼乱。是宜令各州县于公众之所,设一告事匭,专收报告开山结盟之件,许告者密函指明开山地方及时日,阅后即焚,并不发表,而官仍自随时问察,一有影响,即檄乡保使公布而分谕之,并责以事前预防,震以临时亲往,其目的只在驱之使散,不得新增党类,而不在捕获多人,先声所夺,相机入破,固足以消患而有余矣,夫何寻仇逼乱之足虑哉!又次则广其消纳也。人生而有群性,不聚则不适,其性劳者思息,亦常以聚众为乐。禁止结会即为秘密结会所由生,此不易之理也。往年颁布结社集会律,盖即此旨。以后各地方宜多提倡各种公会,有自由集会者,无论其宗旨为政学,为实业,为自相保卫,为互谋娱乐,但不背于律,不害于俗者,皆许呈

明官府,或报之警察,许其公然设立,并切实予以保护。如是既遂人民之群性,而又便于官吏之稽察,秘密结会之事必可渐少,而借会以聚诸不逞者,亦将无以自匿,是亦消弭会党之一途也。以上所陈,皆举大端,就中若澄清衙蠹,禁绝赌局,尤关要领。其应如何见诸实行以征成效,斯则为政在人,非一成之论所能具悉者也。

《四川省谘议局第一次议事录》,隗瀛涛,赵清主编《四川辛亥革命史料》,四川人民出版社1981年版,第134~136页

11月11日(九月二十九日)、11月27日(十月十五日)、11月29日(十月十七日)　保皇党《南洋总汇新报》将陶成章等人所拟《孙文罪状》以《南洋革命党人宣布孙文罪状传单》为名公开发表,酿成了同盟会创立四年来最大一场风波。

该文后亦在《神州日报》上刊登,全文为:

东京南渡,分驻英荷各属办事川粤湘鄂江浙闽七省之同志,宣布孙文南洋一部之罪状(内地及日本另缮)、致同盟总会书,录呈台鉴:

总会诸执事与各省分会诸执事先生公鉴:

弟等南渡以来,虽均各个人对于各国人邮函通问,然实未曾通一公函于公众执事之前,职是之故,遂使南北两地情形隔膜,为好利者因得肆无忌惮,而为所欲为,致南洋各埠均受莫大之影响。及若不再行改图,后事将何堪设想,用是不揣冒昧,敬将各种情形布告于公众执事之前,祈我诸执事诸公审择而施行之也。

启者:孙文之人品,谅久已为诸执事及众同志所洞悉,此亦无庸赘言。今仅就其于团体上利害关系之处述之而已。窃念我同盟会初成立之际,彼固无一分功庸,而我同志贸贸焉直推举之以为总理,不过听其大言,一则以为两广洪门尽属其支配,一则以为南洋各埠多有彼之机关,华侨推崇,巨款可集,天大梦想,如此而已。即弟等各人先后南渡之始,亦何尝不作是梦想。竟不料其南渡之后,情形全非。所谓孙文也者,在两广内地,固无一毫势力,即在于南洋各埠,亦仅得新加坡一隅,设一团体,彼时会员亦不过三十余人。弟等既先后南来,于是为之开通风气,组立学堂,添设机关。嘉应之来自内地者,又复尽力经营,逐渐推广,各埠响应,遂以肇成今日之势力。弟等一片公心,尽力为之揄扬,承认其为大统领,凡内地革命之事业,均以归之彼一人,以为收拾人心之具。于是彼之名誉乃骤起,彼又借我留学生之革命党,推戴之名目,《民报》之鼓吹,南洋之西洋各报馆,于是亦逐渐有纪其事、称其名者。既得势,彼乃忘其所自始,不审己果有何等力量,而得此高尚之名誉,以负此莫大莫重之责任,遂以为众人尽愚而彼独智,众人尽拙而彼独巧,谎骗营私之念萌,而其毒其祸,遂遍及于南洋之各埠矣。其恶迹罪状,直所谓倾南山之竹,书罪无穷;决东海之波,而流恶无尽者也。今仅据其最确切已为我辈所悉劣迹之最大者,列之如下:

第一种　残贼同志之罪状

(一)河口之事,彼在槟榔屿报销三十万,在星架坡则贬少为八万,盖因地制宜而说谎话,其后河口同志为法人所不容,均来新架坡。有何某者,镇南关之粮台也,既到新架坡,新架坡同志责之,谓孙先生既有八万军饷,何故退兵?何某愤甚,(盖并无此款也,其破河口事,彼等在河口本埠,自筹二万,汉民取去五千)乃集河口、镇南、钦、廉出来旅居新架坡之同志,相约签名,发表此事(已二百余人签了姓名)。惠州同志(亦为孙文在惠州同事之人)曾直卿(《神州日报》作曾君宜卿,编者),恐碍于团体名誉,为反对党及官府所见笑(曾亦反对孙文之人),劝之而止。孙文闻之,乃嘱私人告之英官(《神州日报》作"乃嘱私人阮告之华民政务司",编者),目为在埠抢劫之强徒,凡八人,欲掩执之,幸有告者,乃始得免,而逃避香港(类

此者尚多),其残贼同志之大罪一也。

(二)河口、镇南退出之同志军士,法人不容,来至新架坡,身边无船费,落猪仔行,欲卖身作猪仔,新架坡之同志不忍,商之孙文,求其共同设法。孙文曰:"听之可也,不必管他。"新架坡同志不忍,乃公同集款,赎身而出,孙文则借此招呼同志之名目,向各埠筹款,名之曰善后事宜,其残贼同志之大罪二也。

(三)广西参将梁秀清,为不忍于故帅苏元春之无辜受遣戍罪,起而为变,投身革党,孙文亦常利用之,设法愚弄,梁大愤怒,亦欲表白其欺骗之罪状,犯孙文所忌。当梁至星架坡之时,孙文密嘱其党某某某欲毒之以灭口,事为某某某兄所知,密以告梁,使为自己留心,乃得不死(类此者尚多),此其一也。其残害同志之大罪三也。

(四)潮州志士许君雪秋,系资本家,倾心革命,以倾其家产,又复躬践力行,以组织内地革命家之团体,其才具如何,且不必论,而其人品实为不可多得。黄冈之事,常受孙文三千之款,孙文对同志言,妄报七八万。许君以资费不足,自向暹罗筹款。孙文恶之,尽力诋毁,又畏许君之发其复也,当何□□寓许君家之时,乘隙使警官掩之,幸许、何外出,否则何为劫贼,许为窝家,一网打尽矣。其残贼同志之大罪四也。

(五)自去岁八月以来,各埠同志均已悉其内容,大众以顾全名誉之故,不忍表白其罪,然积愤已久,防口等于防川,身受其毒者,不能默尔而息。孙文闻之,大为恚怒,凡反对彼一人者,尽诬之为反对党,或曰保皇党,或曰侦探,意欲激怒极热心而不洞悉内情之同志,使之互相倾轧,以快其初愿。(此条即指陶君来南洋言。)(《神州日报》作"此条即指《民报》总编辑南来而言",编者。)又常言必先□□嘉应客及外江同志(《神州日报》作"又常言必要杀尽嘉应客人及外江同志",编者),然后乃可革清政府之命,而各埠机关部同志,凡系有留学生在者,必设法驱逐之(此条即指驱逐□□□□□□□言),以便彼之自行直与华侨同志直接以便其私。盖基业一定,先杀功臣,中国历代开国帝王之公例也,彼亦仿而行之耳。其残贼同志之大罪五也。

总之一言,凡从河口、镇南、钦、廉、惠、潮败走来南之同志,咸言上他的当,无不欲得而甘心,而钦、廉诸人之对于黄兴,潮州诸人之对于许雪秋君,惠州诸人之对于曾劫(捷)夫君,皆无有异词,足证公论之在人心也。虽曰众恶必察,然察之既久,夫固等于国人皆曰可□(杀)之条矣。

第二种　蒙蔽同志之罪状

(一)《民报》名誉,为南洋各埠所顶礼,孙文之出名,亦即由此而来。今彼名既成立,复有《中兴报》之鼓吹。但《中兴报》不得目为南洋全体之机关,实系彼一人之机关而已。然使东京而有《民报》在也,是则加于《中兴报》及《中国日报》之上,南洋华侨人心势必有所分驰,是不得便其私图矣。故于去岁陶君《民报》收单寄交之后,彼即托言筹款困难,并不发布。至《中兴报》之股,集款至于再而至于三,极言本报大有关系,我同志不可不出力协助维持等之言,此去岁秋、冬二季之时之事也。今岁春间,闻民报社又派有同志前来筹款,迄今各埠不见有来使之足迹,此必又为精卫所愚弄,而中途返旆者矣。然而彼之心不仅欲使东京无《民报》也,又欲使南洋各埠,除《中国日报》及《中兴日报》之外,不使再见有中国之报章。何则?中国各报均零星载有内地革命之事,使华侨见之,知我革党非仅彼之一人专有矣。故于去年《中国公报》招股一事,常出全力谋□□(破坏),而《中兴报》定例,凡上海各报不准剪角,盖深恐有他革命之事,误登入之,而为南洋华侨所见也。其蒙蔽同志之大罪一也。

(二)日本东京为革命党产出之所,而同盟会之总机关设在东京,固南洋同志之所共知,

当初彼亦尝假其名以为号召者也。自去岁创设南洋支部，凡各埠之事，咸归节制，而以汉民为支部长，移文各埠，言凡有来自东京或内地来〈有〉筹款并游历者，当由支部长之介绍函为凭，否则不准招待。及问他索介绍函，多不肯，或依违其词，又将我等所定直接总会各条件尽行削去，而易以支部等之名词。各函件中并无道及总会等字样，而我等原始倡办机关之人，职员单内尽削去实权。凡是行为，不过欲使其权归一人，以便其营私之念而已。其蒙蔽同志之大罪二也。

（三）安南同志，因河口之役，倾家助饷，至质其家产于银行，而河口之军，未见接济，固无论矣。役后又借弥补安南同志之名，向各埠筹款，或称尚缺五万，或称尚缺三万，或称尚缺二万，或称尚缺万余，其所以多寡不一之故，亦是因地制宜之道使然也（实则一万有余，五个店号）。究之筹款者自筹款，而倾家者自倾家，何尝有一毫之补助。缅想我东京同志，于去岁贼后受天诛之时，至质官费折子于银行，以谋集款办事，遭穷迫至于莫可言。然闻彼孙文者，其在前岁于香港、上海汇利银行，贮款二十万（现尚存否，则不知矣），去岁其兄在九龙起造屋宇，用款不足，电致乃弟，旋电汇款项以往者，能不令人痛心疾首也哉（此种情形，不一而足）。去岁所筹之款，据弟等所知者，为数甚巨，然已不知何往矣。其蒙蔽同志之大罪三也。

第三种　败坏全体名誉之罪状

我东京同志向固同心一德，均自己不顾声望名誉，推尊崇之为党首者，夫岂有所私图，不过痴心妄想，求其能助成我辈之事而已。然而黔驴之技，又焉能久骗我东京之同志。自前岁以来，因既有人发议，倡言革除之论者矣。又以团体名誉之攸关，而中止其事。彼乃不顾全体名誉，妄毁我全体同党之名誉，污蔑至于不可言状，彼乃自夸于人曰："我去岁谋发起潮惠钦廉之事（放屁，彼何尝有一点功劳），先数目固不名一钱，而临行之际，一日本资本家，送程仪一万元，日本政府送费四千元，我只留五百元于民报社为经费，而弟行后，东京同志查悉万四千元之事，谓我不均分之，而自饱于私囊，一时大为攻击，无所不至，比他等平时攻康、梁为尤甚，若在公等处之，不知若何气极矣。我则处之宴然，以彼等排斥叫嚣，为研究心理学之资料耳。夫各为同志，则各有权利义务，乃不期东京一二同志（二十一行省皆有，何至一二人），分财则讲平等（不知所分何财），而义务则责我一人当之，办事也（所办何事），筹款也，惟我是问（岂敢，不破坏他人就是好了）。而我于自行筹款之外（一己私囊，诚然），又要筹款以顾各地之同志（所顾何人，不借他人所流之血，托名运动，已经好了，岂敢受赐），东京以许多人不能顾一《民报》（《民报》本为东京同志所组织，你原本无一点功劳，我辈革命党家都破了，何处得钱），我力稍不及顾（岂要你顾，不卖掉就好了），则为众谤之的矣"等言，其可恶有如此者，其破坏全体名誉之大罪一也（有孙文亲笔书信为证）。

（二）有新加坡资本家陈□□（《神州日报》作"沈□□"，编者），自言愿出款二千元，以助革命党。孙文闻之而垂涎。但陈君与彼实无一点之关系，不便直接，乃运动潮州□□□君而告之曰："闻君与陈□□有交，彼欲出款二千，子其为我说之，若得款二八均分，我得一千六，你得四百可也。"□□遂为之言，今其以二千之款，自交孙文，□□君以君子待之，不言分利之事，而彼亦不予之也。其后□□君以其所办潮州之事，自往暹罗运动。孙文闻之，即致函暹罗，称其棍骗，事为□□所闻，大怒，乃返新加坡，索取前次之四百元（本不欲索取之），孙文答以无款，□□君欲聚其同党洪门兄弟往殴之，孙文不得已曰："余实无款，余妾有金镯一双在，请以予子。"□□君愈怒，孙文乃开一纸条，给与《中兴报》，将烈港同志黄甲元君助《中兴报》款项内，拨二百元以予之。嗣后遂尽诋□□君，二八之例，亦不止一处。夫先以不肯［肖］之心待人，而劝之以为不肖之行，事后乃复诬人以不肖之名，以为制人不敢反抗之具，其

可恶有如此者,遂使人言藉藉,谓我革命党皆为骗钱而来。其败坏全体名誉之大罪二也。

(三)去年九月,孙文复发布南洋支部,其规条无一而非可恶之事。而其著者莫若会底金一条。其例凡入会者,须收会底金三元,而主盟人分给半元,介绍人分给半元,以分利之举诱人,遂至流食之徒,借此名义,以为各地棍骗之计,引坏人心,可恨莫甚。其破坏全体名誉之大罪三也。

(四)借内地革命军名目,行军债票,行之内地,流同志之血者,不知若干,犹可言也。而不期又有所谓保护票者,遍放南洋各埠,称其家之有无而高下其价,有多至数百金一张者,亦有少至五六元一张者,发卖之际,有八九折者,或六七折者,有五六折者,代派发行之人,亦有分润,此实三点三合之所不屑为,不敢为,干犯他人之国际,欺骗同胞之资财,设一旦为外人所掩执,我革命全体之名誉,其不均为所污辱也几希矣。其败坏全体名誉之大罪四也。

统计其上所列罪状三种十四项,皆为已现发露者也。若其未发露者,盖不知其又有若干也。至其关系稍轻者均不录入,盖实录不胜录也。

诸执事先生洞明世故,熟悉人情,诚谓革党首领腐败极点,至于如此,尚任其逍遥自在,享受尊名乎?况现今受其荼毒之各埠,虽已悉起反对,而将次开发之土生华侨,固未深知内情(《神州日报》作"固未深悉内容",编者),弟辈旧日之所经营者,既尽其能力所及,均双手拱奉而送之于我大统领之前矣。(精卫并未自己经营一埠,实我等经营成功,招之前来,请其演说一二次,即攫资而去,如是而已。)目下不能不再辟新埠,(惟浙人不受其害,因其不通闻问也,然亦因其所在之地,风气最顽。近日新为着手经营之故也),然恶莠不除,则嘉禾不长,若不先行开除孙文,则我辈机关办就,他即乘势侵入。土生同志不识内地情形,以为中国革命军尽系其一人之所为,孙文之大名(《神州日报》作"孙文之虚名",编者)已遍宇宙,熟闻固已久矣。比及乃时,拒之不能,不拒又不可,欲再收拾,其能得乎?若一开除了他,发表罪状,事必大有可为,无论将次开办者不至蒙害,即今既破败者,热心之人尚多,犹堪收效在桑隅也。

以下系《神州日报》补:

今就以后办法,陈之于左,伏祈我东京同志审择而施行之。

(一)开除孙文总理之名,发布罪状,遍告海内外,慎毋沾沾于名誉之顾全,行妇人之仁,以小不忍而乱我大谋(且天下各国革命党非尽佳士,皆有败类,其要在能除之而已)。

(二)另订章程,发布南洋各机关所,令其直接东京总会,须用全体名义,或多数人名义行之,嘱令南洋支部章程一概作废。

(三)由总会执事出名,令各埠将孙文所筹去之款,令其自行报告总会,加给凭单,以为收拾人心之具。

(四)公举办事二人,奉总会之命,往论南洋各埠,已灰心者则导之;将开通者,则鼓励之。来各机关所演说,本为收拾人心之具。且破孙文之诡谋,使其无立足之地。

(五)再开《民报》机关,通信各埠,以系海外人望。

(六)兼于民报社内附设旬报,凡《中兴报》之所至,亦踪寻之而往,以为扩张势力之举,且以限止孙文谎骗之伎俩也。

(七)将内地近年间各内地革命事实编成一史,译作巫来由文,散布英荷各属,使华侨知我中国之革命党,大有人在,以生其鼓舞之心。

(八)创设巫文报馆于英属,此事弟等可担任。

(九)同志之在南洋者,各出全力以经营商业,以固久长之基础,此事亦弟等可以担任。

以上皆弟等之意也。陶君遍历各属,一切事情,皆已洞达无遗。

诸执事先生向彼商之，其必能筹无遗策也。至于有所委劳，则弟等虽摩顶放踵，亦何敢辞劳。此请筹安。

《南洋革命党人宣布孙文罪状传单》，汤志钧编《陶成章集》，中华书局1986年版，第169～177页

该文刊出后造成恶劣影响。《南洋总汇新报》为此发表案语说：

自革命邪说流毒南洋以来，一般之劳动社会几于尽为所惑，其每况愈下，如尤烈等创立中和堂名号，搜罗万象，但知敛钱，不论流品，甚至如茶居酒楼之堂馆（倌）、妓院娼寮之厨夫，亦皆侈言革命，流风所及，诚足为风俗人心之大害。记者愁焉统之。兹特将此传单录出，在记者之意，不过欲使华侨知革党之内容如是如是，则已入迷途者，宜急早回头，将入而未入者，更宜视之。若浼大之为国家，培无限之正气，小之为华侨，惜有限之资财，如是焉而已。

《南洋革命党人宣布孙文罪状传单》，汤志钧编《陶成章集》，中华书局1986年版，第178页

11月12日（九月三十日）　孙中山在美宣布"南洋之组织与东京同盟会不为同物"，革命党内部矛盾日益激化。

孙中山到达美国后致函吴稚晖、张继等人称：

闻美西金山等处华人思想颇开，惟被陶布散传单之后，新得革命思想之人对于弟之感情大不善，非多少时日未易解释此种疑惑。最妙莫如由《新世纪》用同人字样作一函致美西四报馆即《大同》、《美洲少年》、《中西》及云哥华之《华英》，及檀香山三报馆《自由》、《生》、《大声》，作为同业互通消息之谊，将陶信内忌功、争名、争利及煽人行杀于弟之口声之无理处指出，并下以公平之评判；当较《新世纪》已言者略详；及劝报中同业不可误听一面之词，如外间有人疑惑当按公理解释、维持人道等语。此函当由巴黎寄发及盖《新世纪》之印据，如此则必为力甚大。倘各报馆能维持公论，则诽语不能摇惑也。有《新世纪》报论，更有专函，则此事可以销释，弟不用自解矣。

中国社会科学院近代史研究所等编《孙中山全集》第1卷，中华书局1981年版，第425页

致函张继称：

所云重新组织团体，弟在南洋已自行之，是以南洋之组织与东京同盟会不为同物。

……弟被举为总理，未有布告天下始受之，辞退亦断未有布告天下之理。弟之退总理已在要求同盟会及太炎认不是之时，同盟会及太炎至今未自认过，则弟已不承为彼等之总理者久矣。前去两年，两广、云南之起兵，皆奉革命党本部之名义，并未一用同盟会名义也。

中国社会科学院近代史研究所等编《孙中山全集》第1卷，中华书局1981年版，第426页

邓文翚记：

1909年在东京的革命党人鉴于内地举事屡次的失败，如云南河口之役，熊成基、秋瑾、徐锡麟安庆之役，广东潮州黄冈之役，萍乡醴陵之役，不下七余次，起来不到几时即成泡影。一般消极分子对于革命前途多抱失望，在东革命分子除同盟会黄兴赴香港，宋教仁赴东北密谋活动外，陶成章亦赴南洋群岛筹款去了。陶成章在新嘉坡因筹款事与孙、黄派内筹款的胡汉民、陈其美等互相攻击，互相破坏，结成深怨。

邓文翚《共进会的原起及其若干制度》，载庄建平主编《近代史资料文库》第7卷，上海书店出版社2009年版，第11页

11月13日（十月初一日）　四川西昌、会理交界二板房彝族人民暴动，杀成都将军马亮。

《清史稿》记：

冬十月丁丑朔，四川西昌、会理交界二板房夷匪为乱，官军剿平之。成都将军马亮卒。

赵尔巽《清史稿》卷25，本纪25，中华书局1981年版，第977页

四川总督赵尔巽奏：

凉山倮夷窟穴于川滇两省之中，四出为患。近年日益披猖，滇省受患尚不甚深，而川省沿边州县营汛地方，多在夷巢环拱之中，汉夷杂处，夷强汉弱。……奴才自上年到任后，体察情形，深知夷患日深，非认真剿办，不足以纾患而卫民。爰于抢掠马料河一案，派兵剿办，复将浅山二板房各夷，一律剿抚平静。……查马料河一案，滋事之吉狄马家等支，及去冬戕毙游历英人一案之何猴苏噶等支，均恃其巢深穴远，以为官力不及，自不得不痛予惩创。当经饬令建昌镇总兵田振邦，署宁远府知府陈廷绪，添招勇营，增调团练，于本月初旬进兵，先办吉狄马家支夷。如果办理得手，即由交脚进规阿猴苏噶等支。又檄饬马边厅边防文武，严整边备，一俟宁远之师进至交脚，由东路扫荡而出，马边之师，即由西路扫荡而入，同时夹攻，使阿猴苏噶等支凶夷首尾不能相顾，庶可以戢凶暴之风，图控制之策。查由宁远以至马边，中间夷地绵亘六七百里，如能会兵互抄，是由东而西，已将凉山老巢穿破，将来能否大举，平其地，籍其人，以除两省腹心之患，及应需兵力饷力，亦可就此次实验所经准酌预算，以资筹计。

…………

剿办西昌会理交界二板房夷匪，一律肃清。计平夷地二百余里，投诚夷众一十八支，暨编团移汛，办理善后各情形。并请将在事出力员弁分别奖恤。得旨、准其择尤酌保。

《宣统政纪》卷23，文海出版社（台北）1989年版，第7页

11月15日（十月初三日） 清廷击毙洛阳会党首领张黑子。

河南巡抚吴重熹奏：

窃臣上年莅豫之初，即闻洛阳张黑子为河南、南阳、陕州、汝州一带刀匪头目，党羽分布各属，凡抢劫掳赎重案无不以该匪为主谋之人，实为腹地一大隐患。历任抚臣悬赏缉拿，迄未弋获。臣上年拿获会匪头目姬天顺等，曾据供有与张黑子约明在河南府定期起事之语，因知该匪不特为刀匪领袖，且与教会各匪暗通声气，阴蓄异谋，行为叵测，若不及早歼除，深恐祸机猝发，更难收拾。当复加悬赏格至二千五百两之多，并咨会现署河北镇总兵谢宝胜，分行严饬各营县设法查拿，复饬试署巡警道蒋楙熙遴派妥员，潜赴该处营队，密示方略，激劝兼施，谆嘱购线缀缉。

该匪虽籍隶洛阳，历年窝藏聚集多在嵩县、永宁、汝州等处。本年十月初间，忽有谍报，该匪率领悍党数十人回归洛阳，盘踞于昌营村地方。河北镇总兵谢宝胜先期密派得力哨官姜天恩，带队驰往洛阳，会同巡防队管带韩锡麟、海战武等密商搜捕之法。韩锡麟籍隶是乡，深知该处沟壑纵横，异常艰险，非调兵剿办，难期得手。因即飞调附近营队，合力兜剿。遂于是月初三日夜五鼓时分衔枚并进，分兵将昌营村围住。韩锡麟督带马队进村搜捕，该匪众即率死党开枪拒敌，突出重围，且战且走。其时海战武带同姜天恩等，督领步队从他路搜缉至此合围。该匪等见官军四合，退入阴司沟口内据险鏖斗。正兵王玉林中枪立殒，马兵郭振邦右肩被枪弹穿透，而韩锡麟右腿虽受弹伤，仍复裹创誓众，力战向前。各军队一齐拥进，与该匪党对击至数时之久，始将该匪首张黑子击毙，并格毙伙匪四名。时管带罗其祥、杨裕光、河南府知府启绥、署洛阳县知县郑鸿瑞、暨出防洛郡之陆军管带周葆桢、抚标亲军统带副将王佩兰亦均闻信赶至，复击毙余匪一名，生擒史勒保、穆汗绳二名。其余各匪见势不支，始各纷纷越山逃逸。当由该营县等电禀，经臣电饬洛阳县验明张黑子确系正身，获犯带县讯供，严拟禀办。阵亡受伤各勇丁照章优给恤赏。一面饬令该营县仍行勒拿逸匪，务获究办。该处居民见巨匪就歼，大患以去，无不额手称庆，现在地方业已一律安谧如常，此防营击毙巨匪张

黑子等,并拿获余匪之实在情形也。

臣维豫省匪徒向分刀、会两种,近年拿办之案,最著者如西平县之苗金声,其余如新野县之朱宝卿,河内县之张增盛、赵学功,宁陵县之朱宝钦,南阳府之沈自毛,汝州之杜喜田、三不照、董万川,祥符县之姬天顺等,率皆各分名派,党羽众多,蕴毒一方,为民隐患。然皆因事发觉,一经官军剿捕,旋就殄灭,从未有稔恶之久,声势之大,以刀匪而兼会匪,如张黑子者也。该匪前于光绪三十一年冬间,纠约刀匪数百,身穿长寿军号衣,突入卢氏县绅石大鹏家寻仇焚掠。当时官军四集,在案各匪犯陆续弋获,该匪独乘间逃逸。历年以来,猖獗异常,凡与官军抗拒对敌之案不一而足。腹地各属绅民身被荼毒,已有创巨痛深之势,又惧该匪寻仇报复,虽被劫掠,噤不敢声。往往官军追踪搜捕,该匪窜匿民间,乡民懦怯不敢指明,该匪益横行无忌。去年冬间,乘国家多事之时,竟与已经正法之会匪头目姬天顺等潜通声息,谋危省城。设竟蔓延日久,养痈不治,其为害地方,祸端正难预料。

《河南巡抚吴重熹奏格毙洛阳刀会头目张黑子并讯办余党折》(宣统元年十一月十七日宫中朱批奏折),中国第一历史档案馆、北京师范大学历史系编《辛亥革命前十年间民变档案史料》上册,中华书局1985年版,第233~235页

11月18日(十月初六日)　各省谘议局代表集议上海,商议请愿速开国会事。

本月初五,各省代表陆续到沪,集于跑马厅预备立宪公会事务所,从本日起,每日午后,各代表定时到所,会议一切,谓之请愿国会代表团谈话会,推福建谘议局副议长刘崇佑为主席,江苏谘议局议员孟昭常、福建谘议局书记长林长民为书记。

请愿国会代表团谈话会,自本日起至十三日,预定开会六次,所议事项如下:

一、定会中席次,以到沪之先后为序。

二、定十五日为正式代表会日期。

三、汇集各省签名簿。

四、定此次签名。以各省谘议局议员为限。

五、推举呈稿起草员。

六、定递呈领衔之人,遵照会典所列各省次序,以直隶为首,直隶代表三人中,公推孙洪伊君领衔。

七、议对付都察院新章之方法。(都察院新订章程,凡递呈请代奏者,具名之人,必过半数到京亲递。盖近来各省人民请愿之事日多,故立此制限。)对付之法,决议此行请愿,苟以签名之人到京未能过半而格不得上,则只列到京各代表之名,直于呈中叙明签名实数,以示众志所属。

八、决定进京日期。以开大会后部署数日,即行就道。

九、定进京代表团规约。规约凡十二条,大略在约束各代表进京后行动之整肃,进退之一致。

十、推选代表团干事四人,方还、罗杰、刘兴甲、刘崇佑当选。

十一、谋各省谘议局联络之法,有议设通信机关于上海者,有议每年六七月间谘议局开会之前,各举代表至上海。

《东方杂志》第6年第13期,宪政篇,第446~447页

张謇《请速开国会建设责任内阁以图补救意见书》:

昌言瓜分中国之说,二年前曾一见于德报。日人之图统监中国,则于其大限重信饯别伊藤博文统监朝鲜时昌言之,亦见日报。彼时我国人民稍有爱国思想者,即相与扼腕愤叹;而

闻我政府及政界要人,则以为是特空言而已,未必果有是事。今年则日人占筑安奉铁路发见后,又有占及吉长之说。未几又有传说东西列强在海牙公会,密议对待中国政策三条,其最后者为统监财政;前二条盖不忍言。八月初旬钱恂、陆增〔徵〕祥先后密电外部代奏;各省乡士大夫及于商埠,皆惊相走告,几于无人不知。愤叹之声雷动猋合。有识之士,束手旁皇,以为外则海军未立,陆军不足,海疆要塞,不能自固,船舰枪炮,听命于人;内则至艰极巨之责任,悉加于监国一身;政府俯仰委蛇,曾不闻有所设施,足以分监国之优劳,而轻天下集视于监国之责望。欲求一非枪、非炮、非舰、非雷而可使列强稍稍有所顾忌者,实无其策。于是拟请速开国会及组织责任内阁之议,各行省乃不谋而同。其立言有激烈,有和平,其宗旨主于爱国则一。今分二义,述其同意如下:

宪政馆立宪之预备,定开国会,期以九年。以各省地方财政,与人民知识之程度,参差不齐,必一千七百余州县自治之事,一一按年表而行,至于完备而后开国会,即加多于九年之外,岂得为迂?然列强之欲逞志于我者,则正恐九年之后,全国人民合力拱卫国家,必将难于专制时代。但劫持一二政府大臣,即可行其强权狡计,而愈以促其及早摧我之政策。我不为备,而惟是循序以进,是何异揖让而救焚?其为不及,可以断言。故救急之法,惟有请明降谕旨,声明国势艰危,朝廷亟欲与人民共图政事,同享治安,定以宣统三年召集国会,未至期以前,设有大政咨询,并得开临时国会。一面饬宪政编查馆速将议院法及议院选举法提前编定,限半年告成,以备应用。如此则各省素有学问、热忱爱国之士,其对于监国益感而奋,而加意研求;亦可使列强知我有民气为后盾之预备。即使列强统监财政之说发生,我国会有词焉:外交则赔款已过之八年,并未尝分毫短少,即各部所负之债,亦未至不可分偿,不得以债权迫我;内政则各省有谘议局,即各省财政之监督,万国公法宁有独立帝国而受外人干预财政权者?此请速开国会之同意也。

万世一系,有国家者之至愿也;永享太平,世世不见有改玉改步之事,又人民之至情也。然我中国历史之所从无,则以专制政体,君上独负治乱安危之责任。平时百僚庶尹,—切行政,阳为奉一人之命令,而阴窃其威福;一旦有事,则诿过于上而谢其责,而祸乃中于国家。

今世界立宪国之编制也,曰皇位神圣毋侵;曰万世一系。求之中国册籍,以为理论则有之耳,以为颂美则有之耳,绝不见有此事实。立宪国何以能之?其立法也,曰责任内阁。责任云者,以内阁代君上负责任焉耳。责任专于内阁,而君上日临而监察之。内政有失,则责内阁大臣焉;外交有失,则责内阁大臣焉。中外人民之观听,群倾注于内阁大臣。凡为内阁大臣者,但稍有知觉,决不能如向之持禄保位,泄沓自安。且其地处于可进可退,即有桀骜不驯之才,亦受责于举国之舆论而无所容逞。是有人代负责任,而君上乃安于泰山。君上为责任所不及,而又有国会在下,助君上以监察此代负责任之人;而神圣之号,光于日月矣。较之君上独负责任者,其安危难易何如?今皇上冲龄;内政之弊,外侮之棘,又中国二千年所未有。千危百险,举以困我人民所倚望而敬爱之监国。各省有识之士,均甚惜之。故惟有请明降谕旨,建设责任内阁,稍分监国之忧劳。此请建设责任内阁之同意也。

或者虑人民之程度未至,政府之筹备方新,速开国会,则哤杂无益于事。请质言之曰:国会所以备列强非礼之侵;岂有拯溺救焚,而可以诿之程度不及,迁延观望,以待将来之理?即政府之所谓筹备,其与国会有直接关系者,惟速订议院法、选举法二事。其余各事,多不必于召集国会之前,粲然皆备,并有候国会成立之后,而筹备益易者。统监之说,既有所闻,举国将堕于巨焚大溺之中,而可瞻顾回翔不为之备乎?

或者虑今日能胜责任内阁大臣者无其人。请质言之曰:必欲得皋、夔、伊、吕、管、葛、房、

杜为大臣，则岂惟责任内阁可不设而已，祸至无日矣。与为高论，无宁择于今之大臣中，稍有学问阅历明时事为众论所与者，举而畀之；不胜任则固可更置也，不犹愈于亦名大臣而无责任者乎？各省舆论，既不谋而合；有志之士，又观感而兴。往年上书请愿之举，不期而集于辇毂之下者，十有余省；今且有继续而至者矣。虽朝廷有种种之限制，而彼之为此举者，必各省志节之士，各挟一爱国监国之血诚而行；其必欲达此意于监国，决无旁顾。而区区之心，则窃有微虑，请更审之。

中国前代痛国之危，而身负斧锧上书言事者，一二贤豪而已。国家甲午以后，庚子以前，冒世不韪而感慨言事者，亦犹少数人耳。自我德宗景皇帝立宪之诏下，而天下人民乃渐有与国家共戚均休之思想，乃渐有政治法律之理论。是今各省绅士志气激奋，千百为群，固由我德宗景皇帝至仁至圣之心鼓舞而来。设请愿而行，天下固颂监国之友爱仁明；益有以振天下之士气。侧闻都察院新章，士民上书之限制甚严；是欲塞天下之口也。设请愿之来，竟格于院例而不达，至于再，至于三；恐内外将有不美之观念。一二激烈之士，将以为国家负我，决然生掉头不顾之心；和平之士将以为义务既尽，泊然入袖手旁观之派。当预备立宪之日，忽使士类灰爱国之心，可乎不可？此可虑之在内者一。欧人涎我国为商场，防我立宪有国会后，不便于攘臂争权利者有之；日人料我立宪终不成，国会终不能开者有之。今各省绅士请速开国会、建设责任内阁不行，各国知我人民与政府之不协也；欧人将利我政府之不愿开国会，而益怂政府重其压制之力，日人将利我人民国会之不获得请，而益激人民生其反动之力，皆势之所必至。此可虑之在外者一。

今日国势，犹处风雨危幕之下，波涛漏舟之中也。上下相顾，大小相扶，尚不知有济与否；而群默焉，群觑焉，诚不知所届矣。竭区区之愚，为国家计，为监国计。监国以我德宗景皇帝之心为心，天下所知也。今先帝梓宫，既已奉安，宜本则友之义，申立宪之心，不待臣民之请，即以许开临时国会、建设责任内阁，特降明诏，宣示中外。譬诸水也，相其壅塞之无益，而为之川以导其流；譬诸屋也，知其罅漏之可虞，而增之墙以厚其辅。此立宪之通例，而国家之大利，兹尤其时，尤其时也；惟在监国睿裁毅然行之耳。

《请速开国会建设责任内阁以图补救意见书》，张謇研究中心、南通市图书馆、江苏古籍出版社编《张謇全集》（第1卷，政治），江苏古籍出版社1994年版，第134～138页

11月19日（十月初七日）　上海《民吁日报》被封。

革命党人于右任10月30日主办《民吁日报》，以日本侵略朝鲜及东三省益亟，多次发表评论唤起国人注意，驻沪日本领事照会上海地方官提出抗议。上海租界会审公廨遂奉令查封《民吁报》。

《民吁日报》于八月廿日出版，当经范君（范鸿仙）具禀沪道，恳给邮权，过廿余日未见批出，各处购报者函催甚急，不得已向日本邮便局挂号代汇，发刊至四十七号，大受海内欢迎，上海一埠销份达五千以上，可以想见。今因日领要求沪道主持，馆已被封，主笔提讯，吾国敢言之报纸，从兹又弱一个矣。兹将其被封之原因纪录如下：自安奉路自由行动后，辽海风云日惨一日，该报危言激论，痛斥外交官之无能，以兹中当道忌，其原因一。外邦禀封《国报》、《中央大同报》，该报痛诋梁敦彦，梁与沪道蔡有密切关系，其原因二。《舆论时事报》本系蔡道开设，该报与开文战，其原因三。使臣钱洵禀陈海牙和平会提议监理清国财政，沪上各报相顾不敢言，盖慑于蔡也，该报独昌言不讳，蔡道怒，谓其造谣惑众，其原因四。江苏谘议局议决改正上国官营商报之《申报》、《中外日报》、《舆论时事报》，该报著为[文]批评，标题为

“不要仁兄大人的命?”大为蔡道所恶,其原因五。伊藤以政治旅行,与俄国财政大臣及各国财团代表约会于哈尔滨(该报连著论说,谓国际上正当之防卫,当早预备,又追论清美联盟失败之非。)甚为日人所侧目。至于此次被封之导火线,一则因论锦齐铁道事,主张拒绝日款,日领大怒,谓为有意挑衅,损害邦交。

陈祖华《于右任先生创办革命报刊之经过及其影响》,于右任先生纪念馆管理委员会(台北)1964年版,第132~137页

《于右任先生年谱》记:

八月十六日,先生创办《民吁报》出刊,亦即《民呼》之化身。先生之改呼为吁,乃暗示人民的眼睛被挖掉了。《神州日报》之持论,多为民族精神之发扬,《民呼报》则注重于内政之抨击,《民吁报》则又注重于国际正义之伸张。及韩国革命党人安重根刺杀伊藤博文事件发生,《民吁》更以全力声援,终因日本驻上海领事之胁迫,苏松太道蔡乃煌札饬会审公廨,下先生狱,而将《民吁》封闭,自出刊至被封,仅五十余日。其后仍以停报为先生出狱之条件。出狱后,先生第二次赴日。

台北陕西文献社编《于右任先生年谱》,载章开沅、罗福惠、严昌洪主编,罗福惠、许晓青编《辛亥革命史资料新编》(2),湖北人民出版社2009年版,第130页

《上海〈民吁日报〉小史》:

(一)《民吁日报》出世之宣言

上海《民吁[呼]日报》被会审公廨取消发行权后二十余日,已酉年(一九〇九)八月十六日沪上各报载有《民吁日报》出世广告,略谓:

本社近将民吁[呼]日报机器生财等一律过盘,改名《民吁日报》。以提倡国民精神,痛陈民生利病,保存国粹,讲求实学为宗旨。仍设上海望平街一百六十号内,即日出版。内容外观,均擅海内独一无二之声价云云。是报创办人仍为陕西人于右任,助之者有范光启(鸿仙,安徽人),景耀月(帝召,山西人),朱葆康(少屏,江苏人),王无生,周锡三诸人。惟右任以被判逐出租界,不便出面。故以朱葆康为发行人,范鸿仙为社长,且为避免会审公廨鱼肉起见,特在法国驻沪领事署注册,以备不虞,出版之日,刊有于右任撰之宣言书,及景耀月撰之出世之辞二篇,文辞典雅,大为士林传诵,以继承《民吁[呼]报》统绪号称敢言之故,不及数日,即已风行一时。兹录该报宣言书于后:

昔者太师陈风,爰烛氓膜,蒙叟讽政,使通下情。训方陈四民之言,道人宣万国之铎。季世而降,厥详罔闻。以达喆之儒,遇薄之世。往往假呼謈之语,为沈疴之鞭。是以元鸟其衰,王孙兴悲于麦秀;镐绪既坠,诗人致慨于繁霜。不平则鸣,盖其然矣。系我中土,页维神皋,芸芸蒸氓,倪勋爵之胤,吾壤斥斥,号圣明之都。揆诸各洲,罕可伦比——自祖龙焚书以愚黔首,黜陟操之一己,清议乖乎庶人。行道考惧砧砆之诛,偶语者危约法之令。内讧外逼,日以踣越。绵历千祀,迄于今兹。是非不章,好恶回迕。绎绎原庙,将播为烬烟。林林生民,靡避乎藁隶。何者?上下之情睽,而呼泣之声阻也。白人既兴,国势日上,语通九译,程越万更。离娄失明,臾区沮气。遂使窥破八极,凿空五洲。究其富强之源,实惟报纸之力。褒贬众著,见闻大同。记载确而论著公,隐阐正而事情审。琅玑骄主,有三千毛瑟之言;花旗名王,发九万全球之叹。吾国自东西沟通,始有日报。更倡迭起,都百余家。然而枢钤之效未彰,记纳之极匙立,虽抨顽击懦,恒林植于迩馗,而燕语郢书,或取讥于达士。则有作达官之机关,为他人之奴隶,猜嫌日积,争无谓之雌雄。城府既深,昧来耒之宗旨。徒逞臆见,第升膝而坠渊,棍成是非,将指鹿而为马。更或齐东之谩语,为中朝之国闻。略知方言,嗤国学为无用;奸语急进,诋和平为愚人。乃至金缯夕输,政绩日褪。鲁市有虎,贤君因而致疑;曾参杀人,

慈母为之投杼。欲其并万化,主众极,回易群视,昭苏国魂;譬犹袭蓉裳以御冬,画饼形以馈馁,未有能济者也。即或以贤彦之心胸,为下民之喉舌,然而鸱鸮鸣轭,而彩凤之音不章;椴茅塞途,而揭车之烈罔播。蓬悲出塞,惜忌嫉之偏多;兰忌当门,痛诛锄之太速。当此阳九运厄,天人道乖,斗分飞荧惑之铓,地轴列蚩尤之戟。黄星西指,知天意之瓜分;黑水东飞,恫憧萌其波沸。听杜鹃之聒耳,诚知来日之大难;抱精卫之微忱,犹冀横流之有托。同人等义务所在,不敢不勉,远惟贾生汲古之训,近懔亭林有责之箴。深维管子四维之言,无缅诗人陈词之旨。用集资本,组斯报章,小之可以觇民情,大之可以存清议,远之可以维国学,近之可以表异闻。睢睢盱盱,目营八荒,汹汹隆隆,手执寸管。天骥独啸而九州振喑,晨鸡一鸣而天下皆白。将见片纸风行,千里雷应:鬼难风灾之地,葱岭自东而至西,矛炊剑淅之乡,天山由南而亘北,无不受其影响,被其陶甄。将以康时屯,拯民病。忧时之士或有取于斯乎?呜呼,苍鹅西去,极惨惨于人痾;白马南来,恫哀哀于帝思。头颅顾我,吾欲问天;生活羞人,臣将蹈海。木叶将陨,自召长年之悲,河流欲尽,自陨枯鱼之泣。不辞苦口,庶看白日之再中;稍尽寸心,犹望狂澜之可挽。谨尽胸臆,为视词曰:

皇天妪藕万汇兮,竭纷迕而同蚀,伊神皋之沃壤兮,谷霾翕习而蕴鸿质,是实吾祖宗百战所经营兮,济之以五十年之声明文物。胡时日黯以适逝兮,颛海水其群飞,般总总其监我脑兮,飑骇云泛攒以滂迷。下民靡所托命兮,绕地三匝乃无枝之可依。朕恫国魂之不见既四千载兮,缪巫阳使要之。黄云作而钻策兮,羲氏占曰善哉。利为下民请命兮,指日月以为期。揖子乔而俪俪游兮,载范成而与之偕。聆神结而惑涣蒙释兮,薨焉魂交霅焉形成。恫夫帝阍之不可扣兮,奋额触关而抗词。九阍门者不为予通兮,纷擎泪其涟洏。玉女投壶而帝醉兮,虽呼器而天后又不知。朕登崐仑之颠以吹法螺兮,王母憗而与之,峋嵝之峰有天书降兮,其光烛乎九幽。曰予畀而以口舌兮,将使而夺纛而舞,唅喁呼?以拯我神州。而诚忘身卫国兮,而出朕值。朕必如而愿以相酬。予承嘉命维兹民之四百兆兮,是乃轩羲姚姒禹汤文武周公孔子之所贻留。予将手执斑管以经营八表兮,用求坠鼎而复我金瓯。彼邦人父老有以教子小子兮,同协而力,以力扼此横流。系曰中宸胚洋育汇类,地胡此倾天胡醉,苏吾民兮万千岁,国魂归来兮神哉沛,张我文兮发蒙盖,道超超兮镇高迈,元黄氤氲,睆天滓于须乐兮拯殲殇。

(二)日领封禁《民吁报》之原因

《民吁报》出世后,崇论宏议,可与前之《神州日报》及《民吁[呼]日报》相伯仲,时当日人侵略满蒙,至为急进,清廷向守"宁赠送友邦,不给与家奴"之政策,丧权辱国之事,层见迭出,举国人士靡不痛心疾首,海上各报以慑于官吏积威及日人暴力之故,咸噤若寒蝉,莫敢抗议,独《民吁报》不畏强御,日以危言警惕国人,使为之备。是年九月下旬,驻沪日领事松冈照会苏松太道蔡乃煌,谓《民吁报》言论大欠和平,且任意臆测煽惑破坏,幸灾乐祸,有碍中日二国邦交,请将该报惩办,以戒后来。蔡道以该报曾在法领事注册,乃先商允法领事,将领署挂号注销。一面饬知会审公廨从严儆戒。及十月初旬,日领复照会蔡道,谓该报于初四初五等继续载论中国之危机及锦齐铁道与远东和平各论,仍一味揣摩臆断,恣意诋骂,催促从速惩究。蔡道于是札饬会审公廨,即将该报封禁。并商请驻沪领事团领袖领事承认。至初六日,捕房遂奉命派警将《民吁报》发封,并将该报主笔范鸿仙传讯到案。计该报自出版以至被封,为期仅五十余日而已。此案发生后,旅沪各省人士异常愤激,纷纷开会反对,并要求清吏将该报启封,以重公道。时有江南学界人士分电北京外务民政两部及苏松太道谓:"上海《民吁报》因日领要挟,未讯先封,既失主权,复背报律,舆论哗然,乞大部速饬沪道先行启封,秉公核办。该报是否有罪?应按报律为出入,庶保国权,而伸舆论。宁苏皖赣四省学界刘仁航,

李方谟,闻之驰,刘鸿著,时雄飞,汪树德,倪维汉,盛朴,卢志鸿,郑燕,夏敬怿等八百人公叩"云云。蔡道以舆论不直所为,老羞成怒,复发布牌示云:"照得《民吁报》宗旨不正,所著论说类多臆断,挑动中日衅隙,损碍两国邦交,既为日本领事所持,故饬令封禁实咎由自取。该报本托法商出面挂号,交法国书信馆及日本邮便局递寄各埠销售,本未到道请领执照。初则乞怜于外人,以图抵制中国,被封之后,又复百出其技,鼓动多人胁制本道启封。本道既恶其畴张,外人亦嫌其反覆,弄巧成拙,何能照准。为此牌示诸色人等一体知之,特示。"等语。各报按语,均谓此示不言日本领事照请封禁字样,与札饬会审公廨委员之文,语出两歧,是蔡道直承认封闭《民吁报》为一己所为,不啻代日领受过,殊属可耻云云。

(三)此案审讯之经过

是案于初八日首初开审,英领事辞不到堂,只有清谳员宝子观及日本两副领事中畑、三穗等三人会讯。《民吁报》主笔范鸿仙延礼明及担文二律师要求将案由宣布,并宣称照律此案未经审讯明白,不当遽行封禁,应请先行启封,以候公判。日领事不允启封,且欲递传该报在职各人讯问。宝谳员谓范鸿仙愿负责,无庸再传。二十六日第二次审讯,二律师复要求将该报启封,谓未讯先封,中外各国,均无此办法。且日领及会审公廨均不承认为此案原告,尤欠法律根据。中西谳员谓须候日领将所指适《民吁报》所载各条开列前来,始可讯理。事后二律师屡催谳员公布案由,均以日领回文未到为辞,延搁多日,至十月十一日审讯。日领于前次照会沪道札文所指出者外,复开列《民吁报》所载外交回顾之惋叹,国民之自觉,利益均沾之余焰复兴,伊藤噩耗杂感,伊藤公赞,呜呼歌舞英雄,满洲痛史之鳞爪,和平了结之忠告,伊藤怪物之行踪,野心家走满之警告,外交危机之愈迫,华人受挟制之可怜,解除抵制日货之善后,国际礼仪释例,满洲风云日急等六十二则,均指为排日之证据。十七日,为最终审判之期。日领早与蔡道商定办法,预由蔡道授宝谳员以判决之大意。开庭时,被告二律师声称公堂办理此案,殊不合法。日领事否认为此案原告,已见公牍,日本政府既不愿日领出为原告,则此案系属捕房寻常案件,应归英德美三国领事会讯。此系公堂定例,请为照章另行订讯。宝谳员曰:此案确由日领发起,函请道宪札廨办理。前堂早经宣布其所著论说有关中日两国邦交,故与英领无干,曾由道宪与日总领事会商,准由日领到堂会讯,所有发交指控之各论稿,究竟有关无碍,请贵律师即行声辩。被告律师曰:似此办法,殊难申辩。盖因公堂定例历久奉行,断非二一国人意见所能更易。今已违章,本律师不能服从,惟有申请领事公会提议此案之办法是否合宜,再请订期会讯。宝谳员商之日领,不准被告律师所请,遽强行宣布判决文云:"案奉道宪札开,上海《民吁日报》所载论说多系臆测造谣,妨碍邦交,准日本总领事函请将该馆该人严行惩办,饬即提讯等因。下廨正饬传问,续奉道宪札饬,准日本总领事函该报日来所载各论,仍然一味揣摩造谣,实属有意挑衅。饬将该报馆封禁。遵即将该馆封禁在案。查该报并未注册挂号,已属有违报律,乃所载论说多系臆测造谣,实于中日邦交有损,迨经传讯,复不稍自悛敛,尤敢有意挑衅,实为不合。本日会讯,据所延担文律师声称,须俟领事公会核议,现在未便代为辩护等语。查此案关系中日两国邦交,该报发封业经多日,日领事摘出六十余条,律师既未能辩护,此案自未便久悬,到案主笔范鸿仙并非该报紧要之人,从宽判将该报永远停止出版。所有主笔人等,均免予深究完案。机器不准作印刷报张之用,由该被告切实具结领取可也"云云。

(四)中外舆论对此案之不满

此案既判结,《民吁日报》最受打击者,为判辞上须具保该报机器永远不许作印刷报纸之用。故虽欲如前次《民吁[呼]报》之变相的复版,亦不可得,该报主持人于右任、范光启、景

耀月等于庚戌年(一九一〇年)九月,始组织《民立日报》,以为《民吁》被封后一周年之纪念特刊,然相距《民吁》被封之日已近十三阅月矣。是时海上中外各报对于此案,均评论会审公廨判决之失当,尤以《字林西报》及《捷报》为激昂,爰译录二章如次:

(甲)附译《字林西报》论说

《民吁报》案之结果,殊令人惊讶。当星期三过堂时,被告律师以仍由日本两副领事到堂审判,公堂组织太不合法,反对不认,言将诉之领事公会,以待公判。当时会审官亦在堂。而昨晨会审官遽发出堂谕送至律师处,奇哉:既无原告,又不容被告有辩护之隙,而遽为判断之词,是可谓不合法之甚矣。夫当该报社被封时,既属背法,则此次草率裁判之为野蛮,固无待言,而此野蛮裁判之责,日总领事不能不任之。夫日领虽不欲认过,彼岂能说明此判词乃华官所独断而未经彼签字乎?当封该报时,由英副领事签字,日领或能不认其咎。然以后继续之行动,及律师屡次之反对,则日领事明知而承认之,苟日领欲逭人之讥评,除非能为满足之说明,而与公正之理挑战不可。夫使此案在中国官署固不足异,惜哉其出于为人仰望文明新进日本国之代表人也。窃恐此事不能即为了结,或将经领事公会及北京公使之判断,亦未可知。所可憾者,此案牵涉英副领事任内。然英领虽有此举,日官仍不能因此而自诿其过误,但英领苟能以乏于经验,幡然为合法的取销,则更善矣。

(乙)附译英文《捷报》论说

噫!今岁年终何不幸,乃遭一不测之事,足使本埠多数西人与华官之感情大为损伤,不亚于前三年闹公堂案之烈,即《民吁报》案是也。《民吁报》徒以不谐华官之意,沪道及公廨会审员尤为反对,致令案情全出乎常理之外。当星期三复讯时,被告律师以公堂组织不合法律,反对不认,而是晚公堂遽下判词,违法背理,置租界章程于不顾。噫,情势如此,使工部局尚欲行其权力于租界华人而保护之,使不再受华官压制者,安得不以强硬手段行之哉。

该报之逮案,照公堂办法,既无原告,及未将得罪之条件宣布,仅由会审官以含混之词,谓其损害中日两国邦交而已。该报之果有损害与否,我等不必研究,但问案未审实,遽封报社禁其发行,使其发行人等对簿公庭,受一无案由无原告之审判,果为合法否?此则英陪审官盲从华官之请,遽行签字,不能辞其咎者。夫既无原告,又无证据,而星期三复讯。日本官又居然到堂会审,经被告律师费烈君据法驳诘,义正辞严,遂未成讯,而是晚会审员乘律师不在,遽下判词,无端加被告以机器不准印报之罪。不法至此,亦可谓肆无忌惮矣。

更有一怪异之点,足以显明华官全在日本人权力支配之下,即日本领事到堂会审,纯然为不规则之行为,且与日总领事所说明此案"原告既非日领事,亦非日本政府"之一言,显相冲突者也。至巡捕房对于此案,甘受会审员之指导封闭该报,其所持理由,亦仅曰其意出诸华官而已。若廨员之行为,则似既为原告,又为裁判者,而于被告辩护人不在之时,擅下判断,岂不奇哉?……

冯自由《革命逸史》第3集,第308~316页

《东方杂志》载文《记上海〈民吁日报〉》被封事》:

苏松太道观察,于十月初□日,札饬公共租界会审委员。将《民吁报》馆封禁,并将该报主笔范鸿仙传至公堂,订于初八日,会同英日两领事,开特别公堂会讯。

初八日,英副领事未到堂,只有日本驻沪副领事中畑、三穗二君,同莅会审衙门,会同谳员宝子观大令,升特别公堂会讯。《民吁日报》馆主笔范鸿仙延礼明律师上堂,译称《民吁报》案发后,今晨始来延请,故本律师均未预备,且被控案情,亦未深悉,应请堂上将控情宣布,并请改期会讯。日领初不允准,宝大令则以向例相告。嗣宝大令询范鸿仙,供在《民吁

报》馆为主笔,报载之稿,皆我发刊。谳员宝大令即将道台札文二道,给范阅看,其一上称接日本总领事松冈照会云,《民吁报》连日所登论说不妥,有伤中日两国感情,应请传讯。其二札云,《民吁报》所登《买日货者看看》,及论中国危机,锦齐铁路远东和平等事,任意怒骂日人,似属有意造谣,著即发封传讯等语。范阅毕,复据礼明律师声称此案尚未讯明,未便遽行发封,应请暂为启封。宝大令谕谓如被告所登,确有证据,日后讯明,应准启封。遂与日领会商,日领尚欲遍传该报馆各人讯问,大令以范已担任,毋庸再传,至礼明律师未悉控情,应由日领将报登各条检出,递交该律师,俾可研究,遂判令范鸿仙仍交原保,另行订期会讯。

二十六日,复由《民吁报》之代表担文帮办费烈律师,偕礼明律师到廨,先由费律师上堂,译称此案是否由日领转请沪道札行;惟未讯先封,中西无此办法,况该报所登论说,究与政事有无得失利害,前堂范主笔到案,仅奉判令交保接讯,并未宣布控案。现在案延日久,并不订讯,核与公堂定例,有所反对,且悉日领回函,据称并非原告,应请先将该报启封,再请订期复讯。语毕,复据礼明律师上堂,译称此案如果日领原告,如照刑事论,查被告系英领事堂期到案,愿归早堂讯理,毋庸日领事会讯,前堂敝律师请将报载关于邦交各条交下,堂上并未照行等语。宝大令商之英廨副领事,以此案系奉道宪札饬发封,一宪札叙明由日领来文。二与日领会讯时,据日领云,该报所载论说,有碍中日两国邦交,共有数张,故未阅看。三日领允将报载各条指出,交与贵律师阅看。故本分府并未照行,至此案究隐如何讯理,或归早堂,或仍会讯,应候照会日领商明再核。

…………

苏松太道札会审衙门文:

本月初四日,准日本总领事松冈函开,上海《民吁日报》论载不妥,伤害邦交之感情。前经函请惩办,讵两日来该报所载论中国之危机,及锦齐铁道与远东和平各论,仍然一味揣摩,造谣煽惑,妄意怒骂,其有意伤害感情,破坏邦交之处,实难容忍,函请即日封禁报馆,惩办一干人等因,查此事前据日本总领事来函,业经饬交在案,兹查阅该报所载各论,尤多影响臆断。实属有意挑衅,损伤邦交,合亟札饬到廨,立将该报馆封禁具报,无稍片延云云。

日本总领事致苏松太道函:

另件《民吁日报》被封之理由草稿送上,祈斟酌分送《时报》、《时事报》、《中外日报》,《新闻报》、《神州日报》馆登载,以免误传而明来由为荷,十月初九日。

《民吁日报》被封之原因:

《民吁日报》由朱君少屏等主持发行,法国律师博土君出名,在沪法总领事署注册挂号,以为地步。惟发行以来,所登论述,大欠和平,殊于中日两国邦谊感情,大有臆测煽惑破坏,并有幸灾乐祸之处。是以由当道商允法总领妥协,先将领署挂号注销,一面饬知公廨,设法妥为儆戒,晓谕施行之间。讵该报初四、初五两日报上登载论中国之危机,及锦齐铁道与远东和平各论,仍然一味揣摩,臆断煽惑,恣意诋骂,即由日领面告沪道核办惩治,旋由沪道饬廨遵办。一面妥商领袖领事承认,协同捕房,先将该报馆封禁,以便讯问惩治云。

《民吁报》代表担文律师致报馆函:

《民吁报》馆请本律师函致贵馆,声明贵馆前日所登《民吁日报》被封之理由(按即前条所载之稿),刊登未免太早,自不能视为妥洽无讹,一切情形,必须俟该案在公堂质讯判断,方能昭揭,并请将此函登入明日贵报为盼,担文公馆。

上海《字林西报》十月初十日评论:

上星期六,本埠华字报名《民吁日报》者,该报平日议论,颇为明达,徒以持论触怒日本人

心,因而被控,遂于上星期六受审。讯时据公堂报告,虽称由英日两国陪审员会审,其实则英员未来,两陪审员皆为日人,故华人对于此案,纷纷争议,皆谓《民吁报》曾著三论,一论中国之危急,一论泰东之和平,一论锦齐铁路事,日领事阅之大怒,乃请沪道出令封闭。此其言不特华人一方面云然也,凡各方面之评论,亦皆如此云云,咸莫不以为此案原告,既系日本政府,则日本陪审员,即不应坐审此案。(英律 Magisterial Law 法中 Disqualification By Interest 章言之甚详。)况照租界会审约章,刑事诉讼,当归英美德三国陪审员会讯。近已有人联名公禀各国领事,及工部局,务请以此案归英国或他国陪审员讯问云,今有一精当不易之理于此,无论何国,不能无故贸然要求他国政府,封禁其报馆,或停止出版权,诚以此等办法,既不合公正之裁判,且亦中国报律之所无也,云云。

日本总领事致报馆函:

本埠《字林西报》西历十一月二十二日此案评论,要之似有不及查明根由之处,查《民吁日报》既非遵照报律之报纸,且该报以排斥日本为宗旨(以十一月三日在东中国留学团体发行之《日华新报》等为凭),其论述大欠和平,有碍邦交感情,经由日领函告,由地方官承认核办,封禁讯办,无论其出于行政处分,或司法处分,自系地方官该沪道告发施行之案,而并非日领控告公廨之词讼案件,由日本副领陪审,照之中外会审法理,毫无不合,云云。

江南学界呈外务、民政两部电:

外务民政两部列宪钧鉴:上海《民吁报》,因日领要挟,未讯先封,既失主权,复背报律,舆论哗然,乞大部速饬沪道先行启封,秉公核办。该报是否有罪,应按报律为出入,庶保国权而伸舆论,宁苏皖赣四省学界刘仁航、李方谟、闻之驳、刘鸿著、赵宪、时雄飞、汪树德、倪维汉、盛朴、卢志鸿、郑燕、夏敬惮等八百人公叩。又致苏松太道电。上海道宪鉴,《民吁报》因日领要挟,未讯先封。失主权,辱国体,妨宪政,中外法律,无此办法,舆论疑公嫉忌该报,乘机锄去,媚外便私,素仰公贤,断不至此,乞公速即启封,秉公核办,以保国权而伸舆论(具名同上)。

苏松太道牌示:

为牌示事,照得《民吁报》宗旨不正,所著论说,类多臆断,挑动中日衅隙,损碍两国邦交,既为日本领事所持,故饬令封禁,实属咎由自取。该报本托法商出面挂号,交法国书信及日本邮便局,递寄各埠销售,本未到道请领执照,初则乞怜于外人,以图抵制中国,被封之后,又复百出其技,鼓动多人,胁制本道,启封既恶其诪张,外人亦嫌其反覆,弄巧成拙,何能照准,为此牌示诸色人等,一体知之,特示。按此示不言日本领事照请封禁,与札饬会审委员之文,似出两歧,不解何故。

《东方杂志》,第6年第12期,记事,第410~414页

《东方杂志》载文《续记上海民吁报被封事》:

《民吁日报》被封一案,十一月初八日,复由公共租界会审委员宝大令,会同日领事三穗君,升座特别公堂研讯,该馆主笔范鸿仙,仍延担文礼明两律师代表,先由担文帮办费烈律师上堂,译称此案所控是何情节,迄未宣布。上礼拜六,仅接到各论目录一纸。种种内容,不得而知。今晨传讯,被告方于昨日得知。而敝律师与礼明律师,均于今日临时得悉,所有应辩各节,均未预备,无从对付,更先请问此案究系何人原告,何以由日领莅廨会讯。宝大令即谕曰:此案先由日总领以该报所载不实,且碍中日邦交,照请道宪饬廨传讯,旋经日领以该报传讯后,不应连日詈骂,复又照请道宪封禁,就表面上观之,已知日领事为原告。况前堂贵律师等向公堂索取论稿,因道署与本公堂两处,均无此稿,致未照办,旋仍由本分府照催日领,将各论目录二十六则,抄遥道辕,转发到廨,即给被告阅看。昨日,三穗君又欲会讯,本分府即

以被告只有目录,尚无论稿查阅,而三穗君以为该报自有报纸可查,今日贵律师等又问及此案究系何人原告。前据三穗君答称,此案日领不能作为原告,因当时日领见该报所论,有伤中日邦交,照请道宪查得果有其事,因而传讯,及于封禁,被告第一次到堂,确系英领事堂期,英领以为事不相关。所以案归日领会讯,现在应将前项目录先行查明,究与邦交有无关碍,再由贵律师等到堂声辩。费律师又起而谓曰:闻谕之下,实深感激,惟此案实因组织不合法,且与中西条约,公堂律法,均不相符,查担文律师既为被告代表,当即函请日领将控告各论底稿发下,讵日领以并非原告,请赴会审公堂抄录等情答复。然则此案日领既不认为原告,又非捕房工部局所控,明系道宪原告,应归英德美三领事会讯,惟第一堂英领事允许先封,敝律师不胜抱歉。但该报馆已封闭有四五礼拜之久,而所控究系何论有碍,何论不合,迄未指出实在证据,此等办法,实在不规则,不公道,更与中西律法不符,若以奉发目录而论,计共二十六则,内多照日报所译。如逐一查译,殊多费事。且报已封闭,何来底稿翻阅,以例而论,应请立时启封,或请堂上即以道宪公牍上所指两论,作为此案控告问题。宝太令商之三穗君,谕各退去,候日领将所控各论底稿斟酌定妥,应否二十六则全录,或摘录数则,听候午后四点钟回复,至于该报馆应否启封,仍候禀请道宪核示。

十七日,复由宝大令会同日本副领事中畑三穗两君,升坐特别公堂复讯。《民吁》主笔范鸿仙仍延担文大律师帮办费烈律师到堂代表,先据费律师声称,公堂发封《民吁》一案,组织殊不合法,据日领迭称并非原告,早见公牍,前次堂讯时,本律师已经申明堂上,另行组织办法。今日政府既不愿日领作为原告,则此案即系捕房寻常案件,照向来定章,自应归英德美三领堂期会审。查公堂会审章程,系由各国政府议定,规则纵有变更,亦系各国政府特权,非一政府一个人所能擅更。今日领既欲会讯此案,不知是何意见,应请从长计议,明白宣布,再定行止。言至此,宝大令与两日领会商之下,谕曰:此案本由日领发起,因该报论说记事,有碍邦交,故照请道宪札廨遵办,英领事以该报所载,仅关中日邦交,故不愿会讯,因特商准日总领事,由日领会讯,本分府前次堂讯时,早为贵律师等明白宣布,今日领事既经将《民吁》论说记事各条指出,并已交贵律师译出研究,应由贵律师将各条是否有碍邦交之处辩护可也。费律师又称,今日万不能服从,率尔辩护,实因公堂对于此案,揆之约章,及公堂向来章程,均属相反,未便遽行辩护,今日领必欲破例会讯,本律师惟有禀请领事公会提议此案是否应允此等办法,然后再行订期复讯。官曰善。遂退堂。

是晚,宝大令即将堂谕发下,其文如下:

案奉道宪札开,上海《民吁日报》所载论说,多系臆测造谣,妨碍邦交,准日本总领事函。请将该馆该人严行惩办。饬即提讯等因,下廨正饬传间,续奉道宪札饬,准日本总领事函,该报日来所载各论,仍然一味揣摩造谣,实属有意挑衅,饬将该报馆封禁,遵即将该馆封禁在案。查该报并未注册挂号,已属有违报律,乃所载论说,多系臆测造谣,实于中日邦交有损,迭经传讯,复不稍自悛敛,尤敢有意挑衅,实为不合。本日会讯,据所延担文律师声称,须俟领事公所核议,现在未便代为辩护等语。查此案关系中日两国邦交,该报发封,业经多日;领事摘出六十余条,律师既未能辩护,此案自未便久悬,到案主笔范鸿仙,并非该报紧要之人,从宽判将该报永远停止出版,所有主笔人等,均免予深究完案。机器不准作印刷报纸之用,由该报切实具结领取可也,此判。

《字林西报》论说:

《民吁报》案之结果,殊令人惊讶,当星期三过堂时,被告律师以仍由日本两副领事到堂审判,公堂组织,太不合法,反对不认,言将诉之领事公会,以待公判。当时会审官亦在堂,而

昨晨会审官遽发出堂谕，送至律师处。奇哉，既无原告，又不容被告有辩护之隙，而遽为判断之词，是可谓不合法之甚矣。夫当该报社被封时，既属背法，则此次草率裁判之为野蛮，固无待言，而此野蛮裁判之责，日总领事不能不任之。夫日领虽不欲认过，彼岂能说明此判词乃华官所独断，而未经彼签字乎，当封该报时，由英副领事签字，日领或能不认其咎，然以后继续之行动，及律师屡次之反对，则日领事明知而承认之，苟日领欲遏人之讥评，除非能为满足之说明，而与公正之理挑战不可。夫使此案在中国官署，固不足异，惜哉，其出于为人仰望文明新进日本国之代表人也。窃恐此事不能即为了结，或将经领事公会及北京公使之判断，亦未可知，所可憾者，此案牵涉英副领事在内，然英领虽有此举，日官仍不能因此而自诿其过误，但英领苟能以乏于经验，幡然为合法的取销，则更善矣。

《捷报》论说：

噫！今岁年终何不幸，乃遭一不测之事，足使本埠多数西人与华官之感情大为损伤，不亚于前三年闹公堂案之烈，即《民吁报》案是也。《民吁报》徒以不谐华官之意，沪道及公廨会审员尤为反对，致令案情全出乎常理之外。当星期三复讯时，被告律师以公堂组织不合法律，反对不认，而是晚公堂遽下判词，违法背理，置租界章程于不顾。噫！情势如此，使工部局尚欲行其权力于租界华人而保护之，使不再受华官压制者，安得不以强硬手段行之哉。

该报之逮案，照公堂办法，既无原告，及未将得罪之条件宣布，仅由会审官以含混之词谓其损害中日两国邦交而已。该报之果有损害与否，我等不必研究，但问案未审实，遽封报社，禁其发行，使其发行人等对簿公庭，受一无案由无原告之审判，果为合法否？此则英陪审官盲从华官之请，遽行签字，不能辞其咎者。夫既无原告，又无证据，而星期三复讯，然日本官居然又到堂会审，经被告律师费烈君据法驳诘，义正词严，遂未成讯。而是晚会审员乘律师不在，遽下判词，无端加被告以机器不准印报之罪，不法至此，亦可谓肆无忌惮矣。

更有一怪异之点，足以显明华官全在日本人权力支配之下，即日本领事到堂会审，纯然为不规则之行为，且与日总领事所说明此案原告，既非日领事，亦非日本政府之一言，显相冲突者也。至巡捕房对于此案，甘受会审员之指挥，封闭该报，其所持之理由，亦仅曰其意出诸华官而已，若廨员之行为，则似既为原告，又为裁判者，而于被告及辩护人不在之时，擅下判断，岂不奇乎。

《民吁报》为上海惟一之非官报，近来对于华官为自由之评论，故华官以不法之命令使廨员封闭之。此外诸报，吾等前已述及，皆为华官所有，或有管理之权，其中有归沪道者，有归南洋者，有归盛宫保及其属员者。夫以此等大员，而有一自由主持公论如《民吁报》者与之相持，其大为不便，固无疑义，则其为此倒行逆施之举，必基于一种坚强之心理，谓《民吁报》乃彼等利益之障碍物，又不待言矣。至本埠西人对于此案所持之论点，则以此案之结果，足以表著工部局上海境内保护守法律之华人之权力果被侵犯与否，舍此之外，则西人对于该报经理诸人，固不表显若何之怜悯心，因西人平日亦不表圆满之同情于该报，一如中国官恶其评论官场，及日本人恶其于伊藤公爵暗杀案时所载之议论也。

据近世法律原理，即至卑恶之罪犯，苟非经正当之手续，不能夺其自由权。本埠西人无论官界及非官界，所以同情一致，为《民吁报》不平者，职是之故，却非由于怜悯心，因怜悯心在西人视为无足重轻，而法律则不能破坏。此案工部局及公众诸人皆知该报被逮，绝无指明之罪案，所有公堂提出之论件，西字报悉未译载，堂上亦未宣读，且与此案如绝无关系者，宁非怪事欤。

华官及会审员如此蛮横行动，无论其中日领事公会助力与否，苟诸领事及领事公会遂承

认之,则居留上海之华人,对于租界保护权之信用,必至大失,而租界主治者之威权名誉,亦将扫地,欲其回复,恐甚难矣。至英总领事被累于其副领事之一,误其先著,亟应极力解明其过而取销之,昨日公堂之判词,实为侮辱上海西人之全体,吾等甚望工部局及领事公会加以严重之注意也。

据现在情事观之,欲为正当之善后办法,惟有望英领事及工部局速发命令,解除前次发封该馆之训条,将该报启封,俾其重行出版而已。

中国之所谓报律,本属无人能解之物,第使该报果违中国报律,不能于邮局注册,则其权原自华官操之,他人不能过问。而照日下之案情,及廨员之判断,若即此了局,则于租界良好之政权及利益,必有极大损害。苟欲保护合法居民,使脱离华官不公正之压制,是则全视租界主治者之能力如何,企予望之矣。

《东方杂志》,第6年第13期,记事,第463~468页

11月21日(十月九日)　保定北京各学堂学生胡荣铭(鄂公)、熊得山、钱铁如等组织共和会,秘密展开革命活动,以推翻满清,建立民国为宗旨。

1909年夏,保定直隶高等农业学堂学生胡鄂公邀请江陵籍学生熊得山、李尧衢、林伯衡(均为保定直隶高等农业学堂)、钱铁如(保定高等实业学堂)、邱寿林(北京法政学堂)、覃秉清(天津法政学堂)等人聚集保定。

意欲取得同盟会总部联络,俾在保定组织支部。讵倾谈之下,谓自孙先生文前赴南洋一带策动潮州、黄冈、惠州、钦廉、镇南关诸役后,章炳麟攘据《民报》,叫骂离间,有如疯狂,而陶成章复在南洋各地与之遥为呼应,遂令一般革命同志,散离猜忌,非复孙先生在日本时景象矣。今欲在保定组织同盟会北方支部,恐关系无由相通。……遂先在保定发起共和会,一俟机会到时,则举全会以加入同盟会。又决定共和会未开大会成立以前,组织共和会筹备会,拟以十月初九在保定成立。计其进行步骤有三:即筹备会之预备,筹备会之成立及其成立后之进行,与大会成立等事。并先拟定共和会宗旨四项:为一、推翻满清专制;二、建立共和民国;三、融和种族界限;四、发展全国实业。

胡鄂公《辛亥革命北方实录》,中华书局1948年版,第15~16页。

11月胡鄂公与熊德山起草共和会筹备会简章数条,其组织大略:

一、为干事会,干事九人,有干事长;二、干事会之下,分设交涉、军事、政治、财政、暗杀、侦探六部,各有正副部长。十月初九日,在莲池书院所开筹备会成立会,计到会者,天津则覃秉清,北京则钱铁如、邱寿林,保定则陆军速成学堂徐继庶,第六镇士兵王荣九、赵海涛、陈雄,法政学堂徐炳文,高等学堂翟仲宽,高等农业学堂熊得山、李尧衢、林伯衡、吴若龙、程芝田、胡荣铭等十五人。通过共和会筹备会简章,决定胡荣铭与熊得山、覃秉清、钱铁如、邱寿林、陈雄、吴若龙、徐炳文、翟仲宽等九人为干事,由胡荣铭任干事长。而交涉、军事、政治、财政、暗杀、侦探六部,则由胡荣铭与徐继庶、熊得山、林伯衡、赵海涛、李尧衢等分任部长。并指定北京筹备会由钱铁如、邱寿林负责,天津则覃秉清,通州则蔡德辰、张雅堂分别负责,此筹备会大略也。及至各学堂放年假时,保定陆军学生及各学堂学生入会者,已有一百余人。而北京天津亦各加入二十余人或十余人不等。

胡鄂公《辛亥革命北方实录》,中华书局1948年版,第17页。

11 月 24 日(十月十二日)　江淮地区因洪水泛滥造成灾民遍地,社会动荡,因江南财政困难,两江总督张人骏奏请将未解之江南镇边军饷移作赈灾之用。

张人骏奏:

江北各属被水成灾。扬州府一带,湖河并涨,至一丈七尺有奇。业先后开放车逻等坝,得免溃决。海州等处则冲塌房屋至数万间,淹毙人口至三四百名。其毁坏圩堤,淹没田禾牲畜,不可胜计。淮属亦同时被浸,当经派员分别赈抚,现据各牧令禀报,扬州两属收成尚有六分,此后举办平粜,足资接济。惟海州、溧阳、赣榆三属被淹较广,灾民较众,其极贫者既有救死不赡之忧,既次贫者亦将为极贫之续,断非专恃粜粮所能拯济。江北民情强悍,抢劫时闻,深恐迫于饥寒,流为盗贼,不得不妥筹安抚。而江南财政困难已非一日,况值前岁钜灾之后,罗掘更穷。惟有恳恩准将江南应解镇边军饷,筹备饷需,除已解外,尚未解银二十余万两,照数截留,拨充赈灾之用。

《宣统政纪》卷 23,文海出版社(台北)1989 年版,第 47 页

11 月 25 日(十月十三日)　清政府命内外臣工实行筹备宪政,并饬宪政编查馆随时稽核。

清廷谕文:

前奉先朝谕旨,谆谆以筹备立宪为要图。业经严定年限,各专责成,期于计日程功。届时颁布,不啻三令五申。朕临御以来,又复叠降明谕,或于批摺内诰诫再三,其于宪政前途实事求是之心,早为天下臣民所共见。现据各部院堂官、各直省督抚奏陈第一二届筹备事宜,均尚妥协。果能实心实力次第兴办,何难日起有功。所虑积习相沿,难保无以一奏塞责者。须知此项要政,上禀前谟下慰民望,关系至为重大。自兹以往,益当振刷精神,认真整饬,无取夫虚文粉饰,徒事铺张。若揆诸现在情形,办理或有窒碍,亦准其剀切胪陈,并妥筹善法,仍一面持以毅力,务底于成,断不可遇事畏难,互相诿过。方今时事多艰,朝廷宵旰忧劳,无时或息。尔内外诸臣受国厚恩,理宜殚竭血诚,担负责任。傥稍涉虚假,将来宪政不克依限实行,试问能当此重咎否耶?即著宪政编查馆将所奏成绩,随时稽核。如查有措办迟逾,或因循敷衍,毫无实际者,据实忝奏。朕惟有懔遵上年八月初一日谕旨,按照溺职例惩处。纪纲具在,决不姑宽。要之仔肩固无旁贷,而协力乃克有成。尤望尔内外诸臣共矢和衷,屏除私见,毋党同而伐异,毋勤始而怠终,庶几上下一心,弼成郅治。

《宣统政纪》卷 23,文海出版社(台北)1989 年版,第 48 ~ 49 页;另见《政治官报》,第 749 号,宣统元年十月十四日,谕旨类第 2 ~ 3 页

11 月 27 日(十月十五日)　各省谘议局代表聚于预备立宪公会事务所,举行请愿国会代表团谈话会,推选二十六人进京请愿。

月初,江苏、直隶、奉天、吉林、黑龙江、山西、山东、河南、湖北、湖南、江西、安徽、福建、广东、广西等十六省谘议局代表共五十五人抵达上海,在上海开会六次,商请速开国会事。十月十五日,代表聚于预备立宪公会事务所,举行"请愿国会代表团谈话会",决定组成"请愿国会代表团",举江苏方还、湖南罗杰、奉天刘兴甲及刘崇佑为干事,赴京请愿。

此次会议,自月初至本日,共开会六次,前后到会者,凡十六省,五十五人。

…………

计直隶三人为孙洪伊、张铭勋、王法勤;江苏三人为吴荣萃、方还、于定一;山东二人为周

树标、朱承恩;湖南二人为罗杰、刘善渥;湖北一人,陈登山;河南二人,彭运斌、宫玉柱;浙江三人,应贻诰、吴赓廷、郑际平;福建三人,刘崇佑、王邦怀、连贤基;江西二人,闵荷生、聂传曾;广东一人,沈秉仁;广西一人,吴赐龄;奉天二人,永贞、刘兴甲;吉林黑龙江两省一人李芳;安徽山西人数未定;陕西、甘肃、四川、云南、贵州、辽远不及与会。请愿大旨,在速开国会,于二年内召集之,明年先开临时会一次。

《东方杂志》第6卷第13期,宪政篇,第447页

《申报》记载:

自各省请愿国会代表到沪后,连日在预备立宪公会开谈话会,到者十六省共计三十余人,十五日开正式会,无旁听席,是日公决呈稿,并公议代表团行事次第,及互守之规则,闻其呈文有二稿,一为福建林君长民所拟,一为江苏联合各省时之初稿,后加增删,经张君謇改定者,经众议定,决用后稿,每省缴公费三十元,约十七八日分道出发,但以十一月二十五日到京为限。

是日各省推定代表如下:直隶孙洪伊、张铭勋、王法勤。江苏吴荣萃、方还、于定一。山东周树标、朱承恩。湖南罗杰、刘善渥。湖北陈登山。河南彭运斌、宫玉柱。浙江应贻诰、吴赓廷、郑际平。福建刘崇佑、王邦怀、连贤基。江西闵荷生、聂传曾。广东沈秉仁。广西吴赐龄。奉天永贞、刘兴甲。吉林黑龙江李芳。安徽山西人数未定。陕西甘肃四川云南贵州,辽远不及与会。闻此次递呈领衔之人,遵照会典所列各省次序,以直隶为首,直隶代表三人中公推孙洪伊领衔。

十六日下午三时,浙江旅沪学会、江苏教育总会在西门外教育总会开会招待十六省请愿国会代表,到会者除各省代表三十余人外,两会会员及来宾约一百余人。首由旅沪学会孙会长,教育总会张副会长致开会词。次由直隶代表孙君洪伊发表代表团之意见,进京后之办法,及对于两会之希望。浙江代表郑君际平、福建代表林君长民继之。次由来宾李君泽民、会员杨君天骥、沈君恩孚先后演说,散会后即备晚餐留款各代表。

《中国国会之发轫》,载中国人民政治协商会议江苏省海门县委员会文史资料委员会编《海门县文史资料》(第8辑),1989年12月发行,第20~21页

《民国政党史》记:

国会请愿同志会,由十六省谘议局代表组织而成,亦称谘议局联合会,成于前清宣统元年十二月。谘议局者,以遵敕命,采各省之舆论,指陈全省利害,筹计地方治安等宗旨,代省议会而设立,于宣统元年七月行复选,十月十五日开会,各省同时成立者也。

先是,江苏省谘议局既告成立,其议长张謇,即以外侮益剧,部臣失策,国势日危,民不聊生,救亡要举,则在速开国会,组织责任内阁等语,通电各省,复派孟昭常、杨廷栋、方还诸人,游说各省谘议局。逮其结果,直隶、江苏、山东、湖南、湖北、河南、浙江、福建、江西、广东、广西、奉天、吉林、黑龙江、安徽、山西十六省,各派代表三人,集于上海,嗣经种种协议,乃组织国会请愿同志会,并约定须俟国会正式成立,始行解散。

戴天仇等撰《民国政党史》,中华书局2007年版,第30页

△ **四川谘议局举行资政院议员选举**。

十月十六日午后二钟,各行政官及议长、议员于行闭会礼后,休息十分钟,议长报告选举资政院议员,各行政官及议长、议员等复入议场就座。书记长检查议员到场人数,合算议长、副议长共计一百零二人,按部散票讫。各议员用连记投票法依部次投票。书记长检查投票总数,报告当选人姓名。第一次李文熙、高凌霄以得票过半数当选。第二次照局章指定投票

互选法办理，刘咸荣、张政、刘伟、郭策勋、万慎、汪世荣、王树槐、沈敏政当选。第三次复用指定投票互选法，吴季昌、王昌麟当选，陈洪泽当选为后补。当选人共计定额四川六名，以二倍计算，应得互选当选人十二名，候补当选人一名。选举毕，由书记办事处造册呈请督部堂备文咨送。

《四川省谘议局第一次议事录》，隗瀛涛，赵清主编《四川辛亥革命史料》，四川人民出版社1981年版，第12页

是月　陆鸿逵在北京创办《帝国日报》，陆鸿逵任社长，白逾桓任主笔。

1909年11月，陆鸿逵在北京创办《帝国日报》，并任主编（后聘请他的学生宁调元为主编）。该报以"扶持宪政，指导舆论，扩张国权，发表政见"为宗旨，是清末北京地区重要的喉舌之一。

方汉奇主编《中国新闻事业编年史》（上册），福建人民出版社2000年版，第531页

冯自由记：

鄂籍同盟会员白逾桓由日赴北京，得皖同志程家柽之助，发刊《帝国日报》，专排斥伪立宪及主张中央革命。是年（己酉，一九〇九）景定成、杜羲以事北上，亦预其事。

林能士编《辛亥时期北方的革命活动》，正中书局（台北）1993年版，第15页

是月下旬　孙中山在美革命活动的局面逐步打开，并着手组织新的革命团体。

《致吴稚晖函》（一九〇九年十一月二十五日）：

美洲东方一带，自弟抵埠以来，似觉渐有动机，或能有渐入佳境之望也。学生中，亦有十数人赞成革命事业者。弟拟从新组织团体，若有成效，当另详报，以便在欧洲亦可仿行而扩张势力也。

中国社会科学院近代史研究所等编《孙中山全集》（第1卷），中华书局1981年8月版，第427页

《致比利时同盟会员函》（一九〇九年十一月二十六日）：

弟抵美已三礼拜，于华侨商界学界已陆续相见，人心颇有动机。学界有十余人大约不日可以附入吾党团体，俟事成后，当再奉闻。请务与此处互通消息，以广声气，而励新进之志。至于美国人，现尚未得多见，因各政家不在鸟约（纽约，编者）而在华盛顿京城也。故就此方面之运动，尚无头绪，必待他日到美京后，乃能知前途机局如何也。

此处各埠向为保党之巢穴，今因康梁等所集银行商务等资本数百万全无着落，人心大为瓦解。康梁知人心已去，将陷穷途，故尽力运动北京满人，以图诏还。闻此次良揆出外游历，特访康梁。若彼二丑得回北京，则彼党之人心亦可挽回一二，或有死灰复燃之患也。如能有法，当于北京之满人预用离间之计以防之，及在荫昌、良揆之前怂以危言，使满人忌之。彼二丑一日不得回北京，则无从为患于革命党也。望各同志相机谋之。

中国社会科学院近代史研究所等编《孙中山全集》（第1卷），中华书局1981年8月版，第427页

抵美后，孙中山极力在美洲建立同盟会组织。

己酉春，总理以历年经营粤、桂、滇三省军事相继失败，南洋同志筹饷之力渐告枯竭，决计远游欧美，另辟财源，以谋再举。是岁四月自南洋渡欧洲，九月杪由欧抵美东纽约。时有致公堂老友黄溪记亲至码头接待。黄号佩泉，有商店在巴也街七十二号，其店即以溪记名之。赵公璧持冯自由介函请谒，并介绍同志陈永惠等数人，即日成立美东同盟会。第一次加盟者有黄溪记、赵公檗、钟性初、陈永惠、吴朝晋、唐麟经、吴赞等七人。

蒋永敬编《华侨开国革命史料》，正中书局（台北）1977年版，第133页

12月2日(十月二十日)　江苏谘议局首届议会闭会。

张謇在闭会仪式上发表演讲：

本届议会至今日已为延长十日后之法定闭会日。举数千年未有之创局，竟能和平正大卓然成一届议会史，官长与人民毫无龃龉痕迹，上下交尽，谁谓我国之人程度不及？此为各省所略同，而我省之尤可喜者，宁苏向本一省，而政治隐分畛域，设官公职各为号令，遂致吏道民俗互有通塞完缺之不同，乃我省士民从官治久，经分判之余，独能以情义相结合，论心理固为能爱其群皎然，特识论事实，尤觉大江南北，絜长较短，利弊显然，进步自速，此为我省有谘议局之特长。

至其会议之精神，就议场之秩序论，虽议论繁富，或有时而流于驳，然以期望久殷，一旦而得法定之言论机关，倾筐倒箧，情不自禁，此实人人所不免。要之讨论精审，除近日停止议事，渐形散漫而外，以前尚为整饬。至论议案内容，成为本省谋永远之利益，或为人民除非常之弊害，要旨不谬于应兴应革之旨，间有范围太小，及不合参预立法之意，徒向行政官陈乞者。嗣后尚望认定界限，为下届议案之预备。且谘议局为议会基础，从前以研究会为预备之地，闭会以后常驻议员更有研究学问之专实。或此次未为常驻议员，第二年亦多不免被举。二届会期转瞬即届，宜思有以慰全省之望，谓第二届果远胜于第一届之草创，有大幸也。

窃谓今日谘议局为最困难时代，对于上下尚未能诚信相孚。论语有言：君子信而后谏其君，未信则以为谤已也；信而后劳其民，未信则以为厉已也。官民隔阂已久，有时在议会为和平立论，而行政官已觉其拂逆难堪，此一难也。至人民一方面，立宪之后，其享受幸福固多，而其经济负担亦必较重，今日需款孔殷，百端待举，恐明年交议预算案时，外顾政费，内顾民力，稍一不慎，怨谤繁兴，此又一难也！议员处上下交逼之地，非实有学问，安能酌盈剂虚，划不缺费不扰民之策？任重道远，跂予望之。

《江苏谘议局首届议会闭会演说词》，载中国人民政治协商会议江苏省海门县委员会文史资料委员会编《海门县文史资料》(第8辑)，1989年12月发行，第15页

12月4日(十月二十二日)　孙中山致函吴稚晖，指出因内部党争，革命处于“胡氛黑暗，党有内哄，诚为至艰危困苦之时代”，亦是“当努力进取之时代”。

《致吴稚晖函》(一九〇九年十二月四日)：

十一月廿二及廿六两函，并港信及《新世纪》已得收到。《新世纪》所评陶言甚当，而公见者当无不明白，可以毋容再发专函于报馆矣。且东京同盟会近已有一公函致各报馆，想此亦足以解各人之惑矣。

近得东京来信，章太炎又发狂攻击，其所言之事较陶更为卑劣，真不足辩。陶之志犹在巨款不得乃行反噬，而章之欲则不过在数千不得乃以罪人。陶乃以同盟会为中国，而章则以民报社为中国，以《民报》之编辑为彼一人万世一系之帝统，故供应不周，则为莫大之罪；《民报》复刊，不以彼为编辑，则为“伪《民报》”。兹将章太炎《检举状》寄上一观，此真卑劣人种之口声也！闻太炎此状一出，则寓东京之人士，无党内党外皆非之云。此足见公道尚存于人心也。可否再下公评于《新世纪》，一听高见裁之。

际此胡氛黑暗，党有内哄，诚为至艰危困苦之时代，即为吾人当努力进取之时代也。倘有少数人毅力不屈，奋勇向前，支撑得过此厄运，则以后必有反动之佳境来也。静观美国华侨之人心，自保党瓦解，人有趋向革命之势；惟所阻碍者，即各埠先觉之士皆受陶谣，一时不免疑惑，故不能骤得彼等之协助耳。俟此恶潮一过，则人心必能再合。此邦尚有华侨七八

万,可引导而从革命者当有一半,此亦不无可为也。此地一有基础,则加拿他(加拿大)、中美、南美、古巴等处之华侨必有望风来付[附]者也。为今之计,欲从渐以蓄养革命党之势力,舍此必无他法矣。

中国社会科学院近代史研究所等编《孙中山全集》(第1卷),中华书局1981年8月版,第428~429页

△ 河南大梁因清廷平毁盐贩盐池发生民变。

上海报纸报道:

大梁城内盐池林立,官引大受影响,每年滞销六七引。客岁,经长芦缉私局提调郭太守平毁一次,乃至今春,复立有五六百池子,仍是晒盐私贩。十月二十日,缉私新提调吴保常观察协同县委纪兰谐大令带领局勇雷厉风行尽数平毁。当时,尚无甚风潮。迨至二十二日,乃大起冲突,各枭匪聚众六七百人,男妇老幼齐至县署恳求生路,县尊苗炳南大令置之不理,该匪等遂迁怒于盐店,竟蜂拥至盐店门首滋闹。盐店不知何故,恐被打伤,乃惧而闭门,一面禀请县尊弹压,该匪等遂任意捶砸约四小时之久,后经南区巡官带同警兵到场弹压,多方劝解,始行散去,苗大令并未到场。

二十三日,众匪又往捶砸,较前更甚,将盐店门窗均行砸毁。似此无理取闹野蛮手段,殊属不合。如系为衣食起见,烦少安勿躁,我当于官面代为恳求云云。后更加以警兵开导,大众遂又解散。

河南省地方志编纂委员会《河南辛亥革命史事长编》(上卷),河南人民出版社1986年版,第39页

12月6日—7日(十月二十四日—二十五日)　南洋《中兴日报》刊载《责章炳麟与发匿名书者》,驳斥章炳麟所言"孙文之罪状"及《南洋总汇新报》所登之《南洋全体革命党布告孙文罪状书》。

《责章炳麟与发匿名书者》:

总汇新报所登《南洋全体革命党布告孙文罪状书》,本报已见之两月以前,及再见于总汇新报,所以未尝置辩者,以该书为匿名书也。夫宣布他人之罪状,则当先自立于能取信于人之地位,然后可以收布告之效,作此书者不敢署名书后,情虚已见,犹复大言南洋全体,更足以见其不工于作伪,然则该书之发生,非出自反对党之伪造,即出自三数不满意于孙君之卑鄙小人之所为,鼠窃狗偷,全无价值,乌足以取信于读者,故无待本报之辩而后明也。

本报所见《伪〈民报〉检举状》,后署"原民报社长章炳麟白",姑勿论该检举状是否反对党之伪造,惟书后有章炳麟之姓名,章既无辩白,则视为章之作,无不可也。章颇负文名,南洋各埠同志知其文不知其行而崇拜之者或不乏人,故其言不特诬谤孙胡汪三君,且足以破坏革命党之团体,虽然本报不能为孙胡汪三君标榜,惟见妖异而不扫除之,有负本报之责任,今请择章言之最无理者加以适当之辩驳。

东京《民报》乃中国革命党所发起,非个人所有之私产也,自《民报》出现以来,革命事业之进步,赖于《民报》之鼓吹力者甚大,迨出至第六期后,章乃就编辑人之席,此正各同志怜章之遭遇,而为之位置也。是则《民报》之创办,章无与焉,而《民报》之为《民报》,固不在乎章之在与不在也亦明矣。及出至第廿四期,《民报》被日本政府封禁,章绵力薄材,无能恢复,汪君精卫乃出而复办民报,惟知章之不可共谋,恐再贻害《民报》,各同志不使与闻其事,章对于《民报》之恢复,以己不能复为《民报》社长为羞,因羞成怒,而致怨于汪君,宁冒大不韪,而诬今日恢复之《民报》为伪民报。章既知《民报》之作为光复中华,宣通民隐,非为孙君树商标,

然则今日之《民报》,乃汪君及各同志所恢复,宗旨不变,与旧日之《民报》无异,若谓章为社长则真,非章为社长则伪,是则章为《民报》之商标矣,不然则《民报》之真伪,惟视恢复者是否革命党,及其宗旨有无改变,舍此无以辨《民报》之真伪。如章之存在与否,与民报之真伪无关。

章云:"辛丑壬寅之间,孙文寄寓横滨,漂泊无聊,始与握手而加之奖励者,即鄙人与长沙秦力山耳。"又云"惟汪清卫、胡汉民之徒,眼孔如豆,甘为孙文腹心"云云,然则章与孙君初握手之时,亦必眼孔如豆,愿与孙君为腹心,而加以奖励,使孙君果有不规则之行为为章所先知,则章责孙君可矣,又何必以眼孔如豆责及汪胡二君,竟自忘始与孙君握手之时亦眼孔如豆,无亦以五十步而笑百步耶?如章者,可谓详于责人,而约于责己,况孙君有无不规则之行为,南洋同志知者甚众,非章之谰言可以破坏南洋革命党之团体也,而汪胡二君与孙君为腹心者,以同志也,共致死命于满清政府而谋汉室之光复也,章不能为之,不知自责,而反责能彼所不能者,甚哉章之无理取闹也。回念秦力山在叻时,与记者颇投契,朝夕过从,出入与俱,常论章之为人,除作文无他技,人情世俗,均非所知,只可为报馆之编辑人,以尽其片善微长,若实行革命事业,可以无望于章云云。使章不言秦力山,则吾不能复忆秦力山之言,吾初时未尝不以其言为太过,不图竟见验于今日也。

近年革命党人在外国创办之报馆日增月进,乘时鼓吹,以速人心之进步,其间维持报务者含辛茹苦,任怨任劳,有如章所谓朝治文章,暮营经费,心力告瘁,寝食都忘者,岂乏其人,虽然,苦则苦矣,惟亦当一念吾人今日所谋者为若何之事业,吾人今日所处者为若何之地位。非目的之达,无安逸之时,此革命党唯一之命运,凡能实行革命者,虽万金在前,妻妾左右,居尊处优,自奉丰裕,不以为至乐也,盖革命党以为至乐者,乃革命之成功耳。章徒作此哀鸣,适足以招反对党之笑,有识者所不为也。

报馆经济之困难,惟赖主任者之运动及报纸发行所及一方面之同志之接济,各尽义务,竭力维持,舍此更无他法。若主持革命宗旨之报馆,遇有财政上之危急均可以责孙君,吾恐孙君虽有点金之术,亦不能供各报馆之要求。章固知不能以此责孙君也,故必诬孙君筹款三四十万,而镇南关、河口二役,军械至少,钦廉亦未有大宗军火,先后所购之铳仅二百余枝,此外则机关铳四门,更无余器,以成孙君见《民报》危急而不救之罪。惟良心未泯,自问昧于军事,故不得不诬为黄兴君口述,惜乎无黄兴君口述之确据,致弄巧反拙为憾耳。

章之言大谬特谬者,乃谓孙君密告英吏,诬关仁甫为大盗一说。关仁甫到叻后,在本报居数月,及关仁甫之返港,本报各同志虽以关仁甫于河口之役有罪无功,惟念同志之情,多赠以资斧,记者亦与焉,而关仁甫濒行时且到吾寓所辞行,此本报同志所共悉者也,章竟以此为攻击孙君最好之资料,无知无识,以耳代目,假使章能长居《民报》编辑人之席,遇事不察,出言不择,贸贸然而宣之于报纸,章即不以一己之名誉为重,其不至减《民报》之价值者,吾未之信也。

读中国报及公益报意公来稿论章之历史,则东京同志于恢复《民报》之举所以不使章与闻而拒绝之者,盖为《民报》之前途计。夫以《民报》之社长而日与保皇党人往来,且常与铁良、端方交通,其为同志所忌而拒绝之也亦宜,岂能任反复无行之小人复尸《民报》社长之席位哉。

吾今正告章与会发匿名书者:中国之革命,孙君为首发难,历尽艰险,其才识学问及办事资格同志中未有能出孙君之右者,故为同志推戴,举为盟长,而革命事业之发达,未始非孙君抱持之坚、毅力之长有以致之也。惟成功之日相去尚远,此正吾人卧薪尝胆、枕戈待旦之时,

何竟忘所处之地位，而效卑污苟贱、人类所不齿之保皇党之所为，自暴自弃，互相倾轧，稍知自爱而能为大局计者必不出此。虽然革命事业，人人可以为之，惟不可以服从于人为耻，盖吾人所服从者公理也，使吾人所服从之人其才识学问与办事之资格果出吾人之上，此正吾人所当服从而崇拜者，又何耻焉。

发匿名书者已自附于鼠窃狗偷之列，其诬谤之言不辩自白，惟章之言颇足以乱无知者之视听，以个人之私怨而欲破坏革命党之团体，致动同志之公愤，将其秽史宣布。噫！行已亏矣，罪已大矣，其文章亦从此扫地矣。

德如《责章炳麟与发匿名书者》，《中兴日报》1909 年 12 月 6 至 7 日

12 月 9 日（十月二十七日）　翰林院侍读吴士鉴解释谘议局章程，极力限制谘议局权力。

翰林院侍读吴士鉴奏：

详绎谘议局章程第二十二以下各条。督抚于谘议局议案有宪法上所谓附再议权，而并无裁可权。查附再议权，惟民主立宪之法兰西、美利坚两国有之，君主立宪国则仅有裁可权而已。曰裁可者，即含有不裁可之义在其中，中国系君主立宪之国，似不应于各省谘议局反采用民主国再议制度。论者每虑各省督抚有蔑视谘议局之心，故缩小裁夺范围，然独不虑谘议局以万不可行之议，强迫督抚施行乎？万一事事送资政院核议，资政院能胜其繁扰乎？此种办法，东西各国皆无先例。现在官制未定，财政未理，谘议局所议事件，既无一定之准则，安能尽见诸施行。况仓卒期间所选之议员，贤者固不乏人，然亦岂能一律骤假以民主国议院之特权。现在尚无对待之上议院以酌剂之，其弊患何可胜道。臣愚一得之见，莫如以各省行政官之会议厅，与谘议局作为对立。遇谘议局有不应议决之议案，呈请督抚施行，即由督抚发交会议厅公同审查，说明原委理由，行局知照，不交覆议。其应付覆议者，仍照章办理。如是两得其平，督抚不能徇一己之私，议员亦可免越权之害。

…………

各省议员宜限制兼差，以防流弊。

…………

各省行政司法官吏，宜慎择其人，由宪政馆覆核奏派。得旨、均著宪政编查馆议奏。

《宣统政纪》卷 24，文海出版社（台北）1989 年版，第 25～26 页

12 月 16 日（十一月初四日）　孙中山针对章太炎之《检举状》发表意见。

《致吴稚晖函》（一九〇九年十二月十六日）：

前寄上太炎登《日华新报》之《检举状》一则，想或已加公评于《新世纪》矣。近见星洲来信，云此文又登于星洲保党之《南洋总汇报》，如此则太炎欲破坏党势之心已不留余地，想不日美洲各保党报必有照登，不可不有以抵之。如先生前未理会此文，望于来期《新世纪》全录之，而加公评，指出其谬，以解人惑。又弟于[所]到各处，如遇有人质问，必历言太炎为人之状以对。并望先生将刘光汉发露太炎同谋通奸之笔迹照片寄与弟用，以证明太炎之所为，庶足以破其言之效力。因海外革命志士，多以太炎为吾党之泰山北斗也；非有实据以证彼之非，则类于相忌之攻击，弟不欲为也。

中国社会科学院近代史研究所等编《孙中山全集》（第 1 卷），中华书局 1981 年版，第 431 页

12月24日(十一月十二日)　湖北铁路协会会长刘心源进京,力争废除粤汉铁路借款草约。

湖北成立商办铁路协会并召开特别大会:

九月三十日,复行开议筹款。是日绅学两界到者百数十人,由会长刘心源、吴兆泰及留日代表张君伯烈、夏君道南、谘议局议长吴君庆焘等,以拒款重在筹款,筹款尤贵个人担任提倡,众均乐从,即出簿签名认可。是日认股合计约五百余万元,均分五年交齐。其有殷富个人担任者,甚为踊跃。湖北学界人员,已议决各抽薪水十分之一以充股本,约可得二十万元。

十月初二日,复在汉口四官殿开特别大会,到会者近三千人。先由书记员散发东京拒款会代表意见书,次由会长报告立会宗旨,愿牺牲一身,与路事相终始。次由东京代表张伯烈、夏道南登台演说。次由湖北同乡京官派回鄂代表人张大炘报告旅京各同乡官集会力争废约情形。以下有商会会长、学生代表、陆军军官、绅士、农人、兵士代表演说,均慷慨激昂。又次有星士(卜者)黄孝春演说,并捐钱四串,充协会经费,为富有力者倡。直至下午五时始闭会。

初六日,复在四官殿开会选举职员,到会者千余人,选举前江[广]西藩司刘心源为正会长,刘人祥(汉口巨商)、万昭度(扐伯)为副会长,又推举晋京代表,由会长推举吴兆泰、宓昌墀二人,众极赞成。有会员陈清、代表黄重请添举张仲炘、张伯烈二人。时张伯烈以人微言轻为辞,有军人陶勋臣登台,拔刀断指,坚举张伯烈北上,张即慨允。

十三日,又在四官殿开商办铁路会议,商界到者千余人。是日认股约计五十万之谱,最多者以刘君歆生为甚,万扐伯诸人次之。湖北绅商学军各界,刻争相开会筹款,如两湖师范、方言、法政、警察、农业、商业、陆军、特别海军以及各官立、私立学堂,皆提倡捐召路股,不惟教员学生集股,而伙房斋役人等,亦各踊跃路事。各初等学生,亦出簿集股。闻省城中等商业及初等商业学堂教员吕君逵先上讲堂时,众学生陈明请不授功课,讲明铁路拒债筹款,代表回国之理由,吕先生即欣然详细讲演。众学生言本学堂已集有二千余股,最少数是初等小学堂,亦集有数百元。

军界黎统领元洪、曾统带广大、陆军学堂刘监督邦骥,已拟提倡军界集股办法。商界中蔡辅卿等已拟商界集股办法。

九月二十九日,谘议局议员讨论集股办法决定用商办名义。各议员演说办法,不外招集商股、借用房租、开办彩票、广销股票、广用铁矿、抽提劳资等事。诸议员皆赞成开彩票等办法,而反对按租摊股等扰民之法。此时已晚,未决而散。十月十八、十九两日复集会讨论,通过"按收租谷五十石勒认一股"的办法。

《东方杂志》第6卷第12期,记事,第422页

湖北铁路协会会长刘心源,本日会同宓丹阶、张伯烈,自鄂入京,力争废除粤汉铁路借款草约事。

铁路协会组织湖北商办粤汉川汉铁路公司,经绅商军学各界迭次开会,认有股款四百余万元。本月初一日,在汉口四官殿开职员会,凡认股千元(即二百股)以上者,皆有创办人权利。由协会会长刘心源与之订立合同,当日到者,有五六百人,入会诸人,悉亲填正式入股单,并各担任特别捐,以为协会经费及晋京力争废除粤汉铁路借款草约三代表之旅费。本日三代表乘车入都。

《十记湘鄂路线商借外款情形》,《东方杂志》,第6卷第13期,记事,第477~480页

谢石钦记:

宣统己酉年,有一鼓励民气为革命先锋之事,即争川粤汉铁路民办一举。是时,清廷宣

布铁路国有，准备大借外债。留日学生千余人在东京集会反抗，实则有革命种子播种其间，公举随州张伯烈、嘉鱼夏道南回鄂联合。一时军政绅商各界均伟其说，军界代表黎元洪、政界代表札凤池、商界代表刘谷臣、绅界代表黎大钧、京官代表张大昕、谘议局代表张国溶、新闻界代表郑江灏，集议后之办法，决定在四官殿成立铁路协会，公推黎大钧为总理。一面召集股款，一面举代表入京向邮传部力争。入京代表为嘉鱼刘心源、汉阳梅昌墀及张伯烈三人。三代表由刘家庙上车时，送者各学校团体约三百余达数万，旌旗飘扬，气象热烈，昔所未有。刘梅均出身科甲，任清官吏有年。张以一书生独叩邮传部尚书徐世昌之门，跪地乞请，勺浆不入口者七日夜。徐卒为感动，奏请撤销前令。三代表得请归汉，迎迓者较送时尤多。民气赖以大张，谓其为辛亥之序幕，亦无不可。迨至开国以后，有功于铁路协会者多采而登庸，如张伯烈、张大昕、夏道南诸人皆是。即黎黄陂被举为大都督，此役亦为其前导，均非偶然事也。

谢石钦《樗公随笔》，中国科学院近代史研究所史料编译组编《辛亥革命资料》，中华书局1961年版，第489页

《湖北商办铁路公司禀鄂督文》：

为设立湖北商办粤汉川汉铁路股份有限公司，办理鄂境粤汉川汉铁路，谨拟简章。呈请咨部立案，并恳停止借款前议，以保利权而弭外患事。窃查粤汉铁路，经原任大学士张，在湖广总督任内，与鄂粤湘三省绅商合力，以美金六百七十五万金元，向美国合兴公司赎收，当经奏明借款本息太钜，年期过久，限满后，断无赎回之望，其为中国大患，殆有不忍言者，并称现议定修路之款，由三省官绅合力筹集，决不再借洋款等因。光绪三十一年十月二十八日恭奉德宗景皇帝谕旨，借款修路，流弊滋乡，应由三省集股兴修，以保利权，不准借用外债，钦此。圣谕煌煌，允宜遵守，嗣于遵旨据实覆奏折内，声明电覆外务部，谓当力劝三省绅民，自行筹款。又覆电外务部，称粤汉铁路，决计筹款自办，不借外债各等因。是不借外债言之再三，而辞意尤为决绝，其所以慎防流弊者，用意至为深远。至川汉铁路，因鄂省才力薄弱，奏明自宜昌以上属鄂境者，让归四川代修，俟路成二十五年后，由鄂省备价赎回，其宜昌以下，归鄂省认造。去年八月，原任大学士张，电谕兆泰等，筹办铁路，当即开会，公同集议，遵谕决定商办。一时群情感奋，认股至五百万元，当经呈请湖广总督咨达邮传部在案。正筹议间，朝廷特简前大学士张，为督办大臣，事机一变，兆泰等念前大学士张惓惓鄂事，必能保鄂利而福鄂民，遂拱手仰成，咸无异议。讵意借款议起，由粤鄂汉而波及于川汉，英法德各国，乘间抵隙，攘臂投袂，美国又出而争贷，兆泰等不胜骇异。迭据京内外及各国留学鄂籍人士，函电纷驰，均以借款修路，贻患无穷为言。缘汉口乃九省通衢，水陆交冲，粤汉川汉两路，直贯全国中枢，若借债兴筑，路权操自外人，他日路成，粤汉通滇，川汉通藏，直入英法势力范围之下，益以德美利益均沾，恐他国亦将接踵而至，风闻两路议借款五百万镑，工程师一用英人，一用德人，并称工程造竣债未还清以前，仍派一欧人，作为该铁路总工程师。又借款本息，拟以两湖岁收厘税等项关平银五百二十万两作保，既贯我之心腹，又吸我之脂膏，中国前途，何堪设想。况用外人修路，縻费尤多，即如沪宁沪杭，相距甚近，地价工料，大略相同。沪杭系商办，每里费一万八千余元，沪宁外人代修，每里用五万元，粤川两路，若用借款办理费，恐现议借之五百万镑，尚不敷用。负债愈钜，筹还愈难，如款未能清偿，即路不为我有。尤可虑者，遇有战事，不独我不能赖以转输，且恐为人暗中所利用，此诚原奏所谓借款本息太钜年期过久，限满后断无赎回之望，实为中国大患，盖有不忍言者也。前督办大臣，但求路之速成，未计害之剧烈，既与德宗景皇帝不准借用外债谕旨相违，亦与历次不再借洋款原奏相背。兹奉上谕，粤汉铁路，鄂境川汉铁路，归邮传部接办，鄂人闻之，欢欣鼓舞，共庆再生，想邮传部主张路政必停止借款，俾我国享完全之权利。查商部奏重订铁路简明章程时，声称全系商股承办

者,应时维持保护,并载有奖励商办各节,近如皖赣川粤浙苏等省,类皆由全省绅商,合力筹办,均邀奉谕旨允准在案。兆泰等警赎路之困难,痛借债之危险,同受朝廷帱覆,何敢自外生成。前经电恳邮传部停止借款,赏归商办,全省绅商竭力组织商办铁路协会,于本月初六日,举刘心源为会长,刘人祥、万昭度为副会长,屡次会议,集款自办,不借外债,不招洋股,众情佥同。现定议集股款二千五百万元,设立湖北商办粤汉川汉铁路股份有限公司,办理鄂境粤汉川汉铁路干线,沙襄支线,由创办人先行认定五百万元的款,订立合同,再招尔承认。公司未开办以前,所有集款招股各要节,均由协会绅商,妥慎筹办,除俟公司成立后,再将公司详章,路线图说,呈请核定外,谨先将协会绅商办理湖北商办粤汉川汉铁路股份有限公司情形,招股简章,钞粘公恳宪台代奏咨部立案,并请停止借款前议,以保路权而弭外患,鄂省幸甚,大局幸甚。

鄂督陈批:据呈及简章均悉,查粤汉铁路,及鄂境川汉铁路前经奉旨归邮传部妥协接办在案。该绅等所请设立商办粤汉川汉两路,并请停止借款前议等情,应准先行咨部立案,俟部覆核准后,再请奏明开办可也。

《十记湘鄂路线商借外款情形》,《东方杂志》第6卷第13期,记事,第477~480页

《湖北晋京代表刘心源等上邮传部书》:

窃自两路倡办以来,迄今五载,毫无成效。内贻朝廷隐忧,外启列强窥伺,皆由湖北民力薄弱所致。职等每一思及德宗景皇帝"集股兴修以保利权"之谕旨,及钧部提倡路政之苦心,未尝不感激涕零。嗟我人民,罪死无地。幸者前月湖北绅商各界集议成立湖北商办铁路协会,并组织公立湖北商办粤汉、川汉铁路股份有限公司;所有招股简章及一切办法情形,已由前掌广西道监察御史吴兆泰会同职等呈请在案。其利害得失,久在钧部洞鉴之中,固无庸职等赘陈也。特月余以来,未奉明谕;鄂省人民,各失所依。是以再遣源等匍匐入都,面呈一切,庶下情得以上达。

查鄂境粤汉、川汉两路,共计千二百余里,约需资本金二千五百万元。除先由创办人担任五百万元外,其余不分省界,招商承办。刻下群情感奋,认股之人,争先恐后,旬日间创办股份已确集五百万元。现决定自本年十一月十五日起,至明年二月十五日止,为创办人缴股期限;所缴股银,俱存大清银行、交通银行。此创办股份确有的款之实在情形也。其他民间零股及各省在鄂之大贾富商,尤形踊跃。据职等度之,即以招股一节而论,已不难集足资本原数。然犹恐其未足恃也,旋由谘议局员商同各州县士民,又共担任四百余万元,以补不足。然犹恐其未足恃也,乃于租股、税契、房租、营业所得各项下,每年约共得二百九十五万元;以五年计之,可得一千四百六十五万元。加之沿路人民愿以路线地段、材料等项,充作股本者,所在皆是;仅以值十抽一计之,至少可得百万元。再以创议股份五百万元加入,通盘合算,则与二千五百万元之原数所差无几;而招股之款尚不在内。夫招股之踊跃既如彼,派股之核实又如此,是湖北铁路款项千的万确,毫无疑义之明证也。湖北既有此的款,即不敢不禀请商办,以仰体朝廷及钧部历年悬念粤汉、川汉两路之至意。况恭绎德宗景皇帝既以不借外债集股兴修垂戒于前,而商部奏定铁路简明章程第九条又以"华人请办铁路,如系独力资本至五十万两以上,查明路工实有成效者,由本部专折请旨给予优奖,以资鼓励;其招集华股至五十万两以上者,俟路工告竣,即按照本部奏定之十二等奖励章程核办"各节于后,薄海人民,钦遵无异。此就法律上言之,铁路宜予湖北自办者也。近如安徽、江西、苏、浙等省,类皆由全省绅商合力筹办,均邀部宪奏奉谕旨允准,并颁给关防在案。湖北同受朝廷帱覆,又何敢自外生成。且四川与鄂同一川汉路线,广东与鄂同一粤汉路线;四川、广东两省既蒙准归商办,

湖北原与两省轨接车联,自应首尾一气。即揆诸钧部父母斯民之心,亦必恩施一体。此就情理上言之,铁路宜予湖北自办者也。盖以国家幅员宽广,疆域辽阔,二十二行省,三大藩屏,无在不宜急设铁路,便施新政。但年来各部财政,支绌万分,与其将全国修路筹款之事均贻累于钧部,不若俾各省各自图谋为力较易;上可分朝廷之忧,下可却强邻之步,盖一举而两得者。间尝查阅中国铁路线表,陷于外人势力范围下者,十有八九。其故皆由政府无力兴修,而民间又不能担任。外人遂恃金钱主义,相率乘间抵隙,攫夺而去。往者已矣,来者何堪。此就时势上言之,铁路宜予湖北自办者也。风闻张文襄公所拟借款草案,有自签押之后十八个月各国银行等如无款项交出,其约即行作废;又云签押后六个月各国银行等须预备五十一万镑(合银六百三十余万元),以备勘路开工费用云云。玩其语气,所借之债亦尚须募集而来,其款原不足恃。且彼六个月内固可预备六百余万元,而湖北旬月之间已得五百万元。若自批准立案之日起,依奏定铁路简明章程,限六个月勘路,再限六个月开工;此十二个月中,湖北铁路全款自可筹定无难,更无有十八个月不能验款之虑。即谓不然,与其以十八个月宽限外人,使外人挟而谋我,曷若以十八个月宽限湖北,使湖北人民切实筹办。如无的款,再惟钧部之命是听,鄂人亦死而无怨,矧筹有的款之多且速耶?钧部如以某等呈报不实,致于期限之外有误大局,请治某等之罪,以谢朝廷。此就事实上言之,铁路宜予湖北自办者也。

钧部司掌天下路政,主持大计,自有权衡。如湖北者,原应在钧部矜嘉之下,不待某等鳃鳃过虑。特以湖北为天下中心点,湖北存亡即天下安危所系。为此不揣冒昧,匍匐入都,谨将湖北境内粤汉、川汉铁路遵章组织公司筹备的款情形,据实陈明,公恳钧部准予商办,以顺舆情而弭外患。

武汉大学历史系中国近代史教研室编《辛亥革命在湖北史料选辑》,湖北人民出版社1981年版,第480~482页

12月25日(十一月十三日)　孙中山于纽约设立同盟会分会,并探查抵制美货事宜。

先生由波士顿返纽约,其宣传工作,在商界颇为得手,惟学界对革命主义,则赞成反对皆有,其替赞成者之勇往,与反对者之顽强,有同等比例。然以勇进学生因事他往,余者谨慎,力不敌反对者,故皆退缩不前。致学界之联络无从下手。惟已获商界之力助,则目的亦可达矣。本晚,先生与商界会议组织团体之事,遂设同盟分会于纽约,加盟者有钟星初、赵士觐(公壁)、吴朝晋、陈永惠、黄溪记、吴赞、唐经纶等。

罗家伦、黄季陆编《国父年谱》(增订本)上册,中国国民党中央委员会党史(台北)1969年印行,第292页

孙中山《致王子匡函》(一九〇九年十二月二十五日):

弟前礼拜往波士顿,至昨日(西十二月廿四号)始回,乃得接读西十二月九日来书。此间联络之事,商界已算得手,惟学界未有眉目。因初有粤省学生二人,甚有勇往之精神,介绍弟以见各学生,共计廿余人,各省皆有。大多数皆乐闻革命之主义,惟粤省学生则赞成、反对皆有。其赞成者之勇往,与反对者之顽强,有同等比例。后以粤省之勇进学生适有事他往,其余各省学生虽有一二极热心者,然为人谨慎,其力不敌粤省学生之反对,故皆退缩不前,以致学界之联络无从下手。然此事虽不成,无甚关碍前途;商界有路入手,则目的已可达矣。今晚再与此地商人会议组织团体之事,俟组织完备之后当再详报,并将地址寄上,以便互相通信联络。足下公函,今晚当向众宣布,想必大加鼓励之力也。

承询抵制美货之事,今晚当代查访,并搜求小册寄来便是。按抵制乃发起于千九百零四,五年之交,而盛行于五、六两年之内。今得足下所查之表,美货之陡增适与此事相反,弟亦不解其理由。或出于表之错误乎?弟当出外查考之。英文书有"Statesmen's Year Book"

（《政治家年鉴》），考据确实，请向书楼检查对证之。

中国社会科学院近代史研究所等编《孙中山全集》（第 1 卷），中华书局 1981 年版，第 432 页

△ 日本总领事就中国商民抵制日货事件发出照会，要求清廷迅速取缔，清奉天当局再次发文严厉禁止发布抵制日货传单，严禁报刊登载抵制日货消息。

《奉天民政使为严禁散布抵制日货传单事的札文》（宣统元年十一月十三日）（1909 年 12 月 25 日）：

案准日总领事照会内称："近来因有倡言抵制日货、煽惑商民之人，屡由本官请贵司留意，并请设法管束在案。不料此等煽惑之人，至今不改态度。现在奉天、铁岭、辽阳及其他各处公然散布传单，措危激之词，煽动人心，强迫贵国正经商民不准向日商卖买货物，且极口诋骂邻邦，毫不受官宪之禁止，此等人所在多有，甚为遗憾也。贵国政府前因贵国人有煽动人心，抵制日货之行为，认为有碍国交，命各省督抚切实整顿。本省已由锡总督及民政司使出示禁止，而仍有置禁令于度外，分布无稽之传单，希图煽惑之人，不但玩视官之告示，且有戾贵国政府重视贸易利益，顾全两国交谊之本意。又，本地发行之《醒时白话报》，日前将向我国商人购买货物之华商等商号刊登报上，决非无意，实不外逞其狡谋，恐吓贵国商人，欲阻害正当之卖买也，故特备文，附同传单二纸照会贵司，请烦将散布传单之人及其他即速实行取缔方法，并望示复等因。附送传单二纸到司。"查此案前经贵司出示禁止晓谕，照常贸易在案。兹准前因，除函复外，相应抄录传单备文咨请贵司，烦为查照。仍希饬属严密查禁散布此项传单之人，并望酌订惩办方法见复，俾期转达，免滋藉口，实为公便。等因准此。本司查前因谣传抵制日货，曾奉督、抚宪谕出示晓谕在案。兹复有煽惑之人，仍然散布传单，并《醒时白话报》刊登报上等情，亟应严行禁止，以保邦交。自禁之后，如尚有谣传之人并报馆登刊者，查获即照例惩办，除咨复交涉司外，合行札饬，札到该府，务希严密查禁。

《辽宁辛亥革命档案史料选辑》，载章开沅、罗福惠、严昌洪主编，严昌洪、关捷编《辛亥革命史资料新编》（3），湖北人民出版社2009年版，第7页

12 月 26 日（十一月十四日）　杭州师范学堂教员因与监督夏震武争执，全体辞职。

全浙师范学堂新监督夏君震武，于十一月初十日接事。先一日致函旧监督沈君钧儒言明日清晨到校行礼，请示教员学生，教员已不悦，及届期，夏监督到校，随带教育总会会员十六人，面对教员言，师范学堂名誉甚坏，教育总会理应调查，并行整顿，教员愈不悦，谓名誉甚坏四字，甚有关系，请即明示证据，夏亦怒，遂拂袖而出，并即揭示停课半日。是晚，旧提学使委员至教务处商议，令次日即上课，各教员皆应允。

十一日，夏监督至抚署辞职，增中丞韫不允。夏遂作一函致教务长许君，责以三罪。一非圣无法，一蔑礼，一侵权，余即辞去。又致各教员一函，令即照常上课。又致全体学生一函，令七日以内教员上课，诸生仍听讲，如教员不上班，则愿诸生自习。教员得函，愈不平，遂即停课。是日，教员并以监督对付情形禀告浙抚，增中丞命提学使出为调处。

十二日，旧提学使及新学使所派委员二人，暨议长议绅到校，挽留教务长及教员，令即上课。教员言夏监督已将致教员及学生之信印成分送，是斥逐教员事，早已宣布，万不能再留，当将关约缴还，经学使及议长等再三慰留，且许以三日内当有办法，教员等乃允暂留。是日，夏监督又致书教务员叶某，略言教务长所任各科，暂听阙如，各教员功课未便久旷。

十三日，夏监督又致函各教员，责其辞聘之非，无一引咎之语。

本日，各教员遂全体辞职出校，并电禀学部，公禀浙抚及提学使，请为辨名誉甚坏之诬。

《杭州师范学堂解散日记》，《东方杂志》，第6卷第12期，记事，第470页

12月26日（十一月十四日）　湖南巡抚岑春暄上奏朝廷，湘境粤汉铁路由全省人民集款自办。

岑春暄奏：

已故督办粤汉铁路大臣张之洞，以两湖物力艰难，集赀匪易，款项无着，即铁路无自观成，始有筹借外债之策。自借款议起，湘省绅士商民，群情激发，皆愿集款自办，不认筹借外债。经谘议局议决湘路限年赶修办法四条：

一、毋庸借债，速将草约注销，以断葛藤。

二、实行商办，以坚股东信用。

三、应由公司任用铁道学生，改良内部组织。

四、多培铁道人才，俾尽桑梓义务，藉省薪资。

筹款办法十条：

一、累进租股法。

二、盐斤加复钱价。

三、铁路银行。

四、分区劝股。

五、在外集股。

六、就事拟劝之股。

七、各界以薪赀入股。

八、官缺股。

九、铁道债票。

十、各地方公储股。

计画六条：

一、限筑期。

二、筑路费。

三、营业利。

四、实需款。

五、统计出入。

六、追加豫画。

应请饬部体察情形。设法取消借款。

《宣统政纪》卷25，文海出版社（台北）1989年版，第24～25页

12月27日（十一月十五日）　为保护侨民，出使美墨秘古国大臣伍廷芳奏请在巴拿马等地设立领事，派驻专使。

伍廷芳奏：

由秘旋美，顺道查察巴拿马华侨商业情形，几握其全国商务之半，土人深忌之。彼国政府，比来时有苛待情事。将来该国运河，经美国开通，必成地球上最繁盛之商港，各国业已遣派驻使，设有领事。我国亦宜仿办，先行派官，继乃立约，否则不免如檀香山前事，一切华人

利益,为美国苛例所牵掣。

…………

南美未订约各国,我国商民旅居各埠甚多,似宜一律通好订约,简使专驻,藉资保护。均下外务部知之。

《宣统政纪》卷25,文海出版社(台北)1989年版,第24~25页

12月31日(十一月十九日)　中国同盟会纽约分会成立。

时人回忆:

早在一九〇八年以前,朱卓文衔孙中山先生之命,常从旧金山到纽约来向侨胞宣传革命,鼓舞侨胞共同投入推倒满清、建立民国的革命活动。当时在纽约的部分侨胞,对孙中山先生的革命活动深表拥护,特别是一些对孙先生很敬佩仰慕的侨胞,更显得热诚积极。据我所知,当时就有孙中山先生的同乡、在纽约开设面厂的黄溪夫妇、鹤山人画家李铁夫、新会人赵公璧、吴朝晋和周超等人。他们以黄溪为首,正在酝酿在纽约组织同盟会。……当时由于这种活动还是秘密的,故不可靠的人就不敢邀约参加,只能是暗中联系一些知心朋友和亲戚加入,因此参加同盟会的人数并不很多。到这年冬,恰逢孙中山先生由伦敦赴美洲,曾在纽约停留了一段时间,而在纽约正酝酿筹备同盟会成立的同志,便趁中山先生来到纽约的机会,即决定在一九〇九年除夕之夜假座黄溪同志家中敦请孙中山先生亲临主持纽约市的中国同盟会成立的开幕仪式。当晚参加叙餐的除中山先生外,其余十二人皆是参加同盟会的同志。……席间,孙中山先生讲了话,主要是说同盟会的目的是要推倒满清、建立民国,以及必须推翻满清政府的革命道理,最后还讲到在不久的时间内,国内将有起义的革命行动出现(即指一九一〇年广州新军起义),并要各同志热烈支持这次起义的革命行动。当时吴朝晋和我就立即响应号召(我在美学过几个月的飞行,又在飞机制造厂工作过),请求回国直接参加这次的起义。中山先生则以我们这时由美洲回祖国路程太远,不如留在美洲进行革命活动,这也同样是很重要的革命工作,特别是向侨胞宣传革命道理,鼓励侨胞支持革命,都是很迫切的工作,婉劝我们仍留在美洲,在原来的工作中积极对侨胞宣传革命,募集捐款,接济国内的革命事业。于是在座的各同志即席按自己的能力,踊跃输捐,当时我也认捐了三十美元。

同盟会美洲总部纽约支部成立之后,推选了周超同志为部长,吴朝晋为副部长,李铁夫为书记,赵公璧为财务。会址则仍暂设在黄溪同志的家里(纽约勿街四十九号)。

梁添口述、陈庆斌笔记《孙中山先生主持纽约同盟会成立及其活动概况》,载中国人民政治协商会议广东省委员会文史资料研究委员会编《广东文史资料》第52辑,广东人民出版社1987年版,第1~2页

是年冬　因当局限制,党内纷争及经费紧张,革命党人在东京的组织勤学社被迫解散,黄兴避债于外,试图印制纸币,未成。

因日本当局的限制,革命党人在日活动颇艰难。黄兴《与某人的谈话》(1909年3月):

予知在日本完全不可能从事革命运动,其理由有三:(一)日本政府之保全清政府政策。(二)警察之严密取缔。(三)日本同志操节薄弱。其中第三点颇令人痛心。如宫崎虎藏,须测其心事。另外,同志何天炯曾极力反对广东的抵制日货运动,并尽力镇抚之。自那时以来,失去了国内同志对其之信任,现在实际上已处境不佳。因此,其以从事革命运动施展抱负,终归无望。予预言彼将有豹变为清政府的人,伸展其才能之日。

刘泱泱编《黄兴集》第1册,湖南人民出版社2008年版,第19页

《民报》社解散后，黄兴组织勤学社继续从事革命。

民报社解散后，黄兴先生在小石川区水道町创办了“勤学社”，继续和同志们共同策划革命。

〔日〕宫崎滔天著，佚名初译、林启彦改译《三十三年之梦》，三联图书有限公司（香港），花城出版社1981年版，第282页

谭人凤记：

时克强以本党事务所久经停，民报又被封，冀重组一机关，遂邀各省分会商议，月费延照昔日会务报务办法，按各省在东同志摊捐，由各会长汇缴，比多赞成，遂于水道町赁一屋，名曰勤学舍。时余提议延一二法学家住舍，草创建设各条文，公同研究。克强以事体重大，俟异日合全国人才厘定之，遂仅作为俱乐部。当成立之初，人心尤为踊跃，至己酉（一九〇九年）春季，同志以无重要事磋商，遂恝视之，而月费亦不缴矣。克强勉强支持，专恃高利贷应付。高利贷者，借用百金，先扣回利十圆，以后当须按月照纳。迄冬间，遂难乎为继，而勤学舍又解散矣。时克强避债于宫崎家者及两月。余病其苦，代借官费生三折，于林肇东处抵借千金，得敷衍，始搬寓大久保与宋教仁同住。

谭人凤《石叟牌词叙录》，载《近代史资料》（总10号），科学出版社1956年8月版，第40页

宫崎龙介回忆：

生活日趋窘困，革命运动亦无进展。滔天和黄兴先生突然想到到九州筹办资金。他们走后，我和房东谈好，迁到小石川区的原町去。这次搬家，行李都是叫龙介、震作两子和黄一欧三个人拉着车搬的。搬到原町不久，滔天和黄兴回来了。黄兴先生马上在新大久保租了一所小房子，和宋教仁先生一起开始隐居起来，门牌写着桃源寓，这大概是从武陵桃源取的名字。黄兴先生住在新大久保的时期，发生了所谓“纸币事件”。那是黄兴先生想印制一些纸币，以备在中国发动革命时使用，他从横滨一个高利贷者借了一万元钱，委托了一个日本人印制。但是，结果纸币既没印成，钱也没有交还，黄先生为此而一筹莫展，于是只好离开了他的秘密住所，避债于香港。

〔日〕宫崎龙介《先父滔天的一些事迹》，载〔日〕宫崎滔天著，佚名初译、林启彦改译《三十三年之梦》，三联图书有限公司（香港），花城出版社1981年版，第282页

是年冬　同盟会陕西分会成立。

辛亥以前，革命机关之在西安者，以健木学堂、谘议局、公益书局三处为最著。健木学堂，王子端诸人主立之；公益书局，焦子静诸人主之；谘议局，郭希人诸人主之。各同志平时筹商一切，悉于三处秘密举行，遇有重大事件，须得多人决定者，则另择适当地点。己酉（清宣统元年）冬，在丽泽馆开会一决，到场者郭君希仁、李君仲特、景君梅九、景君敬之、陈君会亭、邹君子良、王君子端、马君开臣、焦君子静、师君子敬、任君师竹、王君一山、耿君季儒等数十人，公推李仲特为同盟会分会长。

《同盟会时期陕西党人之秘密运动》，载林能士编《辛亥时期北方的革命活动》，正中书局（台北）1993年版，第211～212页

冯自由记陕西革命党人活动：

时景定成事先已入北京有所谋画，遇陕西同志井勿幕，遂偕游山西。及抵太原，乃召集当地党员讨论起义方略，群以陕西民性强悍，地势雄峻，可为西北诸省之革命根据地，因决定秦、晋联络发动计画，井勿幕归抵西安，乃介绍定成为西安高等学堂教习，以期交通军政士绅各界。时邹子良已由日先返，努力扩张党势，成效日著。勿幕与焦子静、师子敬诸人更组织

健本学堂于富平会馆，谋树革命根基，胡景翼即出身此校。当时为年虽幼，已崭然露头角，投身同盟会矣。由是革命党势力日张，不许保皇立宪派入潼关一步焉。井勿幕等以同志日众，乃多设分会及通讯机关，由景定成作四言密语为党员约章，曰："秘露死决，接交宁缺，分途并进，破坏建设。"又公推李仲特为会长，井勿幕、张奎光、邹子良、曹寅侯(树勋)、王一山等任军事责任，陈慧亭、常铭卿、茹卓亭、郭希仁、刘允臣、李元鼎(子诒)等任文字宣传及教育事业，寇遐、李仲山等任运动绿林会党，景定成、杜羲、焦子静、师子敬、张翊初、马开臣等任联络各部分责任，常秘密集议于开元寺马开臣学塾及雁塔上，颇极一时之盛，此己酉、庚戌间(一九〇九至一九一〇年)事也。

《清季之西北革命运动》，載林能士编《辛亥时期北方的革命活动》，正中书局(台北)1993年版，第211～212页

是年冬　胡祖舜、赵士龙发起组织兰友社。

胡祖舜回忆：

兰友社之发起也，固以余与赵士龙为主动。余较士龙年长，事多取决于余。士龙"信"字斋学兵，入伍在余先，除照常上课外，别无操课杂役，并可自由出入，专任对外联络交通之事。凡关于社务进行事宜，悉委由余主持。

胡祖舜《六十往谈》，載武汉大学历史系中国近代史教研室编《辛亥革命在湖北史料选辑》，湖北人民出版社1981年版，第49～50页

是年冬　河南省派往日本侦查学生的特派员被学生暗杀。

冯自由记：

己酉年(一九〇九)冬，豫省当局特派委员赴日侦察留学学界行动，为同盟会员程克(字仲渔)所知，乃诱至东京郊外暗杀之。事后，程逃至香港，访中国日报冯自由。冯乃匿之于湾仔东海旁街七十六号四楼自宅。居港年余始他适，时河南同志已由宣传工作而渐进于实行工作矣。

林能士编《辛亥时期北方的革命活动》，正中书局(台北)1993年版，第409页；另见冯自由《革命逸史》(第3集)，第281页

是年　河南同盟会成立。

邹鲁记：

纪元前三年(己酉)，同盟会总部议决，由留日各省同盟会支部派人归国办理同盟会分部，收集内地革命分子，以便内外联络，将由言论时期进入实行时期。于是河南同盟会支部派定杜潜等密赴开封组织河南同盟分部，杜潜等至开封，密约杨汉光(名定西)、暴式彬(字质夫)、韩立纶(字警亚)、杨源懋(字勉齐)、刘芬佛、李心梅、刘纯仁、王庚先、张宗周等，会商设立机关及收集同盟会会员等事。当时议定暂设秘密机关于开封南关中州公学，因杨源懋为该校校长，暴式彬为教务长，杨汉光等均为教职员，故得此莫大之便。当时陆续加入同盟会者二百余人，中州公学学生几全部加入。逮值年假，学生各返本县，又复转相介绍，因此各县加入者俱不乏人，而以新蔡县为独多。新蔡县又特设一秘密机关于刘芬佛私塾，该县阎子固、刘纯仁、任芝铭等，日相与筹商传播革命思想之方法。山东人刘冠三因有排满嫌疑，被通缉，直隶人商震亦因在东三省运动革命失败，均避难于此，朝鲜人金某亦闻风至，刘之门生甚众，相从问业者，年恒数十人，尽加入同盟会。其中优秀者，如杨英彦、王龙韬、崔石庵、马顺甫、单希古、钟警亚、金遐龄等十余人。时有袁某因作官心热，持《支那革命之运动》及《三十

三年落花梦》二书向当局告密，当局以书内盖有刘图章，遂由省派队至县捕拿刘等，刘等因得报告，均先期逃散，未被捕获。其后，阎子固在汝阳县被捕，比开审，县聚同志数十人将阎当堂夺出。阎出投绿林冯甲岭、展友亮伙中为革命运动。

《河南同盟分会成立及其活动》，载林能士编《辛亥时期北方的革命活动》，正中书局（台北）1993年版，第406页

是年　汤化龙自日本归国，不久被推举为湖北谘议局议长，参与国会请愿运动。

《汤化龙行状》记：

宣统己酉，毕业自日本归。归之前与乡人留学者倡设湖北教育会，相约归而实行之，是为先生合群谋国之发轫。

己酉者，清廷所定预备立宪、开各省谘议局之岁也。鄂都（督）陈夔龙以荐者言，奏调先生还鄂筹备自治事宜。寻被举为湖北谘议局议长。预备立宪之诏，在清廷特姑用以缓塞国人号叫，非真有是意，故号称预备，而龂龂与国人争国会早迟。非独吝国会，即谘议局之权在章程者，亦为疆吏舞文横夺，无所能举，而于预算闭拒特甚，以是各省谘议局愈望速开国会，请愿国会之声遍全国，所在皆谘议局为中坚。

《近代史资料》（总70号），中国社会科学出版社1988年版，第8页